수천 년을 지배해온 '도덕 프레임'을
완전히 뒤엎은 최고의 석학

조너선 하이트
Jonathan Haidt

뉴욕 대학 스턴 ▮▮▮▮▮▮▮▮▮▮▮▮▮▮▮▮▮ 학자이자 현재 영미권에서 가
장 화제가 되는 ▮▮▮▮▮▮▮▮▮▮▮▮▮▮▮를 받았으며, 1992년에 펜실베
이니아 대학에서 ▮▮▮▮▮▮▮▮▮▮▮▮어가 인도 오리사에 체류하며
박사 후(後) 연구를 수행했다. 1995년부터 줄곧 버지니아 대학에서 교편을 잡아오다, 2011년
에 뉴욕 대학 스턴 경영대학원의 교수진으로 합류했다.

하이트의 연구는 도덕성의 여러 감정적 토대, 도덕성의 문화적 다양성, 도덕성의 발달 과정
등 도덕성에 초점을 맞추고 있다. 초기에는 구토감, 치욕, 원한과 같은 부정적인 도덕 감정에
대한 연구를 했으나, 시간이 가면서 동경, 경외, 도덕적 고양과 같은 당시만 해도 연구가 미진
하던 긍정적인 도덕 감정의 연구에 주력하게 되었다. 또한 하이트는 사람들이 극과 극으로 나
뉘어 서로를 적으로 여기는 상황들을 지켜보며 상대방을 보다 더 잘 이해하고 존중하도록 돕
기 위해 다른 연구자들과 함께 '도덕성 기반 이론'을 세우고 웹사이트 'YourMorals.org'를
공동 개발해냈다. (Civilpolitics.org. 참조).

2008년 '진보와 보수의 도덕적 뿌리'라는 묵직한 주제를 다룬 하이트의 18분짜리 TED 강
의는 게시되자마자 엄청난 화제를 모았다. 이후 '종교, 진화와 자기 초월의 행복', '공동의
위협이 어떻게 공통의 (정치적) 합의를 만들어내는가'까지, 이 세 편의 강의는 조회 수 300만
회 이상에 이르며 전 세계적인 반향을 일으켰다.

버지니아 대학에 재직 당시 교수상을 세 차례 수상했으며, 버지니아 주로부터 표창을 받았
다. 미국 국제외교 전문지 〈포린 폴리시Foreign Policy〉에서는 2012년 그를 '세계 100대
사상가'로 꼽았으며, 영국 정치평론지 〈프로스펙트Prospect〉에서도 '2013년 세계의 사상
가' 65명에 그를 포함시켰다. 그가 집필한 논문은 90여 편이 넘으며, 저서에 《행복의 가설
Happiness Hypothesis》이 있다.

JonathanHaidt.com

표지 공중정원 : 박진범

바른
마음

바른 마음

THE RIGHTEOUS MIND

나의 옳음과
그들의 옳음은
왜 다른가

조너선 하이트 지음 ㅣ **왕수민** 옮김

웅진 지식하우스

아버지 해럴드 하이트를 추모하며.

내가 이제껏 각고의 노력으로 공부해온 까닭은
인간의 행동을 비웃기 위해서도,
그것에 동정의 눈물을 흘리기 위해서도,
그것을 미워하기 위해서도 아니었다.
그저 인간의 행동을 이해하기 위해서였을 뿐.

- 바뤼흐 스피노자(Baruch Spinoza), 〈정치학 논고(Tractatus Politicus)〉(1676년)

예로부터 위대한 가르침을 보면 현인들이 어김없이 이르기를 '사람이란 원래 그 본성이 위선적인 존재'라 하였다. 예수는 "어찌하여 형제의 눈 속에 있는 티는 보면서, 네 눈 속에 있는 들보는 깨닫지 못하느냐?"라고 물었다. 부처는 "남의 잘못을 알기는 쉬우나, 나의 잘못을 알기란 어려운 법이다"라고 말했다.

우리의 위선은 끝없는 갈등을 불러일으킨다. 이 때문에 사람들은 제각각 자기편이 옳다는 확신을 가지게 되고, 나아가 자기편 가치관을 뒷받침하는 증거가 무엇보다 확실하므로 상대편은 어리석고 사악한 게 틀림없다고 믿는다.

나의 연구 분야는 도덕심리학이다. 즉, 우리가 어떻게 남들에 대해 판단을 내리고, 어떻게 사람들과 이런저런 팀을 이루며, 또 어떻게 갈등에 대비하는지(혹은 어떻게 용서와 화해를 구하는지) 그 정신 기제를 연구한다. 이 책이 한국에서 출판될 거란 소식을 들었을 때 내 기쁨은 각별했다. 그도 그럴 것이, 내 처가가 다름 아닌 한국계 미국 가정이기 때문이다. 그간 나는 장인어른과 장모님으로부터 일제강점기 속에서 그들이 성장한 시절이며, 한국 전쟁 당시 그들이 겪은 끔찍한 경험담을 수없이 전해들을 수 있었다. 그랬던 한국이 불과 얼마 안 되는 짧은 시간에 대단한 성취를 이룬 것은, 즉 빈곤과 압제에서 벗어나 세계에서 가장 발전되고 또 창의적인 나라의 대열에 들어선 것은 다시 생각해도 참 대단한 일이다.

그러나 나는 사회심리학자이기도 한 만큼, 그런 급격한 변화에는 격렬한 정치 분열이 뒤따르기 마련임을 잘 안다. 그렇다면 그 변화는 의미 있는 발전일까, 아니면 한 나라가 영혼을 잃어가는 과정일까. 새로운 성(性) 역할은 과연 오래도록 미뤄진 여성해방을 이루는 길일까, 아니면 가정의 기반을 약화시킬 요인일까. 이는 아주 중대한 물음들로, 민주사회라면 반드시 논쟁을 통해 짚고 넘어가야 할 문제이다.

오늘날 한국 사회는 지역, 성별, 연령, 빈부, 정치로 인해 여러 면에서 사분오열된 형국이다. 나는 이 책이 쓸모 있는 도구가 되어, 한국인들이 서로를 더 잘 이해할 수 있게 되기를 바란다. 더불어 보다 풍요롭고 보다 공정한 사회를 창조해가는 데 가치가 있기만 하다면, 한국인들이 편을 막론하고 모든 이들에게서 아이디어와 정책을 구하게 되길 희망해 본다.

조너선 하이트, 뉴욕

일러두기

1. 이 책에 등장하는 지명, 인명의 외래어 표기는 국립국어원 표기법을 따랐다.
2. 정치적 성향과 관련된 단어는 책의 내용에 따라 다음과 같이 번역하였다.
   conservative – 보수적인, 보수주의자 / liberal – 진보적인, 진보주의자 / libertarian – 자유주의의,
   자유주의자 / right – 우파 / left – 좌파 / progressive – 진보적인(liberal과 혼동될 경우 병기하였음)
2. 단행본·잡지·신문은 《 》로, 논문·영화·음악 등은 〈 〉로 묶었다.
3. 원서에서 이탤릭체로 강조한 단어를 이 책에서는 고딕체로 표시했다.
4. 그간 '진화된 심리 기제(Evolved Psycohlogical Mechanisms)'라고 잘못 번역해서 쓰던 표현을 '진화
   한 심리 기제'로 바로 잡았다.

"제발 우리 사이좋게 지내요"

"우린 다 같이 사이좋게 지낼 수 있잖아요?"

로드니 킹(Rodney King)의 이 간곡한 호소가 유명해진 것은 1992년 5월 1일, 흑인인 그가 로스앤젤레스의 경관 네 명에게서 거의 죽을 지경으로 구타를 당하고 약 1년 뒤의 일이었다. 당시 미국에서는 그의 구타 영상이 전 국민적 화제였기에, 배심원들이 경관들에게 무죄를 선고하자 미국 전역에서 분노가 끓어올랐고 로스앤젤레스에서는 엿새 동안이나 폭동이 그치지 않았다. 그 와중에 발생한 사망자만 53명, 불에 탄 건물은 7000채에 이르렀다. 이 걷잡을 수 없는 폭력 사태는 이후에도 도통 가라앉을 기미를 보이지 않았다. 현장에 접근하지 못한 방송국에서는 헬리콥터로 주변을 돌며 하늘에서 찍은 영상을 뉴스로 내보내야 했다. 그러다 급기야 백인 트럭 운전사가 폭도에게 잔학무도하게 폭행당하는 사건이 터졌고, 결국 보다 못한 킹

들어가며   15

이 평화를 호소하고 나선 것이다.

킹이 던졌던 이 물음은 그 후로 너도나도 갖다 쓰면서 문화적 격이 많이 떨어진 게 사실이다. 이제는 일종의 캐치프레이즈로 전락해' 서로 이해하며 살자는 진지한 호소보다는 단순히 우스갯소리로 들릴 때가 더 많다. 따라서 이 문장으로 책의 첫머리를 열어야겠다고 생각했을 때, 나는 망설이지 않을 수 없었다. 그럼에도 이 문장을 밀고 나가기로 마음을 굳힌 데는 두 가지 이유가 있다. 첫째, 요즘 들어 킹의 이 질문은 인종 관계만이 아니라, 미국의 정치 관계와 정당 협력의 붕괴에까지 적용되고 있다는 점 때문이다. 최근 저녁 뉴스 시간에 워싱턴 정가의 소식을 듣고 있으면, 마치 워싱턴 상공의 헬리콥터로부터 전쟁 특보라도 전해 듣는 느낌이 든다.

이미 진부해질 대로 진부해진 문장을 가져다 이 책의 서두를 열어야겠다고 생각한 두 번째 이유는, 세간에 화제가 된 일은 거의 없지만 그 뒤에 이어진 킹의 말이 참으로 애틋하게 느껴졌기 때문이다. 그렁그렁 차오르는 눈물을 애써 참으며, 또 이미 했던 말을 수시로 되풀이해가며 애면글면 텔레비전 인터뷰를 이어가던 킹은 어렵사리 이런 말을 꺼내놓았다. "제발, 우리 서로 사이좋게 지내요. 우리는 다 같이 사이좋게 지낼 수 있어요. 어차피 한동안은 이 땅에 다 같이 발붙이고 살아야 하잖아요. 그러니 서로 노력을 해나가자고요."

우리는 서로 사이좋게 지내기가 왜 이렇게 어려울까? 이 책은 그 까닭을 밝히기 위해 쓴 것이다. 우리는 어차피 한동안은 이 땅에 다 같이 발붙이고 살아가야 한다. 그러니 우리가 왜 그토록 쉽게 내 편 네 편으로 갈려 으르렁대는지, 그러면서 왜 저마다 자신이 바르다고 확신하는지, 그 까닭을 이해하기 위해 최소한이라도 노력을 기울여보자.

무엇을 연구하는 데 일평생을 바치는 사람들은 자신이 매료된 그 대상이 모든 것을 이해하는 열쇠라고 믿게 되는 경우가 많다. 그래서 최근 들어서는 요리, 엄마의 보살핌, 전쟁, 심지어 소금 등을 주제로 하여 이것들이 인간 역사에 얼마나 획기적이었는지 그 역할을 논한 책들이 속속 출간되고 있다. 이 책도 그런 유에 속한다고 할 수 있다. 내가 공부한 것은 도덕심리학인 만큼, 도덕성이야말로 문명을 가능하게 하는 인간의 특출한 능력임을 나는 주장하고자 한다. 그렇다고 요리와 엄마의 보살핌, 전쟁과 소금 같은 것들이 필요하지 않았다는 뜻은 아니다. 그보다 이 책에서의 내 바람은 여러분과 함께 여행을 하는 것, 즉 도덕심리학의 관점을 가지고 인간의 본성과 그 역사를 한 바퀴 죽 둘러보는 것이다.

그래서 여행 막바지에 이르러서는 여러분이 두 가지 주제에 대해 새로운 생각의 틀을 얻었으면 하는 바람이다. 그 두 가지 주제란, 인간의 삶에서 가장 중요하고 가장 골치 아프며 가장 편이 갈리는 문제인 정치와 종교를 말한다. 사회생활 에티켓 책에서는 서로 예의를 지켜야 할 때는 정치와 종교에 관한 화제는 피해야 한다고 이야기한다. 그러나 나는 그 둘을 가지고 서슴없이 이야기를 나누라는 입장이다. 정치와 종교는 둘 다 우리 기저에 자리 잡은 도덕적 심리의 표현인 바, 그러한 심리에 대한 이해는 오히려 사람들을 하나로 결집시키는 길이 될 수도 있기 때문이다. 정치와 종교로 인해 일어나는 그 모든 과열·분노·편 가르기를 어느 정도 가라앉히고, 그 자리를 경외심·놀라움·호기심으로 채우는 것이 바로 이 책의 목표이다. 이렇게 복잡한 도덕적 심리를 우리 인간이 가지고 있다는 것은 아무리 생각해도 행운이 아닐 수 없다. 인류라는 종족이 숲 속과 초원을 박차고 나와 불과 수천 년 만에 오늘날의 현대사회를 이룬 것은, 그리하여 그 속에서 수많은 즐거움과 편안함, 그리고 유례없는 평화를 누리고 있는 것은 다 이 능력 덕분이기 때문이다.[2] 이 책이 나옴으로 해서 앞으로는 가지각색의 사람들이 섞인 가운데서도 도덕, 정치, 종교에 대한 논의가 좀 더 일상적이고, 예의 있고, 재미있게 오갔으면 하는 것이 나의 바람이다. 그리하여 우리가 서로 사이좋게 지내는 데에 이 책이 힘을 보태기를 바란다.

왜 도덕심이 아닌 바른 마음인가

나는 이 책의 제목을 '도덕적인 마음(Moral Mind)'이라고 지을 수도 있었다. 인간의 마음이 애초부터 언어, 성생활, 음악(그 외 시중의 인기 도서들이 최근의 과학 연구를 들어 이야기하는 수많은 활동)을 하도록 설계되어 있듯이, 인간의 마음은 애초부터 도덕을 '행하도록' 설계되어 있다는 뜻으로 말이다. 그러나 나는 이 책의 제목을 '바른 마음(Righteous Mind)'이라고 짓기로 결정했다. 인간 본성은 본래 도덕적이기도 하지만, 도덕적인 체하고 비판과 판단도 잘한다는 뜻을 전하기 위해서였다.

영어 'righteous'는 고대 노르웨이어 'rettviss'와 고대 영어 'ri-htwis'가 어원으로, 이 두 단어는 모두 "정의로운, 강직한, 성인군자다운"이라는 뜻을 갖고 있었다.[3] 이 뜻을 현대 영어 'righteous'와 'righteousness'가 고스란히 물려받았는데, 최근의 'righteous'와 'righteousness'에는 종교적인 함의도 강하게 들어 있다. 히브리어 'tzedek'의 역어로 보통 이 말들을 사용하기 때문이다. 'tzedek'은 히브리어 《성경》에 자주 등장하는 단어로, 신의 뜻을 잘 따르는 사람들을 가리키는 말로 쓰인다. 하지만 그와 함께 신의 속성은 물론, 사람들에 대한 신의 판단(신의 이러한 판단은 종종 가혹하지만 늘 정의로운 것으로 여겨진다)을 나타내는 말로도 쓰이고 있다.

바름의 성향과 판단하는 성향 사이에 어느 정도 관련이 있음은 현대 들어 생겨난 'righteous'의 정의, 이를테면 "정의, 도덕성, 혹은 공평성 문제와 관련해 격분을 느끼는"과 같은 대목에서도 찾아볼 수 있다.[4] 그뿐만 아니라 'self-righteous(독선적인)'의 정의, 즉 "자기 자신이 옳다고 확신하는 것(특히 다른 이의 행동이나 믿음과 대조하여), 도덕적으로 편협하고 관용이 없는 것"에서도 그 연관성을 찾아볼 수 있다.[5] 그런데 나는 바름에 대한 강박(이는 불가피하게 독선으로 이어진다)이 정상적인 인간이면 누구나 겪는 증상임을 이 책에서 보여주고자 한다. 곧 바름에 대한 강박은 우리 인간의 진화상 설계에 나타나는 한 가지 특성으로, 우리 마음에 몰래 기어들어 온 버그나 오류는 아니다. '이것만 없었으면 우리는 얼마든지 객관적이고 합리적이 될 수 있을 텐데' 하고 생각할 것이 아니라는 이야기이다.[6]

우리 인간이 혈연으로 엮이지 않고도 남들과 대규모의 협동적 집단, 부족, 국가를 이룰 수 있었던 것(이는 다른 동물에게서는 찾아볼 수 없는 일이다)은 다 바른 마음을 가지고 있는 덕분이다. 그러나 이 바른 마음을 가지고 있으면 협동적 집단 사이에 늘 도덕을 내세운 갈등이 끊이지 않는 것 또한 사실이다. 물론 어떤 사회든 그것이 건강하고 발전할 수 있으려면 어느 정도의 갈등은 필요할지 모른다. 10대이던 시절만 해도 나는 세계 평화를 바랐지만, 그 꿈은 이제 접은 지 오래다. 지금은 그저 다양한 이데올로기가 서로 공존하며 균형을 이루기를, 책임감 체계가 잘 갖추어져 사람들이 지나치게 면피하는 일이 없기를, 또 바른 마음으로 한 일이면 폭력적 수단을 써도 된다고 믿는 사람들이 줄어들기만을 바랄 뿐이다. 그리 낭만적인 소원은 아니지만, 이 정도 목표라면 현실에서도 얼마쯤은 이룰 수 있지 않을까.

도덕심리학의 세 가지 원칙

이 책은 총 3부이며 각 부는 저마다 책 한 권으로 생각해도 좋을 정도의 내용으로(앞부분이 뒷부분의 기반이 된다는 점을 제외하면) 구성되어 있다. 그리고 각 부에는 도덕심리학의 주요 원칙이 한 가지씩 소개되어 있다.

1부에서 소개하는 첫 번째 원칙은 **"직관이 먼저이고, 전략적 추론은 그다음이다"**라는 것이다.[1] 도덕적 직관은 자동적으로, 그리고 거의 일순에 떠오른다. 도덕적 직관은 도덕적 추론보다도 훨씬 앞서 일어나며, 차후에 일어나는 추론도 처음의 이 직관이 이끌어가는 경향이 있다. 이런 상황에서 우리가 도덕적 추론이야말로 진리에 다다르는 수단이라고 여기면, 매번 낙심을 거듭할 수밖에 없을 것이다. 나와 의견이 다른 사람을 만나 이야기를 나눌 때마다 그들이 너무도 어리석고, 편견에 가득 차고, 비논리적인 이야기를 하는 것으로 보일 것이기 때문이다. 그러나 도덕적 추론을 이와 달리 생각하면, 즉 인간이 자신의 사회적 의제를 관철시키기 위해(자신의 행동을 정당화하고 자신이 속한 팀을 방어하기 위해) 사용하는 수단이라고 생각하면 우리는 좀더 현실에 수긍할 수 있게 된다. 직관에서 늘 눈을 떼지 말라. 그리고 도덕적 추론은 액면 그대로 받아들이지 말라. 도덕적 추론이란 대체로 그때그때 맞춰 만들어지는 사후 구성물로, 하나 이상의 전략적 목적을 염두에 두고 치밀하게 만들어진다.

이 1부의 네 장(章)에서 가장 핵심이 되는 비유를 꼽자면, **둘로 나뉜 마음은 코끼리 위에 기수가 올라탄 모습이고, 기수의 역할은 코끼리의 시중을 드는 데 있다는 것이다.** 여기서 기수는 우리의 의식적 추론 능력, 즉 우리가 온전히 인식하는 가운데 일어나는 일련의 말과 이미지의 흐름을 가리킨다. 코끼리는 나머지 99퍼센트의 정신 과정을 가리키는 말로서, 이 과정은 우리의 인식 바깥에서 일어나지만 실질적으로는 우리의 행동 대부분을 지배한다.[8] 애초 이 비유가 만들어진 것은 나의 전작《행복의 가설(Happiness Hypothesis)》에서였는데, 우리가 삶 속에서 어떻게든 의미를 찾아나가는 데 있어 이 기수와 코끼리가 어떤 식으로 보조를 맞추는지(때로는 그 모습이 형편없음을) 보여준 바 있다. 이 책에서는 그와 달리 기수와 코끼리의 비유를 가져다 몇 가지 골치 아픈 수수께끼를 풀어볼 생각이다. 이를테면 왜 우리 눈에는 (자신 이외의) 모든 사람이 위선자처럼 보일까,' 또 정치적 열성파는 왜 얼토당토않은 거짓말이나 음모론에 그토록 쉽게 넘어갈까 하는 것 등이다. 더불어 이성에 도무지 반응할 줄 모르는 사람이 있을 때 그를 더 잘 설득할 수 있는 방법도 이 비유를 통해 보여주려고 한다.

이어지는 2부에서는 도덕심리학의 두 번째 원칙, **"도덕성은 단순히 피해와 공평성 차원에만 국한되지 않는다"**에 대해 이야기한다. 이 2부의 네 장에서 가장 핵심이 되는 비유는, **바른 마음은 마치 여섯 가지 미각 수용체를 지닌 혀와 같다**는 것이다. 오늘날 서구 사회에서 지향하는 비종교적인 도덕성은 이 여섯 가지 수용체 중 단 두 가지 수용체밖에 자극하지 못하는 요리와도 같다. 즉, 그것은 희생자들이 당하는 피해와 고통, 혹은 공평성과 불의의 가치만 염두에 둔다. 사실 사람들은 그 외에도 자유, 충성, 권위, 고귀함 등의 가치와 관련해 강력한 도덕적 직관을 지니는데 말이다. 앞으로 나는 2부에서 이러한 미각 수용체들이 과연 어디에서부터 생겨나는지, 또 세상에 존재하는 수많은 도덕성 요리에 과연 이것들이 어떤 식으로 밑바탕이 되고 있는지, 나아가 유권자의 입맛에 잘 맞는 요리를 내놓는 데 있어서는 왜 우파 정치인들이 출발부터 유리할 수밖에 없는지 설명할 것이다.

마지막으로 3부에서는 도덕심리학의 세 번째 원칙, **"도덕은 사람들을 뭉치게도 하고 눈멀게도 한다"**에 대해 논의한다. 이 3부의 네 장에서 가장 핵심이 되는 비유는 **인간은 90퍼센트는 침팬지이고 나머지 10퍼센트는 벌과 같다**는 것이다. 인간의 본성은 자연선택에 의해 만들어지는데, 이 선택은 두 가지 차원에서 동시에 진행된다. 먼저 어느 집단에서건 개인들은 그 안의 개인과 경쟁하게 되는바, 지금의 우리도 먼 옛날 이 경쟁에서 단연 뛰어났던 영장류의 후손이다. 이러한 경쟁에서는 인간 본성의 추악한 일면이 드러날 수밖에 없고, 인류의 진화론적 기원을 밝힌 책들도 보면 보통 인간의 그러한 모습을 뚜렷이 그려내고 있다. 우리 인간이 이기적이고 위선적인 존재인 것은 분명 사실이다. 선한 척하는 데 그야말로 이골이 난 우리는 심지어 자기 자신도 속일 수 있을 정도이니까.

그러나 인간의 본성이라는 것은 집단이 다른 집단과 경쟁하는 과정에서도 형성된다. 다윈(Charles Darwin)이 이미 오래전에 이야기했듯이, 대체로 보면 집단 중에서도 단결력과 협동성이 가장 뛰어난 곳이 이기적 개인들로 구성된 집단을 이기게 되어 있다. 이러한 다윈의 집단선택 사상은 1960년대 들면서 사람들에게서 냉대를 받았으나 최근에는 연구 성과들에 힘입어 새로이 조명을 받고 있는데, 여기에는 실로 엄청난 함의가 깔려 있다. 우리 인간은 늘 이기적이고 위선적인 존재이지는 않다. 그런 성향과 더불어 우리는 특정 상황에 처하면 자신의 자아쯤은 얼마든지 접어두고 그 대신 더 커다란 몸체의 세포라도 된 듯이, 혹은 벌집 속에서 살아가는 꿀벌이라도 된 듯이, 집단의 이익을 위해 노력하는 능력이 있기 때문이다. 그리고 이때의 경험은 우리의 삶에서 가장 소중한 기억으로 간직될 때가 많다. 물론 이러한 군집성으로 인해 우리는 다른 이들의 도덕적 관심사는 아예 못 보게 되는 수도 있다. 벌을 닮은 우리의 본성은 이타주의와 함께 영웅주의, 전쟁, 종족 학살을 부추긴다.

이렇듯 영장류의 마음을 속 알맹이로 하고 겉에 군집성의 외피를 뒤집어쓴 것을 우리의 바른 마음이라고 생각하면, 도덕·정치·종교가 지금까지와는 전혀 다른 새로운 관점에서 보인다. 앞으로 나는 이 책에서 인간의 '고차원의 본성' 덕분에 우리가 지극히 이타적인 존재가 될 수 있다는 사실을, 그러나 그 이타주의는 대부분 자신이 속한 집단의 구성원을 향한다는 사실을 보여줄 것이다. 이와 함께 나는 종교가 (아마도) 진화상 적응의 산물임을 이야기할 것이다. 종교는 집단을 하나로 뭉치게 하는 것은 물론 집단이 공통된 도덕을 가진 공동체를 만들어낼 수 있도록 한다. 최근 몇몇 과학자(이른바 '신무신론파')가 주장하는 것처럼, 종교는 바이러스도, 혹은 기생충도 아닌 것이다. 또 나는 이 관점을 활용해, 왜 사람들이 일부는 보수주의자가 되고 다른 일부는 진보주의자가 되며 이도 저도 아닌 이들은 자유주의자가 되는지를 설명해낼 것이다. 사람들은 자신과 똑같은 도덕적 서사를 가진 사람들과 뭉쳐 정치적 집단을 이루는 경향이 있다. 그리고 살아가며 어느 한 가지 서사를 자신의 것으로 받아들이고 나면, 그 뒤로는 다른 대안적인 도덕 세계는 더 이상 보지 못한다.

여기서 잠시 용어 문제를 언급하고자 한다. 미국에서는 'liberal' 하면 곧 진보(progressive) 혹은 좌파(left-wing) 정치를 뜻하기 때문에, 앞으로 이 책에서도 'liberal'은 그런 의미로 쓰일 것이다. 그러나 유럽을 비롯해 미국 이외의 지역에서는 'liberal'이라는 말이 원뜻에 더 충실한 상태로 쓰이고 있다. 즉, (경제활동의 자유를 비롯해) 자유를 무엇보다 중요시한다는 의미인 것이다. 따라서 유럽인들이 사용하는 'liberal'이라는 말은 미국인들이 말하는 'libertarian(자유주의자)'을 뜻할 때가 많다. 이 'libertarian'은 정치색 스펙트럼에서 좌우 어느 쪽에도 위치시키기가 쉽지 않다.[10] 미국 이외 지역 독자의 경우, 이 책

바른 마음

에서 'liberal'이라는 말을 만나면 'progressive'나 'left-wing'이라는 말로 바꿔 쓰고 싶다고 생각할지 모르겠다.

앞으로 내가 풀어놓을 이야기는 주로 신경과학·유전학·사회심리학·진화론 모델과 관련한 최신 연구들이 되겠지만, 우리가 간직해야 할 메시지는 이미 먼 옛날부터 전해지고 있었다. 우리는 누구나 독선적 위선자라는 사실, 바로 그것을 깨달아야 한다는 것이다.

어찌하여 너는 네 이웃의 눈에 든 티는 보면서 너 자신의 눈에 든 들보는 보지 못하느냐?……위선자여, 먼저 너 자신의 눈에 든 들보부터 빼내어라. 그러고 나야 비로소 또렷해진 눈으로 네 이웃의 눈에 든 티를 빼줄 수 있을 테니(〈마태복음〉 7 : 3-5).

만일 우리가 깨달음(이 말이 별로라면 지혜라고 하자)을 얻고자 한다면, 먼저 우리는 누구나 자신의 눈 안에 든 들보부터 빼내지 않으면 안 된다. 그리고 나서는 우리 안에서 끝없이 일어나 편을 가르는 옹졸한 도덕심에서 벗어나지 않으면 안 된다. 중국의 선사(禪師) 승찬(僧璨)이 이렇게 썼던 것처럼 말이다.

지극한 도(道)는 어렵지 않으니
다만 가려서 선택하지만 말라.
싫어하거나 좋아하지만 않으면
막힘없이 밝고 분명하리라.

털끝만큼이라도 차이가 있으면
하늘과 땅 사이로 벌어진다.
도가 앞에 나타나기를 바란다면
따라가지도 말고 등지지도 말라.
등짐과 따라감이 서로 다투는 것
이것이 마음의 병이다."

　물론 그렇다고 해서 우리 자신의 삶까지 승찬 선사 같아야 한다는 이야기는 아니다. 오히려 나는 윤리 도덕, 험담, 판단이 없어질 경우 이 세상은 순식간에 대혼란 속에 빠져들 것이라고 믿는 쪽이다. 그러나 우리 자신이 어떤 존재인지를 진정 **이해하고** 싶다면, 즉 우리가 어떤 식으로 분열되어 있고, 또 어떤 한계와 잠재력을 가졌는지 알고 싶다면, 이 순간만큼은 한 발짝 뒤로 물러나 윤리 도덕은 잠시 내려놓을 필요가 있다. 그 대신 그 자리에 도덕심리학을 얼마간 적용해 우리가 다 같이 발을 들이고 있는 게임이 어떤 식인지 그것을 분석해볼 필요가 있다.
　그러면 '등짐'과 '따라감' 사이의 다툼이 어떤 심리에 의한 것인지 그 모습을 본격적으로 살펴보기로 하자. 이러한 다툼은 우리 각자가 가진 바른 마음에서도 일어나지만, 서로 바르다고 하는 그 모든 집단 사이에서도 일어난다.

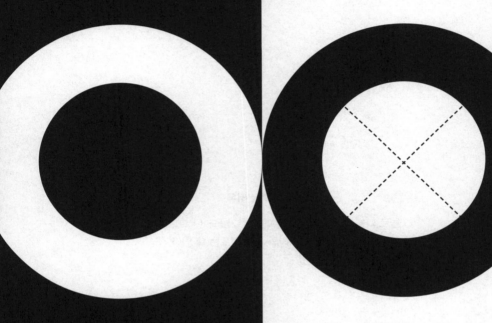

1부

제1원칙

바른 마음은
철저히 이기적이며
전략적이다

_ 직관이 먼저이고
전략적 추론은 그다음이다

제1원칙의 핵심 비유

둘로 나뉜 마음은 코끼리 위에 기수가 올라탄 모습이고
기수의 역할은 코끼리의 시중을 드는 데 있다.

1장
도덕성은 대체 어디에서
생겨나는가

이제부터 나는 여러분에게 짤막한 이야기를 하나 들려주려고 한다. 이 이야기를 다 읽고 나면 잠시 짬을 내어 그 속에 등장한 사람들이 도덕적으로 뭔가 잘못된 행동을 했는지 여부를 마음속으로 결정해보기 바란다.

어느 날 한 가족이 기르던 개가 집 앞에서 차에 치여 죽었다. 개고기가 맛이 좋다는 소문을 익히 들었던 이 가족은 죽은 개를 가져다 몸뚱이를 발라 요리를 했고, 그것으로 저녁상을 차려 먹었다. 가족의 이런 행동을 본 사람은 아무도 없었다.

만일 여러분이 내 연구에 참여한 전형적인 고학력자와 비슷하다면, 아마도 이런 식의 반응을 보일 것이다. 기분은 당장 구토라도 할 것 같지만, 그렇다고 이 가족이 '도덕적으로' 뭔가 잘못을 한 것은 아닌 듯하다고. 개는 어차피 죽은 뒤였으니 가족이 개에게 해를 입힌 것은 아니지 않느냐고. 또 개는 그들 소유니까, 그 사체를 마음대로 처리할 권리가 그들에게 있지 않느냐고. 만약 내가 면전에서 판단을 내려달라고 몰아붙이면, 당신은 십중팔구 이런 어정쩡한 대답을 내놓을 것이다. "글쎄요, 역겹긴 하네요. 개를 묻어주어야 도리인 것 같긴 하지만, 그것이 **도덕적으로** 잘못된 행동이라고까지는 말 못하겠는데요."

자, 그럼 이야기를 또 하나 들려주겠다. 대답하기는 이번이 한층 더 곤란할 것이다.

여기 한 남자가 있다. 그는 일주일에 한 번 마트에 가서 생닭을 산다. 그런데 닭을 요리하기에 앞서 그는 닭에 대고 성행위를 한다. 그러고 난 후 그것을 요리해서 먹는다.

개를 먹은 가족 이야기가 그랬듯이, 여기서도 해를 입은 사람은 아무도 없고 당사자 외에는 누구도 이 사실을 모른다. 액면으로는 그저 자원을 나름의 용도에 맞추어 재활용(연구에 참여한 피험자 몇몇의 표현이었다)을 했을 뿐이다. 그런데 구토할 것 같은 기분은 이번 이야기에서 훨씬 강하게 드는 데다 이런 행동은 뭐랄까, 너무도 상스럽게 여겨진다. 그렇다면 이 행동은 잘못된 것일까? 고학력자에 진보적 정치 성향을 가진 서양인이라면, 독자 여러분은 여기서도 어정쩡한 대답을 내놓을 공산이 크다. 그 누구에게도 해를 끼치지 않는 한, 사람에게는 그가 원하는 대로 행동할 권리가 있다고.

　그러나 진보주의나 자유주의 성향의 서양인이 아니라면, 죽은 닭을 가지고 성행위를 한 후 그것을 요리해 먹는 것은 잘못된(도덕적으로 잘못된) 행동이라고 생각할 공산이 크다. 이 경우 도덕성을 좀 더 넓은 범위에서 생각하는 것인데, 사실 지구에서 살아가는 사람들 대부분이 이런 생각을 갖고 있다. 설령 그 누구에게 해가 가지 않는다 해도 분명 잘못이라고 여겨지는 행동이 이들에게는 있다. 이렇듯 같은 지구라도 어디를 가느냐에 따라(심지어 같은 사회 내에서도) 도덕성은 차이가 난다. 이 단순한 사실을 아는 것이 바른 마음을 이해하는 첫걸음이라고 할 수 있다. 그리고 바른 마음을 이해하는 두 번째 걸음은 그 수많은 도덕성이 생겨나는 애초 연원이 어디인지를 이해하는 것이다.

선천성도 후천성도 아니라면

대학에서 내가 공부한 분야는 철학으로, 당시 나는 철학이 삶의 의미를 알려주리라는 희망을 품고 있었다. 우디 앨런(Woody Allen)의 영화를 너무 많이 본 탓이었을까. 철학이 얼마간은 유용하리라 막연히 생각했는데, 그것이 결국엔 착오였던 셈이다.[1] 그러나 대학 시절 나는 철학과 함께 심리학 과목도 몇 가지 수강한 상태였고, 더구나 심리학 공부는 내게 참 즐거운 것이었다. 나는 심리학 공부를 계속해나가기로 결정을 내렸다. 그리하여 1987년 대학원 과정 입학 허가를 받은 곳이 필라델피아에 있는 펜실베이니아 대학이었다. 입학 허가를 받았을 때는 유머의 심리학과 관련해 몇 가지 실험을 해보겠다는 구상만 어렴풋하게 있었다. 그런 실험을 하면 코미디 클럽(comedy club : 미국의 지방 도시에 있는 클럽으로, 나이트클럽과 비슷하나 손님들은 이곳에서 춤을 추거나 술을 마시는 대신 코미디언 지망생들의 만담 공연을 보며 웃고 즐김—옮긴이)에 가서 보내는 시간이 많아질 테니, 연구를 즐겁게 진행할 수 있을 것만 같았다.

필라델피아에 도착하고 일주일이 지났을 때였다. 나는 조너선 배런(Jonathan Baron)이라는 교수와 이야기를 나누게 되었는데, 그는 사람들이 어떤 식으로 사고하고 의사결정을 내리는지 연구하고 있었다. 내가 철학에 (턱없이 짧은) 배경지식이 있던 터라 우리 둘은 윤리학을 두고 한바탕 신나게 토론을 벌였다. 그러는 사이 배런 교수가 내게 거침없이 이런 질문을 던졌다. "**도덕적** 사고와 다른 종류의 사고, 이 둘에 과연 차이가 있을까?" 나는 도덕적 쟁점과 관련된 사고 (낙태가 잘못인지 결정해야 하는 경우처럼)는 다른 종류의 사고(오늘 저녁 어디서 식사를 할 것인지 결정하는 경우처럼)와는 다른 것 같다고 답했다. 그 이유는 도덕적 쟁점을 두고 결정을 내릴 때는 자신의 도덕적 판단을 정당화하기 위해 여러 이유를 대야 할 필요성이 훨씬 커지기 때문이었다. 배런 교수는 내 대답에 열과 성을 다해 응해주었고, 우리는 어떻게 하면 실험실에서 도덕적 사고와 다른 사고를 비교할 수 있을지 여러 가지로 방법을 논의했다. 이튿날 나는 뭔가 이룰 것 같은 의욕 하나만 믿고 배런 교수에게 지도교수가 되어줄 것을 부탁하러 갔고, 그렇게 도덕심리학에 관한 나의 연구는 시작되었다.

1987년만 해도 도덕심리학은 발달심리학의 하위 분야에 속해 있었다. 그래서 도덕심리학 연구가들이 초점을 맞춘 질문도 주로 규칙(특히 공평성 규칙)에 관련된 사고를 아이들이 어떻게 발달시키는가 하는 것이었다. 이러한 연구 이면에는 다음과 같은 근본적 물음이 숨어 있는 셈이었다. 아이들은 옳고 그름을 어떻게 해서 알게 되는가? 즉, 도덕성이 처음 형성되는 곳은 어디인가?

이 질문에는 으레 두 가지 대답이 나오곤 한다. 천성 아니면 양육, 둘 중 하나라는 것이다. 천성 쪽에 손을 들었다면, 당신은 **선천론자**인 셈이다. 선천론자는 도덕적 앎이 우리 마음에 원래부터 들어 있었다고 믿는다. 그것이 미리 자리 잡은 까닭은, 《성경》에서 말하듯 하느님이 우리 가슴에 그 내용을 새겨놓았거나 다윈의 주장처럼 우리의 진화한 도덕적 감정 속에 그 내용이 들어 있기 때문일 것이다.[2]

한편 양육을 통해 도덕적 앎이 생겨난다고 믿는 쪽이라면, 당신은 **후천론자**(empiricist)인 셈이다.[3] 이런 사람들은 갓 태어난 아이들이 거의 텅 빈 서판(존 로크의 표현을 빌리자면)에 가까운 상태라고 믿는다.[4] 더구나 도덕성이란 나라나 시대마다 다 다른 법인데, 그것이 어떻게 선천적일 수 있다는 말인가? 따라서 우리는 어린 시절 스스로의 경험을 통해 배운 것과 옳고 그름에 대한 어른들의 이야기를 통해 성인으로서의 윤리 의식을 형성하는 것이 틀림없다고 후천론자들은 생각한다('empirical'이라는 말 자체가 "관찰이나 경험을 통해 얻은"이라는 의미이다).

그러나 후천론도 결국은 답이 아니었다. 그래서 1987년도에 도덕심리학은 도덕성의 기원에 대해 제3의 대답을 내놓기에 주력하고 있었다. 거기서 나온 답이 **합리주의**로, 여기서는 도덕이 무엇인지를 아이들이 스스로의 힘으로 알아낸다고 주장했다. 고금을 통틀어 가장 위대한 발달심리학자 장 피아제(Jean Piaget)는 고국 스위스에서 연구를 시작할 때만 해도 연체동물 및 곤충을 다루던 동물학자였다. 동물 연구에서 그가 매료되었던 부분은 동물들이 스스로 발달단계를 거치며 전혀 다른 모습으로 탈바꿈한다는 것이었다(즉, 애벌레가 나비가 되는 모습 등). 그래서 나중에 동물에서 방향을 틀어 아동을 연구하게 되었을 때에도 그는 발달단계에 갖고 있던 그 흥미를 아이들에게 그대로 적용했다. 아이들의 능력은 제한되어 있는데도(단순한 애벌레) 어떻게 거기서 정교한 성인의 사고(인지력이 있는 나비)가 나오는 것인지 그는 알고 싶었다.

그래서 피아제는 아이들이 범하는 여러 오류에 초점을 맞추었다. 예를 들어, 아이들 앞에서 똑같은 유리컵 두 개를 준비해 거기에 똑같은 양의 물을 붓고 이 두 유리컵에 똑같은 양의 물이 들어 있는지 아이들에게 물었다(아이들은 "네"라고 대답한다). 그런 다음 피아제는 길쭉하게 생긴 유리컵을 하나 가져다 아까의 두 유리컵 중 하나의 물을 붓고, 이번에는 길쭉한 유리컵과 물을 그대로 둔 유리컵에 똑같은 양의 물이 들어 있는지 물었다. 그러면 예닐곱 살이 채 안 된 아이들은 물 높이가 더 높기 때문에 길쭉한 컵에 물이 더 많이 들어 있다고 대답한다. 이 나이의 아이들은 유리컵에 물을 옮겨 담아도 총량은 그대로라는 사실을 아직 이해하지 못하는 것이다. 더구나 이때에는 물의 양이 그대로라고 어른들이 설명해주어도 아무 소용 없는 것으로 드러났다. 특정 연령(및 인지능력이 생기는 단계)에 이르기 전까지는, 그래서 마음의 준비가 되기 전까지는, 아무리 설명을 해주어도 아이들이 알아듣지 못하는 것이다. 그러다 나이가 들어 준비만 되면 아이들은 유리컵에 물을 담으며 노는 것만으로도 스스로 그 이치를 깨친다.

다시 말해, 물의 양이 보존된다는 사실은 선천적으로 이해하는 것도 아니요 어른에게서 배우는 것도 아니라는 이야기였다. 아이들은 **스스로 그 이치를 깨치는데**, 다만 그러려면 반드시 마음의 준비가 되어야 하고, **더불어** 거기에 맞는 적절한 경험이 주어져야 한다.

이러한 인지능력 발달 접근법은 피아제가 아동의 도덕적 사고를 연구할 때에도 그대로 적용되었다.[5] 그는 아이들 틈에 쪼그려 앉아 구슬치기 놀이를 하면서 때로는 일부러 규칙을 어겨보기도 하고 때로는 바보같이 구슬을 치기도 했다. 아이들은 그의 실수에 반응을 보였는데, 그 과정에서 규칙을 지키고, 규칙을 바꾸고, 차례를 지키고, 싸움을 가라앉히는 아이들의 능력이 점점 발달해가는 것이 드러났다. 그리고 그러한 지식 성장은 아이들의 인지능력이 성숙할 때와 마찬가지로 체계적인 단계에 따라 이루어졌다.

피아제의 주장에 따르면, 아이들이 도덕성을 이해하는 것은 그들이 유리컵에 담긴 물의 원리를 이해하는 것과 비슷했다. 즉, 도덕성에 대한 이해는 선천적이라고 할 수 없었고, 그렇다고 그것을 어른에게서 직접 배운다고도 할 수 없었다.[6] 그보다는 아이들이 다른 아이들과 놀며 도덕성에 대한 이해를 **스스로 세워나간다**고 보는 것이 맞았다. 아이들이 놀 때 서로 차례를 바꾸는 것은 물을 이 컵 저 컵에 옮겨 담는 것과 비슷한 원리인 셈이다. 또 세 살짜리 아이들에게는 물의 총량이 보존되는 원리를 아무리 설명해도 모르는 것처럼, 아직 준비가 덜 된 아이들에게는 공평성 개념을 귀에 못이 박히도록 설명해도 그것이 무엇인지 알지 못한다.[7] 그러다 이제 대여섯 살이 되어 친구들과 함께 놀이도 해보고, 말다툼도 벌여보고, 함께 힘도 합쳐 본 후에는 차차 공평성이 무언지 알아가게 되는데, 이것이 어른들에 게서 듣는 그 어떤 설교보다도 훨씬 더 효과가 있다.

이렇게 애벌레가 자라나 나비가 되듯이 우리 인간이 합리적 존재 로 성장할 수 있다는 것이 바로 심리학적 합리주의의 본질이다. 애 벌레가 잎사귀를 충분히 갉아 먹으면 결국에는 몸에 날개가 돋아난 다. 그러니 아이들도 차례 바꾸기, 함께 나누기, 운동장에서의 공정 한 원칙을 몸으로 충분히 경험하고 나면 결국에는 윤리적인 존재가 될 것이고, 나아가 이 합리적인 능력을 활용하면 아무리 난처한 문제 라도 자기 힘으로 해결할 수 있게 될 것이다. 합리성은 인간이 본래 가지고 있는 천성이며, 훌륭한 도덕적 추론 능력을 갖추었다는 것은 곧 인간이 발달 과정을 완전히 마쳤다는 이야기이다.

사실 철학에서도 그 역사가 길고 복잡한 것이 합리주의이다. 따라 서 내가 이 책에서 **합리주의자**라고 할 때에는, 도덕적인 지식을 얻는 데 있어 인간의 추론 능력을 가장 중요시하고 신뢰하는 사람을 통칭 하는 것으로 한다.[8]

한편 피아제가 품었던 통찰력을 접하고 그 지평을 더 넓힌 인물이 있었으니, 바로 로런스 콜버그(Lawrence Kohlberg)였다. 그는 1960년 대의 도덕성 연구에 일대 혁명을 일으켰고, 여기에는 두 가지의 핵 심적 혁신이 주효했다.[9] 그중 첫 번째는, 피아제의 관찰에서 나타나 듯이 아동의 도덕적 추론 능력은 시간이 가면서 변화하는데, 그 양 상을 구체적으로 수량화할 수 있는 방법을 만들어낸 것이었다. 이를 위해 콜버그는 도덕적 딜레마에 해당하는 몇 가지 사례를 만들어 다양한 연령의 아이들에게 제시하고, 아이들이 대답을 내놓으면 그 내용을 기록하여 부류별로 나누어 정리했다. 딜레마의 사례로는 다음과 같은 것들이 있었다. 하인츠라는 남자의 아내가 병에 걸려 죽어가고 있다. 남편이 아내를 살리기 위해 약국에 몰래 들어가 약을 훔쳐온다면 이것은 올바른 행동일까, 아니면 잘못된 행동일까? 또 루이즈라는 소녀가 있다. 루이즈는 동생이 엄마에게 거짓말한 것을 알았을 때 그것을 알려야 할까, 알리지 말아야 할까? 이 딜레마들에서 아이가 긍정과 부정 중 어느 쪽의 답을 하느냐는 그다지 중요하지 않았다. 그보다는 아이들이 이 딜레마에 답을 하면서 어떤 '이유'로 설명하려고 하느냐가 중요했다.

콜버그는 사람들이 어울려 사는 **사회적** 세계에 대한 아동기의 추론 능력 속에서 6단계의 발달단계를 발견할 수 있었는데, 이는 아동기의 **물리적** 세계에 대한 추론 속에서 피아제가 발견한 발달단계와 잘 맞아떨어지는 것이었다. 아동은 나이가 어릴 때는 어떤 사람이 그 행동을 해서 벌을 받았는가와 같은 무척 피상적인 특징을 보고 옳고 그름을 판단하는 경향이 있었다(어떤 어른이 어떤 행동을 해서 벌을 받았다면 그 행동은 틀림없이 잘못된 것이다). 발달의 이 첫 두 단계에 콜버그는 도덕적 판단의 '규약 미정립기'라는 명칭을 붙였는데, 피아제의 발달 이론에서는 피상적 특징만 보고 물리적 세계를 판단하는 단계에 해당한다(유리컵이 길쭉하면 그 안에는 더 많은 물이 들어 있다).

그러나 초등학교에 들어가면 아이들은 대개 두 단계로 이루어진 '규약 정립기'에 진입하여 규칙 및 사회적 규약을 곧잘 이해하고, 심지어 그것을 제법 교활하게 다룰 줄도 알게 된다. 유치하기 짝이 없는 규칙을 자기들끼리 내거는 때가 바로 이 시기로, 형제자매 틈에서 자란 사람이라면 대개 그러며 놀았던 기억이 눈에 선할 것이다("지금 나는 너 때리는 거 아냐. 네 손을 집어다 때리는 거니까. 왜 자꾸 네가 너를 때리니!"). 일반적으로 이 단계의 아이들은 규칙 준수에 꽤 신경을 쓰며 권위에도 커다란 존중을 표한다(적어도 말로는 항상 그런데, 행동이 더러 엇나간다). 초등학생 때에는 아이들이 권위의 정당성에 의문을 던지는 경우가 좀처럼 없다. 심지어 어른들이 짊어지운 제약을 틀 안에서 교묘히 이용할 줄 알게 되어도 어른들이 가진 권위의 정당성에까지는 의문을 던지지 않는다.

그러나 콜버그가 밝혀낸 바에 따르면, 사춘기를 지나고부터는(피아제도 바로 이때부터 아이들에게 추상적 사고 능력이 생긴다고 말했다) 아이들 일부가 권위의 본성, 정의의 의미, 갖가지 규칙과 법칙의 이면에 깔린 이유들을 스스로 생각해보기 시작한다. '규약 탈피기'에 해당하는 두 단계 동안에도 10대 청소년들은 여전히 정직을 중요시하고 규칙과 법률도 존중하는 모습을 보인다. 하지만 전 같지 않게 이제는 정직하지 못하거나 법을 어기는 행동도 더 숭고한 가치를 위해서라면(특히 정의를 위해서라면) 정당화하는 경우가 생긴다. 그런 아동들은 한껏 의욕에 찬 합리주의자의 모습을 보이는데, 콜버그는 그 모습을 자기 손으로 일관된 윤리 체계를 정립하려고 노력하는 '도덕철학자'의 모습으로 그려냈다.[10] 아이들의 능력은 이 규약 탈피기 단계에 들어서 마침내 무르익는 것이다. 그리고 이 단계 들어 현격히 발전을 보이는 아동의 도덕적 추론 능력을 측정할 때에도 콜버그는 자신이 만든 딜레마들을 십분 활용했다.

진보파의 공통분모

마크 트웨인(Mark Twain)이 생전에 남긴 말 중 이런 것이 있다. "망치를 손에 든 사람에게는 모든 것이 못으로 보이는 법이다." 콜버그는 갖가지 도덕적 딜레마를 만들어내고 거기에 채점 기법까지 마련함으로써 심리학계에 망치를 새로 쥐어준 것이나 다름없었다. 심리학과 대학원생들은 너도나도 이 연장을 가져다 도덕적 추론 능력을 주제로 학위논문을 써내기에 여념이 없었다. 그러나 당시 합리주의자 관점에서 도덕성 연구를 시작한 젊은 심리학도가 그토록 많았던 데에는 좀 더 뿌리 깊은 이유가 있었고, 이것은 콜버그가 이룬 위대한 혁신 두 번째에 해당하기도 한다. 콜버그는 자신의 연구물을 일종의 과학적 논거로 활용하여 비종교적이고 진보적인 도덕 질서 정립을 정당화했던 것이다.

　콜버그가 내놓은 연구 결과 중에도 영향력이 가장 컸던 것은, 도덕적으로 가장 발달한 아이(콜버그의 채점 기법으로 따졌을 때)는 역할 바꾸기를 평상시에 자주 접하는 아이라는 사실이었다. 역할 바꾸기란 자기 자신을 상대방의 입장에 놓아보고 어떤 문제를 그 사람의 관점에서 바라보는 것을 말한다. 그런데 평등한 관계(또래 사이)에서는 이것이 쉽지만, 수직적 관계(선생님이나 부모와의 관계)에서는 이것이 여의치 않다. 태어나서 한 번도 선생님이 되어본 적이 없으니 아이로서는 선생님 관점에서 사물을 바라본다는 게 여간 어려운 일이 아니다. 부모를 비롯한 권위적 존재가 도덕 발달에는 **장애물**로 작용한다는 것이 피아제와 콜버그의 공통된 생각이었다. 물리적 세계에 대해서 우리가 아이에게 뭔가 가르치고 싶은 것이 있을 때에는 아이에게 컵과 물을 가져다주고 그것으로 놀이를 하게 하면 된다. 물의 총량 불변의 원리를 굳이 말로 가르치려 들지 말고 말이다. 아이에게 사람과 어울려 사는 사회적 세상에 대해 가르치고 싶을 때도 이와 마찬가지여서, 다른 아이들과 어울려 놀게 내버려두고 다툼도 자기들끼리 해결하도록 한다. 십계명을 구구절절 말로 가르칠 필요가 없는 것이다. 나아가 이들은 제발 아이들에게 하느님이나 선생님이나 부모에게 복종할 것을 강제하지 말라고 했다. 그랬다간 아이들이 규약 정립기에서 영영 벗어나지 못하는 결과만 초래될 뿐이라는 것이다.

콜버그의 타이밍은 그야말로 완벽했다. 그가 도덕심리학을 정의의 찬가로 만들며 베이비붐 세대 정서에 친숙하게 탈바꿈시킨 바로 그 무렵, 대학원에도 마침 베이비붐 세대의 첫 물결이 밀려들었던 것이다. 더구나 이들에게는 콜버그의 연장이 있었으니, 그것만 가지면 아이들이 정의라는 진보적 이상을 향해 발달해가는 과정을 구체적으로 측정까지 할 수 있었다. 그래서 그 후 25년간(1970~1990년대 전반에 걸쳐) 도덕심리학자들이 한 일이란 대개 어린이를 대상으로 도덕적 딜레마를 인터뷰하고, 그들이 내놓는 정당화 근거를 분석하는 것이었다.[11] 물론 이런 작업 대부분은 신중하고 정직하게 진행된 과학적 연구였지, 정치적 동기는 깔려 있지 않았다. 그러나 연구의 틀 자체가 벌써 도덕성을 정의로 규정짓고, 권위·위계·전통의 가치는

바른 마음

깎아내리고 있었다. 그러다 보니 당시 연구에 담긴 세계관은 당연히 비종교적이고, 탐구적이고, 평등주의적일 수밖에 없었다.

아이들도 마땅히 지켜야 할 것을 알고 있다

우리가 아이들을 억지로 앉혀놓고 복잡한 생각에 대해 설명할 것을 요구한다고 해보자. 이를테면 권리 행사와 정의 실현의 두 가지 목표가 상충할 때 어떻게 하면 갈등을 잘 조정할 수 있을까. 나이가 어릴 때는 조리 있게 말하는 솜씨가 해가 다르게 쑥쑥 늘기 때문에, 이런 방식에서라면 연구 결과에 연령별 추세가 뚜렷이 나타나는 게 당연하다. 그러나 도덕적 개념이 처음 형성될 때를 주제로 연구하는 것이라면, 아이들의 말솜씨가 그다지 필요하지 않은 기법을 찾는 것이 옳지 않을까. 그래서 그런 기법을 만들어낸 이가 있었으니, 한때 콜버그 밑에서 수학한 심리학자 엘리엇 튜리얼(Elliot Turiel)이었다.

그가 창안해낸 혁신적 방법이란, 아이에게 다른 아이들이 규칙을 어긴 이야기를 짤막하게 들려주는 것이었다. 또 심층 질문에 들어가서도 아이가 "네", "아니요"로만 간단히 답하게 했다. 예를 들어, 교복 착용이 규칙인 학교가 있는데 한 남자아이가 사복을 입고 등교했다는 이야기를 들려주었다. 이야기가 끝나면 아이에게 전체 상황에 대한 판단을 물어보며 평가를 시작한다. "남자아이의 이런 행동은 괜찮은 걸까?" 그러면 아이들은 대개 "아니요"라고 답한다. 이어서 학교에 교복을 입어야 한다는 규칙이 있었는지 물어본다. "네." 그런 뒤에는 다음과 같이 탐색 질문(probe question)에 들어가 그 규칙이 어떤 종류인지 알아낸다. "만일 선생님이 그 남자아이에게 사복을 입고 와도 괜찮다고 한 경우라면 어떨까? 그때에는 그 애가 사복을 입어도 괜찮을까?" "만일 이런 일이 교복을 입으라는 규칙이 따로 없는 학교에서 일어난다면 어떨까? 거기서는 그 애가 사복을 입어도 괜찮을까?"

튜리얼의 연구 결과에 따르면, 아이들은 보통 다섯 살만 되어도 남자아이가 규칙을 어긴 것은 잘못이지만 선생님이 허락했거나 교복 착용 규칙이 없는 학교에서 일어난 일이라면 남자아이가 사복을 입어도 괜찮다고 말한 것으로 드러났다. 옷차림이나 먹을 것을 비롯해 생활의 각종 양식과 관련한 규칙은 일종의 **사회적 규약**(즉, 그것들은 임의적이고 상황에 따라 어느 정도 변할 수 있다는 사실)임을 아이들이 알고 있다는 이야기이다.[12]

그러면 이번에는 타인에게 해가 되는 행동을 가지고 아이들에게 질문해보자. 예를 들면, 한 여자아이가 놀이터에서 그네를 타고 싶어 그네 타던 남자아이를 밀어 떨어뜨렸다. 그러면 아이들은 아까와는 사뭇 다른 반응을 보인다. 여자아이의 행동은 잘못이며, 설령 선생님이 괜찮다고 했거나 그네에서 아이를 밀면 안 된다는 규칙이 학교에 없더라도 그것은 잘못된 행동이라고 거의 하나같이 입을 모은다. 남에게 해가 가지 않게 하는 규칙이 곧 **도덕적 규칙**임을 아이들이 알고 있다는 이야기이다. 여기서 튜리얼은 "사람들이 서로의 관계에서 마땅히 지켜야 할 정의, 권리, 복지"와 관련된 규칙이 곧 도덕적 규칙이라고 정의했다.[13]

다시 말해, 피아제나 콜버그의 애초 가정과는 달리 아이들은 어린 나이임에도 모든 규칙을 다 똑같이 다루지는 않는다. 도덕철학자처럼 유창한 말솜씨는 없을지언정 자신에게 주어지는 사회적 정보를 복잡다단한 방식으로 분류하느라 그들 역시 나름대로 바쁜 것이다. 남에게 해가 가지 않게 하는 규칙이 특별하고 중요한 의미를 가지며, 또 어디에나 적용되는 불변의 규칙이라는 것을 아이들은 일찌감치 깨닫는 것으로 보인다. 튜리얼은 이러한 깨달음이야말로 모든 도덕적 발전이 이루어지는 기본 토대였다고 말한다. 아이들은 "타인에게 해를 입히는 것은 잘못이다"라는 절대적인 도덕적 진리를 주춧돌로 삼고 그 위에 도덕에 대한 자신의 이해를 하나하나 건설해나간다는 것이다. 물론 문화마다 규칙의 세부 내용은 다를 수 있지만, 적어도 튜리얼이 연구한 문화에서는 어느 곳이나 아이들은 도덕적 규칙과 규약적 규칙을 구분하는 모습을 보여주었다.[14]

튜리얼이 도덕 발달에 대해 설명하는 것을 보면 콜버그의 설명과 여러 가지 면에서 차이를 보이지만, 둘의 연구가 담고 있는 정치적 함의는 비슷하다. 즉, 개개인에게 도리를 다하는 것이 도덕성의 핵심이라고 보는 것이다. 즉, 충성심·존경심·의무감·경건함·애국심·전통 등의 덕목보다는 타인에게 해를 가하지 않고 공평성을 지키는 것이 도덕성에서 중요한 부분이다. 한편 위계나 권위는 대체로 훌륭한 것이 못 된다(그러므로 제일 좋은 방법은 아이들이 스스로 깨치는 것이다). 따라서 학교나 가정에서는 권위주의적 원칙에 따라 어른들이 아이들을 훈련시키고 제약하기보다는 평등과 자율성으로 대표되는 진보적 원칙을 구현하려고 애쓰는 것이 바람직하다.

다른 세상에는 다른 도덕이 있나

존 배런의 교수실에 앉아 도덕성 연구의 결심을 굳혔을 당시에 벌써 도덕심리학 분야는 콜버그와 튜리얼 이 두 사람이 상당히 많은 것을 정의해놓은 상태였다.[15] 내가 막 발을 들인 그 분야는 활기찬 움직임을 보이며 쑥쑥 성장해가고 있었다. 그러나 나는 뭔가 석연치 않은 느낌을 지울 수 없었다. 그들의 연구에 깔린 정치 성향이 문제가 아니었다. 그때만 해도 나는 무척이나 진보적인 편이었고, 스물넷의 한창 젊은 나이라 로널드 레이건(Ronald Reagan)은 물론 그 이름에서부터 바름을 내거는 '도덕적 다수회(Moral Majority)'를 비롯해 보수파 단체라면 치를 떨었으니까 말이다. 그보다 도덕심리학 관련 글들은 뭐랄까, 너무 메말라 있다는 것이 내게는 문제로 보였다. 어린 시절 나는 터울이 별로 안 나는 두 누이 틈에서 자랐다. 우리는 매일같이 싸워댔다. 머리로 온갖 구질구질한 말장난을 짜내 그것으로 서로를 공격하면서 말이다. 이렇듯 우리 집에서는 누가 옳고 그르냐는 한껏 열 올리며 싸워야 하는 문제였는데, 내가 읽는 도덕심리학 논문들은 합리적 추론, 인지구조, 그리고 지식 영역으로 이야기가 끝났다. 너무 머리로만 따진다는 느낌이었다. 감정에 대한 언급은 거의 한마디도 없었다.

하지만 대학원 1학년생밖에 되지 않은 나로서는 내 안의 그 본능적 직감을 그대로 밀고 나갈 자신이 아직 없었고, 결국 우격다짐으로 스스로를 다잡으며 계속 책들을 읽어나갔다. 그러다 대학원 2학년에 접어들어 문화심리학 수업을 하나 수강하게 되었는데, 그것이

나를 완전히 사로잡았다. 수업을 가르친 이는 뛰어난 인류학자 앨런 피스크(Alan Fiske) 교수로, 많은 세월을 서아프리카에서 보내며 어떤 심리적 토대를 바탕으로 사람들의 사회적 관계가 형성되는지 연구한 분이었다.[16] 수업을 진행하며 피스크 교수는 수강생 모두에게 민족을 다룬 갖가지 글을 읽혔고(인류학자들이 현장에서 작성한 보고서인데, 분량은 책에 버금갔다), 각 글은 혈족 관계, 성생활, 음악 등 주제가 하나씩 있었다. 그러나 그것을 읽어보면 주제와는 상관없이 결국에는 도덕성이 주요 테마로 등장한다는 것을 알 수 있었다.

그때 읽은 책 하나가 수단의 아잔데족 사이에 행해지는 주술에 관한 글이었다.[17] 이 책을 읽어보면 주술에 대한 믿음이 세계 각지에서 정말 놀라울 정도로 유사하게 형성된다는 사실을 알 수 있다. 이는 결국 다음의 두 시나리오를 떠오르게 하는데, 이 세상에 주술의 힘이 정말로 존재한다는 이야기이거나, 아니면 (좀 더 가능성 높은 시나리오로) 인간 마음속의 무엇이 마녀라는 독특한 문화적 존재를 만들어낸다는 이야기일 것이다. 아잔데족 사람들은 여자는 물론이고 남자까지도 마녀가 될 수 있다고 믿었다. 이들은 마녀로 불리는 것을 두려워했다. 따라서 가급적 행동에 신중을 기했으니, 이웃의 화나 질투심을 돋우지 않기 위해서였다. 이 내용을 보고 나는 처음으로 그런 생각을 했다. 인간 집단이 초월적 존재를 상정하는 것도 어쩌면 이 우주를 설명하기 위해서라기보다는 자기들 사회의 질서를 바로잡기 위해서가 아니었을까 하는.[18]

당시 나는 필리핀 제도의 일롱고트족에 관한 책도 읽어볼 수 있었는데, 이 부족 젊은이들에게는 산 사람 목을 베어 오는 것이 곧 영예를 얻는 길이었다.[19] 더러 맺힌 원한이 있어 사람 목을 베는 경우는 서양 독자도 충분히 이해할 만한 살인 동기이다. 그러나 일롱고트족은 원한이 전혀 없는 생면부지의 사람들까지 이런 식으로 죽이는 경우가 많았다. 수수께끼 같은 이 살인에 대해 저자는 이렇게 설명한다. 남자들이 모인 소규모 집단에서는 분노와 갈등이 쌓이기 마련인데 그런 감정을 해소하는 수단으로 '사냥 파티'를 벌이고, 그로써 집단의 힘을 다진다는 것이다. 이러한 사냥 파티는 긴 밤을 지새우며 함께 축하 노래를 부르는 것으로 마무리된다. 이 내용을 보고 나는 처음으로 그런 생각을 했다. 종종 도덕성과 관련해서는 집단 '내부'에서 갈등이 생길 수 있으며, 나아가 그것이 다른 집단과의 경쟁으로 이어질 수 있다는 점을 말이다.

다양한 민족을 다룬 이런 글들은 대단히 흥미로웠다. 글솜씨도 매우 훌륭했고 처음 접하는 기묘한 내용임에도 직관적으로 이해할 수 있었다. 한 권 한 권을 읽고 나면 마치 내가 알지 못하는 새로운 나라에서 일주일을 머물다 온 것 같은 느낌이었다. 처음 발을 들였을 때는 물론 혼란스럽지만, 시간이 흘러 차차 그곳 사정에 나를 맞추면 나중에는 이제 이런 일이 벌어지겠거니 하고 쉽사리 맞히게까지 된다. 더구나 어떤 식으로든 외국을 다니다 보면, 그 나라에 대해서는 물론 내가 발 딛고 사는 나라에 대해서도 그만큼 많은 것을 알게 되는 법이다. 그 책들을 읽고 나니 미국과 서유럽이 인간 역사에서 찾아보기 힘든 매우 독특하고 예외적인 곳으로 보이기 시작했다. 인류학자들의 책을 보면 세상에는 실로 무수한 도덕적 질서가 있는데, 미국과 서유럽은 그것들을 나름의 방법으로 단출하게 간추린 새로

바른 마음

운 사회였던 것이다.

우리의 도덕적 질서가 단출하다는 사실은 인류학자들이 말하는 이른바 '순결'과 '오염' 규칙이 우리 사회에는 적다는 것에서 가장 실감 나게 드러난다. 일례로 뉴기니의 후아족이 우리와 얼마나 다른지 한번 살펴보자. 이 부족은 음식에 대한 갖가지 금기 사항을 마치 그물망처럼 세세하게 정해놓아서, 이에 따르면 남자용 음식과 여자용 음식이 따로 있다. 남자아이의 경우 성인 남자가 되려면 여자의 질과 비슷한 것은 절대로 입에 대어선 안 되었는데, 붉은빛이 도는 것, 축축한 것, 끈적끈적한 것, 구멍에서 나온 것, 털이 나 있는 것이 금기 음식에 포함되었다. 이런 규칙을 처음 접한 사람들에게는 그 내용이 그저 자의적 성격의 미신에다 가부장제의 성차별주의를 뒤섞어놓은 것처럼 보일 것이다. 튜리얼도 후아족의 이런 규칙이 사회적 규약의 성격을 가졌다고 보았는데, 후아족 사람들은 다른 부족 남자들까지 이런 규칙을 지킬 필요는 없다고 여겼기 때문이다. 그러나 이들이 음식에 대한 나름의 규칙을 도덕적 규칙으로까지 여긴 것은 분명해 보인다. 후아족의 일상 대화에서는 음식 규칙에 대한 이야기가 늘 빠지지 않았고, 개개인이 먹는 음식과 식습관을 가지고 서로를 판단했으니 말이다. 안나 메이그스(Anna Meigs)가 이른바 '몸의 종교'라고 부른 것이 이들에게는 삶, 갖가지 의무, 그리고 인간관계를 다스리는 힘이었다.[20]

그러나 신체적 관습이 도덕적 관습까지 될 수 있다고 믿은 것은 단지 사냥과 채집으로 살아가는 열대우림의 원시 부족만은 아니었다. 《구약성경》을 읽었을 때 나는 놀라움을 금치 못했는데, 애초 서양 세계의 도덕성을 형성시킨 한 요소인 《성경》 곳곳에 음식·월경·성생활·피부·사체 처리법에 관한 규칙이 들어 있었기 때문이다. 물론 상당량의 지면을 할애해가며 나병을 다룬 〈레위기〉의 경우처럼, 질병 예방을 목적으로 하는 것도 더러 있었다. 그러나 《성경》의 규칙 중에도 감정적인 논리에 따라 혐오감을 피하는 사례도 많은 것으로 보였다. 예를 들어, 《구약성경》에서는 유대인에게 "땅을 기어 다니되 떼지어 몰려다니는 것들은" 입에 대지 말 것이며, 심지어 손도 대지 말라고 명한다(생쥐 한 마리보다는 우글우글 떼를 지은 생쥐가 훨씬 더 징그러운 법이다).[21] 이 외에도 개념 논리를 따르는 것들이 있었는데, 정해진 범주를 순수하게 지키고 서로 다른 것을 한데 뒤섞지 말라는(두 가지 섬유를 섞어 옷을 짓지 말라는 등) 식이었다.[22]

우리는 이를 어떻게 받아들여야 할까? 튜리얼의 주장처럼 타인에 대한 피해 유무가 도덕성의 핵심이라면, 대부분의 비서양권 문화에서는 어떻게 타인에 대한 피해와 전혀 상관없는 많은 관습이 도덕의 위치에까지 오를 수 있었던 것일까? 기독교도와 유대교도 가운데 "신앙심에는 늘 청결이 따른다"라고 믿는 이가 많은 것은 어떤 까닭에서일까?[23] 더구나 서양인 중에는(굳이 종교인이 아니라도) 음식과 성생활에서 도덕적 가치를 무겁게 부여하는 이가 여전히 많은데, 그 까닭은 무엇일까? 오늘날 우리만 봐도 진보주의자들은 때로 종교적인 보수주의자를 겨냥해 그들이 성(性)에 내숭을 떤다고 비아냥거린다. 결혼 생활에서의 정상적인 성교 외에는 모든 성생활을 죄악시한다며 비꼬는 것이다. 그러나 보수파 쪽에도 진보파를 놀릴 소재는 충분하니, 진보주의자들은 아침 한 끼를 선택하는 데에만 해도 대단한 노력을 기울인다. 계란은 놓아기른 유정란인지, 커피는 공정 무역 원두인지, 식자재는 자연산인지를 도덕적 차원에서 꼼꼼히 저울질한다는 것이다. 더불어 진보주의자들은 갖가지 독소에도 관심을 기울이는데, (유전자 변형 콩이나 옥수수 같은) 일부 독성 물질은 생물학적 면보다 오히려 영적인 면에 더 큰 위협이 된다고 여긴다. 튜리얼의 주장처럼 정말 아이들이 타인에 대한 피해 유무로만 비도덕적인 행동을 가려낸다면 순결 및 오염에 관한 그 모든 원칙을 서양 아이들은 스스로의 힘으로 세워나간다는 이야기일 텐데, 그 점이 나로서는 도무지 이해되지 않았다(금기가 존재하는 아잔데족, 일롱고트족, 후아족 아이들은 이해한다고 쳐도 말이다). 남의 입장이 되어 그들의 고통을 느끼는 것, 그것만으로 아이들의 도덕 발달이 이루어지지 않는 것이 분명했다. 틀림없이 합리주의를 넘어서는 무엇이 있을 터였다.

슈웨더와 튜리얼의 대논쟁

인류학자들이 도덕성에 대해 쓴 글은 내가 전에 읽었던 심리학자들의 글과는 사뭇 달라 둘이 서로 다른 언어를 쓰는 것처럼 보일 정도였다. 하지만 때마침 로제타석(Rosetta Stone)이 나타나준 덕에 나는 인류학과 심리학 사이에 서서 그 뜻을 읽어낼 수 있었다. 한때 피스크의 지도교수였다가 현재 시카고 대학에 재직 중인 리처드 슈웨더(Richard Schweder)가 논문 한 편을 출간했던 것이다.[24] 심리인류학자인 슈웨더는 한때 인도 동부 연안의 오리사(Orissa)라는 지역에 머물며 그곳에서 생활하고 일한 적이 있었다. 오리사에서 지내는 동안 그는 오리야족(오리사 거주민)과 미국인이 개성 및 개인과 관련해 사고방식에 확연히 차이가 난다는 것을, 그로 인해 도덕성에 관한 사고방식도 그만큼 큰 차이가 난다는 것을 알 수 있었다. 인간을 별개의 개인으로 보는 서양인의 사고가 사실은 무척 유별난 것임을 슈웨더는 인류학자 클리퍼드 기어츠(Clifford Geertz)의 말을 빌려 이렇게 이야기한다.

서양의 사고에서 개인은 경계가 정해져 있고, 고유성을 지니며, 동기와 인식을 가진 하나의 통합된 우주이다. 또 개인은 인식, 감정, 판단, 행동의 역동적 중추로서 각종 기관을 갖추어 별개의 온전한 존재로 기능한다고 여겨진다. 이 온전한 존재는 자신과 유사한 별개의 존재와 대립하는 것은 물론, 자신을 둘러싼 사회 및 자연의 주변 환경과도 대립한다. 그러나 우리 머릿속에 이런 개념이 아무리 뿌리 깊이 박혀 있다 해도, 세계 문화 전반의 맥락에서 봤을 때 개인에 대한 이러한 사고는 다소 특이한 것이 아닐 수 없다.[25]

문화에 따라 자아의 개념이 이토록 차이 나는 이유에 대해 슈웨더는 한 가지 간단한 사상을 가져다 설명한다. 모든 사회는 사회질서를 바로잡는 방식에 대해(즉, 개인과 집단의 요구가 상충할 때 가장 막강한 존재가 이를 어떻게 조율할지를 두고) 몇 가지 문제를 풀지 않으면 안 된다. 이 문제를 다루는 해법을 크게 나누면 다음의 두 가지이다. 첫째로, 이제까지 대부분의 사회가 택해온 것은 **사회중심적** 해법이었다. 이는 집단 및 기관의 요구를 우선순위에 놓고 개개인의 요구는 그 아래에 두는 것을 말한다. 이와는 반대로 **개인주의적** 해법에서는 개인을 중심에 놓고 사회에 개인의 종복 역할을 맡긴다.[26] 고대에만 해도 세계 대부분에서는 사회중심적 해법이 지배적이었으나, 계몽주의 시대를 거치면서부터 그에 대항하여 개인주의적 해법이 막강한 라이벌로 부상했다. 그러다 최근 들어서는 사회중심적 해법에서 개인주의적 해법 쪽으로 승세가 완전히 넘어간 형국이다. 20세기 들어 개인의 여러 권리가 급격히 확장된 데다 소비자 문화도 널리 확산되었기 때문이다. 여기에 극사회중심적(ultrasociocentric) 성향의 파시스트 및 공산주의 제국이 갖가지 만행을 저지르며 서양 세계를 공포에 질리게 한 것도 한 원인이었다(사회적 안전망을 튼튼히 갖춰놓은 유럽의 국가들을 이런 의미의 사회중심적 국가라고 할 수는 없다. 이들은 그저 삶의 험난한 파도에 개인들이 휩쓸리지 않도록 든든한 보호막 역할을 해주는 것뿐이니까).

슈웨더가 보기에 콜버그와 튜리얼의 이론은 개인주의 문화 속에 사는 사람들에 의해, 그리고 그들을 위해 만들어진 것이었다. 그런 이론이 과연 오리사에도 적용될 수 있을지 그는 의문이었다. 오리사는 사회중심적 도덕성이 발달한 데다 개별 자아들도 상호 의존적으로 얽혀 있는 곳이었다. 더구나 이곳에서는 도덕적 규칙(타인에게 해가 가지 않도록 규제하는 것)과 사회적 규약(피해와 직접 관련이 없는 행동을 규제하는 것) 사이에 확실하게 선이 그어져 있지도 않았다. 자신의 생각을 검증해보기 위해 슈웨더는 공동 연구자 둘과 힘을 합쳐 아주 짤막한 이야기 39개를 지어냈다. 이야기 속에서 특정 인물의 행동은 미국이나 오리사에서 규칙 위반으로 비칠 수 있는 것들이었다. 그러고 나서 연구진은 하이드 파크(Hyde Park : 시카고 대학 주변을 빙 둘러싼 인접 지역)에 사는 아동 180명(5~13세)과 성인 60명을 대상으로 인터뷰를 진행했다. 더불어 부바네스와르(오리사 내에 자리한 고대의 성지순례 지역)에 가서도 브라만 계층의 아동과 성인을 동일한 조건하에 인터뷰했으며,[27] 하층민(불가촉천민) 120명도 추가로 인터뷰했다. 전체 규모로 따지면 이는 엄청난 작업이었다. 성격이 전혀 다른 두 도시에서 600명을 대상으로 장시간 인터뷰를 진행하는 것이었으니 말이다.

이 인터뷰는 튜리얼의 연구와 거의 동일한 방식을 활용했으나, 튜리얼이 다루지 않은 많은 행동을 추가로 다루었다. 〈도표 1-1〉의 맨 위 칸에 보이는 것처럼, 타인에게 노골적으로 해가 가거나 타인을 공평하게 대하지 않은 사례가 나오면 피험자들(즉, 인터뷰를 받는 사람들)은 미국에 살든 인도에 살든 그런 행동을 비난하고 나섰다. 그런 행동은 분명 잘못이며, 더구나 때와 장소에 상관없이 잘못이라고 그들은 말했다. 하지만 미국인이 보기엔 분명 타인에게 해가 가거나 불공평한 상황임에도, 인도인들은 그런 행동을 굳이 비난하지 않는 경우도 있었다(중간 칸의 내용 참고).

39개의 이야기에는 대체로 타인에게 해가 될 것도 불공평할 것도 없는 상황이 그려져 있었다. 적어도 5세 아동은 이 이야기 중 명확히 해가 가거나 불공평한 상황은 하나도 없다고 보았고, 미국인도 거의 대부분 충분히 용인되는 행동이라고 답했다(〈도표 1-1〉의 맨 아래 칸 참고). 튜리얼의 예측대로라면 그런 행동에 인도인들이 잘못된 행동이라고 답한 것은 그저 사회적 규약을 어긴 것에 대한 비난이 된다. 그러나 인도인 피험자 대부분은(심지어 5세 아동조차도) 그런 행동이 어

　　　　　　　바른 마음

인도인과 미국인 모두가 잘못이라고 말한 행동 :

- 한 남자가 길을 걷고 있었다. 남자는 길 위에 개 한 마리가 누워 자는 것을 보고는 개에게 다가가 발로 걷어찼다.
- 아버지가 아들에게 말했다. "이번 시험을 잘 보면 만년필을 사 주마." 아들은 시험에서 좋은 성적을 거뒀지만, 아버지는 아들에게 아무것도 해주지 않았다.

미국인은 잘못이라고 했지만, 인도인은 괜찮다고 말한 행동 :

- 젊은 유부녀가 남편에게 이야기하지 않은 채 혼자 영화를 보러 갔다. 집에 돌아온 아내를 보고 남편이 말했다. "또 한 번 그랬다간 흠씬 두들겨 맞을 줄 알아." 아내는 또 혼자서 영화를 보러 갔다. 남편은 아내를 흠씬 두들겨 팼다(남편의 행동을 평가함).
- 슬하에 결혼한 아들과 딸을 하나씩 둔 남자가 있었다. 남자가 세상을 떠나자 아들이 아버지의 재산을 대부분 차지했다. 딸은 거의 아무것도 받지 못했다(아들의 행동을 평가함).

인도인은 잘못이라고 했지만, 미국인은 괜찮다고 말한 행동 :

- 스물다섯 살 된 아들이 집 안에서 아버지를 이름으로 부른다.
- 어떤 여자가 밥을 지었다. 그녀는 남편 및 오빠와 한자리에서 밥을 먹고 싶었다. 그래서 그들과 한 상에 앉아 밥을 먹었다(여자의 행동을 평가함).
- 나와 한동네에 사는 과부가 일주일에 물고기를 두세 번은 먹는다.
- 한 여자가 대변을 보고 난 후 옷을 갈아입지 않은 채로 요리를 했다.

〈도표 1-1〉 1987년 슈웨더, 마하파트라, 밀러의 공동 연구에 사용된 39개 이야기 중 일부

느 때건 어디서건 잘못이라고 말했다. 음식, 성생활, 의복, 이성 간 관계와 관련된 인도의 관습은 거의 백이면 백 사회적 규약이 아니라 도덕적 쟁점으로 판단되었다. 더구나 같은 도시일 경우 성인이나 아

동의 답변에 별 차이가 없었다. 한마디로 슈웨더는 오리사에 자리한 사회중심적인 문화 속에서는 사회 규약적 사고는 거의 흔적도 발견할 수가 없었다. 그의 표현을 빌리자면, 그곳에서는 "사회적 질서가 곧 도덕적 질서"인 것이다. 오리사에서는 도덕성이 훨씬 광범한 곳에 훨씬 빽빽이 자리 잡고 있어서, 관습이라고 하면 거의 어떤 것이든 도덕적 강제력을 지닐 수 있을 정도였다. 슈웨더의 이런 연구 결과가 정말 사실이라면, 튜리얼의 이론은 설득력을 잃는다. 타인에게 해를 끼치지 말아야 한다는 확신을 가지고 아이들이 스스로 도덕성을 깨치는 게 아니라는 이야기였으니 말이다.

더구나 시카고에서조차 슈웨더는 사회 규약적 사고에 대해 상대적으로 빈약한 증거밖에 발견하지 못했다. 연구에 사용된 이야기는 대체로 물고기 먹는 과부의 경우처럼 명확히 피해가 가지도 않고 부당하지도 않은 것들이었고, 예상대로 미국인들은 그런 경우에 대해 별문제가 없다고 답했다. 그런데 여기서 더 중요한 점은, 미국인 역시 이런 행동을 대중의 합의를 통해 얼마든 변화하는 사회 규약의 틀에서 보지 않았다는 점이다. 미국인들은 자신이 좋아하는 음식이 있으면 과부라도 얼마든지 먹을 수 있어야 한다고 생각했다. 만일 사람들이 과부의 자유를 제한하려 드는 나라가 있다면 그들은 잘못된 행동을 저지르는 것이다. 이는 미국에서조차 사회적 질서가 곧 도덕적 질서라는 이야기인데, 다만 그 질서는 개인주의적인 것이어서 개인의 보호와 자유를 중시하는 경향이 있다. 한마디로 도덕과 단순한 규약의 구별은, 도덕적 지식을 스스로 세워가며 아이들이 쓰는 연장이 아니었다. 그보다 도덕과 규약의 구별은 문화가 인위적으로 만들어내는 것임이 드러났다. 개인과 집단 간 문제를 개인주의적 틀에서 답하며 나온 필연적 부산물이었던 것이다. 내가 사회보다 개인을 우선시하는 사람이라고 치자. 그러면 나는 개인의 자유를 제한하는 규칙이나 사회적 관습에는 모두 다 의문을 품을 것이다. 어떤 사람을 피해에서 보호해주지 못하는 규칙이나 사회적 관습은 내게 도덕적으로 정당화되지 못하며, 그런 것은 단순히 사회적 규약일 뿐이라고 말이다.

슈웨더의 이 연구는 합리주의적 접근 방식 전반에 대한 정면공격이었으니, 튜리얼도 가만히 앉아 당하고 있을 수만은 없었다. 그는 장문의 반박문을 써서 슈웨더의 연구에 이용된 39개 이야기 상당수는 함정 질문과 다를 바 없다고 지적했다. 그 이야기들은 장소가 인도냐 미국이냐에 따라 그 의미가 매우 달라진다는 것이었다.[28] 예를 들어, 오리사의 힌두교도에게 물고기는 '뜨거운' 음식으로, 사람의 성욕을 자극한다고 믿어진다. 과부가 뜨거운 음식을 먹으면 누군가와 성교할 확률이 높아지고, 그것은 죽은 남편의 영혼에 화를 불러 그녀가 죽어서 더 높은 세상에 환생하지 못하게 만든다는 것이다. 튜리얼은 주장하길, 인도인들이 세상의 이치에 관해 갖고 있는 이러한 '사실적 가정'을 고려하면 39개 이야기는 대부분 그들의 도덕적 원칙에 위배되는 상황이나 **다름없었다**. 미국인들 눈에는 잘 안 보이지만 해를 입는 희생자가 엄연히 존재하는 것이다. 그렇다고 하면 슈웨더의 연구는 튜리얼의 주장과 모순될 것이 없었다. 정말로 인도인 피험자들이 슈웨더의 이야기들 속에서 피해 요소를 감지했던 것이라면, 슈웨더의 연구는 오히려 튜리얼의 이론에 힘을 실어주는 셈이었다.

역겨움과 경멸감

슈웨더의 연구를 읽고 또 튜리얼의 반박문을 읽었을 때, 내게는 반사적으로 두 가지 생각이 강하게 들었다. 우선은 내 머리가 튜리얼의 반론에 수긍하고 있다는 점이었다. 물론 슈웨더가 '함정' 질문을 쓴 것이 일부러 사람들을 속이려는 의도는 아니었다. 그저 음식·의복·호칭 등 일견 규약과 관련된 듯 보이는 여러 문제가 실제로는 도덕의 촘촘한 그물망에 단단히 얽혀 있는 걸 보여주기 위해서였을 뿐이다. 그렇다고 해도 튜리얼과 마찬가지로 나 역시 슈웨더가 중요한 실험 통제 요소를 한 가지 빠뜨렸다는 생각이 들었다. 피험자에게 직접 피해 요소를 묻지 않은 것이다. 만일 슈웨더가 오리사 사람들이 단순히 피해에만 국한해서 도덕성 문제를 생각하지 않음을 보여주고 싶었다면, 그는 **오리사의 사람들 스스로가** 어떤 행동에 피해자가 없다고 진술하고도 그 행동에 도덕적 비난을 가하는 모습을 보여주었어야 했다.

다음으로 들었던 생각은 궁극적으로는 슈웨더가 옳으리라는 직감이었다. 슈웨더가 사회중심적 도덕성을 설명하는 대목은 피스크의 수업 때 읽었던 다양한 민족지의 내용과 아귀가 척척 들어맞았다. 늘 지적인 차원의 인지 발달 이야기만 듣던 나로서는 도덕적 감정을 강조하는 슈웨더의 이야기가 그렇게 만족스러울 수 없었다. 누군가 나서서 제대로 된 연구(즉, 피해에 대한 인식을 통제한 연구)만 진행해준다면, 문화적 차이를 중시한 슈웨더의 주장은 학계의 검증을 거치고 무사히 살아남을 것으로 보였다. 다음 학기 내내 나는 어떻게 해야 내가 그런 연구자가 될 수 있을까 곰곰이 궁리하며 지냈다.

우선 나는 아주 짤막한 이야기부터 지어내기 시작했다. 이 이야기 속에서 사람들은 어딘지 모르게 불쾌한 행동을 하지만 그런 행동을 해도 피해를 입는 사람은 아무도 없다. 이 이야기들에 나는 '무해한 금기 위반 사례'라고 명칭을 붙였고, 여러분이 1장 도입부에서 읽은 개 이야기와 닭 이야기도 여기 들어 있던 것들이다. 나는 당시 이야기 수십 개를 지어낼 수 있었는데, 창작을 시작하고서 얼마 안 지나 내 목적에 가장 잘 부합하는 이야기들이 두 부류로 갈린다는 것을 알 수 있었다. 즉, 역겹거나 경멸감이 드는 이야기였던 것이다. 사람을 앉혀놓고 그에게 당장 혐오감이 들게 하되 그가 도덕적 비난은 하지 못하도록 그 상황에 희생당하는 피해자를 없애려면 방법은 간단하다. 역겹거나 지각없이 행동하는 사람 이야기를 들려주고, 이야기 속 주인공이 아무도 모르게 그런 행동을 하기 때문에 그 누구도 불쾌감을 느끼지 않는 상황을 만드는 것이다. 예를 들어 내가 만든 경멸감 사례에는 이런 이야기도 있었다. "한 여자가 벽장을 정리하다가 자신이 옛날에 쓰던 성조기를 발견한다. 성조기는 이제 더 이상 필요 없었기에 그녀는 성조기를 여러 장으로 잘라 화장실을 청소하는 걸레로 이용한다."

이렇듯 중요한 문화 규범에 대한 직감과 무해성에 대한 논리적 추론이 서로 대치하는 이야기들을 만들어놓고, 나는 그것들을 성인과 아동에게 각각 제시해볼 생각이었다. 그러면 직감과 논리 중 어느 것이 더 강력한 힘을 발휘하는지 살펴볼 수 있을 것이다. 튜리얼의 합리주의가 예측하는 바에 따르면, 도덕성 발달의 기반은 피해 유무를 판단하는 논리적 추론 능력이다. 따라서 튜리얼의 논리대로라면, 사람들은 개를 먹은 이야기를 들었을 때 설령 잘못이라고 말하더라도 도덕성보다는 사회적 규약을 어긴 차원에서 이야기해야 할 것이다(**물론 우리는** 개를 안 먹지만, 뭐 어쩌겠어요. 다른 나라 사람들이 키우던 개가 죽었을 때 그걸 땅에 묻어주기보다 먹고 싶어 한다면, 그걸 가지고 우리가 왈가왈부할 수 있을까요?). 한편 슈웨더의 이론이 맞는다면, 튜리얼의 이러한 예측은 개인주의가 일상화된 사회에서나 통할 뿐, 그 외 다른 지역에서는 통하지 않아야 할 것이다. 이로써 나의 연구 구상은 끝난 셈이었다. 이제는 그 '다른 지역'을 어디로 할지 찾아내기만 하면 되었다.

나는 에스파냐어를 꽤 잘하는 편이었다. 그래서 1989년 7월 부에노스아이레스에서 라틴아메리카 심리학자 대회가 대규모로 열린다는 사실을 알았을 때 얼른 비행기 표를 끊었다. 하지만 국제적 차원의 합동 연구를 시작하는 것에 대해서는 어떤 구상도 인맥도 없던 터라, 나는 무작정 도덕성과 조금이라도 관련 있는 내용의 강연은 하나도 빼놓지 않고 들어보았다. 하지만 결과는 낙심 그 자체였다. 강연 내용으로 봐서는 라틴아메리카의 심리학은 그다지 과학적인 수준이 못 되었다. 연구가 너무 이론에만 치우쳐 있던 데다 그 이론마저도 마르크스주의 색채가 강해 압제·식민주의·권력이라는 주제에 초점을 맞추고 있었다. 게다가 우연히 한 회의에 참석했는데, 거기서 일단의 브라질 심리학자들이 콜버그의 방법론을 가지고 도덕 발달을 연구하는 걸 보니 이제는 절망감까지 들기 시작했다. 그 회의의 의장 앙겔라 비아지우(Angela Biaggio)와 그녀 밑에서 공부하던 대학원생 실비아 콜러(Silvia Koller), 이 둘과 이야기를 나눈 것은 나중에 회의가 끝나고 나서의 일이었다. 두 사람 모두 콜버그의 접근 방식에 찬동하는 쪽이었지만, 대안적인 연구 방식이 있다는 이야기에도 흥미를 가지고 귀를 기울였다. 비아지우는 내게 심리학 대회가 끝나면 포르투 알레그레(Porto Alegre : 브라질 최남단인 히우그란지 주의 주도)에 있는 자기 학교에 들러보라고 제의했다.

브라질 남부 지방은 19세기 들어 포르투갈, 독일, 이탈리아 이민자들이 대거 정착한 곳이라 브라질에서도 유럽적 특색이 가장 강한 곳이다. 그곳에 도착해서 내 눈에 들어온 것은 현대적인 건축물이며 부유하게 살아가는 중산층이었다. 내가 상상하던 라틴아메리카와는 전혀 다른 포르투 알레그레의 모습에, 나는 처음에는 실망하지 않을 수 없었다. 오리사처럼 그야말로 이국적인 곳에서 비교 문화 연구를 해보고 싶던 것이 내 바람이었기 때문이다. 그러나 다행히도 실비아가 공동 연구자로서 대활약을 해주었으니, 우리 연구가 문화적 다양성을 더 갖출 수 있도록 두 가지 기막힌 아이디어를 내주었다. 먼저 그녀는 사회계층을 달리해 연구를 진행해보자고 했다. 브라질은 빈부 격차가 하도 커서 가난한 사람과 부자의 생활이 마치 서로 다른 나라에 사는 듯 차이가 난다. 그래서 우리는 고학력의 중산층 가정에서 사는 성인과 아동을 대상으로 인터뷰를 하는 것은 물론, 하층계급 사람들을 대상으로도 인터뷰를 진행하기로 했다. 하층계급의 성인은 부유층 가정에서 하인으로 일하는 사람들(거의가 중학교 교육까지만 받은 사람들)이 될 것이었고, 아동은 이런 하인들이 밀집해 사는 동네의 공립학교 아이들로 하기로 했다. 다음으로 실비아는 그녀의 친구가 헤시피(Recife : 브라질 북동 끝에 자리한 도시)라는 곳에 교수로 막 임용된 참인데, 그곳은 포르투 알레그레와 문화가 사뭇 다르다고 했다. 실비아의 주선으로 나는 다음 달 그녀의 친구라는 그라사 지아스(Graça Dias)를 찾아가 보기로 했다.

그 후 2주일간은 실비아와 함께 학부생으로 팀을 꾸려 준비 작업에 들어갔다. 무해한 금기 이야기들을 포르투갈어로 번역했고, 그중에서도 가장 적절한 이야기를 골라냈으며, 탐색 질문을 다시 매만졌다. 또 최저 학력의 사람도 인터뷰 내용을 충분히 이해할 수 있게(피험자 중에는 문맹자도 있었다) 테스트를 통해 오해의 소지를 확실히 없앴다. 이 작업까지 마치고서 나는 홀쩍 헤시피로 떠났다. 그리고 거기서도 포르투 알레그레에서와 똑같이 인터뷰가 진행되도록 그라사와 함께 학생들로 팀을 꾸려 훈련을 시켰다. 헤시피에 오니 그제야 열대우림의 이국땅에서 일하고 있다는 실감이 났다. 길거리에는 브라질의 전통음악이 은은히 울려 퍼지고 있었고, 나무에서는 다 익은 망고가 뚝뚝 떨어져 내렸다. 하지만 이보다 더 중요했던 것은, 브라질 북동쪽 지방 사람들은 조상이 대개 아프리카인과 유럽인의 혼혈이라는 것이었다. 더구나 헤시피는 포르투 알레그레보다 가난했고 산업화도 훨씬 덜 되어 있었다.

그런 다음 나는 필라델피아로 돌아와 내 나름으로 인터뷰 팀을 꾸려 훈련을 시켰고, 필라델피아에서 인터뷰를 받을 피험자 네 그룹에 대한 자료 수집도 감독했다. 이리하여 우리 연구는 '3·2·2' 짜임

새를 갖게 되었다. 세 개의 도시에서 인터뷰가 진행되고, 각 도시마다 두 개의 사회계층을 두며(상층과 하층), 각 사회계층마다 또 두 개의 연령 집단(10~12세 아동과 18~28세 성인)을 둔다는 뜻이었다. 그리하여 총 12개 그룹이 구성되었고 각 그룹마다 30명이 들어가니, 총 360명이 인터뷰에 참가하는 것이다. 이렇듯 피험자 규모가 꽤 컸기 때문에, 도시·사회계층·연령이 저마다 연구 결과에 얼마큼의 영향력을 갖는지도 통계 내볼 수 있다. 내 예측대로라면 세 도시 중 가장 개인주의적인 곳(나아가 튜리얼의 이론에 가장 잘 부합하는 곳)은 필라델피아일 것이었고, 가장 사회중심적인 곳(나아가 오리사에서와 비슷한 결과가 나오는 곳)은 헤시피가 될 것이었다.

　연구 결과는 그야말로 명약관화하게 슈웨더의 이론을 지지하고 있었다. 먼저, 필라델피아의 피험자 네 그룹 모두는 튜리얼의 연구 결과를 확인시키기라도 하듯 도덕 위반과 규약 위반을 확실히 구분하는 미국인의 모습이었다. 이를 확인하기 위해 나는 튜리얼이 연구에 사용한 이야기를 그대로 가져다 썼다. 즉, 여자아이가 그네에서 남자아이를 밀어 떨어뜨리는 이야기(사람들은 이를 확실한 도덕 위반의 사례로 보았다)와 교복을 입지 않고 학교에 가는 남자아이 이야기(이는 규약 위반의 사례로 보았다)를 이용한 것이다. 이는 연구의 방법론을 정당화하는 길이기도 했다. 도덕과 사회 규약의 차이를 이런 식으로 못 박아 이 두 이야기를 포함시켜두면, 무해한 금기 이야기에서 다른 결과가 나왔을 때 탐색 질문이나 면접관에게 뭔가 문제가 있어 그런 결과가 나온 것이라고 탓할 소지가 없어지기 때문이다. 브라질에서도 상류층은 튜리얼의 두 가지 이야기에 대해서 미국인과 생각이 똑같은 것처럼 보였다. 하지만 브라질의 노동자 계층 아이들은 달라서 교복을 입지 않는 것은 보편적으로 잘못이라고 답했다. 특히 헤시피에 사는 노동자 계층 아이들은 교복 안 입는 반항아를 또래를 미는 여자아이와 똑같은 방식으로 판단했다. 이러한 양상은 슈웨더의 이론을 뒷받침하는 것이다. 즉, 문화 집단에 따라 어디까지가 도덕이고 어디까지가 규약인지가 달라진다는 것이다.

연구에서 얻은 두 번째 발견은 무해한 금기 이야기에 대해 사람들은 슈웨더가 예측한 그대로의 반응을 보였다는 것이다. 필라델피아의 상류층에서는 그 이야기를 사회적 규약을 어긴 것으로 판단한 반면, 헤시피의 하층민은 도덕을 위반한 것으로 판단했다. 나아가 도시(포르투 알레그레의 시민들이 필라델피아 시민들보다 도덕의 범위가 넓었다), 사회계층(하층민이 상류층보다 도덕의 범위가 넓었다), 연령(아이가 어른보다 도덕의 범위가 넓었다)도 저마다 상당히 큰 영향력을 갖는 것으로 나타났다. 한 가지 예상치 못했던 점은, 도시보다도 사회계층이 갖는 영향력이 훨씬 더 크다는 사실이었다. 다시 말해 세 도시 어디든 고학력자들은 이웃의 하층민보다 오히려 다른 도시의 고학력자와 더 유사한 성향을 보였다. 도덕성이 차이 나는 곳을 찾겠다고 비행기를 타고 남쪽으로 무려 5000마일을 날아갔건만, 알고 보니 그 차이는 불과 몇 블록 떨어지지 않은 우리 학교 주변의 가난한 이웃과의 사이에 더 크게 자리 잡고 있었던 것이다.

세 번째 발견은, 피해에 관한 인식을 통제하자 이 모든 차이가 뚜렷해졌다는 것이었다. 나는 각 이야기가 끝날 때마다 면접자에게 다음과 같이 직접적인 탐색 질문을 던지도록 해두었다. "[이야기 속 인물이 취한} 그 행동이 누구에게 피해를 주었다고 생각합니까?" 튜리얼 은 슈웨더의 연구 결과를 반박할 때, 슈웨더의 이야기에 숨은 희생 자가 있었고 그것을 피험자들이 인식했기 때문에 그런 연구 결과가 나온 것이라고 했다. 이런 튜리얼의 주장이 옳다면 나의 경우 이 탐색 질문에 "네"라고 답한 피험자를 모두 빼버리면 문화 간 차이가 사라져야 했다. 하지만 실제로 이런 사람들을 골라 빼버리자 문화 차이는 줄어들기는커녕 오히려 **더 커졌다.** 이는 슈웨더의 주장을 아주 강력히 뒷받침하는 것이었으니, 도덕성은 단순히 피해 차원에만 국한되는 것이 아니었다. 내 인터뷰에 참가한 피험자 대부분은 무해한 금기 위반 이야기에 피해를 입는 사람이 전혀 없더라도 그것은 보편적으로 잘못이라고 말했다.

다시 말해 논쟁의 승자는 슈웨더로 결정 난 셈이었다. 나는 튜리얼의 연구를 그대로 본떠서 나 같은 사람(개인주의적 문화에서 자란 고학력자 서양인)을 대상으로 튜리얼의 방법론을 써봤지만, 결국 슈웨더의 주장이 옳다고 드러났으니 튜리얼의 이론은 먼 곳까지는 힘을 미치지 못하는 것이었다. 내 연구에 참여한 사람들 대부분에게서 도덕성 영역은 피해나 공평성의 문제를 훨씬 넘어선 곳까지 뻗어 있었다.

합리주의자가 이런 결과를 어떤 식으로 설명해낼지 나는 알 수 없었다. 아이들이 혼자 힘으로 유해성을 분석해서 그로부터 도덕적 앎 (역겨움 및 혐오감과 관련된 것들)을 스스로 세워나간다는 것이 과연 가능한 일일까? 도덕적인 앎을 형성시키는 기원으로 뭔가 다른 것들이 있을 게 틀림없었다. 거기에는 문화를 통한 학습(슈웨더의 주장이다), 혹은 역겨움 및 혐오감과 관련된 인간 본래의 도덕적 직관(몇 년 후 내

언젠가 인디애나 주 북부의 한 맥도널드 매장에 갔다가 화장실에서 우연히 콜버그식의 도덕적 판단 인터뷰가 진행되는 것을 엿들을 수 있었다. 인터뷰에 응한 사람(피험자)은 서른 살가량의 백인 남자였고, 인터뷰어는 네 살 정도 되어 보이는 백인 남자였다. 두 사람은 소변기 근처에 서서 다음과 같이 인터뷰를 시작했다.

> 인터뷰어 : 아빠, 있잖아요. 내가 여기에다(소변기) 똥을 싸면 어떻게
> 돼요?
> 피험자 : 사람들이 보고 '으웩!' 해. 자, 얼른 쉬하고 물 내려야지. 이리
> 와. 이제 손 씻으러 가자.
> (둘은 세면대로 발걸음을 옮긴다)
> 인터뷰어 : 아빠, 그럼 내가 이 세면대에다 똥을 싸면 어떻게 돼요?
> 피험자 : 여기 일하시는 분들이 너한테 엄청 화내실걸?
> 인터뷰어 : 그럼 내가 집에 있는 세면대에다 똥을 싸면요?
> 피험자 : 내가 너한테 엄청 화낼 거야.
> 인터뷰어 : 그럼 아빠가 집에 있는 세면대에 똥을 싸면요?
> 피험자 : 엄마가 나한테 엄청 화내겠지.
> 인터뷰어 : 그럼 우리 집 식구가 다 같이 세면대에 똥을 싸면요?
> 피험자 : (잠깐 멈칫 한 후) 다 같이 고생 좀 하겠구나.
> 인터뷰어 : (까르르 웃으며) 와, 다 같이 고생한대!
> 피험자 : 이리 와, 이제 손 말리자. 얼른 가야 돼.

인터뷰어의 질문 솜씨와 인내심이 정말 훌륭하다. 피험자에게서 더 깊이 있는 답변을 얻어내기 위해 일탈의 방식을 바꾸고 있고, 그로써 벌하는 주체가 사라지도록 하고 있으니 말이다. 한편 피험자는 다 같이 규칙을 어겨 그 누구도 벌을 내릴 수 없는 상황에서도 식구들이 다 같이 "고생 좀 할 것"이라며 대승적 차원의 정의 실현에 매달리는 모습이다.

물론 여기서는 아버지가 자신의 도덕적 추론 능력을 최선으로 선보이고 있지는 않다. 도덕적 추론은 보통 타인에게 영향을 주려는 목적으로 사용되는 법인 데다(4장 내용 참고) 여기서 아버지는 호기심 많은 아들에

게 적절한 감정을 심어주려 노력하고 있기 때문이다. 즉, 역겨움과 두려움을 느끼게 하여 화장실을 올바로 사용해야 한다는 동기를 심어주고 있는 것이다.

가 주장하게 되는 내용이다)이 포함될 것이었다.

희생자 만들기

슈웨더가 예상한 그대로 연구 결과가 나오기는 했지만, 연구를 하다 보니 놀라운 사실이 한두 가지가 아니었다. 우선 제일 놀라웠던 부분은 피험자 자신이 희생자를 만들어내려 한 경우가 아주 많았다는 사실이다. 애초에 이야기를 쓸 때 나는 신중을 기해 타인에게 갈 수 있는 피해를 모조리 생각해내어 배제한 상태였다. 그럼에도 사람들이 무해한 금기 위반 이야기를 들은 총 1620회 중 38퍼센트에서 누군가 피해를 입고 있다는 주장이 나왔다. 예를 들어, 개를 먹은 가족 이야기의 경우 많은 이가 개를 먹은 그 가족이 피해를 입을 거라고 했다. 개고기를 먹었으니 나중에 몸이 아플 거라는 것이 그 이유였다. 튜리얼이 종전의 반박문에서 '사실적 가정'이라고 한 것은 바로 이런 것을 말하는 것이었을까? 사람들은 정말로 그러한 피해가 있을 거라고 미리 내다봤기 **때문에** 그런 행동을 비난하게 된 것일까? 아니면 그 반대는 어떨까? 즉, 그런 행동을 자신이 이미 비난했기 때문에 그런 피해가 있다고 **만들어내고** 있는 것은 아닐까?

필라델피아에서의 인터뷰는 나 자신이 인터뷰어로 들어간 것이 많았고, 따라서 이렇게 피해를 가정하는 것 대부분은 사후(事後) 조작일 것이 뻔했다. 사람들이 이야기 속의 행동을 비난하는 것은 보통 아주 순식간이었는데, 자신이 무슨 생각을 했는지 결정하는 데에는 그렇게 긴 시간이 필요 없다는 듯한 모습이었다. 그러나 희생자를 제시하는 일에는 종종 어느 정도 시간이 걸렸다. 희생자를 댈 때도 보통 건성으로, 그리고 거의 변명하듯 이유를 제시했다. 이를테면 한 피험자는 이렇게 말했다. "글쎄요, 잘은 모르겠지만, 자기가 쓰던 국기를 그런 식으로 버리면 나중에 그 여자에게 죄책감이 들지 않겠어요?" 희생자가 있다는 이런 식의 주장은 그야말로 터무니없는 경우가 상당히 많았다. 일례로 한 아동은 국기를 찢은 사람을 비난하면서 논거를 대기를, 결국에는 국기로 만든 걸레가 여자의 화장실 수챗구멍을 막아 화장실에 물이 넘칠 것이라고 했다.

그런데 이렇듯 피험자들이 만들어낸 희생자에 대해 나를 비롯한 다른 인터뷰어들이 이의를 제기하자 훨씬 더 흥미로운 일이 일어났다. 인터뷰어들을 훈련시킬 때 나는 만일 피험자들이 이야기 문맥과 모순되는 주장을 하거든 그것을 자상하게 정정해주도록 했다. 예를 들어 누가 이렇게 말했다고 치자. "국기를 조각낸 것은 잘못이지요. 여자의 그런 행동을 이웃이 본다면 불쾌한 기분이 들 테니까요." 그러면 인터뷰어는 이렇게 답해주었다. "이 대목에서 그녀의 행동은 아무도 보지 못했습니다. 그렇다면 어떠십니까? 아직도 국기를 자른 여자의 행동이 잘못이라고 하시겠습니까?" 피험자들은 희생자가 작위적으로 만들어졌음을 인정했지만, 그러고 나서도 계속 그러한 행동이 괜찮다고는 말하려고 하지 않았다. 오히려 또 다른 희생자가 없나 계속 찾았다. 그러고는 다음과 같은 식으로 말했다. "분명 그 행동은 잘못입니다. 하지만 왜 잘못인지 그 이유는 생각이 안 나는군요." 사람들은 마치 **도덕적 당혹감을 느끼는** 듯한 모습이었다. 직관적으로는 알겠는데 말로 설명이 안 되어 할 말을 잃는 것이다.[29]

그렇다고 피험자들이 논리적 추론을 하고 있지 않은 것은 아니었다. 오히려 논리적 추론을 하기 위해 무척이나 열심히 노력하고 있었다. 그러나 그것은 진리를 찾기 위한 추론이 아니었다. 자신들의 감정에서 나온 반응을 뒷받침하기 위한 추론이었던 것이다. 이런 추론에 대해서는 철학자 데이비드 흄(David Hume)이 설명한 바 있는데, 1739년 그는 다음과 같이 썼다. "이성은 열정의 하인이며, 오로지 열정의 하인이어야 마땅하다. 이성은 열정에 봉사하고 복종하는 것, 그 외의 다른 직(職)은 결코 탐낼 수 없다."[30]

흄의 이러한 주장에 대한 증거를 나는 찾은 셈이었다. 도덕적 추론이 종종 도덕적 감정의 하인 역할을 한다는 사실을 밝혀냈으니, 당시 도덕심리학계를 장악하고 있던 합리주의적 접근 방식에는 큰 도전이나 다름없었다. 1993년 10월 나는 이러한 연구 결과를 정리해 미국의 내로라하는 심리학 학술지에 발표했고,[31] 학계가 어떤 반응을 보이나 노심초사 기다렸다. 물론 일개 대학원생이 주류 패러다임에 어긋나는 자료를 좀 내봤다고 해서 도덕심리학 분야가 하룻밤 새에 뒤바뀔 일은 없을 것이었다. 그래도 도덕심리학 분야에 꽤 열띤(그러나 예의만은 항상 지키는) 논쟁은 일어날 줄로 알았다. 설마 반응이 전혀

없으리라고는 꿈에도 생각지 못했다. 내 생각에는 이것이 도덕심리
학의 대논쟁에 종지부를 찍을 결정적 연구였지만, 논문을 발표하고
처음 5년 동안 나는 내 연구를 공격하는 사람은커녕 내 연구를 인용
하는 사람조차 거의 찾아볼 수 없었다.

논문을 세상에 선보였을 때 반응이 잠잠했던 것은 그것을 사회심
리학 저널에 발표했던 데에도 일부 원인이 있었다. 하지만 그보다
도 1990년 초반에는 도덕심리학이라는 분야가 여전히 발달심리학
의 일부였다는 사실이 주효했다. 당시만 해도 도덕심리학자라고 하
면 도덕적 추론 능력을 공부하는 사람, 또 도덕적 능력이 연령별로
변화해가는 양상을 연구하는 사람이라는 뜻이었다. 게다가 도덕심
리학자라면 콜버그에게 동의를 하든 안 하든 그의 연구 내용을 줄줄
이 꿰고 있어야 했다.

하지만 심리학에도 어느덧 변화의 바람이 불어오고 있었으니, 이
제는 감정을 더 중시하는 시대가 될 것이었다.

1장 요약

도덕성이 생겨나는 곳은 과연 어디일까? 이에 대해서는 오랫동안 다음
의 두 가지 대답이 가장 흔했다. 하나는 도덕성은 본래부터 타고난다는
것(선천론자의 대답), 다른 하나는 어린 시절의 학습을 통해 알게 된다
는 것(후천론자의 대답)이다. 여기에 더하여 나는 1장에서 제3의 가능
성, 즉 합리주의자의 대답에 대해서도 고려해보았다. 내가 도덕심리

학에 발을 들일 때에는 이러한 합리주의가 도덕심리학을 주름잡았는데, 합리주의에서는 아이들이 피해와 관련된 경험을 바탕으로 스스로 도덕성을 구축해나간다고 주장했다. 아이들은 해를 입기 싫다는 경험을 통해 피해가 잘못임을 알게 되고, 이로써 차츰차츰 타인에 대한 피해도 잘못이라는 것을 안다. 그리고 여기서 한발 나아가 공평성이 무엇인지 이해하게 되고, 결국에는 정의에 대해서까지 이해하게 된다는 것이다. 한편 나는 브라질과 미국에서 연구를 진행하고 나서 왜 합리주의자의 이 대답을 받아들일 수 없는지 설명했다. 그 대신 나는 이렇게 결론을 내렸다.

- 도덕성의 범위는 문화에 따라 달라진다. 서양적이고, 교육 수준이 높고, 개인주의적인 문화에서는 도덕성의 범위가 몹시 좁다. 반면 사회중심적 문화에서는 도덕성의 범위를 넓히는 경향이 있는데, 이로써 삶의 더 다양한 측면을 아우르고 통제한다.
- 사람들이 갖는 직감(특히 역겨움 및 경멸감과 관련된 것)은 때로 도덕적 추론을 진행시키는 동력이 되기도 한다. 도덕적 추론은 때로 사후 조작과 다름없는 양상을 보인다.
- 도덕성은 아이들이 피해의 개념을 잘 이해하게 되었을 때 스스로 세워나가는 것이라고만은 할 수 없다. 틀림없이 문화를 통한 학습이나 문화적인 유도가 합리주의 이론에서 생각하는 것보다 훨씬 큰 역할을 할 것이다.

이렇듯 도덕성이 주로 도덕적 추론을 통해 형성되는 것이 아니라

면, 선천성과 사회적 학습이 어떻게든 조합되어 도덕성이 형성된다
는 주장이 가장 가능성 높은 대답으로 남는다. 앞으로 이 책을 진행
시켜가는 동안 나는 도덕성이 어떻게 선천적인 동시에(일련의 진화한
직관의 형태로 나타난다) 학습의 대상이 될 수 있는지를(아이들은 그러한 직
관을 특정 문화 속에 적용하는 법을 배우게 된다) 설명하려고 한다. 우리 인
간은 날 때부터 바른 마음을 갖고 있다. 그러나 나와 비슷한 사람들
이 정확히 무엇을 바르다고 여기는지는 반드시 배움을 통해야만 알
수 있다.

바른마음

2장
도덕은 너무나도 감성적이다

심리학에 담긴 진실 중에서도 가장 위대한 것은 마음이 여러 부분으로 나뉘어 있고 때로는 그 사이에 충돌이 일기도 한다는 사실이다.[1] 인간이란 원래 사방에서 자기를 잡아당기는 듯한 힘에 갈피를 못 잡는 존재이자, 내 행동을 내 힘으로 통제 못해 의아해하는(때로는 무서워하는) 존재이기도 하다. 로마 시인 오비디우스(Ovidius)는 원활하지 못한 담즙 분비가 병이 발생하는 원인이라고 믿은 고릿적 사람이었지만, 그때도 심리학에 대해서만큼은 충분히 알았던 듯하다. 그의 작품 속 한 인물은 이런 탄식을 할 정도였다. "지금 나는 무언지 모를 새로운 힘에 질질 끌려가고 있어. 욕망과 이성이 저마다 다른 길로 나를 이끌고 있지. 무엇이 올바른 길인지는 나도 알아. 입도 그 것이 옳다고 하지. 하지만 정작 내 발은 잘못된 길을 밟고 있다네."[2]

마음의 이러한 갈등을 이해시키기 위해 고대 사상가들이 내놓은 비유는 한두 가지가 아니지만, 플라톤(Platon)의 대화록《티마이오스(Timaeos)》만큼 그 비유가 생생한 곳도 드물다. 이 책의 화자 티마이오스는 신들이 인간을 비롯하여 이 우주를 어떻게 창조해냈는지 설명해준다. 그의 말에 따르면 창조신은 완벽하고 또 완벽한 것만 창조하는 신이었기에, 자신이 만든 이 새로운 우주를 애초에 영혼(또 영혼 안에서도 가장 완벽한 것이라고 하면 완벽한 합리성일 것이다)으로 가득 채우고 있었다. 그리하여 완벽하고 합리적인 영혼을 무수히 만들어낸 창조신은 잠시 휴식을 취하기로 했고, 창조에 필요한 나머지 일들은 하급의 몇몇 신에게 맡겼다. 이들은 창조신이 만들어낸 영혼들을 어떤 그릇에 담으면 좋을지 최선을 다해 구상했다.

신들은 먼저 영혼들을 여러 가지 형태 중에도 가장 완벽한 모양, 즉 구(球)에 담는 일부터 시작했고, 우리 인간의 머리가 둥글둥글한 형태를 갖게 된 것도 이 때문이다. 하지만 일을 시작하고 얼마 지나지 않아 생각해보니 이런 둥글둥글한 머리가 지구의 울퉁불퉁한 땅 위를 굴러다니려다 보면 어렵기도 하고 꼴도 사나울 것이다. 그래서 신들은 머리를 이고 다닐 몸을 만들어냈고, 각각의 몸에는 제2의 영혼을 불어넣어 원기를 주었다. 제2의 영혼은 머리의 영혼에 비해 한참 열등했으니, 합리적이지도 않았고 그렇다고 불멸하지도 않았다. 제2의 영혼에는 다음과 같은 것들이 들어 있었다.

그 불순물들은 끔찍하지만 꼭 필요한 것들이었다. 먼저 악마의 가장 강력한 미끼인 쾌락이 있다. 그다음으로는 고통이라는 것이 있어 우리를 선(善)에서 멀리 달아나도록 했다. 여기에 무모함과 두려움도 자리하고 있는

데, 둘은 모두 어리석은 조언자이다. 거기다 쉽게 억눌러지지 않는 분노심, 쉽사리 어긋나버리는 기대도 자리 잡고 있다. 신들은 이것들을 가져다 한데 녹이면서 추론할 줄 모르는 인식 감각과 어디든 날뛰고 다니는 열망도 집어넣었다. 그리하여 어쩔 수 없이 언젠가는 죽고 마는 영혼이 만들어졌다.[3]

쾌락, 감정, 감각……. 이 모든 것은 인간이 어쩔 수 없이 갖게 된 악이었다. 신들은 인간의 신성한 머리가 이 소란스러운 몸과 '어리석은 조언자'로부터 약간이라도 떨어져 있을 수 있게 그 중간에 목을 만들어 달아주었다.

창조 신화라면 대부분 시조가 되는 부족이나 조상이 중심에 등장하는 법인데, 여기서는 그 대신 정신의 기능을 칭송하고 있으니 이상하게 여겨지는 대목이다. 그러나 이러한 철학자의 신화 속에서 철학자의 모습이 아주 그럴싸하게 그려지는 것을 알면 그렇게 이상할 것도 없다. 이러한 신화를 통해 사람들은 이성이 언제까지고 대사제의 직을 차지해야 함을, 또 냉철한 철학자 왕이 언제까지고 이 세상을 다스려야 함을 정당화하고 있는 것이다. 이는 결국 합리주의자들이 꿈꾸는 이상으로, 흄의 공식을 백팔십도 뒤집은 것이다(즉, 감정은 이성의 하인이며 오로지 이성의 하인이어야 마땅하다). 이렇듯 감정을 무시한 플라톤의 사상에 누군가 의구심을 품을 것을 대비해 티마이오스는 이렇게 덧붙인다. 감정을 완전히 제어하는 자는 합리적이고 의로운 삶을 살게 되며, 나중에 죽어서도 천국에 태어나 영원히 행복을 누릴 것이다. 그러나 감정에 지배당한 채 사는 자는 나중에 죽어서 여자로 환생할 것이다.

서양철학이 이제껏 이성을 숭배하고 감정을 불신해온 역사는 수천 년에 이른다.[4] 합리주의의 전통은 플라톤에서 시작되어 임마누엘 칸트(Immanuel Kant)를 거쳐 로런스 콜버그에까지 곧바로 이어지고 있다. 이성 숭배의 이런 태도를 나는 앞으로 책 전반에 걸쳐 '합리주의자의 망상'이라고 부를 것이다. 굳이 망상이라는 말을 붙인 데는 이유가 있다. 사람들이 함께 모여 어떤 대상을 신성시하게 되는 순간, 광신에 빠진 그 구성원들은 더 이상 그것에 대해 명확히 사고하지 못하기 때문이다. 도덕이 사람들을 뭉치게도 하지만 눈멀게도 하는 것처럼 말이다. 그 대상에 한 치의 의심도 없는 자들은 사람들이 믿도록 경건한 환상을 만들어내지만 현실은 그것과 맞지 않으니, 언젠가는 그들이 좌대 위에 세워놓은 성상을 누군가 밀어 넘어뜨리는 날이 온다. 흄이 한 작업이 바로 그런 것이었다. 이성이 열정의 하인에 지나지 않는다는 그의 주장은 철학에는 신성모독이나 다름없었다.[5]

한편 토머스 제퍼슨(Thomas Jefferson)도 이성과 감정의 관계에 모델을 하나 제시했는데, 이는 좀 더 균형 잡힌 것이었다. 1786년 제퍼슨은 프랑스 주재 미국 대사로 일하다가 한 여인과 사랑에 빠진다. 제퍼슨의 지인이 자신이 알고 지내던 마리아 코스웨이(Maria Cosway)라는 스물일곱의 아름다운 영국인 화가를 소개해준 것이다. 둘은 소개를 받고서 몇 시간을 함께 보냈는데, 그 모습이 영락없이 나중에 열렬히 사랑에 빠질 사람들이었다. 더없이 화창하게 내리쬐는 햇빛 속에 둘은 파리 시내를 이리저리 거닐며, 외국인의 눈에 비친 파리의 장대한 모습이 미학적으로 얼마나 가치 있는지 서로 안목을 나누었다. 제퍼슨은 저녁에 회의가 잡혀 있었지만 거짓말로 전언을 띄워

회의를 취소하게 했고, 그렇게 해서 코스웨이와 함께 밤까지 시간을 보냈다. 당시 코스웨이는 결혼한 상태였지만 편의상 혼인 관계를 맺는 개방 결혼(open marriage : 부부가 서로의 사회적·성적 독립을 승인하는 결혼 형태—옮긴이)이었던 것으로 보인다. 따라서 이후 몇 주 동안 둘의 로맨스가 얼마나 진행되었는지는 역사가들도 잘 알지 못한다.[6] 하지만 이윽고 코스웨이의 남편이 부득불 아내를 잉글랜드로 데려가겠다고 나섰고, 제퍼슨은 상심에 젖을 수밖에 없었다.

그 아픔을 달래려고 제퍼슨은 코스웨이에게 연애편지를 썼다. 하지만 유부녀에게 사랑을 전하는 것이 도리는 아니었기에, 가급적 의중을 덮어 가리기 위해 그는 문학적 수법을 동원했다. 즉, 자신의 머리와 가슴이 서로 대화하는 형식으로 편지를 쓴 것인데, 언젠가 끝나고 말 '우정'을 계속 잡으려 하는 것이 과연 지혜로운 일인지를 두고 머리와 가슴이 서로 설전을 벌이는 내용이다. 제퍼슨의 머리는 플라톤이 말하는 바람직한 이성을 대변했고, 따라서 가슴에게 왜 자신까지 질질 끌고 가 한바탕 난리를 치게 하느냐고 꾸짖는다. 가슴은 머리에게 용서를 구하지만, 머리는 근엄한 말투로 이렇게 설교한다.

세상만사는 계산대로 돌아가는 법. 그러니 행동에 나설 때는 신중을 기해야 하는 것 아닌가. 손에 천칭을 들고 일일이 재봐야 하는 거야! 한쪽 접시에는 어떤 대상이 가져다줄 수 있는 모든 쾌락을 올려놔. 하지만 반대쪽 접시에도 그것에 따르는 모든 고통을 올려봐야 해. 그러고 나서 천칭이 어느 쪽으로 기우는지 잘 보란 말이야![7]

가슴은 머리의 이러한 호통을 몇 번이고 참고 들어주다가 마침내 더 이상 견디지 못하고 스스로를 방어하고 나선다. 그러면서 머리에게 제자리를 일러주는데, 머리는 사람 사이의 일은 놔두고 다른 문제나 잘 다루라는 것이다.

자연은 우리 둘이 살 곳을 한자리에 마련해주면서, 그 제국을 둘로 나누어 각각 우리에게 주셨지. 자연이 자네에게 준 곳은 과학이라는 땅이야. 그리고 내게는 도덕이라는 땅을 주셨지. 원을 정사각형에 접하는 문제나 혜성의 궤도를 따지는 문제, 또 가장 튼튼한 아치를 세우는 문제나 저항력이 가장 작은 고체 물질을 알아내는 문제, 이런 것들은 자네가 맡게. 그건 자네 영역이고, 그런 문제를 이해할 능력을 내게 전혀 주지 않았으니까. 하지만 공감, 자비, 은혜, 정의, 사랑을 느끼는 것은 나의 영역이니 여기서는 자네의 간섭을 사양하네. 애초부터 자연은 자네에게 이것들을 다룰 힘을 주지 않으셨어. 이런 문제에서만큼은 자연이 가슴의 방법론을 택한 거지. 도덕은 인간의 행복에 너무도 본질적인 문제이고, 그런 중대한 문제를 머리의 불확실한 짜 맞추기 식 논리에 맡긴다는 것은 너무도 위험한 일이야. 따라서 자연은 과학이 아니라 감성을 도덕의 기반으로 삼으신 것이네.[8]

이로써 우리에게는 마음에 관한 모델이 세 가지 생긴 셈이다. 플라톤은 이성이 주인의 자리에 있어야 **마땅하다고** 했다. 그럴 경우 오로지 철학자들이나 대가(大家)의 높은 경지에 오를 수 있다 해도 말이다.[9] 흄은 이성이 열정의 하인이고, 또 하인이어야 마땅하다고 말했다. 여기에 제퍼슨의 제3안에 따르면, 이성과 감성은 서로 독립적인 공동통치자와도 같다. 그 옛날 로마제국의 황제들이 제국의 땅을 동서로 나누어 반씩 다스렸던 것처럼 말이다. 과연 이들 중 옳은 것은 누구일까?

진화론과 도덕의 관계

플라톤, 흄, 제퍼슨은 인간의 마음이 어떤 식으로 설계되었는지 이해하려고 노력한 사람들이었다. 그러나 이들이 미처 이용하지 못한 것이 있었으니, 생물체 설계의 이해에서 가장 막강한 힘을 발휘하는 도구, 바로 다윈의 진화론이다. 도덕성은 살아생전 다윈이 관심을 가질 수밖에 없던 주제였다. 그는 전반적으로 생물체 사이의 경쟁과 '적자생존'[10]을 강조하는 입장이었는데, 그러려면 생물체에서 발견되는 협동의 사례를 그 이론에 잘 끼워 맞춰야 했기 때문이다. 도덕성이 어떤 식으로 진화할 수 있었던가 하는 문제에 대한 다윈의 설명은 여러 가지였고, 그중 상당수가 동정심 같은 감정적인 요소를 거론하고 있었다. 그런 것들이 사회적 본능의 '주춧돌'이 된다고 다윈은 생각했다.[11] 또 그는 수치심이나 자부심을 주제로도 글을 썼는데, 이런 감정들은 훌륭한 평판을 얻고자 하는 열망과 관련이 있었다. 도덕성에 관한 한 다윈은 선천론자였다. 우리의 마음은 자연선택에 의해 주어지며, 도덕적 감정은 그 마음속에 애초부터 들어 있다고 그는 생각했다.

그런데 20세기 들어 점점 발전하던 사회과학에 도덕주의의 물결이 두 번 밀려들었고, 이때 사회과학의 흐름이 뒤바뀌면서 선천론은 그만 도덕적 범죄가 되어버리고 말았다. 그 첫 번째 물결은 인류학자를 비롯한 기타 세력들이 '사회적 다원주의'에 공포를 품게 된 것이었다. 사회적 다원주의란 가장 부유하고 가장 성공한 국가, 인종, 개인이 적자(適者)가 된다는 사상이었다(다원은 이 아이디어를 내놓기는 했어도 지지하지는 않았다). 따라서 가난한 사람에게 자선을 베푸는 것은 자연스러운 진화 과정에 위배되는 일이다. 가난한 자에게 자선을 베풀면 그들이 번식해나갈 여지가 생기기 때문이다.[12] 특정 인종이 다른 인종보다 선천적으로 우월하다는 이런 주장은 후일 히틀러가 기치로 내건 것이었다. 따라서 히틀러가 선천론자라면, 선천론자는 모두 나치였다(이런 식의 결론 도출은 비논리적이지만, 선천론을 싫어하는 사람에게는 이런 논리가 감정적으로 성립된다).[13]

도덕주의의 두 번째 물결은 1960~1970년대에 미국, 유럽, 라틴 아메리카의 각지 대학을 휩쓸었던 급진주의 정치 성향을 일컫는다. 급진적 개혁가들은 보통 인간의 본성이 텅 빈 서판과도 같다고, 따라서 그 위에는 유토피아적인 비전을 그릴 수 있다고 믿고 싶어 한다. 그런데 진화의 결과로 남자와 여자가 서로 다른 조합의 욕망과 기술을 가지고 태어나는 것이라면, 그 사실은 상당수 전문 직종에서 양성평등을 실현하는 데 걸림돌이 될 것이었다. 선천론이 기존의 권력 구조를 정당화하는 데 한몫할 수 있다면, 그것은 필시 잘못된 것임에 틀림없다(이런 주장 역시 논리적 오류이지만, 우리가 가진 바른 마음은 바로 이런 식으로 작동한다).

인지과학자 스티븐 핑커(Steven Pinker)는 그러한 1970년대에 하버드 대학의 대학원생으로 재학 중이었다. 그가 2002년에 펴낸 《빈 서판 : 인간은 본성을 타고나는가(The Blank Slate : The Modern Denial of Human Nature)》를 보면 당시 과학자들이 진보주의 운동에 충성한다는 명목으로 과학의 소중한 가치들을 어떤 식으로 저버렸는지 드러나 있다. 강단에 선 과학자들은 '도덕의 선전자'가 되어 동료 과학자를 악마로 몰아가는 한편, 학생들에게는 사상을 평가하는 잣대로 진리를 내걸지 않았다. 인종 평등과 양성평등 등 당시의 진보주의 이상과 합치하느냐로 사상을 평가하도록 한 것이다.[14]

과학의 이런 배신이 그 어디보다 극명하게 드러난 일련의 사건이 있었으니, 일평생 개미와 생태계만 공부한 학자 에드워드 O. 윌슨(Edward O. Wilson)이 애꿎게 공격받은 일이었다. 1975년에 윌슨은 《사회생물학 : 새로운 종합(Sociobiology : The New Synthesis)》이라는 책을 펴냈다. 자연선택의 영향을 받아 동물의 몸이 형성된다는 것은 이제 기정사실이 된바, 윌슨의 책은 여기서 한발 더 나아가 자연선택이 어떻게 동물의 행동 양식까지 형성시키는지 탐구하고 있었다. 여기까지는 딱히 논쟁거리랄 게 없었다. 하지만 마지막 장(章)에 가서 윌슨은 대담하게도 자연선택이 **인간의** 행동에까지 영향을 미쳤으리라는 의견을 내놓았다. 그가 보기에 인간에게는 본성이라고 할 만한 것이 분명 존재했고, 그러한 인간 본성은 (우리가 자녀를 양육하거나 새로운 사회제도를 구상하는 문제 등에서) 무한정 성취가 이뤄지지 않게 제약을 가할 것이었다.

윌슨은 자신의 논점을 명료히 드러내기 위해 윤리학을 활용했다. 당시 그는 하버드 대학에 교수로 재직 중이었는데, 마침 로런스 콜버그와 철학자 존 롤스(John Rawls)도 그곳에 재직 중이었다. 윌슨은 그들이 특유의 합리주의 이론으로 인권과 정의의 문제를 풀어가는 것을 잘 알고 있었다.[15] 이 합리주의자들이 **사실상** 하고 있는 작업이 무엇인지 윌슨의 눈에는 뻔히 보였다. 도덕적 직관은 진화를 통해야 가장 잘 설명되는데, 그들은 그것을 머리를 굴려 정당화하고 있었다. 생각해보라. 사람들이 인권이 존재한다고 믿는 까닭은 왜일까? 그런 인권이 실제로 존재하기 때문에? 수학적 진리처럼 그것이 피타고라스의 정리와 나란히 우주의 선반에 놓인 채 플라톤의 이성주의자가 발견해주기만을 얌전히 기다리고 있기 때문에? 아니면 누군가 고문당한 이야기를 읽으면 혐오감과 동정심이 느껴져서일까? 그러고 나서 그런 감정들을 정당화하기 위해 보편적 인권 이야기를 꺼내드는 것은 아닐까?

월슨은 흄과 입장이 같았다. 도덕철학자들이 하는 일이란 알고 보면 자기들 뇌의 "감정 중추에 의견을 구해" 그것을 조작하듯 정당화하는 일에 지나지 않는다고 그는 비난했다.[16] 그의 예측에 따르면 윤리학을 연구하는 일은 조만간 철학자들의 손에서 벗어나 "생물학의 영역이 될" 것이니, 서서히 모습을 드러내는 인간 본성의 연구가 윤리학과 하나로 짜 맞추어질 것이었다. 철학·생물학·진화의 이러한 결합은 윌슨이 꿈꾸던 '새로운 종합'에 해당하는 것이었고, 나중에 윌슨은 이를 **통섭**(consilience)이라고 불렀다. 여러 사상이 "경계를 뛰어넘어 다 같이" 하나의 통일된 지식 체계를 이루게 된다는 의미였다.[17]

예언자들은 현 질서에 도전장을 던지는 자들인 만큼 권력층의 미움을 사는 경우가 종종 있다. 그런 점에서 본다면 윌슨은 도덕심리학계의 예언자로 불려도 좋을 인물이었다. 당시 그는 언론에서는 물론 대중에게서까지 뭇매를 맞고 맹비난을 당했다.[18] 사람들은 그를 파시스트라 불렀고, 그가 파시스트라는 논거로 그를 인종차별주의자라고 비난했으며, 또 그가 인종차별주의자라는 논거로 그가 대중 강연에 서지 못하도록 막으려고 했다. 시위자들은 윌슨이 과학 강연을 열지 못하도록 무대 위로 뛰어올라 이런 구호를 외쳤다. "인종차별주의자 윌슨, 이제야 잡았네. 종족 학살의 죄로 너를 고발한다."[19]

어쩌다 도덕을 이성의 영역이라 생각하게 되었나

내가 대학원에 입학한 1987년에는 이런 식의 사냥이 더 이상 일어나지 않았지만, 사회생물학도 신망을 잃기는 마찬가지였다. 적어도 과학자들의 강연을 들으며 내가 접한 메시지에 따르면 그러했다. 과학자들은 사회생물학이라는 용어를 경멸적인 어조로 사용하면서 심리학을 진화로 환원하려는 것은 순진하기 짝이 없는 시도라고 했다. 도덕심리학에서 중요한 것은 진화한 감정이 아니라 추론 능력의 발달, 그리고 정보처리 능력이라고 그들은 이야기했다.[20]

그러나 심리학의 바깥으로 눈을 돌리면, 도덕성의 기반이 감정에 있다고 보는 뛰어난 책들이 한둘이 아니었다. 프란스 드 발(Frans de Waal)의 《선한 본성 : 인간 및 여타 동물에게서의 옳고 그름의 기원

⟪Good Natured : The Origins of Right and Wrong in Humans and Other Animals⟫도 그때 읽은 책 중 하나였다.[21] 이 책에 나타난 드 발의 주장은 침팬지에게도 도덕성이 있다는 것이 아니다. 인간에게는 도덕 체계 및 공동체 성립 시의 심리적 구성물이 있는데, 침팬지(그리고 여타 유인원)도 그것을 대부분 갖고 있다는 것이 그의 주장이었다. 그리고 이러한 심리적 구성물은 대체로 동정심, 두려움, 분노, 애정 같은 감정적인 것들이었다.

이때 나는 신경학자 안토니오 다마지오(Antonio Damasio)가 쓴⟪데카르트의 오류(Decartes' Error)⟫라는 책도 읽어볼 수 있었다.[22] 다마지오가 애초 연구를 시작한 것은 환자들이 뇌의 특정 부위, 즉 복내측 전전두엽 피질(약어로 vmPFC라고 하며, 콧등 맨 위쪽 바로 뒤에 자리 잡고 있다)에 손상을 입으면 특이한 증상을 보인다는 것을 알게 되면서부터였다. 감정과 관련한 이들의 능력은 거의 제로 수준까지 떨어졌다. 아무리 즐거워 보이거나 무엇보다 소름 끼치는 사진을 봐도 이들은 아무것도 느끼지 못했다. 그러나 무엇이 옳고 그른지 아는 능력은 전과 같이 온전했고, IQ에도 결함은 전혀 없는 것으로 나타났다. 심지어 콜버그의 도덕적 추론 능력 테스트에서는 높은 점수를 받기까지 했다. 하지만 자신의 사생활이나 직장 생활에 들어가 무엇을 결정해야 하는 상황이 되면 이들은 어리석은 결정을 내리기 일쑤였고, 아니면 아예 결정 자체를 내리지 못했다. 더구나 가족과 고용주를 멀리하다 보니 이들은 삶을 제대로 지탱해나가지 못했다.

다마지오의 해석에 따르면 이는 합리적 사고에는 반드시 직감 및 신체의 반응이 **필요하다**는 이야기였고, 심사숙고하는 의식의 활동에 직감을 통합시키는 것이 바로 vmPFC의 일이라는 것이었다. 내가 머릿속으로 부모를 죽이면 무엇을 얻고 무엇을 잃을지 따져본다고 치자. 아무리 이해득실을 따진들 감히 그런 일을 할 수 없는 것은, 바로 우리 뇌에 있는 vmPFC를 통해 공포감이 몰려들기 때문이다.

그런데 다마지오의 환자들은 이러한 감정에 물들지도 오염되지도 않은 채 어떤 것에 대해 사고하는 것이었다. vmPFC가 멈춰버린 상태에서 사고하는 것이기 때문에 이들에게는 순간순간의 선택지가 이것저것 다 좋게 느껴진다. 따라서 이들이 결정을 내릴 수 있는 길은 단 하나, 의식적이고 언어적인 추론을 이용해 해당 선택지의 장단점을 일일이 따져가며 곰곰이 생각해보는 것뿐이다. 예를 들어 우리가 별 감흥 없이 어떤 가전제품(가령 세탁기)을 사러 갔다고 치자. 이때 선택지의 수가 예닐곱 개(우리 단기 기억 능력의 최대 수용치)를 넘어가기 시작하면 골치 아파진다는 걸 여러분도 잘 알 것이다. 만일 우리가 사회생활을 하며 매 순간 매 상황에 이런 식으로 결정을 내려야 한다면, 내 삶은 과연 어떻게 될까. 매 순간 그것도 매일같이 세탁기 열 대 중 제일 좋은 한 대를 고르는 식으로 의사결정을 내려야 한다면 말이다. 아마 어리석은 결정을 내리기는 우리도 마찬가지일 것이다.

다마지오의 연구 결과는 플라톤의 사상에 정면으로 맞서는 것이 아닐 수 없었다. 그의 연구에 등장한 환자들은 뇌의 특정 부위가 손상을 입는 바람에 합리적인 영혼과 육체의 소란스러운 감정이 사실상 서로 의사소통을 못하게 된 상태였다(육체적 감정이 가슴과 창자가 아니라 뇌의 감정 영역에 기반을 두고 있다는 것은 플라톤도 미처 모른 사실이었다). 덕분에 이들의 합리적 이성은 더 이상 "끔찍하지만 꼭 필요한 방해

물"이나 "어리석은 조언자" 때문에 길을 잃고 헤매지 않아도 되었다. 그러나 정작 둘의 연결이 끊어졌을 때 나타난 결과는 이성이 감정의 속박에서 벗어나 해방을 맛본 것이 아니었다. 이로써 드러난 충격적 사실은 오히려 합리적 추론에는 감정이 **필요하다**는 것이었다. 결국 제퍼슨의 모델이 여기에는 더 잘 맞는 셈이었다. 공동 황제 중 어느 한쪽이 쓰러지면 남은 황제는 제국 전체를 혼자 힘으로 다스리려 애쓰겠지만, 이는 그에게 힘에 부치는 일이다.

하지만 제퍼슨의 모델이 정말 맞는 것이라면, 다마지오의 환자들은 삶의 나머지 절반, 즉 머리가 이끄는 부분에서는 제법 잘 살아가야 했다. 그러나 이들은 순수하게 분석적이고 체계적인 일에서조차 의사결정 능력을 보이지 못했으니, 의사결정 능력의 붕괴는 모든 곳에서 두루 일어났다. 머리는 가슴 없이는 머리로 하는 일조차 제대로 못 해내는 것이다. 따라서 다마지오의 연구 결과에는 흄의 모델이 가장 잘 맞는다고 할 수 있었다. 주인(열정)이 갑작스레 운명을 달리하여 세상을 떠나도 하인(이성)에게는 통치의 능력도 통치의 욕구도 없다. 그러니 결국은 모든 게 파멸해버리고 만다.

무신론자도 영혼을 팔려고 하지 않는다

내가 교수로서 처음 일을 해보려고 버지니아 대학으로 자리를 옮긴 것은 1995년의 일이다. 그때만 해도 도덕심리학은 여전히 도덕적 추론을 연구하느라 여념이 없었다. 그러나 발달심리학 너머로 조금만 고개를 들어보면 윌슨이 말한 새로운 종합이 시작되고 있음을 알 수 있었다. 손에 꼽을 정도였지만 몇몇 경제학자, 철학자, 신경학자가 묵묵히 도덕성에 접근하는 대안적 틀을 세워가고 있었던 것이다. 이들은 감정을 그 틀의 기반으로 잡고 있었고, 감정 역시 진화에 의해 미리 형성된다고 가정하고 있었다.[23] 한편 1992년 사회생물학도 새로운 이름으로 재탄생해 이러한 종합 작업에 힘을 보탰다. 진화심리학이 등장한 것이다.[24]

버지니아 대학으로 자리를 옮기고 샬로츠빌(Charlottesville)에서 지내게 되면서 나는 그 첫 달에 제퍼슨이 코스웨이에게 보낸 편지를 읽었다. 나도 제퍼슨의 광신도 무리에 끼게 되었다는 나름의 신고식인 셈이었다(1819년에 버지니아 대학을 처음 세운 것이 제퍼슨이기 때문에 이곳에서는 그를 신으로 받든다). 하지만 그 편지를 읽기 전에도 나는 이미 제퍼슨처럼 도덕적 감정과 도덕적 추론은 별개의 과정이라 보고 있었다.[25] 도덕적 감정과 도덕적 추론의 과정에서 제각각의 도덕적 판단이 내려질 수 있으며, 때로는 자기가 옳다고 생각하는 것을 실행시키기 위해 이 둘 사이에 실랑이가 벌어지기도 한다고 나는 생각했다(〈도표 2-1〉 참조).

버지니아 대학에서의 초창기 몇 년 동안 나는 이 쌍방향 모델이 옳은지를 검증하기 위해 몇 가지 실험을 진행해보았다. 도덕적 감정이나 도덕적 추론, 이 두 과정 중 하나가 약화되거나 강화되도록 조건을 설정하고 사람들에게 그 조건하에서 판단을 내리도록 하는 실험이었다. 예를 들어 사회심리학자들은 사람들에게 곧잘 다음과 같은 식으로 수행 테스트를 진행한다. 즉, 무거운 인지 정보(머릿속에

〈도표 2-1〉 제퍼슨식 쌍방향 모델 도식을 보면 감정과 추론이 서로 다른 길을 통해 도덕적 판단에 이름을 알 수 있다. 그러나 때로는 도덕적 판단이 사후 추론으로 이어지기도 한다.

7250475를 기억하는 것)와 가벼운 인지 정보(숫자 7만 기억하는 것) 어느 한 쪽을 지니게 한 후, 특정 과제를 수행하도록 하는 것이다. 만일 무거운 인지 정보를 지니고 과제를 수행했는데 성적이 좋지 않으면, 여기서는 해당 과제를 수행하는 데에 '통제된 사고'(의식적인 추론 등)가 필요하다는 결론이 나올 수 있다. 하지만 정보량에 상관없이 피험자들이 좋은 성적을 낸다면, 그때는 그 과제를 수행하는 데에는 '자동적인 과정'(직관이나 감정 등)이면 충분하다는 결론이 나올 수 있다.

  당시 실험에서 내가 던진 질문은 간단했다. "사람들은 무거운 정보를 지녔을 때도 가벼운 정보를 지닐 때만큼 도덕적 판단을 잘 내릴 수 있을까?" 대답은 "그렇다"인 것으로 드러났다. 두 조건 사이에 차이는 전혀 나타나지 않았다. 즉, 인지 정보의 양은 아무 영향도 끼치지 못했다. 이야기를 달리 만들어 다시 한 번 실험을 해보았지만 결과는 똑같았다. 그래서 이번에는 실험 방식을 다르게 조작해보았다. 컴퓨터 프로그램을 이용해 일부에게는 생각할 겨를 없이 빨리 대답하도록 하고, 나머지 사람들에게는 10초의 여유를 두고 판단을 내놓게 한 것이다. 나는 이번 조작으로 분명히 도덕적 추론 과정이 약화되거나 강화되어 결과에 현격한 판도 변화가 일어나리라 생각

바른 마음

했다. 하지만 결과는 그렇지 않았다.[26]

버지니아 대학에 올 때만 해도 나에겐 제퍼슨식 쌍방향 모델이 옳다는 확신이 있었다. 그러나 그것을 증명하려는 나의 노력은 번번이 실패로 돌아가고 있었다. 종신 재직권 심사일이 차츰 다가오자 나는 점점 초조해지기 시작했다. 앞으로 5년 안에 한꺼번에 논문을 써서 유수의 저널에 줄줄이 발표하지 않으면 안 될 판이었다. 안 그랬다간 종신 재직 심사에서 탈락해 내 발로 버지니아 대학을 나가야만 할 테니까.

한편 몇 년 전 대학원 논문을 쓸 때 관찰했던 도덕적 당혹감에 대해서는 후속 연구를 진행하기로 하고 작업을 시작한 참이었다. 이 작업에는 천부적 재능을 타고난 학부생 스콧 머피(Scott Murphy)가 함께해주었다. 실험에서 우리는 도덕적 당혹감의 양을 늘려볼 계획이었고, 그래서 스콧은 친절한 인터뷰어보다는 사람들의 주장에 어떤 식으로든 이의를 제기하는 악마의 대변인이 되기로 했다. 스콧이 사람들의 주장을 완전히 무너뜨려버렸을 때 사람들은 과연 자신의 판단을 바꿀까, 아니면 도덕적 당혹감에 빠질까? 도덕적 당혹감에 빠질 경우 사람들은 더듬더듬 이러저런 이유를 대면서도 자신의 애초 판단은 끝까지 버리려 하지 않을 것이다.

실험을 위해 스콧은 버지니아 대학의 학생 30명을 실험실로 데려왔고, 보다 장시간에 걸쳐 한 번에 한 사람씩 인터뷰를 진행했다. 스콧은 학생들에게 그들이 어떤 추론을 내놓든 그것을 캐묻는 것이 자신의 일이라고 설명해주었다. 그런 다음 학생들에게 다섯 가지 시나리오를 숙지하게 했다. 그중 하나는 콜버그의 하인츠 딜레마였다. "아내의 목숨을 구하기 위해 하인츠는 과연 약을 훔쳐야 할까?" 우리의 예측에 따르면 이 이야기에서는 당혹감이 거의 나오지 않을 것이었다. 여기서는 피해가 있을 뿐만 아니라 생명이 중요한가 법과 재산권이 중요한가 하는 문제가 대립하고 있었던 데다 이야기 자체가 잘 짜여 있어 냉철하면서도 합리적·도덕적 추론이 나오기에 충분했다. 당연히 스콧은 하인츠 이야기로는 학생들에게서 어떤 당혹감도 끌어내지 못했다. 그들은 답을 하면서 훌륭한 이유를 여럿 제시했고, 스콧이 아무리 애써도 "생명이 재산보다 더 중요하다" 같은 원칙을 포기하려 들지 않았다.

그러나 우리가 선택한 다음과 같은 두 가지 시나리오는 사람들의 직감에 좀 더 직접적으로 작용하는 것들이었다. 하나는 '바퀴 주스' 시나리오로, 스콧은 먼저 사과 주스 캔을 따서 새 플라스틱 컵에 따른 후 피험자에게 한 모금 마시도록 권했다. 여기에는 피험자 모두가 응했다. 그리고 나서 스콧은 하얀색 플라스틱 상자를 하나 가져와 이렇게 말했다.

이 용기 안에는 살균 처리된 바퀴벌레가 한 마리 들어 있어요. 실험실 자재 납품 회사에서 몇 마리 구입한 것이죠. 바퀴들이 자란 환경은 깨끗했어요. 하지만 만일에 대비해 바퀴들을 오토클레이브(높은 온도와 압력으로 여러 화학반응을 일으키는 내열 내압의 원통형 밀폐 용기—옮긴이)에 넣어 살균 처리를 했어요. 오토클레이브에 들어가면 모든 게 엄청난 온도로 가열되기 때문에 세균은 한 마리도 살아남을 수 없어요. 이 바퀴벌레를 이렇게(차 거름

망을 이용하여) 주스에 한 번 담그기로 하죠. 자, 주스 한 모금 드시겠어요?

두 번째 시나리오에서는 피험자에게 2달러를 줄 테니 다음과 같은 문서에 서명해달라고 했다. 나 ○○○은 총 2달러를 받고 죽은 후 내 영혼을 스콧 머피에게 매도함을 이 문서로써 합의한다. 그리고 문서의 서명 칸 밑에는 다음과 같은 주가 붙어 있었다. 이 문서는 심리학 실험의 일부입니다. 이 계약은 어떤 식으로든 법적 효력이나 구속력을 갖지 않습니다.[27] 여기에 덧붙여 스콧은 피험자들에게 서명 후에는 곧바로 종이를 찢어버려도 되며, 그래도 여전히 2달러를 받게 된다고 일러주었다.

자발적으로 문서에 서명하여 스콧이 굳이 채근할 필요가 없었던 피험자는 전체의 23퍼센트에 불과했다. 한편 바퀴 주스를 기꺼이 마시겠다고 한 피험자는 약간 놀랍게도 37퍼센트나 되었다.[28] 이들의 경우에는 스콧이 악마의 대변인으로 나서지 않아도 되었다.

그러나 피험자 중에는 요구에 응하지 않은 이가 대부분이었고, 스콧은 그들에게 이유를 설명해달라고 했다. 그리고 피험자들이 이유를 대면 거기에 최선을 다해 이의를 제기했다. 그러자 스콧의 설득에 넘어가 주스를 입에 댄 사람이 추가로 10퍼센트 늘었고, 영혼 매도 문서에 서명한 사람은 17퍼센트가 늘었다. 하지만 두 시나리오 모두에서 사람들 대부분은 애초의 거부 입장을 끝까지 고수했고, 그중 상당수는 변변한 이유를 대지 못했다. 몇몇은 자신이 무신론자이기 때문에 영혼을 믿지 않는다고 털어놓고서도 여전히 문서에 서명하는 것은 꺼림칙하게 여겼다.

이 두 시나리오에서도 당혹감은 그리 많이 나타나지 않았다. 사람들은 주스를 마시거나 계약서에 서명하는 문제는 궁극적으로 스스로의 선택에 달린 문제라고 느꼈고, 따라서 피험자 대부분은 맘 편히 이렇게 말할 수 있는 것처럼 보였다. "그냥 하고 싶지 않아요, 뭐라고 이유는 대지 못하겠지만."

한편 이 연구의 핵심은 사람들에게 무해한 금기 위반 사례 두 가지를 들려주고 그 반응을 살펴보는 것이었다. 사람들이 불온하지만 피해는 없는 사건들을 접하고 내리는 도덕적 판단이 과연 하인츠 과제(추론과 밀접하게 관련되었던 경우)에서 내리는 도덕적 판단과 더 비슷할지, 아니면 바퀴 주스와 영혼 매도 계약 과제(사람들이 스스럼없이 직감을 따랐다고 털어놓았던 경우)에서 내리는 판단과 더 비슷할지 우리는 궁금했다. 이때 우리가 사용한 이야기 중 하나는 다음과 같았다.

남매지간인 줄리와 마크는 함께 프랑스를 여행하는 중이다. 둘은 모두 대학생이다. 그러던 어느 날 이들은 바닷가의 한 오두막집에서 둘이서만 밤을 보내게 되었다. 둘은 이참에 잠자리를 함께해보면 신기하기도 하고 재미있을 거라고 결정을 내린다. 최소한 서로에게 새로운 경험은 될 것이다. 줄리는 이미 피임약을 복용한 상태였지만, 만일의 사태에 대비해 마크도 콘돔을 사용한다. 두 사람은 모두 즐겁게 잠자리를 가지지만, 다시는 그러지 않기로 결정한다. 그리고 그날 밤 일은 둘만 아는 특별한 비밀로 지키기로 한다. 이제 둘은 서로가 훨씬 가깝게 느껴진다. 당신은 이에 대해 어떻게 생각하는가? 마크와 줄리가 섹스를 한 것은 잘못이었나?

무해한 금기 이야기 나머지 하나에는 제니퍼라는 여자가 등장하고, 그녀는 병원의 병리 검사 센터에서 일하고 있다. 제니퍼는 채식주의자이다. 고기를 먹기 위해 일부러 동물을 죽이는 것은 도덕적으로 잘못이라고 생각하기 때문이다. 그러던 어느 날 밤 제니퍼는 신선한 상태의 시체를 소각하는 일을 맡게 된다. 그런데 식용으로 아무 문제가 없는 고기를 버리자니 아깝다는 생각이 든다. 그래서 제니퍼는 시체의 살을 한 조각 잘라 집으로 가져온다. 그러고는 그것을 요리해서 먹는다.

이것들이 구토감을 일으키는 이야기라는 것을 우리는 잘 알았고, 그래서 사람들에게서 곧바로 도덕적 비난이 나오리라고도 예상했다. 줄리와 마크가 섹스를 해도 좋다고 한 피험자는 전체의 20퍼센트뿐이었고, 제니퍼가 시체 일부를 먹어도 괜찮다고 한 사람은 전체의 13퍼센트에 불과했다. 그러나 스콧이 그러한 판단을 내린 이유에 대해 설명해달라고 하고 나아가 그들의 설명에 이의를 제기하자, 당초 우리의 예상대로 정확히 흡식의 패턴이 나타나는 것을 알 수 있었다. 이 무해한 금기 시나리오들에서 사람들은 다른 시나리오에서보다 훨씬 더 많은 이유를 만들어내고 또 폐기했다. 사람들은 머릿속을 뒤적여 이 이유 저 이유를 찾아내느라 정신없는 모습이었고, 그들이 맨 나중에 댄 이유를 스콧이 타당하지 못하다고 증명해도 그들은 거의 마음을 바꾸지 않았다. 근친상간 이야기와 관련해 진행된 당시의 한 인터뷰 기록을 보면 이렇다.

실험자 : 자, 이에 대해 어떻게 생각하나요? 줄리와 마크가 섹스를 한 건

잘못인가요?

피험자 : 네, 섹스를 한 건 전적으로 잘못이라고 생각합니다. 이유는요, 그러니까 제가 종교에 독실한 사람이라 그렇습니다. 그리고 근친상간은 어쨌든 잘못이라는 생각이 그냥 드는데요. 잘은 모르겠지만.

실험자 : 근친상간이 어디가 잘못이라는 건지 말해주겠어요?

피험자 : 음, 근친상간의 개념이 전부요. 그러니까 제가 들은 바로는, 그런데 이게 맞는 이야기인지도 잘 모르겠네요. 그러니까 근친상간을 할 경우 여자가 임신하면 아이가 기형이 됩니다. 근친상간을 하는 경우엔 대부분요.

실험자 : 하지만 이들은 콘돔과 피임약을 썼는데요?

피험자 : 아, 그렇군요. 맞아요. 그랬다고 했죠.

실험자 : 따라서 이들에게 아이가 생길 가능성은 전혀 없습니다.

피험자 : 음, 그렇다면 절제야말로 섹스의 가장 안전한 길이어서가 아닐까요. 하지만 음, 어……. 음, 잘 모르겠어요. 그냥 그렇게 하는 건 잘못이라는 생각이 들어요. 잘 모르겠네요. 당신이 내게 뭘 물었죠?

실험자 : 그 둘이 섹스를 한 것은 잘못일까요?

피험자 : 네, 잘못이라고 생각해요.

실험자 : 저는 당신이 그것을 왜 잘못이라고, 무엇이 잘못이라고 생각하는지 알아내려고 하는 겁니다.

피험자 : 알겠습니다. 음……그러니까……가만있자, 생각을 좀 해보고요. 음……그 둘이 나이가 얼마나 되죠?

실험자 : 대학에 다니고 있으니까 스무 살 정도입니다.

피험자 : 아, 나 이거 참(낙심한 표정으로). 잘 모르겠네요. 전 그냥······그렇게 배우며 자라지 않았으니까. 그러니까 제 경우엔 그렇다는 뜻이에요. 물론 다들 그럴 테지만(웃음). 그냥 우리는 그러면 안 됩니다. 저도 그렇고요. 제 이유는, 음, 아마 이런 걸 겁니다. 그냥, 음······우리는 그렇게 배우며 자라지 않았다고요. 우리는 그런 일은 못 봐요. 용납이 안 된다고 생각합니다. 너무 막가는 행동이잖아요.

실험자 : 하지만 자라면서 용납 안 될 일이라고 배웠다고 해서 그것을 다 잘못이라고 할 순 없을 텐데요, 안 그런가요? 예를 들어, 당신이 자라면서 여자들은 직장을 가져서는 안 된다고 배웠다고 칩시다. 그때도 당신은 여자들이 직장에서 일하는 게 잘못이라고 할 건가요?

피험자 : 음······글쎄요······. 아, 아이고. 이거 어렵네요. 음, 뭐라고 얘기해도 내 맘은 바뀌지 않을 거예요. 하지만 둘의 행동에 대한 제 느낌은, 그리고 제 생각은 어떻게 표현해야 할지 모르겠네요. 그저 미친 짓이라고밖에는![29]

이 기록도 그렇지만 상당수의 다른 인터뷰에서도 사람들은 도덕적 판단을 내릴 때 즉각적이고 감정적이었다. 추론은 열정의 하인에 불과했으며, 하인이 훌륭한 논거를 전혀 찾아내지 못할 때에도 주인은 마음을 바꾸지 않았다. 스콧과 나는 도덕적 당혹감을 가장 잘 드러내는 듯한 행동들을 일부 가져다 수량화해보았다. 그랬더니 사람들

이 무해한 금기 시나리오에 반응하는 방식은 하인츠 딜레마와는 크게 차이가 났던 것으로 드러났다.[30]

이 연구 결과는 제퍼슨이나 플라톤보다는 흄의 모델을 지지하고 있었다. 사람들은 순식간에, 그리고 감정적으로 도덕적 판단을 내렸던 것이다. 도덕적 추론은 사람들이 이미 도덕적 판단을 내려놓고 그것을 정당화할 이유를 찾기 위해 사후에 일어나는 경우가 대부분이었다. 하지만 이런 판단들이 과연 도덕적 판단 전반을 대표한다고 할 수 있을까? 내가 기괴한 이야기를 몇 가지 지어내야만 했던 것은 사람들에게서 말로 쉽사리 설명이 안 되는 도덕적 직관들을 순식간에 일으키기 위해서였으니까 말이다. 우리의 사고 대부분이 그런 식으로 돌아갈 리는 없다. 그렇지 않은가?

보이는 대로 판단하기 vs 합리적 이유 찾기

스콧과 당혹감 연구를 진행하기 2년 전, 나는 심리학자들의 입에는 거의 오르내리지 않지만 아주 탁월하다 할 저서를 한 권 읽었다. 《패턴, 사고, 인지(Patterns, Thinking and Cognition)》라는 제목의 그 책은 시카고 대학의 공공정책학과 교수 하워드 마골리스(Howard Margolis)가 쓴 것이었다. 그는 정치 이슈에 대한 사람의 믿음이 왜 그토록 객관적 사실과 동떨어져 있는지 그 이유를 이해하고자 했고, 나아가 인지과학을 통해 그 수수께끼를 풀 수 있기를 바랐다. 하지만 1980년대는 인간의 마음을 컴퓨터에 비유하는 방식이 대세를 이루던 때였

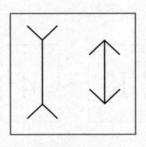

〈도표 2-2〉 뮐러·라이어 착시

고, 주류에서 벗어난 마골리스는 별다른 주목을 받지 못했다.

마골리스는 정치에 관련된 사고처럼 상위 인지를 연구할 때에도 하위 인지를 모델로 삼는 것이 더 좋다고 생각했다. 하위 인지는 시각적 인지의 경우처럼 패턴을 무의식적으로 재빨리 연결시키며 이루어지는 경우가 많다. 그래서 그는 여러 가지 인지적 착각을 다루는 것으로 책의 서두를 연다. 사람들에게 잘 알려진 '뮐러·라이어 착시'(〈도표 2-2〉 참조)가 그런 인지적 착각 중 하나로, 그림에서와 같이 두 선의 길이가 똑같다는 것을 알아도 우리 눈에는 한쪽 선이 여전히 다른 쪽 선보다 길게 보인다. 마골리스는 이어서 '웨이슨의 네 장의 카드 과제' 같은 논리 문제도 등장시키는데, 이 과제에서 피험자는 탁자에 놓인 네 장의 카드를 보게 된다.[31] 네 장의 카드는 모두 카드 뭉치에서 빼낸 것으로, 저마다 한쪽에는 알파벳이 다른 한쪽에는 숫자가 적혀 있다. 이 과제에서 피험자가 할 일은 〈도표 2-3〉처럼 놓여 있는 네 장의 카드 중 꼭 봐야 할 최소한의 카드를 고르고 그걸 뒤집어서 다음과 같은 규칙이 지켜지고 있는지 확인하는 것이다. "카

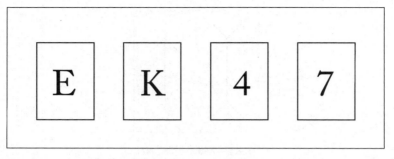

<도표 2-3> 웨이슨의 네 장의 카드 과제 "카드의 한 면에 모음이 적혀 있으면, 그 뒷면에는 짝수가 적혀 있다"라는 규칙이 참인지 알아보기 위해 우리가 반드시 뒤집어봐야 하는 카드(들)는 다음 중 어느 것일까?

드의 한 면에 모음이 적혀 있으면, 그 뒷면에는 짝수가 적혀 있다."

네 장의 카드 중 알파벳 E 카드를 뒤집어봐야 한다는 건 누구나 바로 알 수 있는 사실이다. 하지만 이와 함께 많은 사람이 숫자 4 카드도 뒤집어봐야 한다고 말한다. 그런 사람들은 다음과 같은 단순한 생각에 따라 패턴 연결을 하고 있는 듯하다. **질문에 모음과 짝수라는 말이 들어 있으니, 모음과 짝수 카드를 뒤집어보자.** 이 과제 뒤에 숨어 있는 논리는 다음과 같이 간단한데, 많은 사람이 이를 받아들이지 않는다. 즉, 숫자 4 카드를 뒤집을 때는 뒷면에 알파벳 B가 나와도 규칙이 틀리다는 게 증명되지 못하지만, 숫자 7 카드를 뒤집을 때는 U가 나오면 규칙이 틀리다는 것이 증명된다. 따라서 우리가 뒤집어봐야 하는 카드는 알파벳 E와 숫자 7 카드이다.

사람들에게 이 과제를 주고 바로 그 자리에서 문제의 답과 이유를 설명해달라고 하면, 사람들은 얼마든지 설명을 내놓는다. 그런데 여

바른 마음

기서 놀라운 사실은, 사람들은 옳은 답을 내놓을 때나(E와 7) 아니면 흔히 그러듯 틀린 답을 내놓을 때나(E와 4) 자신의 답을 얼마든지 설명해 보이며 추론에도 똑같이 자신감을 보인다는 것이다.[32] 이러한 연구 결과를 토대로 웨이슨(Peter Wason)은 **판단**과 **정당화는 별개의 과정**이라는 결론에 이르렀다. 마골리스도 웨이슨의 견해에 뜻을 같이 하여 이상의 사태에 대해 다음과 같이 요약정리를 했다.

　　인간은 판단이 내려지면(판단 자체도 뇌 속의 비의식적인 인지 장치를 통해 일어나기 때문에, 옳을 때도 있고 옳지 않을 때도 있다), 그 근거를 하나둘 만들어내 그것들이 자신이 내린 판단의 설명이 된다고 믿는다. 그러나 그 근거라는 것들은 사실 (해당 주장에 대한) 사후 합리화에 지나지 않는다.[33]

마골리스의 의견에 따르면, 우리가 어떤 판단을 내리거나 문제를 해결할 때 머릿속에서는 두 가지의 전혀 다른 인지 과정이 작동하는데, 바로 '보이는 그대로의 인지 과정'과 '이유를 찾아내는 인지 과정'이다. '보이는 그대로의 인지 과정'에서는 동물의 뇌가 수억 년에 걸쳐 해오던 식으로 패턴 연결이 이루어진다. 예를 들면, 제아무리 단순한 동물이라도 특정 종류의 패턴이 입력되면(가령 빛이나 설탕) 그에 따르는 구체적인 행동을 보이도록(빛을 보면 도망가고, 달콤한 음식이 있으면 멈춰 서서 먹는다) 회로가 짜여 있다. 동물들은 새로운 패턴도 쉽게 익혀 기존의 행동에 연결시킬 줄 알며, 기존 행동을 새로운 패턴 속에 짜 맞출 줄도 안다(코끼리가 조련사에게서 새로운 묘기를 배우는 경우처럼).

뇌가 더 크고 복잡해질수록 동물들의 인지능력도 점점 더 정교해지는 양상을 띠기 시작해, 이러저러한 결정을 내리기도 하고(오늘은 어디로 먹이를 찾으러 갈까, 혹은 언제쯤 남쪽으로 날아갈까), 이것저것 판단을 내리기도 한다(서열이 아래인 침팬지가 경우에 맞게 공손한 태도를 보였는가). 그러나 어떤 경우에서든 기본이 되는 심리는 패턴 연결이다. 이런 식의 인지는 별 노력을 들이지 않아도 순식간에 자동적으로 일어나고, 우리는 여기에 떠밀려 밀러·라이어의 착시를 경험하게 되는 것이다. 이러한 착시를 경험할지 말지는 우리가 선택할 수 있는 문제가 아니다. 그저 한쪽 선이 다른 선에 비해 더 길게 우리 눈에 '보이기' 때문이다. 마골리스는 이런 식의 사고를 '직관적 사고'라고 부르기도 했다.

반면 '이유를 찾아내는 인지 과정'은 "우리가 어떤 사고를 거쳐 특정 판단에 이르렀는지 설명할 때, 혹은 내가 보기에 다른 사람이 어떻게 그런 판단에 이를 수 있었는지 설명할 때" 이용된다.[34] '이유를 찾아내는 인지 과정'은 언어를 가진 생물체, 그리고 스스로의 입장을 남에게 설명할 필요가 있는 생물체에게서만 일어난다. '이유를 찾아내는 인지 과정'은 자동적이지 않다. 이는 의식적인 과정으로, 때로는 수고스러운 일처럼 **느껴지고**, 인지 정보에 의해 그 흐름이 쉽게 막힌다. 콜버그는 '보이는 그대로의 인지 과정'은 무시하고 이 '이유를 찾아내는 인지 과정'을 연구해야 한다고 도덕심리학자들을 설득한 것이다.[35]

마골리스의 아이디어는 내 연구에서 드러난 모든 내용에 완벽하게 들어맞았다. 우리 머릿속에서는 직관적 판단이 먼저 일어나고("그건 당연히 잘못이죠!"), 그런 다음에야 천천히, 때로는 고문과도 같이 정당화가 이루어지는 것이다("음, 둘의 피임 방법이 모두 실패할 수도 있고, 그러면 둘 사이에서 나는 아이는 기형아일 겁니다"). 직관은 추론을 일으키는 추동력이지만, 추론이 성공하든 실패하든 상관하지 않는다. 내가 만든 무해한 금기 이야기들은 뮐러·라이어의 착시 현상과 비슷한 면이 있었다. 이야기를 들은 피험자는 그 속에서 피해의 정도를 가늠해본 후 거기에 사실상 피해가 없다는 것을 알아도 여전히 뭔가 잘못되었다고 느꼈던 것이다.

마골리스의 이론은 해결이 더 쉬운 딜레마에도 역시나 잘 적용되었다. 예를 들어 하인츠 시나리오의 경우에도, 사람들 대부분은 (아내의 생명이 위험한 만큼) 하인츠가 약을 훔쳐야 한다는 것을 직관적으로 '알아차린다.' 다만 다른 점은 여기서는 이유를 찾기가 쉽다는 것이다. 콜버그는 어느 쪽에서든 충분히 합리적인 이유가 나오도록 딜레마를 구성해놓았고, 따라서 누구도 당혹감에 빠질 일이 없었다.

바퀴 주스 딜레마와 영혼 매도 딜레마에서 우리는 거절하고 싶은 마음이 든다는 것을 곧바로 '알아차리지만', 이 이야기들에서는 말로 구구절절 이유를 대야 한다는 압박이 크게 느껴지지 않는다. 바퀴에 오염된 주스를 마시고 싶지 않다는 것은 도덕적 판단이 아니라 개인적인 좋고 싫음이기 때문이다. 이런 주관적 기호에 대해서는 "그렇게 하고 싶지 않은데요" 한마디가 정당화의 근거로 완벽하게 받아들여진다. 그러나 도덕적 판단은 이렇게 주관적으로 이뤄지는 진술이 **아니다.** 도덕적 판단은 어떤 사람이 무언가 잘못된 짓을 했다는 주장이기 때문이다. 생각해보라. 상대방이 하는 짓이 단순히 내 마음에 안 든다고 공동체에 그 사람을 처벌해달라고 요청할 수는 없지 않은가. 이럴 때에는 나 자신이 좋고 싫은 것을 떠나 다른 무엇을 지적해내야 하는데, 그런 식의 지적이 다름 아닌 우리의 도덕적 추론이다. 즉, 우리는 **우리 자신**이 어떤 판단에 이르렀는지 그 실제적 이유들을 재구성해보기 위해 도덕적 추론을 하는 것이 아니다. 그보다 우리가 추론을 하는 까닭은 **다른 누가 왜 마땅히 우리 편에 서서** 우리처럼 판단해야 하는가 하는 문제에 대해 가급적 최선의 이유를 찾기 위해서이다.[36]

'기수와 코끼리' 비유

마골리스의 아이디어에 들어 있는 깊은 뜻을 내가 온전히 이해하는 데는 그로부터도 몇 년이 더 걸렸다. 그렇게 애먹은 이유는, 당시에는 누구나 그랬듯이 나의 사고가 인지와 감정을 무 자르듯 나누는 쓸데없는 이분법에 빠져 있었기 때문이다. 나는 인지를 감정과 독립적으로 작동시키는 일에 거푸 실패하고 나서야 비로소 그런 식의 이분법이 터무니없는 것임을 깨닫기 시작했다. 인지란 그저 정보처리를 가리키는 말일 뿐이었고, 이러한 인지에는 하위 인지(시각적 인지와 기억 환기 등)는 물론 상위 인지(의식적인 추론 등)도 포함되었다.[37]

감정은 정의를 내리기가 약간 더 어려운 부분이다. 오랫동안 사람들은 감정이 아무 말 못하는 벙어리이며 그 뿌리가 본능에 있다고 생각해왔지만, 1980년대에 들어 이런 생각에 변화가 오기 시작했다.

바른 마음

감정이 사실은 인지로 가득 차 있다는 사실을 과학자들이 차츰 인정하게 된 것이다. 감정은 여러 단계를 거쳐 일어나는데, 그중에서도 첫 단계가 방금 일어난 일이 내 목표에 도움이 되는지 방해가 되는지 여부로 그 일을 평가하는 것이다.[38] 이런 식의 평가는 일종의 정보처리, 즉 인지 작용에 해당한다. 어떤 특정한 입력 패턴이 감정의 평가 프로그램에 감지되면, 그것은 우리 뇌에 일련의 변화를 일으켜 적절한 반응을 보일 수 있도록 우리를 준비시킨다. 예를 들어, 어두컴컴한 길을 지나는데 누가 뒤에서 달려오는 소리가 들린다. 그러면 나의 두려움 체계는 위협을 감지하고 교감신경을 작동시키는데, 이로써 맞붙을지 아니면 도망갈지의 반응 기제(fight-or-flight response)가 작동하고, 심장박동 수가 올라가며, 더 많은 정보를 받아들이기 위해 동공이 확대된다.

감정은 말 못하는 벙어리도 아니다. 다마지오의 환자들이 얼토당토않은 결정을 내렸던 것도 의사결정에 이용되던 감정 쪽의 입력값이 사라져버렸기 때문이다. 한마디로 **감정은 일종의 정보처리 과정인 것이다**.[39] 따라서 감정과 인지를 반대개념으로 놓는 것은 비와 날씨, 그리고 자동차와 운송 수단을 반대개념으로 놓는 것만큼이나 의미 없는 일이다.

마골리스 덕분에 나는 감정과 인지를 반대로 보던 틀을 내던질 수 있었다. 모든 형태의 판단이 그렇듯 **도덕적 판단 역시 인지 과정의 하나**라는 것을 그의 연구를 통해 알게 된 셈이다. 한편 정작 중요한 구분은 **전혀 다른 두 종류의 인지 과정** 사이에서 해야 하는 것이었으니, 바로 직관과 추론이다. 도덕적 직관의 유형 중 하나에 도덕적 감정이

들어가긴 하지만, 도덕적 직관은 대체로 좀 더 미묘한 구석이 있다. 다시 말해 도덕적 직관은 감정 수준으로까지는 올라가지 않는다.[40] 이다음에 신문을 읽거나 차를 운전할 기회가 생기거든 한번 잘 살펴보라. 순식간에 내 의식 속에 떠올랐다 사라져가는 그 수많은 비난이 과연 어떤 것들인지를. 일순에 깜박하는 그 생각들은 감정일까? 기다릴 것 없이 스스로에게 이런 질문을 던져보는 방법도 있다. (다른 모든 조건이 동일하다고 가정했을 때) 낯선 사람 다섯을 구하는 게 나은가, 아니면 하나를 구하는 게 나은가? 우리가 다섯을 구하겠다고 말하는 데에 어떤 감정이 필요할까? 아니면 추론을 해야 하는가? 그렇지 않다. 하나보다 다섯을 구하는 게 낫다는 사실은 그저 바로 알아진다. 이렇듯 우리가 순간순간 별 노력 없이 내리는 도덕적 판단은 매일 수십 번 아니 수백 번에 이르는데, 그것을 가장 잘 설명해주는 말이 바로 **직관**이다. 이런 직관이 만감에 뒤섞여 우리 머리에 떠오르는 경우는 사실 몇 번 되지 않는다.

《행복의 가설》이라는 책에서 나는 이 두 종류의 인지에 각각 기수('이유를 찾는 인지'를 포함한 통제된 인지 과정)와 코끼리(감정, 직관 및 모든 형태의 '보이는 그대로의 인지')라는 이름을 붙인 바 있다.[41] 말(馬) 대신 굳이 코끼리를 선택한 이유는 코끼리가 말보다 훨씬 커다란 덩치를 가지고 있기(그리고 더 영리하기) 때문이다. 지난 5억 년 동안 동물의 마음을 움직여온 것은 자동적 인지 과정이었고, 그렇게 그것은 우리 인간의 마음도 움직여왔다. 따라서 수천 번의 제품 주기를 거친 소프트웨어가 기능이 향상되듯이, 자동적 인지 과정은 이제 자신의 일을 매우 능숙하게 처리해내는 단계에 있다. 인간이 언어 및 추론 능력을

바른 마음

발달시킨 것은 최근 100만 년 사이의 어느 즈음인데, 이때 뇌가 스스로 회로를 재구성한 일은, 그러니까 코끼리 등에서 기수를 내리고 그 자리에 어설픈 신참 마부를 앉힌 일은 없었다. 오히려 기수(언어를 기반으로 한 추론 능력)는 계속 그 자리에 앉아 진화해나갈 수 있었는데, 기수가 어떻게든 코끼리에게 도움이 되는 일을 해주었기 때문이다.

사실 기수가 시중들 수 있는 일은 여러 가지이다. 우선 미래를 더 멀리 내다볼 줄 아는 능력(우리는 머릿속으로 여러 가지 대안적인 시나리오를 곰곰이 따져볼 수 있다)은, 코끼리가 지금 이 순간 더 나은 결정을 내리도록 도움을 준다. 또 기수는 새로운 기술을 배우고 나아가 첨단 기술까지 섭렵할 줄 아는데, 이 능력은 코끼리가 자신의 목표에는 한 발 다가가고 재앙은 슬쩍 비키도록 도움을 준다. 그리고 가장 중요한 능력으로, 기수는 코끼리의 대변인 역할을 해준다. 그러나 이때 기수가 코끼리의 본심을 반드시 다 알 필요는 없다. 코끼리가 방금 무슨 일을 저질렀든 기수는 그것을 사후 조작하듯 설명하는 기술이 뛰어나고, 코끼리가 앞으로 하고 싶어 하는 일에 대해서도 그 정당화의 근거를 잘 마련한다. 인간이 언어라는 것을 만들어내고 그것으로 서로에 대해 험담하기 시작한 때부터, 코끼리 입장에서는 24시간 내내 일하는 이 홍보 회사를 등에 태우고 다닐 가치가 충분히 있었다.[42]

1990년대에만 해도 나는 기수와 코끼리 비유를 만들어두지 않은 상태였다. 그러나 비유만 없었을 뿐이지, 일단 감정과 인지를 반대로 보지 않고 그 대신 직관과 추론을 대립시키자 모든 것이 척척 맞아 돌아가기 시작했다. 나는 예전에 세워놓았던 제퍼슨식 쌍방향 모델(〈도표 2-1〉 참조)을 가져다 두 가지를 대폭 수정했다. 첫 번째는 추론에서 판단으로 향하는 화살표를 점선으로 만들어 강도를 약화시켰다(〈도표 2-4〉의 5번 연결선). 이 부분을 점선으로 만든 것은 추론에서 독립적으로 판단이 나오기가 이론상으로는 가능해도 현실에서는 좀처럼 일어나지 않기 때문이다. 이렇듯 간단한 수정 한 번에 애초의 제퍼슨식 모델은 흄식 모델로 바뀌었다. 단 여기서는 (감정보다는) 직관이 도덕적 판단의 주원인이고(1번 연결선), 보통 추론은 판단 이후에 일어나(2번 연결선) 사후의 정당화 근거를 마련한다. 한마디로 이성은 직관의 하인인 것이다. 기수가 코끼리 등에 올라타 있는 이유는 무엇보다 코끼리의 시중을 들어주기 위해서이다.

여기에 나는 도덕적 판단이 가지는 **사회적** 성격도 담아내고 싶었다. 도덕적 논의는 여러 가지 전략적 목적에 두루 이용되는바, 사람들은 그것으로 자신의 평판을 관리하기도 하고, 동맹을 맺기도 하고, 툭하면 일어나는 일상의 논쟁에서 구경꾼을 자기편으로 끌어들이기도 한다. 또 나는 내 모델이 좀 더 넓은 부분을 아울렀으면 싶었다. 귀가 쫑긋하는 험담이나 충격적인 사건을 접하고 사람들이 처음 내리는 판단에만 내 모델을 국한시키고 싶지는 않았다. 사람들은 도덕적 논의를 벌이며 주고받기식의 상호작용을 한다. 즉, 논의와 논쟁이 수차례 오가는 과정에서 사람들이 더러 자기 의견을 바꾸기도 하는 모습을 담아내고 싶었던 것이다.

우리는 순식간에 첫 번째 판단을 내리는 경향이 있고, 더구나 이 애초의 판단을 허물어뜨릴 증거를 찾는 일은 무엇보다 꺼린다.[43] 그러나 우리 스스로 못 하는 일을 우리 친구들이 나서서 해줄 수 있다. 그들은 우리의 판단에 이의를 제기하면서 여러 가지 이유와 논거를

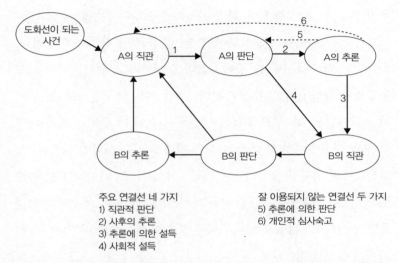

주요 연결선 네 가지
1) 직관적 판단
2) 사후의 추론
3) 추론에 의한 설득
4) 사회적 설득

잘 이용되지 않는 연결선 두 가지
5) 추론에 의한 판단
6) 개인적 심사숙고

〈도표 2-4〉 사회적 직관주의자 모델　우리에게는 직관이 먼저 떠오르며, 추론은 판단이 내려진 뒤 우리가 다른 사람에게 영향을 주려는 목적에서 만들어지는 것이 보통이다. 그러나 논의가 진행되다 보면 때로는 다른 사람들이 제시한 이유가 우리의 직관과 판단에 변화를 일으키기도 한다(Haidt, 2001, p. 815. 미국심리학회 출판물로 허가를 얻어 게재함).

제시하는데(3번 연결선), 거기서 새로운 직관이 생기기도 하고 그로써 우리 마음이 바뀔 가능성도 생기는 것이다. 이따금 우리는 어떤 문제를 스스로 곰곰이 생각하여 이런 식의 변화를 일으키기도 하는데, 그때는 (시각적 비유 두 가지를 사용하자면) 새로운 빛이나 새로운 시야라도 얻은 것처럼 갑자기 전혀 다른 차원에서 사물을 바라보게 된다. 이 모델의 6번 연결선이 나타내는 것이 바로 이러한 개인적 성찰 과정이다. 이것이 점선인 까닭은 이 과정이 그다지 자주 일어나지는 않는 것처럼 보이기 때문이다.[4] 우리는 대체로 다른 누가 부추겨야 마음을 바꾸지 도덕적 이슈에 대해 스스로 마음을 바꾸는 일은 하루에 한 번꼴로도, 아니 한 달에 한 번꼴로도 일어나지 않는다.

그런 개인적 마음 변화보다 훨씬 더 흔한 것이 사회적 영향이다. 타인들은 단순히 누구를 좋아하거나 싫어한다고 밝히는 것만으로 우리에게 끊임없이 영향을 미친다. 그런 식의 영향을 보여주는 것이 4번 연결선, 즉 사회적 설득 연결선이다. 우리 중에는 자기 내면의 도덕 나침반에 따라 스스로 길을 간다고 믿는 사람이 많으나, 사회심리학의 역사를 들여다보면 그렇지가 않다. 그 어떤 이유나 논증도 없이 그저 타인의 막강한 권력 행사로만 잔인함이 아무렇지 않게 용인된 사례[45]도 많았고 이타주의를 오히려 껄끄럽지 않게 본 사례[46]도 무수히 많았다.

이 두 가지의 변화를 감안해 나는 내 이론에 '도덕적 판단의 사회적 직관주의자 모델'이라는 이름을 붙였고, 2001년에는 이것을 정리하여 〈감정적인 개, 이성적인 꼬리(The Emotional Dog and Its Rational Tail)〉라는 제목으로 글을 발표했다.[47] 그런데 시간이 지나고 보니 개를 수식하면서 '감정적인'보다는 '직관적인'이라는 말을 썼으면 더 나았겠다는 생각이 들었다. 심리학자 중에는 여전히 감정과 인지가 반대라는 이분법에 함몰된 사람들이 있는데, 이들은 글의 제목만 보고 도덕성이 언제나 감정에 따라 움직인다는 이야기이겠거니 가정하는 경우가 많기 때문이다. 그런 후에는 인지가 중요하다는 것을 증명해내고는, 자신이 직관주의에 반하는 증거를 찾았다고 생각한다.[48] 그러나 (갖가지 감정적 반응도 그렇지만) 직관은 인지의 한 종류이다. 그저 추론의 한 종류가 아닐 뿐이다.

바른 마음

논쟁에서 이기는 법

이 사회적 직관주의자 모델을 보면 우리가 도덕적·정치적 논쟁을 할 때 왜 분통 터지도록 답답해하는지가 설명된다. **도덕적 이유가 다름 아니라 직관이라는 개가 흔드는 꼬리이기 때문이다.** 개가 꼬리를 흔드는 건 의사소통을 하겠다는 이야기이다. 그러나 내가 개의 꼬리를 붙잡아 억지로 흔든다면 개가 행복할 리 없다. 마찬가지로 우리는 사람들의 논변을 완전히 논박하는 것으로는 그들의 마음을 바꿀 수가 없다. 흄은 이 문제에 대해 오래전 다음과 같은 진단을 내린 바 있다.

> 논쟁에 들어간 사람들은 그 어느 쪽도 추론을 통해서 자신의 신조를 끌어내지는 않는다. 따라서 정(情)에 호소하지 않는 논리를 가지고 상대방이 더 올바른 원칙을 받아들이도록 설득할 수 있으리라 기대하는 것은 헛된 일이다.[49]

사람들의 마음을 변화시키고 싶다면, 사람들 안의 코끼리에게 말을 걸어야만 하는 것이다. 즉, 사회적 직관주의자 모델에서 본 대로 3번과 4번 연결선을 이용해서 새로운 직관을 끌어내려고 해야지, 새로운 근거를 끌어내려고 해서는 안 된다.

고금을 막론하고 코끼리에게 말 걸기 제일의 명수는 바로 데일 카네기(Dale Carnegie)였다. 그의 고전적 명저 《데일 카네기의 인간관계론(How to Win Friends and Influence People)》에서 카네기는 상대와의 직접적 대립은 가급적 피하라고 독자들에게 재차 강조한다. 그 대신 호의적으로 서두를 열고, 미소를 지어 보여야 하며, 상대방 이야기를 잘 들어주고, '당신'이 틀렸다는 이야기는 절대 하지 말아야 한다고 충고한다. 누구를 설득하려는 사람은 자기주장을 내세우기에 앞서, 대화에서 자신이 상대방을 존중하고 있고, 따뜻하고 열린 마음을 갖고 있음을 먼저 전해야 한다. 한마디로 카네기는 독자들에게 먼저 4번 연결선(사회적 설득)을 이용해 대화의 장을 마련하고, 그다음에 3번 연결선(추론에 의한 설득)을 이용해보라고 강조하고 있는 것이나 다름없다.

이 대목만 읽고 독자들은 카네기의 처세술은 피상적이고 계산적이어서 영업 사원이나 쓸 만한 것이라고 여길지 모르겠다. 그러나 사실 카네기의 통찰은 뛰어난 도덕심리학자에 버금갔으니, 갈등과 관련한 가장 심오한 진실이 무엇인지 그는 알아채고 있었다. 카네기는 그 진실을 헨리 포드(Henry Ford)의 말을 빌려 이렇게 표현한다. "만일 성공의 비결이라는 게 존재한다면 그것은 바로 다른 사람의 입장이 되어볼 줄 아는 데에 있다. 그리고 나 자신의 눈은 물론 다른 사람의 눈으로도 사물을 바라볼 줄 아는 데에 있다."[50]

너무 뻔한 이야기로 들리겠지만, 우리 중 도덕이나 정치 논쟁에 들어가서 이 원칙을 적용하는 사람은 찾기 힘들다. 그도 그럴 것이, 도덕이나 정치 논쟁에 들어가면 우리의 바른 마음이 기다렸다는 듯이 전투태세에 돌입하기 때문이다. 기수와 코끼리는 척척 호흡을 맞추어 함께 공격을 막아내는 한편 적진을 향해서는 말발로 무장한 수류탄을 힘껏 내던진다. 그 모습에 우리 친구들은 감동에 젖기도 하고, 동맹들은 내가 팀에 헌신한다고 생각해줄 것이다. 그러나 적들은 이들과 달라 내가 아무리 훌륭한 논리로 무장하고 있다고 해도 마음을 바꿀 리가 없다. 그들 역시 전투태세에 돌입해 있기 때문이다. 따라서 도덕이나 정치 문제와 관련해 우리가 정말로 누구의 마음을 돌려놓고 싶다면, 나 자신의 눈으로는 물론 그 사람의 눈으로도 사물을 바라봐야 할 것이다. 그리고 진정 다른 사람의 눈으로 세상을 바라보는 순간(깊이 있게, 그리고 직관적으로), 그 반응으로 어느새 나 자신의 마음이 열리는 걸 느낄 것이다. 공감이야말로 서로가 바르다는 확신을 녹이는 해독제이다. 물론 서로 다른 도덕적 가치관을 허물고 서로 공감한다는 것이 몹시 어려운 일이긴 하지만 말이다.

2장 요약

사람들에게는 이성적 추론 능력이 있는 한편 도덕적 직관(도덕적 감정을 포함하여)이라는 것도 있다. 그런데 이 두 과정은 서로 어떤 관계일까? 플라톤은 둘 중에서 이성만이 주인 역할을 할 수 있으며, 그래야 마땅하다고 믿었다. 제퍼슨의 생각에는 이 둘이 동등한 파트너였고 (머리와 가슴) 둘로 나누어진 제국을 공동으로 통치하는 사이였다. 흄은 이성이 열정의 하인이라고(오로지 하인에만 제격이라고) 믿었다. 2장에서 나는 흄이 옳았음을 보여주려고 노력했다.

- 인간의 마음은 여러 부분으로 구성되어 있는데, 그 모습은 마치 기수(통제된 인지 과정)가 코끼리(자동적 인지 과정)의 등에 올라타고

있는 것과 비슷하다. 기수는 코끼리의 시중을 들어주도록 진화했다.

- 기수가 코끼리를 시중드는 모습은 사람들을 도덕적 당혹감에 빠뜨렸을 때 목격할 수 있다. 무엇이 옳고 그른지를 사람들은 강하게 직감하고, 그 느낌을 사수하기 위해 고군분투하며 사후 정당화의 근거를 만들어낸다. 설령 하인(추론 능력)이 아무 이유를 찾지 못한 채 빈손으로 돌아와도 주인(직관)은 자신이 내린 판단을 바꾸지 않는다.

- 사회적 직관주의자 모델은 흄의 모델을 기초로 하되 거기에 좀 더 사회성을 불어넣은 형태이다. 사람들은 친구를 얻고 다른 사람들에게 영향을 미치기 위해 일평생 모질게 애쓰는데, 도덕적 추론도 그런 노력 중 하나이다. 내가 "직관이 먼저이고, 전략적 추론은 그다음이다"라고 말하는 것도 이 때문이다. 진실이 무엇인지 밝혀내기 위해 사람들이 혼자 가만히 앉아서 하는 어떤 활동을 도덕적 추론이라고 생각하면 오산이다.

- 따라서 도덕이나 정치 문제와 관련해 누구의 마음을 바꾸고 싶다면, **코끼리에게 먼저 말을 걸어야 한다**. 자신의 직관에 어긋나는데 그것을 사람들에게 믿으라고 하면, 그들은 전력을 다해서 빠져나갈 구멍을 찾을 것이다. 내 논거나 결론에 어디 미심쩍은 부분이 없나 이유를 찾아내면서 말이다. 그리고 거의 백이면 백 그 노력은 성공을 거둘 것이다.

나는 이 책을 쓰며 직관주의라는 것을 이용하려고 노력했다. 이 책에서 내가 이루고자 하는 목표가 있다면, 다양한 집단에 속한 독자들(보수주의자든 진보주의자든, 종교인이든 비종교인이든)이 이 책을 읽고 사고방식이 바뀌어 도덕, 정치, 종교, 그리고 서로를 종전과는 다르게 바라보는 것이다. 그러려면 나 자신부터 찬찬히 마음먹고 독자들 안의 기수보다는 코끼리에게 말을 걸어야 했다. 1장에서부터 내 이론을 척 내놓지 못한 것도 독자들에게 곧 내 이론을 뒷받침하는 증거가 모두 나올 테니 그때까지만 판단을 미뤄달라고 부탁할 수는 없었기 때문이다. 그보다 나는 도덕심리학의 역사와 내 개인적 이야기를 잘 엮어 합리주의에서 직관주의로 쓱 넘어가는 느낌을 만들어보고자 했다. 그러다 보니 갖가지 역사적 일화며 고대 선인들의 유명한 말, 몇몇 선구자에 대한 찬양을 집어넣지 않을 수 없었다. 또 그과정에서 몇 가지 비유도 들었는데(기수와 코끼리 등), 이것들은 앞으로도 책 속에 계속 등장할 것이다. 나는 이런 식으로 여러분의 직관이 도덕심리학이라는 분야에 잘 맞춰지도록 '조율한' 것이다. 만일 이런 내 노력이 수포로 돌아가 직관주의에서나 내게서나 그저 반감만 느껴진다면, 직관주의가 옳다는 주장에 아마 그보다 더 좋은 증거는 없을 것이다. 그러나 여러분에게 느껴지는 직감이 **어쩌면** 직관주의가 옳을 수도 있겠다 싶은 것이라면, 논의를 계속 진행해보도록 하자. 단, 이어지는 3장과 4장에서는 코끼리보다는 기수에게 말을 더 걸게 될 것이다.

3장
나는 바르다, 남이 잘못이다

2007년 2월 3일 막 점심을 먹으려던 무렵, 나는 미처 모르고 있던 사실을 한 가지 깨달았다. 바로 내가 거짓말을 밥 먹듯 하는 사람이라는 것이었다. 당시 나는 집에 있으면서 도덕심리학 논평을 쓰고 있었고, 아내 제인은 볼일을 마치고 내 책상 옆을 지나치고 있었다. 아내는 내 옆을 스치며 주방 조리대는 아기 이유식을 준비하는 곳이니 지저분한 접시를 놓지 말아달라고 부탁했다. 나를 배려하며 공손하게 하는 부탁이었지만, 목소리 톤은 꼭 이렇게 덧붙이는 듯했다. "벌써 전에도 수십 번은 이야기했을 텐데요."

그녀의 말이 채 끝나기도 전 내 입술은 벌써 달싹거리고 있었다. 그렇게 어느덧 말은 튀어나왔고, 나도 모르는 사이 중언부언으로 이어졌다. 하필 아이가 그때 잠에서 깼고, 우리 늙은 개가 컹컹 짖어대며 산책을 가게 해달라고 했고, 그래서 정말 미안하지만 정신없는 통에 아침 먹은 접시를 아무 데나 손 닿는 곳에 두었다고 말이다. 우리 집에서는 배고파 우는 아기나 망나니처럼 날뛰는 개 핑계만 대면 무슨 일이든 무사통과였고, 그래서 나는 이번에도 그렇게 상황을 모면한 것이다.

제인은 방을 나갔고, 나는 하던 일을 계속했다. 나는 도덕심리학의 세 가지 원칙에 대해 글을 쓰던 중이었다.[1] 그 첫 번째 원칙이란 "**직관이 먼저이고, 전략적 추론은 그다음이다**"라는 것이었다. 이 한 문장이면 사회적 직관주의자 모델이 한마디로 요약된다.[2] 그것을 좀 더 선명하게 그려내기 위해 나는 샐리아 휘틀리(Thalia Wheatley : 현재 다트머스 대학 교수로 있다)와 함께 진행했던 연구 이야기를 꺼냈다.[3] 그녀가 버지니아 대학의 대학원생이던 시절 이야기로, 사람들에게 최면 거는 법을 알고 있던 샐리아는 그것으로 사회적 직관주의자 모델을 검증해볼 수 있는 아주 기발한 방법을 내놓았다. 먼저 샐리아는 사람들에게 최면을 걸어 그들이 특정 단어를 보면(절반은 'take'라는 단어에 대해, 나머지 절반은 'often'이라는 단어에 대해) 그 순간 당장 구토감이 느껴지도록 했다.[4] 그런 다음 사람들의 최면을 풀지 않은 상태에서 그녀가 한 모든 말을 사람들이 잊도록 지시했고, 그러고 나서야 사람들을 최면에서 풀어주었다.

우리는 사람들이 최면에서 완전히 깨어난 뒤에 설문지 뭉치를 가져다 그들에게 작성해달라고 부탁했다. 설문지에서 피험자들이 해야 했던 일은 도덕 위반에 관한 여섯 개의 짤막한 이야기를 읽고 평가하는 것이었다. 우리는 각 이야기마다 피험자 절반에게는 각자의 최면 암호 단어가 들어간 설문지를 읽게 했다. 예를 들면, 여섯 개 중한 이야기는 어느 국회의원에 대한 것이었는데, 그는 부패 척결을 주장하면서도 "담배 회사의 로비 자금을 뇌물로 받는다(take)"라는 내용이었다. 이런 식의 설문지를 피험자 절반에게 주고, 나머지 절반에게는 내용은 똑같되 단어만 몇 개 바꾼 설문지를 주었다. 어느 국회의원이 부패 척결을 주장하면서도 "담배 회사의 로비 자금이 종종(often) 그에게 뇌물로 들어간다"라는 내용이었다. 평균적으로 보아 피험자들은 자신의 최면 암호 단어가 들어가 있을 때 여섯 개의 짧은 이야기 모두에 대해 더 구토감을 느끼고, 또 그것이 도덕적 잘못이라고 판단을 내렸다. 이는 사회적 직관주의 모델을 뒷받침해주는 것이었다. 사람들에게 새로운 정보는 전혀 주지 않고 인위적 방법을 써서 이야기를 읽었을 때 부정적 느낌이 약간 더 들도록 했는데, 그러자 사람들은 더 엄격한 도덕적 판단을 내리게 되었으니 말이다.

그러나 정말 놀라웠던 결과는 우리가 설문 막바지에 거의 즉흥적으로 끼워 넣었던 일곱 번째 이야기에서 나타났다. 이 이야기에는 등장인물이 도덕을 위반한 부분이 전혀 없었다. 이야기의 주인공은 댄이라는 학생회장이고, 그는 학생과 교수진 사이에서 토론의 일정과 내용을 책임지고 조정한다. 우리는 피험자 절반에게는 댄이 "토론 활성화를 위해 교수와 학생 모두가 흥미를 가질 수 있는 주제를 택하려고(take) 노력한다"라는 글을 주었다. 그리고 나머지 절반에게는 똑같은 이야기이지만 댄이 "종종(often) 교수와 학생 모두가 흥미를 가질 수 있는 주제를 고른다"라고 표현만 바꾸었다. 우리가 뒤늦게 이 이야기를 넣은 목적은, 직관의 힘에도 한계가 있다는 사실을 보여주기 위해서였다. 우리의 예상대로라면 피험자들은 이 이야기를 읽으며 순간 구토감을 느끼더라도 그런 자신의 직감을 억누르지 **않으면 안 된다.** 여기서 댄을 비난한다면 그것은 비상식적인 행동일 것이다.

실제로도 우리의 실험에 참가한 피험자 대부분은 댄의 행동에 아무 문제가 없다고 답했다. 그러나 자신의 최면 암호 단어가 이야기 속에 들어 있었던 피험자들의 경우에는 여전히 자신의 직감에 따라 댄을 비난했고, 그런 사람이 전체의 3분의 1에 이르렀다. 이들은 댄의 행동이 잘못되었다고 말했고, 때로는 아주 큰 잘못이라고까지 했다. 다행히 설문에서 우리는 피험자 모두에게 자신이 내린 판단에 대해 한두 줄로 이유를 적어달라고 요청했다. 덕분에 "댄은 사람들에게서 인기를 얻으려는 속물이다"라든가 "잘 모르겠지만, 뭔가 다른 꿍꿍이가 있는 것 같다" 등의 진기한 표현들을 발견할 수 있었다. 이들이 이렇듯 말도 안 되는 이유를 지어낸 것은 자신들이 직감(정확히 말하면 샐리아가 최면으로 심어놓은 느낌)을 통해 내린 판단을 정당화하기 위해서였다.

그렇게 책상에 앉아 사람들이 자신의 직감을 정당화하기 위해 자동적으로 이유를 조작해낸다는 이야기를 쓰던 바로 그 순간, 나는 문득 깨달았다. 방금 나도 아내에게 똑같은 행동을 했다는 것을. 나는 지적당하는 게 싫었는데, 제인이 첫마디를 꺼내는 순간부터("당신 있잖아요……") 잔소리를 들을 것 같은 느낌이 곧장 들었다. 그래서 제인이 무엇 때문에 지적을 하려는지 그 이유도 알기 전에 나는 그녀의 반대편에 섰다(즉, 직관이 먼저인 것이다). 그리고 지적의 내용을 알게 된 순간("지저분한 접시는 조리대에……"), 내 안의 변호사는 당장 일을 시작해 핑곗거리를 찾았다(전략적 추론은 그다음이다). 물론 내가 아침을 차려 먹은 것이나, 잠에서 깬 맥스에게 젖병을 물린 것이나, 아침 산책을 하도록 앤디를 풀어준 것은 모두 사실이었다. 그러나 그 일들이 모두 한꺼번에 일어난 것은 아니었다. 아내가 내게 무언가 지적할 것 같다는 생각이 들자 모든 일을 하나로 뭉뚱그려 팔이 열 개라도 모자란 정신없는 아빠 이미지를 연출해냈고, 그렇게 조작해 낸 이유를 그녀의 지적이 다 끝나기도 전에("……놓지 말아줄래요? 거기 는 아기 이유식을 만드는 곳이니까") 내놓은 것이다. 그렇게 내 거짓말은 너무도 순식간에, 또 그럴듯하게 나왔기 때문에 아내는 물론 나까지 그 거짓말을 믿었다.

아내는 친구에게 무슨 이야기를 전할 때면 군데군데 손봐서 그것을 더 극적으로 만드는 경향이 있다. 그 버릇을 나는 오래전부터 곯려오던 차였는데, 스스로가 가진 거짓말 버릇은 20년간 도덕심리학을 공부하고서야 비로소 알게 된 것이다. 자신은 바르다고 여기는 독선을 경계해야 한다고 동서고금 현자들이 남긴 잠언의 뜻이 그제야 이해되었다(단순히 머리로만이 아니라 직관과 열린 마음을 통해서 말이다). 이와 관련된 예수의 말은 이미 앞에서 인용한 바 있다(우리는 "이웃의 눈에 든 티만 보려 한다"). 그런데 그러한 생각은 다음과 같은 부처의 말에도 똑같이 담겨 있다.

남의 잘못을 알기는 쉬우나, 나 자신의 잘못을 알기란 어렵다. 사람들은 남의 잘못은 바람에 곡식 키질하듯 드러내고, 자신의 잘못은 노련한 도박 꾼이 패를 숨기듯 감춘다.[5]

결국 예수와 부처의 말이 옳았던 셈인데, 앞으로 나는 3장, 나아가 4장에서까지 '자신은 바르다고' 여기는 그 자동적 과정이 어떤 식으로 이루어지는지 보여주려고 한다. 이를 위해 우선 순식간에 일어나는 강력한 직관(사회적 직관주의자 모델의 1번 연결선)을 먼저 다룰 것이며, 이어서 사회생활에서의 전략적 목적을 위해 이루어지는 사후 추론(2번, 3번 연결선)을 다룰 것이다. 3장의 나머지 부분에서는 여섯 가지의 주요 연구 결과를 다룰 텐데, 이것들이 합쳐지면 첫 번째 원칙의 앞부분 반 토막, 즉 "직관이 먼저이다"라는 사실이 여실히 드러날 것이다. 나머지 뒷부분 반 토막, "전략적 추론은 그다음이다"의 증거는 4장에 가서 제시하겠다. 코끼리와 기수의 관계에서 지배권은 코끼리에게 있다. 물론 더러는 코끼리가 기수의 설득을 열린 마음으로 받아들이기도 하지만 말이다.

뇌는 도덕을 어떻게 평가하나

뇌가 모든 것을 평가하는 기준은 하나로, 그것이 자아에 장차 위협인가 아니면 혜택인가 하는 것이다. 그러고 난 후 뇌는 좋은 것은 더 받아들이고 나쁜 것은 덜 받아들이는 쪽으로 행동을 적응시킨다.[6] 동물의 뇌는 이런 식의 평가를 매일 수천 번 내리는데, 이때 의식적 추론은 전혀 필요하지 않다. 그리고 모든 평가의 목적은 하나로, 동물의 삶에서 가장 근본적인 다음과 같은 질문에 뇌가 최선의 답을 내놓게 하는 것이다. "다가갈 것인가, 아니면 피할 것인가?"

실험심리학의 창시자 빌헬름 분트(Wilhelm Wundt)는 1890년대 들어 '정서적 우선주의(affective primacy)'라는 원칙을 정식화했다.[7] 여기서 '정서(affect)'란 우리가 순간순간 경험하는 긍정 혹은 부정의 자잘한 느낌들을 가리키는데, 이 느낌들을 통해 우리는 무엇에 다가갈지 아니면 그것을 피할지를 미리 준비하게 된다. (행복이나 역겨움 등의) 모든 감정에는 저마다 정서적 반응이 포함되어 있으나, 우리의 정서적 반응은 그야말로 찰나에 일어나기 때문에 거기에 감정이라는 말은 붙이지 않는다(예를 들어, 우리가 **행복**이나 **역겨움** 같은 단어를 읽었을 때 바로 그 순간 느껴지는 미세한 감정이 정서적 반응에 해당한다).

분트의 말에 따르면, 정서적 반응은 우리의 인식과 너무도 단단히 얽혀 있다. 따라서 우리는 무엇을 인식하는 순간 그것에 대한 좋고 싫음을 어느새 느끼고 있으며, 때로는 그 대상이 무엇인지를 알기도 전에 그런 반응이 일어난다.[8] 이 순식간의 정서 반응은 그 속도가 너무도 빨라서, 사물을 바라볼 때 우리 머리에 떠오르는 그 어떤 생각도 이것보다 빠르지는 않다. 이 정서적 우선주의는 여러분도 충분히 느낄 기회가 있으니, 몇 년이나 만나지 못했던 사람을 우연히 만나는 때가 그렇다. 그 사람을 우리가 좋아했는지 싫어했는지는 보통 단 1~2초면 알아차릴 테지만, 그 사람이 누구인지 혹은 서로 어떻게 아는 사이인지 기억해내는 데에는 훨씬 더 오랜 시간이 걸릴 수 있다.

분트의 이 정서적 우선주의는 오랫동안 사람들의 기억에서 잊혔지만, 사회심리학자 로버트 자이언스(Robert Zajonc : 이 이름의 발음은 영어 'science'와 운이 맞는다)가 1980년에 이를 부활시켰다. 당시 심리학

　　　　　　　　바른 마음

자들 사이에서는 인간을 냉철하고 합리적인 정보처리 장치로 보는 것이 일반적이었다. 즉, 사람들은 사물을 인식하고 그것을 범주화한 뒤에야 그에 대한 반응을 보인다는 것이었는데, 자이언스는 이런 견해라면 신물이 났다. 그래서 그는 몇 가지 기발한 실험을 했으니, 일본 문자, 가짜 언어 속에 들어 있는 단어, 기하학적 모양 등 임의적인 것들에 대해 사람들에게 평가를 부탁한 것이다. 생경한 외국어나 아무 뜻 없이 휘갈긴 선들을 보고 그 호감도를 평가하라니 엉뚱하게 보일 수 있겠지만, 사실 이는 얼마든지 가능한 일이다. 우리 눈에 보이는 것은 거의 **모두가** 순식간의 자잘한 정서를 불러일으키기 때문이다. 하지만 이보다 중요했던 것은 자이언스가 사람들에게 어떤 단어나 이미지를 여러 번 보여주어 그것에 대한 호감을 만들어냈다는 사실이다.[9] 사람의 뇌는 익숙한 것에 좋다는 딱지를 붙인다. 자이언스가 '단순노출효과(mere exposure effect)'라고 이름 붙인 이 현상은 광고의 기본 원리이기도 하다.

자이언스는 기념비적 저작으로 손꼽히는 한 논문에서 심리학자들이 쌍방향 모델을 사용해야 하고, 거기서 1차 과정은 정서 혹은 '느낌'이 되어야 한다고 주장했다.[10] 정서나 느낌이 우선권을 갖는 이유는, 그것이 먼저 일어나는 과정인 데다(느낌은 인지 작용의 일부이기 때문에 그 속도가 지극히 빠르다) 좀 더 강력하기 때문이다(느낌은 동기와 밀접한 관련이 있고, 따라서 행동에도 강력한 영향을 미친다). 그 뒤에 일어나는 과정(즉, 사고)은 진화의 면에서 보면 인간에게 새로이 주어진 능력으로, 그 뿌리는 언어에 있으나 동기와 밀접한 관련은 없다. 다시 말해 사고는 기수, 정서는 코끼리인 셈이다. 사고 체계는 주도권을 쥐기에는 아직 준비가 부족하지만(무엇을 실제로 일으킬 수 있는 힘이 사고 체계에는 없다), 뭔가 쓸모 있는 조언을 해줄 능력은 있다.

자이언스 말에 따르면, 사고가 느낌과 독립적으로 작동하는 것은 이론상으로는 가능할 수 있다. 그러나 현실적으로 보면 정서의 반응이 너무도 빠르고 강력하기 때문에 그것은 마치 말에게 씌우는 눈가리개의 기능을 한다. 즉, 정서 반응은 나중에 사고가 이용할 수 있는 "대안의 틀을 미리 좁혀버린다."[11] 기수는 하인이지만 매우 세심한 성격이라 코끼리가 다음 걸음을 어디로 옮길지 늘 예상하려고 노력한다. 만일 코끼리가 몸을 조금이라도 왼쪽으로 틀고 그쪽으로 걸음을 내디딜 듯 보이면 기수는 왼쪽에 시선을 둔 채 곧 이어질 그 왼쪽 길의 여정에서 코끼리를 어떻게 도울 수 있을지 미리 준비하기 시작한다. 이제 오른쪽 길의 모든 것은 기수에게는 안중에도 없다.

사회적이고 정치적일수록 더 감성적이다

다음을 보면 단어 네 쌍이 짝지어져 있다. 이제 여러분이 할 일은 각 쌍의 뒤에 있는 단어만 눈으로 보고 그것을 좋은 것과 나쁜 것으로 분류하는 것이다.

꽃   –   행복

미워하다   –   햇빛

사랑하다   –   암

바른 마음

바퀴벌레　－　외로운

　　이 정도쯤이야 식은 죽 먹기처럼 쉽다. 그런데 내가 이 과제를 컴퓨터로 수행해달라고 하면 어떨까. 그렇게 되면 여러분은 컴퓨터 화면 위에서 각 쌍의 첫 번째 단어를 250밀리세컨드(이는 0.25초에 해당하며, 단어 하나는 충분히 읽고 남는다) 동안 보게 되고 그 뒤를 이어 곧바로 두 번째 단어를 보게 된다. 이렇게 과제를 진행시켜보면 아마도 여러분은 **'행복'**과 **'외로운'**의 쌍보다는 **'햇빛'**과 **'암'**의 쌍에 가치판단을 내리는 데 더 오랜 시간이 걸리는 것으로 드러날 것이다.

　　이러한 효과를 '정서적 점화'라고 하는데, 첫 번째 단어가 일순에 번쩍 정서를 촉발시켜 마음의 노선을 어느 한쪽으로 미리 정해버리기 때문이다.[12] 이는 왼쪽 아니면 오른쪽, 어느 한쪽으로 가리라 미리 예상하면서 코끼리의 몸을 그쪽으로 약간 틀어놓는 것과 비슷하다. 이 일순의 점화는 200밀리세컨드 내에 효과를 보이며, 나타난 효과는 이후 약 1초간 지속된다. 단, 그러려면 예기치 못한 충격 때문에 점화 효과가 무효가 되어버리는 일은 없어야 한다.[13] 점화 효과가 나타나는 이 짧은 시간대 내에 화면에 두 번째 단어를 보여주는데, 만일 그것이 동일한 성질의 것이면 여러분은 이미 마음이 그 방향으로 튼 상태이기 때문에 반응시간이 그만큼 더 빨라질 것이다. 그러나 반대로 첫 번째 단어(미워하다)로 인해 여러분의 마음이 부정적 평가 쪽으로 틀어져 있었는데 거기서 긍정적인 단어(햇빛)를 보여주면, 여러분은 부정으로 기울었던 마음을 원상태로 돌려놔야 하기 때문에 반응하는 데 약 250밀리세컨드의 시간이 더 걸린다.

이렇듯 정서의 반응이 매우 빠르며 또 어디서나 일어난다는 내용은 자이언스의 이론을 단순히 확인하는 수준에 지나지 않는다. 그러나 사회심리학자들이 이 이론을 가져다 **사회적 집단**을 점화 요인으로 쓰기 시작하자 뜻밖의 커다란 성과가 나타났다. 이를테면 내가 위의 식대로 과제를 진행하되 흑인과 백인의 사진을 점화 요인으로 삼는다면 여러분의 반응 속도는 과연 그것에 영향을 받을까? 흑인과 백인에 대해 여러분이 따로 편견을 가지고 있지 않은 한, 아마 반응 속도에는 별 영향이 없을 것이다. 그러나 만일 여러분이 은연중에(즉, 자동적이고 무의식적으로) 사람들에 대해 미리 판단을 내리고 있다면, 그 예단 속에는 일순의 정서가 포함되어 있을 테고 그것들이 여러분의 반응시간에 변화를 줄 것이다.

이런 은연중의 태도가 사람들에게 얼마나 숨어 있는지 측정할 때 가장 널리 이용되는 것이 내재적 연관 검사(Implicit Association Test : IAT)인데, 이 테스트는 토니 그린월드(Tony Greenwald), 마자린 바나지(Mahzarin Banaji), 그리고 버지니아 대학에서 나와 함께 일하는 브라이언 노섹(Brian Nosek)의 합작품이다.[14] ProjectImplicit.org 사이트를 방문하면 여러분 손으로 직접 IAT 검사를 받아볼 수 있다(이 검사는 전 세계 거의 모든 언어로 번역되어 있어 누구나 해당 사이트에 가서 손쉽게 검사를 받아볼 수 있음—옮긴이). 그런데 검사를 받기 전 한 가지 염두에 두어야 할 사실이 있다. 테스트가 생각보다 수월하지 않을 수 있다는 점이다. 검사의 지시에 따라 어떤 인종의 얼굴을 '좋음' 항목과 연관시키려고 하는데, 생각과 달리 손이 그렇게 빠르게 움직여주지 않을 수 있다. 우리는 이 검사를 진행해가며 우리가 표면적으로 내세우

바른 마음

는 가치와 우리 안의 암묵적 태도 사이에 어느 정도가 괴리가 있음을 실감하게 된다. 이 검사를 통해 보면 사람들은 대부분 흑인, 이주자, 뚱뚱한 사람, 노인 등 갖가지 사회집단에 대해 부정적인 내재적 연관을 가지는 것으로 나타난다.

노인 같은 집단(즉, 도덕적으로는 거의 비난할 일이 없는 집단)에 대해서도 이렇듯 코끼리는 그들에게서 멀어지는 경향을 보이니, 사람들이 정치적 반대편에 대해 상당히 많은 편향(예단)을 보일 것은 당연한 일로 예상되었다. 이 점을 확인해보려고 나와 버지니아 대학에서 함께 일하는 동료 제이미 모리스(Jamie Morris)가 나섰고, 그는 보수와 진보 양편을 모두 데려다 정치적 색채가 강한 단어들을 읽게 한 뒤 그들의 뇌파를 측정해보았다.[15] 즉, 앞선 방식을 그대로 따르되 '꽃'과 '미워하다'라는 말 대신 '클린턴, 부시, 국기, 세금, 복지, 생명 존중'이라는 단어들을 이용한 것이다(생명 존중을 뜻하는 'pro-life'라는 말은 미국에서 정치적 입장과 연관되어 흔히 '낙태 반대'의 의미를 가짐. 미국의 진보주의는 주로 여성 인권의 측면에서 낙태에 찬성하는 입장임—옮긴이).

제이미는 사람들 모두가 좋거나(햇빛) 혹은 나쁘게(암) 여기는 단어를 보여주고, 곧바로 위의 단어들을 보수와 진보의 열성 당원들에게 보여주었다. 그러자 이들의 뇌는 때때로 충돌하는 양상을 보였다. 진보주의자들에게는 '생명 존중'과 '햇빛'이 정서적으로 짝이 안 맞는 조합이었고, 보수주의자들에게는 '클린턴'과 '햇빛'이 그러했다. 물론 '생명'과 '존중'이라는 말은 단어 자체가 모두 긍정적인 뜻을 가지지만, 열성 당원이라 함은 수십 수백 개의 특정 단어에 자신이 어떤 식의 직관적 반응을 보여야 옳은지 이미 습득한 사람이라는 뜻이기도 하다. 우리 안의 코끼리는 '생명 존중' 같은 용어가 나왔을 때 어느 쪽으로 몸을 틀지 알고 있다. 그리고 하루 종일 나의 코끼리가 몸을 이리로 틀었다 저리로 틀었다 하다 보면, 우리는 어느새 주변에서 나와 같은 움직임을 보이는 사람들을 좋아하고 신뢰하게 된다.

정치와 관련한 판단에 직관적 성격이 있다는 사실은 프린스턴 대학에 있는 알렉스 토도로프(Alex Todorov) 교수의 연구에서 훨씬 더 두드러지게 나타난다. 그는 사람들에 대한 우리의 인상이 어떤 식으로 형성되는지를 연구하는 학자인데, 그가 연구를 시작할 때에도 이미 비슷한 유의 연구가 많이 나와 있는 상태였다. 이 연구들에서 드러난 바에 따르면, 우리는 매력적인 사람을 더 똑똑하고 더 선한 사람으로 판단하는 경향이 있으며, 얼굴이 예쁜 사람에게 어떤 식으로든 선처를 베풀 가능성이 더 높다.[16] 배심원들도 매력적인 피고에게 무죄를 선고할 확률이 더 높으며, 용모가 아름다운 사람은 유죄 선고를 받더라도 배심원들에게서 더 가벼운 형량을 받는 경향이 있다.[17] 즉, 모든 사람이 이런 피고에게 마음이 기우는 것은 정상적인 정서적 점화에 따른 것이고, 기수는 코끼리가 무죄를 선고하고 싶어 한다는 것을 눈치채고는 그에 따라 증거를 해석하는 것이다.

그런데 토도로프의 연구는 이런 일들이 단순히 매력 차원에서만 일어나지 않는다는 사실을 보여주었다. 연구를 위해 그는 수백 번에 걸쳐 실시된 미국의 상·하원 선거에서 당선자와 2위 후보의 사진을 수집했다. 그러고는 소속 정당에 대한 정보는 일절 제공하지 않은 채 각 선거에서 맞붙었던 후보 둘의 사진을 사람들에게 보여주고 어떤 사람이 더 유능해 보이는지 물었다. 설문 결과, 피험자들에게서 더 능력 있어 보인다고 판단된 사람이 선거에서 실제 승리를 거둔 경우가 전체의 약 3분의 2에 달했다.[18] 한편 피험자들은 후보의 신체적 매력이나 전반적 호감도와 관련해서도 순간적 판단을 내렸는데, 승리를 예측하는 데에서는 앞의 것만큼 좋은 지표가 되지는 못했다. 이는 곧 능력에 대한 판단이 전반적인 긍정의 느낌만 가지고 이루어지는 것은 아니라는 뜻이었다. 즉, 우리에게는 여러 가지 직관이 동시에 떠오를 수 있고, 이 직관들은 저마다 다른 종류의 정보를 처리하는 것이다.

나아가 토도로프는 화면에 **10분의 1초** 동안만(각 이미지에 두 눈을 고정시키기도 힘든 시간이다) 각 후보의 사진을 보여주고 피험자들에게 강제하다시피 능력 판단을 내리게 했는데, 이때 역시 능력에 대한 순간적 판단은 실제 선거에서의 승리 결과와 잘 맞아떨어졌다.[19] 즉, 뮐러·라이어의 착시가 바로 그러하듯, 우리 뇌는 무슨 일을 하든 그것을 순식간에 처리한다는 이야기이다.

결국 인간의 마음은 동물의 마음과 마찬가지로 자신이 인식하는 모든 것에 끊임없이 직관적으로 반응하며, 또 그 반응을 기반으로 응답을 내보낸다. 무엇을 처음 보고, 처음 듣고, 다른 이를 처음 만나는 그 1초 동안 코끼리는 벌써부터 몸을 어느 한쪽으로 틀기 시작하고, 이는 나의 사고와 곧 이어질 행동에 영향을 미친다. 직관이 먼저인 것이다.[20]

신체 상태에 따라 도덕성이 좌우된다

우리가 코끼리에게 다가갈 수 있는 길 하나는 바로 코끼리의 코를 이용하는 것이다. 우리의 후각신경은 냄새와 관련된 신호를 받아 뇌섬엽 피질에 전달하는데, 전두엽의 맨 아래 표면을 둘러싸고 있는 부분이 뇌섬엽에 해당한다. 옛날에 이곳이 '미각 피질'로 알려졌던 까닭은, 모든 포유류 동물에서는 코와 혀에서 들어오는 정보가 이 부분을 통해 처리되기 때문이다. 즉, 동물은 이 부분의 지침에 따라 먹어야 할 음식에는 다가가고 먹지 말아야 할 음식은 피한다.

그런데 아득한 옛날부터 음식 정보 처리 센터 역할을 해온 이 기관이 인간 안에서는 새로운 임무를 부여받았으니, 오늘날 우리는 이기관의 지침에 따라 사람에 대한 취향을 결정하기도 한다. 이 부분은 일상다반사의 불공평한 일은 물론, 도덕적으로 뭔가 구린내가 나는 일(특히 구토감이 들게 하는 일)을 보면 더 활성화되는 양상을 띤다.[21] 만일 우리에게 초소형 전극 같은 게 있다면, 그리고 그것을 사람들 콧속에 쑥 집어넣어 뇌섬엽 피질 안에 심을 수 있다면, 우리가 사람들 안의 코끼리를 마음대로 조종하는 것도 가능할지 모른다. 코끼리가 무엇을 쳐다보고 있든 우리가 버튼만 누르면 그 순간 코끼리가 쳐다보던 것에서 고개를 돌려 버리도록 말이다. 그런데 그런 전극 역할을 해줄 수 있는 것이 이미 세상에 나와 있다. 바로 방귀 냄새 스프레이이다.

알렉스 조던(Alex Jordan)은 스탠퍼드 대학의 대학원생 시절 재미있는 실험 아이디어를 내놓았다. 사람들의 구토 경보기를 몰래 작동시

바른 마음

켜놓은 상태에서 그들에게 도덕적 판단을 내리게 하자는 것이었다. 그는 스탠퍼드 대학 교정에 있는 횡단보도에 서서 그곳을 지나가는 행인들에게 짤막한 설문지에 답변을 해달라고 부탁했다. 설문지는 사촌지간의 결혼이나 감독이 몇몇 사람을 속여 인터뷰를 했는데 영화제작사에서 그 다큐멘터리를 개봉하기로 한 것 등 논쟁이 될 만한 이슈를 다루고 있었다.

알렉스가 횡단보도에 서 있을 때 바로 옆에는 빈 철제 쓰레기통이 있었다. 그는 피험자를 모집하기 전, 먼저 그 쓰레기통에 비닐봉지를 넣어두었다. 그러고는 피험자 절반에 대해서는 그들이 횡단보도에 도착하기 전에 (그들이 알렉스의 행동을 미처 보지 못하도록) 비닐봉지 안에 방귀 냄새 스프레이를 두 번 뿌렸다. 그러면 그 후 몇 분 동안은 교차로 전체에 '그 냄새가 배어 있게 된다.' 그리고 나머지 피험자에 대해서는 비닐봉지만 넣어둔 채 스프레이는 뿌리지 않았다.

아니나 다를까 사람들은 공기에서 구린내가 났을 때 더 혹독한 판단을 내리는 경향이 있었다.[22] 또 다른 연구진은 사람들에게 쓴 음료와 달콤한 음료를 마시게 한 후 설문지를 작성시켜보았는데, 역시 똑같은 효과가 나타나는 것을 발견할 수 있었다.[23] 버지니아 대학에서 일하는 나의 동료 제리 클로어(Jerry Clore)의 표현대로, 결국 우리는 "정서를 일종의 정보로" 활용하는 셈이다.[24] 무엇에 대한 우리 생각이 어떤지 결정하고자 할 때, 우리는 안으로 눈을 돌려 느낌이 어떤지를 살피는 것이다. 느낌이 좋으면 내가 그것을 좋아하는 것이 틀림없고, 뭔가 불쾌한 느낌이 있으면 내가 그것을 좋아하지 않는다는 뜻인 게 틀림없다.

그리고 이런 결과를 얻는 데는 꼭 구토감까지 일으킬 필요가 없다. 그저 손을 씻는 것만으로도 충분할 수 있기 때문이다. 토론토 대학의 종첸보(Chen-Bo Zhong) 교수가 밝혀낸 바에 따르면, 설문을 작성하기 전 비누로 손을 씻게 하자 피험자들은 도덕적 정결(포르노, 약물복용) 관련 이슈에 대해 더 원칙적인 태도를 보이는 것으로 나타났다.[25] 일단 몸을 깨끗이 하고 나면 더러운 것은 멀리하고 싶은 마음이 생기는 것이다.

종 교수는 그 역의 과정이 성립한다는 것도 보여주었다. 즉, 사람들은 비도덕적인 일을 접하면 깨끗이 씻고 싶어 한다. 사람들은 과거에 자신이 저지른 도덕적 일탈을 기억하게 할 경우, 아니면 단순히 다른 누가 저지른 도덕적 일탈을 손으로 베껴 쓰게만 해도 자신도 모르게 청결을 더 자주 생각하고 자기 몸을 씻고 싶어 하는 욕구를 더 강하게 가진다.[26] 또 실험이 끝난 후 집에 가져갈 일용품을 고르라고 했을 때도 이들은 물티슈나 청소용품을 선택할 가능성이 높다. 종 교수는 여기에 맥베스 효과라는 이름을 붙였는데, 남편에게 던컨 왕을 죽이라고 부추겼던 맥베스 부인이 왕이 죽고 나서는 물과 청결에 강박증을 보이기 때문이다("몇 방울의 물이면 이 짓도 다 씻어진다"라던 맥베스 부인은 "지워져라, 지워져, 이 망할 놈의 핏자국! 제발!"이라고 외치는 지경에 이른다).

다시 말해 우리 몸과 우리의 바른 마음 사이에 난 길은 쌍방향이라는 이야기이다. 비도덕적인 일을 접하면 우리는 마치 우리 몸이 더러운 듯한 느낌이 들고, 부지런히 자기 몸을 씻다 보면 때로는 도덕적 정결을 더 중시하게도 되는 것이다. 에릭 헬저(Eirc Helzer)와 데이비드 피자로(Divad Pizzaro)의 연구는 아마도 이러한 효과를 가장 기묘한 형태로 입증한 예에 해당할 것이다. 둘은 코넬 대학의 재학생들에게 정치적 태도를 주제로 설문을 하면서 피험자들이 서 있는 자리 가까이 혹은 멀리에 손 소독제를 둬보았다. 그러자 소독제 가까이에 있던 학생들은 일시적으로 좀 더 보수적이 되는 모습을 보였다.[27]

도덕적 판단은 우리가 피해, 인권, 정의를 재고 따져 순전히 머리로만 내리는 것이 아니다. 도덕적 판단은 급속도로 이루어지는 자동적 과정으로, 동물들이 세상을 이리저리 돌아다니면서 내리는 판단과 비슷하다. 동물들은 다양한 것을 접했을 때 그것에 다가갈지 아니면 피할지를 스스로의 느낌으로 안다. 대부분의 경우 도덕적 판단을 내리는 주체는 다름 아닌 코끼리이다.

살인자에게는 오로지 생각만 있다

남자들 중에는 사이코패스가 백 명에 한 명꼴로 존재한다(여자들이 사이코패스인 경우는 이보다 훨씬 드물다). 사이코패스라고 해도 대부분이 폭력적이지는 않지만, 개중에 폭력적인 사이코패스들이 저지르는 범죄의 절반은 연쇄살인, 연쇄 성범죄, 경찰 살해 등 가장 심각한 범죄이다.[28] 이 분야의 선구적인 연구자 로버트 헤어(Robert Hare)에 따르면, 사이코패스를 정의하는 특징은 크게 두 가지이다. 첫째로 사이코패스들은 정상적이지 않은 **행동을 하는** 경향이 있고(이러한 충동적이고 반사회적인 행동은 유년기부터 시작된다), 둘째로 이들에게는 도덕적 감정이라는 것이 **결여되어 있다**. 이들은 동정심·죄책감·수치심을 느끼지 못하며, 심지어 당황하지도 않는다. 이들이 아무렇지 않게 거짓말을 하고, 가족·친구·동물을 아무렇지 않게 해칠 수 있는 것도 이 때문이다.

물론 사이코패스들도 **몇 가지의** 감정을 느끼기는 한다. 헤어는 이점을 확인하기 위해 사이코패스인 남자에게 심장이 두근거리거나 속이 울렁거린 적이 있는지 물어보았다. 그러자 남자는 이렇게 대답했다. "그럼요! 내가 무슨 로봇입니까. 섹스를 할 때나 누구랑 한판 붙을 때는 심장이 얼마나 쿵쾅대는데요."[29] 그러나 사이코패스에게서는 타인을 배려하는 차원의 감정은 찾아볼 수 없다. 사이코패스들에게 세상 모든 것은 물건일 뿐이고, 그런 물건 일부가 어쩌다 두발이 달려 주변을 돌아다니고 있을 뿐이다. 한 사이코패스는 헤어에게 노인의 집을 털러 들어갔다가 살인을 저지른 이야기를 이런 식으로 들려주었다.

집 안을 여기저기 뒤지고 있는데 그 영감탱이가 계단으로 내려왔어요. ……어……날 보더니 고래고래 소리를 지르며 기절초풍을 하더라고요. ……그래서 머리를 한 방 갈겼는데, 계속 소리를 질러서 목을 칼로 베어버렸어요. 그랬더니……뭐냐……비틀비틀하다 마룻바닥에 고꾸라지더군요. 그런데 목에서 피가 콸콸 쏟아지는데도 계속 돼지 멱따는 소리를 내는 거예요! (웃음) 나 원 참, 정말 돌아버리는 줄 알았죠. 그래서……어……머리를 발로 몇 번 뭉개줬어요. 그제야 입을 다물더라고요. ……그리고 나니 기운이 다 빠져서 냉장고에서 맥주를 몇 병 꺼내 마셨어요. 그러고는

텔레비전을 보다 잠이 들었죠. 누가 깨우기에 일어났더니 경찰들이더라고요(웃음).[30]

추론 능력은 있는데 거기에 도덕적 감정이 결여되어 있다는 것은 위험한 일이 아닐 수 없다. 사이코패스는 무슨 말이든 술술 하는 법을 배워 자신이 원하는 것을 손에 넣을 수 있다. 예를 들어, 연쇄살인범 테드 번디(Ted Bundy)의 경우 대학에서 심리학을 공부할 때 구급대에서 전화 상담 자원봉사를 했다. 당시 그는 사람들의 전화를 받으며 어떤 식으로 말해야 여자들의 신뢰를 얻을 수 있는지 습득할 수 있었다. 그는 그렇게 해서 1978년에 체포되기 전까지 무려 서른 명 이상의 젊은 여성을 데려다 강간하고 신체를 절단하고 살인했다.

사이코패스가 되고 말고는 잘못된 양육이나 어린 시절 트라우마 때문은 아닌 것으로 보이고, 그 외 양육을 바탕으로 한 설명 역시 어느 것도 사이코패스에게는 통하지 않는 듯하다. 한마디로 그것은 유전적으로 물려받을 수 있는 일종의 병증으로,[31] 이 병증이 만들어놓은 뇌는 타인의 요구·고통·존중감의 문제에 대해서는 아무 감흥이 없다.[32] 즉, 사이코패스의 코끼리는 아무리 무참하고 잔인한 상황이 눈앞에 펼쳐져도 거기에 꿈쩍도 않는다. 이때 기수는 지극히 정상으로, 전략적 추론 능력도 곧잘 발휘한다. 그러나 기수는 우리 안에서 도덕의 나침반 역할을 해주지 않는다. 코끼리의 뜻에 따라 시중드는 역할만 할 뿐이다.

갓난아기도 착한 사람을 알아본다

옛날에는 심리학자들이 보통 갓난아기의 마음은 텅 빈 서판과도 같다고 가정했다. 윌리엄 제임스(William James)의 표현대로라면 갓난아기들이 막 발을 디딘 이 세상은 "온갖 색깔과 소음이 뒤범벅된 대혼란의 상태"일 것이고,[33] 따라서 이후 몇 년 동안 아기들은 그 대혼란을 온전하기 이해하기 위해 갖은 노력을 기울인다. 그러나 발달심리학자들이 갓난아기의 마음을 들여다볼 수 있는 여러 방법을 발명하면서, 실상 갓난아기의 서판에는 이미 많은 내용이 쓰여 있다는 사실이 밝혀졌다.

이때 심리학자들이 사용한 요령은 아기들이 놀라움 반응을 보이는 대상이 무엇인지 살펴본 것이었다. 생후 2개월 된 영아들은 무엇이 자신의 예상대로 일어날 때보다는 어딘가 놀라운 부분이 있을 때 그것을 더 오래 쳐다보려는 경향을 보인다. 과거 심리학자들의 말대로 갓난아기의 세상이 모든 게 정신없이 뒤범벅된 상태라면, 그들 눈에는 모든 게 똑같이 놀라운 것으로 보여야 할 것이다. 그러나 주변 사건들을 특정 방식으로 해석하게끔 갓난아기의 마음에 이미 회로가 짜여 있다면, 아기들은 세상이 자기 예상을 깨고 돌아갈 때 놀라는 모습을 보일 것이다.

이러한 점에 착안해 심리학자들은 갓난아기들이 물리학 및 역학을 이미 어느 정도 알고 이 세상에 태어난다는 사실을 밝혀냈다. 즉, 아기들은 물체가 뉴턴의 운동법칙에 따라 움직이리라는 기대를 이미 갖고 있고, 따라서 심리학자들이 물리학적으로 불가능한 장면을 보여주자 깜짝 놀라는 반응을 보였다(이를테면 장난감 차가 단단한 물체를 뚫고 지나간 것처럼 보이는 장면). 심리학자들이 이런 사실에 확신을 가진 까닭은, 아기들이 그와 비슷하지만 덜 신기한 장면(이를테면 장난감 차가 단단한 물체 **바로 뒤를** 지나가는 장면)보다는 이런 불가능한 장면을 더 오랫동안 처다보기 때문이었다.³⁴ 아기들은 자신들의 물리적 세계(즉, 사물로 구성되는 세계)에 사건이 벌어질 때 그것을 처리할 수 있는 능력을 어느 정도는 선천적으로 타고 나는 것처럼 보인다.

그러나 심리학자들은 여기서 그치지 않고 더 깊이 파고들어, 아기들이 물리적 세계뿐 아니라 **사회적 세계**에 대해서까지 어느 정도 이해 능력을 갖췄음을 밝혀냈다. 남에게 해를 끼치거나 남을 돕는 것 등의 개념을 아기들은 이해하고 있었던 것이다.³⁵ 이를 밝혀낸 것은 예일 대학의 심리학자 킬리 햄린(Kiley Hamlin), 캐런 윈(Karen Wynn), 폴 블룸(Paul Bloom)으로, 그들은 6~10개월의 영아들을 데려다 놓고 인형극을 보여주는 실험을 했다. '오르기쟁이'(나무 블록에 눈을 두 개 붙여 만들었다)라는 인형이 끙끙대면서 언덕을 올라간다는 내용이었다. 연구진은 연극 중간에 인형을 하나 더 등장시켜 오르기쟁이가 힘이 덜 들도록 뒤에서 밀어주었고, 또 다른 인형은 언덕 꼭대기에서 등장시켜 언덕을 다 올라온 오르기쟁이를 비탈로 밀어 언덕 아래로 구르게 했다.

그리고 난 뒤 몇 분 지나 실험자들은 아기들에게 새로운 인형극을 보여주었다. 이번에는 오르기쟁이 인형이 도우미 인형과 방해꾼 인형을 번갈아 처다보다 결국 방해꾼 인형과 놀기로 한다는 내용이었다. 아기들의 사회적 세계에서 이것은 장난감 차가 단단한 물체를 뚫고 지나가는 것과 다름없었다. 그것은 말도 안 되는 일이었고, 따라서 아기들은 그 광경을 오르기쟁이가 도우미 인형과 놀기로 했을 때보다 더 오랫동안 쳐다보았다.[36]

실험의 막바지에 가서 연구진은 도우미 인형과 방해꾼 인형을 쟁반에 담아 아기들 앞에 놓아주었다. 그러자 아기들은 도우미 인형에 훨씬 더 손을 많이 뻗는 경향을 보였다. 아기들이 자신의 사회적 세계에 대해 이리저리 따져보고 있지 않았다면 아마도 별생각 없이 아무 인형이나 골랐을 것이다. 그러나 아기들은 분명 착한 인형을 더 원하는 모습이었다. 이로써 연구진은 "사회적 상호작용을 바탕으로 개개인을 평가하는 능력은 누구에게나 보편적으로 나타나며 학습에 의한 것이 아니다"라고 결론 내렸다.[37]

누가 **자기**에게 잘해주는지 아기들이 쉽게 안다는 것은 충분히 조리 있는 이야기이다. 강아지도 그 정도는 아니까 말이다. 그러나 이 연구가 시사하는 것은 그런 것이라기보다 영아들도 여섯 달 정도면 사람들이 **남들에게** 어떻게 행동하는지를 관찰하고, 나아가 못되게 구는 사람보다는 착하게 구는 사람을 더 선호하게 된다는 것이다. 다시 말해 코끼리는 언어 능력과 추론 능력이 나타나기 훨씬 이전인 영아 시절부터 벌써 도덕적 판단 비슷한 것을 내리고 있다는 뜻이다.

영아와 사이코패스를 통해 밝혀진 여러 사실을 함께 살펴본 결과, 다음과 같은 사실이 분명하게 드러난다고 할 수 있다. 즉, 도덕적 직관은 아주 초기부터 그 모습을 드러내며 도덕성 발달에도 꼭 필요하다는 것이다.[38] 추론 능력은 그로부터 훨씬 뒤에나 모습을 드러내는데, 도덕적 추론 능력만 있고 도덕적 직관은 없을 때 빚어지는 결과는 처참하다.

도덕적 판단을 내릴 때
뇌에는 어떤 일이 일어나나

뇌 손상 환자들에 대한 다마지오의 연구에서 밝혀졌듯이, 우리가 도덕성 형성의 기반을 찾으려 할 때 살펴봐야 할 **곳은** 다름 아닌 뇌의 감정 영역이다. 이 부분이 사라지면 도덕적 능력이 제대로 발휘되지 못하는 것으로 연구 결과 드러났기 때문이다. 그런데 만일 이 영역들이 **시간까지** 맞추어 활성화된다면 감정 영역이 도덕성의 기반이라는 주장에는 훨씬 더 힘이 실릴 수 있을 것이다. 뇌의 이 부분들은 과연 사람들이 도덕적 판단 혹은 결정을 내리기 바로 전에 더 활성화되는 경향이 있을까?

1999년 프린스턴 대학원에서 철학을 공부하고 있던 조슈아 그린(Joshua Greene)은 신경과학계의 선구자인 조너선 코헨(Jonathan Cohen)과 한 팀을 이뤄 연구를 진행하게 되었다. 사람들이 도덕적 판단을 내리는 순간에 뇌에서는 실제로 어떤 일이 벌어지는지를 알아보기 위한 연구였다. 연구를 위해 그린은 우선 두 가지 원칙이 서로 대립하는 것처럼 보이는 도덕적 딜레마부터 연구했다. 예를 들면, 독자 여러분도 어디선가 한 번은 들어봤을 그 유명한 '트롤리 딜레마'가 있다.[39] 이 딜레마에서는 트롤리 한 대가 선로를 따라 걷잡을 수 없는 속도로 달려 내려온다. 선로에는 인부 다섯이 일을 하고 있는

데 우리가 인부를 구할 방법은 단 하나, 내 손으로 다리에 서 있는 사람을 선로로 떨어뜨려 트롤리를 멈추는 것뿐이다.

여러 사람을 구하거나 돕기 위해 과연 한 사람에게 해를 입혀도 되는가? 이는 벌써 오랜 세월 동안 철학자들이 엇갈린 주장을 해온 문제이다. 그중 공리주의 철학에 따르면, 우리는 늘 최대 다수의 최대 행복을 목표로 삼아야 하고, 그러다 보면 소수가 도중에 해를 입기도 한다. 따라서 이 딜레마에서도 역시 다섯 명의 생명을 구할 다른 방도가 도저히 없다면 우리는 나서서 그 사람을 다리 아래로 밀어 떨어뜨리는 수밖에 없다. 한편 공리주의자들과는 달리 우리에게는 개인의 권리를 존중해야 할 의무가 있다고 주장하는 철학자들도 있다. 이들에 따르면, 우리가 어떤 다른 목적을 이루기 위해(그것이 설령 사람의 생명을 구하는 도덕적인 목적이라 해도) 타인에게 피해를 주는 일은 있어서는 안 되는 것이다. 철학의 이러한 관점은 흔히 의무론(deontology : 의무를 뜻하는 영어의 'duty'도 이 단어의 그리스어 어원에서 파생되었다)으로 알려져 있다. 의무론자들은 고차원의 도덕적 원칙이 심사숙고의 추론 과정을 통해 나오고, 또 그것으로 정당화된다고 이야기한다. 아마 이들은 그러한 원칙이 직감을 뒷받침하는 사후 합리화일 뿐이라는 주장을 들으면 절대 동의하려 들지 않을 것이다. 그러나 그린은 왠지 직감이야말로 사람들을 의무론적 판단에 이르게 하는 원동력일 거라는 예감이 들었다. 그에 반해 공리주의적 판단은 좀 더 냉정하고 계산적인 특성을 가질 것이었다.

그린은 자신의 예감이 맞을지 시험에 나섰고, 이를 위해 스무 가지 이야기를 지어냈다. 트롤리 이야기에서처럼 충분한 이유가 있어서 개인에게 직접적 해를 가하게 되는 내용이었다. 예를 들어, 바다에 떠 있는 구명정에 사람이 너무 많아 배가 가라앉을 위험에 처했을 경우 우리는 그중에서 부상당한 사람을 골라 바다에 던져야 할 것인가? 그린은 모든 이야기에 순식간에 부정적 정서가 강하게 느껴지게끔 글을 썼다.

여기에 더해 그린은 **개인에게 직접 해를 가하지 않는** 이야기도 스무 가지 지어냈다. 이를테면 트롤리 딜레마를 약간 변형한 이야기에서는 사람을 직접 떠미는 식이 아니라 스위치를 올려 트롤리의 선로를 바꾸면 변경된 선로에서 일하던 인부 한 사람이 죽게 된다. 객관적 사실로만 따지면 다섯 사람을 구하기 위해 똑같이 한 사람의 목숨을 희생시키는 것이기 때문에, 일부 철학자들은 두 경우가 도덕적으로 등가(等價)라고 이야기한다. 그러나 직관주의자 관점에서 보면 두 이야기 사이에는 엄청난 차이가 존재한다.[40] 애초 이야기를 접할 때의 순간적 공포(맨손으로 사람을 떠밀어야 하는 두려움)가 두 번째 이야기에는 없기 때문에, 피험자는 맘 편히 자신에게 주어진 두 가지 선택지를 곰곰이 따져보고 가급적 많은 생명을 구하는 쪽을 선택하게 되는 것이다.

이제 그린은 피험자 18명을 데려다 그들을 기능성 자기공명영상(fMRI) 스캐너에 집어넣은 후 자신이 지어낸 이야기를 한 번에 하나씩 화면을 통해 보여주었다. 그러면 피험자들은 두 개의 버튼 중 하나를 눌러 등장인물이 이야기 속의 행동(예를 들면, 트롤리 딜레마에서 사람을 다리 밑으로 밀거나 스위치를 올리는 행동)을 해야 하는지 말아야 하는지 표시해야 했다.

그린은 실험에서 분명하고 놀랄 만한 결과를 얻을 수 있었다. 사람들의 뇌는 개인에게 직접 해를 가하는 이야기를 읽을 때 감정 처리와 관련된 여러 영역이 훨씬 더 활성화되는 양상을 보였다. 또 이러한 감정 반응이 상대적으로 강할수록 일반적 수준의 도덕 판단이 내려진다는 것도 여러 이야기에서 공통적으로 나타났다.

지금은 유명해진 이 연구 결과를 그린은 2001년 《사이언스(Science)》지에 발표했다.[41] 연구 결과가 발표되고 나자 이런 식의 연구를 진행하는 실험실이 많아졌다. 이들은 피험자들을 데려다 fMRI 스캐너에 집어넣고, 도덕을 위반하거나 자선 기부를 하거나 범죄를 처벌하거나 사기꾼 및 협조자와 게임하는 사진을 보여주고 피험자들에게 질문을 던졌다.[42] 그 결과 극소수의 예외는 있었지만 실험 결과는 하나같이 일관된 이야기를 전하고 있었다. 즉, 피험자들에게 사진을 보여주었을 때 이들 역시 감정 처리와 관련된 뇌 영역이 거의 곧바로 활성화되는 모습이었고, 그 부분이 고도로 활성화될수록 사람들이 근본적으로 내리게 되는 종류의 도덕적 판단과 의사결정이 나올 확률이 높다는 것이었다.[43]

그린이 자신의 연구와 기타 내용을 정리해 펴낸 것이 〈칸트의 영혼의 비밀스러운 농담(The Secret Joke of Kant's Soul)〉이라는 논문이다.[44] 이 논문을 쓸 때만 해도 그린은 에드워드 O. 윌슨이 누군지도, 그가 뇌의 "감정 중추에 의견을 구해" 조작하듯 이론을 꾸미는 철학자들 이야기를 이미 했다는 사실도 미처 몰랐다. 그런데도 그가 내놓은 결론은 윌슨의 결론과 똑같았다.

어떤 일들은 그냥 해서는 안 되고, 어떤 일들은 그냥 반드시 해야만 한다. 이 사실을 우리는 강력한 느낌을 통해, 그것의 분명하고 확신에 찬 어조를 통해 안다. 그러나 이 느낌을 조리 있게 설명할 방법은 마땅히 없기에, 우리는 창의성이 유난히 뛰어난 몇몇 철학자의 힘을 빌려 이성에 [바름을] 호소할 수 있는 이야기를 만들어내는 것이다.

결국 윌슨이 말한 통섭이 기막힌 모습으로 연출된 셈이다. 1975년 윌슨은 윤리학이 머지않아 "생물학의 한 영역이 될 것"임을, 나아가 윤리학이 '감정 중추'의 활동을 해석하는 학문으로 재정립될 것임을 예언하지 않았던가. 당시의 그런 예언은 시대의 주류 견해를 정면으로 거스르는 것이었다. 콜버그 같은 심리학자들은 윤리학의 행위는 감정이 아닌 추론에 기초한다고 이야기했기 때문이다. 윌슨처럼 진화론적 사고를 이용해 인간의 행동을 살펴야 한다고 주장하는 사람은 험악한 분위기를 각오하지 않으면 안 되었다.

그러나 윌슨의 글이 나오고 33년이 흘러 그린의 글이 나왔을 때에는 이미 모든 것이 바뀌어 있었다. 감정을 비롯한 자동적 인지 과정이 나름의 힘과 지적 능력을 가진다는 사실을 다방면의 과학자들이 인정하기 시작했다.[45] 나아가 모든 분야에서는 아니지만 최소한 다양한 학문을 연계하여 도덕성을 연구하는 일단의 학자들 사이에서는 진화심리학이 좋은 평을 받게 되었다.[46] 1975년의 옛 시절에 윌슨이 말했던 '새로운 종합'의 시대, 그것이 최근 몇 년 사이에 바야흐로 도래한 것이다.

도덕적 직관을 뒤집으려면

이제까지 나는 플라톤의 모델(이성이 통치자가 될 수 있고 되어야 한다는 주장)이나 제퍼슨의 모델(머리와 가슴이 공동통치자라는 주장)보다는 흄의 모델(이성은 하인이다)이 실상에 더 잘 맞는다고 주장해왔다. 그러나 이성이 열정의 '노예'라고 한 흄의 말은 내가 보기에는 너무 지나친 표현인 듯하다.

　노예는 주인에게 의문을 제기하는 법이 절대로 없지만, 우리의 경우 애초의 직관적 판단에 의문을 제기하고 그것에 수정을 가하는 때가 더러 있다. 물론 이때에도 기수와 코끼리의 비유는 충분히 유효하다. 기수가 코끼리의 시중을 들도록 진화한 것은 사실이지만, 둘의 관계는 서로가 품격을 지키는 파트너의 관계이다. 즉, 기수는 주인 밑에서 일하는 하인이라기보다 고객을 위해 일하는 변호사에 더 가깝다. 훌륭한 변호사라면 고객에게 도움을 주기 위해 최선을 다하겠지만, 변호사라고 해서 항상 고객의 뜻을 그대로 따르는 것은 아니다. 고객이 불가능한 요구를 하는 수도 있고(내가 진행한 최면 연구의 피험자들이 학생회장 댄을 비난할 근거를 찾으려고 했던 것이 이 경우에 해당한다), 제 살 깎아 먹기 식의 일을 요구할 수도 있기 때문이다(케이크 두 조각을 먹고 나서 코끼리가 하나를 더 먹고 싶어 할 때는 기수가 거기에 무작정 응하지 않고 코끼리를 제지할 구실을 찾는다). 코끼리가 기수보다 힘이 훨씬 세기는 하지만, 그렇다고 절대 권력을 주장하는 독재자는 아닌 것이다.

　그렇다면 코끼리가 이성에 귀를 기울일 때는 과연 언제일까? 우리가 도덕적 이슈에 대해 한 번 먹은 마음을 바꾸게 되는 것은 주로 다른 사람과의 상호작용을 통해서이다. 우리는 자기가 믿는 것에 의문을 제기하고 그 증거를 찾아 나서는 것에 서툴다. 그러나 우리가 다른 사람의 믿음에 어떤 오류가 있는지 칼같이 찾아내듯이, 우리 믿음에 어떤 오류가 있는지는 다른 사람들이 얼마든지 찾아준다. 하지만 상대방과의 논의가 적대적으로 진행되어서는 누구든 마음을 바꿀 가능성이 희박하다. 코끼리는 반대자다 싶은 사람을 만나면 그에게서 몸을 틀어버리고, 그러면 기수가 정신없이 달려들어 반대자의 비난을 반박할 근거를 찾기 때문이다.

그러나 코끼리는 어떤 사람에게 호의와 존경, 그리고 타인을 기쁘게 하려는 열망이 있다 싶으면 그를 **향해** 몸을 돌리게 되고, 그러면 이어서 기수는 그 사람의 주장에 어떤 진실이 담겨 있는지 찾으려고 노력한다. 코끼리는 **자기 등에 탄** 기수가 반대한다고 가던 길에서 방향을 바꾸는 일은 별로 없을지라도, 친절한 코끼리가 있으면 그 존재만으로 쉬이 방향을 바꾸며(바로 이것이 사회적 직관주의자 모델에서 말하는 사회적 설득 연결선이다) 혹은 그 친절한 코끼리의 등에 탄 기수가 훌륭한 논거를 제시해도 거기에 쉽게 이끌려간다(바로 이것이 추론에 의한 설득 연결선이다).

물론 타인에게서 전혀 도움을 받지 않고 우리 스스로의 힘으로 마음을 바꾸는 때도 있다. 낙태를 비롯한 논쟁적 이슈에 관해 많은 이가 그러듯, 우리는 어떤 문제에 관해서는 하나의 직관을 갖기보다 상충하는 여러 가지 직관을 갖게 된다. 그 문제가 제기될 때 내가 어떤 희생자를 생각하고, 어떤 논변 혹은 어떤 친구를 생각하느냐에 따라 판단이 이렇게 저렇게 뒤바뀌는데, 마음이 왔다 갔다 하는 그

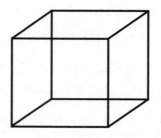

〈도표 3-1〉 네케르 정육면체라고 하는 이 그림은 우리의 시각이 어떻게 작용하느냐에 따라 상충하
는 두 가지 방식으로 읽힐 수 있다. 물론 두 가지 방식이 동시에 읽히지는 않는다. 일부 도덕적 딜
레마도 이와 비슷해서 우리의 바른 마음은 그것을 상충하는 두 가지 방식으로 읽어낼 수 있
다. 그러나 역시 두 가지 직관이 동시에 들기는 어렵다.

느낌은 우리가 네케르 정육면체를 바라보고 있을 때와 흡사하다(〈도
표 3-1〉 참조).

마지막으로 사람들은 스스로의 추론을 거쳐 애초의 직관적 판단
을 뒤집고 새로운 도덕적 결론에 이르기도 한다. 그러나 이런 일은
여간해서는 일어나지 않는 것으로 보인다. 애초 직관이 번복되는 모
습을 실험을 통해 드러낸 연구는 내가 알기로 단 하나뿐인데, 그 연
구 결과가 자못 흥미롭다.

조 팩스턴(Joe Paxton)과 조시 그린은 하버드 대학 재학생들을 데려
다 이 책의 2장에서 언급된 줄리와 마크의 이야기를 들려주고, 그에
대해 판단을 내리도록 해보았다.[47] 둘은 먼저 피험자 절반에게는 둘
의 합의에 따른 근친상간을 정당화하며 허술하기 짝이 없는 논거를
갖다 댔다("줄리와 마크가 사랑을 나누면 이 세상에는 더 많은 사랑이 존재하게
됩니다"). 그리고 나머지 절반에게는 좀 더 강력한 논거를 들어 둘 사

이의 관계를 정당화했다(근친상간에 대한 반감은 사실 고대에 일어난 일종의 진화적 적응으로, 피임법이 따로 없던 세계에서 선천적 기형을 막기 위해 사람들이 불러일으킨 정서였다. 그러나 줄리와 마크의 경우에는 둘 다 피임법을 활용했기 때문에 크게 걱정할 것이 없다). 언뜻 보면 피험자들이 하버드의 재학생인 만큼 허술한 이유보다 그럴듯한 이유에 더 많이 설득되었을 것으로 생각되지만, 사실 둘 사이에는 차이가 전혀 나타나지 않았다. 그 이야기를 듣는 순간 학생들의 코끼리는 몸을 틀어버렸고, 이어서 기수가 제시된 논거(그럴듯하든 허술하든)를 반박할 방법을 찾아내면서 두 경우 모두에서 피험자들은 이야기를 똑같이 비난했다.

　그러나 팩스턴과 그린은 여기에 그치지 않고 실험을 살짝 비틀어보았다. 몇몇 피험자를 정해 응답을 곧바로 내놓지 못하게 한 것이다. 컴퓨터의 작동 방식상 그들은 강제로 2분을 기다린 후에야 줄리와 마크에 대한 자신의 판단을 밝힐 수 있었다. 이 피험자들의 경우에도 코끼리는 어느 한쪽으로 몸을 틀었지만, 일순의 정서라는 것은 2분간 지속되지 않는 특징이 있다. 피험자들이 가만히 앉아 화면을 응시하는 동안 편향 효과는 차츰 사라졌고, 그러자 기수는 시간을 가지고 자유롭게 정당화의 근거를 생각해보게 되었다. 허술한 논거를 접했던 피험자들은 끝에 가서도 여전히 줄리와 마크를 비난했다(이들의 비난 강도는 곧바로 답을 내놓은 피험자보다 약간 더 강했다). 그러나 타의에 의해 그럴듯한 논변을 2분 동안 생각해봐야 했던 피험자들은 섹스를 하기로 한 줄리와 마크의 결정을 훨씬 더 너그러운 태도로 받아들이게 된 모습이었다. 지체된 그 2분 동안 기수는 스스로 생각할 시간을 가질 수 있었고, 많은 피험자들이 코끼리가 애초에 가졌던 경향과 반대되는 결정을 할 수 있었다.

다시 말해 통상적인 상황에서라면 기수는 변호사가 고객의 지시에 따르듯 코끼리로부터 신호를 전달받는다. 그러나 기수와 코끼리를 강제로라도 데려다 한자리에 앉히고 몇 분 동안 이야기를 시키면, 코끼리는 기수의 충고나 외부의 논거에 개방적인 모습을 보여준다. 우리에게는 분명 직관이 먼저 일어나고, 통상적인 상황에서는 사회생활의 전략적 추론도 직관이 일으킨다. 그러나 우리는 이러저러한 방법으로 둘 사이의 쌍방향 소통을 더 증가시킬 수 있다.

3장 요약

도덕심리학을 구성하는 첫 번째 원리는 "**직관이 먼저이고, 전략적 추론은 그다음이다**"라는 것이다. 이 같은 원칙을 뒷받침하기 위해 나는 여섯 개 분야의 실험 연구를 개괄했고, 거기에서 드러난 사실은 다음과 같다.

- (분트와 자이언스가 말한 것처럼) 뇌는 무엇에 대해 항상, 그리고 즉시 평가를 내린다.
- (토도로프의 연구와 내재적 연관 검사에서 드러나는 것처럼) 사회적·정치적 판단은 순식간의 직관적 인상에 심하게 좌우된다.
- 우리의 신체 상태가 때로는 우리의 도덕적 판단에 영향을 미치기도 한다. (사람들에게 청결과 위생을 상기시키는 모든 것이 다 그렇듯이)

불쾌한 냄새나 맛은 사람들이 더 엄격한 판단을 내리도록 만드는 경향이 있다.

- 사이코패스는 추론 능력은 있으나 느끼지 못한다(더불어 도덕적 능력도 심각하게 결핍되어 있다).
- 아기는 느낄 수 있으나 추론 능력이 없다(그러나 도덕성 발달의 시초는 지니고 있다).
- (다마지오와 그린의 연구, 그리고 최근 급증한 연구에서 나타나듯이) 정서 반응은 뇌에서 정해진 장소와 때에 맞추어 일어난다.

이 여섯 가지 사실을 하나로 종합해보면 기수와 코끼리가 어떤 모습을 하고 있는지, 나아가 우리의 바른 마음 안에서 이 둘이 각각 하는 역할이 무엇인지가 아주 명확히 드러난다. 도덕심리학에서 말하는 행위 대부분은 코끼리(자동적 인지 과정)에게서 일어난다. 물론 사람들과의 사이에서는 추론 능력도 중요하며, 특히 추론이 새로운 직관을 불러일으키기도 한다는 점에서는 그 중요성을 무시할 수 없다. 둘의 관계에서 지배하는 쪽은 코끼리로, 코끼리는 말 못하는 벙어리도 포악한 전제군주도 아니다. 때로는 합리적 추론을 통해 직관이 형성되기도 한다. 특히 호의적 대화나 감정에 깊이 와 닿는 소설·영화·기사가 합리성을 감싸 안을 경우 추론을 통해 직관은 잘 형성될 수 있다.[48]

그러나 3장의 핵심은, 우리가 다른 사람의 행동을 눈으로 보고 귀로 듣는 그 순간 우리의 코끼리는 벌써 몸을 틀기 시작한다는 것이다. 기수는 코끼리가 다음 걸음을 어디로 옮길지 항상 예의 주시하고 있다가 그 움직임을 뒷받침할 방법을 궁리하기 시작한다. 최근 아내가 내게 주방 조리대에 지저분한 접시를 놓지 말라고 잔소리를 했을 때, 정말이지 나는 내게 아무 잘못이 없는 줄로만 알았다. 스스로를 변호하기 위해 나는 추론 능력을 전면에 내세웠고, 추론 능력은 단 3초 만에 그럴듯한 사건 개황을 꾸며 내 앞에 다시 나타났다. 그때 마침 나는 도덕적 추론의 본성에 관해 글을 쓰고 있던 중이라, 내 안의 변호사가 내놓은 그 논변을 마음먹고 세세히 뜯어볼 수 있었다. 그렇게 해보니 변호사의 논변은 실제 사건들을 허술하게 짜깁기한 일종의 역사소설에 지나지 않았다.

그렇다면 우리가 이토록 괴상한 정신 구조를 가지고 있는 것은 무슨 이유에서일까? 지난 500만 년 동안 우리 인간의 뇌는 크기가 세 배로 커졌고, 이로써 언어 능력은 물론 추론 능력까지 엄청나게 발달되었다. 그런데도 우리는 왜 우리 안에 판사나 과학자가 아닌 변호사를 발달시킨 것일까? 그것은 곧 우리 조상들이 이 땅에 적응하는 데에는 **진실**을 밝혀내는 일이 가장 중요하지는 않았다는 뜻이 아닐까? 누가 어떤 행동을 왜 했는지 그 진정한 이유를 밝히는 것보다는 뇌의 힘을 모조리 동원해 믿고 싶은 것을 뒷받침할 증거를 찾는 일이 더 중요했다는 뜻은 아닐까? 그 답은 다음 질문에 우리가 어떻게 답하느냐에 따라 달라진다. 우리 조상들의 생존에 더 중요했던 것은 '진실'과 '평판' 중 과연 어느 쪽이었을까?

바른 마음

4장
도덕은 표를 얻으려는
정치인과 같다

자, 여기 신들이 모여 여러분이 태어나는 날 동전 던지기를 한다. 동전의 앞면이 나오면 당신은 일평생을 누구보다 정직하고 공평한 사람으로 살아가지만, 주변 사람들은 모두 당신을 파렴치한 악당이라고 믿는다. 한편 동전의 뒷면이 나오면 당신은 자신의 필요에만 맞으면 언제든 사람을 속이고 거짓말하는 사람으로 살아가지만, 주변 사람들은 모두 당신을 성인군자라고 믿는다. 여러분이라면 동전의 앞뒤 중 어느 쪽을 택하겠는가? 서양 고전에 가장 강력한 영향을 끼친 저작인, 플라톤의 《국가론(Republic)》에서는 앞면을 선택하는 것이 우리 스스로를 위한 길임을 갖가지 논변을 들어 구구절절 주장한다. **선하게 보이는 것**보다 **실제로 선한 것**이 더 바람직하다는 것이다.

《국가론》의 초반부를 보면, 플라톤의 형 글라우콘이 소크라테스를 이렇게 몰아붙이는 대목이 있다. (단순히 평판만 정의로운 게 아니라) 정말로 정의로운 사람이 어떻게 행복하게 살 수 있는지를 증명해달라는 것이다. 그러면서 글라우콘은 기게스의 요술 반지를 갖게 된 사람 이야기를 꺼낸다. 그 금반지만 끼면 마음대로 몸을 감출 수 있는데, 그렇게 되면 어떤 상황이 벌어질지 상상해보라는 것이다.

이제 그는 무엇이든 시장에서 원하는 걸 집어 와도 벌 받지 않고, 남의 집에 들어가 원하는 사람 아무하고나 잠자리를 할 수 있으며, 다른 사람을 자기 마음대로 감옥에 집어넣거나 풀어줄 수 있고, 또 그 외 온갖 일을 하며 인간들 사이에서 신처럼 살 수 있게 될 거요. 이런 상황에서 그 누가 끝까지 정의의 길을 갈 것이며, 또 그 누가 끝까지 남의 재산에 손대지 않겠소. 그렇게까지 티 하나 안 묻히고 깨끗이 살 수 있는 사람은 아마 없을 것이오. 그러면 그자의 행동은 올바르지 못한 사람과 무엇이 다르오. 어차피 둘은 똑같은 길을 걷는 것이나 다름없소.[1]

글라우콘의 이 사고실험에 함축된 뜻을 살펴보면, 사람들이 선하게 살아가는 것은 다 자신이 잘못한 일이 남들에게 들통 날까 봐(특히 평판에 손상을 입게 될까 봐) 두려워서이다. 이어서 글라우콘은 소크라테스에게, 어떻게 정의롭지만 평판은 나쁜 사람이 정의롭지 못하지만 널리 훌륭하다고 알려진 사람보다 더 행복할 수 있는지 증명해달라고 한다. 그래야만 자기는 직성이 풀릴 것 같다면서 말이다.[2]

꽤나 골치 아픈 도전을 맞은 소크라테스는 비유를 통해 이 문제에 접근한다. 즉, 사람 안에서 정의가 이루어지는 것은 도시(폴리스, 즉 도시국가) 안에서 정의가 이루어지는 것과 비슷하다는 것이다. 여기서 한발 나아간 그의 주장에 따르면, 정의로운 도시에서는 조화와 협동이 이루어지고, 모든 계급 사이에 노동 분화가 이루어진다.[3] 농부는 농사를 짓고, 목수는 집을 지으며, 통치자는 통치를 해야 정의로운 도시이다. 이곳에서는 사람들이 저마다 공공의 이익에 이바지하기 때문에, 도시민 어느 하나가 불행을 맞으면 도시민 전체가 그것을 안타까워한다.

반면에 정의롭지 못한 사회에서는, 어느 한쪽이 무엇을 얻으면 다른 한쪽은 잃고, 당파끼리는 서로 무너뜨릴 책략을 짜며, 강자가 약자를 착취하고, 도시는 사분오열된 채 서로 싸운다. 소크라테스는 대혼란과 다름없는 이런 무자비한 이기주의의 나락에 **폴리스**가 빠져들지 않으려면 반드시 철학자가 나라를 다스려야 한다고 말한다. 단순히 자기에게 좋은 일보다 진정으로 좋은 일을 추구할 수 있는 사람은 오로지 철학자뿐이기 때문이다.[4]

소크라테스는 이렇듯 정의롭고 조화롭고 행복한 도시의 모습을 그려내어 그에 대한 좌중의 동의를 구한 후, 정의롭고 조화롭고 행복한 **사람** 안에서도 이와 똑같은 관계가 적용된다고 주장한다. 행복한 도시는 반드시 철학자가 통치해야 하듯이, 행복한 사람도 반드시 이성이 통치해야만 한다. 그리하여 사람 안에서 통치를 맡게 된 이성은, 단순히 겉으로만 선하게 사는 것보다는 진정 선한 삶을 살기 위해 애쓸 것이다.

소크라테스의 제자였던 플라톤에게는 인간의 본성에 관한 일관된 믿음 체계가 세워져 있었고, 그러한 믿음에서도 가장 핵심은 이성의 완벽성을 믿은 것이다. 플라톤은 이성이 우리 인간의 본래적 본성이라고 생각했다. 신들이 이성을 인간에게 주기로 하고 그것을 우리의 둥글둥글한 머릿속에 넣어준 것이다. 이러한 이성은 종종 열정에 물들어 타락하기도 하지만, 배우기만 하면 열정은 얼마든지 다스릴 수 있다. 그리하여 열정을 다스리게 되면, 신이 주신 합리성이 환하게 빛을 발하여 인기를 가져다주는 일보다는 올바른 일을 하도록 우리를 이끌어준다.

도덕철학에서는 흔한 일이지만, 우리가 무엇을 **해야 한다**는 당위적 주장은 인간의 본성과 심리에 대해 어떤 가정을 품느냐에 따라 (이런 가정은 말로 표명되지 않는 경우가 많다) 그 내용이 달라지기 마련이다.[5] 그런데 플라톤에게는 그런 식의 심리 가정이 얼토당토않은 것이었다. 4장에서 나는 플라톤의 생각과는 달리 이성이 통치자로서 적합하지 않다는 사실을 보여주려고 한다. 이성은 진실보다는 정당화의 근거를 찾기 위해 만들어진 도구이다. 나아가 나는 글라우콘의 견해가 옳았다는 사실도 보여줄 것이다. 사람이란 실제보다는 외관과 평판에 훨씬 더 신경을 쓰는 법이다. 이 책에서 나는 오히려 글라우콘을 탁견을 갖춘 인물로 치켜세울 텐데, 글라우콘이야말로 현실을 제대로 볼 줄 아는 사람이었기 때문이다. 그는 윤리적 사회를 건설하는 데 가장 중요한 원칙이 다름 아닌 **모든 사람이 항상 자신의 평판을 목숨 걸고 관리하도록 만드는 것**임을 알고 있었다. 그렇게 모든 사람이 평판에 신경을 쓰게 되면 결국 나쁜 행동은 항상 나쁜 결과를 불러오게 된다.

미국 심리학의 시조로 꼽히는 윌리엄 제임스는 심리학자들에게 마음에 접근할 때는 '기능주의자' 입장을 취하라고 강조했다. 그것은 곧 어떤 것을 탐구하고자 할 때는 그것이 더 커다란 체계 안에서 어떤 일을 **하는지**를 살펴보라는 의미였다. 이를테면 심장은 순환계 안에 있으면서 펌프질을 통해 몸 곳곳에 피를 공급하는 일을 한다. 이점을 염두에 두지 않고는 심장을 이해했다고 할 수 없는 것이다. 제임스는 이러한 논리를 심리학에도 똑같이 적용했다. 즉, 어떤 정신 기제나 정신 과정을 이해하고자 한다면, 우리는 그것이 더 커다란 체계 내에서 어떤 기능을 하는지 알아야만 한다. 제임스의 말에 따르면, 사고는 무엇을 하기 위해 존재한다.[6]

그렇다면 도덕적 추론의 기능은 무엇일까? 이제껏 도덕적 추론이 (자연선택에 의해) 형성되고 다듬어지고 정교해진 까닭을 여러분은 무엇이라고 보는가? 우리에게 진실을 찾아주려고, 즉 우리에게 올바르게 행동할 길을 알려주고 나아가 잘못된 행동을 하는 사람을 비난하게 하기 위해서였을까? 그렇다고 믿는다면 여러분은 플라톤, 소크라테스, 콜버그 같은 합리주의자인 셈이다.[7] 아니면 도덕적 추론이 발달한 것은 우리가 사회생활의 전략적 목표를 이루는 데 도움을 주기 위해서였다고 보는가? 이를테면 우리의 평판을 관리하거나, 논쟁에서 상대방을 설득하여 그를 내 편 혹은 우리 팀으로 끌어들이기 위해서 말이다. 이쪽이 옳다고 믿는다면 여러분은 글라우콘주의자인 셈이다.

저에게 표를 주십시오

여러분 눈앞에 곤충이 100마리쯤 모여 있고, 그들이 한 가지 목표를 이루기 위해 다 같이 힘을 합쳐 일하고 있다고 해보자. 그럴 때는 이 곤충들이 모두 한배에서 난 형제자매라고 생각하는 것이 당연하다. 그런데 건설 현장에서 사람들이 100명쯤 모여 일을 하거나 군인 100명이 대오를 이루어 전장으로 행군해 갈 때는 어떨까? 그 사람들이 모두 한집안 사람이라고 하면 그때는 오히려 깜짝 놀라 입을 다물지 못한다. 혈연관계를 뛰어넘어 하나로 협력하는 능력에서만큼은 인간이 세계 챔피언감이다. 그리고 이러한 협동에 한몫 단단히 하는 것이 바로 우리가 만들어낸 갖가지 공식적이고 비공식적인 책임 체계이다. 무슨 일이 생겼을 때 우리는 그 책임을 남에게 부과하는 데 선수이며, 또 남들이 우리에게 그러한 책임을 부과할 때는 요리조리 잘도 빠져나간다.

책임감 연구의 선구적 학자인 필 테틀록(Phil Tetlock)에 따르면, 책임감(accountability)의 개념은 다음과 같이 정의할 수 있다. "우리가 무엇에 책임이 있다는 것은, 그 무엇에 대한 우리의 믿음·느낌·행동을 남들에게 정당화해야 한다는 뜻이며, 그런 정당화를 사람들이 당연히 기대한다는 뜻이다." 더불어 책임감에는 우리가 스스로를 얼마나 잘 정당화하느냐에 따라 사람들의 상과 벌이 달라지리라는 기대도 들어 있다.[8] 어떤 사태가 일어났을 때 누구도 그 일을 해명하지 못하고, 또 사람들이 태만하게 일하거나 사기를 쳐도 벌을 받지 않는다면, 결국엔 모든 것이 엉망진창이 되어버리고 말기 때문이다

(사람들은 태만하게 굴거나 사기를 치는 사람을 진정 열심히 벌하려는 경향이 있는데, 이에 대해서는 나중에 진보주의자와 보수주의자의 주된 차이점이 나올 때 다시 논할 것이다).

인간 사회를 구성하고 있는 이 책임감의 망(網) 안에서 사람들이 어떻게 행동하는지 이해하기 위해 테틀록은 아주 유용한 비유를 든다. 즉, 우리는 **직관적인 정치인**처럼 행동하는데, 각양각색의 유권자를 앞에 두고 호소력 있는 도덕적 정체성을 유지하기 위해 비지땀을 흘린다는 것이다. 콜버그나 튜리얼 같은 합리주의자들의 주장을 보면, 아동들은 마치 꼬마 과학자와도 같은 모습이다. 이들은 아이들이 논리와 실험을 통해 스스로 진실을 찾아나간다고 생각했다. 물론 아이들이 물리적 세계를 이해하려고 노력하는 걸 보면 이러한 과학자의 비유가 잘 통하는 것도 같다. 아이들은 정말로 이러저러한 가설을 세워보고, 또 그 가설을 검증해가며 한발 한발 진실에 다가가기 때문이다.[9] 그러나 테틀록의 주장에 따르면, 사회적 세계는 그와는 사정이 다르다. 사회적 세계는 글라우콘식의 세계이기 때문이다.[10] 그곳에서는 실제보다는 외관이 훨씬 큰 중요성을 갖는 것이 보통이다.

이와 관련해 테틀록이 진행한 연구에서 그는 피험자들을 데려다 갖가지 문제를 풀게 하고 의사결정을 내리도록 해보았다.[11] 예를 들어, 피험자들은 실험에서 어떤 사건에 대해 법적 개황을 전해 듣고 사건 속 인물이 유죄인지 무죄인지 추론해내야 했다. 그러면서 테틀록은 피험자 일부에게는 그들의 입장을 나중에 다른 누구에게 말로 설명해주어야 한다고 미리 알려주었다. 그리고 나머지 피험자들에게는 그들의 입장을 누구에게도 해명할 필요가 없을 거라고 일러주었다. 그러자 자기 선에서 생각하고 끝났던 피험자들은 사람들이 일상에서 흔히 그러듯 실수하고 게으름을 피우고 직감에 의존하는 모습을 보였는데, 사람들이 일상적인 의사결정을 할 때 이런 태도를 보인다는 연구는 학계에 이미 무척 많이 나와 있다.[12] 그러나 자신의 입장을 말로 설명해야 함을 사전에 고지받은 피험자들은 좀 더 체계적이고 비판적으로 사고하는 경향을 보였다. 이들의 경우 추론을 하면서 성급한 결론으로 비약할 확률은 적었고, 오히려 어떤 증거가 나오면 그에 맞추어 자기 믿음을 수정할 확률이 높았다.

합리주의자들에게는 이러한 연구 내용이 희소식으로 들릴지 모르겠다. 중요한 일이라고 믿는 상황에서는 우리가 언제든 정교한 사고를 할 수 있다는 뜻일 테니 말이다. 그런데 그렇지가 않다. 테틀록이 밝혀낸 바에 따르면, 정교한 추론에는 두 종류가 있고 둘은 매우 다른 성격을 지닌다. 우선 그중 하나인 **탐구적 사고**는 우리가 "대안이 될 수 있는 여러 관점을 공평하게 헤아려보는 것"을 일컫는다. 그에 비해 **확증적 사고**는 우리가 "특정 관점을 합리화하기 위해 기울이는 일방적인 노력"을 말한다.[13] 책임감이 탐구적 사고를 증가시키려면 다음과 같은 세 가지 조건이 충족되어야만 한다. (1) 의사결정자는 어떤 견해를 갖기 전 그 견해를 나중에 자신이 청중에게 해명해야 한다는 사실을 알고 있어야 한다. (2) 의사결정자는 청중이 어떤 견해를 가지고 있는지 몰라야 한다. (3) 의사결정자가 보기에 청중은 많은 것을 알고 있고, 또 정확성에도 관심이 많은 사람들이어야 한다.

이 세 조건이 모두 충족될 때에야 사람들은 그야말로 피 터지게 노력하여 진실을 찾으려고 한다. 이때는 청중이 듣고 싶어 하는 것이 바로 진실이기 때문이다. 하지만 그 외의 경우에(우리 삶은 거의 백이면 백 여기에 해당한다), 책임감 압력은 확증적 사고만 더 증가시킬 뿐이다. 사람들은 정말 올바른 사람이 **되기보다는** 올바른 사람처럼 **보이기 위해** 더 애쓰는 것이다. 사람들의 이 같은 모습을 테틀록은 다음과 같이 요약 정리한다.

> 지금 나의 행동 방식이 남에게 충분히 정당화되고 양해받을 수 있는가에 대한 확신을 갖는 것이 바로 사고의 주된 기능이다. 내가 한 선택들이 얼마나 정당화될 수 있는지를 따져보는 이 과정은 의사결정을 할 때 너무도 흔하게 일어난다. 사람들은 남에게 자신의 선택을 설명해야 할 때도 뭔가 받아들여질 만한 이유를 찾지만, 자신이 '올바른' 선택을 했음을 **스스로에게 이해시키기 위해서도 이러저러한 이유를 찾는다.**[14]

테틀록의 결론에 따르면, 의식적 추론은 대체로 진리나 사실의 발견보다는 타인을 설득하는 데 그 목적이 있다. 그런데 테틀록은 여기에 덧붙여 우리에게는 스스로를 설득하려는 경향도 있다고 이야기한다. 어떤 이야기를 남에게 하기에 앞서 우리 자신부터 그것을 믿고 싶어 한다는 것이다. 앞으로 이어지는 4장에서 나는 다섯 부류의 실험 연구를 개략할 텐데, 테틀록과 글라우콘의 견해를 뒷받침하는 내용이 될 것이다. 우리의 도덕적 사고가 이루어지는 모습은 진리를 발견하려는 과학자보다는 유권자의 표를 잡으려는 정치인에 훨씬 더 가깝다.

여론에 집착하는 우리

1980년대에 뉴욕 시장으로서 거침없는 행보를 보여준 에드 코크(Ed Koch)는 유권자들을 만나면 "How'm I doin'?(저 잘하고 있습니까?)"이라고 인사하는 것으로 유명했다. 뉴욕의 일상적 인사말 "How you doin'?(잘 지내세요?)"을 익살스레 뒤집은 말이었는데, 언뜻 들으면 재밌는 이 말은 한시도 마음을 놓지 못하는 공직자의 고충을 표현한 것이기도 하다. 물론 우리 중 선거에 나갈 사람이 몇이나 될까 하겠지만, 우리가 만나는 사람들 대부분도 결국엔 각양각색의 유권자이고, 또 이들의 표심을 우리는 잡고 싶어 한다. 자부심을 연구한 내용에서도 보면, 코크가 던진 그 질문을 우리는 자신도 모르는 사이 사람들과의 거의 모든 만남에서 매일같이 던지는 것으로 나타난다.

사람들이 스스로를 좋게 평가해야 할 필요가 있다는 것은 심리학자들이 벌써 수십 년에 걸쳐 책을 통해 해온 이야기이다. 그러나 자의식 분야의 선구적 연구가인 마크 리어리(Mark Leary)의 생각에 따르면, **스스로** 갖는 그러한 존경은 진화의 관점에서는 그렇게 절실히 필요해 보이지 않았다.[15] 수백만 년 동안 우리 조상은 소규모 집단에 들어가 그들의 신뢰를 얻느냐의 여부로 생존이 좌우되었다. 따라서 이 부분에서 어떤 선천적 추동력이 존재한다면, 그것은 **다른 사람들에게서** 좋은 평가를 받으려는 추동력이어야 할 것이다. 리어리는 자신의 연구 결과를 검토하며 자부심이 우리 내부에서 일종의 측정기 역할을 한다는 의견을 피력했다. 이 '사회성 계량기'를 통해 우리는 스스로가 인간관계의 파트너로서 얼마나 가치 있는지 끊임없이 평가한다는 것이다. 이 사회성 계량기의 바늘이 아래로 내려가면 삑 하고 경보음이 울리며 우리 행동에는 변화가 일어나게 된다.

1990년대에 이 사회성 계량기 이론을 만들어내며 리어리는 특정 부류의 사람들, 즉 타인이 그들을 어떻게 생각하는지에 별 영향을 안 받는다고 주장하는 사람들을 계속 만나보았다. 정말로 개중에는 자기 내면의 나침반만 보고 길을 찾는 사람들이 있는 것일까?

리어리는 자칭 이 독자파(獨自派)를 대상으로 테스트를 해보기로 마음먹었다. 먼저 그는 대규모의 학생을 모아 스스로의 자부심이 어느 정도이고, 나아가 다른 사람들의 생각이 거기에 얼마나 영향을 미쳤는지 평가하도록 했다. 이 과정을 마치고 그는 (수차례의 질문을 통해) 자신은 절대 타인의 의견에 흔들리지 않는다고 이야기한 극소수 학생을 선별해냈다. 리어리는 이들에게 몇 주 후 실험실에 와줄 것을 부탁했다. 또 이들과 비교할 요량으로 처음부터 끝까지 타인의 생각에 강하게 영향을 **받는다고** 이야기한 학생들도 몇 주 후 실험실에 오라고 부탁했다. 그렇게 해서 테스트가 시작되었다.

피험자는 모두 제각기 방 안에 혼자 앉아 5분 동안 마이크에 대고 자신에 대해서 이야기해야 했다. 그러면 1분이 지날 때마다 앞에 놓인 화면에서 숫자가 깜박였다. 어떤 사람이 다른 방에서 피험자의 이야기를 듣고 있다가, 다음 단계의 연구에서 그 피험자와 얼마나 소통하고 싶은지를 숫자로 나타낸 것이었다. 점수는 1점부터 7점까지인데(7점이 제일 좋은 점수였다), 내가 이야기를 하고 있는 사이 점수가 '4, 3, 2, 3, 2' 하고 점점 떨어진다면 그 기분이 어떨지 여러분도 짐작될 것이다.

그러나 사실 그 점수는 리어리가 조작해놓은 것이었다. 리어리는 피험자 일부에게는 숫자가 계속 떨어지도록 점수를 주고, 나머지 피험자에게는 '4, 5, 6, 5, 6'의 식으로 숫자가 계속 올라가도록 점수를 주었다. 당연히 점수가 올라가는 쪽을 보아야 기분은 더 좋겠지만, 여기서 중요한 것은 어느 쪽을 보든 (생면부지의 낯선 사람이 주었다고 하는) 그 점수들이 나에게 어떤 영향을 주는가 하는 점이다. 점수가 올라가거나 내려가는 것을 보면 나 자신, 나의 장점, 나의 자긍심과 관련한 믿음에도 과연 변화가 생길까?

이전의 설문에서부터 타인의 의견에 신경 쓴다고 인정했던 피험자의 경우에는 이 숫자들에 큰 영향을 받은 것이 그리 놀랄 일이 아니었다. 이들은 자부심이 점점 가라앉는 양상을 보였다. 그러나 자칭 독자파도 실험 결과, 이들만큼이나 큰 충격을 받는 것으로 나타났다. 독자파는 그들 말대로 자기 안의 나침반만 보고 길을 가는 것일 수 있지만, 그 나침반이 진북(眞北)이 아니라 대중의 의견을 가리킨다는 사실은 미처 깨닫지 못했다. 글라우콘의 말이 하나도 틀리지 않았던 것이다.

이상의 연구를 토대로 리어리는 다음과 같이 결론을 내렸다. "사회성 계량기는 의식과 신경이 미치지 않는 차원에서 작동하여 우리가 처한 사회 환경을 재빨리 훑어본다. 그러면서 인간관계 속에서 우리의 가치가 낮거나 혹은 낮아지고 있다는 표시를 모조리 찾아낸다."[16] 이 사회성 계량기도 결국에는 코끼리의 일부인 셈이다. 우리가 종종 (정치인들처럼) 대중의 여론을 무심한 척 부정하는 것은 그렇게 겉으로 남들 의견에 신경을 쓰면 약한 사람처럼 보이기 때문이다. 그러나 알고 보면 우리는 다른 사람들이 우리를 어떻게 생각하는지에 많이 신경을 쓰는 편이다. 즉, 사회성 계량기는 누구나 가지고 있는 것으로, 이 사회성 계량기가 없다고 알려진 사람들은 오직 사이코패스뿐이다.[17]

내 안의 유능한 대변인

사후의 논리적 추론이 어떤 식으로 펼쳐지는지 궁금하다면 간단한 방법이 하나 있다. 대통령이나 총리의 공보관이 기자의 질문에 답하는 모습을 유심히 지켜보기만 하면 된다. 공보관은 어떤 정책이 아무리 형편없더라도 그것을 치켜세우거나 변호할 방법을 찾아낸다. 그러면 기자들은 공보관의 주장에 이의를 제기하거나 해당 정치인의 말 혹은 공보관 자신이 며칠 전 했던 말을 인용해 둘 사이의 모순을 지적할 것이다. 이에 공보관은 더러 난감한 듯 머뭇거리며 적절한 말을 찾겠지만, 아무리 궁지에 몰려도 그가 이런 식으로 말하는 법은 절대 없을 것이다. "오, 그것참 훌륭한 지적이군요. 아무래도 이 정책은 재고해봐야 할 것 같습니다."

공보관이 이런 식으로 말할 수 없는 것은, 그에게는 정책을 만들거나 바꿀 힘이 없기 때문이다. 공보관은 그저 정책에 대한 내용을 전해 들을 뿐이며, 그가 하는 일도 정책을 대중에게 정당화할 수 있도록 증거와 논변을 찾는 것이다. 그리고 이것은 기수의 주된 임무 중 하나이기도 하다. 기수도 코끼리의 사내 공보관으로서 24시간 내

내 열심히 뛴다.

1960년에 피터 웨이슨(2장에 나왔던 '네 장의 카드 과제' 창안자)은 '2·4·6 문제'라는 것을 주제로 보고서를 발표했다.[18] 먼저 그는 피험자들을 데려다 연속으로 이어지는 숫자 세 개를 보여주고, 그 세 숫자가 어떤 규칙을 따르고 있다고 말해주었다. 이제 피험자들이 해야 할 일은 숫자 세 개로 또 다른 조합을 만들어 그것이 해당 규칙을 따르는지 실험자에게 물어보고, 궁극적으로는 그 규칙의 내용을 맞히는 것이었다. 자신이 해당 규칙을 알아냈다는 확신이 들면 피험자는 그 내용을 실험자에게 말해주어야 했다.

이를테면 한 피험자가 맨 처음 2·4·6이라는 숫자 조합을 보게 되었다고 치자. 이에 피험자는 다음과 같은 조합을 내놓는다.

"4·6·8은요?"

"규칙에 맞습니다." 실험자가 대답한다.

"120·122·124는요?"

"맞습니다."

여기까지 오면 사람들 대부분의 눈에는 당연히 짝수를 연이어 늘어놓은 것이 규칙으로 보인다. 그러나 실험자는 그것은 답이 아니라고 한다. 그래서 피험자는 다른 규칙을 검증해본다.

"3·5·7은요?"

"규칙에 맞습니다."

"35·37·39는 어떤가요?"

"맞습니다."

"좋아요, 그렇다면 답은 2씩 커지는 숫자들의 조합인 게 틀림없어요. 그렇죠?"

"아닙니다."

사람들은 규칙을 검증하기 위해 새로운 가설을 내놓는 데에는 전혀 힘들어하지 않았고, 때로 무척 복잡한 가설을 내놓는 경우도 있었다. 그러나 사람들이 웬만해서는 하지 않으려는 일이 있었으니, 바로 **자신의 가설에 위배되는** 숫자 조합을 만들어 스스로의 가설을 검증해보는 일이었다. 예를 들어 2·4·5(규칙에 맞음)를 제시하고 이어 2·4·3(규칙에 안 맞음)만 제시해보아도 규칙의 정답, 즉 '어떤 식이든 점점 커지는 숫자들의 조합'이라는 답에 제대로 초점을 맞출 수 있을 것이었다.

이러한 현상에 웨이슨은 **확증 편향**(confirmation bias)이라는 이름을 붙였는데, 우리는 일단 사고가 일어나면 그것을 확증하는 식으로 새로운 증거를 찾고 해석하는 경향이 있다는 의미이다. 사람들은 **다른 이들이** 내놓는 진술에는 잘도 이의를 제기하다가도, **자신의** 믿음이 도마에 오르면 태도가 달라진다. 그 믿음을 내 것(거의 내 자식)처럼 소중히 여겨 지키려고 하지, 괜히 이의를 제기해 그것을 포기해야 할 상황은 만들지 않는다.[19]

일상적 추론 분야의 선구적 연구가인 디애너 쿤(Deanna Kuhn)은 이러한 확증 편향의 증거가 일상생활에 두루 나타남을 발견했다. 더구나 사람들은 생존에 중요한 문제, 즉 '어떤 음식을 먹으면 몸에 탈이 날지 가려내는 문제'를 해결할 때도 이런 확증 편향을 보이는 것으로 드러났다. 쿤은 이 문제를 실험실에서 다뤄보기 위해 우선 여덟 장짜리 카드를 여러 벌 만들었다. 카드 한장 한장에는 만화가 그려져 있었는데, 어떤 아이가 무엇(예를 들면, 초콜릿 케이크나 당근 케이크)을 먹고 그다음 어떤 일을 겪는지 보여주고 있었다. 음식을 먹은 아이는 빙그레 웃고 있거나 아니면 어디가 아픈 듯 인상을 쓰고 있었다. 쿤은 아동과 어른을 대상으로 한 번에 한 벌의 카드를 보여주었고, 이 '증거'(여덟 장의 카드)를 보고 어떤 음식이 아이에게 탈이 나게 했는지 물어보았다.

그러면 어른이나 아이나 보통은 직감에서 출발하는 모습을 보였다(즉, 이 경우에는 초콜릿 케이크를 범인으로 지목하는 확률이 높았다). 그리고 사람들은 보통 그들이 옳다는 것이 증거를 통해 증명되었다고 결론을 내렸다. 심지어 당근 케이크와 몸에 탈이 난 상태를 더 강하게 연관시켜도 사람들은 계속해서 초콜릿 케이크를 먹고 아픈 한두 장의 카드를 증거로 가리켰고, 당근 케이크를 주범으로 지목하는 여러 장의 카드는 무시해버렸다. 쿤의 표현을 빌리면, 사람들은 마치 스스로에게 이렇게 말하는 듯한 모습이었다. "자, 여기 내 이론을 뒷받침해주는 증거가 나타났군. 그러니 내 이론이 옳은 거야."[20]

이런 허술한 사고는 양질의 교육을 통해 고쳐나가야 하는 법이다. 그렇지 않은가? 자, 과연 그러한지 이번에는 추론 분야의 또 다른 저명한 학자 데이비드 퍼킨스(David Perkins)의 연구를 살펴보자.[21] 퍼킨스의 연구는 다양한 연령과 학력의 사람들을 실험실로 데려와 사회적 쟁점들에 대해 생각해보도록 한 것이었다. 이를테면 학교에 자금 지원을 늘리면 수업과 학습의 질이 향상될 것인가 하는 문제가 제시되었다. 퍼킨스는 피험자들에게 우선 사회적 쟁점을 접하고 애초 들었던 판단을 글로 적어달라고 했다. 그런 다음에는 피험자들에게 해당 이슈를 곰곰이 생각해보게 한 후, 최종 결론 도출과 관련된 모든 이유(양측 모두의 이유)를 가급적 많이 생각해서 적어달라고 했다. 피험자들이 설문 조사를 마치자 퍼킨스는 피험자들이 적어놓은 각 이유를 '내 편'의 논거와 '상대편'의 논거로 구분하고 점수를 매겼다.

　사람들이 '상대편'의 논거보다 '내 편'의 논거를 훨씬 많이 내놓은 것은 놀라울 것 없는 일이었다. 마찬가지로 학력이 높은 사람들이 더 많은 이유를 내놓은 것도 놀라울 것 없었다. 신기한 사실은 퍼킨스가 같은 학교별로 고등학교, 대학교, 대학원의 최고학년과 최저학년을 비교해보았을 때 고학년이 저학년에 비해 응답이 나아지는 현상은 어느 학교에서도 거의 나타나지 않았다는 것이다. 정확히 말하면, 고등학생 중 많은 논거를 내놓은 학생은 대학에 진학할 확률이 더 높은 학생이었고, 대학생 중에도 많은 논거를 내놓은 학생은 대학원에 진학할 확률이 더 높은 학생이었다. 다시 말해 학교는 사람들에게 치밀하게 추론하는 법은 **가르치지** 않고 있었다. 학교는 IQ가 높은 지원자들을 **선별해내는** 역할을 했고, 이 IQ가 더 높은 사람들에게는 더 많은 이유를 댈 수 있는 능력이 있었다.

　그런데 퍼킨스의 연구 결과에는 이보다 더 심기를 불편하게 하는 대목도 있다. 그가 밝혀낸 바에 따르면, 사람의 논쟁 능력을 예측해주는 지표로 IQ만 한 것은 없지만, IQ는 **내 편의 논거를 얼마나 많이 만들어낼 수 있는가, 오로지 그것만을** 예측해줄 수 있었다. 즉, 똑똑한 사람들은 훌륭한 변호사나 훌륭한 공보관 역할을 더없이 훌륭히 해내지만, 상대편의 논거를 찾아내는 데에서는 다른 이들보다 나을 게 없다는 뜻이었다. 이에 대해 퍼킨스는 "사람들은 전체 쟁점을 좀 더 온전하고 공평하게 탐구하는 데 IQ를 쏟아붓기보다는 자신의 논변을 더 든든히 떠받치는 데 IQ를 쏟아붓는다"라고 결론을 내렸다.[22]

일상적 추론에 관한 연구들은 도덕성 합리주의자들에게는 별 희망이 되지 못할 듯하다. 이상에서 논의한 연구 내용을 보면 거기에는 개인적인 이해(利害)라고 할 것이 전혀 걸려 있지 않다. 사람들에게 숫자를 줄줄이 조합하는 문제나 케이크를 먹고 탈이 나는 문제, 학교의 자금 지원 같은 문제에 대해 한번 질문을 던져보라. 그러면 순식간에 자동적으로 이뤄지는 직관적 반응을 보일 것이다. 사람들 눈에는 그저 어느 한쪽이 다른 한쪽에 비해 약간 더 매력적으로 보이는 것이다. 그렇게 코끼리가 아주 약간만이라도 몸을 틀면 기수는 곧바로 작업에 돌입하여 그것을 뒷받침할 증거를 찾아내고, 백이면 백 그 노력은 성공을 거둔다.

이쪽저쪽의 어디도 편들 필요 없는 일상의 사소한 문제들에 대해 우리의 공보관은 바로 이런 식으로 작동한다. 이렇듯 일상의 무미건조하고 손쉬운 일들에서도 우리의 사고는 탐구적이기보다는 확증적으로 이루어진다. 하물며 사사로운 이해, 사회적 정체성, 강력한 감정에 따라 미리 정해진 결론을 원하는 상황이라면, 나아가 그것을 **요구까지 하는** 상황이라면 사람들이 열린 마음으로 탐구적 사고를 할 확률은 과연 얼마나 될까?

내가 나를 착하다고 속이다

오래전부터 영국에서는 하원 의원들의 제2 거주지에 대해 그 유지 비용을 합당한 선에서만큼은 국민의 세금에서 조달받을 수 있도록 하고 있었다. 하원 의원의 경우 런던과 자신의 지역구를 오가며 지낼 필요가 있기 때문이다. 그런데 비용의 합당함을 결정하는 해당 관청이 의원들의 요구를 거의 다 승인해주다 보니, 하원 의원들에게 이 제도는 돈을 물 쓰듯 쓸 수 있는 백지수표나 다름없었다. 더구나 이 지출금은 대중에게 비공개였기 때문에 하원 의원들은 자신들이 기게스의 반지를 낀 줄로만 여겼다. 그러나 결국 2009년 하원 의원들의 지출금 내역 문건이 유출되어 그 내용이 버젓이 신문에 실렸다.[23]

글라우콘이 예상한 그대로, 하원 의원들이 보인 행태는 그야말로 가관이었다. 상당수 의원이 대규모의 값비싼 개축을 해야 하는 건물(건물 주위에 해자를 판 경우도 있었다)을 제2 거주지로 신고했던 것이다. 그 건물의 개축 공사가 끝나면 이들은 아무렇지 않게 다시 주(主) 거주지를 제2 거주지로 등록해서 그 건물도 개축 공사를 했다. 때로는 개축한 거주지 건물을 다른 사람에게 팔아 막대한 이익을 남기기도 했다.

런던·워싱턴 등 권력 중심부에서 이렇듯 끊이지 않고 스캔들이 흘러나와 주니, 심야 코미디 프로그램 배우들은 그저 감사할 따름이다. 그런데 우리라고 해서 지도자들보다 더 나을 것이 있을까? 우리야말로 우리 눈 안에 든 들보부터 먼저 보아야 하는 것은 아닐까?

지금까지 많은 심리학자가 연구해온 주제 중 '발뺌의 여지(plausible deniability)'가 갖는 효과라는 것이 있다. 예를 들어 한 연구에서는 피험자에게 과제를 수행하게 한 후 쪽지를 한 장 주며 실험 참가비로 얼마로 줄 것임을 구두로 전달했다. 피험자들은 쪽지를 들고 다른 방으로 참가비를 받으러 갔다. 그런데 그곳의 경리가 금액을 한 자리 잘못 읽고 훨씬 더 많은 금액을 피험자에게 건네주었다. 이때 그 사실을 경리에게 밝히고 실수를 정정한 피험자는 전체의 20퍼센트에 불과했다.[24]

그러나 경리가 지불금이 맞는지 묻자 이야기가 달라졌다. 그때에는 피험자 60퍼센트가 지불이 잘못되었다고 말하고 나머지 금액을 돌려주었던 것이다. 직접적으로 질문을 하자 발뺌의 여지가 제거된 셈인데, 그 상황에서도 돈을 계속 챙기려면 자기 입으로 거짓말을 해야 하기 때문이었다. 이렇게 발뺌의 여지를 없앤 결과, 사람들이 정직하게 행동할 확률은 세 배 더 높아졌다.

이 연구에서 돈을 돌려주는 사람들은 과연 어떤 사람들이었을까. 이를 예측하고자 할 때 사람들이 스스로의 정직성을 어떻게 평가하는가, 혹은 사람들이 콜버그식의 도덕적 딜레마에 얼마나 고결한 답을 내놓는가는 아무 도움이 되지 못한다.[25] 만일 윤리적 행동을 책임지는 것이 기수라면, 사람들의 도덕적 추론과 그들의 도덕적 행동 사이에는 커다란 연관성이 나타날 것이다. 그러나 그렇지가 않기 때문에, 둘 사이에도 별 연관성은 찾아볼 수가 없다.

댄 애리얼리(Dan Ariely)가 쓴 《상식 밖의 경제학(Predictably Irrational)》을 보면 일련의 기발한 연구가 나와 있는데, 연구의 내용인즉슨 참가자들에게 수학 문제를 풀게 한 후 그들이 실제보다 더 많은 문제를 풀었다고 주장하면 더 많은 돈을 받아갈 기회를 준 것이다. 애리얼리는 다음과 같이 기존의 틀을 다양하게 비트는 식으로 자신의 연구 결과를 정리하고 있다.

정직한 사람들도 기회만 주어지면 상당수가 남을 속이려 든다. 우리의 연구 결과를 보면, 나쁜 놈 몇이 보통 사람들에게 피해를 주는 것이 아니었다. 그보다는 **사람들 대다수가 남을 속이는 것으로** 나타났고, 남을 속이는 것은 소소한 수준이었다.[26]

이때 사람들이 온갖 수를 동원하여 상황을 모면하려 든 것은 아니었다. 애리얼리가 기게스의 반지로 모습을 감출 기회를 주자 사람들은 어느 정도까지만, 즉 스스로의 힘으로는 더 이상 정당화가 안 될 때까지만 남을 속였다. 그렇게 해서 스스로가 정직하다는 믿음을 지켜내려 한 것이다.

위의 실험실 연구를 종합하면 결국 사람들은 남의 눈에 띄지 않고 또 발뺌의 여지만 있으면 **대부분이 남을 속인다**는 것이다. 우리의 공보관(내면의 변호사라고도 부를 수 있겠다)[27]은 정당화를 하는 데에는 누구보다 명수이다. 그래서 이 실험에 참가한 사람들도 대부분은 남을 속인 후 실험실을 나가면서 애초 실험실에 발을 들일 때와 똑같이 자신이 선한 사람이라 믿고 있었다.

일단 믿어라, 증거는 대줄 테니

나의 아들 맥스가 세 살 때 나는 녀석이 '**해야만 한다**(must)'라는 말이라면 치를 떤다는 사실을 발견했다. 일례로 내가 옷을 **입어야만** 학교에 갈 수 있다고 말하면(맥스는 학교에 가는 것을 참 좋아했다) 녀석은 얼굴을 잔뜩 찌푸린 채 징징 울어댔다. '~해야만 해'라는 말은 맥스에게 조그만 수갑과도 같았고, 그래서 그 말만 들으면 빠져나가려는 욕구가 일어나는 것이었다.

그런데 '**할 수 있다, 해도 된다**(can)'라는 말을 쓰면 사정이 훨씬 나아졌다. "우리 아들 옷 입어도 될까? 그래야 같이 학교에 갈 수 있는데." 이 두 단어가 아들에게는 천지 차이로 다르다는 확신이 들면서 나는 간단한 실험을 해보기로 했다. 어느 날 저녁 식사를 마친 자리에서 나는 맥스에게 이렇게 말해보았다. "맥스, 이제 아이스크림 먹어야 한다."

"먹기 싫은걸!"

4초 후 나는 말했다. "맥스, 이제 아이스크림 먹을 수 있어. 네가 먹고 싶으면 말이야."

"아이스크림 먹을래!"

이 '**할 수 있다**(can)'와 '**해야만 한다**(must)'의 차이는, 개인적 이해(利害)가 우리의 추론에 얼마나 심대한 영향을 미치는지 이해하는 핵심 열쇠가 된다. 나아가 그것은 우리 주위에 왜 그토록 기이한 믿음들(UFO 납치설, 엉터리 치료법, 음모론 등)이 퍼져 있는지 이해하는 핵심 열쇠도 된다.

사회심리학자 톰 길로비치(Tom Gilovich)는 기이한 믿음들이 어떻게 형성되는지 그 인지 기제를 주로 연구하는 학자이다. 그가 세운 간단한 공식에 따르면, 우리는 무엇을 **믿고 싶을** 때는 스스로에게 이렇게 물어보는 경향이 있다. "내가 이것을 **믿어도 될까**(can)?"[28] 그렇게 물은 후에는 믿음을 뒷받침할 증거를 찾아 나서고, 단 하나의 허위 증거라도 그와 관련된 증거가 나타나면, 이제 우리는 사고를 멈춰도 된다고 여긴다. 그것을 믿어도 된다는 허락이 떨어진 셈이기 때문이다. 그 누가 물어봐도 이제 우리에게는 정당화의 근거가 있다.

그러나 반대로 우리가 무엇을 **믿고 싶지 않을** 때에는 스스로에게 "내가 이것을 **믿어야만 하나**(must)?"라고 물어본다. 그런 후에는 반대 증거를 찾아 나서고, 주장을 의심할 만한 이유가 하나라도 발견되면, 우리는 그 주장을 무시해버린다. '**해야 한다**(must)'의 말 수갑을 푸는 데는 열쇠 하나면 충분한 것이다.

지금 학계에서 활동하는 심리학자들의 파일함을 열어보면 '동기에 따른 추론' 관련 자료가 빼곡히 들어차 있다.[29] 사람들은 자신이 원하는 결론에 도달하기 위해 여러 가지 묘책을 짜낸다는 내용이다. 예를 들어 실험에서 피험자들은 지능 검사를 한 후 낮은 점수가 나오면, IQ 테스트의 정당성을 (지지하는 기사보다는) 비판하는 기사를 읽어보는 경향이 있다.[30] 또 카페인 섭취와 유방암 사이에 연관성이 있다는 과학 논문(허구로 만든 것)을 가져다 사람들에게 읽힌 결과, 커피를 많이 마시는 여성들이 남성이나 카페인에 덜 길든 여성보다 연구에 더 트집을 잡는 경향을 보였다.[31] 캘리포니아 대학 어바인 캠퍼스에 재직 중인 피트 디토(Pete Ditto)도 비슷한 실험을 했는데, 피험자들을 데려다 종잇조각을 주고 효소 결핍이 심한 상태인지 알아본다며 그 것을 핥아보게 한 것이다. 사람들은 종이 색이 변하면 효소 결핍이라 고 했을 때보다 종이의 색이 변해야 더 좋은 것이라고 했을 때 더 오 랜 시간 종이 색이 변하기를 기다렸다. 나아가 여기서 좋지 못한 예 후를 받은 피험자들은 테스트가 정확하지 못하다는 근거를 더 많이 찾아냈다(예를 들면, "오늘따라 유난히 입 안이 바싹 말랐네요").[32]

"내가 이것을 믿어야만 하는가?"라고 물을 때와 "내가 이것을 믿 어도 될까?"라고 물을 때 마음의 차이는 실로 극심해서, 심지어 우 리의 시각적 인지에도 영향을 미칠 정도이다. 예를 들어 피험자들은 컴퓨터 화면에 숫자보다는 문자가 떠야 뭔가 좋은 것을 타갈 수 있 다는 생각이 들면, 화면에 **B**처럼 애매한 모양이 떴을 때 그것을 숫 자 13이 아닌 알파벳 B로 볼 확률이 높았다.[33]

이렇듯 사람들은 (약간 애매한 부분이 있을 경우) 자신이 원하는 대로 볼 수 있다. 그렇다면 어떤 과학적 연구가 나왔을 때 그것이 종종 일반 대중을 설득하는 데 실패하는 것은 어쩌면 당연한 일 아닐까? 물론 과학자들 역시 자신의 견해와 상반되는 연구가 나오면 거기서 기막 히게 흠을 찾아내곤 한다. 그러나 그 연구가 옳다는 증거가 어느덧 여러 연구에 공통적으로 나타나기 시작하면, 그때는 과학자들이 자 신의 마음을 **바꾸어야만** 한다. 이런 일은 실제로 내 동료들에게(물론 나 자신에게도) 여러 차례 일어났고,[34] 과학계로서는 이것이 책임감 체 계에 해당한다. 이미 폐기된 이론을 계속 고집하는 사람은 학계에서 얼간이로 비치는 것이다. 그러나 과학자가 아닌 경우에는 반드시 믿 어야 할 이론 같은 것이 존재하지 않는다. 사람들은 마음만 먹으면

바른 마음

언제든지 그 방법론에 의문을 던질 수 있고, 자료에 대해서도 얼마든지 대안적 해석을 찾을 수 있다. 설령 이 두 방법이 모두 실패한다 해도 그때는 연구자의 정직성이나 이데올로기를 문제 삼으면 된다.

더구나 지금은 휴대전화로 누구나 인터넷을 검색할 수 있는 시대이니, 내가 어떤 식의 결론을 내놓든 그것을 뒷받침해줄 과학자들이 24시간 내내 대기하고 있다고 해도 과언이 아니다. 지구온난화가 무엇 때문이라고 믿든, 태아가 고통을 느낄 수 있는지에 대해 어떻게 생각하든, 구글 검색창에 여러분이 믿는 그 내용을 넣고 검색해보자. 그러면 당파성을 띤 여러 웹 사이트에서 자신들의 입장과 관련된 과학적 연구들을 더러는 왜곡해서 요약정리를 해놓았을 테니. 어떤 음식이든 맛볼 수 있는 뷔페식 식당처럼 과학이라는 곳에는 없는 게 없고, 여러분 입맛에 딱 맞는 연구가 어디 있는지에 대해서는 구글의 안내를 받으면 된다.

우리를 지지하는 것이라면, 다 옳다

옛날에는 많은 정치학자가 사람들이 표를 던질 때 개인적 이익에 따라 움직인다고 가정했다. 즉, 사람들은 자신에게 제일 많은 이익을 가져다줄 후보나 정책을 고른다는 것이다. 그러나 수십 년에 걸쳐 여론조사를 연구한 결과, 개인적 이익이라는 측면을 살펴서는 사람들이 어떤 정책을 선호할지 예측하기 힘들다는 결론이 나왔다. 자녀를 공립학교에 보내는 부모라고 해서 그 사람이 다른 시민들에 비해 정부가 주는 학교 지원금을 더 지지하는 것은 아니다. 또 군대에 징집될 젊은이라고 해서 그가 징집 가능성이 전혀 없는 노인보다 전쟁 장기화에 더 반대하고 나서는 것도 아니다. 마찬가지로 건강보험이 없는 사람들이라고 해서 그들이 보험 혜택이 있는 이들에 비해 정부에서 발급하는 건강보험을 더 지지하는 것도 아니다.[35]

그러한 개인적 이득보다 사람들은 인종, 지역, 종교, 정치와 관련해 자신이 어느 **집단**에 속했는지를 더 신경 쓰는 경향이 있다. 정치학자 돈 킨더(Don Kinder)는 이와 관련해 자신의 연구 결과를 다음과 같은 말로 요약한다. "시민들은 여론조사에 임할 때면 '이것이 나한테 어떤 도움이 되지?'라고 묻기보다 '이것이 우리 집단에 어떤 도움이 되지?'라고 묻는 듯하다."[36] 사람들이 가진 정치적 견해는 마치 "배지처럼 그가 어떤 사회집단에 속해 있는지를" 일러준다.[37] 사람들이 자동차 범퍼에 각종 스티커를 붙이고 다니며 특정 정치 표어, 대학, 스포츠 팀을 지지하는 것이 이와 비슷하다. 즉, 우리가 가지는 정치적 견해는 우리 개인의 것이라기보다는 우리 집단의 것이다.

사람들은 **B** 같은 모양에서조차 자신이 원하는 것을 본다. 그러니 당파가 서로 다른 사람들 눈에 세상 속의 사실들이 얼마나 다르게 보일지는 아마 짐작하고도 남을 것이다.[38] 이러한 '태도 양극화(attitude polarization)' 효과를 논한 연구는 이미 여러 건인데, 이 연구들을 보면 당파로 인해 서로 다른 경향을 보이는 사람들에게 일련의 정보를 한 가지씩 주었을 때 어떤 일이 일어나는지 알 수 있다. 진보주의자와 보수주의자의 경우에는 특정 상황 속에서 태도 양극화가 더 심해지는 양상을 띤다. 이를테면 사형 제도가 범죄 예방 효과가 있는지 연구한 논문을 읽게 하거나, 대통령 후보들이 토론회에 나와서 얼마나 훌륭한 주장을 했는지 평가하게 하거나, 아니면 정부의 차별 철폐 조처나 총기 관련 규제에 대한 논변을 평가하라고 하면, 이 둘 사이는 더 벌어지는 경향이 있었다.[39]

2004년 미국이 대선의 열기로 한창 뜨거울 무렵, 드루 웨스턴 (Drew Westen)은 fMRI를 활용해 열성 당원들의 뇌가 어떻게 작동하는지 그 모습을 포착해보았다.[40] 웨스턴은 먼저 열성 민주당원과 열성 공화당원 15명씩을 모집했고, 그들을 실험실로 데려가 한 번에 한 사람씩 스캐너에 집어넣은 후 총 18세트의 슬라이드를 보여주었다. 각 세트의 첫 번째 슬라이드에는 조지 W. 부시(George W. Bush) 대통령의 말이나, 아니면 그의 대항마였던 민주당 후보 존 케리(John Kerry)의 말이 들어 있었다. 예를 들어, 한 슬라이드에는 2000년 부시가 엔론 사의 CEO 켄 레이(Ken Lay)에게 다음과 같이 찬사를 아끼지 않았던 내용이 들어 있었다. 덧붙이자면 후일 엔론은 회사 내의 엄청난 부정부패가 세간에 알려지면서 파산했다.

저는 그 양반을 참 좋아합니다. ……대통령이 되면 저는 CEO가 나라를 경영하듯 정국을 이끌어갈 생각입니다. 켄 레이와 엔론은 그러한 제 구상에 귀감이 되는 모델이지요.

그다음 슬라이드에서 웨스턴은 부시가 나중에 이와 모순되는 듯한 행동을 취했다는 내용을 보여주었다.

부시 대통령은 이제 켄 레이에 대해서는 일절 언급을 피하고 있으며, 엔론에 관해 물어도 비판적인 태도를 보인다.

이 지점에서 공화당파 사람들은 움찔하는 듯한 움직임을 보인다. 그러나 바로 그 순간 웨스턴은 슬라이드를 하나 더 보여주어 그 속에서 문맥을 더 보강하여 모순을 없애주었다.

측근의 말에 따르면, 대통령은 켄 레이 회장에게서 모종의 배신감을 느끼고 있다. 나아가 엔론 사의 임직원들이 부정부패를 일삼았다는 사실에 정말로 큰 충격을 받았다고 전한다.

슬라이드의 내용에는 존 케리도 부시와 똑같이 모순에 빠졌다가 거기에서 나오는 과정이 들어 있었다. 다시 말해 웨스턴은 두 후보가 위선자처럼 보이는 상황을 가지고 각파의 당원들에게 잠시 위기감을 준 것이었다. 한편 각파(各派)의 사람들은 상대편 후보의 위선이 들통 나는 것 같을 때는 전혀 위협을 느끼지 않는(어쩌면 일말의 기쁨까지 느끼는) 모습을 보일 것이었다.

그런데 웨스턴의 이 실험에서 정작 대결을 펼친 것은 보수와 진보가 아니라 마음에 대한 두 모델이었다. 즉, 피험자들의 머릿속에서 작동한 것은 제퍼슨의 쌍방향 모델이었을까, 아니면 흄의 모델이었을까? 제퍼슨의 쌍방향 모델에서 머리(즉, 뇌의 이성적 추론 부분)는 두 후보의 모순된 행동에 대한 정보를 똑같이 처리하지만, 나중에 가슴(감정 영역)에서 좀 더 강력한 반응이 나와 그것을 무효화시킨다. 한편 흄의 모델에서 무대를 주로 장악하는 쪽은 감정적·직관적 인지 과정이고, 이성적 추론 능력은 원하는 결론을 정당화해야 할 때만 이따금 시중을 들기 위해 불려 나온다.

연구 결과 드러난 자료는 흄의 입장을 강력하게 지지하고 있었다. 피험자들은 위협적인 정보(자신이 지지하는 후보의 위선적인 행동)를 접하자 감정과 관련된 뇌 영역(즉, 처벌에 대한 부정적 감정 및 반응과 관련된 영역)이 곧바로 활성화되었다.[41] 즉, 마음의 수갑("내가 이것을 믿어야만 하나?")이 옥죄어온 것이다.

이 영역들은 이성적 추론에도 일익을 한다고 알려져 있지만, 중요한 것은 배측 전전두엽(dorso-lateral prefrontal cortex : dlPFC)의 활동이 전혀 증가하지 않았다는 것이다. 냉철한 이성적 추론은 주로 이 배측 전전두엽이라는 곳에서 이루어지는데 말이다.[42] 그러나 열성 당원들이 어떤 식의 사고를 하든, 이 배측 전전두엽이 맡고 있다고 알려진 객관적 저울질과 계산 활동은 일어나지 않았다.[43]

한편 웨스턴이 피험자들을 위협에서 해방시키자, 뇌의 배쪽 선조(ventral striatum)가 웅 하고 돌아가기 시작했다. 이 배쪽 선조는 뇌의 보상 중추에서도 큰 역할을 담당하는 곳이다. 모든 동물의 뇌는 그 동물이 생존에 뭔가 중요한 일을 하면 순간순간 기쁨을 일으키도록 설계되어 있는데, 이 기분 좋은 느낌을 만들어내는 것이 바로 배쪽 선조의 신경전달물질인 도파민이다. 헤로인이나 코카인 등의 물질에 우리가 중독되는 까닭도, 이 물질들이 도파민 반응을 인위적으로 일으키기 때문이다. 이를테면 생쥐를 가져다 놓고, 버튼을 누르면 뇌의 보상 중추에 전기 자극이 가도록 장치를 만들어놓았다고 해보자. 그러면 생쥐들은 배고픔에 지쳐 쓰러질 때까지 계속 버튼을 눌러댈 것이다."

웨스턴이 밝혀낸 바에 따르면, 열성 당원들도 마음의 수갑에서 풀려나는 순간(즉, 마지막 슬라이드를 보고 자신의 지지 후보에 대해 신뢰를 회복하는 순간)에 뇌에서 바로 이 도파민 반응이 약간 일어나는 모습이었다. 이것이 정말 사실이라고 하면, 극단적 열성 당원들이 왜 그토록 완고하고 폐쇄적인지, 나아가 우리 눈에는 괴상망측하고 편집증으로까지 비치는 믿음에 왜 그토록 목숨을 거는지 이해할 수 있을 것이다. 버튼 누르기를 멈추지 못하는 생쥐처럼, 열성 당원들은 그저 이상한 것들에 대한 믿음을 멈출 수 없는 것이다. 그들은 믿고 싶지 않은 것에서 벗어나는 왜곡된 정신작용을 일으켜왔고, 그것이 여러 번 반복되다 보니 뇌는 외부 반응에 강화된 상태이다. 극단적 당파심은 말 그대로 중독증일 수 있다.

합리주의자의 망상

《웹스터 사전(Webster's Third New International Dictionary)》에서 '망상'이라는 단어를 찾아보면 다음과 같이 정의가 나와 있다. "사실상 존재하지 않으나 그것이 있다는 잘못된 생각과 끈질긴 믿음으로, 이는 이성으로도 제어되지 않는다."⁴⁵ 그런데 직관주의자인 나의 입장에서는, 이성에 대한 신봉이야말로 서양 역사에서 가장 줄기차게 살아남은 망상이 아닐까 한다. 즉, 합리주의자의 망상 말이다. 합리주의자의 망상이란 이성적인 추론 능력을 인간의 가장 고귀한 속성으로 보는 생각을 말한다. 그에 따르면 우리는 이성적 추론을 통해 신과 같은 존재가 될 수 있으며(플라톤의 관점), 아니면 신이 존재한다는 '망상'에서 벗어날 수 있다(신무신론파의 관점).[46] 그런데 합리주의자의 망상은 단순히 인간의 본성에 관해서만 주장하고 있지 않다. 거기에는 이성적 능력을 갖춘 계급(철학자 혹은 과학자)이 더 많은 권력을 지녀야 한다는 주장도 담겨 있는 것이다. 그리고 이러한 주장에는 보통 좀 더 합리적인 아이들을 길러내자는 유토피아적 구상이 함께한다.[47]

플라톤에서 칸트, 그리고 콜버그에 이르기까지 수많은 합리주의자들은, 사람들이 선한 행동을 할 수 있으려면 먼저 **그 원인으로서** 이성적으로 훌륭한 추론 능력이 있어야 한다고 주장해왔다. 이성적 추론 능력은 도덕적 진실에 이르는 왕도이며, 이성적 추론을 훌륭히 할 줄 아는 사람이 도덕적으로 행동할 확률도 높다고 합리주의자들은 믿는다.

만일 이 주장이 사실이라면, 다른 누구보다 덕 있는 사람들은 아마 도덕철학자들이어야 할 것이다(하루 종일 자리에 앉아 윤리적 원칙을 이성으로 따져보는 사람들이니까). 과연 그러할까? 이를 확인해보기 위해 철학자 에릭 슈비츠게벨(Eric Schwitzgebel)이 나섰다. 그는 설문 조사는 물론 여러 가지 염탐 방법을 동원해, 도덕철학자들이 얼마나 자주 자선을 베풀고, 투표에 참가하고, 어머니에게 전화하고, 헌혈하고, 장기 기증을 하고, 콘퍼런스를 마친 후 자기 손으로 뒷정리를 하고, 학생들이 보낸 이메일에 얼마나 많이 답장해주는지 조사해보았다.[48] 조사 결과, 도덕철학자들이 다른 분야의 철학자나 교수에 비해 나았던 항목은 단 하나도 없었다.

심지어 슈비츠게벨이 도서관 수십 곳을 돌며 유실 도서 목록을 그러모아 봤더니, (대개 윤리학자들이 대출했을) 윤리학 관련 학술서가 타 분야 철학서에 비해 도난당하거나 영영 반납되지 않는 확률이 높았다.[49] 다시 말해, 도덕적 추론에 전문 지식이 있다고 해서 도덕적 품행이 더 올발라지지는 않는 것으로 보이며, 오히려 품행이 나빠질 가능성이 있다(도덕적 추론 능력이 발달하면 사후 정당화를 하는 기수의 능력도 더 발달하기 때문인 듯하다). 슈비츠게벨은 도덕철학자들의 품행이 다른 철학자들에 비해 나은 부문을 단 하나라도 찾길 바라고 있지만 아직도 성공하지 못하고 있다.

누가 되었든 진리를 소중히 여기는 사람이라면 이성을 신봉하는 일은 이제 그만두어야 할 것이다. 증거는 칼같이 냉엄한 눈으로 대하고 이성적 추론 능력으로는 그 실상을 파악하려는 태도가 우리 모두에게는 필요하다. (사회심리학 분야에는) 동기에 의한 이성적 추론을 연구한 문헌이 산더미처럼 쌓여 있고 (인지심리학 분야에는) 추론 과정의 편견과 오류에 관한 연구가 산더미처럼 쌓여 있는데, 최근 프랑스의 인지과학자 위고 메르시에(Hugo Mercier)와 당 스페르베(Dan Sperber)가 이 연구들을 가져다 검토해보았다. 이들의 결론에 따르면, 우리는 이성적 추론 능력을 다른 식으로 바라봐야 할 필요가 있다. 즉, 그것을 진리를 찾는 수단이 아닌 남들과의 논쟁에서 주장하고 설득하고 조작하는 수단으로 봐야만 터무니없고 우울하기까지 한 그 연구 내용이 비로소 충분히 이해된다는 것이다. 그들의 표현을 빌리자면 이렇다. "논쟁 기술을 갈고닦는 사람들은……진실을 찾는 것이라기보다는 자신의 견해를 뒷받침할 논거를 찾고 있는 것이다."[50] 우리 안에 확증 편향이 그토록 강하고 뿌리 깊은 이유도 바로 여기에서 찾을 수 있다. 그러니 학생들에게 다른 면을 보라고 가르치는 것이, 또 자기 의견과 반대되는 증거를 살피라고 가르치는 것이 얼마나 어려운 일이겠는가? 아니, 그것은 사실상 몹시 어려운 일이라 그 방법을 찾아낸 이는 여태껏 아무도 없을 정도이다.[51] 그것이 어려운 이유는, 확증 편향은 버그처럼 (플라톤이 지향한 이상적인 마음에서) 간단히 제거되는 게 아니라 (논쟁에 나서기 좋아하는 우리 마음에) 본래부터 자리 잡고 있는 특성이기 때문이다.

그렇다고 이성적 추론은 접어두고 직감만 따라야 한다는 이야기는 아니다. 소비자 선택이나 대인 관계 판단에서는 때로 직감이 더 나은 안내자이기는 해도,[52] 공공 정책·과학·법에서는 직감을 기초로 삼았다간 낭패를 보는 경우가 많다.[53] 그보다 이 대목에서 내가 내거는 핵심은, **개개인이 가진** 이성적 추론 능력을 과대평가하지 말아야 한다는 것이다. 개개인이 가진 능력을 우리는 제한적인 것으로 볼 필요가 있다. 이를테면 뉴런처럼 말이다. 뉴런은 오직 한 가지 일(즉, 수상돌기로 들어오는 자극을 재빨리 파악해 축색돌기에 펄스를 보낼지 '결정하는 일')에만 뛰어난 능력을 보인다. 따라서 뉴런은 그 자체로는 그다지 똑똑하다고 할 수 없다. 하지만 뉴런을 모아 적재적소에 배치하면 다름 아닌 뇌가 만들어진다. 이렇게 뉴런이 모이면 그것이 하나만 있을 때와는 차원이 전혀 다른, 훨씬 똑똑하고 융통성 있고 창발적인 (emergent : 하위 계층에는 없는 특성이나 행동이 상위 계층에서 자발적으로 돌연히 출현하는 현상—옮긴이) 체계가 생겨난다.

이와 같은 맥락에서 보면 이성적 추론 능력을 가진 개인도 한 가지에서만큼은 뛰어난 능력을 보인다고 할 수 있다. 자신이 어떤 입장(보통 직관적인 이유로 갖게 되는 입장)을 갖게 되면 그것을 뒷받침할 증거를 잘도 찾아낸다는 것이다. 개개인이 이성적 추론을 하는 과정에서 선하고 개방적이고 무엇보다 진실을 중시할 거라고 기대한다면 오산이다. 개인적 이해나 평판의 문제가 얽힌 경우에는 특히 더 그렇다. 그러나 그런 개인을 모아 저마다 제자리를 찾아줄 수 있다면, 즉 일부가 추론 능력을 활용해 다른 사람의 주장을 꺾는다 해도 개개인 모두가 공동의 연대 혹은 공동의 운명을 느껴 서로가 적정선을 지키며 상호작용을 해나갈 수 있다면, 결국에 그 집단에서는 훌륭한 추론 능력이 사회 체계의 창발성으로 기능할 수 있을 것이다. 진실 찾기를 목표로 하거나(첩보 기관이나 과학계) 훌륭한 공공 정책을 입안해야 하는(입법부나 자문위원회) 집단 혹은 기관에서 지식과 이데올로기의 다양성을 중요시하는 것도 바로 이 때문이다.

나아가 우리의 목표가 단순히 훌륭한 사고가 아니라 훌륭한 행동이라면, 우리는 더더욱 합리주의를 손에서 놓고 직관주의를 끌어안아야 할 필요성이 있다. 앞으로도 윤리 수업은 학생들이 교실 밖에서 윤리적으로 행동하게 만드는 일에는 신경 쓰지 않을 것이다. 학교의 수업 자체가 기수를 대상으로 하는 데다 기수는 새로 배운 지식을 어떻게 써야 코끼리의 시중을 더 잘 들어줄 수 있을까만 생각하기 때문이다. 사람들의 행동을 더 윤리적으로 만들고 싶을 때 우리가 택할 수 있는 길은 두 가지이다. 첫 번째 방법은 코끼리를 변화시키는 것으로, 이는 시간도 오래 걸릴 뿐 아니라 이루기도 쉽지 않다.

두 번째 방법은 칩 히스(Chip Heath)와 댄 히스(Dan Heath)가 쓴《스위치(Switch)》에서 아이디어를 빌려오는 것으로,[54] 코끼리와 기수가 어느덧 발을 들인 그 길, 즉 주변 환경에 변화를 주는 것이다. 큰 비용 들이지 않고 주변 환경에 소소한 변화만 줄 수 있어도 사람들의 윤리적 행동은 크게 나아진다.[55] 나아가 어떤 기관을 설계 중이라면 글라우콘을 컨설턴트 삼아 이렇게 물을 수도 있을 것이다. 사람들이 자신의 평판을 늘 걱정하는, 그런 현실적 인간들이 있는 곳에서는 기관이 어떤 식으로 구성되어야 사람들이 더 윤리적으로 행동할 수 있을까.

4장 요약

도덕 심리학의 첫 번째 원칙은 **"직관이 먼저이고, 전략적 추론은 그다음이다"**라는 것이다. 4장에서 나는 도덕적 추론의 전략적 기능이 어떤 식으로 실행되는지 보여주기 위해 다섯 개 분야의 연구를 개괄해 보았다. 이 연구들에 따르면, 도덕적 사고는 진실을 찾는 과학자보다는 표를 잡으려는 정치인과 비슷하다.

- 우리는 남들이 우리를 어떻게 생각하는지에 대해 강박적일 정도로 염려한다. 물론 이런 염려는 상당 부분 무의식적으로 일어나기에 우리는 이를 미처 눈치채지 못한다.
- 의식적 추론은 마치 대통령의 입장을 정당화하는 공보관처럼 우리의 모든 입장을 자동적으로 정당화하는 역할을 한다.

- 우리 안에 있는 공보관의 도움을 받아 종종 우리는 거짓말을 하고 남을 속이기도 한다. 그리고 나서는 자기 잘못을 너무도 잘 덮어 가리기 때문에 심지어 우리 자신조차도 스스로가 잘못이 없다고 믿는다.
- 이성적 추론 능력은 우리가 원하는 결론이 있으면 갖은 수를 써서 그것에 도달하게 해준다. 우리는 무엇을 믿고 싶을 때는 "내가 이것을 믿어도 될까?"라고 묻고, 무엇을 믿고 싶지 않을 때는 "내가 이것을 믿어야만 하나?"라고 묻는다.
- 도덕이나 정치 문제와 관련해 우리는 개인보다 집단을 염두에 두고 판단을 내릴 때가 많다. 우리가 팀을 지지하고 팀에 헌신하고 있음을 드러내기 위해 우리는 이성적 추론 능력을 활용한다.

마지막으로 결론부에서 나는 (때때로 철학계와 과학계에서 나타나는) 이성에 대한 신봉이 망상에 불과하다고 경고했다. 이성을 신봉하는 것은 있지도 않은 것을 믿는 것과 다름없다. 그보다 나는 도덕성과 도덕교육의 문제를 직관주의자의 틀에서 접근할 필요가 있음을 강조했다. 이러한 틀에서는 개개인의 능력을 좀 더 겸허한 시각에서 바라보게 된다. 나아가 직관주의자 관점에서는 어떻게 해야 사람들이 훌륭하게 사고하고 훌륭하게 행동할까 하는 문제도 사람들이 처한 맥락과 사회 체계의 틀에서 고민하는 경향이 있다.

이제까지 나는 합리적인 논거를 통해 우리의 도덕적 능력은 직관주의자의 관점을 이용할 때 가장 잘 설명된다는 점을 밝히려고 했다. 물론 그 과정에서 내가 모든 측면의 문제를 다 살펴봤다거나 도저히 반박할 수 없는 증거를 내놓았다고는 이야기하지 않겠다. 우리 안에 자리한 확증 편향의 힘은 스스로 제어가 안 될 정도로 강력한 만큼, 나와 견해가 다른 사람들은 분명 여러 가지 반대 논거를 내놓을 게 틀림없다. 그러나 과학계가 본분을 다해 작동만 해준다면, 그래서 허점투성이에 능력도 모자란 지성들이 합심하여 끝까지 고군분투해준다면, 결국 진실도 언젠가는 그 모습을 드러낼 것이다.

　이로써 이 책의 1부가 마무리되었다. 1부에서는 도덕심리학의 첫 번째 원칙, 즉 "**직관이 먼저이고, 전략적 추론은 그다음이다**"가 주 내용이었다. 이 원칙을 설명하기 위해 나는 마음을 기수(이성적 추론 능력)와 코끼리(직관)에 비유했고, 기수는 코끼리의 시중을 들어주는 기능을 한다고 이야기했다. 이성적 추론 능력 역시 중요하기는 하지만(가끔은 내가 제시하는 여러 이유가 다른 사람들에게 영향을 미치기도 한다는 점에서 특히), 도덕심리학에서 일어나는 행위는 대체로 직관에 바탕을 두고 있다. 2부에서는 그런 직관들이 어떤 것이며, 또 그런 직관들이 어디에서 생겨나는지를 훨씬 더 구체적으로 살펴보려고 한다. 나아가 도덕성이 어떤 지형을 하고 있는지 그 지도를 그려볼 것이고, 왜 진보주의자들보다는 보수적인 정치인들이 이 지도를 이용하기 좋은지 그 이유도 밝혀볼 것이다.

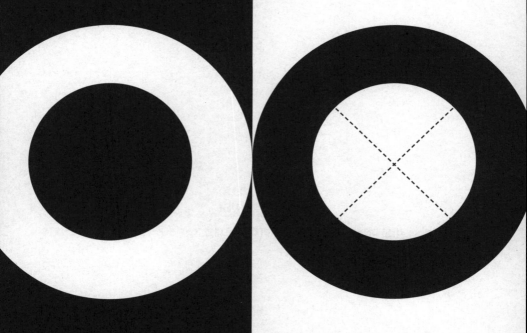

2부

제2원칙

바른 마음에는
다양한 힘이 있다

_ 도덕성은 단순히
피해와 공평성 차원에만
국한되지 않는다

제2원칙의 핵심 비유

바른 마음은 마치 여섯 가지 미각 수용체를 지닌 혀와 같다.

5장
편협한 도덕성을 넘어

어떻게 보면 나는 박사 학위를 맥도널드에서 취득했다고 해도 과언
이 아니다. 허구한 날 웨스트 필라델피아의 맥도널드 매장 바깥에
서 혼자 서성댄 시간을 생각하면 말이다. 당시 내 박사 논문에는 성
인 노동자 계층과의 인터뷰가 필요했는데, 나와 이야기를 나눠줄 사
람들을 거기서 구했다. 나의 요청에 응해주는 사람이 있으면 우리
는 실외에 마련된 좌석에 앉았고 내가 질문을 던졌다. 키우던 개를
먹은 가족이나 국기를 걸레로 쓴 여자 등의 이야기를 들려주고 그들
의 생각을 묻는 식이었다. 인터뷰를 진행하다 보면 사람들은 이따금
영문을 모르겠다는 표정을 짓기도 하고, 중간중간 너털웃음을 터뜨
리기도 했다(특히 남자와 생닭 이야기에서). 그것은 다 예상된 일이었다.
애초에 그 이야기들을 쓴 목적이 사람들에게 놀라움과 충격을 주는
것이었으니까.

그러나 내가 미처 예상하지 못한 것이 있었다. 이 노동자 계층 피험자들은 정당화 논거를 대달라고 하면 몹시 당황한 기색을 보인다는 것이다. 인터뷰를 진행하면서 나는 이야기 속에 잘못된 행동을 한 사람이 있다고 피험자들이 말할 때마다 이렇게 물어보았다. "그 행동이 왜 잘못인지 이유를 말해줄 수 있나요?" 그로부터 한 달 전 펜실베이니아 대학 캠퍼스에서 인터뷰할 때만 해도, 학생들은 이 질문에 술술 답을 내놓았다. 그런데 거기서 서쪽으로 불과 몇 블록밖에 떨어지지 않은 곳인데, 여기서는 똑같은 질문을 던지면 사람들이 한참을 아무 말도 않은 채 못 믿겠다는 듯 내 얼굴만 뚫어지게 바라볼 때가 많았다. 그 침묵과 눈초리는 꼭 이렇게 말하는 듯했다. **생닭을 가지고 그런 짓을 한 게 왜 잘못인지 당신은 모른다는 겁니까? 내가 그걸 당신에게 설명해줘야만 해요? 당신은 어느 별에서 온 사람입니까?**

이 피험자들이 나를 이상하게 여긴 건 당연한 일이었다. 그들 입장에서는 내가 정말 별난(weird) 사람이기 때문이다. 내가 사는 도덕적 세계, 즉 펜실베이니아 대학은 그들이 사는 세계와는 전혀 다른 낯선 곳이었다. 더구나 펜실베이니아 대학 학생들은 내 연구에 속한 열두 집단 가운데서도 가장 별난 그룹에 속했다. 펜실베이니아 대학 학생들이 유별나다는 건 철두철미하게 '피해의 원칙'을 지키려고 했기 때문인데, 이 원칙은 1859년 존 스튜어트 밀(John Stuart Mill)이 이렇게 표현한 바 있다. "교양 있는 공동체에서 그 구성원에게 정당하게 권력을 행사할 수 있는 경우는 오직 하나, 타인에 대한 피해를 사전에 예방하려는 목적이 있을 때뿐이다."[1] 펜실베이니아 대학의 한 학생이 이렇게 말한 것도 같은 맥락이다. "그건 어차피 그가 산 닭이고, 또 그가 먹을 거니까, 여기서 피해 입을 사람은 아무도 없죠."

주위에서 실제로 금기 이야기를 목격한다면 기분이 찜찜할 거라고 말한 것은 펜실베이니아 대학 학생들이나 다른 열한 개 집단 사람들이나 똑같았다. 그러나 구토감을 애써 무시하면서, 그런 행동이 비록 자신들 눈에는 언짢지만 도덕적으로는 용인될 수 있다고 말한 사람들은 **오직** 펜실베이니아 대학 학생들뿐이었다. 그뿐만 아니라 생닭 이야기를 용인한 피험자가 대부분이었던 집단도 펜실베이니아 대학 학생들뿐이었다. 펜실베이니아 대학의 한 학생은 인터뷰에서 이렇게 말했다. "도착적 행동이긴 하지만, 혼자서 남몰래 하는 행동이라면, 그것도 그의 권리니까요."

그러나 나를 비롯해 나와 같은 세계에 사는 펜실베이니아 대학 학생들은 또 한 가지 점에서 별난 집단에 속했다. 2010년 문화심리학자 조 헨리히(Joe Henrich), 스티브 하인(Steve Heine), 아라 노렌자얀(Ara Norenzayan) 이 세 사람은 〈세상에서 가장 별난 사람들?(The Weirdest People in the World?)〉이라는 제목으로 논문을 펴냈는데, 여기에는 이루 말할 수 없이 중요한 내용이 들어 있었다.[2] 이들의 지적에 따르면, 심리학의 거의 모든 연구는 인류 전체 중에서도 아주 소수의 하위 집단만을 대상으로 이루어지고 있었다. 즉, 서양적이고 고학력이고 산업화되고 부유하고 민주주의적인(Western, Educated, Industrialized, Rich, Democratic : 여기서 WEIRD라는 준말이 나왔다) 문화 속에서 사는 사람들이 대상이라는 이야기이다. 나아가 이들이 수십 가지 연구를 검토해본 결과, 이 WEIRD권(圈)에 속하는 사람들이 통계적으로는 열외에 지나지 않는다는 사실이 밝혀졌다. 우리가 인간 본성을 일반화하고 싶을 때 연구할 수 있는 대상은 많은데, 이 WEIRD 권 사람들은 그중에서도 가장 전형적이지 못하고 대표성도 가장 적다는 것이었다. 심지어 서양 내에서도 미국인은 유럽인보다 열외인 경향이 있으며, 미국 내에서도 교육받은 중산층(내 연구에 참여한 펜실베이니아 대학 학생들처럼)은 전체를 통틀어 가장 유별난 경우에 속한다.

WEIRD권 사람들에게서는 그들만의 고유한 특성이 여럿 발견되는데, 다음과 같은 간단한 일반화 속에서 포착해볼 수 있다. 즉, **WEIRD의 특성이 강한 사람일수록 이 세상이 관계보다는 별개의 사물로 가득 차 있다고 보는 경향이 있다.** 서양인의 자아 개념이 동아시아인에 비해 더 독립적이고 자율적이라는 것은 이미 오래전부터 알려진 사실이다.[3] 예를 들어, 사람들에게 "나는 ~이다(혹은 ~하다)"라는 형식으로 문장 20개를 작성하라고 하면, 미국인은 자신이 가진 내적인 심리 특성(행복하다. 외향적이다. 재즈에 관심이 있다)을 열거할 가능성이 더 높은 반면, 동아시아인들은 자신의 역할과 관계(아들이다, 남편이다, 후지쓰의 직원이다)를 열거할 가능성이 더 높다.

이러한 차이는 피상적 차원에만 그치지 않으니, 심지어 시각적 인식에까지 영향을 미친다. 심리학 과제 중 '도형 안에 선 긋기'라는 것이 있는데, 여기 들어가면 피험자들은 먼저 내부에 선이 하나 그어진 정사각형을 보게 된다. 그러고 나서 페이지를 넘기면 원래 정사각형보다 크거나 작은 정사각형이 있으나 안은 텅 비어 있다. 그 안에다 이전 페이지의 도형과 똑같은 식으로 선을 긋는 것이 피험자의 과제인데, 절대치를 맞추거나(즉, 새로운 도형의 크기는 무시하고 선의 길이를 똑같이 몇 센티미터로 맞춘다) 혹은 상대치를 맞추는 식이다(도형 크기에 따라 길이 비율을 맞춘다). 이 과제를 수행해보면 서양인들, 특히 미국인들은 절대치를 맞추는 데 뛰어난 능력을 보인다. 이들의 눈에는 선이 독립적 사물로 인식되고, 따라서 그것이 별개로 기억에 저장되기 때문이다. 반대로 동아시아인들은 상대치를 맞추는 과제에 미국인들보다 뛰어난 능력을 보인다. 동아시아인들은 자동적으로 부분 간의 관계를 먼저 인식하고 기억하기 때문이다.[4]

인식에 이런 식의 차이가 있기 때문에 사고방식에도 차이가 나타난다. 세상 사람들은 대부분 전체적 사고를 하는 데 반해(전체 맥락 및 부분 간의 관계를 보는 사고방식), WEIRD권 사람들은 좀 더 분석적으로 사고하는 경향이 있다(초점이 되는 대상을 해당 문맥에서 따로 떼어내 그것을 어떤 범주에 집어넣은 후, 그 범주에 적용되는 사실은 그 대상에도 똑같이 적용된다고 보는 사고방식).[5] 이상의 내용을 종합해보면, 칸트와 밀 이래로 WEIRD권 철학자들이 왜 대체로 개인주의적이고 원칙 지향적이고 보편주의적인 도덕 체계를 내놓았는지 이해할 수 있게 된다. 자율적 개인들이 모인 사회를 다스리려면 그런 도덕이 필요할 수밖에 없는 것이다.

그러나 전체적 사고방식을 지닌 비(非)WEIRD권 사상가들에게서는 이와는 전혀 다른 도덕 체계가 나오기 마련이니, 공자의 《논어》가 대표적이다. 갖가지 잠언과 일화가 모아져 있는 《논어》의 내용은 한 가지 원칙으로는 환원될 수가 없다.[6] 공자는 그 대신 갖가지 인간관계에 따르는 구체적 의무와 도리(부모에게는 어떻게 효도해야 하며 아랫사람은 어떻게 대해야 좋은지)를 주로 이야기한다.

이렇듯 WEIRD권과 비WEIRD권 사람들이 세상을 보는 방식이나 생각하는 방식이 서로 다르다면, 둘 사이에는 도덕적 관심사도 당연히 차이가 날 것이다. 이 세상이 개인들로 가득 차 있다고 보는 사람의 경우에는 (개개인과 그들의 권리를 보호해주는) 콜버그나 튜리얼 식의 도덕성을 원할 것이다. 그러면서 피해와 공평성의 원칙을 무엇보다 강조할 테고 말이다.

그러나 비WEIRD권 사회에 살면서 관계·맥락·집단·제도를 인식할 확률이 높은 사람의 경우에는 개인을 보호하는 일에만 그렇게 초점을 맞추지는 않을 것이다. 즉, 이때에는 좀 더 **사회중심적인** 도덕성을 가지게 되는데, 개인들의 요구보다 집단과 기관의 요구를 우선시하는 경우가 많아진다는 뜻이다. 그렇게 되면 도덕적 관심사가 피해와 공평성의 원칙만 바탕으로 해서는 충분하지 않을 것이다. 피해와 공평성 말고도 사람들이 염두에 두는 도덕적 관심사가 더 있을 것은 물론, 이런 사회는 사람들을 하나로 단결시킬 도덕적 덕목도 추가로 필요로 할 것이다.

그러한 관심사와 덕목들이 바로 2부에서 다뤄진다. 그리고 그와 관련한 도덕심리학의 두 번째 원칙이 나오는데, "**도덕성은 단순히 피해와 공평성 차원에만 국한되지 않는다**"라는 것이다. 나는 원칙이 **실제 적용되는 모습**을 보여줌으로써 여러분에게 이 원칙을 이해시키고자 한다. 즉, 세상 곳곳을 둘러보고 그곳에 도덕성이 어떤 식으로 존재하는지 그려내겠다는 이야기이다. 이러한 대안적 도덕성들이 **정말** 훌륭하고, 진실하고, 정당한가 하는 문제는 일단은 접어두기로 하자. 이 질문은 감정적 경향이 강하기 때문에, 직관주의자인 나로서는 그런 질문을 제기하는 것 자체가 우를 범하는 것처럼 보인다. 그것은 차후에, 그러니까 우리 안의 코끼리를 차분히 가라앉히고 그러한 도덕성들이 이루고자 하는 목표를 어느 정도 이해한 후에 물어야 옳다. 우리 안의 기수는 자기 마음에 안 드는 도덕성, 정치 당파, 종교에 대해서는 그 반대 논변을 얼마든지 손쉽게 만들어내니까 말이다.' 그러니 다른 도덕성들을 판단하기에 앞서, 도덕적 다양성이 무엇인지를 먼저 이해해보기로 하자.

윤리의 세 가지 모습

시카고 대학은《플레이보이》지에서 "파티 제일 못하는 학교"로 뽑힌 것을 자랑처럼 여기는 곳이다. 이곳은 겨울이 찾아오면 오랫동안 살벌한 추위가 이어지는 데다 술집보다 서점이 더 많고, 학생들이 입고 다니는 티셔츠에는 시카고 대학의 문장(紋章)과 함께 다음과 같은 글귀가 적혀 있다. "재미가 왔다 사망해버리는 곳." "지옥 불도 얼려버리리." 그 시카고 대학에 내가 도착한 것이 1992년 가을의 어느 날 저녁이었다. 나는 이삿짐 차에서 짐을 풀고는 숨이라도 돌릴 겸 맥주를 한잔하러 나갔다. 그렇게 해서 맥주를 마시고 있는 내 테이블 옆에서는 논쟁이 한참 뜨거웠다. 급기야 덥수룩하게 턱수염을 기른 남자가 테이블을 주먹으로 꽝 내리치며 소리를 질렀다. "제기랄, 난 지금 마르크스 얘기를 하는 거라고!"

리처드 슈웨더가 몸담고 있던 문화는 그런 식이었다. 당시 나는 펜실베이니아 대학에서 박사 학위 과정을 마치고, 2년 동안 슈웨더와 공동 연구를 할 수 있도록 연구비를 지원받은 터였다. 당시 슈웨더는 문화심리학 분야의 선구적 사상가로 꼽혔다. 문화심리학은 그 무렵 새롭게 탄생한 분과로, 맥락과 변동성을 사랑하는 인류학자의 태도에 정신 작동 과정을 흥미로워하는 심리학자의 관심을 접목시킨 것이었다.[8] 이러한 문화심리학에서는 "문화와 정신은 서로가 서로를 구성한다"라는 사실을 금과옥조로 여긴다.[9] 다시 말해 심리학자들은 보통 문화를 무시하지만, 그래서는 마음을 연구할 수 없다. 특정 문화에 의해 내용이 꽉 채워져야만 정신이 온전히 기능하기 때문이다. 마찬가지로 인류학자들이 으레 그러듯 심리학을 무시해서도 문화를 연구할 수 없다. (성인식, 주술, 종교 등의) 갖가지 사회적 관습과 제도는 어느 정도 인간의 생각과 욕구에 의해 형성되고, 그 생각과 욕구 역시 인간의 마음 깊은 곳에 뿌리내리고 있기 때문이다. 대륙 자체가 다른 곳에서 유사한 형태의 사회적 관습과 제도가 생겨나는 까닭도 바로 여기에 있다.

그러나 그중에서도 특히 나의 관심을 사로잡았던 것은 슈웨더가 오리사에서 연구한 내용을 토대로 하여 발전시킨 새로운 도덕성 이론이었다(그 내용은 1장에서 설명한 바 있다). 슈웨더는 그 연구를 발표하고 나서 동료들과 함께 그동안 모은 600여 개의 인터뷰 기록을 계속 분석했다. 그 결과 도덕의 주제가 크게 세 가지 군(群)으로 나뉜다는 것을 알아낸 그들은 거기에 각각 자율성의 윤리, 공동체의 윤리, 신성함의 윤리라는 이름을 붙였다.[10] 각 윤리는 개개인이 무엇을 진정 중요한 것으로 여기느냐에 따라 내용이 달라진다.

자율성의 윤리에서는 사람들이 저마다의 욕구·필요·애호를 지닌 자율적 개인이라는 점을 밑바탕에 깔고 있다. 그리고 그런 욕구·필요·애호를 자신이 적절하다고 여기는 방식에 따라 자유롭게 충족시킬 수 있어야 한다고 여긴다. 따라서 이런 사람들이 모인 사회에서는 인권·자유·정의 같은 도덕 개념이 발달하는데, 그래야 사람들이 서로의 계획에 큰 타격을 주지 않고 평화롭게 공존할 수 있기 때문이다. 개인주의적 사회에서 지배적으로 나타나는 윤리가 바로 이 자율성의 윤리이다. 자율성의 윤리는 존 스튜어트 밀이나 피터 싱어(Peter Singer) 같은 공리주의자들의 글에서 찾아볼 수 있는 것은 물론(이들은 인간의 복리를 증진시킬 수 있을 때에만 정의나 인권의 가치를 인정한다),[11] 칸트나 콜버그 같은 의무론자들의 글에서도 찾아볼 수 있다(이들은 전체의 복리가 손상되는 한이 있더라도 정의와 인권이 지켜져야 한다고 말한다).

그러나 서양의 일상적인 사회를 걸어 나와 보면, 사람들이 쓰는 도덕적 언어에는 두 가지가 더 있음을 알게 된다. 그중 하나가 **공동체**의 윤리인데 여기에 바탕이 되는 생각은, 사람이란 가족·팀·군대·회사·부족·나라 등 자신보다 더 큰 실체의 구성원이라는 점이다. 자신보다 큰 이 실체들은 그것을 구성하는 개개인의 총합을 넘어선다. 이것이야말로 진정 존재하는 것이자 진정 가치 있는 것이기 때문에, 사람들은 이것들을 반드시 지켜내야만 한다. 그리고 이 실체 내에서 사람들은 저마다 자신에게 할당된 역할을 수행해내야 할 의무가 있다. 이 세상에 의무·위계질서·공경·명성·애국심 등의 도덕적 개념이 발달한 사회가 많은 것은 이런 맥락에서이다. 그런 사회에서는 서양에서처럼 자기 삶을 스스로 설계해야 한다거나 자기만의 목적을 추구해야 한다고 고집하면 이기적이고 위험한 사람으로 비친다.

이러한 개인주의는 분명 탄탄히 짜인 사회 망을 느슨하게 만들어 모든 사람이 의지하고 있는 사회제도와 공동의 실체를 허물어뜨리고 말 것이기 때문이다.

마지막으로 **신성함**의 윤리에 바탕이 되는 생각은, 사람이란 한순간 머물다 가는 존재로, 몸은 그릇이요 그 안에는 신성한 영혼이 들어 있다는 것이다.[12] 여기서는 인간을 단순히 의식을 좀 더 갖춘 동물로만 여기지 않는다. 인간은 신의 아들이며, 따라서 그에 맞는 행동을 보여주어야 한다. 몸은 놀이터가 아니라 신전인 것이다. 따라서 어떤 남자가 생닭을 가져다 성행위를 할 경우, 설령 그 일이 어떤 피해도 끼치지 않고 그 누구의 인권도 침해하지 않는다고 해도 그런 행동을 해서는 안 된다. 그것은 자신의 질을 떨어뜨리는 일이자 창조주를 욕되게 하는 일이며, 우주의 신성한 질서를 거스르는 일이기 때문이다. 이 세상에 거룩함과 죄악, 순결과 오염, 고결과 타락 등의 도덕적 개념을 발달시키는 사회가 많은 것도 이런 맥락에서이다. 그런 사회에서는 통속적인 서구 사회에서처럼 개인의 자유를 중시하는 것이 방탕이자 향락, 나아가 인간의 저급한 본능에 대한 칭송과 다름없다.[13]

슈웨더의 이 세 가지 윤리를 내가 책에서 처음 접한 것은 1991년의 일이었다. 그때 나는 브라질에서의 자료 수집을 다 마쳐놓고 아직 논문은 쓰지 않은 상태였다. 슈웨더의 책을 읽고 나자, 내가 지어낸 이야기 중 가장 **효과가 좋았던 것**(희생자가 없는데도 피험자들에게서 감정적 반응을 일으킨 것)이 다음의 둘 중 하나에 속한다는 사실을 깨달을 수 있었다. 그 이야기들은 공동체의 윤리를 어겨 모멸감을 일으키는 이야기(예를 들어, 국기를 걸레로 사용하는 이야기)가 아니면, 신성함의 윤리를 어겨 구토감과 상스러운 느낌을 주는 이야기(예를 들어, 닭을 가지고 성행위를 하는 이야기)였던 것이다.

더불어 나는 슈웨더의 이론을 가져다 (내가 "이유를 말해줄 수 있어요?"라고 물었을 때) 사람들이 내놨던 정당화 근거들을 분석해보았다. 이론은 기막히게 들어맞았다. 펜실베이니아 대학 학생들은 거의 자율성의 윤리만을 도덕성의 언어로 삼아 이야기한 반면, 다른 집단(특히 노동자 계층 집단) 사람들은 공동체의 윤리를 그보다 훨씬 더 많이 사용하고 있었고, 신성함의 윤리도 좀 더 이용하고 있었다.[14]

시카고에 도착하고 얼마 지나지 않아 나는 인도에서 3개월을 지낼 수 있도록 풀브라이트 장학회에 지원했다. 인도에서라면 신성함의 윤리를 좀 더 가까이 살펴볼 수 있을 것이라는 기대가 있었기 때문이다(당시 내 연구 논문에는 신성함의 윤리 자료가 턱없이 부족했다). 부바네스와르(오리사의 주도)에는 슈웨더의 친구와 동료 등 내가 의지할 수 있는 인맥이 사방에 퍼져 있었고, 덕분에 나는 상세한 연구 계획서를 어렵지 않게 작성해 연구비를 지원받을 수 있었다. 그 후 1년은 시카고에서 지내며 문화심리학 관련 책도 읽고 슈웨더와 그의 제자들에게서 여러 가르침도 얻었다. 그러고서 1993년 9월 나는 드디어 인도로 날아갔다.

인도에서 발견한 새로운 도덕

인도에서는 나를 그 어디보다 깍듯이 모시고 후하게 대접해주었다. 우선 나만을 위한 근사한 아파트가 마련되었고, 요리사 겸 하인이 24시간 상주하며 살림을 돌보아주었다.[15] 더구나 하루에 5달러만 내면 기사 딸린 차를 이용할 수 있었다. 슈웨더와 오랜 친구로, 오리사의 지방대학에서 일하던 비란치 푸한(Biranchi Puhan) 교수도 나를 환대해주었다. 그는 연구실을 마련해준 것은 물론 심리학 분과의 다른 사람들에게도 나를 소개해주었고, 덕분에 열의 있는 학생들을 모아 연구 팀을 구성할 수 있었다. 그렇게 해서 나는 일주일도 채 안 되어 연구를 시작할 채비를 마쳤다. 이제는 예정대로 도덕적 판단, 특히 신성함의 윤리를 위배하는 경우를 가지고 일련의 실험만 진행하면 될 터였다. 그러나 정작 이 실험들이 내게 가르쳐준 것은 별것 아닌 셈이었다. 인도의 작은 도시였지만 그곳에 형성되어 있는 복잡한 사회적 망 속에서 나는 늘 발을 헛디디곤 했다. 그럴 때면 내 후원인들 및 지도교수들과 그 혼란에 대해 이야기를 나누었는데, 거기서 얻은 가르침이 연구실에서 얻은 결과보다 훨씬 값졌다.

　인도가 나를 혼란스럽게 만든 이유 중 하나는, 인도로 들어오면서 내가 서로 엇갈리는 두 가지 정체성을 지니고 있었기 때문이었다. 한편에서 보면 나는 스물아홉 살에 진보주의를 표방하는 무신론자로, 옳고 그른 일은 무 자르듯 명확히 구분하는 편이었다. 그러나 또 한편에서 보면 나는 학창 시절 그토록 많이 읽고 공부한 책 속의 인물들, 그러니까 앨런 피스크나 리처드 슈웨더 같은 개방적 인류학자들을 동경했고 그들처럼 되고 싶었다. 그러다 보니 부바네스와르에 머문 처음 몇 주 동안은 그저 갖가지 충격과 불협화음만 느껴질 뿐이었다. 거기서는 남자들과 식사라도 하게 되면, 아내들은 조용히 시중만 들어주고 다시 부엌으로 돌아갔다. 그날 저녁 내내 나와는 말한마디 나누지 않는 것이다. 더구나 사람들은 내가 아랫사람들을 잘못 대하고 있다고 지적했다. 하인들에게는 더 엄격하게 굴어야 하고, 그들이 시중을 들어줄 때도 감사 표시를 하지 말라는 것이었다. 그뿐인가, 사람들은 맨눈에도 더러워 보이는 물을 신성한 물이라며 그물로 목욕도 하고 요리도 했다. 한마디로 내가 발을 담근 사회는 성별 분리주의를 지향하고 위계질서의 층이 엄격한 데다 사람들이 종교에 헌신하는 곳이었다. 그리고 그런 곳을 나는 어떻게든 사회 자체의 틀로만 이해하려고 애쓰고 있었다. 스스로가 거기에 동화되지는 못한 채 말이다.

그러나 불협화음이 말끔히 사라지는 데는 단 몇 주밖에 걸리지 않았다. 그렇게 된 데는 내가 인류학자로서 타고난 자질이 있어서였다기보다 인간이면 누구나 가진 공감 능력이 발동했기 때문이었다. 나는 인도에서 나를 후원해주고 도와주고 가르쳐주는 그 사람들이 **좋았다**. 그곳에서는 어디를 가도 사람들이 나를 호의로 대해주었다. 그렇게 누구에게 고마운 마음을 느끼다 보면, 그들의 관점을 취하기가 한결 쉬워지는 법이다. 내 안의 코끼리가 그들에게로 몸을 틀자, 이제는 기수가 그들을 변호할 양으로 갖가지 도덕적 논변을 찾아내기 시작했다. 남자들을 성차별주의자에 압제자로 보던 생각이나 여자·아이·하인을 무력한 희생양으로만 보던 생각은 자연스레 사라졌다.

그보다 이곳의 도덕적 세계에서는 개인보다 가족이 사회의 기본단위가 된다는 사실이 눈에 들어오기 시작했다. 더불어 이곳 사람들은 한 무리의 큰 가족(하인도 포함하여)에 속한 채 서로가 서로에게 무척이나 많은 부분을 의지하고 있었다. 이런 세상에서는 평등이나 개인의 자율성 같은 것은 떠받들어야 할 가치가 못 되었다. 그보다는 노인·신·손님을 깍듯이 모시고, 아랫사람을 보호해주며, 자기 역할에 주어진 임무를 완수하는 것이 더 중요했다.

공동체의 윤리가 무엇인지는 슈웨더의 책을 통해 머리로는 다 이해하고 있던 터였다. 그러나 난생처음 그것을 몸으로 실감한 것이 인도에서였다. 사회 구성원의 의무를 강조하고, 노인을 공경하고, 집단에 봉사하며, 자신의 욕구를 부정하는 도덕적 규약도 얼마든지 아름다울 수 있음을 나는 알게 되었다. 물론 볼썽사나운 부분도 없지는 않았다. 더러 권력자라고 해서 거드름을 피우거나 자기 힘을 남용하는 사례가 있었기 때문이다. 더군다나 아랫사람(특히 여자)은 하고 싶은 일이 있어도 윗사람 마음이 죽 끓듯 바뀌면 여지없이 저지당하는 경우가 많았다. 그러나 이곳에 와서야 나는 처음으로 고향의 도덕성에서 발을 빼볼 수 있었다. 그 발을 인도에 디디고 공동체의 윤리라는 관점에서 자율성의 윤리를 바라보니, 이제 자율성의 윤리에는 개인주의가 너무 지나치고 자기에게만 초점을 맞춘다는 생각이 들었다. 그렇게 인도에 머물렀던 세 달 동안 나는 미국인을 만날 일이 거의 없었다. 그러다 시카고로 돌아가는 비행기에 올랐을 때 누군가 커다란 목소리로 이렇게 말하는 소리가 들렸다. 말하는 투를 보니 영락없는 미국인이었다. "이봐요, 당신이 저 사람한테 말 좀 해

바른 마음

줘요. 이 짐칸은 **내** 자리 쪽에 있으니까, 이걸 쓸 **권리**는 나한테 있다고." 순간 내가 다 민망했다.

이런 일이 일어나기는 신성함의 윤리에서도 마찬가지였다. 몸을 놀이터가 아닌 신전처럼 다뤄야 한다는 게 무슨 뜻인지 나는 머리로는 이해하고 있었다. 하지만 그것은 분석적 차원의 개념일 뿐 나와는 전혀 다른 사람들에게나 적용되는 말이었다. 나 자신은 개인적으로 쾌락을 상당히 좋아하는 편이었기 때문에, 쾌락이 많은 쪽을 택하면 택했지 적은 쪽을 택할 하등의 이유가 없었다. 더구나 효율성의 원칙도 상당히 열심히 지키는 나였으니, 매일 한두 시간씩 기도를 드리고 예배를 하는 것도 이해하지 못했다. 그러던 내가 부바네스와르에 가서는 힌두교 사제, 승려, 평신도 들을 데려다 놓고 순결과 오염의 개념에 대해 인터뷰를 했던 것이다. 더불어 힌두교도들이 왜 그토록 목욕, 음식 선택, 물건이나 사람과의 접촉 여부를 중시하는지도 이해하고자 노력했다. 힌두교의 신들이 신도의 몸 상태에 그렇게 신경 쓰는 것은 도대체 무슨 까닭에서일까?(사실 이는 힌두교 신들에게만 해당되는 이야기는 아니다. 《코란》과 히브리어 《성경》에도 비슷한 관심사가 나타나 있는 것을 알 수 있으며, 수많은 기독교도 역시 신성함 곁에는 늘 청결이 함께한다고 믿는다)[16]

마침 나는 대학원생 시절 도덕적 구토감을 가지고 약간의 연구를 진행해본 적이 있어, 이 질문들을 생각해볼 준비는 이미 다 마친 셈이었다. 당시 나와 한 팀을 이루었던 친구들은 폴 로진(Paul Rozin : 지금은 음식 및 음식 섭취에 관한 심리의 선구적 대가로 꼽힌다)과 클라크 매콜리(Clark McCauley : 지금은 사회심리학자로 브린 모어 대학 근방에서 지낸다)였다. 우리가 궁금했던 것은, 똑같이 도덕성을 위반하는 행동인데도 왜 어떤 것은 구토감을 불러일으키고(가까운 사람에 대한 배신이나 아동 학대) 다른 것은 구토감을 불러일으키지 않는가(은행 강도나 세금 탈루) 하는 것이었다.[17]

그때 우리 셋이 세웠던 이론을 간략히 정리하면 다음과 같다. 우리가 살아가는 사회 공간에는 일종의 수직적 계열이 존재하는데, 인간의 마음은 이것을 자동적으로 인식한다는 것이었다. 수직적 계열이란, 맨 꼭대기의 신부터(도덕적으로 완벽한 존재) 시작해 천사, 인간, 인간 이외의 동물, 괴물, 귀신으로 내려가 맨 밑바닥에는 악마(완전한 악)가 자리한 것을 말한다.[18] 물론 이 안에 어떤 종류의 초자연적 존재가 들어가는가는 문화마다 다르고, 모든 문화에 이런 수직적 계열이 나타나는 것도 아니다. 그러나 '높음=훌륭함=순수함=신', '낮음=열등함=더러움=동물'이라는 생각은 세계 곳곳에서 아주 널리 발견되는 게 사실이다. 오히려 너무도 널리 발견되어서 이런 생각이 일종의 원형(심리학자 융의 용어를 좋아한다면)이나 인간 안에 선천적으로 구비된 관념(진화심리학의 언어를 더 선호한다면)이 아닐까 생각될 정도이다.

우리 생각에 도덕적 구토감은 언제든 느껴질 수 있는 것이었다. 즉, 누군가 수직적 계열에서 낮은 단계의 행동을 했을 때 그 이야기를 보거나 듣는 것만으로도 말이다. 어떤 사람이 성인처럼 행동했다는 이야기를 들으면 자신도 덩달아 고결한 기분이 되듯이, 사람들은 낮은 단계의 행동을 생각하면 덩달아 아래로 떨어지는 듯한 느낌을 갖는다.[19] 은행을 턴 사람도 분명 나쁜 짓을 한 것이고, 따라서 응분의 처벌을 받아야 우리는 속이 시원하다고 여길 것이다. 그러나 자신을 낳아준 부모님을 저버리거나 아이들을 하인으로 만들어 성매매에 쓰는 사람이 있으면, 그는 사람의 탈을 쓴 괴물로 보인다. 인간의 기본 심성을 갖추지 못했다고 여겨지는 것이다. 그러한 행동을 접하면 우리는 순간 역한 기분을 느끼는데, 마치 쓰레기통에서 몰려나오는 생쥐 떼를 보기라도 한 것처럼 구토감의 생리학이 작동하는 것으로 여겨진다.[20]

이상이 우리가 세웠던 이론이었는데, 인도에서는 이 이론의 증거를 찾기가 쉬운 편이었다. 힌두교의 윤회 사상에 우리의 이론이 그 어디보다도 명확히 드러나 있었기 때문이다. 힌두교 사상에 따르면 우리 영혼은 끊임없이 윤회를 하는데, 현생에 덕행을 얼마나 쌓느냐로 내생에 더 고귀한 존재로 태어나느냐 아니면 더 열등한 존재로 태어나느냐가 결정된다고 했다. 그러나 내게 무척이나 놀라웠던 사실은 따로 있었다. 공동체의 윤리를 체득할 때 그랬던 것처럼, 인도에 다녀오고 몇 달 후부터 나는 이 신성함의 윤리를 묘한 방식으로 **몸소 느끼게 되었다**는 것이다.

내가 그런 느낌을 가진 데는 불결 및 청결과 관련된 부바네스와르의 물리적 환경도 어느 정도 관련이 있었다. 그곳에서는 소나 개가 시내 곳곳을 마음대로 돌아다니기 때문에, 그 배설물을 밟지 않으려면 발걸음을 옮길 때마다 신중을 기하지 않으면 안 되었다. 그뿐인가, 길을 걷다 보면 더러 사람들이 한쪽 구석에서 대변을 보기도 하고, 골목골목에는 쓰레기가 잔뜩 쌓여 파리 떼가 득실득실하다. 그러다 보니 갖가지 인도의 관습, 즉 개인 주택에 들어갈 때 반드시 신을 벗는다거나 더러운 곳과 깨끗한 곳을 엄격히 나누는 관습을 나 역시 당연한 것으로 받아들이게 되었다. 인도의 사원을 찾아가고부터는 영적 공간을 나누는 인도인의 방식에도 완전히 익숙해졌다. 우선 사원의 뜰은 시정의 거리보다 (더 정결한 곳이기에) 더 높은 곳에 위치한다. 사원의 전당(前堂)은 뜰보다 훨씬 높은 위치에 있고, 신이 모셔진 안쪽의 본당(本堂)은 오로지 브라만 계급 사제들만 출입할 수 있다. 이들 역시 본당에 들어가려면 몸의 정결과 관련된 모든 규칙을 다 지킨 상태여야 한다. 개인의 주택 공간에도 이와 비슷한 면이 있어서, 나 같은 경우 신에게 바칠 공양물을 만드는 곳에는 부엌이든 방이든 절대 들어가면 안 되었다. 심지어 정결한 곳을 나누는 이러한 방식은 우리의 몸에까지 그대로 적용된다. 즉, 먹을 때에는 (깨끗이 씻은) 오른손을 써야 하고, 대변을 본 뒤 (물로) 닦을 때는 왼손을 써야 한다. 그러니 당연히 '왼쪽=불결', '오른쪽=청결'이라는 직관적 감각이 발달하게 된다. 남한테 무엇을 건넬 때 왼손을 쓰는 것은 당연히 실례이다.

이런 새로운 느낌들은 단순히 무엇에서 불결한 기운이 뿜어져 나오는 것을 감지하는 수준만은 아니었다. 그런 수준이었다면 당시의 일들로 나는 강박증 정도만 이해하고 말았지, 도덕성을 이해하는 데까지 나아가진 못했을 테니까 말이다. 그러나 내가 느낀 것들은 분명 그런 차원을 넘어서고 있었다. 신성함의 윤리에 따르면 이 우주에는 엄연히 질서가 있고, 따라서 (사람은 물론) 물건도 그것이 지닌 가치에 따라 존중받거나 멸시당하게 되어 있다. 인도에서 석 달을 보내고 시카고로 돌아왔을 때, 나는 어떤 물건들에서 긍정적인 본질이 뿜어져 나온다는 느낌을 갖기 시작했다. 이를테면 특정 책들의 경우 내가 성의를 다해서 다뤄야 도리인 것처럼 여겨졌다. 그런 책들은 방 바닥에 내팽개쳐 두거나 화장실에 갖고 들어가면 안 되었다. 장례식과 매장에 대해서도(전에만 해도 쓸데없이 돈과 땅만 축내는 일이라고 여겼다) 좀 더 감정적인 면에서 이해하기 시작했다. 어느 순간부터인가 사람의 몸은 죽어도 여타의 동물 사체와는 다르게 한갓 물건으로 여겨지지 않았다. 몸을 다루는 방식에는 옳고 그른 것이 분명 있을 것이다. 설령 몸 안에 이미 아무 의식이 없어 몸을 막 대한들 몸은 이제 그것을 경험할 수 없다고 해도 말이다.

더불어 신성함의 윤리를 체득하고부터 나는 미국에서 일어난 문화전쟁 중 신성모독 여부를 둘러싼 갈등이 왜 그토록 많았는지도 비로소 이해하기 시작했다. 예를 들어 국기를 보자. 국기는 그저 천 쪼가리에 불과한 것이니 시위에 참가한 사람들이 일종의 항의 표시로 얼마든지 불태울 수 있는 것일까? 아니면 국기 한장 한장에는 물질적이지 않은 무엇이 들어 있기 때문에, 사람들이 그것을 불태우면 (설령 그 행동을 아무도 못 본다고 해도) 무언가 나쁜 짓을 하는 것일까? 또 여기 한 예술가가 있다. 그가 항아리를 자기 오줌으로 가득 채우고 십자가를 그 안에 담그거나, 혹은 코끼리 똥을 가져다 성모 마리아상에 덕지덕지 바른다면, 이런 것들은 그저 미술관에 전시되는 예술 작품에 불과할까?[21] 예술가는 이런 것들을 만들어놓고 독실한 기독교 신자들에게 "내 작품을 보기 싫으면 미술관에 오지 마라"라고 말하면 그만인 것일까? 아니면 이런 작품들이 존재하는 것만으로도 이 세상은 더 불결하고, 더 불경스럽고, 타락하게 되는 것일까?

이런 행동들에 전혀 잘못이 없다고 여겨진다면, 똑같은 상황을 정치로 돌려서 한번 생각해보자. 보수주의 성향의 어떤 예술가가 예수와 성모 마리아 대신 마틴 루서 킹 주니어(Martin Luther King Jr.)와 넬슨 만델라(Nelson Mandela)의 이미지를 가져다 이런 작품을 만들었다고 말이다. 여기서 작가의 의도는, 좌파에 해당하는 수많은 흑인 지도자가 이 둘을 거의 신처럼 떠받드는 태도를 조롱하기 위한 것이었다. 이런 작품이 뉴욕이나 파리의 미술관에 전시된다고 했을 때, 과연 화가 나서 항의하는 사람이 하나도 없을 수 있을까? 좌파 성향의 사람들 중에는 미술관에서 그 작품들이 치워진 후에도 그곳이 인종차별주의로 오염되어버렸다고 느끼는 이도 있지 않을까?[22]

공동체의 윤리를 체득할 때도 그랬듯이, 신성함의 윤리 역시 그 이론은 인도에 가기 전부터 책을 통해 알고 있었고 머리로는 이해하고 있었다. 그러나 그것을 몸소 느끼기 시작한 것은 인도에 간 때부터 시작해 다시 미국으로 돌아오고 나서 몇 년 사이의 일이었다. 그제야 나는 도덕적 규약이 자기 절제, 극기, 자아의 고귀한 품성 함양, 스스로의 욕망 부정을 강조해도 얼마든지 아름다울 수 있다는 사실을 알았다. 물론 이 신성함의 윤리에도 어두운 면은 있었다. 자신의 비위에 거슬린다는 느낌만을 바탕으로 신의 뜻을 알 수 있다고 생각했다간, 다수에게 약간의 모멸감을 일으킬 수 있는 소수 계층(이를테면 동성애자나 비만인)이 사회에서 심한 배척과 잔혹한 대접을 받을 수 있기 때문이다. 신성함의 윤리는 더러 자비, 평등, 인간의 기본적 인권과 양립이 안 되는 경우가 있다.[23]

하지만 이 신성함의 윤리는 우리에게 나름의 소중한 잣대가 되어주는 것이, 통속적 사회가 지닌 추악한 면을 이해하고 비판할 수 있게 해주기 때문이다. 예를 들어, 이 세상에 만연한 물질주의를 수많은 사람이 달가워하지 않는 이유는 무엇일까? 이 세상에는 자기 힘으로 열심히 일해서 많은 돈을 벌고, 그것으로 명품을 사서 남들의 관심을 끌고 싶어 하는 사람들이 있다. 자율성의 윤리를 가지고서 우리가 과연 이런 사람들의 행동을 비난할 수 있을까?

이와 관련된 일화로, 최근 버지니아 대학 식당에서 점심을 먹으며 겪은 일이 있다. 당시 내 옆 테이블에는 여학생 둘이 앉아 이야기를 나누고 있었다. 한 여학생은 상대 여학생이 자신에게 무슨 일을 해주기로 하자 그것이 몹시도 고마운 눈치였다. 그녀는 고마운 마음을 표현하며 사방에 다 들리도록 이렇게 말했다. "세상에! 정말 고마워! 네가 남자였으면 당장 너랑 잤을 거야!" 나는 한편으론 재미있지만 한편으론 역겹다고 느꼈다. 하지만 자율성의 윤리 안에서는 내가 그녀를 무슨 수로 비난할 수 있겠는가?

이 신성함의 윤리가 있으면 고상함과 비속함에 대한 빈약한 인식(즉, 무엇이 '높고' '낮은' 행동인지에 대한 감각)에도 명확한 틀이 생길 수 있다. 이를 이용하면 지나친 물질주의는 물론, 지각없이 성(性)을 가볍게 여기는 태도도 경계할 수 있는 것이다. 나아가 그 오랜 세월 동안 사람들이 소비사회를 안타깝게 바라본 이유, 즉 스스로의 욕망을 채우는 것이 사명인 이곳을 영혼이 텅 빈 곳이라며 탄식한 이유도 비로소 이해할 수 있게 된다.[24]

매트릭스 바깥으로 걸어 나오기

우리가 경험하는 이 세상이 사실은 꿈과 비슷한 하나의 환상이라는 생각은 동서고금을 막론하고 그 뿌리가 무엇보다 깊은 사상에 속한다. 이런 사상에서는 깨달음을 잠에서 깨어나는 것과 똑같이 본다. 우리는 이를 여러 종교와 철학에서 찾아볼 수 있지만,[25] 공상과학소설 역시 이를 주요 주제로 다뤄오고 있다. 이런 경향은 1984년 윌리엄 깁슨(William Gibson)이 《뉴로맨서(Neuromancer)》라는 소설을 써낸 이후 특히 두드러졌다. 소설 속에서 깁슨은 **사이버 스페이스**라는 말을 고안해냈을 뿐 아니라 '매트릭스(matrix)'라는 말을 등장시켰다. 이는 수십억 대의 컴퓨터가 서로 연결되어 사람들을 '합의 환각(consensual hallucination)'으로 옭아맨다는 개념이었다.

깁슨의 이 아이디어를 가져다 현란하고 무시무시한 시각적 체험으로 바꾸어놓은 것이 바로 영화 〈매트릭스(The Matrix)〉이다. 이 영화에서 최고의 명장면은 주인공 네로가 선택의 기로에 놓이는 순간이다. 그의 눈앞에는 붉은 알약과 푸른 알약이 놓여 있다. 붉은 알약을 택할 경우, 그는 매트릭스와 분리되고 그로써 환각은 눈 녹듯 사라진다. 그리고 (이제까지 끈적끈적한 진액이 가득 찬 통에 누워 있던) 자신의 진짜 몸을 자기 힘으로 통제할 수 있게 된다. 한편 푸른 알약을 먹으면 자신이 선택의 기로에 놓였다는 사실조차 까맣게 잊은 채 다시 쾌락이 존재하는 환각 속으로 돌아가게 된다. 몇몇 소수를 제외한 거의 모든 인간의 의식이 존재하는 그곳으로 말이다. 네오는 붉은 알약을 집어 삼킨다. 그러자 그를 둘러싸고 있던 매트릭스는 눈

녹듯 사라져버린다.

 이 영화에서만큼 극적이지는 않았지만, 나에게는 슈웨더의 글이 붉은 알약과 다름없었다. 그의 글을 접하고서야 각 나라 안에 여러 가지 도덕 매트릭스가 공존한다는 사실을 알 수 있었기 때문이다. 매트릭스 안에는 저마다 세계관이 하나씩 들어 있다. 그 나름대로 완벽하고 통일성이 있으며, 감정적으로 거부할 수 없는 그런 세계관 말이다. 더구나 관찰 가능한 증거로 이 세계관을 정당화하기는 쉬운 일이기 때문에, 외부자가 아무리 논증으로 공격해도 이 세계관은 거의 허물어지는 법이 없다.

 어린 시절 내가 성장한 곳은 뉴욕 교외의 한 유대인 지구였다. 우리 조부모님이 러시아의 차르 정치를 피해 미국으로 피난 와서 뉴욕의 의류 산업 쪽에서 일자리를 구한 분들이셨기 때문이다. 조부모님 세대에만 해도 고용주의 착취나 열악한 근무 환경에 맞서는 방법으로는 사회주의와 노조 활동이 효율적이었다. 또 당시 노동 계층을 보호해주고 히틀러(Adolf Hitler)를 처단해준 프랭클린 루스벨트(Franklin Roosevelt) 대통령은 조부모에게 영웅과도 같은 지도자였다. 그 후로 유대인은 민주당 지지 세력으로서 제일 믿음직한 계층에 속했다.[26]

 물론 나의 도덕성이 내 가족이나 민족성에 의해서만 형성된 것은 아니다. 내가 다닌 예일 대학 역시 진보적이기가 아이비리그 2위로 꼽히는 학교였다. 그때는 교수나 학생이 수업 시간 토론 중 비판적 의견을 내놓는 것이 예사였고, 그럴 때면 으레 로널드 레이건이나 공화당, 혹은 시사 문제의 보수파 입장이 도마 위에 올랐다. 우리에게는 진보가 멋진 것, 그리고 바른 것이었다. 1980년대 예일 대학 학생들은 아파르트헤이트(apartheid : 남아프리카의 인종차별 정책—옮긴이) 희생자는 물론, 엘살바도르의 국민, 니카라과 정부, 환경 운동을 강력히 지지했고, 나아가 자신이 다니는 예일 대학 교직원들의 노조 파업까지 강력하게 편들었다. 그 때문에 4학년 때에는 학생 전원이 학교 식당에서 밥을 못 먹는 날이 상당히 많았음에도 말이다.

그때는 진보주의가 윤리적으로 그렇게 당연해 보일 수가 없었다. 진보주의자들이 내거는 기치는 평화, 노동자의 인권, 시민의 권리, 정교 분리주의 같은 의미 있는 것들이었다. 그러나 (우리가 보기에) 공화당은 전쟁, 대기업, 인종차별주의, 복음주의 기독교를 대변하는 정당에 지나지 않았다. 나로서는 생각 있는 사람이 어떻게 제 손으로 그런 악의 정당을 끌어안을 수 있는지 도무지 이해되지 않았고, 그래서 진보파 친구 몇몇과 (진보주의는 제쳐두고) 보수주의를 심리학적으로 설명할 방법을 찾아보기도 했다. 우리 생각에 **우리가** 진보적 정책을 지지하는 이유는, 세상을 보는 우리의 눈이 명확하고 우리에게는 사람들을 도우려는 마음이 있기 때문이었다. 그러나 **그들이** 보수적 정책을 지지하는 이유는, 순전히 개인적인 이해 때문이거나(내 세금을 줄여달라!), 은근히 인종차별주의 경향이 있기 때문이었다(소수 계층의 복지 프로그램에 더 이상 자금 지원을 하지 말라!). 우리가 보기에는 (희생자들을 도움으로써) 타인에 대한 피해를 줄이고 (집단 차원의 평등을 추구함으로써) 공평성을 늘리는 것이 도덕적 세계의 주된 목표가 되어야지, 다른 것들을 주된 목표로 삼는 도덕적 세계는 있을 수 없었다.[27] 그렇게 우리 것 이외의 다른 도덕적 가치에 대해서는 상상도 하지 못했기에, 보수주의자들이 그들의 가치를 우리만큼 진지하게 여긴다고도 생각지 못했다.

예일 대학에서 펜실베이니아 대학으로, 다시 펜실베이니아 대학에서 시카고 대학으로 환경이 바뀌어도 나의 매트릭스는 상당 부분이 그 모습 그대로였다. 그러다 인도에 가서야 혼자 힘으로 발을 디디지 않으면 안 되는 상황을 만난 것이다. 만일 그때 내가 인도를 관광 목적으로 간 것이었다면, 석 달 동안에도 얼마든지 내 매트릭스 속에 들어가 있을 수 있었을 것이다. 이따금 서양 관광객들을 만나 성차별주의·빈곤·압제 등 우리가 목격한 일들에 관해 이래저래 이야기를 주고받으면서 말이다. 그러나 내가 인도에 간 것은 문화심리학을 공부하려는 목적이었기 때문에, 나는 그곳의 또 다른 매트릭스 안에, 그것도 자율성의 윤리보다는 대체로 공동체의 윤리와 신성함의 윤리로 짜인 매트릭스 안에 나를 끼워 맞춰보려고 온갖 노력을 기울였다.

그리고 나서 미국으로 돌아와 보니 사회적 보수주의자들이 그렇게 정신 나간 사람들로만 보이지는 않았다. 제리 폴웰(Jerry Falwell)이나 팻 로버트슨(Pat Robertson) 같은 '종교 우파' 지도자들의 이야기도 이제 나는 냉정을 잃지 않고 초연히 경청할 수 있게 되었다. 하지만 그들은 학교에서 기도와 체벌을 더 해야 하고, 성교육과 낙태의 기회는 더 줄여야 한다고 말하는 사람들이 아닌가? 물론 그런 방법으로 에이즈 발병이나 10대 임신 비율을 낮출 수 있으리라고는 생각지 않았다. 다만 이제는 기독교 보수파의 입장이 이해되었다. 그들이 왜 학교의 도덕적 분위기를 더 '강화하고' 싶어 하는지, 더불어 학교에서 아이들을 가급적 자유롭게 풀어주어야 한다는 데에는 왜 반대하는지를 말이다. 하지만 사회적 보수주의자들의 주장에 따르면, 복지 프로그램과 페미니즘은 미혼모 비율을 높이고 남자들이 자식을 부양하도록 하는 전통적 사회 체계를 무너뜨린다고 하지 않는가? 여기서도 역시 내가 더 이상 보수파에 방어적 입장이 아니다 보니, 그 주장에도 어느 정도 일리가 있다고 여겨졌다. 물론 여자가 남자에 대한 의존에서 해방되면 여러 가지 긍정적 효과가 나타난다는 것을 모르는 바 아니었다. 그러나 이제 나는 예전에 갖고 있던 당파적 태도(일단 거부부터 하고 나중에도 그런 확증 속에서 질문을 던지는 태도)를 벗어던진 뒤였다. 표면적으로는 진보적 정책과 보수적 정책이 서로 심한 충돌을 일으켜도, 좋은 사회를 만들려는 진심 어린 비전은 이 둘에 모두 담겨 있다는 생각이 서서히 고개를 들기 시작한 것이다.[28]

당파심에 의한 분노에서 해방되자 홀가분한 것이 참 기분이 좋았다. 더구나 그렇게 화가 나지 않으니 옛날처럼 의분에 차서 어떻게든 "우리가 옳고 그들은 틀렸어"라고 결론 내리지 않게 되었다. 이제 내게는 새로운 도덕 매트릭스를 탐험할 여유가 생겼고, 그것들 하나하나도 나름의 지적 전통에 의해 지탱된다는 사실을 이해하게 되었다. 나는 뭔가 깨달음이라도 얻은 듯한 기분이었다.

1991년 슈웨더는 문화심리학이 가진 깨달음의 힘을 다음과 같은 글로 표현한 바 있다.

그러나 타인이 품은 신념이라도 우리에게 유용한 부분이 있다. 사물에 관한 그들의 신념을 진정으로 이해하는 순간, **우리의 합리성 안에 잠자고 있던 여러 가능성**을 깨닫게 되기 때문이다. ······우리는 난생처음, 아니 다시 한 번, 그런 신념들이 가진 힘을 몸소 느끼게 된다. 다시 말해, 우리가 사는 이 세상에는 똑같이 한 가지 '배경막'만 쳐 있지는 않은 것이다. 애초 우리 안에는 많은 것이 들어 있다.[29]

이 글이 도덕심리학과 정치심리학에 있어 얼마나 큰 중요성을 갖는지는 아무리 설명해도 지나치지 않다. 애초 우리 안에는 많은 것이 들어 있다. 이 말은 곧 우리 마음은 여러 가지 다양한 관심사를 바른 것으로 여길 잠재력을 갖고 있지만, 이 중 단 몇 가지만 어린 시절에 활성화된다는 이야기이다. 나머지 잠재적 관심사는 계속 미발달 상태로 남아 있어서, 이후에도 우리는 타인과 공유하는 의미와 가치의 그물망(성인이 되면 이것이 도덕 매트릭스가 된다)에 연결되지 못한다. 만일 여러분이 자라난 사회가 WEIRD군에 속한다면, 여러분은 자율성의 윤리를 교육을 통해 너무도 잘 숙지하고 있을 것이다. 그럴 경우 여러분은, 당사자는 전혀 부당함을 못 느끼는 상황에서조차 거기에 압제와 불평등이 존재한다고 느낄 수 있다. 그러나 세월이 흐르면 여러분도 자신 안에 잠자고 있던 도덕적 직관을 발견하는 수가 있다. 이곳저곳 여행을 다녀보고, 결혼해서 아이를 낳아보고, 아니면 그저 전통 사회에 대한 훌륭한 소설 한 편을 읽는 것으로 말이다. 그리고 나면 여러분은 어느새 자신이 권력, 성(性), 인간의 신체와 관련된 딜레마를 뭔가 말로 설명하기 어려운 방식에 따라 대하고 있다는 걸 알게 될 것이다.

반대로 여러분이 좀 더 전통적인 사회, 아니면 미국에서도 독실한 기독교 가정에서 자란 경우라면, 공동체의 윤리나 신성함의 윤리를 너무도 잘 숙지하고 있을 것이다. 그럴 때 여러분은, 당사자는 전혀 잘못을 못 느끼는 상황에서조차 모멸감과 수치심을 느낄 수 있다. 그러나 그런 여러분이라도 어느 순간 압제나 평등에 관한 도덕적 주장에서 전혀 새로운 울림을 듣는 때가 있을 것이다. 삶에서 직접 차별을 겪어보거나(학계에서는 보수파와 기독교 신자들이 때로 이런 일을 겪는다),[30] 그저 단순히 마틴 루서 킹 주니어의 "나에겐 꿈이 있습니다(I Have a Dream)" 연설을 듣는 것으로 말이다.

5장 요약

도덕심리학의 두 번째 원칙은, **"도덕성은 단순히 피해와 공평성 차원에만 국한되지 않는다"**라는 것이다. 이 주장을 뒷받침하기 위해 내가 이상에서 설명한 연구에 따르면, 서양적이고 고학력이고 산업화되고 부유하고 민주주의적인(WEIRD) 사회는 여러 가지 심리학 지표에서 통계적으로 열외와 다름없다(여러 가지 도덕심리학의 지표에서도 그러하다). 더불어 내가 5장에서 밝힌 사실들을 정리하면 다음과 같다.

- WEIRD의 특성이 강한 사람일수록, 이 세상이 관계보다는 별개의 사물로 가득 차 있다고 보는 경향이 있다.
- 도덕적 다원주의가 이 세상의 **실상**에는 더 잘 맞는다. 도덕의 범위가 문화에 따라 다르다는 것은 인류학에서는 기정사실이다.
- 보통 도덕의 범위는 WEIRD권 문화에서는 좁게 나타나는 경향이 있다. 이곳에서는 도덕의 범위가 대체로 자율성의 윤리(개인

　　　　　바른 마음

에 대한 피해, 압제, 사기 등과 관련한 도덕적 관심사)에 국한된다. 그러나 그 밖의 대부분의 사회를 비롯하여 WEIRD권 사회 내에서도 종교적이고 보수적인 도덕 매트릭스 안에서는, 도덕의 범위가 (공동체의 윤리와 신성함의 윤리를 포함하면서) 더 넓어지는 경향이 있다.

• 도덕 매트릭스는 사람들을 하나로 묶어주지만, 그것은 다른 매트릭스가 가진 논리(심지어 다른 매트릭스의 존재까지도)를 못 보게 하는 면이 있다. 이 때문에 사람들은 세상에 하나 이상의 도덕적 진실이 있다는 사실을 헤아리는 데 무척이나 어려움을 느낀다. 사람을 판단하거나 사회를 운영하는 정당한 틀도 하나 이상 있을 수 있다는 사실 역시 마찬가지이다.

이어지는 6장, 7장, 8장에서는 여러 가지 도덕적 직관에 구체적으로 어떤 것들이 있는지 열거하여, 피해와 공평성에 국한되지 않는 원칙들로 구체적으로 무엇이 있는지 보여주려고 한다. 더불어 선천적이고 보편적인 도덕의 토대는 몇 가지 안 되는데도 어떻게 그것들에서 실로 수많은 도덕 매트릭스가 건설되어 나오는지도 보여줄 것이다. 또 이어지는 장들에서 나는 여러분에게 몇 가지 연장을 쥐어줄 텐데, 그것을 이용하면 자신이 어떤 매트릭스에 속해 있지 않더라도 거기서 나오는 도덕적 주장을 이해할 수 있게 될 것이다.

6장
바른 마음이 지닌
여섯 가지 미각

몇 년 전, 식사를 할 양으로 '더 트루 테이스트(The True Taste)'라는 간판이 걸린 식당에 들어간 적이 있다. 그곳은 내부가 온통 하얀색이었다. 테이블에도 포크나 나이프 없이 숟가락만 여러 개 놓여 있었고, 그마저도 자리마다 조그만 숟가락 다섯 개씩뿐이었다. 나는 테이블 하나를 골라 앉아서는 메뉴판을 들여다보았다. "설탕", "꿀", "나무 진액", "인공 합성물", 메뉴는 이렇게 네 부분으로 나뉘어 있었다. 나는 웨이터를 불러 설명을 부탁했다. 이 식당은 음식은 팔지 않습니까?

알고 보니 웨이터인 그 사람은 이 식당의 주인이자 유일한 종업원이었다. 그는 내게 이야기하길, 그런 식당을 만든 것은 아마 이 세상에서 그가 처음일 것이라고 했다. 그곳은 각종 감미료를 맛볼 수 있는 감미료 바였던 것이다. 그곳에서 나는 총 32개국에서 생산되는 갖가지 감미료를 맛볼 수 있었다. 설명을 들으니 그는 미각을 전문으로 연구하는 생물학자였다. 그의 설명에 따르면, 우리 혀의 미뢰에는 저마다 다섯 개의 미각 수용체가 들어 있고 각 수용체는 단맛·신맛·짠맛·쓴맛·감칠맛(또는 우마미)을 느끼게 되어 있다. 그가 연구해보니, 이 중에서도 단맛 수용체가 활성화될 때 뇌에서 도파민이 가장 강하게 분출되는 경향이 있었다. 그에게 이것은 인간이 다른 네가지 맛보다도 단맛을 가장 먼저 찾게끔 회로가 짜여 있다는 뜻이었다. 따라서 그는 칼로리당 쾌락의 단위로 봤을 때 감미료를 먹는 것이 가장 효율적이라고 결론을 내렸고, 그래서 오로지 이 한 가지 미각 수용체만 자극할 수 있는 식당을 열게 된 것이라고 했다. 나는 장사가 잘되는지 물었다. "형편없지요. 그래도 다행인 건, 저 아래쪽에 가면 화학자가 연 소금 바가 있는데 거기보다는 낫습니다."

그렇다, 이제까지의 이야기는 내가 지어낸 것일 뿐 이런 식당을 나는 사실 가보지 못했다. 하지만 이따금 도덕철학이나 도덕심리학 책들을 읽을 때면, 나는 정말 이런 식당에라도 간 듯한 기분이 든다. 도덕성이라는 것은 그 내용이 너무도 풍성하고 복잡하며, 또 너무나 다층적이고 내적으로는 모순도 있다. 물론 슈웨더처럼 기존 학계에 과감히 도전장을 던진 다원주의자들도 있다. 이들은 나름의 이론을 내놓고 한 문화 속에, 그리고 다양한 문화 속에 존재하는 도덕적 다양성을 설명해 보인다. 그러나 학계에는 도덕성 문제를 아직도 단하나의 원칙에만 환원시키는 학자가 많은 실정이고, 이들은 공공복리 최대화의 원칙을 어떻게든 변형시키는 것이 보통이다(여기서는 사람들을 돕되 그들에게 해를 끼치지 말아야 한다는 것이 기본 원칙이 된다).[1] 아니면 정의를 내세우기도 하고, 혹은 그와 관련된 공평성과 인권의 개념, 혹은 개인과 그들의 자율성 존중 원칙을 내세우기도 한다.[2] 즉, 공리주의자 식당에 가면 거기서는 감미료(복리)만 팔고, 의무론자 식당에 가면 거기서는 소금(인권)만 파는 식이다. 우리는 이 중 하나를 선택해서 먹을 수 있고 말이다.

물론 슈웨더나 나나 "뭐든지 다 좋다"라고 이야기하는 것은 아니다. 어떻게 모든 사회 혹은 모든 요리가 다 똑같이 훌륭할 수 있겠는가. 다만 우리는 도덕적 일원론(단 한 가지의 원칙을 기반으로 도덕의 전체 체계를 세우려는 노력)만큼은 경계하는 입장이다. 도덕적 일원론을 기초로 한 사회는 사회의 구성원 대부분을 만족시키지 못할 뿐 아니라, 다른 여러 가지 도덕적 원칙을 무시하는 통에 비인간적인 곳이 될 우려가 크기 때문이다.[3]

우리 인간이 다섯 가지 미각 수용체를 누구나 똑같이 가진 것은 사실이지만, 그렇다고 모두가 다 똑같은 음식을 좋아하는 것은 아니다. 사람들 사이의 그 기호 차이가 어디에서 비롯되는지 알고 싶다면, 우리는 먼저 (인류 공통의 조상에게 좋은 먹을거리가 되어주었을) 달콤한 과일과 기름진 고기에서부터 시작해 진화론적으로 이야기를 풀어갈 수 있을 것이다. 하지만 이것으로는 부족하다. 여기에 각 문화의 역사를 면밀히 살펴보는 것은 물론, 개개인이 어린 시절 어떤 식습관을 지녔는지도 살펴보지 않으면 안 될 것이다. 어떤 사람이 멕시코 음식보다 태국 음식을 더 좋아하는 이유, 단것이 아무리 좋아도 맥주에 설탕을 타 먹지 않는 이유는 단순히 우리 모두가 단맛 수용체를

바른 마음

가지고 있다는 사실만으로는 설명되지 않기 때문이다. 이 사실을 아는 것 외에도 여러 가지 작업이 추가로 이루어져야 사람들이 누구나 가지고 있는 미각 수용체를 특정 개인이 먹고 마시는 구체적인 음식과 연결시킬 수 있는 것이다.

도덕적 판단의 문제도 이와 똑같다. 왜 사람들이 여러 가지 도덕적 이슈를 놓고 이편저편으로 갈리는지 그 이유를 알기 위해서, 우리는 먼저 공통으로 물려받은 진화의 유산부터 살펴봐야 할 것이다. 하지만 그와 더불어 각 문화의 역사도 면밀히 살펴봐야 할 테고, 또 그 문화 속에서 개개인이 어린 시절 어떤 식으로 사회화를 거쳤는지도 살펴봐야 할 것이다. 사람들은 누구나 남에게 피해를 안 주려고 한다는 사실을 아는 것으로는, 어떤 사람이 배드민턴보다 사냥을 더 좋아하는 이유나 아무리 남을 배려하는 사람이라도 온종일을 가난한 사람을 돕는 데에만 쏟아붓지 않는 이유를 설명할 수가 없다. 이 사실을 아는 것 외에도 여러 가지 추가 작업이 이루어져야만 우리는 누구나 가지고 있는 도덕적 미각 수용체를 특정 개인이 내리는 구체적인 도덕적 판단과 연결시킬 수 있을 것이다.

중국의 현인 맹자는 지금으로부터 2300년 전 도덕과 음식의 비슷한 일면을 다음과 같이 적은 바 있다. "도덕과 의리가 우리의 마음을 기쁘게 하는 것은 동물의 고기가 우리 입을 기쁘게 하는 것과 같다."⁴ 앞으로 나는 6장, 7장, 8장에 걸쳐 **바른 마음은 마치 여섯 가지 미각 수용체를 지닌 혀와 같다**는 비유를 발전시켜나가려고 한다. 이 비유를 통해 보면 도덕은 요리와도 같다고 할 수 있다. 즉, 그것은 문화에 의한 구성물로서 주변 환경과 역사의 갖가지 사건에 영향을 받으나, 그렇게 융통성 있지만은 않아서 안에 아무것이나 들어가지는 않는다. 나무껍질로 만들었거나 쓴맛 한 가지만 나는 음식을 맛있는 요리라며 먹을 수는 없다. 요리는 각양각색으로 나올 수 있지만, 그것이 맛있는 요리가 되려면 반드시 다섯 가지의 미각 수용체를 지닌 우리 혀를 만족시킬 수 있어야만 한다.[5] 도덕 매트릭스 역시 각양각색으로 존재할 수 있지만, 그것이 도덕 매트릭스가 되려면 반드시 여섯 가지의 사회적 수용체를 지닌 우리의 바른 마음을 만족시킬 수 있어야만 한다.

도덕학의 탄생

오늘날 비종교적인 사람들은 근대에 일어난 계몽주의 운동을 철천지원수 사이에 벌어진 싸움으로 보는 경우가 많다. 이성을 주 무기로 든 과학이 한쪽에 서고, 옛날의 미신을 방패 삼은 종교가 그 반대쪽에 서서 서로 대결을 벌였다는 것이다. 그러다 결국 이성이 미신을 물리치면서 어둠이 물러가고 빛이 찾아왔다고 사람들은 본다. 그러나 데이비드 흄 생전만 해도, 이 싸움은 삼자 간 대결이었다. 계몽주의 사상가들은 도덕적 앎이 신의 계시에서부터 나오지 않는다는 점에서는 한편이었지만, 도덕성이 인간 본성을 **초월하여** 존재하는가를 두고는 두 편으로 갈렸다. 한편에서는 도덕성은 진정한 합리성에 연원을 둔 것이기 때문에 이성적 추론으로 연역이 가능하다고 보았던 반면, 다른 한편에서는 도덕성은 언어나 미각처럼 인간 본성의 한 **부**

분이기 때문에 반드시 관찰을 통해서만 연구해야 한다고 보았다.[6] 흄은 이성적 추론의 한계를 잘 아는 사람이었다. 따라서 인간 본성을 들여다보지 않고 논리적 추론만으로 도덕적 진리에 다다르려고 하는 사람은 도덕적 진리가 신성한 경전 속에 써 있다고 믿는 신학자와 다를 바 없다고 여겼다. 그에게는 둘 모두 초월론자였던 것이다.[7]

도덕성과 관련한 흄의 업적은 계몽주의 운동의 정수로 손꼽힐 만한 것이었다. 그는 이전까지 종교가 끌어안고 있던 영역을 탐구하고 나선 것은 물론, 거기에 새로운 자연과학의 방법과 태도를 활용했다. 그는 첫 번째 걸작 《인간 본성론(A Treatise of Human Nature)》을 써낼 때도, "도덕학에 논리 추론의 실험적 방법을 도입하기 위한 노력(Being an attempt to Introduce the Experimental Method of Reasoning into Moral Subjects)"을 부제로 삼았다. 흄이 보기에 '도덕학'이 먼저 해야 할 일은 인간 본성이 어떤지 우선 그 실상부터 면밀히 파고드는 것이었다. 그가 나서서 (역사에서, 정치 문제에서, 동료 철학자를 대상으로) 인간 본성을 면밀히 살펴본 결과, 우리의 도덕적 삶은 주로 '감성'(직관)이 움직이는 반면, 편견이 가득하고 무력한 이성적 추론 능력은 열정의 하인 역할에나 딱 맞았다.[8] 더불어 흄은 인간의 덕성에 여러 가지가 있다고 보았다. 그래서 동시대의 몇몇 철학자가 모든 도덕성을 선(善) 같은 한 가지 덕성에만 환원시키려고 하거나 다양한 덕성을 버리고 몇 가지 도덕법칙으로만 도덕성을 세우려고 하는 것은 옳지 않다고 보았다.

흄은 도덕성이 인간의 다양한 감성을 바탕으로 하고 있기에, 우리가 선을 대하면 기쁘고 악을 대하면 불쾌해진다고 생각했다. 이런 맥락에서 흄은 다음과 같이 감각(특히 미각)과의 유사성에 의존해 도덕성을 설명할 때가 많았다.

> 도덕성이라는 것은 사물의 추상적 본질과는 전혀 관련이 없다. 오히려 감성 혹은 정신의 미각이 개별 존재를 어떻게 느끼느냐와 전적으로 관련이 있다. 무엇이 달고 쓰며, 뜨겁고 찬지는 우리의 감각 혹은 기관이 그것을 느껴야 알 수 있는 것과 똑같은 이치이다. 따라서 도덕적 인식을 우리는 이해 작용으로 분류해서는 안 되며, 미각 혹은 감성으로 분류해야 옳다.[9]

도덕적 판단은 일종의 인식이며, 따라서 도덕학은 도덕의 그 미각 수용체를 면밀히 연구하는 일에서부터 시작되어야 한다. 우리가 가진 다섯 가지 미각 수용체에 무엇이 있는지는 순수한 논리적 추론으로 연역되는 것이 아니며, 신성한 경전 속에서 찾아지는 것도 아니다. 다섯 가지 미각 수용체는 초월적 성질의 것이 전혀 아니기 때문이다. 그것을 알려면 우리는 우리 혀를 면밀히 살펴보는 수밖에 없다.

결국 흄이 제대로 본 셈이었다. 흄을 비롯한 다른 감성주의자들 덕에[10] 1776년 흄이 세상을 떠날 무렵에는 '도덕학'에 탁절한 기반이 마련되어 있었다. 그리고 (내가 보기에) 오늘날 연구들은 대체로 이 기반의 정당성을 입증해주고 있다.[11] 그렇다면 흄이 죽고 나서 몇십 년 사이에 도덕학은 급속도로 발전했을 것이라고 여러분은 생각할지도 모르겠다. 그러나 그건 오산이다. 오히려 흄이 죽고 나자 몇십 년 사이에 합리주의자들이 종교를 상대로 승리를 선언하고 나서면서, 도덕학은 그 후 200년 동안 줄곧 변죽만 울려왔다.

공감 능력을 잃은 바른 마음

자폐증은 정신병 분류가를 수십 년 동안 애먹여 온 질병이다. 한 가지의 별개 병증으로 콕 집어지지가 않기 때문이다. 자폐증에 보통 '스펙트럼' 장애라는 설명이 붙는 것도, 자폐증은 사람마다 더하고 덜한 차이가 날 수 있기 때문이다. 더구나 어디까지가 심각한 정신병이고 어디까지가 그저 타인의 마음을 잘 읽지 못하는 수준인지 그 경계도 명확하지가 않다. 다만 이 스펙트럼의 가장 끝에 있는 자폐증 환자들의 경우는 마음 자체를 볼 줄 모른다고 여겨진다.[12] 보통 사람들이 타인의 의도나 욕구를 파악할 때 사용하는 사회적 인지 소프트웨어(social-cognitive software)를 이들은 갖고 있지 못하다.

자폐증 연구에서 선구자로 손꼽히는 사이먼 배런코언(Simon Baron-Cohen)에 따르면, 사람의 성향 파악에 이용할 수 있는 스펙트럼(차원)에는 사실 두 가지가 있다고 한다. 바로 공감 능력과 체계화 능력이다. 공감 능력이란 "상대방이 어떤 감정과 생각을 가졌는지 알아내고 나아가 거기에 적절한 감정으로 반응하려는 힘"을 말한다.[13] 만일 여러분이 논픽션보다 픽션을 더 좋아하고, 모르는 사람과도 즐겁게 얘기를 나누는 경우가 많다면, 아마도 여러분은 공감 능력이 평균 이상인 사람일 것이다.[14] 한편 체계화 능력은 "체계 안에 들어 있는 변수를 분석해내려는 힘, 나아가 어떤 체계에서 행동이 나타날

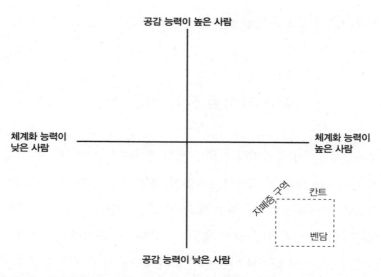

공감 능력이 높은 사람

체계화 능력이
낮은 사람

체계화 능력이
높은 사람

자폐증 구역

칸트

벤담

공감 능력이 낮은 사람

〈도표 6-1〉 인지 양식의 두 가지 차원 자폐증이 있는 사람들은 체계화 능력은 매우 높은 반면 공감 능력은 매우 낮은 경향이 있다. 도덕철학자로 중요하게 꼽히는 몇몇 인물도 그런 경향이 있었다(배런코언의 2009년 연구 내용을 용도에 맞게 변형함).

때 그것을 지배하는 숨은 규칙을 분석해내려는 힘"을 말한다. 지도 와 기기 사용 매뉴얼을 잘 읽어내고 기계가 어떻게 돌아가는지 알 아내기를 좋아한다면, 아마도 여러분은 체계화 능력이 평균 이상인 사람일 것이다.

이 두 가지 특성을 종횡으로 교차시키면 2차원 공간이 얻어지는 데(〈도표 6-1〉 참조), 사람들은 저마다 이 공간 위의 한 점을 차지하게 되어 있다. 그리고 배런코언의 연구에서 입증된 바에 따르면, 유전 자와 태아기의 인자가 특정 방식으로 조합될 경우 공감 능력은 지극 히 낮고 체계화 능력은 지극히 높은 뇌가 만들어질 수 있는데, 이러

바른 마음

한 뇌를 가진 사람에게서 나타나는 것이 바로 자폐증이다. 즉, 아스 페르거 증후군(고기능 자폐의 하위 형태)을 비롯한 일군의 자폐증은 별 개의 병이라기보다는 인성 공간의 특정 구역으로 보는 편이 더 바람 직하다.[15] 서양철학에서 두 가지의 선구적 윤리학 이론을 세운 인물 들 역시 체계화 능력은 그 누구보다 뛰어났으나 공감 능력은 다소 떨어지는 이들이었다.

벤담과 공리주의자 식당

제러미 벤담(Jeremy Bentham)은 1748년 잉글랜드에서 태어났다. 열 두 살의 어린 나이에 옥스퍼드에 들어간 그는 변호사로 양성되었고, 변호사로 일하면서는 난장판과도 같은 영국의 법률을 개혁하는 데 혼신의 힘을 다했다. 영국의 법률은 그 역사가 수백 년에 이른지라 모순되는 부분은 물론 아무 의미 없는 규칙과 형벌이 등장하는 경우 도 많았다. 벤담의 저작 중에서도 가장 중요하게 꼽히는 것이 《도덕 과 입법의 원칙에 대한 서론(Introduction to the Principles of Morals and Legislation)》이라는 책이다. 이 책에서 벤담은 모든 개혁, 모든 법률, 심지어 모든 인간 행위를 단 한 가지 원칙에 따라 다스리자고 제안 한다. 바로 **공리주의 원칙**으로 말이다. 벤담은 이렇게 정의했다. "우 리는 어떤 행동이든 이 원칙에 따라 그것을 승인하거나 불허할 수 있으니, 그 행동이 이해 당사자 집단의 행복을 분명 증진시키리라고 보이는지 아니면 감소시키리라고 보이는지에 따른다."[16] 법률은 하나하나가 모두 공동체의 공리를 최대화하는 데 목표를 두어야 하며, 공동체의 공리는 공동체 각 구성원의 예상치 공리를 산술적으로 총합함으로써 얻어진다. 이어 벤담은 공리 계산에 필요한 매개변수들을 체계화하기에 이르는데, '헤돈(hedon : 즐거움)'과 '도울러(dolor : 고통)'의 강도·지속성·확실성 등이 포함되어 있었다. 그가 제시한 연산법인 '행복 계산법'에 따르면, 헤돈과 도울러의 수치들을 총합하여 우리는 어느 나라에 사는 어떤 사람의 어떤 행동에 대해서건 도덕적 평결을 내놓을 수 있다.

벤담의 철학은 어디서도 보기 힘든 고도의 체계화를 보여주었고, 배런코언의 말대로 체계화는 곧 강점이 되기도 한다. 그러나 아무리 훌륭한 체계화라도 거기에 공감이 배제되어 있으면 여러 가지 문제가 발생하는 법이다. 〈아스페르거 증후군, 그리고 제러미 벤담의 기벽 및 천재성(Asperger's Syndrome and the Eccentricity and Genius of Jeremy Bentham)〉이라는 논문을 보면, 필립 루카스(Philip Lucas)와 앤 시런(Anne Sheeran)이라는 두 연구자가 벤담의 사생활 관련 일화를 모아 그것을 아스페르거 증후군 진단 기준과 비교해보는 내용이 들어 있다.[17] 공감 능력이 낮고 사회생활 관계가 비좁은 것을 비롯하여, 둘은 벤담의 성향이 아스페르거 증후군 진단 기준에 거의 일치한다는 사실을 알아냈다. 어린 시절에도 벤담은 친구가 거의 없었고, 성인이 되었을 때도 그에게 화를 내며 등 돌린 친구가 한둘이 아니었다. 평생 독신으로 살았던 그는 스스로를 은둔자라 칭했고, 타인에 대해서는 거의 신경 쓰지 않는 모습이었다. 벤담과 동시대를 살았던 한 인물은 그에 대해 이렇게 말하기도 했다. "벤담은 주변 사람들을 한여름 날리는 파리 떼만큼도 여기지 않는다."[18]

여기 관련된 또 하나의 기준으로 우리는 상상력 결함(특히 타인의 내면적 삶과 관련된)을 들 수 있다. 벤담은 인간의 다양하고 미묘한 동기를 간파할 줄 몰랐고, 사적인 행동에서와 마찬가지로 자신의 철학 속에서도 동시대 인물들을 상당수 공격했다. 존 스튜어트 밀(밀은 확실히 자폐증과는 거리가 먼 공리주의자이다)은 결국 벤담을 경멸하는 지경에 이르렀다. 벤담의 마음에는 "무언가 빠져 있기 때문에" 그의 인성은 철학자로서 자격이 없다고 밀은 다음과 같이 밝히고 있다.

> 인간이 본래 가진 가장 자연스럽고 강력한 느낌, 그중 많은 것에 벤담은 전혀 공감하지 못한다. 그것들을 남보다 뼈저리게 느껴본 경험 역시 그에게는 전혀 없다. 나아가 그는 자기 것이 아닌 다른 마음을 이해하는 능력이나 다른 마음의 느낌 속에 푹 빠져드는 능력도 전혀 모르는바, 이는 그에게 상상력이 결핍되어 있기 때문이다.[19]

루카스와 시런이 내린 결론에 따르면, 오늘날까지 벤담이 살아 있었다면 아마도 그는 아스페르거 증후군을 진단받았을 가능성이 높다.[20]

칸트와 의무론자 식당

임마누엘 칸트는 1724년 프러시아에서 태어났다. 칸트의 경우 흄이 이룬 업적을 잘 알았을 뿐만 아니라, 경력 초반(특히 미학과 숭고함을 주제로 글을 쓸 때)에는 감성주의자들의 이론에도 호의적인 편이었다. 사람들이 도덕적으로 행동하는 **실제적** 이유를 설명하는 데에서 동정심 같은 여러 가지 감성이 중요하다는 것은 그도 인정하고 있었다. 그러나 윤리에 대한 그런 식의 설명에는 주관성이 함축된다는 것이 그에게는 마음에 걸렸다. 도덕적 감성이라는 것이 사람마다 다르면, 도덕적 의무도 사람마다 달라지지 않겠는가? 더구나 한 문화 안에서 사람들이 모두 다른 감성을 가지고 있으면 그때는 어떻게 해야 한다는 말인가?

플라톤처럼 칸트는 시간이 흘러도 변치 않는 선(善)의 형상을 찾고 싶어 한 사람이었다. 도덕이라는 것은, 문화적 혹은 개인적 성향에 상관없이 합리적 존재라면 누구에게나 한가지로 똑같아야 한다고 그는 믿었다. 나아가 이 영원불변의 형상을 찾으려면 단순히 관찰법만으로는, 즉 세상을 둘러보고 사람들이 실제 추구하는 덕이 어떤 것인지 살펴보는 것만으로는 충분하지 않았다. 그보다 도덕적 법칙은 오로지 선험적인(경험에 앞서는) 철학 과정에 의해서만 확립될 수 있었다. 즉, 우리 안에 본래부터 들어 있고 이성의 작용을 통해 드러난 원칙들로 도덕법칙을 구성해야 하는 것이었다.[21] 그리하여 칸트가 찾아낸 원칙이 바로 비모순율이다. 칸트는 "가난한 사람을 도우라", "부모님을 공경하라" 등 구체적인 규칙 대신 하나의 추상적인 규칙을 내놓았고, (그의 주장에 따르면) 나머지 모든 도덕 규칙은 여기에서 파생되어 나올 수 있었다. 칸트가 정언명령이라고 부른 그 내용은 다음과 같다. "네가 할 수 있고 또 하고자 하는 일이 보편적 법칙으로 마땅할 때, 오로지 그것만을 규범으로 삼아 행동하라."[22]

어떤 식으로 행동하면 좋을지 알아내고자 할 때 벤담은 우리에게 산수를 이용하라고 권한 반면, 칸트는 논리를 이용하라고 이른 것이다. 이렇듯 도덕의 모든 내용을 단 한 문장, 단 한 가지 공식으로 압축해냈다는 점에서는 둘 모두 체계화의 기적을 이룬 것이나 다름없었다. 그러면 이런 칸트 역시 아스페르거 증후군을 갖고 있었을까?

벤담과 비슷하게 칸트도 평생을 독신으로 살면서 고독하게 지냈고, 그가 영위한 내적인 삶 역시 그리 따뜻하지는 않았던 것 같다. 칸트는 일과에 애착을 가지는 것으로 유명했으니(그는 비가 오나 바람이 부나 매일 오후 3시 반이 되면 정확히 산책에 나섰다), 이 때문에 칸트 역시 아스페르거 증후군이었을 거라고 추측한 전문가들도 있었다.[23] 그러나 칸트의 개인 생활을 글로 접한 바에 의하면, 그의 경우는 벤담처럼 딱 잘라 아스페르거 증후군이라고 말하기 어려운 것 같다. 칸트는 세상 사람들에게 널리 호감을 샀으며, 그 자신도 사람들과의 교류를 즐긴 듯하기 때문이다. 물론 그의 사교 활동에는 계산적인 면도 있었다고 여겨진다(칸트가 웃음과 우정을 소중히 여긴 이유는 다름 아니라 그것이 자신의 건강에 좋기 때문이었다).[24] 여기서는 아마도 배런코언의 2차원 도식을 빌려와서 이렇게 정리하는 것이 가장 안전할 듯하다. 칸트는 인류 역사상 그 누구보다 뛰어난 체계화 능력을 가진 인물이었지만, 벤담처럼 〈도표 6-1〉의 맨 아래 오른쪽 한 귀퉁이에 속하는 인물은 아니었다고.

도덕적 미각을 늘려라

이론을 만든 사람들이 아스페르거 증후군을 앓았을지 모른다는 이유만으로, 공리주의나 칸트의 의무론을 잘못된 도덕 이론으로 치부할 생각은 없다. 그런 식으로 언급한다면 인신공격이 될 뿐 아니라, 논리적으로도 오류이며, 신사답지 못한 행동이기 때문이다. 더구나 공리주의도 칸트의 의무론도 이제껏 철학과 공공 정책 분야에 이바지한 공로가 엄청나지 않은가.

그러나 심리학에서 우리 목표는 실상을 그려내는 데 있다. 우리가 알아내고자 하는 것은 마음이 **어떤 식으로 작동해야 하는가**보다는 마음이 **실제로 어떻게 작동하고 있는가**이다. 이 작업은 추론이나 수학 혹은 논리를 가지고는 해낼 수 없다. 그것은 오로지 관찰을 통해서만 가능한 작업이며, 공감 능력이 바탕이 될 때 관찰은 한층 더 예리해지는 법이다.[25] 그러나 19세기 들어 철학은 이런 관찰과 공감에서 점점 발을 뺐고, 그 대신 추론과 체계적 사고를 어느 때보다 강조하기 시작했다. 서구 사회가 점점 더 고학력에 산업화되고 부유해지고 민주주의적이 될수록, 그 안에서 살아가는 지성들의 마음도 변해갔다. 분석력은 강화되는 대신 전체를 보는 눈은 잃어갔다.[26] 그러다 보니 어수선하고 다원주의에 감성주의인 흄의 접근법보다는 공리주의나 의무론이 윤리학자들의 마음을 더 끌어당겼던 것이다.

내가 대학원에 들어가 처음으로 도덕심리학을 공부할 때 너무 메말라 있다는 느낌을 받은 것도 바로 이런 사조 때문이었다. 콜버그는 칸트의 합리주의를 두말없이 계승한 사람이었고, 그가 만들어낸 이론은 오로지 하나의 종착점을 향하고 있었다. 바로 정의가 무엇인지 온전히 이해하는 것. 그러나 내가 느끼기에 그런 접근법은 전반적으로 잘못된 것이었다. 공감은 충분히 이뤄지지 않은 채 체계화만 너무 진행된 상태였기 때문이었다. 그것은 앞서 이야기한 '더 트루 테이스트' 식당처럼, 도덕성의 다양한 맛 가운데서도 딱 한 가지 맛만을 선보이고 있었다.[27]

그렇다면 단순히 피해와 공평성 차원에만 국한되지 않는 원칙으로는 어떤 것이 있을까? 슈웨더의 세 가지 윤리가 내게 좋은 출발점이 된 것은 사실이지만, 대개의 문화인류학자들이 그렇듯 슈웨더 역시 인간의 행동을 진화론으로 설명하는 데에는 무척 조심성을 보였다. 그때까지만 해도 인류학자들 사이에서는, 진화가 인간이라는 종에게 한 역할은 인류를 두 발로 걷게 하고 도구를 사용하게 하고 커다란 뇌를 만들어주는 데 그쳤다는 견해가 오랫동안 지배적이었다. 그 후 인간에게 문화를 만드는 능력이 생기고 나서는 생물학적 진화가 아예 멈춰버렸거나 그 역할이 미미해졌다고 인류학자들은 생각했다. 문화의 영향이 미치면 인간은 다른 유인원과 똑같이 가진 그 태곳적 본능을 모조리 억누르고 그것을 거슬러 행동할 수 있으니, 문화가 가진 힘은 그토록 강력하다고 인류학자들은 생각했다.

그러나 나는 문화인류학에 널리 퍼져 있는 그런 견해가 잘못되었다는 확신이 들었고, 더구나 진화의 개념 없이는 도덕성을 이해한다는 것이 도저히 불가능해 보였다. 하지만 슈웨더에게서 수학할 때 진화론적 설명은 조심하지 않으면 안 된다고 배운 터였다. 그것은 때로 환원주의로 흐르거나(문화인류학자들이 초점으로 삼는 구성원 사이의 공통된 의미를 진화론적 설명에서는 무시하기 때문이다), 또는 소박한 기능주의로 흐를 수 있었다(모든 행동이 어떤 기능을 위해 진화했음을 너무 성급히 가정하기 때문이다). 과연 나는 도덕적 직관을 진화론적 설명으로 제대로 정리해낼 수 있을 것인가? 환원주의를 피하되, 진화한 심리 기제의 '목적'이나 '기능'을 신중하게 주장할 수 있는 그런 설명을 말이다. 그러자면 단순히 보편적으로 보이는 도덕성 특징들(동정심이나 호혜성)을 언급하고, 그것들이 어디에나 존재하므로 인간에게 선천적으로 존재한다고 주장해서는 안 될 것이었다. 나는 각각의 도덕성에 대해 신중한 진화론적 설명을 내놓아야 했고, 이러한 선천적 직관들이 어떻게 문화적 진화와 상호작용하는지, 나아가 거기서 어떻게 각양각색의 도덕 매트릭스가 만들어져 현재 우리가 사는 지구를 뒤덮게 되었는지 설명할 수 있어야 했다.

나는 세계 곳곳에 존재하는 다양한 덕의 목록부터 분석해나가기 시작했다. 덕이라는 것은 사회가 만들어낸다. 전사 문화에 사느냐, 농경문화에 사느냐, 혹은 현대의 산업화 문화에 사느냐에 따라 아이들이 배우는 덕은 다르다. 물론 이런 덕들 중에도 겹치는 부분이 늘 나타나기 마련이지만, 그런 경우라도 그 의미를 따져보면 뉘앙스가 다르다. 부처·예수·마호메트 모두 자비를 이야기했어도, 그것들이 다 같은 자비는 아니었던 것처럼 말이다.[28] 그러나 호의·공평성·충성심 같은 덕목들이 대부분의 문화에 나타나는 양상을 살피다 보면 어느새 우리에게는 이런 생각이 들기 시작한다. 어쩌면 인간은 (미각 수용체와 유사한) 저차원의 사회적 수용체를 누구나 몇 개씩 가지고 있는 것은 아닐까, 그것으로 특정한 사회적 사건을 다른 사건보다 더 잘 알아채게 되는 것은 아닐까 하고 말이다.

이를 미각에 비유해 설명하면 이렇다. 대부분 문화에는 그곳의 구성원들이 많이 마시는 단맛 음료가 한 가지 이상은 있다. 이런 음료는 보통 그 지방의 토종 과일로 만들어지는데, 산업화 국가의 경우 설탕에 몇 가지 향을 섞으면 끝이다. 그런데 그렇게 만들어낸 망고 주스, 사과 주스, 코카콜라, 환타 같은 음료에 저마다 수용체가 따로 있다고 가정한다면 그건 터무니없는 이야기가 될 것이다. 이때 작용하는 주된 수용체는 한 가지(단맛 수용체)이고, 그것을 자극하기 위해 각 문화에서 다양한 방법을 발명해낸 것이라고 생각해야 옳다.[29] 이 대목에서 혹시 인류학자들은 에스키모에게는 그런 단맛 음료가 없다고 반문할지 모르겠다. 하지만 그것은 에스키모에게 단맛 수용체가 없다는 뜻은 되지 않는다. 그저 에스키모는 최근까지만 해도 과일을 구하기 힘들었기 때문에, 요리에서 단맛 수용체를 거의 활용하지 않은 것뿐이다. 한편 영장류 동물학자들은 침팬지와 보노보 역시 과일을 무엇보다 좋아하고, 또 코카콜라를 한 모금 마시려고 실험실 과제를 열심히 수행한다고 반문할 수 있다. 그러나 그것은 단맛 수용체가 선천적으로 존재한다는 주장에 한층 힘을 실어줄 뿐이다.

나는 사회에 존재하는 다양한 덕과 잘 정립된 진화 이론 사이에서 연관성을 찾는 것을 목표로 세웠다. 하지만 초보 진화 이론가들이 저지르는 실수는 하고 싶지 않았다. 초보 진화 이론가들은 어떤 특성을 하나 골라내고는 "이 특성이 어떤 식으로 적응해왔는지 이야기를 하나 생각해볼 수 있을까?"라고 묻는다. 이 질문에 대한 답은 거의 백이면 백 "예스"이다. 우리의 추론 능력은 우리를 원하는 곳 어디든 데려다줄 수 있기 때문이다. 누구든지 안락의자만 있으면 거기 걸터앉아 러디어드 키플링(Rudyard Kipling)처럼 "그래서 그렇게 된 거란다" 유의 이야기(키플링의 작품 중에는 낙타 등에 어떻게 혹이 달리게 되었고 코끼리는 어떻게 긴 코를 가지게 되었는지 공상을 빌려 설명한 이야기들이 있다)를 얼마든지 지어낼 수 있는 것이다. 그런 것은 나의 목표와는 거리가 멀었다. 나는 내가 가슴 깊이 존경하는 두 분야에서, 즉 인류학과 진화심리학에서 누가 봐도 온당한 연관성을 찾아내고자 했다.

도덕성 기반 이론

나는 시카고 대학에서 공부하던 시절 친구로 사귀었던 크레이그 조지프(Craig Joseph)와 팀을 이루었다. 크레이그 역시 슈웨더와 함께 연구해본 경력이 있었다. 그의 연구 주제는 이집트와 미국에 사는 이슬람교도의 덕 개념에 어떤 차이가 있는가 하는 것이었다.

우리는 연구를 위해 인지인류학자 당 스페르베와 로런스 허슈펠드(Lawrence Hirschfeld)에게서 '모듈성(modularity)' 아이디어를 빌려왔다.[30] 모듈이란 모든 동물이 뇌 속에 갖고 있는 조그만 스위치 같은 것이다. 이 모듈은 특정 생태적 지위에서 생존에 중요한 어떤 패턴이 나타나면 그 스위치가 켜지게 되어 있다. 그러한 패턴이 감지될 경우 모듈은 신호를 보내 (결국에는) 그 동물의 행동을 변화시키고 (보통은) 이 과정에서 적응이 일어난다. 예를 들어, 상당수 동물은 뱀을 생전

바른 마음

처음으로 보는 순간에도 두려움 반응을 보이는데, 이는 뱀 감지 장치처럼 기능하는 뉴런 회로가 그들의 뇌에 들어 있기 때문이다.[31] 스페르베와 허슈펠드의 글을 직접 인용해보면 다음과 같다.

> 진화한 인지 모듈은, 예를 들어 뱀 감지 장치나 얼굴 인식 장치는……그 종(種)의 조상 대에 역경 혹은 기회를 동반했던 일련의 현상에 대한 적응이다. 이 인지 모듈은 주어지는 유형의 자극이나 입력값, 예를 들면 뱀 혹은 얼굴에 대한 정보를 처리한다.

이것이야말로 사람들에게 보편적으로 들어 있을 도덕적 '미각 수용체'의 모습을 완벽하게 설명해주었다. 사회생활 속에서 오랜 시간 위협과 기회를 접하며 거기에 적응한 결과가 아마 도덕적 미각 수용체일 것이었다. 이것들로 인해 사람들은 특정 종류의 사건(잔혹한 행동이나 무례한 행동)에 관심을 돌리게 되고, 나아가 그것들이 순간의 직관적 반응, 어쩌면 특정 종류의 감정(동정심이나 분노)까지 일으키는 것일 터였다.

이런 접근법은 우리가 문화적 학습과 문화적 다양성을 설명하는 데에 그야말로 안성맞춤이었다. 스페르베와 허슈펠드에 따르면, 모듈을 자극하는 동인은 **본래적**(original) 동인과 **통용적**(current) 동인 두 가지이다.[32] 본래적 동인은 모듈이 설계될 당시의 목표물을 가리킨다(즉, 뱀 감지 모듈의 경우 뱀의 전체 집합이 본래적 동인이다).[33] 한편 통용적 동인은 우연하게라도 모듈을 자극하게 되는 이 세상 모든 사물을 말한다(따라서 실제 뱀을 비롯해 장난감 뱀, 구부러진 막대기, 두꺼운 밧줄 등 잔디에서 눈에 띄면 우리를 놀랠 수 있는 모든 사물이 여기에 속한다). 모듈은 실수 없이 정확하지는 않아서, 다른 동물이 실수하는 점을 이용해 속임수를 발달시키는 동물도 많다. 예를 들면, 꽃등에라는 곤충은 몸통에 노란색과 검은색의 줄무늬를 발달시켰는데, 이 때문에 언뜻 보면 말벌과 비슷하다. 그래서 말벌 피하기 모듈이 있는 일부 새들은 꽃등에는 피하고 잘 잡아먹지 않는다.

이렇게 어떤 모듈을 자극하는 통용적 동인은 문화에 따라 줄어들기도 하고 늘어나기도 하는데, 그 사실을 알면 도덕성이 왜 문화에 따라 차이가 나는지도 일부 설명된다. 예를 들면, 지난 50년간 서구 사회 사람들은 동물들이 갖가지 고통을 당할 때 동정심을 느끼는 경우가 점점 더 많아진 반면, 성적 행위에 대해서는 구토감을 덜 느끼는 경향을 갖게 되었다. 이런 통용적 동인은 단 30년 만에도 변화를 보일 수 있다. 물론 유전자 진화를 통해 모듈의 설계 자체가 바뀌어 그 본래적 동인까지 바뀌는 데는 수많은 세월이 흘러야겠지만 말이다.

그뿐만 아니라, 어떤 문화를 가져다 놓고 봐도 수많은 도덕적 논쟁은 결국 어떤 행동과 도덕 모듈이 연결되는 방식의 갈등일 때가 많다. 이를테면 아이들이 말을 안 들을 때 부모나 선생님이 매를 들어도 되는가 하는 문제가 있다고 치자. 정치 성향이 왼쪽에 치우치는 사람들의 경우에는 보통 체벌에서 잔혹성과 압제라는 판단을 내리는 경향이 있다. 반면 오른쪽에 치우치는 사람들의 경우에는 체벌이 때때로 규칙의 적절한 집행이라는 판단(특히 부모와 선생님을 존경해야 한다는 규칙일 때)으로 연결된다. 이렇듯 우리가 공통적으로 지닌 인지 모듈은 그 개수가 몇 개 안 되어도 행동들이 모듈에 걸리는 방식이 지극히 여러 가지이다. 따라서 우리가 똑같이 가진 도덕적 기반이 몇 개 안 되더라도 그것을 토대로 상충되는 도덕 매트릭스가 세워지는 것이다.

문화가 도덕 매트릭스를 만들어낼 때는 그것이 기초로 하는 보편적 인지 모듈이 분명 있을 터, 크레이그와 나는 그 인지 모듈의 후보로 무엇이 가장 좋을지 찾아내려고 한 것이었다. 그래서 우리의 접근법에도 '도덕성 기반 이론'이라는 이름을 붙였다.[34] 우선 우리는 진화심리학자들의 저작 속에서 사회생활의 적응 도전 과제로 자주 언급되는 것들을 찾아냈다. 그런 뒤 그것을 많은 문화에서 이러저러한 형태로 나타나는 여러 덕과 연결시켜보았고, 그렇게 해서 우리 이론이 탄생하게 되었다.[35]

다섯 가지의 적응 도전 과제는 누구라도 쉽게 알아챌 수 있는 것들로, 무력한 아이들을 돌보는 것, 친족 이외의 사람과 협력하여 호혜성에서 이득을 얻는 것, 다른 이들과 연합을 구성하여 타 연합과 경쟁하는 것, 협상을 통해 지위 서열을 확보하는 것, 자신의 친족 집단 내에 기생충이나 병원균이 퍼지지 않도록 하는 것(기생충은 사람들이 서로 가까이 붙어 살 경우 순식간에 퍼지는 경향이 있다)이 여기에 해당한다(여섯 번째 도덕성 기반인 자유/압제에 대해서는 8장에 가서 이야기할 것이다).

〈도표 6-2〉는 크레이그와 내가 애초에 내놓았던 다섯 가지 도덕성 기반을 바탕으로 표를 그린 것이다.[36] 표의 첫 번째 줄에 나와 있는 것은 적응 도전 과제이다. 우리 조상들이 이런 도전 과제에 직면해온 것이 벌써 수십만 년의 일이라면, 계속해서 되풀이되는 이 문

	배려/피해	공평성/부정	충성심/배신	권위/전복	고귀함/추함
적응 도전 과제	아이들을 보호하고 보살핌	쌍방향의 주고받기 관계에서 이득을 얻음	단결력 있는 연합을 구성함	위계 서열 내에서 이득을 얻을 수 있는 관계를 다짐	오염을 피함
본래적 동인	자식이 고통스러워하거나 무언가 필요함을 표현함	부정행위, 협동, 사기	집단에 대한 위협이나 도전	지배와 복종의 표시	쓰레기, 병에 걸린 사람
통용적 동인	새끼 바다표범, 귀여운 만화 캐릭터	결혼 생활에서의 정절, 고장 난 자동판매기	스포츠 팀, 국가	상사, 존경받는 전문가	금기 사상 (공산주의, 인종차별주의)
특징적 감정	동정심	분노, 감사, 죄책감	집단에 대한 긍지, 배신자에 대한 격분	존경, 두려움	구토감
관련 덕목	배려, 친절	공평성, 정의, 신뢰	충성심, 애국심, 자기희생	복종, 경의	절제, 순결, 경건, 청결

〈도표 6-2〉 다섯 가지 도덕성 기반(초안)

제에 대해 자연선택은 아마도 일반적인 지성(기수)을 사용하는 이들보다는 문제를 (신속하게, 그리고 직관적으로) 척척 처리할 수 있는 인지 모듈을 가진 이들을 더 선호했을 것이다. 두 번째 줄에는 본래적 동인, 즉 그러한 인지 모듈이 본래 파악하도록 되어 있는 사회적 패턴의 종류가 나와 있다(도덕성 기반들은 사실상 인지 모듈들의 **세트**로서, 이것들이 함께 작용하여 적응 도전 과제에 맞서나간다는 점을 염두에 두자).[37] 세 번째 줄에는 통용적 동인의 실례, 즉 현대 서구 사회를 살아가는 사람들의 관련 모듈을 현실적으로(그리고 때로는 실수로) 자극할 수 있는 일들이 제시되어 있다. 네 번째 줄에는 각 기반이 매우 강력하게 활성화된다는 조건하에서, 각 기반이 내놓는 출력값의 일부로 어떤 감정들이 있는지 제시되어 있다. 다섯 번째 줄에는 어떤 이들이 우리 마음의 특정한 도덕 '미각'을 자극할 때, 우리가 그들과 관련해 입에 올리게 되는 덕목들이 단어로 제시되어 있다.

도덕성 기반 하나하나에 대해서는 다음 장에서 좀 더 자세하게 이야기할 것이다. 지금은 그저 배려/피해 기반을 활용해 이론이 어떤 모습인지만 잠시 소개하도록 하겠다. 이를 위해 여러분에게 네 살 난 아들이 있고, 맹장 수술을 하러 병원으로 데려왔다고 상상해보자. 이 병원에서는 부모가 아이의 수술 과정을 유리창을 통해 지켜볼 수 있다. 유리창을 보니 아들이 전신마취를 받고 의식을 잃은 채 수술대 위에 누워 있다. 이어 의사가 칼을 집어 들고 아이의 배를 가르는 모습이 보인다. 이때 여러분은 기분이 어떨까? 드디어 수술을 받고 목숨을 구하게 될 테니 천만다행이라며 한숨을 돌릴까? 아니면 너무도 심한 고통이 느껴져 차마 보지 못하고 고개를 돌려버리고 말까? 공리주의자 관점에서 봤을 때 이런 상황에서 '헤돈(즐거움)'보다 '도울러(고통)'를 더 느끼는 것은 비합리적인 반응이지만, 모듈의 출력값 차원에서 보면 그것이 100퍼센트 합당한 반응이다.

어디선가 폭력이나 고통의 징후가 나타날 때 우리는 거기에 감정적으로 반응하게 되어 있다. 더구나 그 대상이 아이일 경우, 나아가 다른 사람도 아닌 내 자식일 때에는 더더욱 그러하다. 심지어 실제로는 아이가 폭력과 고통을 당하는 게 아니라는 사실을 알아도 우리의 감정적 반응은 그대로이다. 뮐러·라이어의 착시 현상과 비슷하게 말이다. 두 선이 사실 똑같은 길이임을 알아도 한쪽 선이 더 길게 보이는 것은 어쩔 수 없다.

또 가만히 수술을 지켜보고 있자니, 아이의 수술을 도와주는 간호사 둘이 눈에 들어온다. 한 명은 나이가 지긋하고, 다른 한 명은 젊은 편이다. 정신을 집중해 수술에 임하기는 둘 다 마찬가지이지만, 나이 든 간호사는 이따금 안심을 시켜주려는 듯 아들의 머리를 어루만져준다. 한편 젊은 간호사는 일하느라 정신이 없다. 여기서 순전히 논의 전개를 위해, 환자는 깊은 마취 상태에 들어가면 아무 소리도 듣지 못하고 아무 느낌도 갖지 못한다고 가정하자. 그렇다고 할 때 두 간호사에 대한 당신의 반응은 어때야 할까?

만일 여러분이 공리주의자라면, 간호사 어느 한쪽이 좋거나 싫은 반응은 없어야 한다. 나이 든 간호사의 행동은 아이의 고통을 줄이거나 수술의 성과를 더 높이는 데에 어떤 영향도 끼치지 않기 때문이다. 여러분이 칸트주의자일 때에도 역시 나이 든 간호사 쪽을 더 훌륭하다고 볼 이유가 없다. 간호사는 아무 생각 없이 그런 행동을 한 것이거나, 아니면 (칸트의 입장에서 훨씬 더 안 좋은 것으로) 자기 느낌에 따라 행동한 것이기 때문이다. 어떤 보편타당한 원칙을 성심껏 지켜내려고 그런 행동을 한 것은 아니었다는 이야기이다. 그러나 여러분이 만일 흄의 사상에 동조하는 쪽이라면, 나이 든 간호사에게 마음이 가고 존경심이 우러나는 게 100퍼센트 합당하다. 그녀는 배려의 미덕을 완전히 체득했고, 그래서 별 노력 없이 자동적으로 그런 행동을 하고 있는 것이다. 설령 그런 행동이 수술에 아무 효과가 없다고 해도 말이다. 한마디로 그녀는 배려에 통달한 것이고, 간호에서는 그것이 멋지고 아름다운 일이 된다. 그런 모습을 보면 우리는 행복하다. 마치 맛있는 음식이라도 먹은 것처럼.

6장 요약

도덕심리학의 두 번째 원칙은 **"도덕성은 단순히 피해와 공평성 차원에만 국한되지 않는다"**이다. 6장에서는 그 밖의 다른 도덕성에 정확히 어떤 것들이 있는지로 이야기의 서두를 열었다.

- 도덕성은 여러 가지 면에서 미각과 비슷하다(일찍이 흄과 맹자도 그런 비유를 한 바 있다).
- 의무론과 공리주의는 '한 가지 수용체'를 지닌 도덕으로, 이것이 무엇보다 강력히 와 닿는 사람들은 체계화 능력은 높고 공감 능력은 낮을 가능성이 크다.
- 도덕에 대한 흄의 접근법은 다원주의적이고 감성주의적이고 자연주의적인 것으로, 현대 도덕심리학에는 공리주의나 의무론보다 이런 접근법이 더 훌륭한 지침이 될 수 있다. 흄의 구상을 복원하려는 첫걸음으로 우리가 해야 할 일은 바른 마음이 지니고 있는 다섯 가지 미각 수용체부터 찾아내는 것이다.
- 우리는 모듈성 개념을 통해 선천적 수용체에 대한 사고를 전개할 수 있다. 더불어 이 선천적 수용체가 일으키는 초기의 다양한 인식, 그리고 그것이 문화 속에서 다양하게 발전하는 양상도

살펴볼 수 있다.

- 바른 마음의 미각 수용체가 될 좋은 후보로는 배려, 공평성, 충
  성심, 권위, 고귀함의 다섯 가지가 있다.

심리학에서는 이론이 별로 값어치가 없다. 마음만 먹으면 누구나
하나쯤 만들어낼 수 있기 때문이다. 여기서 발전이 일어나는 순간은
그런 이론들이 경험적 증거를 통해 검증되고, 뒷받침되고, 수정될 때
이며, 특히 그 이론이 쓸모 있다고 판명이 날 경우 발전은 더욱 의미
있어진다. 이를테면 같은 나라 사람들이 양편으로 갈려 서로 다른
도덕 세계에 사는 것처럼 상대편을 보다가 어떤 이론을 통해 서로를
이해하게 되었다면, 그 이론은 꽤 쓸모 있다고 할 수 있다. 다음 장
에서 보게 될 것처럼 말이다.

7장
정치는 도덕을
어떻게 이용하는가

오랫동안 많은 사회학자가 인간이 이타적이고 영웅적이고 품위 있게 행동해도 그 뒤에는 어김없이 이기심 아니면 어리석음이 숨어 있다고 생각해왔다. 그들은 **호모 사피엔스**가 곧 **호모 에코노미쿠스**라는 것을 당연하게 받아들인다.[1] 이 '경제적 인간'은 단순한 존재로서 삶의 모든 선택이 간단하다. 시간 많은 소비자가 마트에 가서 이것저것 비교해보고 양념장을 하나 고르듯 하면 되는 것이다. 만일 인간 본성에 대해 같은 생각을 갖고 있다면 여러분도 얼마든지 행동에 관련한 수학 모델을 만들어낼 수 있다. 여기에 작동하는 원칙은 사실상 단 하나, 바로 개인적인 이해뿐이기 때문이다. 이 원칙에 따르면, 사람들은 최소의 비용으로 최대의 이익을 얻을 수 있으면 어떤 일도 마다하지 않는다.

이 견해가 얼마나 잘못된 것인지는 〈도표 7-1〉의 열 가지 질문에 다음의 각 행위에 대해 당신은 얼마를 받아야 그 행동을 하겠는가? 단, 당신이 얼마를 받는지는 아무도 모르며, 이런 행동을 한 뒤 사회적으로나 법적으로 혹은 기타 다른 식으로 피해를 입을 일은 없다고 가정한다. 각 행동에 대해 0부터 4까지 숫자를 매겨보자. 각 숫자에 해당하는 금액은 다음과 같다.

0 = 0달러, 이런 행위는 돈을 주지 않아도 한다.
1 = 100달러
2 = 1만 달러
3 = 100만 달러
4 = 돈을 아무리 많이 준다고 해도 이런 행위는 하지 않을 것이다.

질문지 A	질문지 B
1a. 내 팔에 살균한 피하주사 바늘을 찔러 넣는다. ____	1b. 내가 모르는 아이의 팔에 살균한 피하주사 바늘을 찔러 넣는다. ____
2a. 나에게 플라스마 화면 텔레비전을 주고 싶어 하는 친구가 있을 때 그것을 받는다. 그 텔레비전은 친구가 작년에 얻은 것으로, 텔레비전 회사가 실수로 보낸 것이어서 돈이 한 푼도 들지 않았다. ____	2b. 나에게 플라스마 화면 텔레비전을 주고 싶어 하는 친구가 있을 때 그것을 받는다. 그 텔레비전은 친구가 작년에 손에 넣은 것으로, 부잣집에서 도둑질한 물건을 산 것이었다. ____
3a. 국내에서 방송되는 라디오 토크쇼에 익명으로 전화해서 우리나라에 대해 비판적인 이야기(내가 진실이라고 믿는 내용)를 한다. ____	3b. 해외에서 방송되는 라디오 토크쇼에 익명으로 전화해서 우리나라에 대해 비판적인 이야기(내가 진실이라고 믿는 내용)를 한다. ____
4a. 코미디 상황극에서 연기의 일환으로 (친구의 허락을 받은 상태에서) 친구(남자)의 따귀를 때린다. ____	4b. 코미디 상황극에서 연기의 일환으로 (아버지의 허락을 받은 상태에서) 아버지의 따귀를 때린다. ____
5a. 짤막한 아방가르드 연극에 출연해, 30분 동안 간단한 문제도 못 풀거나 무대 위에서 자꾸 넘어지는 등 바보 연기를 한다. ____	5b. 짤막한 아방가르드 연극에 출연해, 30분 동안 알몸으로 바닥을 기거나 침팬지 울음소리를 내는 등 동물 연기를 한다. ____
질문지 A 총점 : _____	질문지 B 총점 : _____

〈도표 7-1〉 당신이라면 얼마에 하겠습니까?

답해봄으로써 알 수 있다. 만일 **호모 에코노미쿠스**가 이 질문에 답한다면 그는 자기 팔에 주삿바늘을 찔러 넣는 행동에만 어느 정도 비용이 든다고 볼 뿐, 나머지 아홉 가지 행동에는 별 비용이 들지 않는다고 생각할 것이다. 이 아홉 가지 행위는 그 자신에게 직접 해를 가하는 것도 아닐뿐더러 어떤 손실도 입히지 않기 때문이다.

각 항목에 점수를 어떻게 매기느냐보다 더 중요한 것이, 질문지 A와 질문지 B 사이의 점수 차이이다. **호모 에코노미쿠스**일 경우, B에 나열된 행동이라고 해서 A에 나열된 행동보다 더 혐오스러울 일이 없다. 하지만 독자 여러분이 보기에 B에 나열된 행동이 그와 짝을 이루는 A의 행동보다 더 나쁘게 여겨진다면, 그것은 축하받을 일이다. 여러분은 경제학자의 공상 속 존재가 아닌, 한 사람의 인간이라는 뜻이니까. 여러분은 개인적 이해라는 협소한 틀에만 관심을 가지지 않는 것이다. 여러분 안의 도덕성 기반도 잘 작동하는 중이고 말이다.

이 다섯 가지 항목을 만들 때 나는 여러분이 질문지 B를 보는 순간 순식간에 직관을 느끼도록 행위의 내용을 짰다. 여러분 혀끝에 소금 혹은 설탕을 한 알 떨어뜨려본다는 기분으로 말이다. 질문지의 다섯 항목은 각각의 도덕성 기반인 배려(아이에게 해를 입히는 것), 공평성(누군가 손실을 입은 데에서 부당이득을 취하는 것), 충성심(외부인을 대상으로 우리나라를 비판하는 것), 권위(아버지에게 결례가 되는 행동을 하는 것), 고귀함(천박한 행동이나 혐오감 드는 행동을 하는 것)을 위반한 사례에 해당한다.

7장에서 나는 이러한 도덕성 기반의 내용을 구체적으로 설명할 것이고, 나아가 그것들이 인간 본성의 일부를 어떻게 형성하게 되었는지 이야기할 것이다. 또 정치권의 좌파와 우파가 이 도덕성 기반을

서로 다른 방식, 서로 다른 정도로 활용하여 각자의 도덕 매트릭스
를 떠받친다는 사실도 보여줄 것이다.

태어나기 전에 이미 만들어진 것들

얼마 전까지만 해도 과학자는 함부로 인간 행동의 어떤 특징이 선천
적이라고 주장하고 나서지 못했다. 그러한 주장을 했다간 해당 특성
이 인간 안에 미리 내장되어 있고, 그것이 경험으로도 바뀌지 않으
며, 더불어 그 특성이 모든 문화에 다 나타나고 있음을 입증해내야
했기 때문이다. 이런 식의 정의에 따르면, 우리 인간이 선천적으로
타고나는 특성은 몇 가지 되지 않는다. 고작해야 갓난아기들의 그
고사리 같은 손에 손가락을 집어넣을 때 보이는 앙증맞은 반사 반응
몇 가지가 다일 뿐이다. 옛날에는 이런 행동보다 복잡한 무엇(특히 성
별에 따라 차이 나는 특성)을 선천적 특징으로 제시하면, 지구 상 어디엔
가는 그렇지 않은 부족도 있으니 그 특징은 선천적인 것이 아니라는
반응이 나오기 일쑤였다.

　그러나 1970년대 이래 뇌에 대한 이해가 훨씬 나아진 만큼, 이제
우리는 어떤 특징이 인간 안에 내장되거나 보편적이지 않아도 선
천적일 수 있다는 사실을 잘 알고 있다. 신경학자 게리 마커스(Gary
Marcus)는 이렇게 설명했다. "이제 막 태어난 아기가 자연에서 받은
뇌는 이미 상당히 복잡한 상태이지만, 그 안에 이미 **다 갖춰져 있어**
고정불변하다고는 볼 수 없다. 그보다 **채 갖춰지지 않아** 융통성이 있

고 또 변화할 수밖에 없다고 보는 것이 제일 좋다."[2]

마커스는 종전의 내장 설계도를 대신해 한결 나은 비유를 제시한다. 즉, 인간의 뇌는 한 권의 책과 같고, 엄마의 배 속에 있는 동안 유전자가 그 초고를 쓴다는 것이다. 따라서 태어날 당시 책에는 어느 장(章)도 완성되어 있지 않으며, 일부는 아예 개요만 대략 정해져 있어서 아동기를 거치며 그 내용을 채워야 한다. 그러나 각 장(성욕, 언어, 음식 취향, 도덕성에 관한 내용이라고 하자)은 또한 완전히 빈 여백은 아니어서 사회가 생각나는 대로 아무 말이나 써넣을 수 있는 것도 아니다. 다음과 같이 이어지는 마커스의 비유는 내가 이제까지 접한 선천성의 정의 중 제일 훌륭하다.

자연이 초고를 주면, 경험이 그것에 수정을 가한다. ……'내장'이라는 말은 변할 수 없다는 의미가 아니다. 그저 **경험 이전에 구조화되어 있다는** 의미이다.[3]

내가 위에서 도덕성 기반 다섯 가지를 열거한 것도, 바른 마음이 "경험 이전에 어떤 식으로 구조화되어 있는지" 그 모습을 보여주려고 한 첫 번째 노력이었다. 도덕성 기반 이론은 여기에 그치지 않고, 애초 우리가 받은 초고가 아동기 동안 어떻게 수정되는지, 또 거기서 어떻게 다양한 도덕성이 발생하여 여러 문화, 나아가 여러 정치적 입장 속에서 공통적으로 발견되는지 설명할 것이다.

배려와 피해

파충류는 동물 중에서도 그 차가운 성격 때문에 욕을 많이 먹는다. 이들은 단순히 피만 차가운 게 아니라 가슴까지 차갑기 때문이다. 파충류 중에도 일부는 새끼가 알에서 나오면 그것을 보호해줄 양으로 주변을 서성대지만, 대부분의 종(種)은 그렇지가 않다. 따라서 포유류가 처음 나타나 새끼에게 젖을 물린 것은 어미로서의 부담을 짊어지겠다는 것이나 다름없었다. 포유류 암컷들은 이제 더 이상 새끼를 열 마리, 스무 마리 낳아놓고 그중 몇 마리는 제힘으로 살아남겠지 하는 식이 아니었다.

포유류는 양육이라는 판의 횟수를 줄이는 대신, 한판 한판에 훨씬 더 많은 것을 투자하기로 한다. 그 결과 포유류에게는 장기간 아이를 돌보고 기르는 일이 하나의 도전 과제가 되었다. 포유류 중에서도 유인원 어미는 그 판의 횟수를 훨씬 더 줄여, 한판 한판에 훨씬 더 많은 것을 투자한다. 더구나 인간의 아기는 뇌 크기가 엄청나기 때문에, 아직 1년은 더 지나야 걸을 수 있음에도 일찌감치 엄마의 배 속을 빠져나온다. 그러다 보니 인간이 벌이는 양육의 판은 그 부담이 너무도 커서 여자 혼자 힘으로는 테이블에 칩을 올리는 것조차 불가능하다. 아이를 낳고 기르기 위해 여자는 만삭에는 물론, 아기를 낳을 때, 또 아기를 낳아 몇 년간 먹이고 돌볼 때, 누군가의 도움이 없으면 안 된다. 이토록 크게 벌인 판은 인간에게는 엄청난 적응 도전 과제였던 셈이다. 인간은 무력하고 귀한 아이의 생명과 안전을 어떻게든 지켜내야 했고, 아이를 위해로부터 보호해야 했다.

바른 마음

인간의 본성이 담긴 책을 펼쳤을 때 엄마 노릇에 관한 장이 텅 비어 있다는 것은 생각조차도 할 수 없는 일이다. 그렇다는 것은 엄마들이 아이를 낳아 돌보는 모든 일을 문화의 가르침이나 시행착오를 통해서만 배운다는 뜻이기 때문이다. 아이의 고통, 고뇌, 필요에 더 민감한 엄마들이 그것에 덜 민감한 엄마들보다 양육에서 더 좋은 성과를 거두는 것이다.

더구나 선천적 지식은 엄마들에게만 필요한 것도 아니다. 오늘날 수많은 사람이 서로서로 자원을 끌어모아 아이 하나에 쏟아붓는 것을 보면, 여자는 물론 남자도 (그 정도는 덜하겠지만) 진화의 선호를 받은 이들이 따로 있었음을 알 수 있다. 즉, 그들의 생활 반경 내에서 아이가 울음소리 같은 고통과 필요의 신호를 보낼 때(먼 옛날에는 이런 아이가 친족일 가능성이 높았다),[4] 거기에 자동적으로 반응한 이들이 선호를 받았을 것이다. 내 자식이 받는 고통은 배려 기반에서도 핵심이 되는 모듈에 본래적 동인으로 작용한다(앞으로 이 책에서는 '배려/피해'처럼 두 단어 모두를 쓰기보다 '배려'처럼 앞의 한 단어만 써서 도덕성 기반을 지칭하는 일이 많을 것이다). 이런 핵심 모듈이 관련 모듈[5]과 함께 작동해서 아이들을 보호하고 돌보아야 하는 적응 도전 과제에 임하는 것이다.

이상의 논의는 내가 공상 속에서 지어낸 이야기가 아니다. 오늘날 널리 지지받고 있는 애착 이론의 서두를 내 방식으로 풀어 쓴 것으로, 이 이론으로 엄마와 아이가 서로의 행동을 어떻게 통제하고 그를 통해 어떻게 보호와 독립적 탐험의 기회가 아이에게 적절히 안배되는지 이해할 수 있다.[6]

어떤 모듈이든 그것을 자극하는 동인으로는 본래적 동인보다 통용

〈도표 7-2〉 아기 고고, 맥스, 고고

적 동인의 수가 훨씬 많다. 우리는 〈도표 7-2〉의 사진을 통해 이러한 통용적 동인의 확대를 네 가지 면에서 확인해볼 수 있다. 첫째로, 여러분은 사진을 보는 순간 귀엽다는 생각을 할 수 있다. 귀엽다는 생각이 드는 것은, 여러분 마음이 어른과 구별되는 아이 특유의 비율과 패턴에 자동적으로 반응하기 때문이다. 무언가 귀여운 대상은 우리에게 그것을 돌보고, 기르고, 보호하고, 그것과 상호작용하고 싶다는 생각이 들게 한다.[7] 코끼리의 몸이 그쪽으로 틀어지는 것이다. 둘째로, 이 사진을 보면 여러분은 자신의 아이가 아닌데도 순간적인 감정 반응을 느낄 수 있다. 그것은 배려의 도덕성 기반이 어떤 아이

바른 마음

〈도표 7-3〉 배려/피해 기반에 관한 통용적 동인

에 의해서든 자극될 수 있기 때문이다. 셋째로, 여러분은 우리 아들과 함께 있는 인형들(고고와 아기 고고)이 실제로는 아이들이 아님에도 귀엽다고 생각할 수 있다. 그것은 장난감 회사에서 애초부터 여러분의 배려 기반을 자극하도록 인형을 만들었기 때문이다. 넷째로, 맥스가 고고를 너무나 좋아한다는 것이다. 녀석은 내가 어쩌다 고고를 깔고 앉으면 빽 소리를 지르며, 종종 "나는 고고 엄마예요"라고 말하기도 한다. 그것은 녀석의 애착 체계와 배려 기반이 정상적으로 발달하고 있기 때문이다.

이렇게 원숭이 인형을 끼고 자는 아이 사진만 봐도 도덕성 기반이 작동하는데, 〈도표 7-3〉에서처럼 어린아이나 귀여운 동물이 폭행당할 것 같은 모습을 볼 때는 그 심정이 오죽하겠는가.

진화론 자체로만 보면 여러분이 우리 아들 맥스나 머나먼 타국에서 굶주리는 아이나 새끼 바다표범에게 관심을 갖는 이유가 전혀 설명되지 않는다. 하지만 진화론에 그런 내용이 없는 까닭은 우리가 현실에서 흘리는 **개별적인** 눈물을 다윈이 일일이 다 설명할 필요는 없었기 때문이다. 그가 설명해내야 했던 것은 무엇보다 우리에게 눈물샘이 존재하는 이유, 나아가 그 눈물샘이 더러 자신이 고통 받지 않는 때에도 활성화되는 이유였다.[8] 다윈은 각 모듈의 본래적 동인만을 설명해내야 했던 것이다. 통용적 동인은 짧은 시일 안에도 얼마든지 변화할 수 있으니 말이다. 일례로, 폭력에 희생당하는 계층은 우리 주위에 항상 있었으나, 우리 조부모 때에만 해도 관심을 받는 계층의 폭이 좁았던 반면 오늘날에는 그 폭이 훨씬 넓어졌다.[9]

정치적 당파, 그리고 이해 집단은 자신들의 관심사를 통용적 동인으로 만들어 그것으로 어떻게든 우리의 도덕 모듈을 자극하려고 애쓴다. 우리에게서 표나 돈이나 시간을 얻어내려면 도덕성 기반 중 적어도 하나는 반드시 활성화시켜야만 하기 때문이다.[10] 예를 들어, 〈도표 7-4〉에는 내가 샬로츠빌에서 찍은 차량 두 대의 사진이 실려 있다. 여러분은 이 운전자들의 정치 성향이 어떨 것으로 예상하는가?

자동차에 붙은 범퍼 스티커는 그 운전자가 속한 부족을 알려주는 배지일 때가 많다. 운전자는 스티커를 붙여 자신이 지지하는 스포츠

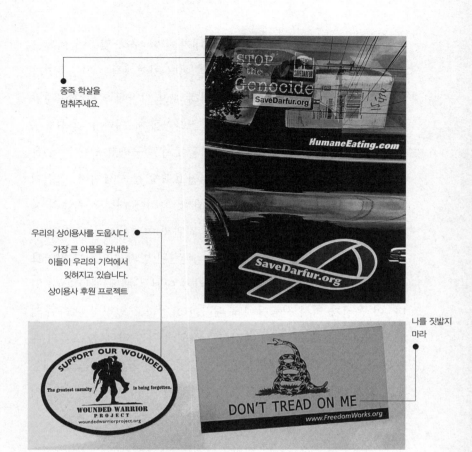

종족 학살을
멈춰주세요.

우리의 상이용사를 도웁시다.
가장 큰 아픔을 감내한
이들이 우리의 기억에서
잊혀지고 있습니다.
상이용사 후원 프로젝트

나를 짓밟지
마라

〈도표 7-4〉 진보주의 배려와 보수주의 배려

팀, 대학, 록 밴드를 알리는 것이다. "다르푸르에 구호의 손길을"(다
르푸르 분쟁은 2003년 2월부터 2010년까지 수단의 다르푸르에서 발생한 것으로,
종족 간의 종교 및 경제 문제로 인해 수십만 명이 사망한 것으로 추정됨—옮긴이)
이라는 스티커를 붙인 운전자는 진보주의 편에 속한 사람이다. 이쯤

은 여러분도 직관적으로 알겠지만, 내가 굳이 구색 맞추어 이유를 대보자면 다음과 같다. 미국을 비롯한 여타 지역에서는 진보주의자의 도덕 매트릭스가 보수주의자에 비해 배려 기반에 의지하는 경향이 훨씬 강한데, 이 운전자는 차량에 스티커를 세 개나 붙여가며 무고한 희생자들을 보호해줄 것을 사람들에게 촉구하고 있다." 이 운전자는 다르푸르의 희생자들과 어떤 연고도 없는 사람이다. 그럼에도 그는 스티커를 통해 다르푸르 분쟁 및 육식에 대한 사람들의 생각을 배려 기반에서 나오는 사람들의 직관과 연결시키려 하고 있다.

   보수주의자들의 경우에는 동정심과 관련된 범퍼 스티커를 찾아보기 힘든 편이지만, "상이용사" 스티커가 이런 사례에 해당할 수 있다. 이 운전자 역시 사람들에게 배려를 요청하고 있지만, 보수주의자의 배려는 진보주의자의 배려와는 차원이 약간 다르다. 그들의 배려는 동물이나 타국의 국민보다는 집단을 위해 희생한 이들을 대상으로 하기 때문이다.[12] 이들의 배려는 모든 곳이 아닌 자신이 사는 지역에 더 한정되고, 또 충성심과도 뒤섞이는 경향이 있다.

공평성과 부정

카리브 해로 휴가를 떠나려는 여러분에게 어느 날 동료가 찾아와 이렇게 제안한다. 자신이 5일 동안 업무를 대신해서 맡아줄 테니 걱정 말고 휴가를 일주일 더 다녀오라고 말이다. 이런 제안을 받으면 여러분의 기분은 어떨까? **호모 에코노미쿠스**의 경우라면 어디서 한 아름 공짜 물건이라도 얻은 듯 마냥 기쁠 것이다. 그러나 그와 거리가 먼 우리 같은 사람들은 그 물건이 공짜일 리 없다는 사실을 잘 알고 있다. 타인에게서 그렇게 커다란 호의를 받았을 때는 단순히 럼주 한 병을 사다 선물하는 것으로는 보답이 되지 않기 때문이다. 동료가 그런 제안을 해오면 우리는 우선 고맙다는 둥 그녀가 정말 좋은 사람이라는 둥 입에 침이 마르도록 인사치레를 해야 할 테고, 결국에는 언제든 그녀가 휴가 갈 때 자신도 똑같이 보답하겠다고 약속할 수밖에 없을 것이다.

진화 이론가의 이야기를 들으면 종종 유전자를 '이기적'이라고 말할 때가 많은데, 그 말은 유전자는 오로지 자기 복제에 도움이 될 때만 동물의 행동에 영향을 미친다는 뜻이다. 그러나 도덕성 기원과 관련해 무엇보다 중요한 통찰은, 이 '이기적' 유전자로부터 관용을 지닌 존재가 만들어져 나올 수 있다는 사실이다. 물론 이들은 누구에게나 관용을 보이기보다 상대를 골라서 관용을 보이는 특징이 있다. 인간이 왜 친족 집단에 이타주의를 보이는가는 전혀 골치 아플 일 없는 문제이다. 그러나 인간이 왜 친족 이외의 집단에까지 이타주의를 보이는가는 진화론적 사고가 전개되는 동안 가장 오래도록 학자들의 골치를 썩여온 문제이다.[13] 이 문제가 해결될 돌파구가 마련된 것은 1971년 로버트 트리버스(Robert Trivers)가 호혜적 이타주의(reciprocal altruism)라는 이론을 펴내면서였다.[14]

트리버스는 진화를 통해 이타주의자가 만들어질 수 있는 종(種)은 따로 있다는 사실에 주목했다. 이런 종의 개체들은 다른 개체와의 예전 상호작용을 기억할 수 있고, 그 기억에 따라 나중에 자신에게 보답할 가능성이 높은 개체에게만 호의적인 태도를 보이는 특징이 있었다. 우리 인간이 이런 종에 해당한다는 것은 말할 것도 없다. 트리버스가 내놓은 의견에 따르면, 인간은 진화를 통해 일련의 도덕적 감정을 발달시켰고, 그런 감정들을 가지고 되갚기(tit-for-tat) 게임을 한다. 사람을 처음 만나면 우리는 보통 누구에게든 호의를 보이지만, 그렇게 첫 만남이 지나고부터는 사람을 고르게 되어 있다. 나에게 잘해준 사람과는 힘을 합치고, 나를 이용한 사람은 멀리하는 것이다.

인간의 삶이란 결국 협조를 통해 서로서로가 이득을 얻는 기회의 연속이다. 우리가 게임에서 패만 잘 내놓는다면 얼마든지 타인과 힘을 합쳐 파이의 크기를 키울 수 있고, 그러면 마지막에 우리 몫으로 돌아오는 파이의 양도 더 많아진다. 사냥꾼들이 힘을 합치면 혼자서는 도저히 못 잡는 큰 짐승을 잡을 수 있고, 이웃들이 각각의 집을 잘 눈여겨보면 서로에게 없는 연장을 빌려줄 수 있으며, 함께 일하는 근로자들이 서로의 사정을 헤아려주면 서로 교대 시간을 맞춰줄 수 있는 것처럼 말이다. 이런 식으로 일방적으로 뜯기는 일 없이 서로서로 이득을 얻는 것은 우리 조상들이 벌써 수백만 년 동안 맞이했던 적응 도전 과제였다. 그리고 이런 이득을 많이 챙길 수 있었던 이들은 다름 아닌 도덕적 감정에 따라 '되갚기' 게임을 한 사람들이었다. "누구에게나 도움을 주는 사람"은 남에게 착취당하기 십상이고, "받기만 하고 주지 않는 사람"은 누구를 만나든 그들과 한 번씩밖에 일하지 못하며 얼마 지나지 않아 아무도 그들과는 파이를 나누려 하지 않기 때문이다.[15] 공평성 모듈의 본래적 동인은 바로 사람들이 우리에게 보이는 협조적 태도 혹은 이기적 태도이다. 사람들이 자신을

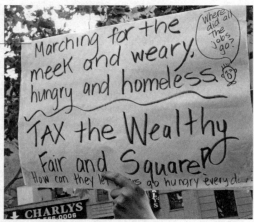

힘없고 지친 사람들, 먹을 것과 잘
곳이 없는 사람들을 위한 행진입니다.

일자리는 다 어디로 간 거죠?

부자들에게 공명정대하게 세금을
부과하라!

내 재산을 퍼 나르지
말고, 내 노동 윤리를 퍼
날라주시오.

〈도표 7-5〉 좌파의 공평성과 우파의 공평성 위 : 뉴욕 주코티 파크에서 열린 월 가 점령 시위
에 사용된 표어. 아래 : 워싱턴 DC에서 열린 티파티 집회에서 사용된 표어(사진 : Emily Ekins).
세금이 '공평하게' 부과되어야 한다고 믿는 것은 누구나 똑같다.

믿고 함께 무엇을 얻어보자는 신호를 보내면, 우리는 거기서 기쁨과
애정과 우정을 느낀다. 그러나 반대로 우리를 속이려 들거나 이용하
려 들면 분노와 경멸감, 때로는 구토감까지 느낀다.[16]

공평성 모듈의 통용적 동인에는 실로 많은 것이 포함될 수 있는데, 이것들은 문화적으로, 그리고 정치적으로 호혜성 및 부정(不正)의 역학과 관련이 있다. 좌파의 경우 그들의 공평성 기반은 평등과 사회정의에 대한 관심사에 의해 일부 형성된다. 좌파에서 부유층이나 권력층을 비난하고 나서는 이유도, 그들이 '공평하게 내야 할' 세금은 내지 않으면서 사회 최하층을 착취하기 때문이다. 이런 주장을 골자로 내세운 것이 최근 일어난 '월 가 점령 시위(Occupy Wall Street movement)'로, 2011년 10월 나도 그 현장에 갔었다.(《도표 7-5》 참조).[17] 한편 우파에서 진행하는 티파티 운동(Tea Party movement : 보스턴 차 사건에서 명칭이 유래된 운동으로 2009년부터 미국의 여러 길거리에서 시작된 보수주의 시위를 말함—옮긴이) 역시 공평성에 관심이 매우 높기는 마찬가지이다. 이들의 눈에는 민주당원들이 '사회주의자'나 다름없다. 열심히 일한 미국인들의 돈을 가져다 게으른 사람(복지 혜택과 실업수당을 받는 이들이 여기에 포함된다)과 불법 이민자(무상 건강보험과 무상교육의 형태로)에게 주기 때문이다.[18]

사람이라면 누구나 공평성에 관심을 가지지만, 사람들이 생각하는 공평성에는 크게 두 종류가 있다. 좌파의 공평성은 평등의 의미를 함축할 때가 많은 반면, 우파의 공평성은 비례의 원칙을 의미한다. 즉, 우파에서는 사람들이 자기가 기여한 만큼 그에 따르는 보상을 받아야 한다고 보며, 그로 인해 불가피하게 불평등한 결과가 발생해도 어쩔 수 없다고 여긴다.

충성심과 배신

1954년 여름, 무자파 셰리프(Muzafar Sherif)라는 연구자가 노동자 계층의 부모 22쌍을 만나 설득에 들어갔다. 그들 슬하의 열두 살짜리 사내아이들을 3주 동안만 자신이 데리고 있게 해달라는 것이었다. 부모의 허락을 얻고서 셰리프가 아이들을 데려간 곳은, 오클라호마의 로버스 케이브 주립 공원에 자신이 미리 빌려둔 여름 캠프장이었다. 여기서 그는 사회심리학에서도 가장 유명할 뿐 아니라 도덕성 기반에 대해서도 가장 풍성한 이해를 제공해주는 한 연구를 수행한다. 셰리프는 우선 아이들을 11명씩 두 그룹으로 나누고, 각 그룹을 이틀에 걸쳐 야영지로 데려갔다. 각 그룹 아이들은 저마다 공원의 다른 곳에 터를 잡았다. 그랬기에 처음 5일 동안 아이들은 공원 안에는 자기 그룹밖에 없다고 생각했다. 그런 상황임에도 아이들이 야영에 들어가 맨 처음 한 일은 영역을 표시하고 부족의 정체성을 만드는 일이었다.

한 그룹의 이름은 '방울뱀족', 나머지 한 그룹의 이름은 '독수리족'으로 정해졌다. 방울뱀족은 주변을 돌아다니다가 주 야영지 상류 쪽에서 수영하기 좋은 물웅덩이를 발견해냈다. 아이들은 거기서 수영을 한번 해보더니, 물에다 징검다리를 놓는 등 웅덩이가 더 나아지게끔 군데군데 손보았다. 그 뒤부터 아이들은 그곳을 자신들만 이용하는 특별 은신처로 여기고 매일같이 그곳을 찾았다. 그러던 어느 날 웅덩이에서 종이컵이 발견되자(사실은 자신들이 전에 두고 간 종이컵이었다) 방울뱀족은 뒤숭숭한 분위기가 되었다. 자신들만 수영할 수 있는 물웅덩이를 '외부인'이 쓴 것에 화가 난 것이다.

구성원들의 합의를 거쳐 각 그룹에서는 대장이 등장했다. 무엇을 할지 결정을 내릴 때면 아이들은 누구 하나 빠지지 않고 다 같이 의견을 내놓는 모습이었다. 그러나 그렇게 나온 의견 중 한 가지를 고르는 일은 보통 대장이 나서서 했다. 각 그룹 안에서는 차차 규칙, 노래, 의식(儀式), 고유의 정체성도 자리를 잡기 시작했다(방울뱀족은 사나이처럼 굳세게 절대 울지 않는다는 주의였고, 독수리족은 절대 악담을 하지 않는다는 주의였다). 아이들이 거기에 온 까닭은 물론 재미있게 놀기 위해서였고, 또 숲 속에도 자기들만 있다고 알았지만, 결국 아이들이 하고 있는 일들은 언젠가 라이벌 그룹이 나타나 똑같은 영역을 자기 땅이라고 주장하는 일이 생길 때 아주 유용할 것들이었다. 그리고 정말로 그런 일이 생겼다.

연구가 시작된 지 6일째 되던 날, 셰리프가 방울뱀족 아이들을 데리고 야구장 근처로 갔을 때 거기서 다른 아이들(독수리족)이 놀고 있는 소리가 들려왔다. 야구장은 전부터 방울뱀족이 자기들 땅이라고 정해놓은 곳이었는데 말이다. 이 일이 있자 방울뱀족 아이들은 야영장의 교관을 찾아와서는 야구 시합을 벌여 독수리족과 대결하게 해달라고 했다. 셰리프는 애초에 구상해두었던 계획에 따라, 스포츠 경기는 물론 야영 기술을 가지고도 일주일간 아이들에게 시합을 붙여보았다. 셰리프의 말에 따르면, 바로 그때부터 "아이들 사이에 경쟁심이 불붙은 모양인지 아이들은 모든 활동(텐트 치기, 야구 등)에 더 많은 열의와 효율성을 가지고 임하기 시작했다."[19] 더불어 아이들이 하나의 부족으로 뭉쳐서 하는 행동도 급격히 늘어났다. 양쪽 아이

바른 마음

들 모두 부족 깃발을 만들어 분쟁 지역에 걸어두었다. 그렇게 만들어놓은 깃발을 아이들은 서로 빼앗아 없애버리곤 했고, 서로의 침소를 침략해 들어가 그곳을 쑥대밭으로 만들어놓았으며, 듣기 싫은 말로 서로를 부르고, (양말에 돌멩이를 가득 넣어) 무기도 만들었다. 아이들 간의 이런 싸움은 교관이 중간에 제지하지 않으면 주먹다짐으로까지 번질 때가 많았다.

사내아이들의 이런 모습을 우리는 익히 잘 알고 있다. 아마도 남자의 마음에는 부족성이라는 것이 선천적으로 들어 있는 듯하다. 즉, 경험에 앞서 그것이 미리 구조화되어 있기 때문에 사내아이들을 비롯한 남자들은 집단의 단결을 강화하는 일이나 집단 간 싸움에서(전쟁을 포함하여) 이기는 것을 **즐기는** 경향이 있다.[20] 충성심은 남자와 여자 모두 상당히 중요시하는 덕목이지만 충성심의 대상은 둘 사이에 차이가 나니, 남자아이는 팀이나 연합에 충성하는 반면 여자아이는 두 사람 사이의 관계에 충성하는 경향이 있다.[21]

1970년대에 일부 인류학자가 주장한 것과는 달리, 유일하게 인간이라는 종만 전쟁을 일으켜서 동족을 죽이는 것은 아니다. 오늘날 밝혀진 바에 따르면, 침팬지도 자신의 영역은 지키고 라이벌의 영역은 침략하는 것으로 보이며, 역량만 되면 이웃 집단의 수컷들을 죽이고 그 집단의 땅과 암컷들을 차지한다.[22] 더불어 오늘날 밝혀진 바로, 전쟁은 농경과 사유재산이 생겨나기 훨씬 이전부터 인간 삶의 한 부분을 늘 구성해왔던 듯하다.[23] 따라서 우리 조상이 또 한 가지의 적응 도전 과제, 즉 라이벌 집단의 도전과 공격을 막아낼 수 있도록 연합을 구성하고 유지해야 하는 일에 임했던 것은 벌써 수백만 년 동안의 일이었다. 알고 보면 우리는 부족 구성에 성공했던 조상들의 직계 후손이고, 개인주의적 성향이 더 강했던 조상들과는 촌수가 좀 있는 셈이다.

인간의 심리 체계 중에는 효과적으로 부족을 이루고 집단 간 경쟁에서 승리하도록 견인차 역할을 하는 것이 많다. 연합 구성과 단결이라는 적응 도전 과제에 임할 수 있도록 우리 안에 선천적으로 구비된 준비물은 여러 가지로, 충성심 기반은 그중 하나에 지나지 않는다는 이야기이다. 이 충성심 기반의 본래적 동인에는, 누가 충성스러운 팀플레이어이고 누가 믿지 못할 반역자인지 알려주는(특히 우리 팀이 다른 팀과 싸움을 벌이고 있을 때) 모든 것이 포함된다. 그러나 다 함께 부족을 이루는 것은 우리가 너무도 좋아하는 일이라, 사람들은 여러 가지로 집단과 팀을 형성해 순전히 겨뤄보는 재미로 서로의 힘을 겨루기도 한다. 스포츠 경기에서 작동하는 심리도 상당 부분이 충성심 기반의 통용적 동인들이 확대된 것들로, 이를 통해 사람들은 서로 하나로 엮이는 즐거움과 누군가를 해치지 않고 획득할 수 있는 전리품을 손에 넣는 즐거움을 맛본다(적군의 시신 일부를 승리의 표시로 가져오는 것을 비롯해, 전쟁에서 전리품을 손에 넣으려는 충동은 세계 곳곳에서 나타나는 현상이다. 심지어 우리는 그 실례를 근대 들어서까지 찾아볼 수 있다).[24]

〈도표 7-6〉의 사진에 찍힌 차를 한번 보자. 사진만으로는 차 주인이 남자인지 여자인지 확신할 수 없지만, 그가 공화당원이고 나아가 충성심 기반만을 활용해 차를 꾸미기로 한 점만은 분명하다. 칼 두 개를 엇갈려 놓고 그 위에 V 자를 얹은 표시는 버지니아 대학의 스포츠 팀 로고(버지니아 용사들)이며, 여기에 더해 이 차의 운전자는 매

〈도표 7-6〉 충성심을 엠블럼으로 장식한 차와 특정 종류의 충성심을 거부하며 누군가 고쳐
놓은 표지판

년 20달러의 추가 비용을 내고 맞춤식 자동차 번호판(자동차 번호판이 한 가지로 통일된 우리나라와 달리, 미국에서는 번호판을 등록할 때 추가 비용을 내면 개인의 취향에 따라 번호판을 만들어 달고 다닐 수 있음―옮긴이)을 달아 성조기(Old Glory : 미국에서는 성조기를 'Old Glory'라고도 표현함―옮긴이)와 미국인의 단합("하나 되어 함께 일어섭시다")도 자랑스레 내걸고 있다.

충성스러운 팀원이 사람들에게서 큰 사랑을 받는 만큼, 그 반대 존재인 반역자들은 보통 적보다 훨씬 악독한 존재로 여겨져 사람들에게서 엄청난 증오를 받는다. 예를 들어, 《코란》에는 타 집단 사람들(특히 유대교도)의 표리부동함을 경계하는 내용이 가득한데, 그럼에도 이 유대교도를 죽이라는 명령은 찾아볼 수 없다. 《코란》에서 유대교도보다 훨씬 나쁘게 보는 것은 바로 배교자, 즉 이슬람 신앙을 배신하거나 아무 이유 없이 버리는 사람이다. 《코란》에서는 이 배교자를 이슬람교도가 죽여야 한다고 명령을 내리며, 알라신이 자신의 입으로 직접 배교자를 처단할 것을 약속하기도 한다. "그런 자들은 반드시 지옥 불에 떨어뜨려 바싹 구워버릴 것이다. 몇 번이고 불에 집어넣어 피부가 하나도 안 남도록 타버리면 다시 피부를 돋게 하여 진정한 형벌이 무엇인지 그 맛을 보여줄 것이다. 분명 신은 전능하시고, 또 전지하실지니."[25] 단테의 《신곡》〈지옥편〉에서도 배반의 죄를 저지른 자는 지옥의 가장 밑바닥에 떨어져 가장 무시무시한 고통을 겪게 되어 있다. 욕정, 폭식, 폭력, 이단보다도 자신의 가족, 팀, 나라에 대한 배신이 훨씬 더 나쁘다고 보는 것이다.

이렇듯 충성심 기반은 사랑과 증오의 감정과 단단히 얽혀 있으니, 그것이 정치에서도 중요한 역할을 하는 것은 어쩌면 당연한 일이라고 할 수 있다. 좌파 정치인들은 애국주의를 지양하고 세계시민주의를 지향하는 경향이 있어,[26] 충성심 기반을 중시하는 유권자들에게서 표심을 못 얻을 때가 많다. 예를 들어, 조지 W. 부시 대통령의 집권 말기 나는 집 근처를 돌아다니다 누군가 훼손해놓은 '정지' 표지판을 볼 수 있었다(〈도표 7-6〉 참조). 공공 기물에 손댄 그 사람이 팀이나 집단이라면 모조리 거부하는 사람인지는 알 수 없으나, "OGLORY" 표지판 주인과는 한참 거리가 있는 사람인 것만은 확실하다. 이라크 및 아프가니스탄과의 전쟁 당시 미국에서는 단결의 필요성이 대두되었는데, 사진 속에는 그에 대한 상반된 두 주장이 나타나 있는 것이다. 한편 보수주의자들은 일부 과격파의 행동을 손쉽게 빌미 삼아, 진보주의를 충성심 기반과 (좋지 않은 방식으로) 연결시킬 때가 많다. 2003년 앤 코울터(Ann Coulter)가 펴낸 책의 제목《반역 : 냉전에서 테러와의 전쟁에 이르는 진보주의자들의 반역 행위(Treason : Liberal Treachery from the Cold War to the War on Terrorism)》가 그 단적인 예라고 할 수 있다.[27]

권위와 전복

인도에서 연구를 하고 미국으로 돌아온 지 얼마 지나지 않았을 때, 우연찮게 나는 이제 막 아빠가 되었다는 택시 운전기사와 이야기를 나누게 되었다. 이런저런 이야기를 나누다 내가 그에게 물었다. 앞으로도 계속 미국에서 살 작정인지, 아니면 고향 요르단으로 돌아갈 생각인지. 그때 그에게서 돌아온 대답은 아마 평생 잊지 못할 것이다. "요르단으로 돌아갈 생각이에요. 아들 녀석이 제게 '퍽 유(fuck you)' 라고 욕하는 꼴은 절대 보고 싶지 않거든요." 몇 년이 흐른 지금은 미국 아이들도 대체로 부모에게 절대 그런 험한 말은 하지 않지만, 미국에 그런 말을 입에 올리거나 (더 많은 경우) 에둘러서 그런 표현을 하는 아이들이 있는 것은 분명 사실이다. 이를 보면 권위자(부모와 선생님 등)에게 어느 정도의 존경을 표해야 하는가 하는 문제는 문화에 따라 엄청나게 차이가 남을 알 수 있다.

인간에게서 위계질서 존중의 욕구는 그 뿌리가 무척이나 깊은 것으로, 상당수 언어가 문법을 통해 위계질서 존중을 직접 규정하고 있을 정도이다. 로망어(romance language : 포르투갈어·에스파냐어·프랑스어·이탈리아어·루마니아어 등 라틴어에서 유래하는 언어를 총칭하는 말―옮긴이)가 대체로 그렇듯이, 프랑스어에서는 상대방에 따라 존대법과 하대법을 따로 구별해 써야 한다. 일례로 2인칭 대명사의 경우, 존대에는 'vous'를 하대에는 'tu'를 쓴다. 심지어 상대방의 지위에 따라 어말어미가 바뀌지 않는 영어에서조차 또 다른 방식으로 지위를 구별하는 방법이 존재한다. 불과 얼마 전까지만 해도 미국인들은 처음 만난 사람이나 윗사람에게는 성에 직위를 덧붙여 불렀고('Mrs. Smith'나 'Dr. Jones'처럼), 친한 사람이나 아랫사람은 이름으로 부르는 경향이 있었다. 아마 여러분도 한 번쯤은 그런 기억이 있을지 모른다. 어떤 영업 사원이 허락도 하지 않았는데 나를 이름으로만 불러서 순간 불쾌감이 들었다거나, 오랫동안 존경해오던 어른이 갑자기 자신을 이름으로 부르라고 해서 선뜻 내키지 않았던 기억 말이다. 만약 그랬

바른 마음

다면 여러분 안에서도 권위/전복 기반의 도덕 모듈이 이미 한 번은 작동했다는 뜻이다.

권위 기반이 어떻게 발전해왔는지 그 단초를 발견할 때 누구나 이해할 방법으로 다음과 같은 것이 있다. 바로 닭, 개, 침팬지 등 집단을 이루어 사는 수많은 종에서 먹이 먹기와 지배 서열이 어떻게 확립되는지 생각해보는 것이다. 낮은 서열의 개체들은 여러 종에 걸쳐 공통적으로 비슷한 모습을 보이는 경우가 많다. 즉, 고분고분한 태도를 보이는 것으로 항상 보잘것없는 존재가 되어 상부에 위협을 주지 말아야 한다. 지배 관계 표시를 제대로 파악하지 못하고 서열을 무시하는 행동을 했다가는 높은 서열 개체에게서 두들겨 맞기 일쑤이다.

이상의 내용은 그저 강한 자가 약한 자를 억누르게 된 이야기로 들릴 뿐, 어떻게 이것이 '도덕성' 기반의 훌륭한 가설이 될 수 있다는 것인지 이해되지 않을 것이다. 그러나 이 대목에서 우리는 권력과 권위를 혼동하지 않도록 조심해야 한다.[28] 침팬지 세계에서 위계 서열 상부에 있다는 것은 그야말로 폭력을 행사하는 힘과 능력이 엄청나다는 뜻이다. 그러나 그런 침팬지들 사이에서조차 일인자 수컷은 더러 '제어 역할'과 같이 사회적으로 유익한 기능을 수행한다.[29] 일인자가 없을 경우 빚어질 다툼이나 폭력 사태가 일인자 수컷의 존재로 인해 해결되고 진압되는 것이다. 영장류 동물학자인 프란스 드 발은 이를 다음과 같이 표현한다. "사회적 규칙을 잘 지켜야 한다는 의식이 발로되려면 서열에 대한 동의와 권위에 대한 존중이 어느 정도 있지 않으면 안 된다. 고양이를 데리고 간단한 집 안 규칙을 가르쳐본 사람이라면 이 말뜻에 쉽게 수긍할 것이다."[30]

우리는 이런 식의 제어 역할을 여러 인간 부족을 비롯해 초창기 문명 속에서도 쉽게 찾아볼 수 있다. 인류 역사에서 맨 처음 만들어진 법전도 그 서두는 왕의 통치가 신성한 뜻에 따라 결정되었다는 내용이며, 이어 본론에 들어가면 질서와 정의를 세울 전권을 왕에게 부여한다. 기원전 18세기에 만들어진 함무라비 법전도 전문(前文)에 다음의 조항을 포함하고 있다. "바로 그때 〔두 분의 신이신〕 아누와 벨이 존귀한 왕자이며 신들의 숭배자인 나 함무라비를 불러 이 땅에 정의를 널리 행하고, 사악한 사람들과 악한 사람들을 멸하고, 강한 사람들이 연약한 사람들을 압제하지 못하게 막았다."[31]

따라서 단순히 사람들을 힘으로 올러 생긴 무식한 권력을 인간적 권위라고 할 수는 없다. 질서와 정의 유지라는 책임까지 짊어져야 인간적 권위인 것이다. 물론 권위자들도 자기 행동이 전적으로 옳다고 믿고는 순전히 일신의 이득을 위해 아랫사람들을 착취하는 경우가 많다. 그러나 도덕 질서 형성에 권위가 해준 역할은 실로 막중하다. 이를 자세히 살펴보지 않으면 인간 문명이 꽃을 피워 이 지구를 온통 뒤덮는 데 불과 수천 년의 시간밖에 걸리지 않은 까닭을 아마 우리는 이해하지 못할 것이다.

대학원에 들어가 공부를 시작했을 때만 해도 나는 '위계 서열=권력=착취=악'이라는 도식을 그대로 가진 채였다. 하지만 앨런 피스크와 공부를 시작하고 나자 내 생각이 틀렸다는 것을 여실히 알 수 있었다. 피스크의 이론은 인간이 맺는 사회적 관계를 기본 네 가지로 규정했는데, 그중에 '권위 서열' 관계라는 것이 있었다. 아프리카에서 그가 직접 행한 현장 연구 결과에 따르면, 이런 관계에 있는 사람들이 서로에게 품는 기대는 독재자와 벌벌 떠는 부하 사이의 기대보다는 오히려 부모와 자식 사이의 기대에 더 가까웠다.

'권위 서열' 관계 안의 사람들은 일직선의 위계질서 안에서 서로 균등하다고 할 수 없는 위치를 차지하고 있다. 아랫사람은 예우하고 존경하고 복종하는 태도를 보이는 한편, 윗사람은 아랫사람보다 우선권을 가지되 그들을 목자처럼 돌본다. 이 관계에 해당하는 사례로는 군대의 위계질서……조상숭배(자식은 부모에게 효도하고, 부모는 자식을 보호하고 법도를 실행할 의무가 있음), 일신교의 도덕규범이 있다. ……'권위 서열' 관계는 강압적 권력보다는 정당한 비대칭적 관계에 대한 인식이 바탕이 된다. 따라서 이 관계에 본래부터 착취의 성격이 있는 것은 아니다.[32]

이제까지의 설명을 보면 알겠지만, 우리 이론에서 쓰이고 있는 권위 기반은 피스크의 개념을 그대로 빌려온 것이다. 이 권위 기반은 다른 기반에 비해 복잡한 양상을 띤다. 모듈이 작동하려면 위(윗사람)와 아래(아랫사람) 두 방향 모두를 신경 써야 하기 때문이다. 이런 모듈들이 양방향으로 돌아갈 때 개개인이 임하는 적응 도전 과제는 바로 쌍방 간 이득을 얻을 수 있는 관계를 위계 서열 안에 구축해내는 것이다. 알고 보면 현재의 우리를 있게 한 조상들은 그런 게임에 제일 능했던 사람들이다. 위계 서열 속에서 계속 자기 지위를 올리면서 동시에 윗사람에게서는 보호를, 아랫사람에게서는 충성을 이끌어낼 줄 알았던 것이다.[33]

이 모듈을 작동시키는 본래적 동인에는, 어떤 이가 상위 서열인지

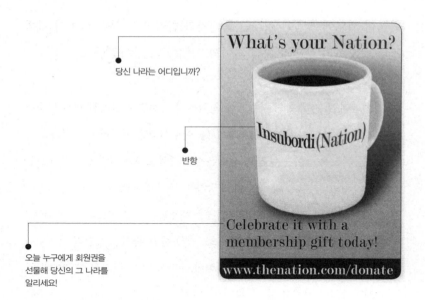

What's your Nation?

당신 나라는 어디입니까?

Insubordi(Nation)

반항

Celebrate it with a
membership gift today!

오늘 누구에게 회원권을
선물해 당신의 그 나라를
알리세요!

www.thenation.com/donate

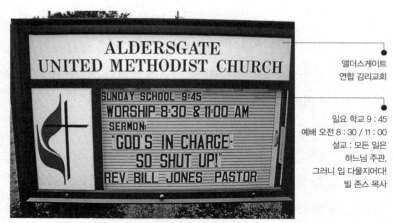

ALDERSGATE
UNITED METHODIST CHURCH

SUNDAY SCHOOL 9:45
WORSHIP 8:30 & 11:00 AM
SERMON:
"GOD'S IN CHARGE-
SO SHUT UP!"
REV. BILL JONES PASTOR

앨더스게이트
연합 감리교회

일요 학교 9 : 45
예배 오전 8 : 30 / 11 : 00
설교 : 모든 일은
하느님 주관,
그러니 입 다물지어다!
빌 존스 목사

〈도표 7-7〉위의 두 사진에서는 권위/전복 기반에 대한 평가가 다소 차이가 난다.　위 : 미국의 진보 잡지 《더 네이션(The Nation)》의 광고. 아래 : 버지니아 주 샬로츠빌의 교회(사진 : Sarah Estes Graham).

혹은 하위 서열인지 드러내주는 외관과 행동 패턴이 포함된다. 침팬지처럼 인간도 누가 누구 위에 있는지 그 위계 서열을 추적하여 기억하는 경향이 있다.[34] 한편 어떤 위계질서 안에서 사람들이 그 질서를 부정하거나 전복하려고 하면, 우리는 행여 거기서 직접적 피해를 입지 않는다 하더라도 그것을 곧바로 알아차리는 경향이 있다. 권위는 질서유지와 혼란 방지를 위해서도 중요한 역할을 수행한다고 할 수 있다. 만일 그렇다고 하면 사람들은 누구나 자신의 이해(利害)를 위해 어느 정도는 이미 형성된 질서를 지탱하고, 나아가 중요한 직위에서 맡은 바 책임을 다해야 하는 사람들을 지지하지 않을 수가 없다.[35]

따라서 권위/전복 기반의 통용적 동인으로는, 정당한 권위를 가졌다고 여겨지는 사람에 대해 어떤 식으로든 복종·불복종·존경·불신·공손함·반항을 표하는 행위 모두가 포함된다. 또 갖가지 전통·제도·가치 등 사회를 안정시켜주는 것들을 전복하려는 행위 역시 권위/전복 기반의 통용적 동인으로 작용할 수 있다. 이 권위 기반은 정치에서는 좌파보다 우파에 의해 훨씬 손쉽게 이용될 수 있는 도덕성 기반이다. 좌파의 경우 위계질서·불평등·권력에 맞서는 것을 자신들 본연의 특성으로 삼을 때가 많기 때문이다. 〈도표 7-7〉에 실린 잡지 광고를 보자. 이 광고의 정치 성향은 여러분도 어렵지 않게 짐작할 수 있을 것이다. 그 아래 사진은 반대에 해당한다. 물론 감리교 교회라고 해서 반드시 보수적인 것은 아니지만, 교회 앞 게시판은 이들이 급진파일 가능성이 추호도 없음을 말해준다.

고귀함과 추함

2001년 초, 아르민 마이베스(Armin Meiwes)라는 독일인 컴퓨터 전문가가 인터넷에 독특한 내용의 구인 광고를 올렸다. 내용인즉슨 "도살당한 후 인육이 되어 줄 21~30세의 건장한 남자를 구합니다"라는 것이었다. 수백 명이 이메일로 답신을 보내왔고, 마이베스는 그중 몇 명을 데려다 자신의 농장에서 면접을 치렀다. 면접에서 사람들은 마이베스의 계획이 단순히 공상이 아니라는 것을 알았으나, 그럼에도 여전히 마음을 바꾸지 않는 사람들이 있었다. 그중 첫 번째가 43세의 나이로 컴퓨터 엔지니어 일을 하고 있던 베른트 브란데스(Bernd Brandes)였다(경고 : 비위가 약한 독자들은 다음 단락은 읽지 말고 통째로 건너뛰기 바란다).

3월 9일 저녁, 두 남자는 함께 영상물 한 편을 제작했다. 앞으로 벌어지는 일은 100퍼센트 브란데스의 합의하에 이루어지는 것임을 밝히는 내용이었다. 그러고 난 뒤 브란데스는 수면제 몇 알을 삼키고 술을 마셨다. 하지만 브란데스의 의식은 여전히 또렷했고, 그건 마이베스가 그의 성기를 잘라내 한입 먹어볼 것을 권했을 때(이는 브란데스가 부탁한 일이었으나 실제로 먹지는 못했다)도 마찬가지였다. 마이베스는 잘라낸 성기를 가져다 와인과 마늘을 곁들여 프라이팬에 볶았다. 브란데스는 요리를 한입 맛보고는 화장실 욕조에 들어가 죽을 만큼 피를 잔뜩 흘렸다. 하지만 몇 시간이 지나도 브란데스는 죽지 않았고, 결국 마이베스가 그에게 키스를 한 후 브란데스의 목에 칼을 찔러 넣었다. 마이베스는 그의 시신을 정육용 갈고리에 걸어 살점을 발라냈

바른 마음

다. 그러고는 그것을 냉장고에 저장해두고 이후 10개월 동안 조금씩 먹어나갔다. 이 일이 결국 발각되면서 그는 체포되어 재판을 받았다. 그러나 브란데스가 순전히 자의로 참여했다는 이유로 인해 1심에서는 그에게 살인죄가 아닌 과실치사죄만 선고되었다.[36]

여러분의 도덕 매트릭스가 자율성 윤리에만 한정되어 있을 경우, 이 이야기를 들으면 도덕적 당혹감에 빠져 갈팡질팡할 공산이 크다. 우선 몹시 찜찜한 기분이 드는 것은 물론, 폭력적인 대목에서는 배려/피해 기반이 활성화될 수 있다. 하지만 여러분이 막상 마이베스나 브란데스의 행동을 비난하려 하면, 존 스튜어트 밀의 피해 원칙과의 정면충돌을 피하지 못하게 된다. 앞서 5장에서 소개한 바 있는 그 원칙은 바로 "교양 있는 공동체에서 그 구성원에게 정당하게 권력을 행사할 수 있는 경우는 오직 하나, 타인에 대한 피해를 사전에 예방하려는 목적이 있을 때뿐이다"라는 것이다. 그리고 원문에는 그 다음 줄에 이런 말이 나온다. "자기 자신의 이익 추구는, 그 이익이 물리적인 것이든 도덕적인 것이든 간에, 권력 행사의 충분한 근거가 되지 못한다." 즉, 자율성 윤리의 틀 안에서는 (누군가 피해를 입는 사람만 없으면) 사람들은 자신이 원하는 방식에 따라 삶을 살 권리가 있으며, 나아가 (부양해야 할 사람을 내팽개치고 떠나는 경우만 아니라면) 자신이 원하는 때에 원하는 방식으로 삶을 끝낼 권리가 있다. 브란데스가 선택한 삶의 종결 방식은 어처구니없을 정도로 혐오스러운 것이지만, 내 박사 논문 연구에서 펜실베이니아 대학 학생들이 곧잘 이야기했던 것처럼, 어떤 일이 단순히 구토감을 일으킨다고 해서 그것을 반드시 잘못이라고 할 수는 없다. 그럼에도 사람들 대부분은 마이베스가 벌인 일에는 어딘가 지독히 잘못된 구석이 **있으며**, 나아가 성인들이 그런 일을 저지르지 못하도록 법이 막아야 한다는 생각을 떨치지 못할 것이다. 왜 그런 것일까?

이 질문에 답하기 위해 어느 날 마이베스가 주어진 형기를 다 채우고 자신의 집으로 돌아왔다고 상상해보자(더불어 일군의 정신의학자의 판명에 따르면, 마이베스는 누군가를 잡아먹으려는 명시적 의사 표명만 없으면 타인에게 전혀 위협이 안 된다고 가정하자). 여러분 집은 마이베스의 집에서 한 블록 떨어진 거리에 있다. 이런 상황에서 그가 돌아온 사실을 알게 되면 여러분 마음은 당연히 불안에 떨지 않을까? 그러다 그가 사회의 압력을 못 이기고 결국 마을을 떠나기로 하면 그제야 마음이 놓일 테고 말이다. 하지만 참극이 벌어졌던 그 집은 어쩔 것인가? 어떤 사람이 거금을 준다고 했을 때, 여러분 같으면 얼마를 받아야 그 집에서 일주일간을 지낼 수 있겠는가? 아마도 결국에는 그 집을 벽돌 한 장 안 남기고 다 태워야 여러분 마음은 더러움을 다 씻어낸 듯 후련해질 것이다.

이렇게 더러움·오염·정화의 느낌을 갖는 것은 공리주의의 관점에서는 아무래도 비합리적인 일에 해당하지만, 슈웨더의 신성함의 윤리에서는 지극히 합당한 일에 해당한다. 마이베스와 브란데스가 비밀리에 공동 모의하여 벌인 일련의 사건은 결국 브란데스의 시체를 고깃덩어리로 취급한 일이었고, 여기에 공포가 더해진 것은 그 과정에 성욕까지 가미가 되었기 때문이다. 한마디로 이들이 한 짓은 괴물 같았다. 5장에서 이야기한 수직적 계열로 보면, 인간이 할 수 있는 행동의 가장 밑바닥을 보여준 것이다. 인간의 살을 먹는 것은 벌레 아니면 악귀뿐인데 말이다. 하지만 인간의 몸이라도 어차피 그들이 자기 몸을 갖고 자의로 한 일인데, 우리가 이토록 왈가왈부하게 되는 이유는 뭘까?

대부분의 동물은 날 때부터 자신의 식량이 뭔지 잘 알고 있다. 예를 들면, 코알라의 경우 유칼립투스 나뭇잎을 찾아 먹도록 감각 체계가 '경험 이전에 구조화되어 있다.' 그러나 인간은 무얼 먹을지 알려면 반드시 학습을 거쳐야 한다. 생쥐나 바퀴벌레처럼 무엇이나 먹어치우는 잡식성이기 때문이다.

잡식동물은 융통성 면에서는 엄청난 이점이 있다. 우연찮게 신대륙을 발견해 발을 들이는 상황에서도 뭐든 먹을 게 있으리라고 장담할 수 있기 때문이다. 그러나 불리한 점도 있으니, 그 새로운 음식은 독이 들었을 수도, 미생물에 오염되어 있을 수도, 기생충으로 가득 차 있을 수도 있기 때문이다. 결국 '잡식동물의 딜레마'(이 말을 처음 만든 것은 폴 로진이다)[37]란, 새로운 음식을 찾아 늘 탐험하지만 그것이 안전하다고 밝혀질 때까지는 마음을 놓을 수 없는 잡식동물의 처지를 말한다.

따라서 잡식동물은 평생 두 가지 동기가 엇갈리는 삶을 살아간다. 즉, 새로움 애호증(새로운 것에 대한 이끌림)과 새로움 혐오증(새로운 것에 대한 두려움) 사이에서 헤매는 것이다. 둘 중 어느 동기가 더 강하게 나타나느냐는 사람에 따라 다른데, 그 차이는 이 책 후반부의 논의에도 도움을 주는 면이 있다. 즉, 진보주의자들은 새로움 애호증('경험에 개방적인 태도'라고도 할 수 있다)을 더 높이 사는 경향이 있어, 단순히 새로운 음식뿐 아니라 새로운 사람, 새로운 음악, 새로운 아이디어를 중요시한다. 한편 보수주의자들은 새로움 혐오증에 더 무게를 둔다. 이들은 무엇이 한 번 진실이라고 검증받으면 그것을 끝까지 고수하는 편이며, 경계와 영역, 전통을 지키는 일에도 훨씬 더 많이 신경을 쓴다.[38]

애초에 구토감이 발달한 것은 이러한 잡식성의 딜레마에 최선의 반응을 내놓기 위한 것이었다.[39] 먼 옛날 구토감을 적절히 느꼈던 사람들은 구토감을 지나치게 느끼는 주변 친족들에 비해 더 많은 칼로리를 섭취할 수 있었던 한편, 구토감을 필요 이상으로 못 느끼는 사람들에 비해서는 위험한 미생물을 덜 먹을 수 있었을 것이다. 그러나 인류를 위협하는 것이 어디 음식뿐이랴. 초창기 인류의 조상들은 어느 날 나무에서 땅 위로 내려와 자기들끼리 커다란 군집을 이루게 되었는데, 바로 이때부터 서로의 몸에서는 물론 서로가 버리는 쓰레기에서 병이 옮을 위험이 심대하게 높아졌다.

이와 관련해 심리학자 마크 섈러(Mark Schaller)가 입증해낸 바에 따르면, 구토감은 소위 '행동 면역 체계(behavioral immune system)'의 일부이다. 행동 면역 체계란 일련의 인지 모듈로서 타인이 무엇에 감염되거나 병에 걸린 듯 보일 때 작동된다. 아픈 사람을 보면 멀리 떨어지고 싶어 하는 것도 바로 이 모듈 때문이다.[40] 생각해보면 이런 식의 행동 면역 체계, 즉 음식물을 깨끗이 씻고, 나병 환자를 멀리 몰아내고, 더러운 사람은 무조건 피하는 것이 감염을 막는 데는 훨씬 효과적인 예방책이다. 감염의 위험성에 그저 수수방관하며 몸 안에 들어온 미생물은 생물학적 면역 체계가 모조리 죽여주겠지 하고 바라는 것보다는 말이다.

따라서 병원균과 기생충을 비롯한 (신체 접촉과 인접성을 통해 퍼지는) 기타 위협을 잘 피하는 것이 예로부터 급선무였다. 고귀함 기반은 이 애초의 적응 도전 과제가 원동력이 되어 발달한 것이고 말이다. 그리고 고귀함 기반의 핵심 모듈을 작동시키는 본래적 동인으로는 사물 혹은 사람 내에 위험한 병원체가 있음을 알려주는 냄새·형태 등의 감각 패턴을 꼽을 수 있다(여기에 해당하는 실제 사례로는 인간 시체, 배설물, 콘도르 같은 사체 처리 동물, 겉으로 드러나는 환부나 병증을 가진 사람을 들 수 있다).

한편 고귀함 기반의 통용적 동인은 문화에 따라, 그리고 시대에 따라 무진장 다양하게 확대될 수 있다. 그렇게 확대된 동인으로 흔히 꼽히는 것이 타 집단 구성원에 대한 경계이다. 물론 이민자에 대한 태도는 문화에 따라 차이가 나며, 질병 위험이 낮을수록 진보적이고 개방적인 태도가 나타난다는 증거도 일부 나와 있다.[41] 그러나 새로운 사상·재화·첨단 기술이 외국인들을 통해 많이 들어오는 만큼, 역병·전염병·새로운 질병을 들여오는 것도 보통 외국인이다. 따라서 각 사회는 잡식동물의 딜레마와 비슷한 것을 피할 길이 없다. 외국인 혐오증과 외국인 애호증 사이에서 늘 줄타기를 하는 것이다.

앞서 다룬 권위 기반과 마찬가지로, 언뜻 보면 고귀함도 도덕성 기반이 되기에는 그 출발이 미약해 보인다. 지금까지의 이야기는 그저 먼 옛날 우리 조상들이 병원체에 어떻게 반응했는지를 밝힌 것뿐이지 않은가? 더구나 이런 식의 반응은 결국 편견과 차별로 이어지고 말이다. 이제 병원체는 항생제로 얼마든지 퇴치되는 시대이니, 우리도 이런 식의 기반은 전적으로 거부해야 옳지 않겠는가?

아니, 그러기엔 아직 너무 이르다. 이 고귀함 기반 덕분에 우리는 특정한 것들에 쉽게 '접촉 불가' 인식을 가질 수 있기 때문이다. 그 방식은 부정적일 수도 있고(우리는 어떤 것이 너무 더럽거나 오염되어 있을 때 그것으로부터 멀리 떨어지고 싶어 한다), 긍정적일 수도 있다(우리는 어떤 것이 너무도 깨끗하고 거룩할 때 그것이 훼손되지 않도록 보호하고 싶어 한다). 만일 우리에게 구토감의 느낌이 없다면, 무엇을 신성시하는 느낌도 없지 않았을까 하는 게 내 생각이다. 나아가 혹시 여러분도 나와 똑같은 의문을 품고 있다면, 즉 인간이 함께 모여 이토록 큰 협동 사회를 이루고 사는 게 도저히 풀리지 않는 수수께끼처럼 여겨진다면, 이 고귀함의 심리에 특별히 관심을 가지지 않을 수가 없을 것이다. 특정 사물(국기, 십자가), 장소(메카, 국가의 발상지 역할을 한 전쟁터), 사람(성인, 영웅), 원칙(자유, 동지애, 평등) 같은 것들을 사람들은 왜 무한한 가치라도 있는 듯이 열심히 떠받드는 것일까? 이 고귀함의 심리는, 그 유래가 어디에 있든, 저마다 뿔뿔이 흩어진 개인을 하나로 뭉치게 해 도덕 공동체를 이루어내는 힘인 것만은 분명하다.[42] 그리고 도덕 공동체 내에서 누가 공동체를 떠받치는 신성한 기둥을 훼손하기라도 하면, 사람들은 다 같이 감정적으로 득달같이 일어나 어떻게든 그를 벌하려고 한다.

논의의 마무리 차원에서 마이베스와 브란데스 이야기로 다시 돌아가 보자. 이 둘이 저지른 일로 인해 그 누가 직접적·물질적 혹은 공리주의적 방식으로 해를 입은 것은 전혀 없다.[43] 그러나 이 둘이 벌인 일로 인해 서구 사회의 도덕적 원칙 기반들은 여러 가지로 뒤흔들렸다. 인간의 생명은 더없이 소중하며 인간의 육신은 단순히 걸어 다

바른 마음

니는 고깃덩어리가 아닌데, 그러한 우리의 공통된 믿음을 그들은 허물어뜨린 것이다. 더구나 이러한 원칙들을 짓밟은 까닭도, 어떤 당위적 필요성이나 고차원의 목표가 있어서였다기보다 자신들의 육욕을 채우기 위한 것이었다. 만일 밀의 피해 원칙을 가지고 이 둘의 행위를 금할 수 없다면, 밀의 피해 원칙은 도덕 공동체의 바탕을 이루기에는 부족한 것이 아닐까 한다. 신이 정말 존재하든 존재하지 않든, 우리가 사는 이 세상에는 고귀하고 순수하고 품격 높은 사물, 행위, 사람이 분명 존재한다. 그와 반대로 천하고 더러우며 격이 낮은 존재도 있고 말이다.

마이베스 사건이 정치와 관련해서는 무슨 말을 해줄 수 있을까? 이 같은 사건은 그 내용이 너무 혐오스러워 연구에 쓰이기에는 적절치 못하다. 그러나 굳이 연구하지 않아도 장담할 수 있는 점이, 마이베스에 대해서는 진보와 보수 모두 비난하고 나설 게 분명하다는 것이다(자유주의자들은 어떨지 확실히 모르겠지만).⁴⁴ 그런데 구토감 수위를 이보다 약간 낮춰놓고 보면, 진보와 보수가 고귀함과 순수함의 개념을 사뭇 다르게 사용한다는 것을 알 수 있다. 미국의 보수주의자 같은 경우, 고귀함이라고 하면 '생명의 고귀함'이나 '결혼의 고귀함'을 이야기할 가능성이 높다. 보수주의자들(특히 신앙심 깊은 보수주의자들)에게 인간의 몸은 영혼이 거하는 신전이지, 군데군데 기름을 쳐서 돌려야 하는 기계나 재미있게 뛰어놀아야 할 운동장이 아니다.

〈도표 7-8〉의 두 이미지를 보면 슈웨더가 신성함의 윤리에서 설명한 대조가 여실히 드러나 있는 것을 알 수 있다. 우선 위쪽 이미지는 〈순결의 알레고리(The Allegory of Chastity)〉라는 15세기의 회화 작품

당신의 몸은
신전일지
몰라도, 내 몸은
놀이동산입니다.

Your Body May Be A Temple,

But Mine's An Amusement Park

〈도표 7-8〉 **고귀함/추함 기반을 바라보는 서로 다른 두 입장** 위 : 한스 멤링(Hans Memling)의
1475년 작 〈순결의 알레고리〉. 아래 : 버지니아 주 샬로츠빌에서 찍은 범퍼 스티커 사진. 이 차
에는 스티커가 한 장 더 붙어 있었는데, (민주당 상원 의원 짐 웹을 지지한다는) 내용을 통해
차 주인이 확실히 좌파 성향임을 알 수 있었다.

이다.[45] 그림 속에는 동정녀 마리아가 있고, 마리아를 머리에 인 채 자수정 바위산이 솟아나 그녀를 보호해주고 있다. 동정녀 마리아 아래쪽에는 냇물이 흐르고(마리아의 순수함을 상징한다) 그 곁을 두 마리의 사자가 지키고 있다. 이 그림에서 순결은 하나의 덕이자 반드시 지켜내야 할 보물로 그려지고 있다.

더구나 이런 생각은 아득히 먼 옛날이야기인 것만도 아니다. 최근이라고 할 수 있는 1990년대의 미국에서도 이런 사상에 고무되어 순결 서약 운동이 일어난 바 있기 때문이다. 이 운동을 주관한 실버링싱(Silver Ring Thing)에서는 현재도 회원들에게 결혼 전까지 성생활을 하지 말고 순결을 지킬 것을 서약하도록 하고 있다. 서약을 마친 회원들은 은반지를 하나씩 받아 그것을 결혼반지처럼 끼고 다닌다. 반지에는 저마다 갖가지 《성경》 구절 이름이 하나씩 적혀 있는데, 그중 하나인 "데살로니가 전서 4장 3~4절"을 찾아보면 그 내용이 다음과 같다. "이는 곧 너희를 신성하게 만들기 위한 하느님의 뜻이니라. 너희는 음행을 삼가야 하며, 각자 거룩하고 명예롭게 자기 몸을 절제하는 법을 알아야 하느니라."[46]

그러나 좌파에서는 보통 순결이라는 덕을 시대에 뒤떨어진 성차별주의적 발상으로 치부한다. 제러미 벤담이 역설한 바에 따르면, 우리 인간은 '헤돈(즐거움)'은 가급적 늘리고 '도울러(고통)'는 가급적 줄여야 하는 존재가 아니던가. 만일 도덕성의 초점이 개개인과 개개인의 의식적 경험에 있다고 하면, 자기 몸을 운동장으로 쓰면 **안 되는** 이유를 어디에서 찾을 수 있겠는가? 그래서 비종교적인 진보주의자들은 독실한 기독교도의 모습을 가져다가 마음이 불안하여 쾌락을 두려워하는 내숭쟁이로 풍자할 때가 많다.

이 기반을 제일 많이 이용하는 것은 아무래도 종교적 우파이지만, 영적인 좌파에서도 이 기반을 이용하기는 한다. 예를 들어 뉴에이지(현대의 서구적 가치를 거부하고 영적 사상과 점성술을 중시하는 사조를 일컫는 말—옮긴이)식 식료품점에 가보면, 이 기반의 본래적 기능, 즉 불순물 피하기의 기능이 작동하는 것을 볼 수 있다. 그곳에 나와 있는 각양각색의 상품은 우리에게 몸의 '독소'를 깨끗이 씻어주겠다고 약속하기 때문이다. 나아가 환경 운동의 도덕적 열정에도 이 기반이 자리 잡은 부분이 있다. 산업주의·자본주의·자동차가 수많은 환경 운동가의 지탄을 받는 것은, 그것들이 이 세상을 물리적으로 오염시키고 있어서만은 아니다. 그들이 말하는 오염에는 좀 더 상징적 차원의 의미도 있으니, 산업자본주의는 주변을 때로 물들이기 전에 그 존재 자체로 먼저 자연을, 그리고 인간이 가진 본성을 더럽히고 있다는 것이다.[47]

미국에서 벌어지는 문화 전쟁, 그중에서도 특히 생체의학 관련 이슈를 이해하는 데에는 이 고귀함 기반이 무엇보다 중요한 역할을 한다. 이 고귀함 기반이 지닌 가치를 전면 부정해버리면, 오늘날 생체의학과 관련해 벌어지는 그 분분한 논쟁을 이해하기 힘들어진다. 이를테면 고귀함 기반을 제쳐두고 낙태를 생각한다고 해보자. 그럴 경우 거기 남는 윤리적 문제는 단 하나, "태아가 고통을 느끼는 시점은 언제부터인가?"뿐이다. 고귀함을 빼버리면 안락사 역시 바람직한 것으로 여겨질 수밖에 없다. 누군가 고통을 느끼며 산다면 그는 그 삶을 끝낼 수 있어야 하고, 또 고통 없이 죽으려면 의학적 도움을 받을 수 있다고 여기는 것이다. 줄기세포 연구에 관해 전개되는 논지도 이와 똑같다. 불임 치료 센터에 가사 상태로 살아남은 배아가 있을 때 우리가 거기서 섬유조직을 좀 가져다 쓰면 안 될 이유가 뭐겠는가? 그것들은 고통을 느끼지 못할뿐더러, 그 조직을 가지고 잘만 연구하면 치료제를 개발해 의식이 살아 있는 사람들의 고통을 덜어줄 수 있는데 말이다.

슈웨더의 신성함의 윤리는 물론 그 바탕인 고귀함 기반까지 가장 필두에 서서 옹호해온 철학자가 있으니, 바로 레온 카스(Leon Kass) 이다. 그는 1997년 포유동물 최초로 복제 양 돌리가 탄생하자 탄식에 젖어 글을 하나 발표했다. 첨단 기술의 발전은 종종 도덕의 경계를 허물뿐 아니라 원하는 것은 뭐든 다 할 수 있다는 위험한 믿음을 사람들에게 심어준다는 내용이었다. 〈혐오감의 지혜(The Wisdom of Repugnance)〉라는 제목의 그 글에서 카스는 구토감이 때로 우리에게 소중한 경각심을 일깨워주기도 한다고 주장했다. 구토감이 느껴진다는 것은 곧 경계선을 지나 너무 멀리까지 갔다는 뜻이라는 것이다. 심지어 도덕적 당혹감을 느끼고 헤맬 때, 그래서 피해자를 짚어내는 것으로는 자신의 느낌을 정당화할 수 없을 때, 그것은 우리에게 훌륭한 안내자가 되어줄 수 있다.

다른 때와 마찬가지로 이번에도 혐오감은, 인간의 의지가 넘치는 데 대한 반항으로서 일어난다. 말로 할 수는 없지만 저 안에 깊숙이 자리 잡은 무엇을 넘지 말라는 일종의 경고인 셈이다. 지금이 어떤 세상인가. 무언가 하는 것이 자유가 아니냐고 하면 모든 것이 용인되는 세상, 인간에게 주어지는 본성이 더 이상 훌륭한 것으로 존경받지 못하는 세상, 자율적이고 합리적인 의지가 주(主)이지 몸은 그저 수단일 뿐인 세상이다. 이런 시대에 그래도 인간성의 핵심 중추를 큰 목소리로 변호해줄 수 있는 것이 남아 있다면, 그것은 오로지 혐오감 하나일 것이다. 못 볼 것을 보고도 몸서리치는 법을 잊은 영혼, 거기에 더 이상 깊이는 없다.[48]

7장 요약

7장의 서두에서 내가 한 일은 6장에 소개한 도덕성의 다섯 가지 기반에 대해 독자 여러분이 나름의 직관을 가져보게 하는 것이었다. 그 뒤에는 선천성의 개념을 "경험 이전의 구조화"라고 정의 내렸다. 즉, 선천성은 책의 초고와도 같아, 개개인이 다양한 문화 속에서 성장하는 동안 얼마든지 수정될 수 있다는 내용이었다. 이러한 정의를 통해 나는 도덕성 기반이 선천적이라는 의견을 개진할 수 있었다. 어떤 문화가 어떤 규칙이나 덕을 중시하는가는 저마다 다른바, 개개인이 성장해 이미 완성된 책의 경우 그 속에서 보편성을 찾는 것은 어리석은 일밖에 되지 않는다. 인간의 모든 문화에 빠짐없이 들어 있는 똑같은 내용의 단락은 아무리 찾아도 단 하나도 없을 것이다. 그러나 진화론과 인류학자들의 관찰 사이에 뭔가 연관이 있다고 보는 사람이라면, 인간 본성의 초고에 담긴 보편성의 내용을 어느 정도 학식을 담아 추측해볼 수는 있을 것이다. 7장에서 나는 그러한 추측 다섯 가지를 내놓으려고(나아가 그것들을 정당화하려고) 노력했다.

- 배려/피해 기반이 발달하게 된 것은, 무력한 아이들을 돌봐야 하는 적응 도전 과제에 임하면서였다. 이 기반 때문에 우리는 고통과 필요의 신호에 촉각을 곤두세우게 된다. 또 이 기반이 있음으로 해서 우리는 잔혹함을 경멸하는 경향을 보이고, 나아가 고통 받는 이들을 돌봐주려는 마음을 갖는다.
- 공평성/부정 기반이 발달하게 된 것은, 협동으로 보상을 얻되 착취는 당하지 말아야 하는 적응 도전 과제에 임하면서였다. 이 기반 때문에 우리는 누가 협동과 호혜적 이타주의에 훌륭한(혹은 나쁜) 파트너다 싶으면 그 신호에 촉각을 곤두세우게 된다. 우리가 사기꾼이나 부정행위자와 관계를 끊거나 그에게 벌을 주고 싶어 하는 것도 이 기반 때문이다.
- 충성심/배신 기반이 발달하게 된 것은, 연합을 구성하고 유지해야 하는 적응 도전 과제에 임하면서였다. 이 기반 때문에 우리는 누가 훌륭한 팀플레이어인지에(혹은 그렇지 않은지에) 촉각을 곤두세우게 된다. 이 기반 때문에 우리는 그런 사람에게는 신뢰와 보상을 주고 싶어 하고, 반대로 나 혹은 우리 집단을 배반하는 사람에게는 위해, 추방, 심지어 살인으로 응징하고 싶어 한다.
- 권위/전복 기반이 발달하게 된 것은, 사회적 위계 서열 내에서 인간관계를 잘 구축하여 모종의 이득을 거두어야 하는 적응 도전 과제에 임하면서였다. 이 기반 때문에 우리는 서열이나 지위의 표시에 촉각을 곤두세우게 되며, 타인이 자신의 주어진 지위에 맞게 잘 행동하고 있는지도(혹은 그렇지 않은지도) 민감하게 살핀다.

- 고귀함/추함 기반이 발달하게 된 것은, 애초에는 잡식동물의 딜레마라는 적응 도전 과제에 임하면서였으나, 병원체와 기생충이 득실대는 세상에서 살아가야 하는 더 광범한 도전 과제 역시 후일 이 기반을 발달시키는 원동력이 되었다. 고귀함/추함 기반에는 행동 면역 체계도 포함되는바, 우리는 이를 통해 다양한 상징적 사물과 위협에 조심스러운 태도를 보인다. 사람들은 집단을 하나로 뭉쳐주는 데 중요한 역할을 하는 것이라면 거기에 비합리적일 정도로 엄청난 가치(긍정적인 가치는 물론 부정적인 가치도)를 쏟아붓는데, 그런 경향이 나타날 수 있는 것도 바로 이 기반 때문이다.

7장의 논의를 거치는 동안 우리는 정치색의 양 끄트머리 분파들이 이런 도덕성 기반에 어떤 식으로, 또 얼마큼이나 기대는지도 살필 수 있었다. 좌파는 배려 기반과 공평성 기반에 주로 기대는 반면, 우파는 다섯 가지 기반 모두를 활용하는 것으로 보인다. 그런데 만일 실제로도 정말 그렇다고 하면, 좌파의 도덕성은 마치 '더 트루 테이스트' 식당의 음식과 비슷하다는 뜻이 아닐까. 좌파의 도덕성은 고작 한두 개의 미각 수용체를 활성화시키는 반면, 우파의 도덕성은 충성심·권위·고귀함까지 아우르며 더 폭넓게 미각 체계를 자극하는 것이다. 그렇다고 하면, 유권자들과 연결될 더 폭넓고 다양한 방법도 결국 보수적 정치인들이 손에 쥐고 있다는 이야기가 되지 않을까.

8장
도덕적인 인간이 승리한다

2005년 1월, 민주당 샬로츠빌 지역당으로부터 도덕심리학에 대해 강연을 좀 해달라는 청이 들어왔다. 나로서는 무척이나 반가운 기회였던 것이, 대선 유세가 한창이던 2004년 나는 존 케리의 연설문을 쓰는 데 1년 내내 적지 않은 시간을 할애했기 때문이다. 물론 정식으로 돈을 받고 연설문 작가로 뛴 것은 아니었다. 그저 매일 저녁 개와 함께 산책을 하며 케리의 연설문 중 호소력이 별로 없는 부분을 골라내 머릿속에서 고쳐 써본 것뿐이었으니까. 예를 들어, 케리가 민주당 전당대회에서 한 대선 후보 수락 연설을 한번 살펴보자. 그는 부시 행정부가 저지른 갖가지 실정을 열거하며 내용이 하나씩 끝날 때마다 슬로건을 외쳤다. "미국은 더 잘할 수 있습니다", "여러분에게 도움의 손길이 되겠습니다"라는 것이었다. 첫 번째 슬로건에는 도덕성 기반과 연결된 부분이 전혀 없었다. 두 번째 슬로건은 그나마 배려/피해 기반과 약하게 연관이 있었지만, 그마저도 미국의 시민들은 무력하니 민주당 대통령이 돌보아주어야 한다고 생각하는 사람에게나 호소력이 있었다.

나는 이 대선 후보 수락 연설을 케리가 부시의 공약을 이것저것 열거하며 내용이 하나씩 끝날 때마다 이렇게 묻는 식으로 고쳐보았다. "그 경비는 다 당신이 내는 겁니까, 조지?" 이 간단한 슬로건 한 줄이면 당시 부시가 제시한 여러 가지 새로운 계획(두 차례 전쟁에 대한 대규모의 예산 지출과 세금 감면을 필두로 하는)이 후한 인심보다는 오히려 좀 도둑질에 가깝다는 걸 일러줄 수 있을 것이었다. 케리의 상황에서라면 공평성/부정 기반을 활용해 사람들의 부정행위자 감지 모듈을 활성화시킬 수 있었던 것이다.

민주당 샬로츠빌 지역당에 가서 내가 한 강연의 메시지는 간단했다. **공화당원은 도덕심리학을 잘 이해하고 있지만, 민주당원은 그렇지 못하다**는 것이었다. 사람들의 정치적 행동을 주관하는 것은 기수가 아니라 코끼리라는 것을 공화당원은 이미 오래전부터 이해하고 있었고, 코끼리가 어떤 방식으로 작동하는지도 잘 알고 있다.[1] 공화당원이 만드는 슬로건, 정치 광고, 연설문은 모두 사람의 직감에 직접적으로 가 닿는 경향이 있다. 그중에서도 1988년 윌리 호튼(Willie Horton)이라는 흑인 범죄자의 얼굴 사진을 넣어 만든 광고는 두고두고 사람들의 입에 오르내렸다. 이 광고에서 공화당은 윌리 호튼이 주말에 감옥에서 나와 잔혹한 살인을 저지를 수 있었던 것은, "범죄에 유화적인" 마이클 듀카키스(Michael Dukakis : 당시 민주당의 후보)가 범죄자 주말 휴가를 만들었기 때문이라고 전국에 대대적으로 광고

했다. 반면 민주당원은 코끼리보다는 기수를 정면에 놓고 호소할 때가 많으며, 따라서 정책의 세부 내용을 비롯해 그것이 가져다줄 이득이 강조되는 편이다.

조지 W. 부시나 그의 아버지 조지 H. W. 부시나 청중에게서 감동의 눈물을 자아내는 능력이 없기는 매한가지이지만, 둘 다 운만큼은 대단히 좋았다고 할 수 있다. 대선에서 그들의 대항마로 나선 이들은 머리를 주로 쓰는, 감정적으로 냉철한 사람들(마이클 듀카키스, 앨 고어, 존 케리)이었기 때문이다. 한편 민주당에서는 대통령이 나와 재임에까지 성공한 경우는 프랭클린 루스벨트 이후로는 단 한 번뿐이었고, 이도 결코 우연은 아니다. 그 주인공은 자신의 친근한 이미지와 유창한 말솜씨를 하나로 결합시킬 줄 알았으며, 그럴 때면 거의 음악을 들을 때의 감동이 느껴지곤 했으니까 말이다. 빌 클린턴, 그는 코끼리를 어떻게 매료시키는지 잘 아는 사람이었다.

민주당 일각에서는 공화당원들이 사람들에게 두려움만 일으키려 한다고 비난하지만, 꼭 그런 것만은 아니다. 앞서 도덕성 기반 이론에서 설명한 갖가지 직관을 공화당원들은 두루두루 자극할 줄 안다. 민주당에서 그러듯 공화당도 얼마든지 무고한 희생자(민주당의 해로운 정책에 피해를 입은 이들)와 공평성 원칙(사람들이 열심히 일해 알뜰하게 번 돈을 나라에서 세금으로 거둬 사기꾼, 게으름뱅이, 무책임한 바보에게 주는 것을 공화당에서는 특히 불공평한 일로 본다)을 화두로 삼는 일이 가능하다. 그러나 닉슨 대통령 시절 이래 공화당원들이 거의 독점하다시피 활용해온 기반은 역시 충성심(특히 애국심과 군인 정신)과 권위(여기에는 전통을 숭상하는 것은 물론 부모, 선생님, 연장자, 정책에 대한 존중까지 포함된다)였다. 더구나 1980년 로널드 레이건의 대선 유세 당시 공화당은 기독교 보수파를 끌어안으며 "가족을 소중히 하는" 정당으로 자리매김했다. 이로써 공화당은 기독교로부터 신성함 및 성생활과 관련한 강력한 사상적 틀을 유산처럼 넘겨받았고, 이를 밑천으로 민주당을 소돔과 고모라(《성경》에 등장하는 도시들로, 성적 퇴폐 때문에 하느님의 노여움을 사 불과 유황비를 맞고 멸망함—옮긴이)의 정당으로 그려낼 수 있었다. 1960년대와 1970년대 들어 사회적 범죄와 혼란이 날로 가중되면서 공화당의 이 다섯 가지 기반에 바탕을 둔 도덕성은 널리 호소력을 지닐 수 있었고, 심지어 거기에 이끌린 민주당원(이른바 '레이건파 민주당원')도 상당수에 달했다. 그에 반해 1960년대 이래로 민주당이 제시해온 도덕성 비전은 그 폭이 좁게만 보였다. 오로지 어려운 사정의 희생자들을 돕고 억압당하는 사람들의 인권을 위해 싸우는 일에만 초점을 맞춰온 것이다. 민주당에서 보여준 맛이 설탕(배려)과 소금(평등 개념의 공평성)뿐이었다면, 공화당의 도덕성은 다섯 가지 미각 수용체 모두를 끌어당긴 면이 있었다.

  내가 민주당 샬로츠빌 지역당에 가서 풀어놓은 이야기는 이런 것이었다. 술책을 썼다며 공화당원들을 탓하기보다 심리학을 너무 모르는 민주당원들을 탓했던 것이다. 이런 이야기를 하면 사람들이 당연히 화를 내겠거니 했지만, 민주당원들은 조지 W. 부시에게 연이어 패배하고 해명에 간절히 목말라 있던 터라 내 주장도 기꺼이 고려해보는 듯했다. 그러나 그때만 해도 내 설명은 추측에 불과했다. 진보주의자보다는 보수주의자가 도덕성 미각에 더 폭넓게 반응한다고 주장은 했지만, 그런 주장을 뒷받침해줄 자료는 아직 하나도 모

으지 못한 상태였기 때문이다.[2]

도덕성을 측정하다

하지만 다행이었던 것이, 그러한 고민을 안고 있던 차에 마침 나를 진실한 사람으로 만들어줄 대학원생 하나가 버지니아 대학에 들어와 주었다. 매치닷컴(Match.com : 데이트할 상대를 찾아주는 온라인 사이트— 옮긴이) 같은 사이트에 지도교수와 대학원생을 맺어주는 서비스가 있었다 한들, 아마 제시 그레이엄(Jesse Graham)만큼 훌륭한 파트너를 찾아주지는 못했을 것이다. 제시는 (공부의 폭을 넓히기 위해) 시카고 대학을 졸업하고, (종교를 심도 있게 이해하기 위해) 하버드 신학대학원에서 박사 학위를 땄으며, 그 뒤에는 (문화의 비교 체험을 위해) 일본에 가서 1년 동안 영어를 가르쳤다. 연구 프로젝트에 참여해 1년을 지내는 동안 제시는 설문지를 하나 만들어냈다. 그것이면 사람들을 데려다 도덕성 기반과 관련해 점수를 내볼 수 있을 것이었다.

여기에 내 동료 브라이언 노섹까지 가세해 우리는 '도덕성 기반 설문지(Moral Foundations Questionnaire : MFQ)' 첫 번째 버전을 만들어냈고, 그 첫머리에 다음과 같은 지시문을 달았다. "여러분이 무엇에 대해 옳고 그름의 결정을 내릴 때, 다음 항목의 내용은 얼마나 중요한 것으로 생각됩니까?" 우리는 이 지시문에 이어 0~5점까지의 응답 점수를 나열하고 거기에 설명을 붙였다(0점 : 전혀 중요하지 않음. 이 항목은 내가 옳고 그름을 판단하는 데 아무 상관이 없음. 5점 : 절대적으로 중요함. 이

항목은 내가 옳고 그름을 판단할 때 가장 중시하는 요소 중 하나임). 그런 다음에
는 "누군가 잔혹한 행동을 함"(배려 기반에 해당)과 "누군가 권위를 제
대로 존중하지 않음"(권위 기반에 해당) 하는 식으로, 다섯 가지 기반
마다 세 개씩 진술을 만들어 총 15개의 진술을 설문지에 나열했다.

ProjectImplicit.org(내재적 연관 검사 사이트―옮긴이)는 인터넷에서도
학술 연구용 사이트로는 규모가 제일 큰 축에 속하는데, 당시 브라
이언은 이 사이트의 감독을 맡고 있었고 덕분에 우리는 피험자 1600
명을 모집해 일주일 만에 MFQ 작성을 마칠 수 있었다. 제시가 그 자
료를 그래프로 만들자 과연 우리가 예상한 그대로의 차이가 나타났
다. 〈도표 8-1〉을 보면 당시 제시가 만든 그래프가 실려 있다. 왼쪽
끝 부분은 스스로 "매우 진보적"이라는 사람들의 응답이고, 가운데
부분에 놓인 온건파의 응답을 거쳐, 오른쪽 끝 부분의 자칭 "매우 보
수적"이라는 사람들의 응답까지 살펴볼 수 있다.[3]

그래프를 보면 알겠지만, 그래프 전반에 걸쳐 배려와 공평성의 선(맨
위의 선 두 개)이 약간 점수가 높은 것으로 나타나고 있다. 사람들은
누구나(좌파든 우파든 중간이든) 자신이 옳고 그름을 판단할 때 동정심,
잔혹성, 공평성, 부정(不正)의 관심사를 중요시한다는 이야기이다.
그러나 역시 왼쪽에서 오른쪽으로 갈수록 두 선의 점수가 점점 낮
아지는 것을 알 수 있다. 진보주의자들은 자신들이 보수주의자보다
이 이슈를 도덕성에서 더 중요하게 생각한다고 말하고 있는 것이다.

그러나 충성심, 권위, 고귀함 기반의 선들에서는 사뭇 다른 이야기
가 전개되고 있음을 알 수 있다. 대체로 진보주의자들은 이 세 기반
은 잘 고려하지 않는 양상이다. 진보주의자들의 이 세 기반을 배려,

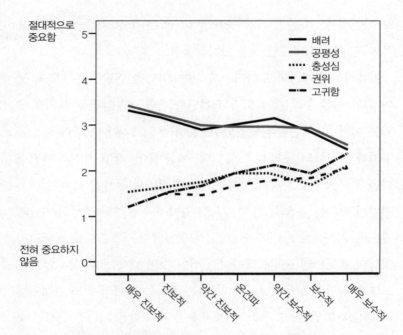

배려
공평성
충성심
권위
고귀함

절대적으로
중요함

전혀 중요하지
않음

매우 진보적 | 진보적 | 약간 진보적 | 온건파 | 약간 보수적 | 보수적 | 매우 보수적

〈도표 8-1〉도덕성 기반 이론의 첫 번째 증거 Graham, Haidt, and Nosek(2009), p. 1033의 내용을 허가를 얻어 변용함. 미국심리학회 출간.

공평성 기반과 비교해보면 둘 사이에 큰 차이가 남을 알 수 있는데, 이를 대략 정리하면 진보주의자들에게는 두 가지 기반의 도덕성이 있다는 이야기가 될 수 있다.' 그러나 시선을 오른쪽으로 옮기면 점들이 점점 올라가는 것을 알 수 있다. 그리하여 "매우 보수적"인 사람들에 이르면, 다섯 개의 선이 한곳에서 다 같이 만나는 모습이다. 이를 대략 정리하면 보수주의자들에게는 다섯 가지 기반의 도덕성이 있다고 말할 수 있을 것이다. 그런데 보수주의자들이 염두에 두는 도덕적 가치가 진보주의자들의 그것보다 더 폭넓다는 것이 정말로 사실일까? 혹시 우리가 우연찮게 내놓은 특정 질문들에서만 유독 이런 패턴이 나타난 것은 아니었을까?

이듬해까지 제시와 브라이언과 나는 MFQ를 매만지는 작업에 들어갔다. 우선 우리는 각 도덕성 기반과 관련하여 직관을 일으킬 수 있는 여러 가지 진술을 만들었고, 설문지에 그 내용과 함께 질문을 추가해 사람들의 동의 여부 물었다. 예를 들어, 배려 기반과 관련한 다음 질문에 여러분은 동의하는가? "무방비의 동물을 해치는 것은 사람이 저지를 수 있는 가장 악독한 일에 속하는가?" 충성심 기반과 관련된 질문으로는 다음과 같은 것도 있었다. "스스로를 표현하는 것보다 충성스러운 팀플레이어가 되는 것이 더 중요한 문제인가?" 그렇게 매만진 설문지로 우리가 얻은 결과는 제시의 애초 그래프를 쏙 빼닮아 있었다. 또 우리는 〈도표 8-1〉과 똑같은 패턴만 발견한 것이 아니라, 미국 이외 수많은 국가의 피험자에게서도 이와 똑같은 패턴이 나타난다는 것을 알 수 있었다.[5]

나는 도덕심리학 관련 강연이 있을 때면 우리가 얻은 이 그래프를 늘 가지고 가서 학생들에게 보여주었다. 그러던 어느 날 라비 이어(Ravi Iyer)라고 2006년 가을에 내 강연을 들은 서던캘리포니아 대학의 한 대학원생에게서 메일을 한 통 받았다. 자신이 지금 이민에 대한 사람들의 태도를 연구 중인데, 거기에 MFQ를 활용해도 되느냐는 것이었다. 그러면서 라비는 전문 웹 프로그래머인 자신이 도와줄 테니 웹 사이트를 하나 만들어 제시와 나의 연구에 활용해보라고 제안해주었다. 캘리포니아 대학 어바인 캠퍼스에 대학원생으로 재학 중이던 세나 콜레바(Sena Koleva) 역시 그즈음 나에게 MFQ를 활용해도 되는지 물어왔다. 세나는 피트 디토(4장에서 설명한 '동기에 따른 추론'의 연구자) 밑에서 정치심리학을 공부하는 중이라고 했다. 나는 둘의 부탁에 모두 응낙해주었다.

전 세계 심리학자들은 매년 1월이면 다 같이 한곳에 모여 콘퍼런스를 열고 서로의 연구에 대해 공부하는 시간을 갖는다. 물론 여기에는 같이 잡담하고, 서로 인맥을 쌓고, 함께 술을 마시는 시간도 빠지지 않는다. 2007년 이 콘퍼런스의 개최지는 테네시 주의 멤피스였다. 덕분에 나는 라비, 세나, 피트, 제시와 함께 어느 늦은 밤 한 호텔 바에 둘러앉아 각자의 연구 결과에 대해 이야기를 나누며 서로에 대해 알아가는 시간을 가질 수 있었다.

우리 다섯은 정치적으로는 모두 진보였지만, 진보 쪽 사람들이 정치심리학에 접근하는 방식에는 똑같은 우려를 품고 있었다. 진보파의 연구 중에는 보수주의자가 어떤 면에서 잘못인지를 설명하려는 것이 너무 많았다("보수주의자들은 왜 보통 사람들처럼 평등, 다양성, 변화를 수용하지 않는가?" 하는 식으로 말이다). 그날은 마침 정치심리학 회의가 열렸던 날이었는데, 보수주의자를 겨냥하거나 부시 대통령의 인지능력 한계를 지적하며 농담을 던진 연사가 한둘이 아니었다. 우리 다섯은 모두 그런 행동은 잘못이라고 느꼈다. 도덕적인 면에서만이 아니라(몇 안 되더라도 청중 속에 보수주의자가 끼어 있을 경우 험악한 분위기가 조성될 수 있기 때문에), 과학적인 면에서도 분명 잘못이었다(그런 행동은 특정 결론에 이르려는 동기를 드러내는 것이기 때문이다. 원하는 결론이 있을 경우 사람들은 그쪽으로 나아가기 쉬운 법이다).[6] 아울러 우리 다섯은 정치와 관련된 미국인들의 삶이 점차 양극으로 나뉘어 서로에게 무례를 범하는 것이 심히 걱정이었다. 따라서 도덕심리학이 힘이 되어 각파의 열성 당원들이 서로를 이해하고 존중하게 되면 좋겠다고 우리는 생각했다.

우리는 앞으로 어떤 연구를 하면 좋을지에 대해서도 이야기를 나누었는데, 누군가 아이디어를 하나 낼 때마다 라비는 이렇게 말했다. "그 연구는 인터넷에서도 충분히 해볼 수 있을 것 같은데요." 라비는 우리끼리 웹 사이트를 하나 만들어보자고 제안했다. 처음 방문해 회원 가입을 하면, 수십 개의 도덕심리학과 정치심리학 연구에 참여해볼 수 있는 그런 사이트를 말이다. 그런 다음에는 사람들의 응답을 전부 하나로 연결시켜 각 방문자의 도덕성 프로파일을 포괄적으로 만들어낼 수 있을 것이다. 연구에 참여해준 보답으로 우리는 방문자에게 세세한 피드백을 보내줄 수 있을 것이고, 이를 통해 사람들은 자신을 남과 비교해볼 수 있다. 그리고 피드백 내용이 충분히 흥미롭기만 하면, 사람들은 친구들에게 우리 사이트 얘기를 할 것이다.

그렇게 해서 몇 개월 동안 라비는 우리 웹 사이트를 만드는 작업에 들어갔고(www.YourMorals.org), 우리 다섯이 다 함께 힘을 합쳐 사이트를 두루 손보았다. 버지니아 대학의 윤리심의위원회로부터 연구를 진행해도 좋다는 승인이 떨어진 것이 5월 9일, 사이트는 이튿날부터 바로 가동에 들어갔다. 처음 몇 주 동안은 하루 방문자 수가 열 명을 약간 웃돌 뿐이었다. 그러다 그해 8월 과학 저술가 니콜라스 웨이드(Nicholas Wade)가 《뉴욕 타임스(New York Times)》에 도덕성의 근원에 대해 글을 쓴다며 나를 인터뷰해갔다.[7] 웨이드는 우리 웹 사이트 이름을 기사에 넣어주었다. 그 기사가 9월 18일자 신문에 실리면서, 그 주 우리 웹 사이트에는 총 2만 6000명에 달하는 새 방문자가

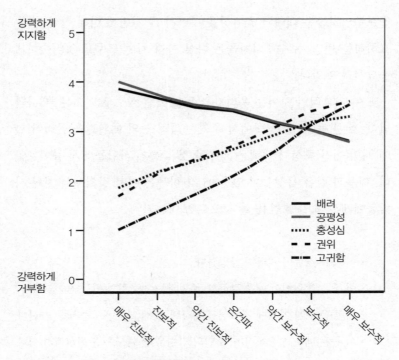

강력하게
지지함

강력하게
거부함

매우 진보적　진보적　약간 진보적　온건파　약간 보수적　보수적　매우 보수적

　　배려
　　공평성
········ 충성심
－ － 권위
－·－ 고귀함

〈도표 8-2〉 2011년 피험자 13만 2000명을 대상으로 한 MFQ 점수
자료 : YourMorals.org.

찾아와 각자 하나 이상의 설문을 완료해주었다.

　〈도표 8-2〉의 그래프는 2011년도의 MFQ 자료로서, 총 13만 명 이
상이 설문에 참여한 결과이다. 제시가 처음 만든 간단한 형식에 이
후 우리는 여러 가지로 수정을 가했는데, 그럼에도 그래프의 기본
패턴은 2006년 제시가 처음 발견해낸 것과 늘 똑같이 나타났다. 배
려, 공평성 선은 왼쪽에서 오른쪽으로 갈수록 차차 내려가는 한편,
충성심·권위·고귀함 선은 차차 올라가는 양상이다. 여기서도 역시

진보주의자들은 배려와 공평성을 나머지 세 기반에 비해 훨씬 더 중요시하는 반면, 보수주의자들은 다섯 가지 기반 모두를 엇비슷하게 중요시하고 있다.[8]

또 이 기본적인 차이는 우리가 질문을 어떤 식으로 던지든 늘 나타났다. 예를 들어, 한 연구에서 우리는 특정 종의 애완견을 골라야 할 때 개의 어떤 특성이 선택을 좌우할 것 같은지 사람들에게 물어보았다. 다음과 같은 특성들이 있을 때 각 항목은 어떤 정치색을 지닌 사람들에게서 제일 호감을 살 것으로 보이는가?

- 이 종은 성품이 지극히 상냥하다.
- 이 종은 독립심이 매우 강하고, 주인과는 친구처럼 평등하게 지낸다.
- 이 종은 집과 가정에 지극히 충성하며, 낯선 사람에게는 낯을 가린다.
- 이 종은 매우 순종적이며, 주인의 명령을 잘 듣도록 훈련시키기 쉽다.
- 이 종은 매우 깔끔한 성격으로, 고양이처럼 몸의 위생에 대단히 신경을 쓴다.

설문 결과, 우리는 사람들이 스스로의 도덕 매트릭스에 잘 어울리는 개를 원한다는 사실을 알 수 있었다. 진보주의자들이 원하는 쪽은 상냥한 개(즉, 배려 기반의 가치와 잘 어울리는 개)와 주인과 평등하게 지내는 개(평등 개념의 공평성 기반)이다. 반면 보수주의자들은 충성스럽고(충성심 기반) 순종적인(권위 기반) 개를 원한다(고귀함 항목은 당파에 따라 선택이 갈리지 않는다. 양쪽 모두 깔끔한 개를 더 선호하는 경향이 있다).

〈도표 8-2〉와 같은 수렴형 패턴은 반드시 인터넷 설문 조사에서만

나타나는 것이 아니다. 우리는 교회에서도 이런 패턴을 찾아볼 수 있었다. 제시는 미국 곳곳의 유니테리언 교회(진보파)와 남침례교회(보수파)에서 설교에 사용된 텍스트 수십 건(후자의 경우 그 이상)을 입수할 수 있었다. 제시는 본격적으로 설교를 읽기에 앞서 먼저 각 도덕성 기반과 개념적으로 관련된 단어를 수백 개 찾아냈다(예를 들어, '평화, 배려, 동정심'은 배려 기반의 긍정적인 면에 속하고, '고통 받다, 잔혹한, 악랄한'은 배려 기반의 부정적인 면에 속한다. 또 '복종하다, 의무감, 명예'는 권위 기반의 긍정적인 면에 속하고, '반항하다, 홀대하다, 반발하다'는 권위 기반의 부정적인 면에 속한다). 그런 다음 제시는 LIWC라는 컴퓨터 프로그램을 사용해 두 텍스트군에서 각 단어가 몇 번이나 사용되었는지 그 횟수를 헤아려보았다.[9] 단순한 착상의 이 방법을 통해 우리는 MFQ의 결과에 재차 확신을 가질 수 있었다. 유니테리언 교회 목사들은 배려와 공평성의 단어를 훨씬 더 많이 사용한 반면, 침례교 목사들은 충성심, 권위, 고귀함의 단어를 훨씬 더 많이 사용하고 있었다.[10]

이런 패턴은 뇌파에서도 찾아볼 수 있었다. 이를 위해 우리는 버지니아 대학의 사회신경학자인 제이미 모리스와 팀을 이루고, 진보와 보수 성향의 학생들을 모두 데려다 두 가지 버전으로 문장 60개를 보여주었다. 한 버전은 특정 기반에 부합하는 생각을 지지하는 내용이었고, 다른 버전은 그 생각을 거부하는 내용이었다. 예를 들면, 우리는 피험자를 데려다 절반에게는 "직장 내에서 완전한 평등은 반드시 필요하다"라는 내용을, 나머지 절반에게는 "직장 내에서 완전한 평등은 비현실적이다"라는 내용을 보여 주었다. 이런 문장들이 한 단어씩 화면에 깜박거리며 나타날 때 피험자들은 뇌파 측정을 위해 특별히 제작된 모자를 쓰고 있었다. 나중에 우리는 뇌수 엑스레이 사진(EGG)을 보면서, 핵심 단어가 등장하는 순간(예를 들면, '필요하다' 대 '비현실적이다')에 놀라움과 충격의 증거가 나타난 뇌를 골라냈다."

진보주의자들의 뇌는 배려와 공평성의 중요성을 거부하는 문장을 접할 때 보수주의자들의 뇌에 비해 더 많은 충격을 보였다. 더불어 충성심, 권위, 고귀함의 중요성을 지지하는 문장을 접할 때에도 보수주의자보다 더 충격을 보이는 모습이었다(예를 들어, "10대 때에는 부모님 말씀에 의문을 품어야 한다"보다 "10대 때에는 부모님 말씀을 귀담아들어야 한다"에 더 충격을 보였다). 다시 말해, '진보' 혹은 '보수'의 라벨이 붙은 무엇을 고른다는 것은 단순히 설문지 위에서 서로 다른 가치를 고른다는 이야기가 아니다. 진술을 접하고 0.5초도 안 되는 사이 당파적인 뇌는 벌써 자기들끼리 서로 다른 반응을 보이고 있기 때문이다. 순식간에 번쩍 일어나는 뉴런의 이 애초 활동이 바로 **코끼리**이며, 코끼리가 조금이라도 몸을 트는 순간 기수는 다른 방식으로 추론을 전개해 다른 종류의 증거를 찾아내고, 그리하여 다른 결론에 도달한다. 직관이 먼저이고, 추론은 그다음이다.

가난한 사람들이
왜 보수 정당에 투표하는가

몇 해 전 민주당 대선 후보로 버락 오바마(Barack Obama)가 낙점되었을 때, 나는 그야말로 뛸 듯이 기뻤다. 오랜 기다림 끝에 드디어 민주당에서도 도덕성 미각을 두루 갖춘, 그래서 다섯 가지 도덕성 기반을 모두 이야기할 수 있는 후보를 선택한 듯 보였기 때문이다. 그의 책 《담대한 희망(Audacity of Hope)》에서 오바마는 자신은 진보여도 보수의 주장, 즉 질서유지의 필요성과 전통의 중요성을 충분히 이해하는 모습이었다. 아버지의 날(Father's Day : 보통 6월 셋째 일요일에 지낸다) 흑인 교회를 찾아가 한 연설에서도 그는 결혼 생활과 전통적인 양친 가정의 가치를 칭송했고, 더불어 흑인 남성들에게는 자녀에게 좀 더 책임감을 가질 것을 당부했다.[12] 애국심을 주제로 한 연설에서도 그는 1960년대에 진보주의자들이 성조기를 불태우거나 베트남 참전 용사들을 환대하지 않는 등의 반문화 운동을 벌인 것은 잘못이라고 비난했다.[13]

그러나 2008년 여름을 지내면서 나는 슬슬 걱정되기 시작했다. 주요 인권 기관을 대상으로 한 오바마의 연설은 온통 사회적 정의와 대기업의 탐욕에 대한 이야기뿐이었다.[14] 즉, 배려 기반과 공평성 기반만 활용되고 있었고, 더구나 공평성의 개념도 결과의 평등을 의미할 때가 많았다. 또 베를린에서 한 유명한 연설에서 오바마는 스스로를 "세계의 친구 같은 시민"이라고 소개하면서, '전 지구적 시민주의'를 화두로 삼았다.[15] 이 연설이 있기 전에도 오바마는 미국의 여느 정치인과 달리 정장 옷깃에 성조기 핀을 달지 않는 점 때문에 세간에 논란을 일으킨 바 있었다. 진보주의자들 입장에서야 어이없는 논쟁에 불과했지만, 이러한 논란에 베를린 연설까지 겹치면서 보수주의자들 사이에 대두되던 시나리오가 힘을 얻었다. 진보주의에 세계시민주의자인 오바마가 어떻게 다른 나라의 국익보다 우리나라의 국익을 먼저 챙길 수 있겠느냐는 것이었다. 오바마의 대항마로 나선 존 매케인(John McCain)은 충성심 기반을 활용하지 못하는 오바마의 약점을 파고들어 "나라가 먼저입니다"를 대선 슬로건으로 내걸었다.

오바마가 앨 고어(Al Gore)와 케리의 전철을 그대로 밟지 않을까 염려된 나는 대선 레이스에 도덕성 기반 이론을 적용하여 소론을 하나 써냈다. 민주당원들이 정책 이슈 이야기를 어떤 식으로 풀어가야 사람들의 도덕성 기반을 두 가지 이상 활성화시킬 수 있을지 그 방법을 보여주고 싶었던 것이다. 그러던 어느 날 온라인 과학 살롱을 운영 중인 존 브록만(John Brockman)이 이 글을 보고는 엣지 사이트(Edge.org)에 한번 올려줄 것을 청했다.[16] 단, 그러려면 내용을 수정하여 정치 조언은 대부분 걷어내고 도덕심리학에만 초점을 맞추어야 한다고 했다.

나는 이 소론에 〈사람들은 왜 공화당에 표를 던지는가?(What Makes People Vote Republicans?)〉라는 제목을 붙였다. 서두에서는 몇십 년 동안 심리학자들이 내놓은 통상적 설명을 요약하는 일부터 시작했다. 이들에 따르면 보수주의자들이 보수적이 되는 까닭은, 어린 시절 지나치게 엄격한 부모 밑에서 자랐거나, 변화·새로움·복잡함을 심하게 두려워하거나, 존재 불안으로 인해 흑백논리의 단순한 세계관을 고수하기 때문이다.[17] 이 설명들에는 하나같이 한 가지 공통적인 특징이 있다. 즉, 보수주의를 멀리할 수단으로 심리학을 이용하고 있다는 것이다. 이런 설명에 의하면 보수적인 생각은 불우한 어린 시절이나 못된 성품에서 비롯되는 것인 만큼, 진보주의자들은 그것을 진지하게 받아들일 필요가 없다. 소론에서 나는 이와는 사뭇 다른 접근법을 제시했다. 우선 나는 진보주의자와 똑같이 보수주의자도 성실하게 삶을 살아가는 사람들이라고 가정했다. 그런 다음 도덕성 기반 이론을 이용해 양쪽의 도덕 매트릭스를 함께 이해시키는 방향으로 나아갔다.

이 소론에 담긴 핵심 생각은, 어떻게 하면 아무 연고도 없는 사람들이 모여 서로 평화롭게 살아갈 사회를 만드느냐 하는 문제에는 근본적으로 다른 두 가지의 접근법이 존재한다는 것이었다. 두 접근법 중 하나는 존 스튜어트 밀로 대표되고, 나머지 하나는 프랑스의 위대한 사회학자 에밀 뒤르켐(Emile Durkheim)으로 대표된다. 소론에서 나는 밀의 비전을 다음과 같이 설명했다.

첫 번째로, 상호 이득을 위한 사회적 계약으로써 사회가 만들어진다고 상상해보자. 이곳에서는 개인들이 다 같이 평등하게 지내며, 누구나 자유롭게 자기 뜻에 따라 이사하고, 재능을 계발하고, 인간관계를 맺을 수 있어야 한다. 이러한 계약 사회의 대표적 수호자는 존 스튜어트 밀로, 그는 [《자유론(On Liberty)》]에서 이렇게 썼다. "교양 있는 공동체에서 그 구성원에게 정당하게 권력을 행사할 수 있는 경우는 오직 하나, 타인에 대한 피해를 사전에 예방하려는 목적이 있을 때뿐이다." 밀의 이 비전은 수많은 진보주의자와 자유주의자에게 호소력을 지닌다. 가장 이상적인 형태의 밀의 사회는 평화롭고 개방적이고 창의적인 곳으로서, 각양각색의 개인이 서로의 권리를 존중해준다. 그러면서도 궁지에 처한 사람을 돕거나 공익을 위해 법을 바꾸어야 할 때는 사람들이 자의적으로 하나로 뭉친다(오바마가 외치는 '단결'도 이러한 것이다).

이런 식의 사회 비전은 오로지 배려 기반과 공평성 기반에만 의존하고 있음을 나는 소론을 통해 보여주었다. 사람들이 누구나 이 두 기반에 의지한다고 가정하게 되면, 우리는 사람들이 잔혹과 불의를 보면 참지 못하며, 나아가 서로의 인권을 존중하는 일에는 발 벗고 나서리라고 가정하게 된다. 이렇게 밀의 비전을 소개한 데 이어 나는 뒤르켐의 비전을 대조해 보여주었다.

이제는 사회가 개인 간 합의를 통해 만들어진다기보다 사람들이 함께 살 방편을 찾는 과정에서 차차 유기적으로 만들어진다고 상상해보자. 즉, 생존을 위해 하나로 엮인 사람들은 상대방의 이기심은 서로 억누르는 한편, 사회 이탈자나 무임승차자 등 집단의 협동에 해가 되는 무리를 처단해나간다. 이때 사회의 기본 구성단위는 개인이 아니다. 그 기본단위는 위계질서가 잡힌 가족으로, 여타 기관들도 이를 본으로 삼는다. 이런 사회 속에서는 개인들이 태어나는 순간 강력하고 제약적인 인간관계 속으로 들어가는바, 따라서 자율성에도 심대한 제약이 따른다. 이렇듯 좀 더 구속적인 사회 개념을 수호해온 사람은 사회학자 에밀 뒤르켐으로, 일찍이 아노미(무규범 상태) 현상을 경고한 그는 1897년에 이렇게 썼다. "인간은 자신이 소속감을 느낄 수 있는, 자기보다 높은 무엇이 보이지 않으면 고차원의 목표에 애착을 가지거나 규칙에 순응하지 못한다. 사회의 모든 압력에서 자유롭게 해방된다는 것은 곧 스스로를 버리는 것이자 든든한 기반을 잃는 것이다." 가장 이상적인 형태의 뒤르켐의 사회는 숱한 집단이 서로 포개지고 겹치며 일종의 안전망을 이루어, 개개인을 사회화시키고 탈바꿈시키고 돌보는 것이다. 자기 뜻대로 하게 개인을 내버려두면 그는 결국 피상적이고 육체적이고 이기적인 쾌락을 좇게 되기 때문이다. 뒤르켐의 사회가 더 중요시하는 것은 자기표현보다는 자기 절제, 권리보다는 의무, 타 집단에 대한 관심보다는 자기 집단에 대한 충성이다.

뒤르켐의 사회를 지탱하는 것은 배려와 공평성 기반만이 아님을 나는 소론을 통해 보여주었다.[18] 이런 사회를 건설하려면 충성심, 권위, 고귀함 기반도 마저 이용하지 않으면 안 되는 것이다. 이어서 나는 미국의 좌파가 이런 뒤르켐의 세상을 도덕적 흉물 정도로만 보는 까닭에 사회적 보수층은 물론 종교적 우파까지도 제대로 이해하지 못하고 있음을 보여주었다.[19] 뒤르켐의 세상은 보통 위계적이고, 종교적이며, 또 벌이 엄격하다. 더불어 사람들의 자율성에 한계를 긋고, (많은 경우 전통적인 성 역할을 비롯하여) 전통을 지지하는 경향이 있다. 이런 비전은 진보주의자에게는 떠받들기는커녕 싸워서 물리쳐야 할 대상이다.

여러분의 도덕 매트릭스가 오로지 배려 기반과 공평성 기반에만 의지하고 있다면, 아마 여러분은 **에 플루리부스 우눔**(E pluribus unum : 다자에서 하나로)이라는 미국의 비공식 모토를 들어도 고귀한 울림을 느끼지 못할 것이다. 여기서 '고귀하다'는 것은 앞 장에서 소개한 고귀함 기반의 그런 개념을 말한다. 한마디로 고귀함을 안다는 것은 어떤 사상, 사물, 혹은 사건에 무한한 가치를 부여할 줄 안다는 것인데, 그런 것들이 집단을 하나의 실체로 똘똘 뭉치게 할 경우 그 가치는 특히 커진다. 생각해보면 이 지구에서 성공한 나라치고 **플루리부스**(각양각색의 민족)로 **우눔**(하나의 국가)을 만들어내는 기적을 연출하지 않은 곳은 없다.[20] 이 기적을 더 이상 연출하지 못할 때 나라는 망하거나 쪼개진다.

민주당이 **플루리부스** 정당이 된 것은 1960년대에 들어서면서였다. 이후 민주당은 대체로 다양성을 칭송하고, 동화(同化)되지 않는 이민을 지지하며, 또 영어를 미국의 표준어로 쓰는 데는 반대하고, 성조기 핀은 웬만해서는 달지 않으려 하고, 스스로를 세계시민이라 칭하는 경향이 있다. 이런 실정이니, 1968년 이래로 민주당이 대선에서 그토록 부진한 성적을 내왔던 것은 어쩌면 당연한 일이 아닐까?[21] 미국의 대통령은, 사회학자 로버트 벨라(Robert Bellah)가 말한 "미국의 시민 종교(American civil religion)"에서 대사제와 다름없는 존재이다.[22] 그러니만큼 대통령은 (꼭 예수가 아니더라도) 신의 이름을 빌리지 않을 수 없고, 미국이 낳은 영웅과 그것이 이룩한 역사를 찬미하지 않을 수 없으며, 또 성스러운 경전(독립선언문과 헌법)을 입에 올리지 않을 수 없고, **플루리부스**를 **우눔**으로 성화(聖化)시키지 않으면 안 된다. 가톨릭교도들의 경우를 생각해보자. 만일 어떤 사람이 라틴어를 쓰지 않겠다고 하거나 자신은 이 세상의 신을 전부 모신다고 여긴다면, 누가 그 사람을 사제로 선택하겠는가?

소론의 나머지 부분은 민주당원들에게 조언을 전하는 것으로 마무리를 지었다. 민주당에서는 더 이상 보수주의를 병증으로 치부해선 안 되며, 나아가 도덕성에 대한 사고도 배려와 공평성에만 국한시키지 말아야 한다는 내용이었다. 더불어 나는 민주당이 충성심, 권위, 고귀함 기반을 훨씬 더 많이 활용함으로써 보수파와 진보파 사이에 벌어져 있는 고귀함 기반의 간극을 메워가야 한다고 목소리를 높였다. 그것은 민주당이 자신들의 "메시지를 만들 때"뿐 아니라, 미국의 공공 정책과 최선의 국익을 생각할 때도 필요한 일이었다.[23]

미처 헤아리지 못한 부분

소론이 나가자 독자들에게서는 그야말로 거센 반응이 일었고, 그런 반응은 더러 이메일을 통해 내게 고스란히 전해졌다. 좌파의 경우, 상당수 독자는 여전히 배려의 도덕 매트릭스에 갇혀 옴짝달싹 못하고 있었다. 보수주의가 또 하나의 도덕성 비전이 될 수 있다는 사실을 그들은 믿으려고 하지 않았다. 예를 들어, 한 독자는 소론에 나타난 내 진단에는 동의를 표하면서도, 거기에는 자아도취증이라는 보수파의 또 다른 특징이 빠져 있다고 이야기했다. "공화당원들의 전형적인 특징이 바로 동정심이 부족하다는 것입니다. 자아도취증이 있는 사람 역시 인간의 이 중요한 면모를 갖고 있지 못하지요." 그리고 참 "슬프게도" 공화당원들은 이런 자아도취증 때문에 아마 그들의 "병"을 바라보는 내 시각을 이해하지 못할 것이라고 그는 생각했다.

한편 우파의 반응은 대체로 이보다는 긍정적이었다. 다음의 이메일 내용에 드러나듯이, 군대나 종교에 몸담았던 사람들은 우파의 도덕성에 대한 내 묘사가 정확하고 유익했다고 보고 있었다.

저는 22년 동안 미국 해안경비대에서 일하다 최근 퇴역한 사람입니다.

……퇴역 후에는 [정부 산하의 과학 기관에] 일자리를 얻었습니다. 이곳[새 직장] 은 좀 더 진보적이고 독립적인 문화를 지향하는 분위기입니다. ……여기 에서 저는, 더 커다란 목표는 상실한 채 개인주의와 내분에 찌든 조직의 모 습을 발견합니다. 군에 복무할 때에는 몇 안 되는 이가 한정된 자원을 가 지고 어떻게 그토록 대단한 위업을 이루는지 늘 감격했습니다. 하지만 새 로 들어온 이곳에서는 사람들이 모여 무엇을 한다는 것 자체가 놀라운 일 입니다.[24]

보수파 중에는 화가 난다는 반응을 보인 이도 상당수에 달했다. 특 히 보수적 경제관을 지닌 사람들은 내가 그들의 도덕성을 잘못 이해 했다고 여겼다. 한 독자는 내게 "헛소리하시네"라는 제목으로 이메 일을 보내 내가 무엇을 잘못 짚었는지를 다음과 같이 설명해주었다.

내가 공화당에 투표하는 이유는, 다른 사람들(권력자들)이 내가 힘들게 번 돈을 갖다 엉뚱한 사람에게 주는 게 싫어서요. 생산적인 일은 하나도 안 하 면서 사회 기금을 챙기는 미혼모 같은 사람들 말이오. 이들이 낳은 아이들 은 나중에 커서 민주당원이 되지. 이렇게 간단한 이유인 것을……궂은일 한 번 안 해보고 공부만 한 당신 같은 '철학자'는, 엉터리 같은 질문을 던져 놓고 그에 '합리적인' 답을 내놓았다며 돈을 벌지. ……가서 마약 주사나 더 맞고 융이나 더 읽으쇼.

화가 난 또 다른 독자는 자기 나름으로 "사람들이 민주당에 표를 던지는 이유 15가지"를 꼽아 블로그의 토론장에 올렸다. 그가 첫 번

바른 마음

째로 꼽은 이유는 "IQ가 낮아서"였지만, 나머지 목록을 보니 그의 도덕 매트릭스와 핵심 가치가 무엇인지 파악되었다. 거기에 포함되어 있던 내용을 정리하면 다음과 같다.

- 게으르기 때문에
- 공짜로 무엇을 얻으려 하기 때문에
- 자신이 잘못해놓고 누군가 다른 사람을 원망하기 위해서
- 자신이 책임지는 게 두렵거나 단순히 어떤 책임도 질 생각이 없기 때문에
- 열심히 일해 돈을 버는 사람, 스스로 삶을 꾸려나가는 사람, 태어나서 죽을 때까지 정부의 도움에 기대지 않는 사람들이 싫어서
- 서로 다른 세 남자에게서 낳은 자식이 다섯이라 꼭 복지 혜택을 받아야만 해서

이런 유의 이메일에는 도덕성 관련 내용이 넘쳐나고 있었지만, 이상하게도 도덕성 기반 이론을 가지고 그 내용을 분류하기가 영 쉽지 않았다. 메일 내용 중에는 공평성을 논하는 것이 많았는데, 이때의 공평성은 평등과는 전혀 상관이 없었다. 즉, 그것은 청교도의 노동 윤리와 힌두교의 인과법칙에 나타난 공평성으로서, 사람은 자신이 뿌린 대로 거두어야 한다는 개념이었다. 열심히 일한 사람은 땀 흘린 결실을 손에 넣을 수 있어야 하는 반면, 게으르고 무책임한 사람은 그로 인한 대가를 치러야 한다는 것이었다.

이 이메일을 비롯해 경제적 보수주의자들에게서 이런저런 반응을

접하고 나자, YourMorals.org에서 행한 우리 작업이 보수주의자들의 공평성 개념을 잡아내는 데는 영 서툴렀다는 사실을 깨달을 수 있었다. 애초 우리는 공평성 기반에 평등과 비례의 원칙이 다 포함된다고 가정해놓고도, 정작 설문에서는 공평성 기반을 측정할 때 평등과 평등의 권리만 주로 다루었던 것이다. 그 결과 진보주의자들이 공평성 기반을 더 중시하는 것으로 나타났는데, 바로 이 점 때문에 경제적 보수주의자들이 나에게 단단히 화가 난 것이다. 그들 눈에는 공평성(비례 원칙의 개념)을 안중에 두지 않는 쪽은 오히려 진보주의자들이기 때문이다.

애초 우리는 비례의 원칙과 평등이 인지 모듈은 똑같으나 그 표현만 서로 다른 것이라고 가정했는데, 과연 그러한지 의문이었다. 둘 모두가 호혜적 이타주의와 관련이 있다는 로버트 트리버스의 설명은 정말 사실인 것일까? 사람들이 왜 비례의 원칙을 중시하는지, 나아가 부당 행위자에 대해 왜 그토록 민감한지 그 이유를 찾기 어렵지 않다. 그것은 트리버스의 분석, 즉 믿을 수 있는 파트너와 서로 호의를 주고받음으로써 이익을 얻는다는 호혜적 이타주의를 통해 직접적으로 해명되기 때문이다. 하지만 평등의 경우는 어떨까? 진보주의자들이 정치적·경제적 평등을 중요시하는 것은 호혜적 이타주의와 정말 관련이 있을까? 사람들은 불한당이나 압제자에게도 끓는 듯한 의분을 느끼고 부당 행위자를 볼 때도 분노를 품는데, 이 두 느낌은 과연 똑같은 것인가?

나는 소위 수렵·채집자 이론의 평등주의 개념을 들여다보고 나서, 이 두 가지의 공평성은 따로 떼어야 한다는 데 강한 확신을 가지게 되었다. 평등에 대한 욕구는 호혜성 및 교환의 심리보다는 자유 및 압제의 심리와 더 밀접하게 연관된 것으로 보이기 때문이다. 이 문제와 관련해 나는 YourMorals.org의 동료들과도 논의해나갔고, 그리하여 다양한 종류의 공평성과 자유에 대해 새로운 연구를 진행했다. 그러고 나서 우리는 여섯 번째 기반(자유/압제 기반)을 임시로 추가하게 되었다.[25] 또한 공평성에 대한 생각도 바꾸어 비례의 원칙을 좀 더 강조하기로 결정을 내렸다. 이제부터 그 부분을 설명해보겠다.

자유와 압제

내가 7장에서 개진한 의견에 따르면, 우리 인간은 유인원 조상들과 비슷하게 선천적으로 구비된 어떤 부분이 있어 꽤나 가혹한 위계 서열을 이루고 그 속에서 살아간다. 그런데 이것이 만일 사실이라면, 유목 생활을 하는 수렵·채집자 무리가 항상 평등하게 지내는 것은 어쩐 일인가? 그들에게서는(최소한 성인 남자들 사이에는) 위계질서는 물론이고 추장의 존재도 전혀 찾아볼 수 없으며, 구성원끼리는 서로 자원(특히 고기)을 나눌 것을 집단의 규범으로 적극 권장하고 있다.[26] 더불어 고고학적 증거들도 이러한 견해를 뒷받침하고 있으니, 이에 따르면 우리 조상들은 서로 평등한 수렵·채집자 무리를 이루어 이리저리 떠돌아다니며 산 세월이 수십만 년에 이른다.[27] 그러다 이 무리가 농경을 택하거나 동물을 길들이면서 정착 생활에 더 익숙해지게 되는데, 위계질서가 널리 퍼진 것은 바로 이즈음이다. 이러한 일련의 변화로 인하여 사유재산은 훨씬 늘어나게 되었고, 집단의 크기도 훨씬 더 커졌다. 그리고 이로써 평등한 생활은 막을 내렸다. 살기 제일 좋은 땅을 비롯해 무엇이든 사람들이 생산해내는 것의 일부는 추장, 우두머리 혹은 상류계급의 차지가 되기 마련이었기 때문이다(이들이 무덤까지 재산 일부를 가져가 준 덕에 후대 고고학자들은 누가 상류층인지를 힘들게 고심할 필요가 없다). 그렇다면 "경험 이전에 구조화되어 있는" 우리의 마음은 위계질서와 평등, 이 둘 중 어디를 향하고 있을까?

인류학자 크리스토퍼 보엠(Christopher Boehm)은 그 답이 위계질서라고 말한다. 보엠은 경력 초장기에는 주로 부족의 갖가지 문화를 연구했으나, 한때 제인 구달(Jane Goodall)과 함께 침팬지를 연구한 적도 있었다. 이 연구를 통해 그는 지배와 복종의 모습이 인간과 침팬지 사이에서 유독 비슷한 양상을 띤다는 것을 알아차렸다. 그리하여 그는 《숲 속의 위계 서열(Hierarchy in the Forest)》이라는 책을 써서 인간이라는 존재는 선천적으로 위계질서 속에서 살게 되어 있다고 결론을 내렸다. 다만 100만 년 이전의 어느 시점에 우리 조상들은 '정치적 과도기'를 거친 바 있고, 이 기간에는 사람들이 서로 평등한 관계 속에서 살아갈 수 있었다. 이때에는 일인자가 되어 집단을 지배하려고 하는 자는 누구든 제지를 당하거나, 벌을 받거나, 혹은 목숨을 잃었다.

사실 일인자 수컷은 그들 집단에서 진정한 **우두머리**라고 하기 힘들다. 물론 이 일인자 수컷도 싸움을 중재하는 등 일부 공적인 업무를 수행하기는 한다.[28] 그러나 대체로 이들은 원하는 것은 뭐든 갖는 존재인 만큼, 우두머리보다는 **불한당**이라는 표현이 더 어울린다고

바른 마음

할 수 있다. 그런데 침팬지들 사이에서도 때로 하극상이 일어나니, 아래 서열끼리 패거리를 이루어 일인자 수컷을 끌어내리는데, 심하게는 죽이는 지경까지 간다.[29] 따라서 일인자 수컷 침팬지는 자신의 한계를 잘 알아야 하는 것은 물론, 정치 기술을 충분히 지니고 있어야만 한다. 그래야 몇몇 놈과 동맹을 맺어두고 어떻게든 반란을 피할 수 있기 때문이다.

인류의 초창기 삶을 이렇게 상상해보자. 사람들 무리가 일인자(동맹 한둘을 포함해)와 권력을 손에 쥐지 못한 나머지 대다수 남자로 나뉘어, 둘 사이에 세력균형이 팽팽히 이루어지고 있었다고 말이다. 그러다 어느 순간 사람들이 모두 창으로 무장하게 된다. 이로써 단순히 신체의 힘만으로는 모든 싸움의 승부를 결정짓지 못한다고 하면, 세력균형의 판도에도 급격한 변화가 생길 공산이 크다.

보엠은 인류의 선조들이 사냥 및 도살 무기를 한층 발달시켰을 때 바로 그런 양상이 전개되었으리라고 본다. 약 50만 년 전이 그 시기로, 고고학 기록을 보면 이때부터 연장과 무기의 종류가 우후죽순 늘어나기 시작한다.[30] 창을 만들 줄 알고부터 인간은 이제 일인자가 불한당처럼 굴면 누구든 나서서 그를 죽일 수 있게 되었다. 더불어 인간에게는 언어로 의사소통을 할 수 있는 능력까지 생기는데, 이 대목에서는 인간이 언어를 가지고 도덕을 위반한 사람을 험담한다는 점이 중요하다.[31] 그러면 초창기 인간들이 어떻게 하나로 뭉쳐 사회 구성원 하나를 응징하는 능력을 발달시키게 되었는지 쉽게 이해할 수 있다. 즉, 이제 그들은 누가 집단에 위협을 가하거나 나머지 사람들을 불편하게만 해도 그에게 수치심을 주거나, 그를 배척하거나 아니면 죽일 수 있게 된 것이다.

우리 조상들이 처음으로 명실상부한 도덕 공동체를 만들어낸 것도 언어가 출현하고 한참 뒤인 지난 50만 년 중의 한 시점일 것이라고 보엠은 주장한다.[32] 이런 공동체 속에서 사람들은 자신들이 싫어하는 행동(특히 일인자 가능성이 있는 남자들의 공격적이고 지배적인 행동)이 무엇인지를 험담을 통해 확인시켰다. 그리고 드물긴 했으나 험담으로도 행동을 제어할 수 없을 때는 무기를 활용해 그를 쓰러뜨리면 되었다. 칼라하리 사막의 !쿵(!Kung) 부족 사이에서 실제로 있었던 극적인 일화를 보엠은 다음과 같이 소개하고 있다.

트위(Twi)라는 남자가 부족민 셋을 죽이는 일이 발생했다. 공동체에서는 이례적이게 만장일치로 뜻을 모아 행동에 나섰다. 매복 작전을 써서 대낮에 그에게 치명적 부상을 입힌 것이다. 그가 땅에 누워 숨을 거두는 사이 남자들은 한 사람도 빠짐없이 그의 몸에 독화살을 쐈다. 이 소식을 전한 사람 말에 따르면, '마치 고슴도치처럼 될 때까지' 그의 몸에는 수없이 화살이 날아와 박혔다. 트위가 숨을 거두고 나자 이번에는 남자들은 물론 여자들까지 모두 그의 시신에 다가가 그의 몸에 창을 찔러 넣었다. 죽음의 책임을 부족민 모두가 함께 나눠 진다는 상징적 의미였다.[33]

물론 인간 본성이 한순간에 바뀌어 갑자기 평등주의를 지향하게 되었다는 이야기는 아니다. 지금도 여전히 사람들은 상황과 수완만 되면 다른 사람을 지배하려고 드니까 말이다. 본성이 바뀌었다기보다는 사람들이 무기와 험담으로 자신을 무장하게 됨으로써, 보엠이

바른 마음

말한 "지배 서열의 전도" 현상이 나타났다고 보는 것이 옳다. 즉, 이 제는 졸병들끼리 뭉쳐 일인자 수컷을 지배하고 제어할 수단이 생긴 것이다(이 모습은 마르크스가 꿈꾸었던 '프롤레타리아 독재'와 소름 끼치도록 유사하다).[34] 그 결과 선천적으로는 위계질서 속에서 살아가야 맞는 존재들이 서로 협동하여 언제든 깨질 수 있는 정치적 평등주의를 만들어낸 것이다. 앞서 나는 '선천성'을 마음의 초고에 비유한 바 있는데, 그 뜻이 딱 들어맞는 대목이 바로 이런 부분이다. 최종 편집본은 초고와 얼마든지 달라질 수 있는 것이다. 따라서 오늘날 세상에 살고 있는 수렵·채집자 무리를 두고 "저것 봐, 인간 본성은 **원래** 저렇다니까!"라고 말한다면 실수를 범하는 셈이 되고 만다.

나아가 이런 식으로 정치적 과도기를 거쳐 평등주의로 나아간 집단들의 경우, 그것의 도덕 매트릭스도 비약적인 발전을 거치게 되었다. 이제 사람들이 살아가는 윤리의 그물망은 훨씬 더 촘촘해져, 각종 규범과 비공식 제재가 늘어남은 물론 이따금 가혹한 형벌이 가해졌다. 이 새로운 세상을 솜씨 좋게 잘 헤쳐 나가 훌륭한 평판을 유지한 사람에게는 타인의 신뢰와 협조, 그리고 정치적 지지라는 보상이 주어졌다. 반면 집단의 규범을 존경할 줄 모르거나 불한당처럼 행동한 사람은 사람들에게서 버림받고 추방당하고 죽임을 당함으로써 유전자 풀에서 제외되었다. 이렇듯 유전자와 문화적 관습은 (이탈자 무리를 집단 학살하는 사례에서 보이듯) 함께 진화해온 것이다.

그리하여 결국에는 이른바 "자기 길들이기"의 과정이 때때로 일어나게 되었다고 보엠은 말한다. 동물 사육사들이 말을 더 잘 듣고 더 상냥한 종을 만들어내기 위해 그런 특징을 가진 녀석들을 데려다 선별적으로 교배시키는 것처럼, 우리 조상들 역시 (의도하지는 않았겠지만) 공통의 도덕 매트릭스를 잘 건설해낼 줄 알고 그 안에서 협동하여 살아갈 수 있는 사람들과 선별적으로 교배한 것이다.

자유/압제 기반이 발달한 배경은 내가 보기에는 이렇다. 그 옛날 소규모 집단에는 기회만 있으면 남을 지배하고 괴롭히고 구속하려는 개인들이 있었는데, 이들과 함께 살아가기 위한 적응 도전 과제에 임하면서 이 기반이 발달하게 되었을 것이다. 따라서 이 기반에는 지배를 시도하는 표시들이 본래적 동인으로 작용한다. 공격적이거나 지배적으로 비칠 수 있는 일인자류 남자(혹은 여자)의 모든 행동이 사람들 마음에 의분을 일으키는 것인데, 이는 때로 **리액턴스**(reactance)라는 말로 불리기도 한다(심리학에서 리액턴스란 권위자가 무엇을 하지 말라고 하면 그것을 하고 싶어지는 마음이 훨씬 강하게 이는 현상을 말한다).[35] 그런데 압제의 고통은 사람들이 혼자서 받지는 않는다. 누군가 군림하려는 자가 나타나면, 사람들은 압제를 받는 다른 사람들과 함께 평등한 관계로 뭉쳐 그들에게 저항하고 그들을 제어하며 극단적 경우에는 그 압제자를 죽이기까지 한다. 한편 옛날 사람들은 이미 확립된 지배의 표시를 제대로 파악하지 못하고 그만 의분을 일으켜 집단으로 대항한 경우도 있었다. 그럴 때에는 음식과 배우자를 비롯해, 다윈이 개개인(그리고 그의 유전자)의 성공에 필요하다고 본 여타 요소들을 충분히 손에 넣지 못할 위험이 컸다.[36]

자유 기반은 당연히 권위 기반과 맞부딪치게 되어 있다. 특정 상황에서는 특정 종류의 권위를 우리가 다 같이 인정하기도 하지만, 누가 우리에게서 신뢰를 얻기도 전에 리더를 자처하고 나서면 우리는 그를 경계하지 않을 수 없다. 그런 이들이 정해진 선을 넘어 권력 강화나 독재를 꾀할까 봐 우리는 눈에 불을 켜고 그들을 주시한다.[37]

혁명군과 '자유 투사'들에게는 이 자유 기반이 그들의 도덕 매트릭스를 뒷받침해주는 역할을 한다. 일례로 미국 독립선언문에서는 "(영국 국왕이) 이 땅에 직접 절대적인 전제정치를 세우기 위해 어떤 식으로 수없이 악행과 착취를 되풀이했는지" 구구절절 열거하고 있다. 독립선언문은 "모든 사람은 평등하게 태어났다"라는 주장으로 시작하여 다음과 같이 단결을 고취하는 내용으로 끝맺는다. "우리는 이 선언을 지지할 것을 우리의 생명과 재산과 신성한 명예를 걸고 서로 굳게 맹세하는 바이다." 프랑스 혁명군도 이와 비슷했으니, 그들이 일반 백성들을 선동하여 국왕을 무너뜨리고 **자유**(liberté)를 쟁취하기 위해서는 **박애**(fraternité)와 **평등**(égalité)을 외치지 않으면 안 되었다.

이와 관련해 내가 살고 있는 버지니아 주 문장(紋章)을 보면, 암살이 숭고한 행동으로 그려져 있는 것을 알 수 있다(〈도표 8-3〉 참조). 자유/압제 기반을 이해하지 못하고 보면 해괴하게 보일 수 있는 그림이다. 문장 한가운데서 죽은 왕의 가슴을 지르밟고 있는 것은 선(善 : 여성으로 표현되어 있다)이며, 아래에 달린 **시크 셈페르 티라니스**(Sic semper tyrannis)라는 문구는 "독재자는 필시 이렇게 되리라"라는 뜻이다. 전하는 바에 따르면, 먼 옛날 마르쿠스 브루투스(Marcus Brutus)와 그의 공모자들도 율리우스 카이사르(Julius Caesar)가 일인자로 행세하고 나서자 그를 죽이며 이 구호를 부르짖었다고 한다. 존 윌크스 부스(John Wilkes Booth) 역시 포드 극장에서 에이브러햄 링컨(Abraham Lincoln)을 죽이고는 곧장 무대 중앙에 올라서서 이 말을 외

〈도표 8-3〉 버지니아 주 문장. 자유/압제 기반이 어떤 모습인지 잘 드러나 있다.

첬다(남부의 독립선언을 저지한 링컨을 남부인들은 독재자와 다름없다고 여겼다).

혁명가들에게는 살인도 숭고한 일로 보일 때가 많다. 즉, 그렇게 하는 것이 올바르다고 **느끼고** 살인을 하는 것인데, 사람들이 왜 이런 느낌을 갖는지는 트리버스의 호혜적 이타주의나 되갚기 게임 원칙으로는 잘 설명되지 않는 것처럼 보인다. 이는 공평성 차원의 문제가 아니기 때문이다. 이런 느낌은 보엠이 말한 정치 질서의 변환 및 지배 서열 전도와 관계가 있다.

불한당과 독재자가 자유/압제 기반의 본래적 동인에 해당한다면, 부당하게 자유를 구속하는 듯 보이는 거의 모든 것은 그것의 통용적 동인에 해당할 수 있다(미국 우파의 관점에서는 정부도 여기에 포함된다). 1993년에 오클라호마시티의 연방 정부 청사가 폭파되어 168명이 목숨을 잃었을 때, 몇 시간 뒤 경찰에 붙잡힌 사건의 주범 티모시 맥베이(Timothy McVeigh)의 티셔츠에는 "Sic semper tyrannis"라는 글귀

　　　　　바른 마음

가 적혀 있었다. 이런 일까지 벌일 리는 없겠지만 티파티 운동에서 보이는 대중주의적 분노도 바로 자유 기반에 기대고 있는 것으로, 이 점은 티파티 운동의 비공식 문장(紋章) "나를 짓밟지 마라"에도 잘 나타나 있다(〈도표 7-4〉 참조).

자유에 대한 이상의 의사표시는 우파에서 있었던 것이지만, 사람들이 다 함께 뭉쳐 압제를 몰아내고 그 자리에 정치적 평등을 실현해야 한다는 주장은 흔히 좌파 쪽에서 하는 것으로 보인다. 예를 들어, 진보 성향의 한 독자가 〈사람들은 왜 공화당에 표를 던지는가?〉를 읽고 보낸 이메일을 보면 보엠의 논지가 그대로 드러나 있다.

> 권력(권위)을 쥔 채 그것을 남용하고 있으나 그럼에도 어떻게든(때로는 강제력까지 동원해) 타인으로부터 '존경'을 받으려는 자, 이런 자들이 진보주의자에게는 사회의 적입니다. ……진보주의에서 말하는 진정한 권위자 혹은 권위는 따로 있습니다. 바로 **사회를 하나로 단결시키고 사회를 해하는 적을 억누르는 일을** 실질적으로 함으로써 사람들로부터 존경을 얻어내는 것입니다[강조 표시는 필자가 넣은 것임].[38]

그런데 자유/압제 기반의 분노를 활성화시키는 요인으로 이러한 정치권력의 집적과 남용만 있는 것은 아니다. 부의 집적 역시 이 기반의 통용적 동인에 들어갈 수 있으니, 이 사실을 알면 극좌파에 자본주의에 대한 혐오감이 만연해 있는 까닭도 쉽게 이해할 수 있다. 예를 들어 한 독자는 내게 이 점을 다음과 같이 설명해주었다. "자본주의는 결국 약한 사람을 이용해먹는 사회잖아요. 사회가 도덕적이

〈도표 8-4〉 진보주의의 자유 : 뉴욕 주 뉴팔츠에 소재한 한 커피숍의 실내장식 왼편의 포스터에는 "억압받는 누군가 있을 때 그 누구도 자유롭지 못합니다"라는 문구가 적혀 있고, 성조기 형식의 오른편 깃발에는 원래 별이 들어가 있는 자리에 대기업 로고가 들어가 있다. 가운데 포스터에는 "어떻게 해야 여성과 아동이 더 이상 폭력에 희생당하지 않을까요?"라는 문구가 적혀 있다.

려면 결국 사회주의여야 할 거예요. 그런 곳이라야 사람들이 서로를 도울 테니까."

사회적 정의를 주제로 한 사람들의 이야기를 잘 들어보면, 그 주제에서는 사람들이 늘 이 자유/압제 기반에 크게 의지한다는 것을 알 수 있다. 일례로 〈도표 8-4〉의 사진을 보자. 뉴욕 주 뉴팔츠에 자리한 이 진보주의 커피숍 겸 '문화 집단'에서는 주인들이 가게를 어떤 식으로 단장할지 결정할 때 (배려 기반과 함께) 이 자유/압제 기반을 활용했음을 알 수 있다.

압제에 대한 혐오는 정치적 보수와 진보 양편 모두에게서 발견된다. 그러나 둘 사이에는 차이가 있으니, 우선 진보주의자들(세계시민주의의 경향이 더 강하고, 배려/피해 기반에 훨씬 더 많이 의존하는 사람들)은 장소에 상관없이 모든 곳의 약자, 희생자, 무력한 집단을 염두에 두고

바른 마음

〈도표 8-5〉 보수주의의 자유 : 이 사진은 버지니아 주 린치버그의 리버티 대학 기숙사에 주차된 차량을 찍은 것이다. 맨 아래에 붙은 스티커에는 "자유주의자 : 자유는 더 많이, 통치는 더 적게"라는 문구가 적혀 있다.

자유/압제 기반을 이용하는 것으로 보인다. 이로써 진보주의자들은 (다른 이들과 달리) 평등을 무엇보다 신성시하며, 나아가 시민의 권리와 인권 쟁취를 통해 이를 실현하려고 한다. 좌파가 지지하는 정책들을 보면 보통 부자에게 더 높은 세금을 매기고, 가난한 이들에게 더 많은 혜택을 제공하며, 때로 국민 모두에게 최저임금을 보장해주는 성격을 띠는데, 자유/압제 기반이 영향을 미치기 때문인 것으로 보인다.

반면에 보수주의자들은 지역주의에 더 가까운 특징을 가진다. 즉,

인류 전체보다는 자신이 속한 집단을 더 중요시한다. 이들의 경우에는 자유/압제 기반과 독재에 대한 증오를 이용해서 경제적 보수주의의 수많은 교조를 뒷받침해낸다. 그리하여 (진보적 복지국가와 그것이 부과하는 높은 세금으로) 나를 짓밟지 말고, (억압적인 규제로) 내 사업을 짓밟지 말 것이며, (유엔 및 주권에 해가 되는 국제조약을 만들어) 내 나라를 짓밟지 말라는 주장이 나온다.

따라서 미국 보수주의자에게는 신성한 가치가 **평등**이 아니라 **자유**이다. 보수주의자가 자유주의자와 정치적으로 한편이 되는 것도 바로 이 점 때문이다. 일례로, 복음주의 목사 제리 폴웰은 1971년 극보수주의 성향의 대학을 세우며 거기에 리버티(Liberty : 자유)라는 이름을 붙인 바 있다. 리버티 대학에 다니는 한 학생의 차를 찍은 것이 〈도표 8-5〉의 사진이다. 리버티 대학 학생들은 대체로 권위에 우호적이고 전통적인 가부장제 가정을 지지하는 경향이 있다. 그러나 세속 정부의 지배와 통제는 반대하는 경향이 있으며, ("오바마 동지"가 그럴 공산이 크다고 보면서) 진보주의 정부가 권력을 앞세워 부를 재분배하는 것을 유독 두려워한다.

노력한 만큼 가져야

오바마 대통령의 집권 초반, 어느 날 난데없이 티파티 운동이 일어났고 이로써 미국의 정치 지형은 물론 미국 내 문화 전쟁의 판도까지 뒤바뀌었다. 이 운동이 본격적으로 시작된 것은 2009년 2월 19일의 일로, 경제 뉴스 전문 방송인 CNBC의 기자 릭 산텔리(Rick Santelli)가 정부 정책에 일장 연설의 맹공을 퍼부은 것이 계기였다. 애초 갚을 능력이 없음에도 무리하게 돈을 빌려 주택을 산 사람들을 정부에서 750억 달러를 들여 지원하기로 한 데 대한 반대였다. 산텔리는 시카고상업거래소(Chicago Mercantile Exchange) 객장에 서서 생중계로 방송하며 이렇게 말했다. "지금 정부는 잘못된 행동을 부채질하고 있습니다." 이어서 그는 이 안건을 인터넷에 올려 국민투표에 부치자고 오바마 대통령에게 촉구했다.

패배자들이 주택 담보대출로 진 빚을 우리 국민들이 정말 돈을 들여 지원해주고 싶어 하는지, 아니면 그들의 차와 집을 압류 형식으로 사들여 장차 금전적으로 넉넉해질 가능성이 실제로 있는 사람들에게 주고 싶어 하는지 그 점을 분명히 알아봐야 합니다. **당장 목이 말라도 참고 물을 소중히 간직해온 사람들에게 보상이 돌아가야 하는 것 아닙니까.** [이 대목에 이르자 기자 뒤편에서 환호성이 터져 나왔다.] ……미국은 바로 이런 곳입니다. 청구서 대금을 치를 능력도 없는데 화장실이 하나 더 딸린 집을 사려고 주택 담보대출을 받은 이들, 이런 이웃을 위해 돈을 내고 싶으신 분이 얼마나 되십니까? 오바마 대통령, 듣고 계신가요? [강조 표시는 필자가 넣은 것임]

여기까지 마친 후 산텔리는 이어 7월이 되면 시카고에서 "시카고 티파티(Chicago Tea Party)"를 열 생각이라고 밝혔다.[39] 그때만 해도 산텔리는 좌파 진영 해설자들에게서 조롱거리로 취급된 것은 물론, 그가 골육상쟁의 잔혹한 도덕관을 보이고 있다고 여기는 이도 많았다. 그의 생각대로라면 패배자들(악덕 채권자의 속임수에 넘어가 빚을 진 이가 많음에도)은 결국 꼼짝없이 죽을 수밖에 없는 처지였다. 하지만 산텔리가 옹호하고 있던 것은 그런 도덕관이라기보다 바로 인과법칙이었다.

내가 공평성 개념을 이해하는 데 시간이 오래 걸린 까닭은, 도덕성을 공부하는 많은 이처럼 나 역시 공평성을 현명한 이기심(en-lightened self-interest)이라고 생각해왔기 때문이었고, 이 생각에는 트리버스의 호혜적 이타주의가 바탕에 깔려 있었다. 트리버스의 이야기에 따르면, 사람들이 진화를 통해 공평성 유전자를 발달시킨 것은 이 유전자를 가진 사람이 그렇지 못한 사람에 비해 경쟁에서 유리했기 때문이다. 이 설명을 받아들인다면 **호모 에코노미쿠스**의 인간관을 굳이 버릴 필요가 없다. 그들을 감정적 반응을 하는 존재로 만들어 그들이 서로 되갚기 게임을 한다고 하면 공평성이 설명되는 것이다.

그러나 최근 10년 사이 진화 이론가들이 새로이 깨달은 바에 따르면, 인간 이외의 종에서는 호혜적 이타주의를 찾아보기가 쉽지 않다고 한다.[40] 전에만 해도 흡혈박쥐의 경우 다른 박쥐에게서 피를 얻어먹으면 그것을 기억했다가 자신도 피를 나눠 준다는 보고가 널리 있었으나, 이는 호혜적 이타주의에서 비롯된 행동이 아닌 혈연선택에서 비롯된(친족 박쥐와 피를 나누어 먹는) 행동인 것으로 밝혀졌다.[41] 침팬지와 흰목꼬리감기원숭이의 경우 다른 동물에 비해 호혜성의 증거가 잘 발견되기는 하지만 여전히 애매모호한 부분이 있어 확신할 수는 없는 형편이다.[42] 호혜적 이타주의 체계는 단순히 고차원의 사회성 지능이 있다고 해서 돌아가는 것은 아닌 것처럼 보인다. 즉, 호혜적 이타주의가 나타나려면 험담·징계·도덕성을 갖춘 공동체가 있어야 하는데, 이런 공동체는 언어와 무기가 등장한 이후에나 나타난다. 초창기 인류가 불한당을 처단하고 그들을 도덕 매트릭스 안에 붙잡아둘 수 있었던 힘이 바로 언어와 무기였으니 말이다.[43]

또한 호혜적 이타주의로는 사람들이 왜 집단 활동 속에서 서로 협동을 하는지도 설명해내지 못한다. 되갚기 게임이 가능한 일대일의 상황에서야 호혜성이 훌륭히 작동하지만, 집단 내에 규칙 집행자(직무 태만을 벌하는 존재)가 생기는 것은 보통 개인의 이기심 차원에서는 설명되지 않는다. 그럼에도 현실에서는 분명 징계가 일어나고 우리 역시 누구를 징계하려는 성향을 가지니, 이는 결국 징계가 대규모 협동을 가능하게 하는 핵심 열쇠이기 때문인 것으로 밝혀졌다.[44] 이 주제를 다룬 고전적인 연구로, 에른스트 페어(Ernst Fehr)와 시몬 개히터(Simon Gächter)의 실험을 살펴보자. 이들은 스위스의 학생들을 데려다 이른바 '공공재' 게임이라는 것을 총 12라운드에 걸쳐 진행시켜보았다.[45] 게임이 이루어지는 방식은 다음과 같다. 이 게임에 참여하면 먼저 매 라운드마다 다른 파트너 셋과 한 조를 이루어 각자 토큰을 20개씩 받는다(토큰은 개당 10센트의 가치를 갖는다). 나는 이 토큰을 계속 가지고 있을 수도 있고, 아니면 해당 조의 공동 계정에 전부 또는 일부를 '투자할' 수도 있다. 매 라운드가 끝날 때마다 실험자들은 공동 계정에 들어온 금액을 1.6배 불려서 네 명의 조원에게 똑같이 나누어준다. 따라서 조원들 각자가 공동 계정에 토큰 20개를 전부 투자했을 경우, 계정의 토큰은 80개에서 128개로 불어나 조원들은 각각 토큰을 32개씩 가지게 된다(토큰은 실험이 끝나면 실제 돈으로 돌려받는다). 그러나 각 개인으로서는 토큰을 하나도 내지 않고 가지고 있는 것이 최선의 경우의 수이다. 나는 하나도 내지 않았는데 우리 조의 나머지 파트너가 모두 토큰을 냈을 경우, 결국 나는 내 토큰에다 다른 조원들이 나머지 조원을 믿고 내놓은 토큰의 4분의 1(즉, 96개의 4분의 1)까지 챙겨 총 44개의 토큰을 손에 넣고 라운드를 마칠수 있기 때문이다.

학생들은 각자 칸막이 공간 안에 들어가 컴퓨터로 게임에 참가했기 때문에, 어떤 라운드에 어떤 사람이 파트너로 참여했는지는 아무도 알 수 없었다. 단, 매 라운드가 끝나고 전달되는 피드백을 통해 학생들은 네 명의 조원 각자가 정확히 얼마큼의 금액을 공동 계정에 투자했는지 알 수 있었다. 이와 더불어 페어와 개히터는 라운드가 끝날때마다 학생들의 조합을 계속 뒤섞어 매 라운드마다 세 명의 새로운 파트너와 게임을 하도록 했다. 따라서 여기에는 신뢰성의 규범이 발달할 여지는 물론, 학생들 누구라도 되갚기 전략을 이용할 가능성은 없었다(이번 라운드에서 어떤 사람이 '부당이득'을 취했을 경우, 그에 대한 보복으로 나도 다음 라운드에서 돈을 내지 않는 식으로).

이런 상황에서 **호모 에코노미쿠스**가 무엇을 올바른 선택으로 볼지는 분명하다. 어떤 라운드에 들어가더라도 공동 계정에는 단 한 푼도 투자하지 않는 것이다. 그러나 실제 실험에서 학생들은 공동 계정에 토큰을 투자하는 것으로 나타났다(1라운드에서는 10개 정도였다). 그러나 게임이 진행되면서 공동 계정에 돈을 별로 내지 않는 파트너들이 생겨났고 이를 알자 학생들도 열불이 나서인지 공동 계정 투자액을 차츰 줄여갔다. 그리하여 6라운드에서는 약 6개의 토큰을 투자

하는 것으로 나타났다.

이런 식의 패턴(협동이 일부 이루어지되 점점 줄어드는 패턴)은 학계에 이미 보고된 적 있는 내용이었다. 그러나 페어와 개히터의 연구가 실로 빛을 발한 부분은 이다음 대목부터이다. 그들은 6라운드가 끝난 뒤 학생들에게 이제부터는 새로운 규칙이 적용된다고 알려주었다. 매 라운드가 끝나 파트너들이 얼마큼의 돈을 투자했는지 알게 되면, 내 토큰을 들여 특정 조원을 **징계**할 수 있다는 내용이었다. 즉, 내가 누구를 징계하겠다고 토큰을 하나 내면 그 사람은 토큰 세 개를 빼앗기게 된다.

이번에도 **호모 에코노미쿠스**라면 어떤 식의 행동 노선을 취할지 분명하다. 이미 게임을 치른 이 세 명과는 다시 게임을 할 일이 없다. 따라서 남은 게임에서 호혜성으로 이득을 얻거나 조원을 처단해 이득 볼 일이 없는 만큼, 징계에는 한 푼도 들이지 않는 것이다. 그러나 놀랍게도 실제 실험에서는 최소 한 번은 **자기 토큰을 들여 징계에 나선 학생이 전체의 84퍼센트**에 이르는 것으로 나타났다. 더구나 더욱 놀라운 사실은 징계가 허용되고 첫 라운드에 들어가자 **협동이 부쩍 늘었고**, 이후에도 꾸준히 증가하는 양상을 보였다는 것이다. 그리하여 12라운드에 들어갔을 때 학생들은 평균 15개의 토큰을 투자했다.[46] 이렇듯 나쁜 행동을 처벌하면 덕행이 증진되어 집단이 이익을 얻는다. 글라우콘이 기게스의 반지를 예로 들어 주장했던 것처럼, 사람들은 처벌의 위협이 눈앞에서 사라지면 이기적으로 행동하기 마련이다.

그렇다면 한두 명도 아니고 게임에 참가한 학생 대부분이 징계에 나선 이유는 무엇일까? 전적인 이유는 되지 못하겠지만, 그렇게 해야 속이 시원하기 때문이다.[47] 자신은 주지 않으면서 받기만 하는 사람들은 우리에게는 꼴 보기 싫은 존재이다. 남을 속이는 사람과 태만한 사람 역시 "그에 따르는 결과를 맞게 되길" 바라고 말이다. 즉, 우리는 현실에서 인과법칙이 제대로 실현되기를 바라는 것이며, 그것을 실행시키는 일이라면 자신도 기꺼이 한몫하고자 한다.

양쪽이 대체로 평등한 상태에서 사람들이 일대일로 호의를 주고받는 상황이라고 하면, (내가 한때 생각했던 것처럼) 호혜적 이타주의를 근원으로 평등에 대한 도덕적 직관이 나왔다고 생각하는 것이 얼마든 가능하다. 그러나 평등주의의 개념은 평등 자체에 대한 사랑보다는 지배를 싫어하는 마음에 더 깊이 뿌리내리고 있는 듯하다.[48] 불한당에게 지배당하거나 억압받을 때의 느낌은, 재화나 호의를 주고받는 과정에서 사기를 당했을 때의 느낌과는 사뭇 다르다.

YourMorals.org의 내 연구 팀에서도 자유/압제 기반을 (임의로나마) 여섯 번째 기반으로 따로 인식하게 되었고, 그러자 정치적 평등과 관련된 사람들의 관심사는 호혜성에 대한 욕구보다는 압제를 싫어하고 희생자를 염려하는 마음과 더 관련이 있다는 사실이 눈에 들어오기 시작했다.[49] 나아가 정치적 평등을 염원하는 마음이 공평성/부정 기반보다도 자유/압제 및 배려/피해 기반에서 나오는 것이라면, 공평성 기반은 더 이상 이중적 성격을 지니지 않아도 되었다. 공평성은 더 이상 평등과 비례의 원칙 **둘 다**와 관련이 있지 않은 것이었다. 공평성은 주로 비례의 원칙하고만 관련이 있었다.

사람들이 공동으로 한 가지 과업을 떠맡았다고 해보자. 그럴 경우 사람들은 일반적으로 가장 열심히 일한 사람에게 가장 큰 성과가 돌아가기를 바란다.[50] 물론 사람들이 결과의 평등을 원할 때도 종종 있지만, 그것은 사람들이 거기에 들인 노력이 대체로 똑같기 때문이다. 돈을 비롯해 어떤 식으로든 보상을 분배할 때, 평등은 비례의 원칙이라는 더 큰 틀의 한 사례에 해당할 뿐이다. 만일 어떤 과업을 해내는 데에서 몇몇 사람이 다른 이들에 비해 훨씬 크게 기여했다고, 아니, 이보다 훨씬 강력한 논거로서 몇몇 사람은 거기에 전혀 기여하지 않았다고 가정해보자. 이때는 모두에게 똑같이 이득이 분배되는 것을 성인 대부분은 원하지 **않는다**.[51]

여기까지 이야기했으니 이제 7장에서 설명한 공평성 기반의 내용을 좀 더 정교하게 가다듬을 수 있겠다. 나는 7장에서 공평성/부정 기반이 발달하게 된 것은 협동으로 보상을 얻되 무임승차자에게 이용당하지 말아야 하는 적응 도전 과제에 임하면서라고 했는데, 그 점에는 변함이 없다.[52] 그러나 8장에서 도덕 공동체가 험담과 징계를 이용해 사람들 사이의 협동을 유지해간다는 논의가 진척된 만큼, (7장에서와 달리) 단순히 **개개인이** 어떤 파트너를 선택하느냐에 국한해 공평성 기반을 바라보지 않아도 된다. 사람들은 사기꾼·게으름뱅이·무임승차자에게서 자신의 **공동체**를 지키려는 강력한 소망을 가진바, 이를 더 유심히 살펴 공평성 기반을 생각해볼 수 있다. 이 사기꾼·게으름뱅이·무임승차자 들이 어떤 제재도 받지 않고 계속 자기들 하고 싶은 대로 할 수 있게 되면, 그때는 공동체의 다른 구성원들까지 협동을 멈추고, 그러면 사회구조 자체가 흐트러지고 만다. 공평성 기반은 우리가 누구에게서 직접 사기를 당했을 때 의분을 느끼는 이유를 설명해준다(예를 들어, 자동차 판매원이 고의로 나에게 결함이 있는 차량을 판 경우처럼). 그러나 공평성 기반은 이보다 더 넓은 차원의 관심사에도 적용된다. 즉, 공평성 기반이 있기에 우리는 사기꾼이나 파렴치한 등 집단을 위해 물을 모아두기보다 자신의 필요에 따라 물을 '마셔버린' 사람은 누구든 경계하게 되는 것이다.

공평성 기반을 자극하는 통용적 동인은 집단의 크기와 숱한 역사적·경제적 상황에 따라 얼마든지 달라질 수 있다. 그중에서도 사회적 안전망을 갖춘 대규모 산업사회의 경우에는, 생존에 필요한 응급처치 이상으로 이 안전망에 의지하는 사람들이 통용적 동인으로 작용할 가능성이 높다. 이 안전망의 남용 여부를 사람들은 중요하게 여긴다. 이 사실을 알면 "생산적인 일은 하나도 안 하면서 사회 기금을 챙기는 미혼모 같은 사람들 말이오. 이들이 낳은 아이들은 나중에 커서 민주당원이 되지"라고 말한 남성처럼, 왜 경제적 보수주의자들이 화가 나서 내게 이메일을 보냈는지 설명된다. 한 보수주의자가 사람들이 민주당에 표를 던지는 이유를 "게으르기" 때문이라거나, "열심히 일해 돈을 버는 사람, 스스로 삶을 꾸려나가는 사람, 태어나서 죽을 때까지 정부의 도움에 기대지 않는 사람들이 싫어서"라고 꼽은 이유도 이해할 수 있고 말이다. 감당하지도 못하면서 허위로 서류를 꾸며 대규모 대출을 받아 주택을 산 이들을 왜 국민들이 긴급 구제해주어야 하느냐고 산텔리가 분통을 터뜨린 것도 마찬가지 맥락이다. 나아가 영국에서 데이비드 캐머런(David Cameron)이 보수당의 후보로 나서서 〈도표 8-6〉과 같은 선거 포스터를 이용한 이유도 똑같은 맥락에서 이해할 수 있다.

일하지 않으려는 사람들에 대한 혜택을 줄입시다.
보수당에 투표하세요.

LET'S CUT BENEFITS FOR THOSE WHO REFUSE WORK

Vote Conservative

〈도표 8-6〉 **비례의 원칙으로서의 공평성** 보통 무임승차자를 찾아내 징계하는 일에는 좌파보다도 우파가 더 큰 관심을 보이는 경향이 있다(2010년 영국 총선에 사용된 보수당의 선거 포스터).

진보주의자의 세 가지 도덕 기반 vs 보수주의자의 여섯 가지 도덕 기반

이상의 이야기를 한데 모아 정리해보면, 이 세상에는 여러 종류의 도덕 매트릭스가 존재하는데, 그 보편적 기반이 되는 심리 체계에는 최소한 여섯 가지가 있다는 것이 '도덕성 기반 이론'의 내용이다.[53] 정치적 좌파의 경우, 그들에게서 나타나는 다양한 도덕성은 배려/피해 기반과 자유/압제 기반에 가장 많이 의존하는 경향이 있다. 이 두 기반은 사회적 정의라는 이상을 지탱시켜주는 역할을 한다. 사회적 정의에서 무엇보다 강조되는 것은, 가난한 이들에게 동정심을 가져야 하며 사회를 구성하는 각 하위 집단들이 서로 평등해지도록 투쟁해야 한다는 것이다. 또 사회적 정의를 이루기 위한 운동에서는 연대가 강조된다. 다 함께 힘을 합쳐 최상류층의 악랄하고 위압적인 압제에 맞서 싸우자고 이야기하는 것이다(도덕성에 평등 기반이 따로 없는 것도 바로 이 때문이다. 사람들은 평등 그 자체를 보고 평등을 열망하지는 않는다. 즉, 미국독립혁명과 프랑스 혁명, 그리고 1960년대의 문화혁명에서 볼 수 있듯이, 사람들은 자신이 부당하게 억압당하거나 지배당한다는 생각이 들면 그제야 평등을 위해 싸운다).[54]

좌파든 우파든 그 중간이든 사람이면 누구나 배려/피해 기반을 중시하기 마련이나, 확실히 진보주의자들이 이 기반을 더 중시하는 경향이 있다. 진보주의자들의 경우에 수많은 통계, 설문 조사, 정치적 논쟁 등에서 일관된 모습을 보이는데, 보수주의자들과 특히 자유주의자들에 비해 폭력과 고통의 신호를 더 민감하게 받아들인다.[55]

또 좌파든 우파든 그 중간이든 사람이면 누구나 자유/압제 기반을 중시하기 마련이나, 그것을 중시하는 방식은 정치적 당파에 따라 제각각이다. 오늘날 미국의 경우, 진보주의자들이 제일 관심을 가지는 것은 힘없는 특정 집단들(예를 들면, 소수민족·아동·동물 등)이다. 따라서 진보주의자들은 약자가 강자에게서 억압받지 않도록 정부가 방어해줄 것을 기대한다. 이에 반해 보수주의자들은 더 전통적인 의미의 자유, 즉 자유방임을 지지하는 경향이 있다. 따라서 진보적인 정부 정책에 치를 떨 때가 많다. 이런 정책으로 진보주의자들은 자신들이 제일 우선시하는 집단을 보호하고자 하는데, 정부가 이를 명목으로 보수주의자의 자유를 침해하기 때문이다.[56] 예를 들어 중소기업의 사업주 중에는 공화당을 지지하는 이가 압도적으로 많은 것으로 나타난다.[57] 그 까닭은 여러 가지인데, 그중 하나가 노동자·비주류 계층·소비자·환경 등을 보호한다는 기치 아래 정부가 그들의 사업에 참견하는 것이 무엇보다 싫기 때문이다. 이 사실을 알면 왜 자유주의자들이 최근 몇십 년 동안 죽 공화당 편에 섰는지도 이해할 수 있다. 자유주의자들은 다른 관심사는 모두 제쳐두고 자유 하나만을 중시하는 경향이 있는데,[58] 자유주의자들이 생각하는 자유의 개념은 공화당의 그것과 똑같다. 즉, 사람에게는 정부의 간섭에서 벗어나 독자적으로 살아갈 권리가 있다는 것이다.

공평성/부정 기반에서 주가 되는 것은 비례의 원칙과 인과법칙이다. 여기에서 중요한 것은 각자 자신이 한 만큼 받고 하지 않았으면 그만큼 받지 말아야 한다는 논리이다. 좌파든 우파든 그 중간이든 사람이면 누구나 이 비례의 원칙을 중시하기 마련이다. 어떤 사람이 자기 응분의 몫보다 많은 것을 챙기면 누구든 화가 나게 되어 있다. 그러나 아무래도 공평성 기반은 보수주의자들이 더 중시하는 경향이 있으며, 이 기반에 더 의지하는 것도 보수주의자 쪽이다(공평성을 비례의 원칙에 한정했을 경우). 이를테면 "사람들은 누구나 각자 맡은 일에 충실해야 한다"라는 원칙이 여러분의 도덕성에서는 얼마나 중요한가? 또 "가장 열심히 일한 직원에게 가장 많은 보수가 돌아가야 한다"라는 생각에 여러분도 동의하는가? 진보주의자들이라고 해서 이런 원칙을 거부하는 것은 아니지만, 그들은 상황에 따라 이에 대한 찬성과 반대 의견이 서로 엇갈리는 편이다. 이에 반해 보수주의자들은 이러한 원칙이라면 발 벗고 나서서 열렬히 지지한다.[59]

뉴에이지 사상이 인과법칙과 연관이 있는 만큼, 진보주의자들의 입장에서는 자신들 역시 인과법칙의 개념을 어느 정도 가지고 있다고 여길지 모른다. 그러나 동정심과 압제에 대한 저항을 중시하는 도덕성은 인과법칙(비례의 원칙)과 여러 가지 면에서 상충할 수밖에 없다. 예를 들어, "범죄를 저질렀으면 옥살이를 하라"라든가 "스트라이크 셋이면 아웃이다"라는 슬로건에서 볼 수 있듯이, 비례의 원칙에 의거해 범죄를 바라보는 것이 보수주의자들에게는 당연하다. 하지만 진보주의자들은 〈도표 8-7〉의 사진에 나타난 것처럼, 인과법칙의 부정적인 면(응징)을 불편해할 때가 많다. 누구를 응징한다는 것은 곧 그에게 해를 가한다는 뜻이고, 누구에게 해가 가해지는 것을 보면 배려/피해 기반이 활성화되기 때문이다. 심지어 최근의 한 연구에서는, 진보적인 교수들은 보수적인 교수들에 비해 성적 편차를 좁게 하여 학생들에게 점수를 주는 것으로 나타났다. 보수적인 교수들의 경우 제일 잘한 학생에게는 보상을 주고 제일 못한 학생에게는 벌을 주려는 의향이 더 강하게 나타나는 것이다.[60]

도덕성의 나머지 세 기반을 살펴보면(즉, 충성심/배신, 권위/전복, 고귀함/추함), 당파 간의 차이가 확연하고 일관되게 나타나는 것을 알 수 있다. 진보주의자의 경우에는 이 기반들에 대해서 어정쩡한 태도를 갖는 데 반해, 사회적 보수주의자들은 이 기반들이라면 적극적으로 끌어안는 경향이 있다(이 기반들은 자유주의자들에게도 별 소용이 없다. 그래서 자유주의자들은 동성 간 결혼, 약물 사용, 성조기 '보호법' 같은 사회적 이슈에 대해서는 진보적인 입장을 취한다).

8장의 서두에서 나는 우리가 애초 연구를 통해 밝혀낸 사실을 다

● 나마스테('감사합니다'라는 뜻의 인도어—옮긴이)

'눈에는 눈' 원칙을 고집한다면 ●
결국에는 온 세상이 눈멀게 됩니다.

Namasté

an eye for an eye makes
the whole world blind
M. K. Gandhi

〈도표 8-7〉 버지니아 주 샬로츠빌에서 찍은 자동차의 범퍼 스티커 사진. 이 차의 주인은 비례의 원칙보다는 동정심을 더 소중히 여기고 있다.

음과 같이 정리한 바 있다. 즉, 진보주의자들은 배려와 공평성의 두 가지 기반이 바탕이 된 도덕성을 지니고 있는 반면, 보수주의자들은 다섯 가지 기반이 바탕이 된 도덕성을 지니고 있다는 것이다. 그러나 최근 몇 년의 연구에서 알게 된 사실들로 미루어 보건대, 애초의 이 진술을 수정하지 않으면 안 되는 상황이 되었다. 즉, 진보주의자들은 세 가지 기반의 도덕성을 가진 반면, 보수주의자들은 여섯 가지 기반 모두를 활용하고 있다는 내용으로 말이다. 진보의 도덕 매트릭스는 배려/피해, 자유/압제, 공평성/부정 기반에 의지하는 경향이 있다. 단 진보주의자들은 공평성(비례의 원칙)이 동정심이나 압제에 대한 저항과 상충할 때에는 공평성은 버리고 그 대신 이 둘을 취하는 경우가 많다. 보수주의자의 도덕성은 여섯 가지 기반 모두에 의지하는 경향이 있다. 다만 보수주의자는 진보주의자에 비해서 배려 기반을 희생시키는 경향이 강하다. 따라서 다른 도덕적 목적을 성취하기 위해서라면, 그 과정에서 해를 입는 사람이 생겨도 어쩔 수 없다고 생각한다.

8장 요약

도덕심리학을 이용하면 1980년대 이래로 민주당이 왜 유권자의 표심을 잡지 못해 그토록 애먹는지 그 답을 설명해낼 수 있다. 그 이유는 다름 아니라 민주당보다는 공화당이 사회적 직관주의자 모델을 더 잘 이해하고 있기 때문이다. 공화당원들은 코끼리에게 더 직접적으로 말을 걸 줄 안다. 그뿐만 아니라 '도덕성 기반 이론'을 더 잘 파악하고 있다. 공화당에서는 사람들의 미각 수용체 하나하나를 빠짐없이 자극해주고 있는 것이다.

나는 8장에서 뒤르켐의 사회관이 어떤 것인지도 선보였다. 사회적 보수주의자들이 선호하는 이런 사회관에서는 개인보다는 가정이 사회의 기본 구성단위가 되며, 질서·위계 서열·전통에 높은 가치를 부여한다. 이와 반대로 밀의 사회는 좀 더 개방적이고 개인주의적인 경향이 있다. 밀이 지향하는 사회에서는 **다자**가 뭉쳐 **하나**가 된다는 것이 그리 쉽지만은 않다. 민주당원들이 추구하는 정책들은 **하나**로 뭉치기보다는 **다자**로 나뉘는 것을 부추길 때가 많다. 그래서 민주당의 정책들은 곧잘 반역·전복·신성모독 등의 비난을 면치 못한다.

이어서 나는 자유와 공평성 관련 직관을 더 잘 설명해낼 수 있도록 '도덕성 기반 이론'의 일부 내용을 동료들과 함께 다음과 같이 수정했다.

- 도덕성 기반에 우리는 자유/압제 기반을 추가했다. 이 기반이 있기 때문에 사람들은 지배의 표시가 조금이라도 눈에 띄면 그것을 알아차리고 의분을 느낀다. 불한당과 독재자에게 저항하거나 그들을 무너뜨리기 위해 다 같이 뭉쳐야 한다는 욕구도 여기에서부터 생겨난다. 이 기반을 잘 알면 자유주의자와 일부 보수주의자가 왜 "나를 짓밟지 마라" 식의 반정부 감정을 가지는지는 물론, 좌파의 평등주의와 반권위주의도 이해할 수 있다.
- 우리는 공평성 기반에 수정을 가해 그것이 비례의 원칙에 초점을 맞출 수 있도록 했다. 공평성 기반이 호혜적 이타주의 심리에서 출발하는 것은 맞지만, 인간이 험담과 징계가 가능한 도덕 공동체를 만들어내고부터는 공평성 기반이 짊어진 의무가 훨씬 많아졌다. 사람들 대부분은 심층적인 직관 차원에서 인과법칙을 중시한다. 사기꾼은 벌을 받고 착하게 살아가는 시민은 응분의 보상을 받기를 사람들은 대체로 기대한다.

이렇게 수정을 가하자 근래 들어 민주당이 골몰해온 커다란 수수께끼 하나를 이 '도덕성 기반 이론'을 통해 해명할 수 있게 되었다. 그 문제란 바로 왜 미국의 시골 주민과 노동 계층은 일반적으로 공화당에 표를 던지는 경향이 있는가 하는 것이다. 재분배를 통해 국민들에게 좀 더 공평하게 돈을 나누어주고자 하는 쪽은 오히려 민주당인데도 말이다.

민주당에서는 이들이 이렇게 자신의 경제적 이해에 반하는 식으로 투표하는 것은 공화당의 농락에 넘어간 때문이라고 곧잘 이야기한다(2004년의 인기작 《왜 가난한 사람들은 부자를 위해 투표하는가(What's the Matter with Kansas?)》의 주된 논지도 바로 이것이다).⁶¹ 그러나 '도덕성 기반 이론'에서 보면, 시골 지역과 노동자 계층 유권자들은 사실 자신들의 **도덕적** 이해에 따라 투표하고 있는 것이다. 이들의 입맛은 '더 트루 테이스트' 식당에는 맞지 않을뿐더러, 나아가 자신의 나라가 피해자들을 돌보고 사회의 정의를 실현시키는 데만 매달리는 것도 원치 않는다. 뒤르켐의 사회관을 비롯해서 여섯 가지 기반의 도덕성과 세 가지 기반의 도덕성이 어떻게 다른지 이해하지 못하는 한, 앞으로도 민주당은 사람들이 공화당에 투표하는 이유를 알 수 없을 것이다.

이 책 1부에서 나는 도덕심리학의 첫 번째 원칙을 제시한 바 있다. **"직관이 먼저이고, 전략적 추론은 그다음이다"**라는 것이다. 2부에서는 그러한 직관들 하나하나를 세세히 설명해나갔고, 그 과정에서 도덕심리학의 두 번째 원칙을 제시했다. **"도덕성은 단순히 피해와 공평성 차원에만 국한되지 않는다"**라는 것이다. 이제는 이 다양한 도덕성 때문에 좋은 사람들 사이에 너무도 쉽게 편이 갈리는 모습을 살펴볼 차례이다. 이렇게 편이 갈라지면 사람들은 서로를 이해하려고 하지는 않고 적대적으로 싸우기만 한다. 이제 우리는 도덕심리학의 세 번째 원칙을 향해 발걸음을 옮길 준비가 되었다. 바로 **"도덕은 사람들을 뭉치게도 하고 눈멀게도 한다"**라는 것이다.

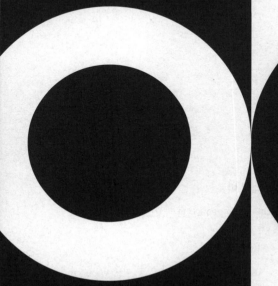
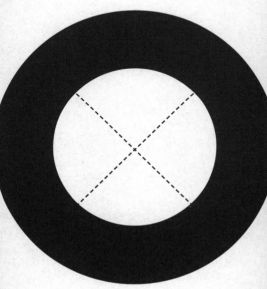

3부

제3원칙

바른 마음은
개인보다
집단의 차원에서
더 강력하다

_ 도덕은 사람들을
뭉치게도 하고
눈멀게도 한다

제3원칙의 핵심 비유

인간의 본성은 90퍼센트는 침팬지, 나머지 10퍼센트는 벌과 같다.

9장
우리는 왜 그토록
집단적이 되는가

2001년 9월 11일 테러리스트들의 공격을 받고 난 후 그 끔찍했던 며칠 동안, 나는 내 안에서 어떤 욕구가 용솟음치는 것을 느꼈다. 그 욕구는 너무도 원초적이어서 친구들에게조차 터놓기가 쑥스러웠다. 내가 몰고 다니는 차에 성조기 이미지를 붙이고 싶다는 생각이 들었던 것이다.

그 욕구는 난데없이 불쑥 나타난 것처럼 보였다. 그때까지 내가 해온 그 어떤 행동과도 연관되지 않았기 때문이다. 마치 아득히 먼 옛날부터 내 뇌 뒤쪽 어딘가에 이런 문구가 적힌 비상용 상자가 있었던 듯한 느낌이었다. "다른 나라의 공격이 있을 시 상자의 유리를 깨뜨리고 이 버튼을 누르시오." 이런 비상용 상자가 있으리라고는 꿈에도 생각지 못했지만, 막상 테러리스트들의 비행기 네 대가 이 유리를 깨뜨리고 버튼을 누르자 돌연 내가 미국인이라는 생각을 떨칠 수 없었다. 우리 팀을 도울 수 있는 일이라면 조금이라도, 아니 무엇이라도 힘을 보태겠다는 생각이 들었다. 그래서 숱한 미국인들이 그랬듯이, 나 역시 헌혈을 하고 적십자에 기부금을 냈다. 낯선 이들에게도 내가 필요하다 싶으면 얼마든지 마음을 열고 도움을 주려고 했다. 나아가 나는 내가 미국이라는 팀의 일원이라는 것을 성조기를 내보여 어떤 식으로든 표시하고 싶었던 것이다.

하지만 나는 교수였고, 교수라는 사람이 성조기를 붙이고 다닌다는 건 당치도 않은 일이었다. 국기를 흔들거나 애국심을 외치는 것은 보수주의자들에게나 어울리는 행동이니까. 교수는 진보적인 사람으로 세계를 두루 다니며 세계시민주의자를 자처하기 때문에, 자기 나라가 다른 나라보다 낫다는 식의 발언은 반사적으로 경계해야 한다.[1] 만일 버지니아 대학의 교직원용 주차장에 성조기가 붙은 차량이 눈에 띈다면, 그것은 십중팔구 총무과 직원이나 노동직 직원의 차량일 게 분명하다.

난생처음 느껴본 그 오만 가지 감정은 사흘이 지나도록 사라질 줄 몰랐고, 결국 고민 끝에 나는 이 딜레마에서 빠져나올 방책을 찾아냈다. 내 차 뒤 유리의 한 귀퉁이에다가는 미국의 성조기를 붙이고, 반대쪽 귀퉁이에는 유엔의 국제연합기를 붙이기로 한 것이었다. 이로써 나는 다음과 같이 선언하는 셈이었다. '저는 우리나라를 정말로 사랑합니다. 하지만 걱정하지는 마십시오, 여러분. 다른 나라는 제쳐두고 우리나라만 최고라는 뜻은 아니니까요. 더구나 어떻게 보면 이번 일은 미국보다는 전 세계를 상대로 한 공격 아니었습니까?'

바른 마음

지금까지 논의를 전개하면서 나는 나름대로 인간의 본성을 그려냈는데, 다소 냉소적이라 하지 않을 수 없을 것이다. 결국 글라우콘이 옳았다는 주장이자, 사람들은 진정으로 선한 사람이 **되기보다** 그렇게 **보이는 데에** 더 관심을 갖는다는 주장이니 말이다.[2] 직관이 먼저이고, **전략적** 추론은 그다음이다. 즉, 상황만 모면할 수 있다면 우리는 곧잘 거짓말을 하고, 남을 속이며, 또 윤리적 원칙 같은 것은 대충 무시하고 넘어간다. 그런 다음 도덕적 사고를 가지고는 자신의 평판을 관리하는 한편, 남들에게 자기 입장을 정당화한다. 더구나 이런 식의 사후 추론이 잘못되리라고는 추호도 생각지 않기 때문에, 사람들은 자신이 하늘을 우러러 한 점 부끄럼 없는 사람이라고 여긴다.

내가 보기에 도덕심리학은 현명한 이기심의 관점을 적용하면 그 틀을 대체로 이해할 수 있다. 도덕성을 이기심과 다름없는 것으로 보면, 다윈식의 자연선택이 개인 차원에서 작동하여 도덕적 행동이 일어나는 것이라고 손쉽게 설명할 수 있다. 즉, 유전자는 이기적인데,[3] 이 이기적인 유전자가 만들어내는 사람들은 다양한 정신 모듈을 가지고 있다. 그리고 그러한 정신 모듈 중 일부는 전략적 이타주의(명실상부한 이타주의나 보편적 이타주의가 아닌)를 실행하게 되어 있다. 우리의 바른 마음은 이렇게 혈연선택에도 영향을 받지만 호혜적 이타주의에도 영향을 받는바, 호혜적 이타주의는 험담과 평판 관리를 통해 한층 강해지는 경향이 있다. 이 같은 메시지는 진화론의 관점에서 도덕성을 논하는 책에서라면 거의 빠지지 않고 등장하며, 이제까지 내가 한 이야기 역시 이 메시지와 전혀 모순되지 않는다.

그러나 이 그림이 왜 완전한 초상이 되지 못하는지 그 까닭을 3부에서 밝히려고 한다. 사람들이 이기적인(selfish) 것은 물론 사실이며, 도덕·정치·종교와 관련된 우리 행동도 한 꺼풀만 벗겨내면 사리사욕을 좇는 것과 다르지 않을 때가 수없이 많다(정치인이나 종교계 지도자가 추악한 위선을 저지른 경우를 우리는 얼마나 많이 보던가). 그러나 그와 동시에 사람들은 곧잘 **이집단적**(利集團的, groupish)이 되는 것 역시 사실이다. 우리는 팀이니 클럽이니 연맹이니 조합이니 하는 단체에 들어가는 것을 무엇보다 좋아한다. 그 집단의 일원이 되어 낯선 이들과 함께 어깨동무를 하고 공동의 목표를 위해 열심히 땀을 흘리는 것에 인간은 얼마나 열의를 보이는지, 마치 우리 마음은 애초에 팀워크를 하도록 설계라도 된 듯하다. 내가 보기에 이러한 인간의 집단성과 그 기원을 제대로 그려내지 못하는 한, 우리가 도덕·정치·종교를 제대로 이해하는 일은 없을 듯하다. 보수파의 도덕성을 비롯해 앞서 7장에 설명한 뒤르켐식의 사회도 이해할 수 없고 말이다. 그뿐이랴, 사회주의, 공산주의, 좌파의 공동체주의 역시 제대로 이해하기란 불가능할 것이다.

 이 이야기를 좀 더 정확하게 정리해보자. 내가 인간의 본성이 **이기적**이라고 말하는 것은, 인간의 마음속에 또래와의 경쟁에서 자신의 이익을 능숙하게 추구할 수 있게 하는 갖가지 정신 기제가 들어 있다는 뜻이다. 그와 동시에 인간 본성이 **이집단적**이기도 하다는 것은, 인간의 마음속에 타 집단과의 경쟁에서 우리 **집단의** 이익을 능숙하게 추구할 수 있게 하는 갖가지 정신 기제가 들어 있다는 뜻이다.[4] 우리는 성인(聖人)은 못 되어도 더러 훌륭한 팀플레이어가 될 수는 있다.

그런데 이렇게 정리하면, 이집단성의 기제는 과연 어디서 생기는가가 어려운 문제로 남는다. 오늘날 우리가 집단적인 마음을 갖고 있는 까닭은, 먼 옛날 집단적인 개인들이 **한 집단 내의** 그렇지 못한 개인들을 경쟁에서 이겼기 때문일까? 그렇다고 하면 이는 표준적이고 기본적인 자연선택이 그저 개인적 차원에서 작동하는 것에 지나지 않는다. 그리고 만일 이것이 사실이라면, 사람들의 집단성은 글라우콘이 말한 식일 것이다. 알고 보면 사람들은 실제로 집단에 충성하는 것이 아니라, 충성하는 것처럼 **보이기 위해** 애쓰는 것이라는 이야기이다.[5] 그런데 위의 가정이 아니라고 하면, 국기 주위에 몰리기 현상(rally-round-the-flag)에서 보이듯이, 우리가 집단성 기제를 가진 것은 함께 뭉쳐 협동한 집단이 그렇지 못한 집단을 경쟁에서 이겼기 때문은 아닐까? 만일 그렇다고 하면, 나는 이른바 '집단선택'의 개념을 들먹이는 것이 되는데, 이 집단선택의 개념은 1970년대에 학계에서 이단으로 낙인찍혀 추방된 바 있다.[6]

그런데 집단선택의 개념을 그렇게 낙인찍어 추방해버린 것이 잘못되고 부당한 처사였음을 나는 9장을 통해 주장하려고 한다. 그 과정에서 네 조각의 새로운 증거가 제시될 텐데, 이것들이면 집단선택이 뒤집어쓴 혐의가 충분히 벗어지리라 본다(물론 모든 형태가 아닌 일부 형태의 집단선택에 한해서이다). 이 새로운 증거를 통해 우리는 생물학적 경쟁의 실체가 왜 집단인지 살펴볼 수 있다. 나아가 이 새로운 증거는 도덕심리학의 세 번째 원칙이자 마지막 원칙과도 직접적으로 연결된다. **"도덕은 사람들을 뭉치게도 하고 눈멀게도 한다."** 앞으로 내가 펼칠 논지는, 인간 본성은 대체로 이기적이지만 그 이면에는 이집단성도 어느 정도 감춰져 있다는 것이며, 이러한 이집단성이 생기는 것은 자연선택이 다양한 층위에서 동시에 일어나기 때문이다. 다시 말해, 개인 대 개인의 경쟁이 이뤄질 때는 이기심에 보상이 돌아간다. 그리고 집단적 행동이라도 전략적 협동 일부는 개인별 경쟁에 포함된다(자신의 이익을 증진시키려는 목적에서는 범죄자들도 얼마든지 남들과 힘을 합칠 수 있으니까).[7] 그러나 이와 동시에 집단과 집단 사이에도 경쟁은 이루어지며, 이런 경쟁에서는 진정한 팀플레이어가 있는 집단이 유리하다. 즉, 게으름을 피우거나 남을 속이거나 집단을 떠나는 편이 자신에게는 더 좋은 일임에도, 집단을 위해 기꺼이 협동하고 일하는 그런 사람들 말이다.[8] 이렇듯 개인 대 개인의 경쟁과 집단 대 집단의 경쟁은 인간 본성을 서로 다른 방향으로 떠밀어왔는데, 그러다 보니 오늘날 보다시피 우리 안에는 이기심과 이타심이 묘하게 뒤섞여 있다.

승리하는 부족

다음은 우리가 집단선택의 한 예로 살펴볼 수 있는 내용이다. 다윈이 쓴 《인간의 유래(The Descent of Man)》라는 책에서 발췌한 것으로, 먼저 집단선택을 옹호하고 거기에 주된 반론을 펼친 후, 나아가 그 반론을 뒤엎고 있는데, 그 논법이 참으로 탁월하다.

먼 옛날 원시시대, 한 나라 안에서 부족 둘이 서로 경쟁을 벌였다고 해 보자. 만일 (다른 상황은 모두 똑같다 치고) 한 부족의 구성원이 대체로 용감하고 자애로우며 신의가 두터웠다면, 그래서 서로가 위험에 처했을 때 언제든 나서서 알려주고 망설임 없이 늘 서로를 돕고 지켜주었다면, 이 부족이 더 큰 성공을 거두어 다른 부족을 정복했을 것이다. ……이제껏 군대의 역사를 봐도 기강이 단단히 잡힌 병사들이 기강 없는 어중이떠중이보다 더 유리했던 것이, 전자는 병사 한 사람 한 사람이 서로 자기 동료를 믿기 때문이다. ……이기적이고 잘 다투는 사람들은 하나로 단결하지 못하며, 단결심 없이는 그 무엇도 달성될 수 없다. 앞서 말한 특성들이 풍부한 부족은 그 세력을 넓혀 다른 부족들을 상대로 승리를 거뒀을 것이다.[9]

단결한 부족은 이제 개별 유기체처럼 기능하기 시작해 다른 유기체와 경쟁을 벌였다. 이 경쟁에서 승리는 대체로 단결력이 더 좋은 부족에 돌아가기 마련이었다. 그 결과로 자연선택은 이제 여타의 모든 유기체에서와 똑같은 방식으로 부족 차원에도 적용되기에 이르렀다.

그러나 바로 다음 단락에서 다윈은 곧바로, 오늘날까지도 집단선택에 대한 주된 반론으로 제기되는 이른바 무임승차자의 문제를 꺼낸다.

그러나 이런 질문이 나올 수 있다. 위에서 말한 사회적·도덕적 자질을 갖춘 구성원이 한 부족 내에 많아지는 것은 과연 가능한가? 나아가 부족이 훌륭한 자질의 수준을 높여가는 것도 과연 가능한가? 가령 부족 내에 동정심이나 자비심이 더 많았던 부모, 혹은 동족 친구들에게 누구보다 충직했던 부모가 있었다고 치자. 이런 사람들의 자식이 같은 부족 내의 이기적이고 배반 잘하는 부모들의 자식에 비해 더 많았을 거라고는 도저히 생각할 수 없을 것이다. 동족의 친구들을 배신하지 않고 기꺼이 자기 목숨도 내놓는 사람들(옛날 야만인 중에는 이런 이가 많았다)은 자식을 두지 못하는 경우가 흔했을 테고, 따라서 자신이 가진 그 고결한 본성도 물려주지 못했을 테니까.[10]

다윈은 이때 이미 오늘날 **다차원 선택**(multi-level selection)이라고 알려진 개념의 기본 논리를 파악하고 있었던 셈이다.[11] 큰 인형을 열면 그 안에 작은 인형들이 연달아 들어 있는 러시아 인형처럼, 생명은 여러 차원이 위계 서열에 따라 겹겹이 포개진 모습을 하고 있다. 즉, 유전자는 염색체 속에 들어 있고, 염색체는 세포 속에 들어 있으며, 세포는 개별 유기체 안에 들어 있고, 개별 유기체는 벌집이나 인간 사회 등 각종 집단 속에 들어 있다. 그리고 경쟁은 이러한 위계 서열의 어느 차원에서나 일어날 수 있다. 하지만 우리의 주된 목적을 생각하면(도덕성 연구), 여기에서 중요한 차원은 딱 두 가지, 개별 유기체와 집단뿐이다. 집단 간 경쟁이 벌어질 때에는 보통 단결력과 협동심이 좋은 집단이 이기기 마련이다. 그러나 각 집단에는 저마다 이기적인 개인들(무임승차자)이 있어 결국에는 이들이 이득을 챙겨가지 않는가. 제일 용맹스러운 부대가 전투에서 승리하는 것은 맞지만, 제일 용맹스러운 부대 안에서 이득을 보는 이들은 따로 있다. 즉, 몇몇 겁쟁이가 전장에서 몸을 사리고 살아남아, 이들이 고향으로 돌아가서 자식을 낳고 아버지가 되는 것이다.

다차원 선택은 결국, 각 차원에서 선택 압력이 얼마나 강하게 작용하느냐, 즉 삶의 경쟁이 특정 특성들에 대해 어떤 유전자를 더 선호하느냐 하는 문제이다.[12] 예를 들면, 자살로 스스로를 희생하는 것은 집단 차원 선택에서는 선호되는 성향이겠지만(팀이 승리하는 데 도움을 줄 것이므로), 개인적 차원에서는 극심히 반대를 받는 성향일 것이다. 사실 이러한 특성은 벌의 경우처럼 벌집 안에서는 경쟁이 거의 사라져버려 모든 선택이 거의 집단 차원에서만 이루어지는 종에서만 발달한다고 볼 수 있다.[13] 벌은(개미와 흰개미도) 곧 궁극의 팀플레이어인 셈이다. 벌들은 언제나 하나는 전체를 위해, 전체는 하나를 위해 살아간다. 그래서 침략자를 막아 벌집을 보호하기 위해서라면 죽는 것까지도 마다하지 않는다.[14] 인간 역시 자살 폭탄 테러로 스스로 목숨을 던지기는 하나, 그러려면 훈련과 압박과 심리 조작이 엄청나게 이루어져야 한다. 인간이 자연스레 보이는 행동은 아닌 것이다.[15]

인간 집단의 경우, 사람들은 서로 뭉쳐 타 집단과 경쟁할 최소한의 능력을 갖춘 시점이 있었고, 바로 그 순간부터 집단 차원의 선택이 작동하기 시작했다. 그리고 이때는 이기적 개인들로 이뤄진 집단보다는 집단성이 제일 강한 쪽이 유리했다. 하지만 초창기 인간들이 애초 그런 집단 형성 능력을 가질 수 있었던 것은 과연 어떤 과정을 통해서였을까? 이에 대해 다윈은 인간이 팀플레이어들로 구성된 집단을 출현시키기까지 거쳤을 것으로 보이는 '몇 가지 가능성 높은 단계'를 제시한다.

첫 단계는 '사회적 본능'이었다. 아득히 먼 옛날에는 혼자 있기 좋아하면 포식자의 표적이 될 확률이 높았다. 집단 가까이에 머무는 충동이 강해 남들과 잘 무리를 짓는 사람들은 잘 살아남고 말이다. 두 번째 단계는 호혜성이었다. 사람들은 전에 남을 도운 적이 있어야 남의 도움이 절실히 필요할 때 그것을 얻을 확률이 높았다.

그러나 '다양한 사회성 덕목을 발전시키는 데에 무엇보다 중요했던 자극제'는 따로 있으니, 바로 사람들은 '동료들의 칭찬과 책망'에 촉각을 곤두세운다는 사실이다.[16] 다윈은 빅토리아 여왕 시대의 영국에 살며 글을 썼지만 아테네의 귀족 출신이었던 글라우콘과 마찬가지로 사람들이 자신의 평판에 강박적일 정도의 관심을 갖는다고 여겼다. 그가 보기에 이런 강박증을 불러일으키는 감정은 자연선택이 개인적 차원에서 작동하며 생기는 것이었다. 즉, 나쁜 짓을 하고도 부끄러운 줄 모르거나 영예를 사랑할 줄 모르는 사람들은 주변 친구들이나 배우자에게 그다지 매력적으로 보이지 않았을 것이다. 여기에 마지막으로 다윈은 한 가지 단계를 추가한다. 즉, 사람들에게는 의무나 원칙을 신성시하는 능력이 있으며, 이것이 우리 인간의 종교적 본성 일부를 구성한다고 보았다.

이 단계들을 하나로 합쳐놓고 보면 초창기 유인원이 어떤 길을 거쳐 인류로 진화했는지 그 모습이 그려지는데, 인류로 다 진화한 시점에서는 인간에게 무임승차는 그다지 매력적인 것이 아니었다. 군대에서도 명예·충성심·조국이 그 무엇보다 신성시되는 만큼, 사실 겁쟁이들이 고향에 돌아가 자식을 낳고 아버지가 될 확률은 그다지 높지 않다. 이런 이들은 군대에 들어가면, 십중팔구 구타를 당하거나 낙오하거나 아니면 부대의 이름에 먹칠을 했다는 이유로 동료 병사들의 총탄에 목숨을 잃을 확률이 가장 높다. 설령 전장에서 살아남아 고향으로 돌아간다고 해도, 그의 평판은 이미 떨어질 대로 떨어져 여자들은 물론 장차 고용주가 될 사람까지도 그를 멀리할 것이다.[17]

바른 마음

유능한 집단들이 대체로 그렇듯이, 명실상부한 군대에는 병사들의 이기심을 억누르는 방법이 여러 가지로 마련되어 있다. 그리고 집단이 개인의 이기심을 억누를 방법만 발견하면, 다차원의 역학 구도는 언제든지 변화할 수 있는 법이다. 즉, 개인 차원의 선택은 그 중요성이 줄어드는 반면, 집단 차원의 선택은 더 강력해진다. 예를 들어, 인간에게 충성심과 고귀함을 느끼는 유전적 바탕이 있다고 치자(즉, 충성심 기반과 고귀함 기반이 있다고 치자). 그럴 경우 집단 간 경쟁이 격렬해지면 다음 대에 가서는 이 유전자들이 더 흔하게 나타난다. 왜냐하면 그런 특성이 흔한 집단이 그런 특성을 별로 못 가진 집단을 밀어내 버릴 것이기 때문이다. 물론 이런 유전자를 가진 이들은 개인 차원에서는 약간의 대가를 치르는 일이 불가피하겠지만 말이다(동일한 집단 내의 이런 유전자가 없는 사람들에 비해 상대적으로 그렇다는 이야기이다).

이제 다윈은 진화의 관점에서 바라본 도덕성의 기원을 다음과 같이 요약하는데, 이토록 간결한 표현에 번뜩이는 혜안이 녹아 있는 경우는 도덕심리학의 역사에 더는 없을 것이다.

종국에 가면 우리의 도덕심 혹은 양심은 고도로 복잡한 감성이 된다. 애초 그것은 사회적 본능에서 비롯되었으나, 시간이 지나면 동료들의 칭찬에 좌지우지된다. 또 이성과 이기심의 지배를 받다가 나중에는 심오한 종교적 느낌에까지 지배당한다. 그러다가는 결국 가르침과 습관이 도덕심이 무엇인지를 확증해준다.[18]

무임승차자 문제에 대한 다윈의 설명을 독자들은 거의 100년에 가까운 시간 동안 만족스럽게 받아들였고, 그러면서 집단선택도 진화론적 사고의 기본 내용으로 자리매김하게 되었다. 그러나 다윈이 인간이라는 특정 종이 무임승차자 문제를 어떻게 해결했는지를 조목조목 다 따졌던 데 반해, 인간 이외의 종이 무임승차자 문제를 어떻게 해결했는지를 일일이 다 따져본 학자는 안타깝게도 그 이후에는 거의 없었다. 그저 동물들이 "집단의 이익을 위해" 이러저러한 행동을 한다는 주장만 우후죽순 늘어났을 뿐이었다. 예를 들어, 개별 동물들은 목초지 이용이나 자손 번식에 제한을 두는 경우가 있는데, 이는 집단에 먹이 공급이 부족해질 것을 개별 동물들이 사전에 염려해서 하는 행동이라는 주장이 있었다. 심지어 여기서 한발 더 나아가 동물들이 종의 이익 혹은 생태계의 이익까지 염두에 두고 행동한다는 한층 고상한 주장까지 나오기도 했다.[19] 그러나 이런 유의 주장은 순진하기 짝이 없는 것들이었다. 이렇게 개체가 이타주의적 전략을 따르게 되면, 그들 밑에서 살아남는 자손은 점점 줄어 결국에는 무임승차자의 자손들이 곧 머릿수를 메우게 되기 때문이다.

그러다 결국 1966년에 들어서면서 이런 느슨한 사고를 비롯하여 집단선택과 관련된 거의 모든 사고에 제동이 걸리지 않을 수 없게 된다.

나의 이익보다 우리의 이익이
더 중요하다

1955년 조지 윌리엄스(George Williams)라는 한 생물학도는 시카고 대학에서 열린 흰개미 전문 연구가의 강연을 듣고 있었다. 이 강연에서 연사는 지구 상의 동물 상당수는 협동심이 강하고 서로 잘 돕는 특성이 있는데, 그 모습이 흰개미와 전혀 다를 바 없다고 주장했다. 또 동물들이 나이 들고 죽는 것은, 더 젊은 개체, 나아가 환경에 더 적합한 개체가 들어설 수 있게 자연이 길을 터주는 것이라고 말했다. 그러나 유전학과 진화론에 해박했던 윌리엄스는 낙천적이고 두루뭉술한 연사의 주장에 불끈 화가 치밀어 올랐다. 그가 알기로 동물은 타 개체의 이득을 위해 죽음을 불사하는 존재가 아니다. (모두가 누이 관계에 있는) 흰개미 군체에서야 그런 식의 죽음이 흔하지만, 그 외의 경우에는 남을 위해 죽는다는 것이 아주 특별한 상황에서나 일어난다. 이에 윌리엄스는 엉성하기 짝이 없는 그런 생물학을 자신이 완전히 몰아내겠다고 작정하고 책을 한 권 집필하기 시작했다.[20]

그렇게 해서 나온 《적응과 자연선택(Adaptation and Natural Selection)》(1966년)에서 윌리엄스는 적응에 대한 사고를 명확히 전개하는 법이 무엇인지를 생물학자들에게 일러주고 있다. 그가 보기에 자연선택은 일종의 설계 과정과 같은 것이었다. 물론 그런 설계를 담당하는 의식적 존재 혹은 지적 존재가 있는 것은 아니지만, 설계에 이용되는 언어만큼은 생물학에 유용하게 사용된다고 보았다.[21] 예를 들어, 동물의 날개는 비행을 위해 설계된 생물학적 기제로 봐야만 이해가 가능하다. 윌리엄스가 주목했던 사실은, 특정 차원에서 적응이 일어날 때는 항상 그 차원에서 선택 (설계) 과정이 함께 일어난다는 것이었다. 따라서 어떤 특성이 나타나는 이유가 저차원(이를테면 개체)의 선택 효과로 충분히 설명된다면 굳이 고차원(이를테면 집단)까지 눈을 돌릴 필요가 없다고 그는 독자들에게 주의를 주었다.

논의 전개를 위해 윌리엄스는 사슴의 뜀박질 속도를 사례로 든다. 사슴들이 무리 지어 뛰어다니는 모습을 지켜보면, 속도가 빠른 무리가 마치 한 단위처럼 움직이며 이따금 경로까지 다 같이 바꾸는 모습을 볼 수 있다. 무리의 그런 행동을 보고 우리는 보통 집단선택에 기대어 그것을 설명하곤 한다. 속도가 느린 무리보다 속도가 빠른 무리가 포식자를 피해 잘 달아난 세월이 벌써 수백만 년에 이를 것이고, 그러다 보니 속도가 느린 무리는 점차 사라지고 그 대신 속도가 빠른 무리가 살아남았다는 식으로 말이다. 그러나 여기서 윌리엄스는 지적하길, 사슴의 경우 포식자를 피해 달아나는 능력은 **개체 차원에서** 정교하게 설계되어 있다. 즉, 선택 과정은 개체 차원에서 작동하고 있다. 속도가 느린 사슴은 포식자에게 잡아먹힌 반면, **같은 무리에 있더라도** 속도가 빠른 녀석들은 포식자를 피해 달아날 수 있었다. 이렇게 설명이 되는 만큼 굳이 선택에 무리 차원을 끌어들일 필요는 전혀 없다. 사슴 무리가 빠른 것은 다름 아니라 빠른 사슴들이 모여 있기 때문이다.[22]

나아가 윌리엄스는 집단 차원의 분석을 들이대야만 설명되는 경우도 예로 든다. 즉, 동물의 행동 중에는 개인보다도 **집단**을 보호하는 것이 목적(혹은 기능)인 행동 기제도 있을 수 있다. 사슴의 경우,

바른 마음

만일 감각이 특히 예민한 녀석들이 보초병 역할을 하고, 또 무리에서 제일 발 빠른 녀석들이 포식자를 유인해 무리에서 떨어뜨려주는 것이라면, 이것은 집단과 관련하여 적응이 이루어진다는 증거일 것이다. 그리고 (윌리엄스 자신이 표현했듯이) "집단 관련 적응을 과학적으로 설명할 수 있는 길은 오직 하나, 바로 집단 간 선택 이론에 의지하는 것뿐이다."[23]

윌리엄스는 이론상으로는 집단선택이 얼마든지 일어날 수 있다고 말한다. 그러나 곧이어 "현실에서는 집단 관련 적응이 사실상 존재하지 않는다"라며, 책 전반을 할애해 그 논지를 증명해나간다.[24] 그는 동물의 왕국 도처에서 벌어지는 일을 예로 들면서, 순진한 생물학자에게는(그 흰개미 전문 연구가처럼) 이타주의자나 자기희생으로 비치는 일이 사실은 모두 개인의 이기심 혹은 혈연선택에 의한 것(친족 사이에서 개체들의 희생이 의미 있는 까닭은, 그 희생으로 인해 친족 사이의 똑같은 유전자가 다시 복제될 수 있기 때문이다)임을 입증해 보인다. 1976년 리처드 도킨스(Richard Dawkins)가 베스트셀러 《이기적 유전자(Selfish Gene)》에서 한 작업도 이와 똑같은 것이었다. 그 역시 집단선택이 가능함을 인정하면서도, 곧이어 겉보기에 집단 관련 적응처럼 보이는 것들이 왜 집단 관련 적응이 아닌지를 밝혔다. 그리하여 1970년대 말에 이르자 학계에는 집단선택에 대한 강력한 합의가 이루어졌고, 따라서 누구라도 "집단의 이익을 위해" 어떤 행동이 일어난다고 주장했다간 바보라며 무시당하기 십상이었다.

1970년대를 우리는 이따금 '자기중심주의 시대'로 회상하곤 한다.

이 말은 원래 미국 사회에서 점점 힘이 커져가던 개인주의를 가리키는 말이었으나, 그와 함께 사회과학계 전반에서 광범하게 발견되던 일련의 변화를 설명하는 말이기도 했다. 즉, 이때에는 사람들을 **호모 에코노미쿠스**로 바라보는 관점이 사회 전반에 두루 퍼졌다. 일례로, 사회심리학이 공평성을 풀이하며 제일 먼저 내건 설명('평등 이론'으로도 통했다)도 네 가지 원칙에 기초하고 있었으니, 그 첫째는 바로 "개개인은 자신의 성과를 최대화하기 위해 노력한다"라는 것이었다. 이 이론의 주창자들은 이어서 "아무리 말싸움에 능한 과학자라도 우리의 첫 번째 명제에는 이의를 제기하기 힘들 것이다. 다방면에 걸친 학문 분과의 이론들이 '인간은 이기적이다'라는 가정에 의거하고 있기 때문이다"라고 이야기했다.[25] 이들의 주장에 따르면, 어떤 행동이 겉으로는 이타주의, 협동, 심지어 단순한 형태의 공평성으로 비치더라도 결국 그것들은 모두 이기심을 교묘히 위장한 형태로 설명되어야만 했다.[26]

물론 현실의 삶에서는 이런 원칙과 어긋나는 사례가 수두룩하다. 예를 들어 사람들은 다시 찾을 일 없는 식당에 팁을 두고 나오는가 하면, 어떤 이들은 자선단체에 익명으로 기부도 한다. 또 자기 자식이 아님에도 물에 빠진 아이를 구하러 강물에 뛰어들었다가 그 자신이 목숨을 잃고 마는 이들도 있다. 이것을 보고 냉소주의자들은 그런 것쯤은 아무 문제도 아니라고 이야기한다. 먼 옛날 홍적세 시대에는 사람들이 소규모 집단으로 살았고, 그 집단은 대부분 친족 관계였는데, 그때 삶에 알맞던 고대의 방식이 오작동을 일으켜 오늘날에도 가끔 나타난다는 것이다.[27] 지금 우리는 대규모의 익명성 사회에 살고 있는 만큼, 보답이 없을 것임에도 이따금 낯선 이들을 돕는 것은 옛날부터 있어온 이기적 회로가 잘못 작동한 까닭이다. 다윈의 믿음과 달리, 우리의 '도덕적 자질'은 적응에서 일어난 최선의 결과물이 아니다. 그것은 어쩌다 생긴 부산물로, 실수에 지나지 않는다. "생물학적 과정에는 어리석은 짓이 끝도 없이 일어나는바, 도덕성은 그로 인해 생겨난 우연적인 능력이다. 그러한 능력의 표현은 통상적으로 생물학적 과정을 거꾸로 거스르는 일이다."[28] 이런 식의 냉소주의를 보이기는 도킨스도 마찬가지였다. "우리 인간은 이기적으로 태어났다. 그러니 관용과 이타주의가 무엇인지 배워서 알게끔 하자."[29]

그러나 내 생각은 이와는 다르다. 기린이 환경에 적응하듯이, 이타주의에 뛰어난 적응을 보이는 존재가 인간이다. 이따금(비록 그런 경우가 드물긴 하지만) 벌처럼 이타적이고 팀 중심적으로 행동할 줄 안다는 점에서, 인간은 자연이 낳은 자식 중에서도 별종에 속한다.[30] 물론 여러분은 생면부지의 남을 평생 돕고 사는 정도는 되어야 이타적인 사람이라고 생각할지 모른다. 그리고 우리 주위에서 그런 사람들을 찾기란 여간 어려운 일이 아니어서, 혹시 그런 이들을 발견하기라도 하면 찾아가 취재를 하고 그 소식을 저녁 뉴스거리로 전할 정도이다. 그러나 다윈이 그랬던 것처럼, 서로 알고 지내는 사람들이 같은 목적과 가치를 지니고 **집단적으로** 하는 행동에 이타주의의 초점을 맞추면 이야기가 달라진다. 다 같이 힘을 합쳐 일하고, 각자의 일을 분담하고, 또 그 과정에서 서로 도우며 한 팀으로 기능하는 것은 우리 주변에 너무도 흔한 일이라 사람들은 이를 봐도 전혀 대수롭게 여기지 않는다. "아무 연고 없는 대학생 45명이 서로 합심하여 〈로미오와 줄리엣〉의 첫 공연을 무보수로 준비하다"라는 제목으로 신문 기사가 나갈 일은 절대 없다.

앞서 언급했듯이, 윌리엄스는 사슴들이 무리를 보호하기 위해 서로 일을 분담하고 합심하는 경우를 상정했는데, 인간 집단이 바로 그런 식으로 돌아간다는 것은 누구나 다 아는 사실 아닌가? 어느 사회를 가나 사람들은 자기들 힘으로 협동적인 집단을 구성해 각자 할 일을 명확히 구분한다. 만일 그렇다고 하면, 윌리엄스 자신의 기준으로 봐도 이런 능력이야말로 집단 관련 적응의 사례로 꼽히기에 더할 나위 없이 좋은 후보이다. 윌리엄스 자신이 표현했듯이, "집단 관련 적응을 과학적으로 설명할 수 있는 길은 오직 하나, 바로 집단 간 선택 이론에 의지하는 것뿐이다."

9·11 테러 공격이 있었을 당시 내 마음속에서는 집단과 관련된 그런 적응들이 여러 가지로 활성화된 것이었다. 그 공격은 나를 돌연 팀플레이어로 만들어버렸다. 나는 우리 팀의 깃발을 내걸고 싶다는, 나아가 팀에 도움이 될 여러 가지 일을 하고 싶다는, 전에는 생각지도 못하던 욕구를 강렬하게 느꼈다. 그래서 헌혈을 하고, 돈을 기부하고, 그때만큼은 미국의 지도자도 지지했다.[31] 더구나 숱한 미국인에 비하면 내가 보인 반응은 미적지근한 것이었다. 테러가 일어난 그날 오후, 수백 명의 미국인이 뉴욕까지의 먼 거리를 차를 몰고 무작정 달렸으니까 말이다. 무너진 건물 잔해를 파헤치면 어떻게든 생존자를 구해낼 수 있으리라는 헛된 희망에서였다. 그뿐인가, 그다음 주에는 군에 자원입대한 젊은이만 수천 명에 이르렀다. 당시 사람들이 움직인 것은 이기적인 동기 때문이었을까, 아니면 이집단적인 동

기 때문이었을까?

이집단성 기제의 단적인 실례로 우리는 국기 주위에 몰리기 현상을 들 수 있다.[32] 만일 다윈이 설명한 것처럼 인간이 집단선택에 의해 형성되는 것이라고 하면, 이 같은 정신 기제가 나타나리라고 충분히 기대할 수 있다. 그러나 이러한 현상이 정말로 집단 차원의 선택을 통해 **진화한 것인가**는 사실 확실치 않다. 집단선택의 문제는 진화 이론가들 사이에서 지금도 논란이 분분한 것이 사실이며, 대부분 사람들은 여전히 인간 사이에서는 집단선택이라는 것이 실제로는 한 번도 일어난 적 없다는 윌리엄스의 견해에 동조하고 있다. 그들의 생각에 따르면, 지금 당장은 어떤 것이 집단과 관련된 적응으로 보일 수 있어도 (충분히 면밀히 살피기만 하면) 결국 그것은 동일 집단에 있는 동료를 이기기 위한 개인 차원의 적응이지 집단이 다른 집단을 이기는 데 도움이 되는 적응은 아닌 것으로 드러날 것이다.

우리가 도덕성·정치·종교를 본격적으로 탐구하려면 먼저 이 문제부터 풀지 않으면 안 될 것이다. 전문가들 사이에 의견이 서로 엇갈리고 있는 상황에서, 우리가 굳이 도덕성을 (부분적으로나마) 집단과 관련된 적응으로 보는 쪽에 서야 하는 이유는 과연 무엇일까?[33]

이어지는 내용에서 나는 여러분에게 그 이유를 네 가지로 제시하려고 한다. 즉, 다차원 선택(집단선택도 여기에 포함된다)을 변론하는 입장에 서서 총 네 가지의 '증거'를 제시할 생각이다. 이때 내 목적은 변론을 잘 구성해 학술 논쟁에서 이기는 데에만 있지 않다. 학술 논쟁이야 어떻든 여러분은 추호도 관심이 없을 테니 말이다. 나의 목표는 도덕성이 인간성을 이해하는 핵심 열쇠라는 사실을 여러분에게 보여주는 것이다. 여러분은 나와 함께 잠깐 여행하는 셈 치고 인간이 이집단성을 통해 어떻게 이기심을 초월하게 되었는지 그 모습을 구경하게 될 것이다. 물론 이 이집단성이라는 것 때문에 인간이 떼를 지어 온갖 추악한 짓을 저지른 것도 사실이다. 그럼에도 이집단성이 인간에게는 신비의 묘약과도 같은 것임을 여러분은 알게 될 것이다. 불과 수천 년 만에 우리가 이 지구에 문명을 꽃피우고 그 어느 때보다 평화롭게 살아가고 있는 것은 우리에게 이집단성이 있기에 가능한 일이었다.[34]

증거 A : 진화상의 거대한 변화

논의를 위해 여러분이 어떤 보트 경기에 참가했다고 가정해보자. 총 100명의 참가 선수는 제각각 보트에 올라타 천천히 흐르는 드넓은 강 16킬로미터를 주파해야 한다. 결승점을 1등으로 골인하는 사람에게는 상금 1만 달러가 주어진다. 보트에 올라타 8킬로미터를 달렸을 때만 해도 선두는 여러분 차지였다. 그런데 그 순간 난데없이 노잡이 둘이 올라탄 배가 여러분을 앞질러 간다. 둘이 올라타 있으니 그들은 노를 하나씩만 잡아도 된다. 이건 불공평하지 않은가! 선수 둘이 모여 배를 하나로 연결시킨 것이다! 하지만 얼마 안 있어 이보다 훨씬 기막힌 일이 일어난다. 종전의 그 배를 세 개 연결한 배가 나타나 두 명의 노잡이를 앞질러버리는 광경이 여러분 눈앞에 펼쳐진 것이다. 그 배들은 꼬리에 꼬리를 물고 연결되어 마치 한 척의 기다란 배와도 같다. 그 배에 탄 선수들은 일란성 일곱 쌍둥이이다. 그중 여섯은 완벽하게 호흡을 맞추어 노를 젓고, 나머지 하나는 키잡이가되어 배의 방향을 일러주면서 동시에 소리 높여 구령까지 맞춰주고 있다. 그러나 이 사기꾼들도 결승점 바로 앞에서 그만 승리를 놓치고 만다. 24명의 자매가 모터보트를 빌려 타고 파죽지세로 달려와서는 그 일곱 쌍둥이를 제치고 결승점을 통과해버린 것이다. 알고 보니 이 경기는 어떤 배를 타야 하는지와 관련해서는 어떤 규칙도 정해놓지 않은 상태였다.

지구 상에 생명이 진화한 역사를 비유적으로 설명하면 이렇다. 생명이 생겨나고 처음의 수십억 년 동안 유기체는 모두 박테리아처럼 원핵세포의 형태였다. 이 세포들은 모두 혼자서 별개로 움직였고, 다른 세포와 경쟁하며 자기를 복제해나갔다.

그러다 약 20억 년 전, 여차여차하여 하나의 세포막 안에서 박테리아 두 개가 하나로 결합하는 일이 생겼다. 오늘날 미토콘드리아가 세포핵의 DNA와 관계없이 자신만의 DNA를 독자적으로 갖고 있는 까닭도 이로써 설명된다.[35] 앞서 제시한 예로 치면 이는 2인용 보트에 해당한다. 세포는 그 안에 세포 기관을 가짐으로써 협동과 분업을 통한 이득을 챙길 수 있었다(Smith, 1976/1759). 이 세포 기관들 사이에서는 더 이상 경쟁이 일어나지 않았으니, 세포 전체가 복제되어야만 그들 자신도 복제될 수 있기 때문이었다. 한마디로 "하나는 전체를 위하고, 전체는 하나를 위하는" 상태가 된 것이다. 지구 상의 생물체가 겪은 이런 변화는 생물학자들이 말하는 이른바 "중대 과도기"였다.[36] 자연선택이 한순간도 쉬지 않고 계속 진행된 건 예전과 똑같았지만, 이제는 종전과는 전혀 다른 차원의 새로운 생물체가 선택의 대상이 될 수 있었다. 이기적인 유전자는 스스로를 복제할 수 있는 수단으로 전혀 새로운 탈것에 올라탄 셈이었다. 이 단세포 진핵생물 체계는 그야말로 대성공을 거두며 지구 상의 여러 대양에 구석구석 퍼져나갔다.

그러고 나서 다시 수억 년이 흘렀을 때, 이 진핵생물의 일부가 아주 기발한 적응을 선보인다. 세포분열을 해서 따로따로 떨어지는 대신 다 같이 하나로 뭉쳐 다세포 기관을 형성한 것인데, 이때 각 세포에 들어 있는 유전자는 모두 판에 박은 듯 똑같았다. 앞서 제시한 예로 치면 일곱 쌍둥이가 배 세 척을 하나로 이어서 몰았던 것에 해당한다. 이로써 경쟁은 다시 한 번 억제된다(기관이 정자 혹은 난자를 통해 번식할 수 있을 때에만 모든 세포가 빠짐없이 복제될 수 있기 때문에). 이렇게 해서 형성된 세포 집단은 이제 개체로 발전하여, (팔다리 및 각종 기관의 기능만 전문적으로 담당하는 식으로) 세포 사이에 분업이 이루어진다. 그리하여 이전과는 차원이 다른 막강한 탈것이 등장하고, 머지않아 세상은 갖가지 동식물과 균으로 뒤덮인다.[37] 이것이 또 한 번의 중대 과도기인 셈이다.

중대 과도기는 웬만해서는 잘 일어나지 않는다. 생물학자 존 메이너드 스미스(John Maynard Smith)와 에외르시 사트마리(Eörs Szathmáry)의 이야기에 따르면, 명확하게 중대 과도기로 꼽을 수 있는 사례는 지난 40억 년 동안 단 여덟 번에 불과하다고 한다(여기서 마지막 중대 과도기로 꼽히는 것이 인간 사회이다).[38] 그런데 생물학적 역사에서는 이 과도기들이 가장 중대한 사건에 해당하며, 다차원 선택이 실제로 작동한 사례이기도 하다. 이 중대 과도기들에서는 똑같은 스토리가 몇 번이고 반복되는 양상을 보인다. 즉, 언제라도 무임승차를 억제할 수 있는 방법이 발견되어 개별 단위들이 서로 협동하고, 한 팀으로 일하고, 나아가 분업이 이뤄질 수 있으면, 그 순간 낮은 차원의 선택은 중요성이 적어지고, 그 대신 높은 차원의 선택이 더욱 강력한 힘을 발휘하는 것이다. 그리고 이 고차원의 선택에서는 가장 단결력이 좋은 초개체(superorganism)가 선호되는 경향이 있다(소규모의 유기체들이 모여 더 큰 규모의 유기체를 이룬 것을 초개체라고 한다).[39] 이 초개체들이 우후죽순 늘어나자 서로 경쟁이 일어나기 시작했고, 나아가 이 경쟁에서 더 큰 성공을 거두는 방향으로 진화가 이루어지기 시작했다. 초개체 사이에 나타나는 이런 경쟁이야말로 집단선택의 한 형태가 아니고 무엇이겠는가.[40] 집단 사이에는 이러저러한 다양성이 나타나는바, 그중에서도 가장 적합성을 가진 집단이 미래 세대에게 그들의 특성을 물려주게 된다.

중대 과도기가 찾아오는 일은 좀처럼 없을지 모르나, 일단 찾아오기만 하면 지구를 뒤바꿔놓는 경우가 많다.[41] 이는 말벌이 1억 년도 전에 분업의 요령을 개발해냈을 때만 살펴봐도 알 수 있다. 당시 말벌들은 여왕벌(알은 모두 이 여왕벌이 낳는다)과 여러 종류의 일벌들을 구분해 일벌들에게는 벌집을 유지 관리하고 먹이를 구해다 나눠 먹도록 하는 일을 맡겼다. 이러한 요령을 발견해낸 것은 초창기의 막시류 곤충들(말벌, 벌, 개미 등)이었으며, 그 외에도(흰개미와 벌거숭이두더지쥐의 조상을 비롯해, 새우·진딧물·딱정벌레·거미의 일부 종) 수십 차례에 걸쳐 별개로 그 요령을 발견해냈다.[42] 그럴 때마다 이들이 안고 있던 무임 승차자 문제는 극복되었고, 이기적인 유전자는 상대적으로 이타적인 집단 성원들을 만들어내어 이들이 한데 뭉쳐 지극히 이기적인 집단을 구성하도록 했다.

이 집단들은 새로운 차원의 탈것인 셈이었다. 벌집, 즉 유전적으로 가까운 친족이 모여 사는 군체가 생겨난 것인데, 이들은 하나의 단위처럼 기능했을 뿐 아니라(예를 들면, 먹이를 구하거나 누구와 싸움을 벌일 때) 하나의 단위처럼 번식했다. 앞서 든 예로 치면 모터보트를 탄 자매들이 이에 해당하니, 이전까지는 한 번도 찾아볼 수 없던 혁신적인 첨단 기술과 기계공학을 십분 활용하고 있기 때문이다. 이것이 또 한 번의 중대 과도기였다. 이로써 또 다른 종류의 집단이 마치 하나의 유기체인 듯이 기능하기 시작했다. 나아가 이러한 군체에 올라탄 유전자들은 그렇지 못한 유전자를 가만히 두지 않았다. "함께하는 일"에 발맞추지 못하고 더 이기적이며 혼자 생활하기 좋아하는 곤충에 올라탄 유전자들을 짓밟은 것이다. 지구 상에 존재하는 전체 곤충 중에 이 군체 곤충들은 단 2퍼센트에 불과하지만, 이들은 등장과 함께 섭식 및 번식에 제일 좋은 땅을 차지하고 경쟁자들은 변방으로 밀어내 버렸다. 더불어 이들은 지구의 육상생태계도 대거 뒤바꿔놓았다(예를 들면, 꽃식물의 경우 이 곤충들이 꽃가루 매개자 역할을 해주면서 진화가 가능했다).[43] 오늘날 군체 곤충은 무게로 따지면 전체 곤충의 태반을 넘는다.

자, 그럼 인간의 경우는 어떨까? 아득히 먼 옛날부터 사람들은 인간 사회를 벌집에 곧잘 비유하곤 했다. 하지만 그 비유는 너무 엉성하지 않은가? 벌집의 여왕벌을 도시국가의 여왕 혹은 왕과 견주어 보기만 해도, 확실히 그런 인상이 드는 게 사실이다. 벌집 혹은 군체에는 통치자나 상사가 따로 존재하지 않는다. 여왕벌은 그저 알집의 역할만 할 뿐이다. 그러나 질문의 폭을 좁혀 인간이 벌과 똑같은 진화 과정을 겪었는지를 생각해본다면(즉, 우리 역시 중대 과도기를 거치며 이기적인 개인주의에서 벗어나 이집단적인 군체로 발달했는지, 또 그것이 무임승차를 억제하는 방법을 찾아냈을 때 번영을 누렸는지를 생각해본다면), 그 비유는 훨씬 적실한 것으로 다가온다.

이 세상에 사회성을 보이는 동물은 많다. 자기들끼리 이러저러하게 떼를 지어 함께 살아가는 동물은 한둘이 아니다. 그러나 특정 수준의 사회성 문턱을 넘어 **초사회성**(ultrasociality) 단계까지 진입하는 동물은 몇 되지 않는다. 초사회성이란 무척 커다란 규모로 집단을 이루고 살면서 그 안에 어느 정도 내부 구조를 갖추어 노동 분업의 이득을 얻을 줄 아는 것을 말한다.[44] 병정·정찰병·유모의 계급이 다 따로 나눠져 있는 벌집이나 개미집의 경우가 초사회성 동물의 실례로 거론되며, 인간 사회 역시 그렇다.

인간 이외의 동물들이 초사회성으로 진입하는 데 핵심적인 역할을 하는 특성 중 하나는 **공동의 보금자리를 지켜내야 할 필요**인 것으로 보인다. 생물학자 베르트 횔도블러(Bert Hölldobler)와 에드워드. O. 윌슨이 최근의 연구 결과를 요약한 바에 따르면, '진사회성(eusociality)'이라고도 불리는[45] 초사회성은 말벌·벌·개미·흰개미에게서만이 아니라, 새우·진딧물·총채벌레·딱정벌레의 몇몇 종에게서도 발견된다.

진사회성의 가장 초기 특성이 나타난다고 알려진 이 모든 종에서는, **지속적 공급과 방어가 가능한 자원을** 포식자·기생충·경쟁자로부터 지켜내는 행동이 나타난다. 이런 자원에는 항상 **보금자리와 안심하고 먹을 수 있는 먹이**가 포함되며, 먹이는 보금자리의 서식 개체가 찾아 먹을 수 있는 거리에 있어야 한다.[46]

휠도블러와 윌슨은 초사회성으로의 진입을 설명하는 근거로 두 가지 요인을 더 든다. 하나는 더 길어진 양육 기간 동안 새끼를 먹여 살려야 할 필요성이고(어미가 새끼를 돌보는 데 형제자매와 수컷의 도움을 받을 수 있는 종족이 이 점에서 한결 유리하다), 나머지 하나는 집단 사이의 갈등이다. 이 세 요인이 다 같이 작용한 결과, 지구에 맨 처음 나타난 초창기 말벌들은 (나무 안에 파인 구멍 같은) 천연의 요새와도 같은 보금자리에 다 같이 진을 친 것이다. 그때부터 시작해 지금까지 말벌의 세계에서는 보금자리가 될 최적의 입지는 늘 협동성이 제일 뛰어난 집단의 차지였고, 이들은 스스로 더 뛰어난 생산성과 방비를 갖추기 위해 점점 더 정교하게 방법을 가다듬어나갔다. 오늘날 우리가 꿀벌이라고 알고 있는 개체도 알고 보면 이 말벌의 자손이다. 예로부터 사람들은 꿀벌이 만든 벌집을 "요새 안에 지은 공장"이라는 말로 표현해왔다.[47]

이 세 가지 요인은 인간에게도 똑같이 적용된다. 벌과 마찬가지로 우리 조상들 역시 (1) 텃세가 있는 생물체라 (동굴과 같이) 방어가 용이한 보금자리를 선호하며, (2) 그 새끼는 무력하여 엄청나게 공을 들여 돌보아주어야만 하며, 그러면서 동시에 (3) 그들이 속한 집단은 주변 집단에서 가해오는 압력에 시달려야 했다. 그런 식으로 수십만 년의 시간이 흐르며 자리 잡은 모든 조건은 초사회성을 진화시키는 방향으로 나아가기에 이르렀고, 그 결과로 오늘날 우리 인간은 영장류 중 유일하게 초사회성을 가지게 된 것이다. 애초 인간의 혈통을 지녔던 이들은 행동이 흡사 침팬지와 같았을지 모르나,[48] 아프리카 대륙에서 걸음을 옮겨 그곳을 빠져나오기 시작했을 때쯤에는 이미 벌과 비슷한 모습을 조금쯤은 가진 상태였다.

그로부터 한참 뒤, 우리 조상들 사이에서는 땅에 곡식을 심고 과수원을 만드는 집단이 생겨나기 시작했다. 이들은 곳간을 짓고 밭에 울타리를 치는 것은 물론, 오래오래 살 집까지 만들었다. 이로써 식량 공급이 전보다 훨씬 지속적으로 이루어질 수 있었고, 그렇게 확보한 식량을 조상들은 옛날보다 훨씬 더 공들여 지켜내지 않으면 안 되었다. 벌이 그랬듯이 이제 인간은 보금자리를 만드는 데 훨씬 더 정교한 방식을 이용하기 시작했고, 그리하여 불과 수천 년 만에 지구 상에는 전혀 새로운 차원의 탈것이 출현하게 되었다. 도시국가가 바로 그것으로, 이를 통해 인간은 성벽을 쌓아 올리는 것은 물론 군대까지 양성해낼 수 있었다.[49] 이렇게 만들어진 도시국가와 이후 형성된 제국들은 유라시아·북아프리카·메소아메리카(지금의 멕시코 중부 및 남부와 과테말라, 온두라스, 니카라과 등 일부 중미 지방을 아우르는 지역—옮긴이) 전역으로 급속히 퍼져나가, 지구의 생태계를 상당 부분 변화시켜놓았다. 덕분에 1만 2000년 전 무렵의 완신세 초기만 해도 그 세력이 보잘것없었던 인간은 부쩍 그 존재감이 커져 오늘날 세계를 지배하는 위치에까지 오르게 되었다.[50] 나아가 군체 곤충들이 다른 곤충들에게 했던 그대로, 우리 인간 역시 다른 포유류를 변방으로 몰아내 멸종시켜버리거나 복종시켰다. 이상을 통해 보면 벌의 비유는 그다지 옹색하지도 엉성하지도 않다. 여러 가지 차이점이 있기는 하나, 인간의 문명이나 벌집이나 진화의 역사에 있었던 중대 과도기의 산물인 것이다. 앞서 든 비유로 치면 둘은 모두 모터보트에 해당한다.

이렇듯 중대 과도기의 개념을 발견한 것을 나는 집단선택의 누명을 벗길 증거 A로 제시하는 바이다. 여타 동물 사이에서도 집단선택이 흔한 일일지는 알 수 없지만, 개인이 이기심을 억누를 수 있는 방법만 찾을 수 있다면, 나아가 한 팀으로 협동하여 다른 집단과 경쟁할 방법만 있다면 집단선택은 언제든 일어날 수 있다.[51] 그리고 집단선택을 통해 집단 관련 적응이 일어난다. 이것이 억지 논리가 아닌 이상, 집단선택을 통해 우리가 이기심과 함께 이집단성을 가지게 되었다는 주장을 이단으로 취급해서는 안 될 일이다. 우리의 바른 마음이 구성되는 데에서 이집단성은 결코 빼놓을 수 없는 부분이다.

증거 B : 하나의 목표를 향해 함께 달리기

기원전 49년, 가이우스 율리우스(Gaius Julius)가 북부 이탈리아의 작은 강 루비콘을 건너기로 한 것은 역사에 한 획을 긋는 중대한 결정이었다. 그렇게 로마법을 어기고(당시 로마법에서는 장군이 병사를 이끌고 로마로 들어오는 것을 금했다) 로마에 입성하면서 내전이 시작되었고, 마침내 그는 로마의 최고 통치자 자리에 올라 율리우스 카이사르로 군림하게 되었다. 이 사건은 우리에게 모종의 의미를 던져주기도 하니, 어떤 사소한 행동이 꼬리에 꼬리를 무는 사건으로 이어지면 결국 중대한 결과를 불러일으키기도 한다는 것이다.

이렇게 루비콘 사건과 비슷한 면이 있는 사건들을 지나간 역사를 되짚어가며 하나둘 찾아내다 보면 여간 재미있는 것이 아니다. 전에만 해도 나는 도덕성 진화의 역사에도 루비콘 사건이라 할 만한 것이 수도 없이 많다고 여겼다. 그러나 어느 순간 나는 내가 전혀 잘못 짚고 있었음을 깨달았다. 침팬지 인지 분야의 최고 전문가인 마이클 토마셀로(Michael Tomasello)가 다음과 같이 말하는 것을 듣고서였다. "침팬지 두 마리가 힘을 합쳐 통나무를 나를 수 있으리라는 것은 어림도 없는 생각이다."[52]

나는 무엇에 뒤통수라도 맞은 듯했다. 연장을 만들 줄 알고, 수화도 익힐 줄 알며, 다른 침팬지의 의도를 예측하기도 하고, 자신이 원하는 것을 손에 넣기 위해서라면 서로를 속이기도 하는 침팬지는 지구 상에서 두 번째로 똑똑한 종이라고 해도 과언이 아니다. 침팬지 한 마리 한 마리가 개별적으로 가진 능력은 기막히게 뛰어나다. 그렇다면 왜 침팬지들은 다 같이 힘을 합치는 일을 하지는 못하는 것일까? 그들이 미처 갖고 있지 못한 것은 과연 무엇일까?

토마셀로가 행한 연구에서 대단한 혁신으로 꼽히는 부분은, 일련의 간단한 과제를 만들어내 그것을 침팬지와 인간 유아에게 거의 동일한 형태로 제시한 것이었다.[53] 이 과제를 해결하면 침팬지와 아이는 선물을 받을 수 있었다(침팬지는 보통 먹을 것을 받았고, 아이는 보통 조그만 장난감을 받았다). 과제 일부는 물리적 공간 속의 물리적 물체에 대해 사고하기만 하면 되었다. 예를 들면, 손이 안 닿는 먼 거리의 선물을 막대기를 이용해 끌어온다거나 선물이 적은 쪽보다 더 많은 쪽의 접시를 택하는 것 등이 이에 해당했다. 이러한 과제는 총 10가지였는데, 침팬지와 두 살짜리 아이 모두 좋은 성적을 보여 문제를 올바로 해결한 경우가 전체의 68퍼센트에 달했다.

그러나 과제 중에는 반드시 실험자와의 협동이 필요한 것들도 있었다. 엄밀히 말하면 협동까지는 아니더라도 최소한 정보를 공유하고자 하는 실험자의 의도만큼은 반드시 파악해야 했다. 예를 들어, 한 과제에서 실험자는 투명한 관 속에 선물이 든 것을 보여주고 이 관 밑바닥에 붙어 있는 종이에 구멍을 뚫어 선물을 꺼내는 모습을 보여주었다. 그리고 나서 침팬지 혹은 아이에게 똑같은 시험관을 줘보았다. 어떻게 하면 선물을 손에 넣을 수 있는지 실험자가 일러주려고 했다는 것을 피험자들은 과연 이해할 수 있었을까? 또 다른 과제에서는 컵 두 개 중 하나에 선물을 숨겨놓고 실험자가 침팬지 혹은 아이에게 선물이 든 컵을 일러주려고(그 컵을 바라보거나 가리키는 방식으로) 해보았다. 사회성을 동원해야 하는 이 과제에서 아이들은 월등한 능력을 발휘해, 문제를 올바로 해결한 경우가 전체의 74퍼센트에 달했다. 한편 침팬지들의 성적은 엉망이어서 문제를 올바로 해결한 경우가 전체의 35퍼센트에 그쳤을 뿐이었다(이런 과제 상당수에서 침팬지들은 찍어서 답을 맞힌 것이나 다름없었다).

토마셀로에 따르면, 인간의 인지능력이 침팬지의 그것과 전혀 다른 길을 걷게 된 것은 우리 조상들이 어느 순간 **공통된 의도**라는 것을 발달시키게 되면서였다.[54] 우리 조상 중 일부 집단이 최근 100만 년 사이의 어느 시점엔가 발달시킨 그 능력은, 두 명 이상이 합심하여 목표를 추구할 때 그 목표의 상을 머리에 똑같이 그려내는 것이다. 예를 들어 둘이 함께 먹을 것을 구한다고 하면, 한 명이 나뭇가지를 힘껏 아래로 끌어당기고 다른 한 명이 거기서 과일을 따내 둘이 함께 나눠 먹는 식이다. 침팬지의 경우에는 이런 식으로 행동하는 법이 절대 없다. 또 둘이서 사냥을 하는 경우에도 인간은 양편으로 나뉘어서 동물에게 접근하기 마련이다. 콜로부스원숭이의 경우에서 널리 보고되듯이[55] 침팬지도 더러 이런 식의 행동을 보이기는 하지만, 토마셀로의 주장에 따르면 이는 실질적으로 힘을 합하는 것이라고 할 수 없다. 침팬지 한 마리 한 마리는 상황을 지켜보고 있다가 그 순간에 최선인 듯한 행동을 각자 취하는 것일 뿐이다.[56] 더구나 침팬지가 겉으로나마 힘을 합치는 것도 **오로지** 이렇게 원숭이를 사냥할 때뿐이며, 이런 드문 상황에서조차 진정한 협동의 표시는 찾아볼 수 없다고 토마셀로는 지적한다. 예를 들어, 이들에게서는 서로 의사소통을 하려는 노력이 전혀 나타나지 않을뿐더러, 사냥에 참여한 개체끼리 전리품을 나누는 능력은 그야말로 서툴기 짝이 없어서 결국 무력을 쓰지 않고는 자기 몫의 고기를 챙길 수 없다. 즉, 침팬지들은 일시에 다 같이 원숭이를 쫓는다 해도, 저마다 다른 꿍꿍이를 품고 그 사냥에 참가하고 있는 것이다.

반면 초창기 인간들의 경우 머릿속에 서로 공통된 뜻을 품기 시작하면서, 사냥하고 채집하고 아이를 기르고 이웃을 침략할 수 있는 능력이 어마어마하게 향상되었다. 팀에 속한 이들은 이제 다 같이 어떤 식으로 과제를 해내야 할지 머릿속에 그릴 수 있었고, 나아가 파트너가 똑같은 상을 머리에 그리고 있는지 파악하는 것은 물론, 그가 성공을 방해하거나 성과를 독식하려 드는지도 알아차릴 수 있었다. 파트너가 그런 식으로 엇나가는 행동을 하면 사람들은 부정적인 반응을 보였다. 이렇듯 집단 내 모든 구성원이 어떤 식으로 일을 해나가야 할지에 대해 공통된 이해를 가지게 되자, 누구라도 개인이 그러한 기대를 저버리면 사람들은 일순 욱하는 부정적 감정을 느꼈다. 사람들 사이에 최초의 도덕 매트릭스가 탄생하는 순간이었다(매트릭스가 사람들 사이의 **합의된** 환각이라는 사실을 잊지 말기 바란다).[57] 인류에게 이것은 루비콘 강을 건넌 것과도 같은 일이었다.

토마셀로의 경우 인간은 두 단계를 거쳐 이런 초사회성을 가졌다고 본다. 그 첫 단계는 사람들 두셋이 모여 함께 사냥을 하거나 먹을 것을 구하면서 서로의 공통된 의도를 읽게 된 것이었다(이것이 루비콘 강 횡단에 해당하는 사건이었다). 그러다 진화의 역사를 수십만 년 거치며 유목 생활을 하는 수렵·채집자 집단은 점점 함께 나누고 협동하는 능력이 늘었고, 협동이 잘되는 집단은 (아마도) 타 집단의 위협에 맞서기 위해 그 규모를 점점 더 늘려가기 시작했다. 이런 집단에서도 단결력이 가장 좋은 집단, 즉 단순히 세 명 정도가 아니라 300명, 아니 3000명까지 서로 뜻을 합칠 수 있었던 집단에 승리가 돌아갔다. 이것이 초사회성에 이르는 두 번째 단계였다. 자연선택에서는 토마셀로가 말한 "집단 지향성(group-mindedness)"이 늘어나는 것을 선호했던 것이다. 집단 지향성이란 사회의 규칙을 배워 거기에 따르고, 집단과 관련된 감정을 느끼고 공유하며, 결국에는 종교 등의 사회제도를 만들어내어 거기에 순종하는 능력을 말한다. 이렇게 해서

바른 마음

일련의 새로운 선택 압력은 집단 **사이에서는** 물론(단결력이 좋은 집단이 단결력이 약한 집단의 땅과 자원을 **빼앗아온다**), 집단 **안에서도** 작용하게 되었다(집단 공통의 뜻에 따르지 않는 사람의 경우 징계를 받았고, 징계를 받지 않는다 해도 협업 파트너로 선택될 확률이 적어졌다).[58]

이 공통된 의도를 나는 집단선택의 누명을 벗길 증거 B로 제시하는 바이다. 여러분도 토마셀로의 깊이 있는 통찰력이 온전히 이해되는 순간, 망처럼 드넓게 펼쳐진 사람들 사이의 공통된 의도와 그것을 토대로 건설되는 인간 집단의 모습을 머리에 그려볼 수 있을 것이다. 많은 이가 언어야말로 우리 인류에게 루비콘 강과 같다고 가정하지만, 생각해보면 언어가 생겨날 수 있었던 것은 우리 조상들이 공통된 의도를 가지게 된 **이후의** 일이었다. 토마셀로의 지적에 따르면, 단어는 어떤 사물과 어떤 소리가 맺고 있는 관계가 아니다. **사람들 사이에 이루어지는** 일종의 합의이다. 이 세상의 사물에 대해 공통되는 상을 가진 사람들끼리, 공통의 규약을 가지고 서로 의사소통하는 수단이 바로 말(言)인 것이다. 집단선택에서 무엇보다 핵심이 공동의 보금자리를 만들고 그것을 지켜내는 일이라면, 인간은 이 공통된 의도를 통해서 드넓고 정교하지만 무게도 정착점도 없는 보금자리를 건설해낼 수 있었다. 밀(蜜)과 나무 섬유를 가져다 만들어낸 벌집을 지켜내기 위해 벌들은 싸우고 죽이고 죽는다. 인간 역시 공통의 규범, 제도, 그리고 신을 가지고 만들어낸 도덕 공동체를 지키기 위해 21세기에 접어든 지금까지도 싸움과 살인과 죽음을 멈추지 않고 있다.

증거 C : 유전자와 문화는 함께 진화한다

그렇다면 우리 조상들이 루비콘 강을 건넌 것은 과연 언제쯤이었을까? 나무에서 무화과를 따기 위해 두 사람이 처음 힘을 합친 게 언제인지는 아마 무슨 수를 써도 답을 알 수 없는 문제일 것이다. 그러나 화석에 남은 기록으로 눈을 돌려 문화적 혁신이 차츰 쌓여간 모습을 살펴보면, 루비콘 강을 건넌 것은 다름 아닌 혁신가들이었음을 짐작할 수 있다. 문화가 쌓여간다는 것은, 사람들이 서로를 통해 배우고, 그것에 스스로 혁신을 더하고, 또 자신들이 낸 아이디어를 후대에 전수해준다는 뜻이다.[59]

침팬지, 보노보와 조상이 같았던 인류가 처음으로 그들에게서 갈라져 나오기 시작한 것은 지금으로부터 500만~700만 년 전의 일이었다. 그러고 나서 수백만 년 동안에는 인류의 조상에 들어가는 상당수 종의 동물이 아프리카 대륙을 두 발로 활보하고 다녔다. 그러나 뇌의 크기와 연장 사용이 제한적이었던 점으로 볼 때, 이 생물체들('루시'와 같은 오스트랄로피테쿠스 계열이 여기에 해당한다)은 초창기 인간이라기보다는 두 발로 걸어 다녔던 유인원에 더 가까웠다.[60]

그러다 화석의 기록으로 볼 때, 더 큰 뇌를 가진 인류의 조상이 출현한 것이 지금으로부터 약 240만 년 전의 일이다. 생물 분류상 처음으로 호모(Homo) 속(屬)에 들어가는 것이 이들부터이다. **호모 하빌리스**(Homo Habilis)도 여기에 속하는 종족으로, 이런 이름이 붙은 것은 조상들에 비해 "손재주가 좋기" 때문이었다. 이들은 올두바이 유적이라고 하여 단순한 형태의 석기를 풍성하게 남겨놓았다. 이 연장들

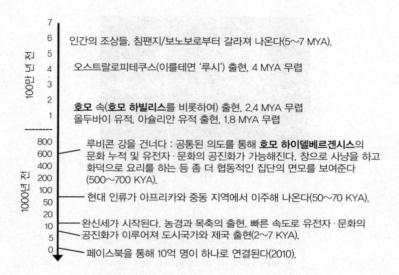

〈도표 9-1〉 인간의 진화와 관련된 주요 사건 연표
MYA=100만 년 전(million years ago) ; KYA=1000년 전(thousand years ago).
자료 : Potts and Sloan(2010) ; Richerson and Boyd(2005) ; Tattersall(2009).

은 대체로 커다란 돌덩이에서 떼어낸 날카로운 돌조각들로, **호모 하**
빌리스들은 다른 동물들이 짐승을 죽이면 그 사체에서 고기를 잘라
내거나 긁어내는 데에 이 도구를 사용했다. **호모 하빌리스**는 그다지
훌륭한 사냥꾼은 못 되었다.

그러다가 약 180만 년 전부터 동아프리카에 거주하던 인류의 조상
일부가 새로운 형태의 더 정교한 도구를 만들어내기 시작했으니, 구
석기시대의 아슐리안 석기라고 알려진 것이다.[61] 그중에서도 대표적
으로 손꼽히는 것이 눈물방울 모양의 주먹도끼로, 그것을 보면 대칭
성과 정교한 만듦새가 단번에 눈에 들어오는 것이 마치 우리와 비슷
한 마음을 가진 어떤 존재가 종전과는 전혀 다른 차원의 무엇을 만

〈도표 9-2〉 아슐리안 주먹도끼

들어냈다는 인상을 준다(〈도표 9-2〉 참조). 문화 누적을 이야기할 때 그 시작점으로 가장 유력한 시기도 이때인 듯하다. 그런데 이 대목에서 우리는 참으로 묘한 사실을 하나 발견하게 된다. 아프리카부터 유럽을 거쳐 아시아에 이르기까지 아슐리안 석기는 100만 년이 넘는 시간 동안 전 세계에 두루 나타나는데, 어디에서 발견되건 그 모양이 거의 똑같다는 사실이다. 즉, **어디를 가도 석기 사이에는 차이가 거의 발견되지 않는데**, 이는 곧 석기를 만드는 지식이 문화를 통해 전수되지 않았을 수 있다는 이야기이다. 이 석기를 만드는 지식은 인간이 선천적으로 갖고 있었을 가능성이 있다. 댐을 지을 수 있는 '지식'을 비버가 선천적으로 갖고 있는 것처럼 말이다.[62]

루비콘 강을 건넜음 직한 존재는 지금으로부터 60만~70만 년 전에 들어서야 발견할 수 있다. 우리와 똑같은 크기의 뇌를 가진 인류 조상이 아프리카에, 그리고 나중에는 유럽에 출현한 것이 이때이다. 이들은 한데 통틀어 **호모 하이델베르겐시스**(Homo Heidelbergensis)라고 알려져 있는데, 우리의 조상인 것은 물론 네안데르탈인의 조상이기도 하다. 이들의 취락지에는 화덕과 창이 처음 사용되었다는 증거가 뚜렷이 남아 있다. 이때 만들어진 창은 역사에서 가장 오래되었다고 알려진 것들로 애초에는 막대기를 날카롭게 깎아 만들었으나, 나중에는 나무 자루에 날카로운 돌촉을 붙여 목표물에 정확히 던질 수 있도록 균형감을 갖추었다. **호모 하이델베르겐시스**는 복잡한 형태의 무기를 만들 줄 알았을 뿐 아니라, 서로 힘을 합쳐 덩치 큰 동물을 사냥하고 죽이기도 했다. 그렇게 잡은 동물은 중심 취락지로 가져와서 살을 발라내고 요리해서 함께 나누어 먹었다.[63]

따라서 루비콘 강을 건넌 가장 유력한 후보를 꼽자면 **호모 하이델베르겐시스**이다.[64] 이들은 문화를 누적시키고, 팀워크를 갖추고, 노동 분업을 할 줄 알았다. 그런 만큼 필시 공통된 의도라는 걸 갖고 있었을 것이며, 나아가 아주 기초적 수준의 도덕 매트릭스도 갖추고 있었을 것이다. 그런 것이 있어야 서로 합심해서 일하고, 노동의 결실을 함께 나눌 수 있었을 테니 말이다. 이들은 루비콘 강을 건넘으로써 인간 진화의 노정만 바꾸어놓은 것이 아니었으니, 진화 과정의 성격 그 자체까지 바꾸어놓았다. 이때 이후로 인간은 줄곧 자신들이 살아가는 환경을 점점 더 자신의 손으로 만들어가게 되었다.

인류학자 피터 리처슨(Pete Richerson)과 롭 보이드(Rob Boyd)가 주장해온 바에 따르면, 문화적 혁신(이를테면 창, 조리법, 종교 같은 것들)의 진화 방식은 생물학적 혁신의 진화 방식과 상당 부분 동일하다고 한다. 진화의 이 두 줄기는 떼려야 뗄 수 없게 서로 얽혀 있어, 어느 하나를 공부하다 보면 결국 나머지 하나를 공부하지 않을 수 없다.[65] 예를 들어, 사람들이 가축을 맨 처음 길들였을 때의 이야기를 들여다보면 유전자와 문화의 공진화를 어디에서보다 잘 이해할 수 있다. 다른 포유동물과 마찬가지로 인간의 경우, 날 때는 락토스(젖당)를 소화시킬 수 있지만 아동기를 지나면 이 소화 능력이 사라져버린다. 락타아제(락토스를 분해하는 효소)를 만들어내는 유전자가 생후 몇 년이 지나면 작동을 멈추는 것인데, 포유동물은 젖을 떼고 나면 더 이상 젖을 먹을 일이 없기 때문이다. 그런데 북부 유럽과 아프리카 몇몇 지대에서 인류 역사상 처음으로 소를 키우는 사람들이 생겨났고, 덕분에 아이들이나 마셨지 어른들까지는 마실 수 없었던 신선한 우유가 대량으로 공급되기에 이르렀다. 이때 유리한 쪽은 돌연변이 유전자가 있어 락타아제 생산이 늦게까지 멈추지 않은 사람들이었다. 그리고 시간이 흐르면서 이런 사람들이 남긴 우유 마실 줄 아는 후손이 그렇지 못한 사람들이 남긴 후손보다 더 많아졌다(이 사실은 유전자 자체를 통해 확인된다).[66] 이렇듯 유전자 변화가 일어나자 문화적 혁신이 덩달아 일어났다. 이 새로운 락타아제 유전자를 가진 집단은 소 떼를 훨씬 대규모로 기르기 시작했고, 나아가 치즈를 만들어내는 등 우유를 활용하고 가공하는 방법을 더욱 늘려간 것이다. 이렇게 문화적 혁신이 일어나자 이번에는 덩달아 다시 유전자 변화가 일어났고, 이런 식으로 연쇄반응은 계속해서 이어져 나갔다.

이렇게 문화적 혁신(이를테면 소를 기르는 것)에서 유전적 반응(락토스 소화 능력을 가진 성인)이 나올 수 있다고 하면, 도덕성과 관련된 문화적 혁신에서도 일련의 유전적 반응이 있었을 거라고 생각할 수 있지 않을까? 그렇다고 볼 수 있다. 리처슨과 보이드의 주장에 따르면, 인류는 이러한 유전자와 문화의 공진화에 힘입어 여타 유인원과 달리

소집단 차원의 사회성을 뛰어넘을 수 있었고, 그렇게 발전시킨 부족 차원의 초사회성은 오늘날의 인간 사회 어디서든 찾아볼 수 있다.[67]

그들이 말하는 "부족 본능 가설(tribal instincts hypothesis)"에 따르면, 인간 집단은 주변의 이웃 집단과 어느 정도는 늘 경쟁 관계에 있을 수밖에 없었다. 그리고 이러한 경쟁에서 대개 승리하는 쪽은, 일련의 문화적 혁신을 통해(우연이라도) 가족을 뛰어넘어 더 큰 규모로 협동하고 결집한 집단이었다(이는 다윈의 주장과 꼭 같은 내용이다).

그런 문화적 혁신 중에서도 가장 중요한 것은, 인간은 상징적 표시를 통해 자신이 속한 집단을 나타내는 것을 무엇보다도 좋아한다는 사실이다. 아마존 부족이 흔히 이용하는 문신과 얼굴 관통 장식부터 시작해 유대교 남자들이 반드시 치러야 했던 할례 의식을 거쳐 영국의 펑크족이 애호하는 문신과 얼굴 피어싱에 이르기까지, 인간은 자신이 어느 집단에 속하는지를 온몸으로 드러내기 위해 엄청나고도 값비싼 대가를 치르며 때로는 고통을 감내하기까지 한다. 애초 이런 관습은 몸에 물감을 발라 색을 입히는 등의 소박한 방식이었을 것이 분명하다.[68] 그러나 그 시작이 어떠했건, 이러한 상징을 이용하는 집단은, 나아가 그 상징을 좀 더 영속적인 형태로 발전시킨 집단은 친족을 넘어서 더 넓은 범위에까지 '우리'의 개념을 확장시킬 수 있었다. 어떤 이들이 우리와 비슷한 모습을 하고 비슷한 말을 쓰면 우리는 그들과 더 잘 신뢰를 쌓고 협동하는 법이다.[69] 그들이 우리와 같은 가치와 규범을 가지기를 기대하고 말이다.

그리고 일부 집단은 그렇게 초기 부족주의라는 **문화적** 혁신이 일단 일어나자, **유전적** 진화에 밑바탕이 되는 환경을 바꿔나가기 시작했다. 리처슨과 보이드는 이를 다음과 같이 설명한다.

그러한 환경은 그 집단들의 삶에 맞는 새로운 사회적 본능들이 잘 발전할 수 있도록 하는 것이었다. 이러한 환경 속에서는 도덕적 규범에 의해 사람들 삶의 틀이 짜이고, 그 도덕적 규범을 배우고 내면화할 수 있는 식으로 삶이 설계되기를 '기대하는' 심리가 있다. 더불어 수치심과 죄책감 같은 감정도 새로 생겨나 규범이 준수될 확률을 높인다. 또 사회적 세계가 상징적 표시를 가진 여러 집단에 의해 나누어지기를 '기대하는' 심리도 존재하게 된다.[70]

이러한 초기 부족주의 사회에서는 사람들과 함께 어울려 즐기는 것을 어려워하거나, 자신의 반사회적 충동을 잘 억제하지 못하거나, 집단에서 제일 중요시하는 규범을 잘 따르지 못할 경우, 사냥·먹이 찾기·짝짓기 등의 파트너를 정할 때 그 누구에게도 우선순위 대상이 되지 못했다. 특히 폭력을 일삼는 사람이 있으면, 그는 집단에서 추방당하거나 징계받거나 극단적인 경우에는 죽임을 당했을 것이다.

학계에서는 이 과정을 "자기 길들이기(self-domestication)"라는 말로 설명해오고 있다.[71] 개·고양이·돼지의 경우, 그 조상들이 인간에게 길들여지고 동반자 관계를 맺는 과정에서 공격성이 점점 줄어든 것을 알 수 있다. 사실 애초에 인간의 정착지에 발을 들였다는 것부터가 그 어떤 동물보다도 성격이 온순하다는 뜻이었다. 자의로 인간과 가까워진 이들을 조상으로 하여 나온 것이 오늘날 인간이 기르는 애완동물이나 가축이다.

　　　　　바른마음

초창기 인간들이 스스로를 길들인 방식도 이와 비슷했다. 즉, 사람들은 친구나 파트너를 고르면서 그들이 부족의 도덕 매트릭스 안에서 잘 살아나갈 수 있을지를 따졌다. 실제로도 가축이 길들여질 때 나타나는 양상은 우리 인간의 뇌, 신체, 행동에도 똑같이 나타난다. 치아와 체구는 점점 작아지고, 공격성은 계속 줄어들며, 놀이를 좋아하는 성향은 점점 늘어나 성인기에 들어서까지 계속 나타나게 되었다.[72] 이런 양상이 나타나는 까닭은, 길들이기를 거치면 아동기와 함께 사라져버리는 특성들이 대체로 평생 나타나게 되기 때문이다. (인간을 비롯해) 이렇게 길들이기를 거친 동물은 야생적이었던 그들의 조상에 비해 좀 더 아이 같고 사교적이며 순한 특징이 있다.

이러한 부족 본능은 일종의 외피로서, 일련의 이집단적인 감정과 정신 기제가 우리가 영장류일 때부터 간직해온 좀 더 오래되고 이기적인 본성을 덮어 싸고 있다고 할 수 있다.[73] 우리의 바른 마음이 기본적으로 부족으로 뭉치기 좋아하는 마음에서 비롯되었다고 생각하면, 지금 내가 하는 이야기가 어쩌면 여러분에게는 우울하게 들릴지도 모르겠다. 그러나 꼭 그렇게 생각할 필요는 없다. 부족으로 뭉치기 좋아하는 마음이 우리 사이를 갈라놓기 쉬운 것은 사실이다. 하지만 그렇게 파가 갈리는 게 당연한 것이, 우리는 부족으로 뭉쳐서 산 세월이 그만큼 길었기 때문이다. 만일 우리가 부족으로 산 세월이 없었다면 지금도 사람들은 가족이 소규모로 모여 먹을 것을 구하러 다니고 있었을 것이다. 이들의 사회성은 오늘날의 수렵·채집자에도 못 미쳤을 테고, 따라서 하루하루 겨우 입에 풀칠을 하며 살다가 가뭄이 길어지면 식구 대부분이 기아에 허덕이다 목숨을 잃었을 것

이다. 부족적인 마음과 부족적인 문화의 공진화는 단순히 우리에게
전투성만 갖춰준 것이 아니다. 그것이 있었기에 우리는 집단 내에서
서로 훨씬 더 평화롭게 공존할 수 있었던 것은 물론, 현대 들어서는
방대한 스케일의 협업까지 이룰 수 있었다.

이 유전자와 문화의 공진화를 나는 집단선택의 누명을 벗길 증거
C로 제시하는 바이다. 우리 조상들이 루비콘 강을 건너 문화를 쌓을
수 있는 존재가 된 순간, 그들의 유전자는 문화적 혁신과 공진화하
기 시작했다. 그리고 그러한 혁신 중 최소한 몇 가지는 도덕 공동체
의 구성원들에게 표시를 하고, 집단의 단결성을 높여주며, 집단 내
공격성과 무임승차를 억제하고, 도덕 공동체가 공유하는 영역을 지
켜내는 방향으로 이루어졌다. 중대 과도기 때에 일어나는 바로 그런
종류의 일들이 일어난 것이다.[74] 설령 집단선택이 다른 포유류들의
진화에는 그 어떤 역할을 하지 못한다 할지라도,[75] 공통된 의도와 유
전자·문화의 공진화가 있고 나서부터 인간의 진화가 전혀 다른 길을
걸어 아주 특별한 케이스가 된 것만은 사실이다. 따라서 1960년대와
1970년대에 그랬듯이, 인간 이외의 다른 종에게나 통하는 주장과 증
거만을 가지고 집단선택이 잘못되었다고 전면 부정하는 것은 조급
한 태도가 아닐 수 없다.

증거 D : 진화는 빠른 속도로 일어날 수 있다

그렇다면 정확히 언제부터 우리 인간은 초사회적인 존재가 된 것일

까? 오늘날은 어딜 가나 인간들이 집단성을 아주 강하게 보이는 것으로 봐서, 이와 관련된 유전적 변화 대부분은 약 5만 년 전, 그러니까 우리 조상들이 아프리카와 중동에서 나와 세계 곳곳으로 흩어지기 전에 이미 다 이루어졌던 것임에 틀림없다(내가 보기에는 이 조상들이 그토록 순식간에 네안데르탈인을 밀어내고 세계를 제패할 수 있었던 것도 협동적인 집단성에 힘입은 바가 큰 듯하다).[76] 그런데 유전자와 문화의 공진화도 이때 같이 멈춰버린 것일까? 이때부터 우리의 유전자는 얼어붙은 듯 그대로 있고, 이후의 적응은 모두 문화적 혁신을 통해서만 이루어졌을까? 이에 대해 수많은 인류학자와 진화 이론가가 수십 년 동안 그렇다는 대답을 내놓았다. 고생물학자 스티븐 제이 굴드(Stephen Jay Gould)는 2000년 한 잡지와의 인터뷰에서 이렇게 말하기도 했다. "자연선택은 이제 인간의 진화와는 거의 무관한 것이 되었습니다." 문화적 변화가 유전자 변화에 비해 그 작용 속도가 "수십만 배"는 더 빠르기 때문이라는 것이었다. 뒤이어 그는 이렇게 주장했다. "지난 4만~5만 년 사이에 인간에게는 **생물학적 변화라고 할 것이 전혀 일어나지 않았습니다.** 오늘날 우리가 문화와 문명이라고 부르는 모든 것은 사람들이 **똑같은 몸, 그리고 똑같은 뇌를 가지고** 만들어낸 것이지요."[77]

우리가 굴드의 주장을 그대로 믿는다면, 최근 5만 년 사이 인간에게는 생물학적 진화가 전혀 일어나지 않았다는 이야기이고, 따라서 인간의 진화를 이해할 때도 가장 관심을 기울일 부분은 (농경이 시작되기 약 200만 년 전에 시작된) 홍적세이지, (1만 2000년 전에 시작된) 완신세는 그다지 중요하지 않을 것이다. 그런데 진화의 시간에서 1만 2000

년은 정말 눈 깜짝할 사이에 불과한 것일까? 이에 대해 다윈은 그렇지 않다고 생각했다. 동물 교배나 식물 교배를 해보면 단 몇 세대만에도 유전자가 변화하는 효과가 나타난다는 사실을 그는 저서에서 곧잘 언급했다.

유전자 진화가 얼마나 빨리 이루어질 수 있는지를 가장 잘 보여주는 사례로 우리는 드미트리 벨랴예프(Dmitri Belyaev)가 진행한 탁월한 연구를 살펴볼 수 있는데, 소련의 과학자인 그는 멘델의 유전학을 신봉한다는 이유로 1948년 요직에서 물러나야 했다(당시 소련의 도덕관에서는 이와는 다른 믿음, 즉 부모가 일생에 걸쳐 습득한 특성들이 자식에게 전수될 수 있다는 믿음을 신봉해야 했기 때문이다).[78] 벨랴예프는 시베리아의 연구소로 자리를 옮겼고, 그곳에서 여우를 데리고 간단한 교배 실험을 하여 자신이 가진 생각을 검증해보자고 마음먹었다. 여우를 교배할 때 통상 사람들은 그것이 얼마나 좋은 털가죽을 가졌는지를 보지만, 벨랴예프는 그것과는 다른 기준에 따라 여우들을 골랐다. 다른 특성들은 다 제쳐두고 인간을 무서워하지 않는 여우 새끼들을 데려다 키워서 교배시킨 것이다. 그러자 몇 세대 지나지 않아 여우들은 한결 온순해졌다. 그러나 이보다 더 중요한 사실이 있었으니, 아홉 세대가 지나고 나자 새끼 몇 마리에게서 전에 없던 특이한 특징들이 나타나기 시작했다는 것이다. 그것들은 대체로 개와 늑대 사이를 구별해주는 특징들과 매한가지라고 할 수 있었다. 예를 들면, 머리와 가슴에 하얀 털이 얼룩덜룩 생겨나기 시작했고, 턱과 이빨은 크기가 줄어들었으며, 곧게 뻗어 있던 꼬리는 동그랗게 말리기 시작했다. 여우가 너무 온순해져 사람들이 애완동물로 키울 수 있게까지 되는 데에는

〈도표 9-3〉 류드밀라 트루트와 파블리크. 파블리크는 벨라예프가 애초 실험한 여우의 42대 자손이다.

불과 30세대밖에 걸리지 않았다. 벨라예프와 함께 이 프로젝트에 참여했다가 그의 사후 실험을 넘겨받아 진행하고 있는 류드밀라 트루트(Lyudmila Trut)는 이 여우들이 이제 "사람 말을 잘 듣고, 애교가 많으며, 확실히 길이 들었다"라고 설명한다.[79]

더구나 빠른 속도로 진행되는 것은 개체 차원의 선택만이 아니다. 닭을 대상으로 한 두 번째 연구를 보면, 집단선택 역시 이와 마찬가지의 극적인 결과를 연출할 수 있다는 것을 알 수 있다. 예를 들어 우리가 양계장을 경영하는데, 그곳의 달걀 생산량을 늘리고 싶다면 어떻게 해야 할까? 상식적으로 생각하면 알을 제일 많이 낳는 암탉들만 데려다 교배시키면 될 것 같다. 그러나 양계 사업의 현실은 그렇지가 않다. 우리 안에 암탉들이 빽빽이 모여 있다 보니, 알을 가장 많이 낳는 암탉은 더 공격적이고 위압적인 경향이 있다. 따라서 양계장에서 개체 선택의 방법을 활용하게 되면(즉, 생산성이 가장 좋은 암탉들만 데려다 교배시키다 보면), 양계장의 총생산성은 오히려 떨어진다. 자기들끼리 서로 죽이거나 잡아먹는 등 공격적 행동이 더 늘어나기 때문이다.

유전학자 윌리엄 뮤어(William Muir)는 1980년대에 이 문제를 풀려고 고민하다가 집단선택의 방법을 활용해보기로 했다.[80] 우선 그는 우리를 여러 개 가져다 암탉을 열두 마리씩 집어넣은 후, 다른 것은 볼 것 없이 각 세대마다 알을 제일 많이 낳은 **우리를** 하나 골랐다. 그런 다음 그는 그 우리에 있던 암탉을 **모두** 교배시켜 다음 세대 종자를 얻었다. 그러자 불과 3세대 만에 암탉들의 공격성은 뚝 떨어지는 모습을 보였다. 그리고 6대째에 이르러서는 67퍼센트에 이르던 끔찍한 수준의 사망률이 단 8퍼센트에 그치게 되었다. 암탉 한 마리당 낳은 알의 총개수도 91개에서 237개로 훌쩍 늘었는데, 대체로 암탉들의 수명이 더 길어진 것이 주효했지만 암탉들이 하루에 낳는 알의 개수가 늘어난 데에도 원인이 있었다. 결국 집단선택이 작동한 암탉들이 개체 차원의 선택에 들어갔던 암탉들보다 생산성이 더 좋았던 셈이다. 또 아이들 동화책에 나오는 대로 투실투실하고 털이 풍성한 모습을 하고 있는 것도 집단선택을 받은 암탉들이었다. 반대로 개체 차원의 선택이 작동한 닭들의 경우는 경쟁 관계의 다른 닭들에게 두들겨 맞아 녹초가 되고 듬성듬성 털까지 빠진 모습을 하고 있었다.

인간의 경우 위의 여우와 암탉처럼 선택의 압력이 강하고 일관되게 작용한 적이 전혀 없을 테니, 인간에게 특이한 특성이 나타나는 데에는 6세대 내지 10세대의 시간 가지고는 모자랄 것이다. 그렇다면 과연 얼마큼의 시간이 더 필요할까? 가령 30세대(600년) 만에도 인간 게놈은 새로운 선택 압력에 반응을 보일 수 있을까? 아니면 적어도 500세대(1만 년) 이상은 걸려야 새로운 선택 압력을 통해 어떤 식이든 유전적 적응이 일어날 수 있을까?

유전적 진화가 어느 정도 속도로 이루어지는지는 자료가 있어야만 대답이 가능한 문제인데, 마침 인간 유전체 규명 계획(Human Genome Project)이 진행되어준 덕에 문제 해결의 자료는 이미 나와 있는 셈이다. 이 계획에 따라 몇몇 연구 팀이 지구 상 모든 대륙의 사람들 수천 명을 대상으로 하여 그들의 유전자 배열을 분석해놓았기 때문이다. 유전자라는 것이 원래 돌연변이를 일으키고 사람들 사이를 이리저리 표류하기 마련이지만, 무엇이 이러한 임의적 표류에 해당하고 무엇이 자연선택에 '이끌린' 유전자 변화인지는 구분이 가능하다.[81] 그리하여 나온 연구 결과는 실로 놀라운 것이었고, 알고 보니 굴드의 주장과는 정반대라는 것이 드러났다. 유전자의 진화 속도는 최근 5만 년 사이에 **엄청난 가속도가 붙은 것**이다. 선택 압력에 대한 유전자 변화는 지금으로부터 약 4만 년 전부터 그 속도가 빨라지기 시작해, 2만 년 전부터는 가속도가 점점 더 증가하는 양상을 띠었다. 그러다가 완신세를 거치면서 유전자 변화 속도는 정점에 이르렀으니, 이는 유라시아 대륙은 물론 아프리카 대륙에서도 마찬가지였다.

이는 어느 모로 보나 합당한 이야기이다. 유전학자들은 지난 10년에 걸쳐 유전자라는 것이 얼마나 활동적인 존재인지를 밝혀냈다. 유전자는 스트레스, 배고픔, 질병 등의 여러 조건에 따라 켜지고 꺼지기를 끊임없이 반복하는 존재인 것이다. 이제 이 역동적인 유전자들이 탈것(사람)을 만든다고, 그것을 만들어 어떻게든 새로운 기후·포식자·기생충·먹을 것·사회구조·전쟁에 노출시킨다고 상상해보자. 더구나 완신세에는 어느 순간 갑자기 인구밀도가 치솟아, 더욱더 많은 사람이 유전적 돌연변이를 일으키게 되었다고 상상해보자. (리처슨과 보이드의 표현대로) 유전자와 문화적 적응은 서로 손을 맞잡고 "빙글빙글 왈츠를 추듯" 공진화하는바, 이때 문화라는 파트너가 갑자기 지르박 리듬을 타기 시작하면 유전자도 덩달아 속도를 내지 않으면 안 된다.[82] 완신세 들어 유전자 진화가 갑자기 기어를 높여 속도를 올리기 시작한 것도 바로 이 때문으로, 락토스 소화 유전자가 나온 것이나 티베트인들이 고지대에서 살아갈 수 있게 피가 바뀐 것도 이때의 일이었다.[83] 인간에게 최근 나타난 이런 특성과 기타 수십 가지 특성은 이미 유전자를 통해 확인된 바 있다.[84] 이렇듯 유전적 진화는 식습관이나 기후가 변화하면 단 수천 년 사이에도 우리의 뼈, 치아, 피부, 신진대사를 미세하게 변화시켜 적응시킨다. 그렇다면 영장류 시절 우리의 사회 환경에 극심한 변화가 있었을 때 유전적 진화가 일어나 우리의 뇌와 행동을 충분히 손볼 수 있지 않았겠는가?

물론 있지도 않던 어떤 정신 모듈이 단 1만 2000년 만에 새로 생겨났으리라고 생각하는 것은 아니다. 그러나 제 조건이 변했다가 이후 1000년 동안 안정된 상태에 있었다고 해서, 기존에 있던 특성들(이를테면 내가 7~8장에서 이야기한 도덕성의 여섯 가지 기반이나 부끄러움을 느끼는 경향)이 변화하지 못할 이유는 어디에도 없다. 예를 들어 어떤 사회에

바른 마음

위계질서나 기업가 정신이 더 강해진다고, 혹은 어떤 집단이 농경·목축·무역 등의 방식을 택하게 되었다고 생각해보자. 이 변화들이 인간관계를 여러 가지 면에서 뒤바꿔놓을 것은 분명하며, 그러면 이전과는 전혀 다른 차원의 덕들이 보상을 받게 될 것이다.[85] 문화적 변화는 매우 빠른 속도로 일어나곤 하는바, 여섯 가지 도덕성을 기반으로 건설된 도덕 매트릭스도 그에 따라 몇 세대 만에 급속히 변화할 수 있다. 그러나 이렇게 새로 만들어진 도덕 매트릭스라도 이후 수십 세대가 지나 다소 안정된 상태에 있게 되면, 새로운 선택의 압력이 적용되어 유전자와 문화의 공진화가 다시금 일어날 수 있다.[86]

이렇듯 진화가 빠르게 일어날 수 있음을 나는 집단선택의 누명을 벗길 증거 D로 제시하는 바이다. 진화가 빠른 속도로 일어나는 것이 가능하고, 나아가 인간의 유전체가 문화적 혁신과 공진화를 한다고 하면, 인간 본성이 비교적 짧은 시간 안에 뒤바뀌는 일도 얼마든지 가능하다. 먼 옛날 아프리카 어디에선가 인류에게 유난히 혹독한 시기가 닥쳤고 그로 인해 집단선택이 일어났다면, 인간의 본성은 단 수천 년 만에도 바뀌었을 수 있다.

예를 들어, 지금으로부터 7만~14만 년 사이에는 아프리카 대륙의 기후변화가 그야말로 극심했다.[87] 그렇게 날씨가 더웠다 추워지고 습했다 건조해지는 등 요동치듯 변할 때마다 인간의 먹을거리는 바뀌었고, 따라서 사람들이 굶어 죽는 일도 예사였을 것이다. 지금으로부터 7만 4000년 전에는 인도네시아의 토바 화산에서 대재앙과도 같은 폭발이 일어났고, 이로 인해 지구 전체의 기후가 단 1년 만에 급격히 바뀌었을 가능성도 있다.[88] 그 이유가 무엇이건, 여하튼 이 시기의 어느 즈음엔가 인간이 거의 전멸하다시피 한 것은 분명하다. 오늘날 세상을 살고 있는 사람들은 모두 그 시대에 이러한 개체군 병목현상(population bottleneck : 어떤 종의 개체 수의 상당 부분이 죽음을 당하거나 번식을 못해 전체 개체 수가 급격히 감소하는 현상―옮긴이)을 한 번 이상 뚫고 겨우 살아남은 인간 수천 명의 자손인 것이다.[89]

그렇다면 어떤 비결이 있었기에 살아남을 수 있었을까? 그 정확한 사연은 아마 앞으로도 절대 알 길이 없을 테지만, 이런 상상을 해봄으로써 추측은 가능하다. 즉, 우리가 어느 날 자고 일어났는데 지구의 음식 95퍼센트가 감쪽같이 사라져버렸다고 생각해보자. 이제 사람들은 두 달이면 꼼짝없이 굶어 죽을 처지에 놓였다. 법도 질서도 무너져 내리고, 아비규환의 대혼란이 이어진다. 자, 이로부터 1년이 지났을 때 살아남은 사람들이 있다면 그들은 과연 어떤 사람들일까? 각 마을에서 가장 덩치 크고, 가장 힘세고, 가장 폭력적인 개인들이 살아남아 있을까? 아니면 어떻게든 협력해서 남은 식량을 독점하고, 숨기고, 자기들끼리 나눠 먹은 집단이 살아남아 있을까?

이제 이런 기아가 몇백 년마다 한 번씩 지구를 찾아온다면 어떨지 상상해보자. 그런 사건을 몇 차례 겪은 후 인간의 유전자 풀은 어떻게 변화할까. 누구의 말대로 집단선택은 과거 수천 년 사이에만 일어난 일일 수도 있고, 혹은 지금으로부터 7만~14만 년 사이의 좀 더 장기간에 걸친 일일 수도 있으나, 어느 쪽이 사실이든 집단선택을 통해 집단 관련 적응이 일어났을 수 있는 것은 사실이다. 그리고 이 집단 관련 적응을 발판으로 우리 인간은 병목현상을 겪고도 얼마 안 되어 아프리카 대륙에서 세를 뻗어 나올 수 있었고, 그 여세를 몰아

온 지구를 정복하여 터전으로 삼았다.[90]

이제까지 나는 집단선택에 대한 설명을 제시하며 가급적 단순한 형태를 이용했다. 즉, 각 집단은 그것이 마치 개별 유기체인 양 서로 경쟁을 벌이며, 단결력이 제일 좋은 집단이 부족 간 전쟁을 통해 단결력이 덜한 집단을 밀어내고 그 자리를 차지한다고 논의를 전개했다. 사실 다윈이 애초 상상한 집단선택도 이와 다르지 않았다. 그런데 9장의 초고가 나왔을 때, 그것을 읽어본 진화심리학자 레슬리 뉴슨(Lesley Newson)이 내게 다음과 같은 내용의 메모를 보내주었다.

제 생각에 이 부분은 독자에게 자칫 그릇된 인상을 심어줄 수 있으니 유의하는 것이 중요할 듯합니다. 집단 간에 경쟁이 이루어진다고 해서 그것이 반드시 둘 사이에 전쟁이 난다거나 싸운다는 의미는 아닙니다. 각 집단이 경쟁을 벌이는 것은 자신이 가진 자원을 가장 효율적 방식으로 활용해 자손으로 전환시키기 위해서입니다. 이러한 집단을 구성하는 데에서 여자와 아이들 역시 무척이나 중요한 가치를 지닌다는 것을 우리는 잊어서는 안 될 것입니다.

당연히 뉴슨의 말이 옳다. 집단선택이 이루어진다고 해서 반드시 전쟁이 일어나거나 폭력이 동반되는 것은 아니다. 만일 식량을 조달하여 자손을 만들어내는 집단의 능력을 향상시킬 수 있는 것이 있다면, 그러한 특징은 어떤 것이든 그 집단을 이웃보다 생존에 더 적합한 상태로 만들어주는 셈이다. 집단선택은 협동을 지향한다. 개인이 반사회적 행동을 하는 능력은 억누르고, 개인이 집단에 이익이 되게 끔 행동하는 것은 부추긴다. 그러다 보면 집단을 위한다고 한 행동 이 때로 외부인에게는 참사가 되는 수도 있다(전쟁이 그런 경우에 해당한 다). 그러나 일반적으로 이집단성은 외부 집단에 해를 가하기보다는 내부 집단의 안녕을 증진하는 데 초점을 맞추고 있다고 할 수 있다.

9장 요약

다윈은 도덕성이 적응으로 생겨난 것이며 이러한 적응은 자연선택 이 개인적 차원과 집단적 차원에 **함께** 작용한 결과라고 믿었다. 인간 의 경우에는 좀 더 덕을 갖춘 부족이 이기적인 부족을 밀어내고 그 자리를 차지하게 되어 있다. 그러나 윌리엄스와 도킨스는 집단선택 으로는 무임승차자 문제가 풀리지 않는다고 주장했고, 다윈의 생각 은 이에 떠밀려 학계에서 추방당하고 말았다. 그러고 나서 30년 동 안 학계에서는 집단 **사이의** 경쟁은 도외시한 채, 하나같이 집단 **내에** 서 일어나는 개인 간 경쟁에만 초점을 맞추었다. 따라서 이때는 어 떤 행동이 이타주의로 보이더라도 그것은 이기심을 교묘히 위장한 형태라고 설명하지 않으면 안 되었다.

그러나 최근 들어 진화론적 사고에서 집단의 역할을 좀 더 중요시 하는 흐름이 학계에 새로이 대두되고 있다. 이 흐름에 따르면 자연선 택은 다차원에서 동시에 작동하며, 때로는 유기체가 모인 집단 간에 도 일어난다. 인간의 본성이 집단선택을 통해 형성되었는가 하는 점에 대해서는 나는 무어라 확실히 말할 수 없는 입장이다. 이 논쟁에 관해서는 내가 그 의견을 귀담아듣는 과학자들이 찬반 양편 모두에 자리하고 있기 때문이다. 그러나 도덕성을 공부하는 심리학자 입장에서는 다차원 선택이 꽤 유용하다고 말할 수 있다. 다차원 선택 개념을 가져오면 인간이 왜 그토록 이기적인 동시에 이집단적인지 그 이유가 설명되기 때문이다.[91]

1970년대 이후 학계에는 새로 쌓인 학문적 지식이 엄청난데, 이를 접하면 우리는 도저히 (다차원 선택의 일부로서) 집단선택을 다시 생각하지 않을 수가 없다. 나는 그 학문적 지식을 총 네 가지의 '증거'로 나누어 집단선택에 대한 변론으로 활용했다.[92]

증거 A : 중대 과도기를 통해 초개체가 만들어진다. 이제까지 지구에서 살아온 생명체의 역사는 '중대 과도기'의 본보기가 몇 번이고 되풀이된 과정이었다. 생물학적 위계질서의 한 차원에서 무임승차자 문제가 무난히 해결되고 나면, 그다음 단계의 위계 서열에 들어서는 이전보다 더 거대하고 강력한 탈것(초개체)이 등장한다. 이러한 초개체는 집단 내 노동 분업, 협동, 이타주의 등의 새로운 특성들을 지닌다.

증거 B : 공통된 의도를 통해 도덕 매트릭스가 생겨난다. 우리 인간은 공통된 의도를 가지고 다른 이의 머릿속 생각을 읽는 고유한 능력을 가지는데, 인간은 이 능력을 가지면서 마치 루비콘 강을 건너듯 집단 내에서 아주 원활히 기능할 수 있게 되었다. 초창기 인간들은 이 능력을 바탕으로 서로 협동하고 분업을 이룬 것은 물론, 공통의 규범을 만들어 서로의 행동에 대해 판단을 내릴 수도 있게 되었다. 오늘날 우리의 사회적 삶을 지배하는 도덕 매트릭스도 이 공통의 규범에서부터 시작되었다.

증거 C : 유전자와 문화는 공진화한다. 우리 조상들이 루비콘 강을 건너 서로의 의도를 공유하기 시작한 순간, 우리 인간의 진화는 양 갈래 실이 엉키듯 이루어졌다. 사람들이 새로운 관습·규범·제도를 만들어내면, 이 집단적인 특성이 가지는 적응의 정도도 변화했다. 여기서 특히 중요한 것은 유전자와 문화의 공진화로 인해 우리가 일련의 부족 본능을 지니게 되었다는 사실이다. 우리는 스스로가 어떤 집단에 속했는지 표시하는 것을 무엇보다 좋아하며, 그런 표시를 한 뒤에는 자기 집단에 속하는 사람들과 우선적으로 협동하려는 경향을 보인다.

증거 D : 진화는 빠른 속도로 이루어질 수 있다. 인간의 진화는 지금으로부터 5만 년 전에 속도가 멈추지도 느려지지도 않았다. 오히려 그때부터 속도에 불이 붙었다. 유전자와 문화의 공진화는 최근 1만 2000년 사이에 가장 맹렬하게 이루어졌다. 인간의 본성이 5만 년 전에서 한 치도 변하지 않았다고 생각하면 오산인 만큼, 오늘날 지구를 살아가는 수렵·채집자를 보고 그들이 인간 본성의 보편적 모습을 대표한다고 가정할 수는 없다. 우리 인간이 어떤 존재이고, 나아가 우리가 어떻게 해서 바른 마음을 가지게 되었는지 이해하려면, (지금으로부터 7만~14만 년 사이에 일어난) 극심한 환경 변화를 비롯해 (완신세에 일어난 것과 같은) 문화적 변화를 좀 더 부각시키지 않으면 안 될 것이다.

인간 본성 대부분은 자연선택이 개인 차원에서 작동한 결과 형성
되었다. 그러나 대부분이 그렇지, 전부 그렇지는 않다. 9·11 사태 이
후 숱한 미국인이 발견할 수 있었던 것처럼, 우리 인간은 집단과 관
련된 적응의 특성도 몇 가지 지니고 있다. 우리 인간은 이중적인 본
성을 가지고 있다. 우리는 이기적인 영장류이지만, 그와 동시에 자
신보다 크고 고결한 무엇의 일부가 되려는 열망도 갖고 있다. 우리의
본성은 90퍼센트가 침팬지와 같고, 나머지 10퍼센트는 벌과 같다.[93]
만일 이 주장에 담긴 상징적 의미를 받아들인다면, 사람들이 이집단
적으로, 또 군집으로 행동하는 까닭을 훨씬 잘 이해하게 될 것이다.
그 모습을 보면 마치 우리 머릿속에 스위치가 하나 들어 있는 것은
아닐까 생각될 정도이다. 조건만 딱 들어맞으면 우리 안에 잠재한 꿀
벌의 군집 능력을 활성화하는 그런 스위치 말이다.

10장
군집 스위치: 나를 잊고 거대한 무엇에 빠져들게 만드는 능력

윌리엄 맥닐(William McNeill)이 미국 육군에 징집을 당한 것은 1941년 9월의 일이었다. 군에 들어간 맥닐은 몇 달간 기초 훈련을 받게 되었는데, 이 기초 훈련이란 대체로 다른 병사 수십 명과 촘촘히 대열을 짜서 함께 훈련장을 행군하는 것이었다. 당시 그의 기지에는 훈련 무기가 전혀 갖춰지지 않은 터라, 처음에 맥닐은 행군 훈련이 그저 시간을 때우는 한 방법이려니 생각했다. 그러나 그로부터 몇 주 후 부대가 하나처럼 잘 움직여나가기 시작하자, 맥닐은 자신의 의식 상태가 변하는 것을 경험할 수 있었다.

훈련이 요구하는 대로 다 같이 하나가 되어 오랫동안 움직이다 보면 어느덧 모종의 감정이 솟아오르는데, 이는 말로 다 설명할 수가 없다. 지금 와 생각해보면 그것은 진정한 행복감이 온몸 구석구석에 퍼지는 느낌이었

바른 마음

다. 이보다 더 구체적으로 표현하자면, 내가 커지는 것 같은 묘한 느낌이었다. 집단의식에 참여함으로써, 내 몸이 점점 부풀어 오르고 그리하여 내가 실제보다 훨씬 더 커지는 듯 느껴지는 것이다.[1]

2차 세계대전에 참전하여 전장을 누빈 맥닐은 이후 역사를 연구하여 저명한 역사가가 된다. 그가 역사 연구를 통해 이른 결론에 따르면, 그리스, 로마, 그리고 후대의 유럽 군대에는 핵심적인 혁신이라고 할 만한 것이 있었다. 그것은 다름 아닌 그 자신이 군에 있을 때 마지못해 받아야 했던 기초 훈련, 즉 동시 훈련과 행군이었다. 맥닐의 가설에 따르면, 이렇게 "근육처럼 뭉치는"(박자에 맞추어 다 함께 움직이는) 과정은 역사시대가 시작되기 훨씬 이전부터 발전해온 기제로서, 이를 통해 사람들은 자아는 접어두고 다 같이 힘을 합쳐 잠시 초개체를 이루어냈다. 이렇게 근육처럼 뭉친 사람들은 자기를 잊은 채 서로를 믿으며 하나의 단위처럼 기능할 수 있었고, 그 힘으로 단결력이 덜한 집단을 짓밟았다. 〈도표 10-1〉은 알렉산더 대왕이 활용했던 초개체의 모습으로, 그는 자국 군대보다 훨씬 큰 군대도 이것으로 격파하곤 했다.

맥닐은 참전 용사들에게서 갖가지 일화를 듣고 그것을 연구한 결과, 이들이 전쟁에서 목숨을 걸고 싸웠던 것은 조국이나 자신의 이상을 위해서였다기보다 그와 함께했던 전우 때문이라는 사실을 알게 되었다. 그는 한 백전노장의 입을 빌려 '나'에서 '우리'가 되면 어떤 일이 벌어지는지를 다음과 같이 들려준다.

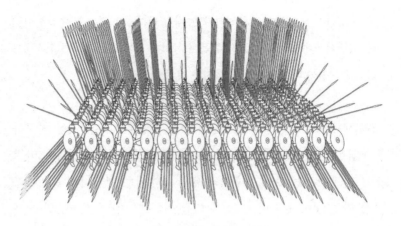

〈도표 10-1〉 마케도니아군의 방진(方陣)

제가 믿기로, 스스로에게 솔직한 노병이라면 아마 많이들 이렇게 인정할 겁니다. 전쟁에서 다 같이 힘을 모았던 그때의 경험이……자신들 인생에서 최고의 순간이었다고……그런 이들 사이에서는 어느덧 '나'는 '우리'가, '내 것'은 '우리 것'이 됩니다. 그래서 개개인의 운명은 그다지 중요한 일이 아니게 되지요. ……전 그것이야말로 불멸을 확신하는 것이라고 믿습니다. 그런 순간이 닥치면 사람들에게 자기희생은 (비교적) 너무도 쉬운 일이 되지요. ……'나는 쓰러질 수는 있으나, 죽는 것은 아니다. 내 안의 진정한 무엇이, 내가 목숨을 내던지는 이유인 내 전우들 속에 남아 계속 살아갈 것이기 때문이다.'[2]

군집 가설

앞서 9장에서 나는 인간의 본성이 90퍼센트는 침팬지, 나머지 10퍼센트는 꿀벌과 같다는 이야기를 꺼낸 바 있다. 우리가 침팬지와 같다고 하는 것은, 영장류의 경우 주변인과 벌이는 끊임없는 경쟁 속에서 그 마음이 형성되기 때문이다. 알고 보면 우리는 사회생활이라는 게임에서 승리한 이들이 길이길이 대를 이어 나온 자손인 셈이다. 우리가 글라우콘주의자가 될 수밖에 없는 까닭도 바로 여기에 있다. 보통 우리는 (글라우콘이 말한 기게스의 반지 이야기에서처럼) 실제로 덕을 갖추기보다는 덕 있는 것처럼 보이는 데에 더 신경을 쓴다.[3]

그러나 인간의 본성에는 좀 더 최근에 생겨난 외피로서 이집단성도 자리하고 있다. 우리가 꿀벌과 같다고 하는 것은, 초사회적 존재의 경우 다른 집단과의 끊임없는 경쟁 속에서 그 마음이 형성되기 때문이다. 알고 보면 우리는 이집단적인 마음을 통해 서로 단결하고 협동한 조상들, 그리하여 다른 집단을 경쟁에서 제친 조상들의 자손인 셈이다. 그렇다고 우리 조상들이 무분별한 혹은 무조건적인 팀플레이어였다는 뜻은 아니니, 상황을 골라 팀플레이어가 되었다. 즉, 조상들은 조건이 적절히 갖춰졌을 때 "하나는 전체를 위하고 전체는 하나를 위하는" 마음에 들어갈 수 있었고, 그 상태에 들어가면 집단 내에서 자신의 지위를 향상시키기 위해서만이 아니라 집단의 이익을 위해서 진정으로 노력을 기울였다.

내가 이번 10장에서 세워놓은 가설은 "**인간이라는 존재는 조건에 따라 군집 생물이 되기도 한다**"라는 것이다. 우리 인간은 (특별한 조건

에 놓이면) 이기심을 초월하여 자신을 잊고 자기 자신보다 거대한 무
엇에 (일시적이며 열광적으로) 빠져들 수 있는 능력이 있다. 이러한 능력
이 바로 내가 말하는 '군집 스위치(hive switch)'이다. 내가 보기에 이
군집 스위치는 집단과 관련된 적응으로서, 윌리엄스가 말한 것처럼
오로지 "집단 간 선택 이론으로만" 설명이 가능하다.[4] 개인 차원의
선택으로는 그것을 설명할 길이 없다(한 개인이 동일 집단 내의 이웃을 경
쟁에서 제치고자 할 때 이 이상한 능력이 무슨 도움이 될 수 있겠는가?). 즉, 군집
스위치는 집단의 단결력을 더욱 단단히 다져주는 데 필요한 적응인
것이며, 그로써 타 집단과의 경쟁에서 더 큰 성공을 거두게 해준다.[5]
　이 군집 가설이 사실로 드러날 경우, 조직을 어떻게 설계하고 종
교를 어떻게 연구해야 하는가 하는 문제에서, 나아가 삶의 의미와
기쁨을 발견해야 하는 문제에서 이 가설은 실로 엄청난 함의를 지닐
수 있다.[6] 그렇다면 이 가설은 과연 사실일까? 군집 스위치는 정말
로 존재하는 것일까?

많이 모일수록 흥분된다

바깥세상으로의 탐험이 시작된 15세기 말 무렵, 유럽인들은 자신들
이 만난 온갖 기이한 동식물을 고국에 들여오곤 했다. 모든 대륙은
저마다 자신만의 신기한 것들을 간직하고 있었다. 자연 세계의 다양
함은 인간이 상상도 못할 정도로 어마어마했다. 하지만 그런 동식물
에 비해 머나먼 이국땅에 사는 인간에 대한 보고는 다소 획일적인 면

이 없지 않았다. 어느 대륙을 가든 유럽 여행가들은 사람들이 불을 피워놓고 그 주위에 모여 미쳐 날뛰듯 춤을 추는 광경을 목격할 수 있었다. 북의 장단에 맞추어 다 같이 하나 되어 추는 이 춤은 종종 사람들이 지쳐 쓰러질 때까지도 이어졌다. 바버라 애런라이크(Babara Ehrenreich)가 저서 《길거리에서 춤을 : 집단 희열의 역사(Dancing in the Streets : A History of Collective Joy)》에서 묘사한 바에 따르면, 유럽 탐험가들이 이 춤에 보인 반응은 한마디로 '역겹다'는 것이었다. 가면을 쓰고, 온몸에 물감을 바르고, 시끄럽게 괴성을 지르며 춤을 추는 그들의 모습은 흡사 동물과도 같았다. 리듬에 맞춰 몸을 이리저리 흔들며 때로 성행위를 묘사하는 그들의 춤은 대부분의 유럽인들에게는 천박하고 기괴한 데다 어느 모로 봐도 '야만적'이었다.

당시 유럽인들은 자신들 눈앞에 펼쳐진 광경을 아직 이해할 준비가 되어 있지 않았다. 애런라이크의 주장에 따르면, 사람들의 이 열광적인 군무는 집단을 하나로 뭉치게 하는 '생명공학 기술' 같은 것으로서 세계 거의 모든 곳에서 두루 발견되는 것이기 때문이다.[7] 맥닐이 이야기했던 대로, 그녀 역시 이러한 행동이 사람들을 근육처럼 뭉치게 한다는 데 동의한다. 그로써 사람들 사이에 사랑, 신뢰, 평등이 확산되는 것이다. 이런 식의 춤은 고대 그리스에서는 물론(디오니소스 축제를 생각해보라), 초기 기독교에서도 흔하게 찾아볼 수 있었다(애런라이크의 말에 따르면, 교회에서 춤이 억제된 것은 중세 시대 들어서의 일로 그 전까지만 해도 기독교는 '춤'의 종교였다고 한다).

그런데 이 열광적인 춤이 주는 혜택이 그토록 많고 또 세계 곳곳에 널리 퍼져 있는데, 유독 유럽인들만 이 춤을 내팽개친 이유는 무엇일까? 이에 대한 애런라이크의 설명은 그 안에 함축된 바가 많아 여기서 한 줄로 요약하는 것이 도저히 불가능하지만, 마지막 부분의 논지를 정리하자면 16세기 들어서 유럽에 개인주의가 대두하고 자아 개념이 한층 정교해진 것이 하나의 원인이었다. 이러한 문화적 변화는 계몽주의와 산업혁명을 거치는 동안 그 속도에 한층 불이 붙었다. 19세기에 나타난 WEIRD(Western, educated, industrialized, rich, democratic) 문화 역시 이와 똑같은 역사적 과정을 거쳐 탄생한 것이다.[8] 5장에서 이미 이야기한 바 있지만, WEIRD의 특성이 강한 사람일수록 이 세상이 관계보다는 별개의 사물로 가득 차 있다고 보는 경향이 있다. WEIRD의 특성이 강한 사람일수록 그 "야만인들"이 하는 행동을 더욱 이해하지 못하는 것이다.

한편 애런라이크가 놀랐던 것은, 집단 희열이 무엇인지 탐구하는 데 있어서 심리학이 극히 미미한 도움밖에는 주지 못한다는 사실이었다. '순간의 끌림'에서부터 '자아를 녹이는 사랑'을 거쳐 '병적인 강박'에 이르기까지, 두 사람 사이의 관계를 설명해주는 말은 심리학에 넘쳐난다. 하지만 수십 명의 사람들 사이에도 사랑은 존재할 수 있다. 그것은 무어라 불러야 할까? 애런라이크는 이에 대해 "동성애가 '차마 그 이름을 입에 올리지 못하는' 사랑이라면, 사람들을 집단과 엮어주는 그 사랑은 이름조차도 갖고 있지 못하다"라고 이야기한다.[9]

애런라이크가 집단 희열을 연구할 때 그녀에게 도움이 되었던 학자는 몇 안 되었는데, 그중 하나가 에밀 뒤르켐이었다. 뒤르켐이 역설하는 바에 따르면, 이 세상에는 갖가지 "사회적 사실"들이 존재하며, 이런 사실들은 개인 차원으로 환원될 수 없다. (자살률이나 애국심 관련 규범과 같은) 사회적 사실들은 사람들이 서로 상호작용하는 과정에서 등장하기 때문이다. 이런 것들이 분명 실재하는 만큼, (심리학에서) 사람과 사람의 정신 상태를 연구하듯 (사회학도) 이것들을 가져다 연구할 만한 가치가 있다. 당시만 해도 뒤르켐은 다차원 선택이나 중대 과도기 이론을 알지 못했으나, 신기하게도 그의 사회학은 이 두 사상과 기막히게 잘 맞아 돌아간다.

뒤르켐은 자신과 동시대 인물을 곧잘 비판했는데, 예를 들면 프로이트(Sigmund Freud)의 경우 도덕성과 종교를 개인 심리 및 그가 맺는 양자 관계의 심리로만 설명하려 한 것이 문제였다(프로이트는 신이란 아버지를 형상화한 것에 불과하다고 말했다). 한편 뒤르켐의 주장은 이와는 상반되는 것이었으니, **호모 사피엔스**는 두 가지의 서로 다른 차원에서 살아가는 존재기 때문에 **호모 듀플렉스**(Homo duplex : 이중적인 인간)라고 해야 옳다. 인간은 개별적 존재이면서 동시에 더 커다란 사회의 일부라는 것이다. 종교를 연구한 끝에 그가 다다른 결론에 따르면, 사람들은 각 차원에 두 가지의 서로 다른 "사회적 감성"을 지닌다. 그 첫 번째는 "개인 하나하나를 동료 시민 개개인과 엮어주는 역할을 하는 것으로서, 이러한 감성은 공동체 안에서, 즉 일상적인 삶의 관계 속에서 쉽게 눈에 띈다. 사람들이 서로에게 느끼는 도의심, 존경, 호의, 두려움 등의 정서가 여기에 해당한다고 볼 수 있다."[10] 이러한 감성이 존재하는 것은 개인 차원에서 작동하는 자연선택으로도 쉽사리 설명된다. 다윈이 이야기했듯이, 사람들은 이런 감성을 가지지 못한 사람들과는 파트너가 되기를 꺼린다."[11]

하지만 뒤르켐이 주목했던 점은 이와는 또 다른 감정을 경험하는 능력이 사람들에게 있다는 사실이었다.

이 두 번째 감성은 나를 사회적 실체와 하나로 엮어 전체를 구성하게 한다. 이러한 감정들은 한 사회와 다른 사회와의 관계에서 주로 눈에 띄는바, '사회 간(inter-social)' 감성이라고 일컬을 수 있을 것이다. 위의 첫 번째 감정에서는 내가 그것을 따른다 해도 내 자율성이나 개성은 전과 거의 똑같이 보존된다. 그 감정으로 인해 내가 다른 이들과 하나로 엮이는 것은 분명하지만, 그렇다고 내 독립성이 많이 훼손되지는 않는 것이다. 하지만 두 번째 감정의 영향을 받아 행동하게 될 때는 이와는 반대로 **나는 전체의 일부에 불과한 만큼 전체의 행동에 따르게 되고, 그 영향력에서 벗어나지 못한다.[12]**

뒤르켐의 이론에서 다차원 선택의 논리가 떠오르는 것을 느끼며 나는 놀라움을 금할 수 없었다. 새로운 차원의 이 사회적 감정들은 (실질적 존재인) 집단이 '사회 간' 관계를 원활히 하는 데 도움을 주기 위해 존재한다고 생각할 수 있었다. 즉, 이 두 번째 차원의 감성이 사람들 안에 들어 있는 군집 스위치를 탁 켜주면, 자아의 회로가 닫히고 이집단성의 외피가 활성화되어 사람들은 "순전히 전체의 일부"가 되는 것이다.

뒤르켐이 말하는 이 고차원의 감성 중에서도 가장 중요한 것이 "집단적 들썩임(collective effervescence)"으로서, 집단적 의식에서 생겨날 수 있는 열정과 열광을 말한다. 뒤르켐 자신은 이를 다음과 같이 표현하고 있다.

바른 마음

어딘가에 모이는 행위 그것 자체가 무엇보다도 강력한 자극제이다. 개개인 여럿이 다 같이 한자리에 모이는 순간, 서로 가까이 다가선 상태는 짜릿한 전류 같은 것을 일으킨다. 그러면 순식간에 사람들은 그 어느 때보다 들뜬 상태로 고양되기 시작한다.[13]

이런 상태에 들어가면, "원기가 고도로 활성화되고, 열정은 한층 격렬해지며, 감정은 더욱 격해진다."[14] 뒤르켐이 보기에, 이러한 집단 감정에 완전히 이끌리면 인간은 잠시나마 삶의 두 영역 중 더 고차원에 해당하는 **성스러운** 영역에 빠져들게 된다. 그러면 어느덧 자아는 사라지고 집단의 이해(利害)가 가장 중요해진다. 한편 이와 대조되는 **통속적인** 영역은 우리가 매일을 살아가는 일상적인 세계이다. 이곳에서 우리는 삶의 대부분 시간을 보내며 돈·건강·평판 따위의 문제를 걱정하지만, 머릿속으로는 늘 저기 어딘가에 더 고차원적이고 더 고상한 무엇이 있다는 생각을 떨치지 못한다.

이렇듯 이 두 차원을 오르락내리락함으로써 인간은 신·영혼·천국의 관념을 만들어내게 되었고, 객관적인 도덕 질서의 개념도 바로 여기서 생겨났다고 뒤르켐은 믿었다. 이러한 사회적 사실들은 심리학자가 개개인(혹은 양자 관계)을 연구해서는 이해가 불가능하다. 단순히 꿀벌 한 마리 한 마리(혹은 두 마리씩)를 연구해서는 벌집의 구조를 이해할 수 없듯이.

'나'를 버리고 '우리'로
들어가는 다양한 방법

집단적 들썩임이라니 참 멋지게 들리지 않는가? 단 이것을 일으키려면 친구를 23명쯤은 동원해야 하고 모닥불도 피워야 한다는 점이 너무 아섭지만 말이다. 그런데 정말 그럴까? 군집 스위치와 관련해 가장 흥미로운 사실 중 하나는 이 스위치를 켜는 방법에는 여러 가지가 있다는 것이다. 군집 스위치가 과연 집단 차원의 적응일까 하는 점은 여전히 의심스럽더라도, 이 스위치가 분명 존재하고, 또 이것이 대체로 사람들의 이기심은 줄여주고 사랑은 키워준다는 점만큼은 여러분도 인정하기를 바라는 바이다. 이어지는 내용에서 나는 이 스위치가 켜지는 방법을 세 가지 제시할 텐데, 아마 여러분도 한 번쯤 몸소 경험해본 적이 있을지 모르겠다.

1. 스스로가 자연의 일부임을 느끼는 순간

랄프 왈도 에머슨(Ralph Waldo Emerson)이 1830년대에 자연을 주제로 열었던 일련의 강의는, 미국에 초월주의를 일으키는 하나의 초석이 되었다. 당시 미국 유수의 대학에는 분석적 성격의 초지성주의가 퍼져 있었는데, 이를 거부하고 나선 운동이 바로 초월주의였다. 에머슨은 가장 심오한 진리는 반드시 이성이 아닌 직관을 통해 알아야 하며, 자연에 대한 경외를 경험하는 것이야말로 그런 직관이 일어나는 가장 좋은 방법이라고 주장했다. 밤하늘에 총총히 박힌 별을 바라보거나, 완만하게 경사진 들판의 풍경을 바라볼 때나, 혹은 그저 숲길을 이리저리 거니는 것만으로도 원기가 샘솟고 기쁨이 차오르는 것을 그는 다음과 같이 표현했다.

> 흙에 두 발을 디디면, 기분 좋은 공기가 내 머리를 맑게 씻어 무한한 공간 속으로 데려가고, 그러면 어느덧 내 안의 치졸한 아집은 모두 사라진다. 나는 투명한 안구가 된다. 나는 그 무엇도 아니다. 그러나 모든 것을 본다. 보편적 존재의 물결이 내 몸 구석구석을 휘돌아 지나간다. 그 순간 나는 신의 일부, 아니 신의 한 조각 티끌이다.[15]

다윈도 자서전에 비슷한 경험을 다음과 같이 기록해두고 있다.

> 브라질의 웅장한 삼림 그 한복판에 섰던 경험을 나는 일지에 이렇게 적었다. "그때의 고차원적인 느낌은 생각으로 다 헤아리지 못할 정도이다. 내 마음은 경이, 동경, 몰두로 가득 차 한껏 고양되었다." 인간은 단순히 몸으로 숨만 쉬며 살아가는 존재가 아님을 확신했던 기억이 지금도 생생하다.[16]

에머슨과 다윈은 통속적인 영역과 성스러운 영역 사이에 자리한 관문을 제가끔 자연 안에서 발견한 것이다. 군집 스위치는 원래 집단과 관련된 적응에 의해 생겨난 것이지만, 이렇듯 자연에 경외심을 느낄 때면 혼자 있을 때도 스위치는 얼마든지 켜질 수 있다. 신비주의자들이나 고행자들도 수천 년 동안 이런 방법을 알아 활용해왔고 말이다.

우리에게 일어나는 이런 경외의 감정은 다음의 두 가지 특성이 동반되는 상황에서 가장 많이 일어난다. 그 첫 번째 특성은 광대함이고(무엇인가 우리를 압도하여 우리 자신을 미약한 존재로 느끼게 만든다), 다른 하나는 수용의 필요성이다(우리의 경험은 기존의 정신 구조에 쉽게 편입되지 않는 경향이 있다. 따라서 우리는 기존의 정신 구조를 변화시켜 우리의 경험들을 '수용'하지 않으면 안 된다).[17] 경외심은 일종의 리셋 버튼처럼 기능하는 것이, 경외심이 일어나는 순간 사람들은 자기 자신은 물론 삶의 자질구레한 걱정거리를 잊는다. 경외심이 삶의 새로운 가능성, 가치, 방향에 눈을 뜨도록 해주는 것이다. 집단 사랑과 집단 희열의 경우도 마찬가지이지만, 군집 스위치와 가장 밀접하게 연관된 것이 바로 이 경외심이다. 에머슨이나 다윈이 그랬듯이, 사람들은 자연을 묘사할 때 영적인 말을 동원하곤 하는데, 그것은 바로 자연이 우리의 군집 스위치는 켜고 자아의 회로는 닫아주는 역할을 하기 때문이다. 이로써 우리는 <u>스스로가 그저 전체의 일부</u>라는 생각을 갖게 된다.

2. 다른 세상을 경험하게 하는 환각제

1519년 코르테스(Hernán Cortés)가 멕시코를 점령했을 때, 그는 종교를 꾸려가는 아즈텍인들의 힘은 버섯에 있다는 것을 알게 된다. 실로시빈이라는 환각 물질이 든 이 버섯은 토박이말로 **테오나나카틀**(teonanacatl)이라고 불렸는데, 문자 그대로 해석하면 "신의 살점"이라는 뜻이었다. 초기 기독교 선교사들은 버섯 섭식을 기독교의 성찬식과 유사한 것으로 보았으나, 사실 아즈텍인들의 이 관습은 상징적 의례 이상의 것이었다. **테오나나카틀**을 먹으면 사람들은 약 30분 만에 통속적 영역을 벗어나 곧장 성스러운 영역으로 들어갈 수 있었기

바른 마음

〈도표 10-2〉 한 아즈텍인이 버섯을 먹고 있는 모습. 신이 나타나 그를 성스러운 영역으로 데려가려 하고 있다.

자료 : 16세기에 만들어진 마글리아베치아노 필사본(Codex Magliabechiano) CL.XIII.3.

때문이다.[18] 〈도표 10-2〉는 16세기에 아즈텍족이 만든 두루마리의 일부로, 신이 나타나 버섯 먹은 사람을 막 데려가려는 순간을 묘사하고 있다. 한편 아즈텍 북부에서는 종교 의례의 초점이 페요테 먹기에 맞춰져 있는데, 선인장에서 얻어지는 페요테에는 메스칼린이라는 환각물질이 함유되어 있다. 또 아즈텍 남부에서는 종교 의례의 하나로 아야후아스카(ayahuasca : "영혼의 술"을 뜻하는 케추아어)를 먹었다. 아야후아스카는 포도와 나뭇잎으로 만든 술로서 DMT(dimethyltriptamine : 디메틸트립타민)가 함유되어 있다.

이 세 가지 약물은 (LSD 및 기타 합성 화합물과 함께) 모두 환각제(hallucinogen)로 분류되는데, 그 속에 든 비슷한 화학적 성질의 알칼로이드 성분이 일련의 환시와 환청을 일으킨다. 그런데 내가 보기에 이 물질들은 뒤르케모겐(Durkheimogen)이라고 불려도 무방할 듯싶다. 이것들이 가진 고유한 능력을 빌리면(물론 거기에 의지해서는 안 되겠지만) 사람들은 자아의 회로를 닫고 후에 '종교적 경험' 혹은 '환골탈태의 경험'이라 부를 만한 것을 체험할 수 있기 때문이다.[19]

대부분의 전통적인 사회에는 남자아이와 여자아이를 성인으로 입문시키는 일종의 성인식이 존재한다. 이러한 성인식에는 보통 유대교의 성인식인 바르 미츠바보다 훨씬 더 혹독한 과정이 뒤따르기 마련이다. 아이들은 두려움과 고통을 느끼는 것은 물론 죽음과 부활의 상징을 접하며, 신 혹은 연장자를 통해 앎을 전수받는다.[20] 그런데 이런 식으로 아이를 성인으로 탈바꿈시킬 때 환각제를 촉매제로 사용한 사회가 많았다. 약물을 통해 군집 스위치가 켜지면 자기밖에 모르는 이기적인 아이의 상태가 더 쉽게 사라지기 때문이다. 그렇게 다른 세계를 경험하고 돌아온 사람은 이제 도덕적 책임이 있는 성인으로 대우를 받는다. 한 인류학 보고서는 그러한 성인식을 주제로 다루며 다음과 같이 결론을 맺는다. "사람들을 이런 상태에 들게 하려는 것은, 배움의 깊이를 키우는 한편 동료 집단 성원 사이에 돈독한 유대감을 만들기 위해서이다. 그러면 필요하다 싶을 때에 개인의 욕구보다 사회집단의 욕구가 우선시되도록 할 수 있다."[21]

한편 서양인들이 이 약들을 복용하는 것은 일체의 의식과 의례가 따르지 않는 경우로, 보통 집단에 헌신하려는 목적으로 약을 먹지도 않는다. 단, 여기서 주목할 만한 사실은 이들이 약을 먹었을 때의 경험이 인본주의 심리학자 에이브 매슬로(Abe Maslow)가 말한 "절정 경험"과 크게 다르지 않다는 것이다.[22] 이 약물들이 서양 사회 대부분에서 불법화되기 전에 이 약물들을 가지고 몇 차례의 대조군 실험이 진행된 바 있는데, 그중에서도 20명의 신학생을 보스턴의 한 지하 예배실로 데려가 약을 복용하게 한 실험이 있었다.[23] 이 실험에서 학생들은 한 사람도 빼놓지 않고 모두 약을 복용했다. 그러나 처음 20분간은 누가 실로시빈을 복용하고 누가 니아신(비타민 B의 일종으로 이것을 먹으면 몸이 따뜻해지고 얼굴이 상기되는 느낌이 든다)을 복용했는지 아무도 알 길이 없었다. 그러나 실험이 40분째 접어들자 그 사실은 단박에 드러났다. 니아신을 복용한(약을 막 복용했을 당시에는 무슨 일이 일어나는 줄만 알았던) 학생 열 명은 가만히 지상에 남아서 나머지 열 명이 그 꿈만 같은 여행을 무사히 마치고 돌아오기만을 기다렸다.

실험자들은 연구 실행 전후는 물론, 6개월이 지난 시점에 실험 참가자 전원에게 실험에 대한 상세한 보고를 수집했다. 연구 결과, 실로시빈은 다음과 같은 아홉 종류의 경험에 대해 통계상 눈에 띄는 효과를 미치는 것으로 나타났다. (1) 합일, 자아 인식이 사라지는 것을 비롯해 근원적인 하나 됨을 느낌, (2) 시·공간의 초월, (3) 마음속 깊은 곳에서부터의 긍정적인 상태 경험, (4) 성스러움에 대한 인식, (5) 마음 깊은 곳으로부터 진리라고 확신되는 직관적 앎을 손에 넣었다는 인식, (6) 역설성, (7) 자신에게 일어난 일을 설명하기 힘들어함, (8) 일시성, 즉 몇 시간 만에 모든 것이 평소 상태로 돌아옴, (9) 태도와 행동에 긍정적인 변화가 지속적으로 나타남.

그로부터 25년 후 릭 도블린(Rick Doblin)은 실험에 참가했던 20명 중 19명을 수소문 끝에 만나 그들을 인터뷰할 수 있었다.[24] 도블린이 이때 내린 결론은 이렇다. "실로시빈 복용자들은 이후의 장기간 후속 연구에 참가했을 때에도 하나같이(대조군 피험자 중에는 이런 이가 하나도 없었다) 자신들의 애초 경험에는 진정 신비한 부분이 있었으며, 그것이 자신의 영적 삶에 그 무엇과도 견줄 수 없는 소중한 기여를 해주었다고 여겼다." 실로시빈을 복용했던 한 실험 참가자는 그때의 경험을 다음과 같이 회상했다.

어느 순간 갑자기 제가 몸에서 쓱 빠져나와 무한 속으로 들어가는 느낌이었습니다. 그러자 순식간에 제 마음과의 고리가 툭 끊어져 버렸어요. 저는 삼라만상의 광대한 세계 속에 들어와 있었습니다. ……때로 기도를 하러 갔다가 고개를 들어 제단 위의 불빛을 올려다보면, 거기서 뿜어져 나오는 빛에 눈이 멀어버리는 듯한 순간이 있잖아요. ……우리가 복용한 실로시빈의 양은 극히 소량이었지만, 그것을 통해 저는 무한과 연결될 수 있었습니다.

3. 수천 명이 모인 광란의 댄스 파티

예로부터 록 음악 하면 광란과 선정성이 빠지지 않았다. 그래서 1950년대의 미국 부모는 자식의 모습에 경악을 금치 못할 때가 많았으니, 17세기에 유럽인들이 무아지경에 빠져 춤추는 "야만인들"을 처음 봤을 때와 똑같은 심정이었다. 그러나 1980년대 접어들어 영국 젊은이들은 첨단 기술을 한데 접목하여 새로운 차원의 댄스 음악을 만들어내기에 이르렀고, 이 음악에서는 록 음악의 개인주의와 선정성 대신 공동체로서의 느낌이 한층 강조되었다. 우선 전자음악의 발달로 테크노, 트랜스, 하우스, 드럼 앤 베이스와 같은 새로우

바른 마음

면서도 몽환적인 분위기의 음악 장르가 발달하게 되었다. 또 레이저 기술이 발달하자 어떤 파티에서든 휘황찬란하게 시각 효과를 내는 것이 가능해졌다. 더불어 약학이 발전하면서 춤을 배울 때 이용하는 일군의 약까지 새로이 생겨나기에 이르렀다. 그중에서도 특히 MDMA 같은 것은 암페타민(중추신경과 교감신경을 흥분시키는 작용을 하는 각성제―옮긴이)을 새롭게 변형시킨 것으로서, 이것을 먹으면 장시간 에너지를 낼 수 있는 것은 물론 기분이 고양되어 사랑이 차오르고 마음이 열리는 느낌이 든다(미처 몰랐는데, 일상에서 흔히 엑스터시라고 하는 것이 이 MDMA이다). 이상에서 열거한 요소가 일부 혹은 전부 결합하여 탄생된 음악에 젊은이들은 완전히 심취해버렸고, 그리하여 한 번에 수천 명씩도 모여 밤새도록 댄스파티를 즐기기 시작했다. 애초 이 현상은 영국에서 처음 선보이기 시작했고, 1990년대에 들어서자 선진국 각지로 퍼져나갔다.

이러한 레이브 파티의 경험이 묘사된 대목을 우리는 토니 셰이(Tony Hsieh)의 자서전 《딜리버링 해피니스(Delivering Happiness)》에서 찾아볼 수 있다. 현재 온라인 쇼핑몰 자포스(Zappos.com)의 CEO로 일하고 있는 셰이는 스물네 살에 자기 소유의 신생 첨단 기술 회사를 마이크로소프트에 매각하면서 큰돈을 벌었다. 그 후 셰이는 어떻게 인생을 살아야 하나 고심하며 몇 년을 지낸다. 당시 샌프란시스코에는 그와 늘 붙어 다니던 친구가 몇몇 있었다. 셰이는 이 "부족민"(셰이 친구들은 서로를 부족민이라고 불렀다)과 함께 처음으로 레이브 파티에 가보았고, 그 순간 그의 군집 스위치가 탁 하고 켜졌다. 셰이 자신의 표현을 빌리면 다음과 같다.

그다음에 이어진 경험은 사물을 보는 나의 관점을 영원히 바꾸어놓았다. ……확실히 실내 분위기며 레이저가 꽤나 근사했다. 그렇게까지 큰 방에 사람이 꽉 들어차 춤을 추는 광경도 난생처음 보는 것이었다. 그러나 그중 어느 것도 당시 내가 느낀 경외감을 설명해주지는 못했다. ……그 어디를 가든 누구보다 논리적으로 합리적이라 여겨지던 내가 무언가 영적인 것에 압도되었다는 느낌에서 도저히 헤어날 수 없었다. 그것은 종교적인 것이라기보다 내가 **그곳의 모든 사람과는 물론 우주와도 깊이 연결되었다는** 느낌이었다. 거기에는 어떤 판단도 갖다 붙일 수 없었다. ……자의식이라든가 누구든 남의 시선을 의식하고 춤을 춘다는 느낌은 전혀 없었다. ……사람들은 하나같이 무대 위 높은 곳에 자리한 디제이를 바라보고 있었다. ……방 전체가 마치 **수천 명으로 이루어진 하나의 커다란 부족** 같았고, 디제이는 그 부족을 이끄는 추장 같았다. ……가사 한마디 없이 일정한 리듬으로 흐르는 전자음 비트는 통일된 심장박동처럼 군중을 하나의 몸짓으로 이끌었다. **개인적 의식은 존재를 감춰버리고 그 자리에 하나의 집단의식이 들어선 것만 같은 순간이었다.**[25]

이날 셰이는 애런라이크와 맥닐이 말한 근육처럼 뭉치는 연대를 현대판으로 겪은 셈이었다. 그곳에서의 광경과 경험은 그에게 경외감을 느끼게 했다. 그의 '나'는 닫히면서 집채만큼 커다란 '우리'로 녹아들 수 있던 순간이었다. 그날 밤은 셰이의 인생에서 터닝포인트로 자리 잡는다. 이 일을 계기로 셰이는 새로운 차원의 사업을 만들어내는 노정에 오르기 때문이다. 그 레이브 파티에서처럼 공동의 연대가 느껴지고 자아는 억제되는 그런 분위기의 회사를 만들려고 노력하게 된 것이다.

  이 외에도 군집 스위치를 켤 수 있는 방법에는 여러 가지가 있다. 버지니아 대학에 있으면서 10년 동안 나는 이와 관련된 생각을 가지고 학생들과 요모조모 논의해보았는데, 합창단에서 노래할 때, 군악대에서 연주할 때, 설교를 들을 때, 정치 집회에 참석할 때, 명상을 할 때에도 사람들의 스위치가 '켜진다'는 보고를 들을 수 있었다. 내가 가르친 학생들도 대부분 이 스위치를 최소한 한 번 이상은 경험한 적이 있었다. 물론 이 중에서 인생을 변화시키는 경험을 한 경우는 소수에 불과했다. 대체로 그 영향은 몇 시간 혹은 며칠 내에 사라졌다.

  군집 스위치가 시의적절하게 켜질 때 사람들이 바뀐다는 사실을 알게 된 후부터, 내 눈에는 내가 가르치던 학생들이 전과는 다른 모습으로 비치기 시작했다. 개인별로 보면 여전히 학생들은 성적, 장학금, 연애 상대를 두고 서로 경쟁을 벌이는 모습이었다. 그러나 그와 더불어 학생들은 수업 외 활동에도 무척 열심히 참여하고 있었고, 그곳에서는 대체로 팀플레이어의 면모를 십분 발휘하고 있었다. 그 모습이 내게는 새삼 감탄스러웠다. 학생들은 함께 연극도 하고, 스포츠 시합에 나가 다른 팀과 경쟁을 벌이기도 하고, 정치 명분을 위해 집회를 열기도 하고, 수십 개 프로젝트에서 자원봉사 활동을 하며 샬로츠빌은 물론 머나먼 이국의 빈자와 병자를 돕기도 했다. 학생들은 어떤 소명 같은 것을 찾고 있었다. 자신을 넘어서서 더 커다란 집단의 일부가 되었을 때만 찾을 수 있는 그런 소명을 말이다. 더불어 학생들의 그런 노력과 모색은 두 차원 모두에서 동시에 이뤄지고 있었다. 우리는 누구나 두 차원 모두에서 살아가는 **호모 듀플렉스**인 것이다.

인간의 군집 스위치는 어디에 있을까

이 군집 스위치가 정말로 실재한다면, 그러니까 집단의 선택이 집단의 연대를 위해 정말 이런 집단 차원의 적응을 만들어냈다면, 그것은 일련의 뉴런과 신경전달물질과 호르몬으로 구성되어 있을 게 틀림없다. 다시 말해 뇌의 특정 부위를 차지하는 식으로는, 즉 일종의 뉴런 다발이 인간에게는 있고 침팬지에게는 없는 식으로는 자리하고 있지 않을 것이다. 그보다는 기존에 있던 회로와 물질을 약간 독창적인 방식으로 재활용하여 **기능** 시스템이 만들어졌고, 여기서부터 이집단성이라는 지극히 신기한 능력이 나온다고 보아야 할 것이다. 최근 10년 사이 학계에서는 이와 관련한 연구가 봇물 터지듯 쏟아졌는데, 이 기능 시스템[26]을 구성하는 물질 중 가장 가능성 높은 두 가지를 두고 이루어진 연구들이었다.[27]

사람들을 커다란 집단으로 엮는 방법은 진화가 진행되는 도중 어쩌다 우연히 발견된 것이라고 치자. 그런데 이 과정에서 접착제 역할을 했을 것으로 가장 유력시되는 물질이 있으니, 바로 시상하부에서 만들어내는 호르몬이자 신경전달물질인 옥시토신이다. 옥시토신은 척추동물이 어미가 되는 채비를 할 때 널리 사용하는 물질이다. 포유류의 경우에는 옥시토신이 분비됨으로써 새끼를 어루만지고 돌보려는 강력한 동기가 생길 뿐 아니라, 자궁이 수축되고 유즙 분비도 활성화된다. 진화는 이를 종종 재활용하여 또 다른 유대 관계를 다져 놓았다. 이를테면 동물 중에서 수컷이 유독 제 짝의 곁을 떠나지 못 하거나 새끼 보호에 여념이 없는 경우가 있는데, 이런 종은 옥시토신 에 더 잘 반응하도록 수컷의 뇌가 약간 개조된 것이다.[28]

사람의 경우 이 옥시토신의 영향력은 가족생활 훨씬 너머에까지 미친다. 예를 들어 신원 불명의 파트너에게 당분간 돈을 맡겨야 하 는 게임을 한다고 했을 때, 옥시토신이 든 스프레이를 참가자 코에 뿌리면 그는 파트너를 좀 더 믿고 게임에 임하게 된다.[29] 역으로 어떤 사람이 상대방을 신뢰하는 행동을 할 경우, 그에게서 신뢰를 받는 상 대방의 옥시토신 수치도 증가한다. 이 옥시토신 수치는 다른 이들이 고통 받는 모습을 영상에서 보게 될 때도 증가하며, 적어도 다른 이 의 처지에 공감하여 그를 도우려는 욕구를 느끼는 사람들에게서는 확실히 이런 경향이 나타난다.[30] 더불어 우리 뇌는 상대방과 밀접하 게 접촉하고 있을 때 옥시토신을 더 많이 분비하는데, 그저 낯선 사 람이 내 등을 주무르는 정도에도 이런 효과는 일어난다.[31]

이토록 사랑스러운 호르몬이 또 있을까! 그러고 보면 최근 몇 년 간 언론에서 이 호르몬을 두고 "사랑 호르몬"이니 "포옹 호르몬"이 니 호들갑을 떤 데에도 다 이유가 있었다. 세상 사람들이 마시는 식 수에다 이 옥시토신만 넣을 수 있다면, 인류가 전쟁이나 잔혹한 학 대를 겪는 일은 앞으로 영영 없지 않을까?

안타까운 일이지만 그렇지는 않다. 군집 스위치라는 것이 집단선 택의 산물이라면, 거기에는 집단선택의 두드러진 특징이 나타나지 않을 수 없기 때문이다. 즉, 이때의 이타주의는 편파적 이타주의이다.[32] 옥시토신의 기능은 우리를 우리의 파트너 및 집단과 뭉치게 하는 것으로서, 다른 집단과의 경쟁에서 더 효과적이 되도록 만들어준다. 옥시토신은 우리를 인류 전체와 엮어주지는 않는다는 이야기이다.

최근의 몇몇 연구는 이런 예상이 빗나가지 않음을 보여준다. 그중에도 네덜란드 남성들을 데려다 갖가지 경제 게임을 시킨 일이 있는데, 실험에서 참가자들은 각자 칸막이 안에 들어갔고 그 안에서 컴퓨터를 통해 소규모로 팀을 이루었다.[33] 실험자들은 참가자 절반에게는 코에 옥시토신 스프레이를 뿌리고, 나머지 절반에게는 가짜 스프레이를 뿌렸다. 그러자 옥시토신을 흡입한 남성들이 덜 이기적인 결정을 내리는 것으로 나타났다. 그러나 이들이 주안점을 둔 부분은 어떻게 해야 자기 팀에 도움이 될까였지, 다른 집단 사람들이 더 좋은 성과를 얻도록 하는 데에는 추호도 관심이 없었다. 그중 한 연구에서는 옥시토신으로 인해 다른 집단에 해를 입히려는 경향이 더 강해지기도 했다(죄수의 딜레마 게임의 경우). 이런 게임에서는 다른 집단에 해를 입히는 것이 자기 집단을 보호하는 최선책이 되기 때문이다. 또 이후 진행된 일련의 후속 연구에서 저자들이 밝혀낸 바로, 네덜란드 남성들은 옥시토신으로 인해 네덜란드식 이름에 더 선호를 표했으며 사람의 생명을 구해야 할 때도 네덜란드인의 목숨을 더 귀하게 여겼다(이를테면 트롤리 딜레마). 이렇듯 내부 집단에 대한 사랑이 늘면 그와 짝을 이루어 외부 집단에 대한 적의(예를 들면, 이슬람교도에 대한 적의)가 늘지 않을까 하고 연구자들은 생각했으나, 실제로 그러한 징후를 찾으려는 시도는 번번이 실패로 돌아갔다.[34] 옥시토신으로 인해 사람들은 자신의 내부 집단을 더욱 사랑하게 된다. 즉, 편파적 이타주의자가 되는 것이다. 저자들의 결론에 따르면, 그들의 연구 결과는 다음과 같은 생각을 뒷받침하는 증거가 되었다. "신경생물학적 기제는 전반적으로(특히 옥시토신 관련 체계는) 내부 집단의 조화와 협동을 유지하고 꾀하기 위해 발달했다."

이와 함께 내부 집단의 조화를 유지시켜준다고 알려진 두 번째 후보는 거울 뉴런 체계라는 것이다. 거울 뉴런은 1980년대에 우연히 발견된 것으로, 일단의 이탈리아 과학자가 짧은꼬리원숭이를 데려다가 뇌의 개별 뉴런에 소형 전극을 삽입해본 것이 계기였다. 당시 그들이 알던 바에 따르면 운동 근육의 미세 움직임은 대뇌피질이 주관하고 있었고, 따라서 애초 목표는 이곳에 자리한 일부 개별 세포들이 뇌 안에서 어떻게 작동하는지 알아내는 것이었다. 연구진의 관찰 결과, 이 뉴런 중 일부는 원숭이가 엄지와 중지로 나무 열매를 집는 등 매우 구체적인 행동을 할 때에만 발화하는 것으로 나타났다(원숭이들이 손 전체를 사용해 나무 열매를 집을 때는 발화하지 않았다). 이때 연구진은 전극을 심은 뒤 (소리로 발화 비율을 파악할 수 있도록) 전극의 반응을 스피커에 연결해둔 상태였는데, 언제부터인가 전혀 엉뚱한 때에도 뉴런이 발화하는 소리가 들리기 시작했다. 예를 들면, 원숭이는 미동도 없이 가만히 있고 그 앞에서 **연구자**가 엄지와 중지를 사용해 무엇을 막 집어 들자 그때에도 발화가 일어나는 것이었다. 연구진에게 이는 말도 안 되는 일이었다. 그때만 해도 인식과 행위는 뇌의 서로 다른 영역에서 일어나는 것이라고 여겨졌기 때문이다. 상식과 어긋나게 이 뉴런들은 원숭이 자신이 어떤 행동을 할 때에도, 그리고 다른 이의 그런 행동을 볼 때에도 발화하고 있었다. 원숭이는 마치 다른 이의 행동을 **거울에 비추듯** 똑같이 그려내는 듯했고, 이런 일은 스스로가 행동을 취했을 때 이용했을 법한 그 뉴런 속에서 이루어지고 있었다.[35]

이후 이루어진 수차례의 연구 결과, 거울 뉴런 대부분은 특정한 물리적 움직임에 발화하기보다는 어떤 행동에 담긴 일반적인 목표 혹은 그 의도를 보고 발화하는 것으로 드러났다. 이를테면 깨끗한 식탁에 놓인 컵을 사람 손이 집는 동영상을 원숭이에게 보여주면(즉, 사람이 그것을 입으로 가져가 마시려는 듯 보이면) 원숭이의 뇌에서는 음식 섭취와 관련된 거울 뉴런이 자극을 받는다. 그러나 똑같은 손과 똑같은 컵이 나오되 이번에는 그것을 **지저분한** 식탁(즉, 식사가 다 끝난 것처럼 보이는 식탁)에서 들어 올리면 아까와는 달리 원숭이의 뇌에서는 정리와 관련되는 거울 뉴런이 자극을 받는다. 이는 다른 이의 **의도**를 추론해내는 뉴런 체계가 원숭이에게도 있다는 이야기이다. 이런 뉴런 체계는 토마셀로가 말한 공통된 의도에서 반드시 필요한 선결 요건이지만,[36] 원숭이들의 경우에는 의도를 공유할 준비는 완전히 이루어지지 않았다고 할 수 있다. 원숭이들의 거울 뉴런은 자신만의 **사적인** 용도를 위해 만들어져 있는 것으로 보인다. 즉, 다른 원숭이에게서 무엇을 배우거나, 혹은 상대방 원숭이가 앞으로 무슨 행동을 취할지 예상하기 위해서만 존재하는 것이다.

인간에게서 이 거울 뉴런이 발견되는 뇌 영역은 위에서 연구 대상이 된 짧은꼬리원숭이들의 거울 뉴런 위치와 동일하다. 그러나 인간의 경우에는 이 거울 뉴런이 뇌의 영역 중에서도 감정과 관련된 부분과 훨씬 더 강하게 연결되어 있다. 즉, 일차적으로 거울 뉴런은 뇌섬엽 피질과 연결되어 있고, 뇌섬엽 피질에서도 다시 편도체와 기타 변연계로 이어진다.[37] 따라서 다른 이의 고통과 기쁨을 고강도로 느끼는 데에서는 그 어떤 영장류도 사람을 따르지 못한다. 우리 인간은 다른 누가 그저 미소 짓는 것만 봐도 자신이 미소 지을 때와 똑같이 뉴런이 활성화된다. 이는 결국 다른 사람이 내 뇌를 웃게 만드는 것이나 다름없고, 그러면 나 역시 행복감에 젖어 저절로 미소를 짓게 되며, 내 미소는 다시 다른 누구의 뇌 속으로 전달된다.

 뒤르켐이 말한 집단 감성, 특히 집단적 들썩임에서 느껴지는 그 감정 '전류'를 생각하면 거울 뉴런이야말로 뒤르켐의 사상에 딱 들어맞음을 알 수 있다. 그러나 거울 뉴런이 가진 뒤르켐적인 성격은 신경과학자 타니아 싱어(Tania Singer)의 연구를 통해 훨씬 더 뚜렷이 나타난다.[38] 싱어의 연구에서 피험자들은 일차적으로 낯선 이 둘과 함께 경제 게임을 벌이게 되는데, 둘 중 하나는 착하게 플레이를 하고 나머지 하나는 이기적으로 플레이를 한다. 연구가 다음 단계로 진행되면 피험자는 뇌를 스캔하는 장치에 들어가고, 그 상태에서 저강도의 전기 충격이 피험자 자신의 손이나 착한 게임자의 손, 혹은 이기적인 게임자의 손 중 하나에 임의로 가해진다(피험자는 스캐너 속에 있으면서 자신의 손 가까이에 놓인 다른 게임자들의 손을 볼 수 있다). 실험 결과, 피험자들의 뇌는 '착한' 게임자가 전기 충격을 받자 마치 자신이 충격을 받은 것처럼 반응을 보였다. 피험자들은 자신의 거울 뉴런을 이용해 상대방의 처지에 공감하고 그 고통을 느낀 것이다. 그러나 이기적인 게임자가 고통을 받을 때는 피험자들의 공감이 덜한 것으로 나타났으며, 심지어 일부는 뉴런에서 기쁘다는 증거가 나타나기도 했다.[39] 다시 말하면 사람들은 다른 이에게 무작정 공감하지 않는다. 자신이 접하는 누구에게나 마음을 맞추지는 않는 것이다. 우리는 **조건에 따라 움직이는** 군집 생물이다. 누군가 우리의 도덕 매트릭스를 깨뜨리기보다 그것에 잘 따라줄 때 우리는 그들을 우리의 머릿속에 비추고 그들에게 공감할 확률이 더 높다.[40]

함께 모여 일하는 즐거움

오늘날 우리는 세상에 나면 무덤에 들어갈 때까지 숱한 회사와 그들이 만들어낸 물품에 둘러싸여 살아간다. 과연 이 회사란 정확히 어떠한 존재이며, 오늘날 온 지구가 회사로 뒤덮이게 된 까닭은 무엇일까? 회사를 뜻하는 영어 'corporation'은 '몸'을 뜻하는 라틴어 'corpus'에서 온 말이다. 문자적으로만 풀어도 회사는 곧 초개체라는 뜻이 된다. 스튜어트 키드(Stewart Kyd)가 1794년에 펴낸 《회사법에 관하여(Treatise on the Law of Corporation)》라는 책을 보면 회사에 대한 초창기 정의가 다음과 같이 내려져 있다.

> [회사란] 수많은 개인의 무리가 **하나의 몸체로 통일된 것으로서,** 자신만의 특별한 이름을 내걸고 인위적인 형태 속에서 지속적으로 대를 이어나가는 존재를 말한다. 이러한 회사는 여러 가지 면에서 **한 사람의 개인처럼** 행동할 수 있는 능력을 법적 방침을 통해 부여받는다.[41]

이렇듯 법적 의제로서 "수많은 개인의 무리"를 새로운 개인으로 인정한 것이 결과적으로 사람들에게는 성공 전략으로 기능했다. 이 개념을 숙지하자 사람들은 새로이 등장한 배에 스스럼없이 올라탔고, 그 안에서 서로 노동을 분담하고, 무임승차를 억제했으며, 향후 엄청난 보상이 따르리라고 여겨지면 다 함께 엄청난 과업에도 도전할 수 있었기 때문이다.

잉글랜드의 경우는 이러한 회사 및 회사법에 힘입어 산업혁명 초창기에 전 세계의 다른 나라들을 제치고 선두로 발전해나가기도 했다. 벌집이나 도시국가가 만들어진 과도기에도 그랬지만, 회사라는 이 새로운 초개체가 결함을 잘 메우고 형태를 완전히 갖추고 외부 공격과 내부 전복에 대처할 효과적인 방어책을 마련하기까지는 어느 정도 시간이 걸렸다. 그러나 이러한 문제들이 한번 해결되고 나자, 회사는 폭발적으로 성장해나갔다. 그러다 20세기를 거치면서는 노다지 시장의 패권 대부분을 회사들이 쥐면서 소규모 사업체들은 변방으로 쫓겨나거나 아니면 아예 종적을 감춰야 했다. 오늘날 회사라는 존재는 그 권력이 너무도 막강해서, 규모가 제일 큰 축들은 한 국가의 정부가 아니면 통제가 불가능할 정도가 되었다(더구나 기업을 통제할 수 있는 정부는 몇몇에 불과하며, 통제를 한다 해도 한시적이다).

이른바 **호모 에코노미쿠스**들만 직원으로 들여 회사를 세우는 일도 가능은 하다. 회사가 협동과 노동 분업을 통해 거두는 수확은 실로 엄청난 만큼, 회사들은 소규모 사업체보다 더 많은 임금을 직원들 손에 쥐어줄 수 있다. 나아가 일련의 제도화된 당근과 채찍(고비용이 들어가는 감시 활동과 강제 메커니즘 등)을 이용하면 원래는 사리 추구에 바쁜 직원들이라도 회사 뜻대로 움직이도록 하는 것이 가능하다. 그러나 회사 운영의 이런 접근법(더러 거래적 리더십이라고도 일컬어진다)[42]에는 한계가 있을 수밖에 없다. 사리를 추구하는 직원들이라면 곧 글라우콘주의자일 터, 따라서 이들은 어떻게 하면 회사에 도움을 줄까보다는 어떻게 해야 겉으로 훌륭한 평판을 유지해 회사에서 승진할까에 훨씬 큰 관심을 가질 것이기 때문이다.[43]

이와 반대로 만일 우리의 군집 본성을 활용할 줄 아는 조직이 있다면 거기서는 직원들 사이에 자부심·충성심·열정을 북돋우는 일이 가능하고, 따라서 직원에 대한 조직의 감시도 덜할 것이다. 회사 운영의 이런 접근법(더러 변혁적 리더십이라고 불린다)[44]은 사회적 자본을 더욱 많이 산출해내는 효과가 있다. 이런 조직에서는 직원들이 신뢰로 뭉치기에, 다른 회사보다 비용은 적게 들어도 직원들이 해내는 일은 더 많다. 꿀벌의 군집성으로 뭉친 직원들은 더 열심히 일하고, 더 일을 즐기는 것은 물론, 회사를 그만두거나 회사를 고소할 가능성도 더 적다. **호모 에코노미쿠스**와 달리 이들은 진정한 팀플레이어인 것이다.

그렇다면 좀 더 군집적인 조직을 만들어내기 위해 리더가 할 수 있는 일에는 무엇이 있을까? 이를 위해 우선은 리더십 자체에만 골몰해서는 안 된다. 이와 관련해서는 다차원 선택을 활용해 리더십이란 무엇일까를 연구한 학자들의 주장을 살펴보자. 이들 로버트 호건(Robert Hogan), 로버트 카이저(Robert Kaiser), 마크 판 퓌흐트(Mark van Vugt)의 주장에 따르면, 리더십(leadership)은 추종(followership)의 상보적 개념으로 볼 때에만 제대로 된 이해가 가능하다.[45] 리더십을 이

바른 마음

해하기 위해 리더십에만 초점을 맞추는 것은 흡사 박수의 원리를 이해하기 위해 왼손만 연구하는 것과 같다. 더구나 양쪽 중 더 흥미를 가질 만한 쪽도 리더십이 아니라고 그들은 지적한다. 생각해보면 사람들이 왜 리더가 되고 싶어 하는지 그 이유를 이해하는 것은 전혀 어려운 일이 아니다. 그보다는 왜 사람들이 누구를 추종하려는 성향을 갖는지를 이해하는 것이 정말로 풀기 어려운 문제이다.

위의 학자들은 이와 관련해 진화를 거친 인간이 살아가기에 적당한 집단의 크기는 최대 150명이 적정선이라는 사실에 주목한다. 이 정도 크기라야 비교적 평등하게 생활하는 한편 (크리스 보엠이 이야기했듯이) 일인자 수컷에 대한 경계도 가능하기 때문이다.[46] 그러나 진화를 거친 우리는 필요할 때에는 리더 주위에 떼 지어 모이는 능력도 있으니, 집단이 위협에 처하거나 다른 집단과 경쟁을 벌일 때가 그렇다. 앞부분에서 이야기한 방울뱀족과 독수리족도 야영장에 다른 집단이 있다는 것을 알자 곧바로 더 부족적인 성향을 띠며 위계 서열을 강화하지 않았던가.[47] 또 연구 결과에 따르면, 느닷없이 자연재해가 발생할 경우 사람들은 서로 생면부지라도 자발적으로 리더와 추종자 그룹으로 나뉘어 활동한다는 사실이 드러났다.[48] 사람들은 자기 집단이 무엇을 해내야 할 필요가 있다고 느껴지면, 더불어 리더로 나서는 사람이 자신의 민감한 압제 탐지기만 건드리지 않으면, 얼마든지 행복한 마음으로 리더를 따른다. 따라서 리더가 도덕 매트릭스를 건설할 때는 반드시 권위 기반(리더의 권위를 정당화하기 위해), 자유 기반(아랫사람에게 압제의 느낌을 주지 않기 위해, 그래서 이들이 하나로 뭉쳐 불한당 일인자를 몰아내는 일이 없도록 하기 위해), 그리고 무엇보다 중요한 것으로 충성심 기반(7장에서 나는 이 기반의 도전 과제 자체가 단결력 있는 연합의 구성이라고 정의한 바 있다)이 어떤 식으로든 바탕이 되어야만 한다.

이 진화론의 틀을 이용하면 조직 구성과 관련된 몇 가지 직접적 교훈을 끌어낼 수 있으며, 팀·회사·학교 혹은 기타 조직을 좀 더 군집적이고 행복하고 생산적으로 만들고 싶은 사람이라면 누구든 이 지침을 유용하게 활용할 수 있다. 이런 조직을 만들겠다고 사람들이 물을 마시는 정수기에 몰래 엑스터시를 집어넣은 후 구내식당을 그럴 듯하게 꾸며 레이브 파티를 열어줄 필요는 없다. 우리 안의 군집 스위치는 온·오프 스위치(전원을 끄고 켜는 것만 가능한 방식—옮긴이)보다는 슬라이드 스위치(스위치를 밀어 강도를 조절하는 방식—옮긴이)에 가깝다고 할 수 있는 만큼, 분위기에 몇 가지 변화만 주어도 사람들의 스위치가 군집 쪽으로 더 옮겨가도록 부드럽게 유도할 수 있기 때문이다. 그러한 예로는 다음과 같은 것들이 있다.

* **다양성보다는 동질감을 키워나간다.** 인간이 꿀벌처럼 군집을 이루려면 집단 내 사람들 모두가 서로를 한 가족처럼 여길 수 있어야 할 것이다. 그러니 인종이나 민족의 차이는 굳이 부각시키려고 하지 말라. 그보다는 서로 간의 동질감을 더 늘려가고, 나아가 집단의 공통된 가치와 정체성을 소중히 여겨 그러한 차이를 오히려 별 의미 없는 것으로 만들어야 한다.[49] 사회심리학계에 나와 있는 수많은 연구에 따르면, 사람들은 상대방이 자신과 외관이나 옷차림이나 말투가 비슷할 경우, 심지어 그저 그 사람의 이름과 생일만 알아도 그에게 더 따뜻하고 신뢰 어린 행동을 보이는 것으로 나타났다.[50] 인종은 전혀 대수로운 것이 못 된다. 만약 여러분 조직에 인종차

별이 존재한다면, 동질감·공통된 목표·상호 의존이라는 바닷속에 그것을 처넣기 바란다. 그러면 사람들도 인종에 대해 신경을 덜 쓰게 될 것이다.[51]

* **공동 활동을 적극 활용하라.** 만일 한자리에 모여 한 동작으로 움직이는 사람들이 있다면 그들은 온몸으로 이렇게 말하는 것이나 다름없다. "우리는 하나입니다. 한 팀이라고요. 보세요. 토마셀로가 말한 공통된 의도를 정말 기막히게 실행해내고 있지 않나요?" 도요타 같은 일본 회사에서는 전 직원이 모여 다 함께 체조를 하는 것으로 하루의 일과를 시작한다. (전쟁이나 스포츠 경기 등의) 싸움에 돌입하기에 앞서 그 준비 과정으로 집단의 주문을 외며 틀에 맞춘 몸동작을 보이는 집단도 있다(럭비 팀 중에도 이와 관련해 아주 강한 인상을 남기는 이들이 있으니, 그 모습을 구경하고 싶다면 구글에 들어가 "All Blacks Haka"를 검색해보기 바란다). 사람들이 서로를 더 신뢰하고 서로의 일을 더 거들게끔 만들고 싶다면, 다 함께 노래를 한 곡 부르자거나, 발 맞춰 행진을 해보자거나, 아니면 그저 한자리에 둘러앉아 박자에 맞춰 탁자를 손으로 두드려보자고 청하자. 이런 행동들이 서로 간의 동질감을 키워주는 데 일조하기 때문이다.[52] 만일 다 같이 체조를 하자는 부탁은 직원들이나 동료들에게 도저히 쑥스러워 못하겠다면, 댄스파티나 노래방에 가려는 시도만이라도 더 자주 해보자. 공동 활동은 분명 신뢰를 쌓아준다.

* **개인보다는 팀 사이에 건전한 경쟁을 일으키라.** 앞에서 맥닐도 이야기했듯이, 병사들이 전투에 나가 목숨을 걸고 싸우는 까닭은 조국이나 군대를 위해서가 아니다. 그들이 필사적으로 싸우는 건 동일 분대 혹은 동일 소대에 속한 전우를 위해서이다. 연구 결과에 따르면, 집단 간 경쟁으로 인해 외부 집단에 대한 적의가 증가하는 것은 사실이지만, 그보다는 내부 집단에 대한 사랑이 훨씬 많이 증가한다고 한다.[53] 회사 부서끼리의 우호적 경

쟁이나 교내에서 열리는 스포츠 경기 등 집단 내에서 소집단끼리 경쟁이 벌어지면 분명 꿀벌의 군집성과 사회적 자본이 순증가를 하는 효과가 있다. 그러나 회소한 자원(이를테면 상여금)을 두고 개인 사이에 경쟁이 벌어지게 하면, 결국 조직에서 꿀벌의 군집성과 신뢰는 물론 구성원들의 사기까지 무너지고 만다.

꿀벌의 군집성이 있는 조직을 이끌어가는 법과 관련해서는 이보다도 훨씬 더 많은 이야기가 나올 수 있을 것이다.[54] 카이저와 호건은 자신들의 연구 논문 내용을 다음과 같이 요약 정리할 수 있다고 밝힌다.

거래적 리더십(transactional leadership)은 추종자들이 누구를 따를 때 얻게 될 개인적 이득에 호소하는 반면, 변혁적 리더십(transformational leadership)은 추종자들로 하여금 스스로에 대한 인식을 바꾸게 한다는 데 특징이 있다. 스스로를 더 이상 **고립된 개인이 아닌, 자기보다 커다란 집단의 한 구성원으로** 보게 되는 것이다. 변혁적 리더들은 스스로가 집단 헌신의 본보기가 됨으로써(예를 들면, 자신을 희생한다거나 '나'보다 '우리'라는 말을 주로 사용함으로써) 구성원 사이의 동질감을 강화하는 한편, 집단의 목표와 공통된 가치, 그리고 공동의 이익을 한층 강화해나간다.[55]

다시 말해, 변혁적 리더들은 인간이 두 가지 본성을 지닌 이중적 존재라는 사실을 (부지불식간에라도) 잘 이해하고 있다고 할 수 있다. 따라서 이들은 조직을 구성할 때 인간 본성의 고차원적인 부분이 어느 정도는 활용될 수 있도록 한다. 훌륭한 리더가 훌륭한 추종자를 만든다는 말은 맞지만, 군집적 조직에서의 추종이란 곧 그 집단에 대한 소속감이라고 말해야 더 좋을 것이다.

진보 공동체에서 보수 공동체까지

위대한 지도자는 (설령 그의 책을 단 한 번도 읽지 않았다 해도) 뒤르켐의 사상을 잘 이해하는 사람이라고 할 수 있다. 1950년대 이전에 미국에서 태어난 사람들은 아마 "Ask not"이라는 두 단어면 뒤르켐이 말한 고차원적 본성이 활성화되는 걸 느낄 것이다. 이 말만 들어도 그들 마음속에는 1961년 존 F. 케네디(John F. Kennedy)가 대통령 취임 연설에서 쓴 그 감동적인 어구가 다시금 온전히 떠오를 것이기 때문이다. 당시 케네디는 "아무리 오랜 시간이 걸려도 끝까지 최선의 노력을 다하자"라고(어떤 비용과 대가를 치르더라도 끝까지 소련과의 냉전에서 싸워나가자고) 국민에게 요청했고, 그런 뒤 미국 역사에 길이 남을 그 명문장을 사람들에게 전했다. "그러니 국민 여러분, 국가가 나를 위해 무엇을 해줄 수 있는가를 묻지 말고, 내가 국가를 위해 무엇을 할 수 있는가를 물으십시오(Ask not what your country can do for you ; ask what you can do for your country)."

이렇듯 자신보다 큰 존재에게 봉사하고 싶어 하는 열망은 현대 들어 전개된 수없는 정치 운동의 밑바탕이기도 했다. 뒤르켐 사상의 진가가 발휘된 글로 우리는 다음과 같은 것도 살펴볼 수 있다.

[우리가 추구하는 운동은 인간을 다음과 같이 보기를 거부하는바] 인간은 개인으로서, 혼자 존립하는, 자기 지향적 존재가 아니다. 또 인간은 자연법칙에 지배를 받아 순간순간의 이기적 쾌락만을 좇아 본능적으로 삶을 살아가지도 않는다. 우리의 시야는 단순히 개인에게만 머물지 않으니, 국민은 물론 나라까지 바라본다. 국민이란, 그리고 나라란, 숱한 개인과 세대가 도덕법칙을 통해 하나로 얽힌 것으로서, 공통의 전통과 사명을 지닌다. 여기서 사명이라 함은 찰나의 쾌락에 매몰되려는 삶의 본능을 억누르고 좀 더 고차원의 삶을 이룩하려는 것을 말한다. 이런 고차원적인 삶에서는 의무를 기반으로 삶이 건설되고, 생이 시·공간의 제약을 초월하며, 개개인은 자기희생과 이기심의 절제를 통해……순수한 영적 존재에 도달한다. 인간됨의 진정한 가치는 이런 상태에 도달하는 데 있다.

짜릿한 영감이 느껴지는 글이다. 이 글이 베니토 무솔리니(Benito Mussolini)가 쓴 〈파시즘의 신조(Doctrine of Fascism)〉라는 사실을 알기 전까지는.[56] 이렇듯 군집 심리를 기괴하다 싶을 정도로까지 십분 활용한 것이 바로 파시즘이다. 국가는 초개체이며, 국가 안에 들어가면 개인은 그 중요성을 모조리 잃는다는 것이 파시즘의 신조이다. 그렇다면 군집 심리는 나쁜 것이 아닌가? 꿀벌의 군집성을 독려하는 리더, 즉 팀과 한 몸이 되어 공동의 목표를 추구하도록 스스로의 존재를 잊으라고 하는 리더 역시 하나같이 파시즘을 조장하는 것이고 말이다. 직원들에게 다 같이 체조를 하자고 청하는 것은 결국, 히틀러가 뉘른베르크에서 당대회(1920~1930년대에 수차례에 걸쳐 독일 바이에른 주의 뉘른베르크에서 열린 대규모의 나치당 집회를 말함—옮긴이)를 연 것과 무엇이 다르단 말인가?

그러나 애런라이크가 《길거리에서 춤을》에서 지면을 한 장(章)이나 들여가며 하는 이야기에 따르면, 이는 우리의 기우일 뿐이다. 무아지경의 군무는 일종의 발달된 생명공학 기술 같은 것으로서, 사람들 사이의 위계 서열을 **허물어 서로가 하나의 공동체로** 뭉치게끔 역할을 한다는 것이다. 무아지경의 군무·축제·카니발을 생각해보면, 그 속에서 일상의 위계질서는 어김없이 자취를 감추거나 아예 전복되어버린다. 남자들은 여장을 하고, 농부들은 귀족 행세를 하고 다니며, 이때만큼은 지도자들에게 야유를 퍼부어도 일신을 보전할 수 있다. 물론 축제가 막을 내리면 사람들은 자신의 평상시 신분으로 돌아간다. 그러나 이제는 그 신분에 있더라도 조금이나마 숨통이 트이고, 자기와 다른 신분의 사람과의 관계에서도 좀 더 따뜻함을 느끼게 된다.[57]

파시스트의 당대회는 이와는 전혀 다른 차원의 것이라고 애런라이크는 이야기한다. 그것은 축제가 아닌 **행사**이기 때문이다. 사람들의 경외심을 이용해 위계 서열을 한층 강화하고, 나아가 **지도자의 아버지 같은 모습**에 사람들을 한데 엮는 것이 이 행사의 목적이다. 파시스트 당대회에서는 사람들이 춤출 일이 없었고, 지도자에게 야유를 보낸다는 것은 생각도 할 수 없었다. 사람들은 몇 시간이고 잠자코 한자리에만 서서 병사들이 행진하는 모습에 우렁차게 박수를 보내거나, 귀하신 지도자가 도착해 연설을 하면 그에 맞추어 격렬하게 환호해야 했다.[58]

파시스트 독재자들이 이집단적 심리의 여러 면을 통치에 십분 활용한 것은 분명 사실이다. 하지만 이 때문에 우리가 군집 스위치를 내던지거나 두려워할 이유가 과연 있을까? 군집이 우리에게는 어디까지나 자연스럽고 손쉽고 즐거운 일인데 말이다. 정상적으로 기능할 경우, 군집 스위치는 수십 명, 많게는 수백 명을 하나로 엮어주고, 그로써 신뢰, 협동, 심지어 사랑이 존재하는 공동체를 이루게 할수 있다. 물론 이렇게 뭉친 집단은 외부인에게는 예전만큼의 관심을 보이지 않을 수도 있다. 집단 내 이기심을 억눌러 다른 집단과 더 효과적으로 경쟁을 벌이게 하는 것이 집단선택의 본성이기 때문이다. 그러나 우리가 원래 낯선 사람에게는 별로 관심이 없다는 점을 생각하면, 이러한 본성 역시 전적으로 나쁜 것이라고 할 수 있을까? 오히려 이집단성을 통해 세상은 더 살기 좋은 곳이 될 수도 있지 않을까? 현재 지구 상에 존재하는 집단이나 국가들이 타 집단이나 국가의 낯모르는 사람에 대한 관심은 조금 줄이고, 그 대신 자신들 안에 있는 사람들에게 훨씬 더 많은 관심을 쏟는다면 말이다.

여기 두 나라가 있다고 상상해보자. 한 나라는 소규모 군집으로 꽉 들어차 있는 반면, 나머지 한 나라는 그런 것을 전혀 찾아볼 수 없다. 군집적인 나라에서는 국민 대부분이 자기 주변의 여러 군집에서 동시에 활동을 한다고 가정하자. 군집은 일터에도, 교회에도, 주말이면 찾는 스포츠 리그에도 하나씩은 있을 테니 말이다. 대학에서는 학생 대부분이 남녀별로 동아리 활동에 참가하고 있다. 직장에서는 리더 대부분이 우리가 가진 이집단성의 외피를 최대한 활용해 조직을 구성하고 있다. 따라서 이곳 시민들은 근육처럼 뭉치는 연대, 진정한 팀을 건설할 기회, 자아를 초월하는 순간의 즐거움을 시시각각 경험한다. 인종적으로는 다를지 몰라도 깊은 동질감과 상호 의존성이 느껴지는 동료 시민들과 말이다. 이런 연대는 (스포츠 경기나 사업 활동의 경우처럼) 내부 집단 간 경쟁으로 종종 흥분에 휩싸이기도 하지만, (교회 활동의 경우처럼) 그렇지 않은 때도 더러 있다.

한편 두 번째 나라는 군집 같은 것을 찾아볼 수 없다. 이 나라 국민들은 누구나 저마다 자신의 자율성을 소중히 여기며, 더불어 동료 시민들의 자율성도 존중해준다. 이곳에서는 구성원의 이익 증진이 보증될 때에만 집단이 형성된다. 각종 사업체도 거래적 리더가 이끌어가고, 리더는 직원들이 얻을 물질적 이익과 회사가 얻을 이익을 가급적 밀접히 연관시킨다. 직원들이 저마다 자기 이익만 좇으면 사업이 자연스레 번성해나가도록 말이다. 이런 비군집적인 사회에서도 가족은 생겨나고, 친구 관계도 얼마든지 찾아볼 수 있다. 심지어 이타주의까지도 발견할 수 있을 것이다(친족 이타주의와 호혜적 이타주의 모두 나타날 수 있다). 즉, 진화심리학자들(그중에서도 집단선택이 실제 일어났다는 데에 회의적인 사람들)이 이야기한 모든 특성을 찾아볼 수 있을 거라는 이야기이다. 그러나 이를테면 군집 스위치처럼 집단과 관련된 적응의 증거는 어디서도 발견할 수 없으리라. 사람들이 스스로를 잊고 더 커다란 집단 속에 헌신할 수 있도록 하는 여러 방법, 즉 문화적으로 용인되거나 제도적으로 확립된 방법도 전혀 찾을 길이 없을 것이다.

이 두 나라를 사회적 자본, 정신 건강, 행복을 기준으로 점수 매겨봤을 때, 어느 쪽의 점수가 더 높을 것으로 여겨지는가? 경제활동이 더 성공적으로 이루어지고 삶의 수준이 더 높을 곳은 이 둘 중 과연 어느 쪽일까?[59]

물론 하나의 군집이 점점 덩치가 커진 것을 독재자가 군대를 동원해 무소불위로 이끌어간다면, 거기서는 어김없이 참혹한 결과가 초래되고 말 것이다. 그러나 이런 논변이 성립된다고 해서 낮은 단계의 군집을 모조리 없애거나 억눌러야 하는 것은 아니다. 오히려 생각해보면 군집으로 꽉 찬 나라에서는 온 국민이 행복하고 만족스러울 것이다. 따라서 선동적인 정치꾼이 나타나 영혼을 구해줄 테니 나라를 넘기라고 해도 국민들이 거기에 넘어갈 공산은 그다지 없다. 경쟁 집단과 파벌이 다수로 존재하는 국가를 만들어야 독재를 미연에 방지할 수 있다고 하는 이러한 견해는 미국의 창립 시조들이 가진 생각이기도 했다.[60] 또 이보다 훨씬 최근의 주장으로 사회적 자본과 관련된 한 연구를 보면, 볼링 리그와 교회를 비롯한 각종 집단·팀·클럽은 개인과 국가의 건강에 무엇보다 중대한 요소라고 한다. 정치학자 로버트 퍼트넘(Robert Putnam)의 표현을 그대로 빌리면, 각지에 자리한 이런 집단들을 통해 우리는 "더 똑똑하고, 더 건강하고, 더 안전하고, 더 풍족해질 뿐 아니라, 정의롭고 안정적인 민주 사회를 더 훌륭하게 다스려나갈 수 있다."[61]

반대로 개인들로 이뤄진 나라에서는 뒤르켐이 이야기한 저차원에서만 사람들이 모든 시간을 보내기 때문에, 국민들은 무엇보다 삶의 의미에 굶주려 있을 가능성이 높다. 이 깊은 유대에 대한 욕구가 다른 식으로라도 만족되지 못하면, 이런 국민들이 지도자의 사탕발림에 더 잘 넘어가게 된다. 그 지도자는 국민들에게 소리 높여 이렇게 외칠 것이다. 더 이상 삶에서 "순간의 이기적인 쾌락"만 좇지 말고 자기 뒤를 따라 "순수한 영적 존재"가 되자고, 인간됨의 진정한 가치는 거기에 있다고 말이다.

10장 요약

《행복의 가설》이라는 책을 집필하던 초반, 나는 부처와 스토아학파 철학자들이 수천 년 전에 말한 대로 행복은 우리의 안에서 찾아오는 것이라고 믿었다. 내 맘 같지 않은 세상을 내 맘에 맞게 끼워 맞출 수는 절대 없으니, 나 자신과 나의 바람을 바꾸는 데 진력해야 하리라고 여겼다. 그러나 집필 작업이 막바지에 접어든 무렵, 그러한 내 생각은 싹 바뀌어 있었다. 행복은 사이에서 찾아오는 것이었다. 나 자신과 타인, 나 자신과 나의 일, 나 자신과 나보다 더 거대한 무엇, 이 둘 사이에 올바른 관계가 맺어져야 행복은 비로소 찾아온다.

이제 여러분도 이집단성의 외피를 비롯해 인간에게는 두 가지의 이중적 본성이 있음을 알게 된 만큼, 왜 행복이 사이에서 온다는 것인지 그 이유를 이해할 수 있을 것이다. 우리 인간은 집단 속에서 살아가도록 진화한 존재이다. 우리의 마음은 우리가 집단 내 경쟁에서 승리하도록 도와주기도 하지만, 소속 집단 사람들과 하나가 되어 타집단과 경쟁하고 거기서 승리하도록 도와주기도 한다.

이번 10장에서 나는 군집 가설이라는 것을 제시했다. 인간이라는 존재는 조건에 따라 움직이는 군집 생물이다. 우리는 (특정 상황에 처하면) 개인의 이익을 초월하여, (잠시, 그리고 열광적으로) 자아를 잊고 자신보다 커다란 무엇에 빠져드는 능력이 있다. 이 능력을 나는 군집 스위치라고 칭했다. 이 군집 스위치는 뒤르켐이 말한 **호모 듀플렉스**를 또 다른 식으로 표현한 것이라고 할 수 있다. 우리는 일상적인(통속적인) 세계 속에서 삶의 대부분을 살아가지만, 신성한 세계로 넘어가는 순간 그 짧은 시간 속에서 무엇보다 큰 희열을 맛본다. 그 속에서 우리는 "그저 전체를 이루는 일부"일 뿐이다.

군집 스위치를 켜는 방법으로는 흔히 세 가지, 즉 자연에 대한 경외심, 뒤르켐주의적 약물, 레이브 파티가 있다고 설명했다. 더불어 옥시토신과 거울 뉴런에 대한 최근 연구 성과를 언급하며, 바로 이것들이 우리의 군집 스위치를 이루고 있을 수 있다고 설명했다. 옥시토신은 사람들을 자기 집단에 엮어주지, 인류 전체에 엮어주지는 않는다. 거울 뉴런은 사람들이 타인에게 공감할 수 있도록 도와주며, 자신과 같은 도덕 매트릭스를 가진 사람에게 특히 잘 공감하도록 한다.

'우리 인간은 누구든 무조건적으로 사랑할 수 있는 존재이다'라고 믿을 수 있다면야 더없이 좋겠지만, 진화론의 관점에서 보자면 이는 별로 개연성 없는 이야기이다. 그보다는 자기가 속한 집단에 대한 편향적 사랑, 즉 서로에 대한 동질감, 운명 공동체라는 인식, 무임승차자에 대한 억제, 이 세 가지를 통해 강화되는 그 편향적 사랑이, 인간이 이룩할 수 있는 최대치의 사랑이 아닐까 한다.

바른 마음

11장
종교는 믿음의 문제가 아니다

해마다 가을철이면 미국 전역의 대학에서는 매주 토요일마다 그야말로 진풍경이 연출된다. 수많은 사람이 인산인해를 이루어 경기장을 찾기 때문인데, 이때 사람들이 참여하는 행사는 부족 차원의 의식이라고밖에 달리 표현할 길이 없다. 버지니아 대학에서 이 의식은 아침 일찍부터 학생들이 특별 복장을 갖춰 입는 것으로 시작된다. 남자들은 와이셔츠에 버지니아 대학 로고가 들어간 넥타이를 매고, 날이 아직 덥다 싶으면 반바지를 입는다. 여자들은 치마나 드레스를 입는 것이 상례이고, 더러 진주 목걸이를 차기도 한다. 얼굴을 비롯하여 여타 신체 부위에 버지니아 용사(우리 대학의 스포츠 팀 로고로, V자 표시를 검 두 자루가 받치고 있는 모양이다)를 그려 넣는 학생들도 있다.

시합에 앞서 열리는 파티에서는 브런치는 물론 알코올음료까지 학생들에게 제공된다. 파티가 끝나면 이제 학생들은 물밀듯이 경기장으로 몰려가기 시작하는데, 그 길에서 친구나 친척 혹은 생전 처음 보는 동문을 만나 함께 어울리기도 한다. 동문들의 경우는 이 행사에 늦지 않으려고 샬로츠빌까지 차를 몰고 몇 시간을 달려온 이들로, 경기장 인근의 주차장 구석구석에 차를 대놓고는 학생들을 위해 테일게이트 파티(tailgate party : 스테이션왜건 등의 뒤판을 열어 음식을 차린 간단한 야외 파티—옮긴이)를 열어준다. 여기서 먹고, 마시고, 얼굴에 칠을 하는 학생들은 부쩍 늘어난다.

그리하여 시합이 시작될 즈음엔 경기장을 찾은 5만여 팬의 상당수는 이미 취기가 오를 만큼 오르고, 덕분에 한결 수월하게 자의식을 내던지고 다른 이들과 한 몸이 된다. 그 후로 세 시간 동안 경기장에는 이들이 내지르는 구호와 응원과 야유와 노랫소리가 한가득 울려퍼진다. 그러다 버지니아 용사들이 점수라도 딸 때면 버지니아 대학 학생들이 100년 넘게 한결같이 불러온 그 노래가 학생들 입에서 흘러나온다. 이 노래 가사 1절을 들여다보면 뒤르켐과 애런라이크의 이야기가 곧장 떠오른다. 학생들은 말 그대로 다 같이 어깨동무를 하고 몸을 좌우로 왔다 갔다 하며 〈올드 랭 사인(Auld Lang Syne)〉(우리나라에는 〈석별의 정〉이라고 알려진 노래—옮긴이) 가락에 맞춰 하나 된 자신들의 모습을 다음과 같이 칭송한다.

와-후-와, 그 옛날 노래 우리는 언제고 다시 부르리
이 노래 높이 울려 퍼지는 소리에 심장이 뛰고 피가 따뜻해지네
우리는 버지니아 대학생, 이곳에서는 모두가 신나고 즐겁지
자, 다 같이 손을 들어 U-V-A를 위해 소리 지르자

　　　　　　　바른 마음

그런 다음 학생들은 맥닐의 주장 그대로, "근육처럼 뭉치는 연대"를 통해 공동의 군사작전에 돌입하기에 앞서 서로 심기일전하는 모습을 보여준다.[1] 이제 학생들은 서로의 팔을 놓고 그 대신 꽉 쥔 주먹을 높이 뻗으며, 아무 뜻도 없는 이 전투 구호를 다 함께 외친다.

와-후-와! 와-후-와! 버지니아대!
후-라-레이! 후-라-레이! 레이, 레이, U-V-A!

이런 날에는 온종일 군집과 집단 감정을 접할 수 있다. 당연히 집단적 들썩임도 빠지지 않고 등장하는데, 심판이 당치도 않은 대목에서 호루라기를 불면 다 같이 분통을 터뜨리고, 팀이 승리하면 다 같이 환호하며, 팀이 패배하면 다 같이 슬퍼한다. 경기가 끝나고 난 뒤의 파티에서는 집단의 술자리가 더 많이 벌어지고 말이다.

그렇다면 버지니아 대학 학생들이 경기 내내 이토록 열심히 노래 부르고, 구호를 외치고, 춤을 추고, 어깨동무를 한 채 움직이고, 발을 구르는 이유는 도대체 무엇일까? 학생들의 응원에 럭비 선수들의 사기가 진작될 것은 분명 사실이겠지만, 과연 그것이 학생들의 행동에서 찾을 수 있는 진정한 **기능**인 것일까? 학생들은 정말 승리를 이뤄내기 **위해** 이런 행동들을 하는 것일까? 그렇지 않다. 뒤르켐주의적 관점에서 보면 학생들의 행동에는 이와는 전혀 다른 기능이 있으니, 그가 대부분의 종교의식에서 작동한다고 보았던 그 기능과 동일하다. 바로 **공동체 의식을 만들어내는 것**이다.

대학교 럭비 팀은 종교를 설명하기에 참 좋은 비유이다.[2] 순진한 시각으로 그저 눈앞의 현상(즉, 경기장에서 펼쳐지는 게임)에만 초점을 맞출 경우, 대학 럭비 시합은 겉치레에다 낭비이며 비용만 많이 드는 행사로 보인다. 이런 경기 속에서는 사람들의 이성적 사고 능력이 저해될 뿐 아니라, 그로 인한 피해자도 대거 속출한다(선수들 자신이 부상을 입는 것은 물론, 음주 폭력에 피해를 당하는 사람들을 생각해본다면). 그러나 사회학적 소양을 충분히 갖추고 현상을 들여다보면, 대학의 럭비 시합은 종교의식으로서 본분을 다하고 있는 것이라고 할 수 있다. 즉, 그것은 사람들을 뒤르켐이 말한 저차원(통속적인 세계)에서 고차원(성스러운 세계)으로 끌어올려 준다. 이런 경기를 통해 탁 하고 군집 스위치가 켜지면서, 사람들은 그 몇 시간만큼은 자신이 "그저 전체의 일부"라고 느끼게 된다. 이를 계기로 버지니아 대학의 그 유명한 애교심은 한층 강화되고, 다시 이를 계기로 학교는 더 훌륭한 신입생과 동문 기부금을 끌어들이게 되며, 다시 이를 계기로 공동체 전체(나처럼 스포츠에 전혀 관심 없는 교수들까지 포함하여)가 좀 더 의미 있는 경험을 하게 된다.

종교는 사회적 사실에 해당한다. 꿀벌 한 마리 한 마리를 가지고는 꿀벌의 군집성을 연구할 수 없듯이, 개인 한 사람 한 사람을 가지고는 종교를 연구할 수 없다. 뒤르켐은 종교에 대한 다음과 같은 정의를 통해 종교가 가진 연대 기능을 뚜렷이 드러낸다.

종교는 성스러운 것, 즉 무언가 특별하고 금기시되는 것들과 관련된 믿음과 관습이 하나로 통합된 체계를 말한다. 이러한 믿음과 관습이 하나의 도덕 공동체로 통합된 것을 우리는 교회라 부르고, 이 안의 사람들은 모두

그 믿음과 관습을 고수한다.[3]

11장에서 나는 도덕심리학의 세 번째 원칙을 마저 탐구하려 하는 바, 그 원칙이란 **"도덕은 사람들을 뭉치게도 하고 눈멀게도 한다"**라는 것이다. 오늘날 과학자 중에는 종교에 대해 잘못된 이해를 가진 이를 많이 찾아볼 수 있는데, 그 까닭은 다름 아니라 이 같은 원칙을 무시하고 눈앞의 현상만 들여다보기 때문이다. 그들은 종교를 연구하면서 집단과 집단 통합적인 관습에 초점을 맞추기보다 개개인과 그들의 초월적 믿음에 초점을 맞추는 경향이 있다. 그러고는 종교란 사치에 낭비이며 돈만 많이 드는 제도로서, 사람들의 이성적 사고 능력을 저해할 뿐 아니라 희생자만 줄줄이 낳는다고 결론을 맺는다. 종교가 간혹 그 같은 모습을 연출한다는 것을 나도 굳이 부인하지는 않겠다. 그러나 우리가 종교에 대해 공정한 판단을 내릴 수 있으려면, 나아가 종교가 도덕성 및 정치와 맺은 관계를 제대로 이해할 수 있으려면, 우리는 먼저 종교가 어떤 것인지 그 모습을 정확히 그려내지 않으면 안 된다.

외로운 독신자

이슬람교도 19명이 비행기 넉 대를 탈취한 후 그것으로 세계무역센터와 미 국방부 건물 일부를 파괴한 사건이 발생하자, 서양인들은 드디어 1980년대 이래 줄곧 가슴에만 품고 있던 생각을 입 밖으로 토해냈다. 그 생각인즉슨 이슬람교와 테러리즘 사이에 뭔가 특별한 연관이 있으리라는 것이었다. 우파 진영의 해설자들은 기다렸다는 듯이 이슬람교를 탓하고 나섰고, 좌파 진영에서도 이에 질세라 이슬람교는 평화의 종교로 아무 잘못이 없으며 9·11 사태는 근본주의 탓이라고 입장을 밝혔다.[4]

그런데 이런 와중에 흥미로운 균열 조짐이 좌파 쪽에서 나타나기 시작했다. 일부 과학자들(아래 주장을 제쳐놓고 정책으로만 본다면 이들은 영락없이 진보주의자이다)이 단순히 이슬람교뿐 아니라, (불교를 제외한)[5] 모든 종교를 공격하기 시작한 것이다. 공립학교에서의 진화론 교육 문제를 두고 당시 미국에서는 몇십 년간 문화 전쟁이 벌어진 뒤였기 때문에, 일부 과학자들 눈에는 이슬람교나 기독교나 거의 차이가 없는 것으로 보였다. 그들의 말에 따르면 종교는 하나같이 망상과 다름없어서 과학, 비종교주의, 근대성의 품에서 사람들을 멀어지게 하고 있었다. 그러다 9·11 사태의 처참함을 겪으며 이 과학자들 중 몇몇이 책을 쓰게 되었다. 그리하여 2004년부터 2007년 사이에 그러한 책들이 숱하게 출간되어 나오며 하나의 운동까지 탄생하기에 이르렀다. 바로 신(新)무신론(New Atheists)이다.

책들에는 하나같이 전투적인 제목이 달려 있었다. 그중에서도 맨처음 모습을 드러낸 것이 샘 해리스(Sam Harris)의 《종교의 종말(The End of Faith : Religion, Terror, and the Future of Reason)》이었고, 그 뒤를 이어 리처드 도킨스의 《만들어진 신(God Delusion)》, 대니얼 데닛(Denial Dennett)의 《주문을 깨다(Breaking the Spell : Religion as a Natural Phenomenon)》, 크리스토퍼 히친스(Christopher Hitchens)의 《신은 위대

하지 않다(God Is Not Great : How Religion Poisons Everything)》가 차례로 등장했다. 신무신론을 이끄는 대표 주자로서는 이 넷이 명성을 자랑하지만, 여기서 히친스는 논외로 할 생각이다. 아무래도 저널리스트가 쓴 책이다 보니 격한 논조로 반론을 장황하게 쏟아내는 데에만 여념이 없어 보이기 때문이다. 그러나 나머지 셋은 모두 학계에 몸담은 사람들이다. 해리스는 이 책을 쓸 당시 신경과학과 대학원생이었고, 도킨스는 현재 생물학자로 일하고 있으며, 데닛은 진화를 주제로 다방면의 글을 쓴 철학자이다. 더구나 이 세 저자는 자신들이 과학의 대변자임은 물론, 과학이 중시하는 가치(그중에서도 특히 과학이 지닌 개방성과 신앙·감정보다 이성·경험적 증거에 기초하는 과학의 원칙주의)를 몸소 실천하고 있다고 주장한 바 있다.

내가 이 저자들을 하나로 묶은 까닭은 이들이 종교에 관해 비슷한 정의를 내리고 있기 때문이기도 하다. 즉, 종교를 다루며 이들은 하나같이 초월적 동인(動因)에 대한 믿음에만 초점을 맞추고 있다. 해리스의 글을 직접 인용해보면 다음과 같다. "이 책 전반에 걸쳐 내가 비판하려는 것은, 일상과《성경》에서 찾아볼 수 있는 신앙심이다. 즉, 특정 종류의 역사적·형이상학적 명제를 사람들이 믿고, 그에 따라 살려는 경향에 대해 이야기할 것이다."[6] 책에서 해리스는 다양한 명제를 믿고 안 믿을 때 뇌에서 어떤 일이 벌어지는지를 직접 연구를 통해 살피는 한편, 자신이 종교적 믿음에 연구의 초점을 맞추는 이유를 다음과 같은 심리적 주장으로 정당화한다. "사람들에게서 믿음은 지렛대와도 같다. 그것을 들어 올릴 수만 있으면 그 순간 삶의 나머지 모든 것도 거의 한꺼번에 움직인다."[7] 해리스는 믿음이야말로

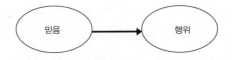

믿음 → 행위

〈도표 11-1〉 종교적 심리에 대한 신무신론의 모델

종교의 심리를 이해하는 핵심 열쇠라고 본다. 그의 관점에서는 그도 그럴 것이, 잘못된 것에 대한 믿음(예를 들면, 순교하여 천국에 가면 72명의 처녀를 상으로 받게 된다)은 신도로 하여금 유해한 행동(예를 들면, 자살 폭탄 테러)을 하게 만들기 때문이다. 해리스의 이 심리 모델을 그림으로 나타내 보면 〈도표 11-1〉과 같다.

도킨스도 이와 유사한 접근법을 취하고 있다. 그에 따르면 '신 가설(God Hypothesis)'이란 "이 우주는 물론이고 그 안의 모든 것(우리 인간을 비롯하여)은 초인간적이고 초자연적인 지성이 세심히 설계하여 만든 것이다"라는 명제로 정의될 수 있다.[8] 그러고 나서 "이런 식의 정의에 따르는 신의 개념은 망상이나 다름없다. 이 책의 논의가 전개되는 동안 밝혀지겠지만, 그것도 아주 악독한 망상이다"라는 논지를 펼쳐나간다.[9] 도킨스의 책에서도 역시 종교는 초자연적 동인에 대한 일련의 믿음으로서 연구되고 있으며, 이러한 믿음이 갖가지 유해한 행위를 일으키는 원인이라고 보고 있다. 데닛 역시 이런 입장을 취하기는 마찬가지이다.[10]

물론 초월적 동인이라는 것이 종교에서 핵심적 역할을 하는 것은 사실이다. 버지니아 대학의 럭비 시합 날에도 그 시끌벅적한 소란의 한가운데에는 항상 럭비공이 자리하고 있지 않던가. 그러나 신에 대한 믿음을 가지고 종교의 영속성과 열정을 이해하려는 것은 마치 럭비공의 움직임만 보고 대학 럭비 시합의 영속성과 열정을 이해하려는 것과 같다. 우리는 이 한정된 연구의 시야를 넓히지 않으면 안 된다. 종교적 믿음과 종교적 관습이 어떤 식으로 공동 작용을 하며 거기서 어떻게 종교적 공동체가 만들어지는지, 그 전체적 모습을 살피지 않으면 안 되는 것이다.[11]

깊은 신앙심이 상보적이면서도 서로 구별되는 세 가지 요소, 즉 믿음·행위·소속감으로 이루어진다는 것은 현재 많은 학자가 주장하고 있다.[12] 이 세 가지 요소를 동시에 한꺼번에 살필 경우 우리는 신무신론자의 관점에서와는 전혀 다른 방식으로 종교적 심리를 접할 수 있게 된다. 신무신론의 입장과 대립각을 이루는 이 모델에 나는 뒤르켐주의 모델이라는 이름을 붙이려는바, 이 모델에서는 종교적 믿음과 관습이 궁극적으로 공동체를 만들어내는 기능을 한다고 보기 때문이다. 즉, 우리가 가진 믿음은, 자신이 저지른 어떤 일을 정당화하기 위해 혹은 자신이 속한 어떤 집단을 편들기 위해 우리가 나중에 만들어낸 구성물일 때가 많다.

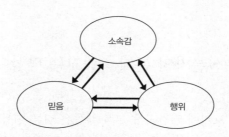

〈도표 11-2〉 종교적 심리에 대한 뒤르켐주의 모델

신무신론 모델에서는 플라톤식의 합리주의자 관점을 바탕에 깔고 마음을 바라본다. 2장에서 소개한 바 있듯이, 합리주의자 관점이란 이성이 마부가 되어 열정이라는 말을 이끈다는(엄밀히 말해 이끄는 것이 가능하다는) 주장이다. 따라서 이 주장에 따르면, 이성이 사실적인 믿음만 제대로 확보하면(나아가 마구 날뛰는 열정만 제지하면) 마차는 올바른 방향으로 나아가게 되어 있다. 그러나 2장, 3장, 4장에서 나는 광범한 반대 증거를 들어 플라톤의 이러한 관점이 옳지 않음을 살폈다. 그 대신 나는 흄의 견해가 옳다고 보았는데, 그의 견해에 따르면 이성(기수)은 직관(코끼리)의 시중을 들어주는 하인에 지나지 않는다.

종교를 주요 논제로 살펴가는 동안 합리주의와 사회적 직관주의 사이에 벌어지는 이 논쟁에 다시금 불을 지펴보기로 하자. 종교의 심리를 이해할 때 우리는 과연 개별 신도들이 가진 잘못된 믿음과 그들의 잘못된 추론 능력에 초점을 맞춰야 할까? 아니면 도덕 공동체를 만들어내기에 여념이 없는 것은 사회적 집단인 만큼, 그 속에 자리한 사람들의 자동적인(직관적인) 인지 과정에 초점을 맞춰야 할까? 이에 대한 답은 우리가 종교를 어떤 것이라고 생각하는지, 나아가 그것이 어디에서부터 나온다고 보는지에 따라 달라진다.

신무신론자의 논지 : 종교는 망상이다

진화론자들이 보기에 인간의 종교적 행동은 다른 행동과 달리 유독 눈에 띄는 것이어서, 데닛은 이를 "마치 울창한 숲 속에 한 떼의 공작새가 한 뼘의 양지에 모여 있는 듯하다"라고 표현했다.[13] 진화라는 것이 원래 동물들이 할 수 있는 행동 중 대가가 크거나 낭비다 싶은 것은 (수 세대에 걸쳐) 가차 없이 제거해버리는데, 도킨스의 말을 빌리면, "이제까지 인간의 역사상 문화치고 종교의식과 종교에 대한 환상이 없는 곳이 없었다. 종교의식은 돈과 시간을 잡아먹고 사람들 사이에 적의를 불러일으키며, 종교적 환상은 사실에 어긋나고 비생산적이기까지 한데 말이다."[14] 이 수수께끼를 풀기 위해 우리는 다음의 두 가지 노정 중 하나를 택하지 않으면 안 된다. 즉, 깊은 신앙심이 인간에게 모종의 이득을 가져다준다는 사실(최소한 옛날에는 그랬다고)을 인정하거나, 아니면 역사상의 모든 문화 속에서 인간들이 왜 적응의 물결을 반대로 거스르면서까지 자멸적인 종교 행위를 해왔는지 다단계에 걸쳐 복잡한 설명을 내놓는 것이다. 신무신론자들이 택한 길은 후자였다. 종교적 행위에 대한 그들의 설명은 하나같이 진화에서 나타나는 갖가지의 "예상외 부산물"을 논의하는 것에서부터 시작된다. 이로써 신에 대한 믿음이 어쩌다 우연히 생겨나게 되었음을 설명하는 것이다. 일부 신무신론자들은 여기에 그치지 않고 이러한 믿음이 어떻게 일련의 기생 밈(meme)으로 진화할 수 있었는지까지 설명한다.[15]

신무신론의 첫 단계(이 부분에 대해서는 나도 이의를 제기할 생각이 없다)에서는 초고감도 동인 감지 장치라는 것이 등장한다.[16] 여기 담긴 생각은 대체로 무리가 없다고 볼 수 있다. 내용인즉슨 우리는 하늘에 떠 있는 구름을 보고 그것을 얼굴 같다고는 여겨도 사람의 얼굴을 보고 그것을 구름 같다고는 생각지 않는데, 그 까닭은 우리에게 얼굴

을 감지하는 특별한 인지 모듈이 있기 때문이다."[17] 이 얼굴 감지 장치
는 미세한 유인(誘因)에도 반응하며, 거의 한 방향으로만 오류가 난
다. 즉, 대체로 잘못된 부정의 오류(실제로는 얼굴이 있는데 그것을 못 보
는 오류)보다는 잘못된 긍정의 오류(예를 들면, ☺ 표시처럼 실제로는 얼굴
이 없는데 얼굴을 보는 경우)가 일어나는 것이다. 이런 상황에 처하기는
대부분의 동물도 마찬가지인데, 그들의 경우 어떤 사건이 일어난 것
이 다른 동물의 존재 때문인지(즉, 스스로의 힘으로 움직이는 동인이 있어
서인지) 아니면 바람이나 솔방울 등 동인이 없는 물체 때문인지를 구
별해내야 한다.

　이러한 상황에 처하면 동물들은 동인 감지 모듈로 해결해나가는
데, 미세한 유인에 반응한다는 점에서 얼굴 감지 장치와 비슷하다.
그리고 이것 역시 거의 한 방향으로만, 즉 잘못된 부정보다는(진짜 동
인이 있는데 감지하지 못하기보다는) 대체로 잘못된 긍정 쪽으로(동인이 전
혀 없는 상황에서 동인을 감지하는 식으로) 오류가 일어난다. 이 초고감도
동인 감지 장치가 작동하는 모습을 실제 눈으로 확인하고 싶다면 방
법은 간단하다. 강아지나 새끼 고양이를 한 마리 데려다 놓고 그 앞
에 이불을 펼친 뒤 주먹을 속에 집어넣고 한 방향으로 죽 움직여보
는 것이다. 한편 동인 감지 장치가 왜 미세한 유인에도 반응할까 궁
금하다면 그 이유는 간단하다. 여러분이 한밤중에 깊은 숲 속이나
어두운 골목을 걸어가야 한다고 생각해보라. 둘 중에서 어느 쪽으
로 오류가 날 경우 신상에 더 위험하겠는가? 초고감도 동인 감지 장
치가 미세 반응을 하는 것은 정확성보다 생존율을 최대한 높이는 데
에 그 목적이 있다.

이제는 이런 가정을 해보자. 우리 조상인 초창기 인류에게는 애초부터 초고감도 동인 감지 장치가 있었는데, 시간이 흘러 공통된 의도를 통해 함께 활동하는 능력과 이야기에 푹 빠져드는 능력을 새로이 갖게 되면서 자신이 잘못 본 사실들을 그대로 사람들에게 전하기 시작했다고 말이다. 그러면서 이들은 동인의 근원을 하늘에서 찾기 시작했다(천둥 번개는 하늘의 누가 우리에게 화를 내는 것처럼 보이기에 충분하니까 말이다). 나아가 날씨를 비롯해 세상의 온갖 길흉화복을 일으키는, 그 눈에 보이지 않는 동인을 기리기 위해 일단의 인간은 힘을 합쳐 만신전을 짓게 되었다. 보시라! 초자연적 동인은 이렇게 해서 탄생한 것이다. 즉, 그것은 무엇에 대한 적응이 아니라, 인지 모듈의 작동 과정에서 어쩌다 생긴 예상외 부산물인 것이다(이런 부산물만 아니었으면 인지 모듈은 온전한 적응의 산물이 될 수 있을 것이다). (예상외 부산물의 비근한 예로, 우리는 사람들이 안경을 걸치는 데 유용하게 사용하는 콧등에 대해 생각해볼 수 있다. 애초 콧등이 진화한 것은 다른 이유 때문이었지만, 우리 인간은 이것을 전혀 새로운 용도로 재활용하고 있다.)

신무신론자들은 인간이 지닌 5~10개의 특성을 더 가져다 이런 유의 분석을 비슷하게 되풀이한다. 그중 도킨스가 제시하는 것으로 '맹종식 학습' 모듈이라는 것이 있다. "아이들 뇌의 경우 경험 존중의 원칙을 갖고 있을 때 선택 이익(selective advantage : 생물학에서 일정한 환경에서 생존 또는 증식에 유리한 상태를 가리키는 말—옮긴이)이 따르는 경향이 있다. 즉, 어른들이 하는 말을 무엇이든 순순히 믿는 아이들이 유리하다."[18] 데닛은 사람들이 가진 사랑 회로를 일부 종교에서 제멋대로 도용했고, 그 바람에 사람들이 신과 사랑에 빠지게 되었다고 이야기하기도 한다.[19] 한편 발달심리학자 폴 블룸(Paul Bloom)이 입증해 낸 바에 따르면, 우리 인간의 마음은 애초부터 이중적 생각을 갖게끔 만들어져 있다. 즉, 우리는 마음과 몸을 전혀 다른 것으로 여기면서도 실재성 면에서는 동등하게 생각한다는 것이다. 그래서 우리는 육체는 한때뿐이지만 그 속에 불멸의 영혼이 거하고 있다고 쉽게 믿어버리는 경향이 있다.[20]

위의 예들에서는 하나같이 다음과 같은 논리가 적용되고 있다. 즉, 우리의 정신에는 실질적 차원에서 이득을 주는 일종의 장치가 들어 있고, 더러 이 장치에서 오류가 일어나면서 그 돌발적 인지 효과로 인해 사람들이 쉽사리 신을 믿게 된다는 것이다. 이제까지 종교 그 자체는 개인이나 집단에 이득이 되어준 적이 **단 한 번도 없다.** 그뿐만 아니라 '신 섬기기'에 더 능숙한 개인이나 집단이 그렇지 못한 사람들을 경쟁에서 눌렀다는 이유 때문에 이들의 유전자가 진화에서 선택받은 적도 인간의 역사에서는 **단 한 번도 없었다.** 이들의 주장에 따르면, 다양한 모듈을 만들어내는 이런 유전자들은 현대 인류의 조상이 아프리카 대륙을 떠나올 무렵 이미 자리 잡고 있었다. 따라서 지난 5만 년 사이 인간의 유전자는 **선택의 압력을 맞아 신앙심을 선호하는 쪽으로도, 그것을 거부하는 쪽으로도 변화하지 않았다.**

그러나 정작 변화한 것은 신들이었으니, 이 대목에 이르러 신무신론자들이 말하는 두 번째 단계, 즉 문화적 진화가 등장한다. 이들의 주장에 따르면, 사람들이 초월적 동인에 믿음을 갖고 그것을 서로 이야기하고, 자손에게까지 물려주게 된 순간 어떤 경쟁이 펼쳐지기 시작했다. 그것은 사람이나 유전자 사이에 일어난 경쟁이 아니었다. 사람들이 만들어낸 다양한 초자연적 **관념** 사이에 경쟁이 일어나기 시작한 것이다. 이를 데닛은 다음과 같이 표현한다.

모든 민족의 신화 속에 빼곡히 들어차 있는 기묘한 모습의 님프, 요정, 도깨비, 귀신은 다 우리의 과민한 습관이 만들어낸 상상의 산물이다. 당황스럽거나 무서운 상황을 만나면 거기서 늘 어떤 동인을 찾곤 하는 것이 우리 인간이다. 이 때문에 우리 주변에는 동인을 내포한 개념들이 그 수를 헤아릴 수도 없이 아무렇게나 쏟아져 나오니, 대체로 이것들은 너무도 터무니없어 일고할 가치조차 없다. 그중에 예선전을 통과하여 끝까지 살아남는 것들은 공들여 만들어진 단 몇몇에 불과하며, 이것들이 세월 속에서 점차 변형과 발전을 거친다. 오늘날 우리가 공통적으로 나누고 기억하는 개념들은 예선전 당시 우리 조상의 뇌 속에서 수십억의 경쟁자를 물리치고 살아남은 불세출의 승자들이다.[21]

데닛과 도킨스의 관점에서 종교는 곧 밈의 조합으로, 이 밈들은 다윈이 말한 진화 과정을 똑같이 겪는다.[22] 생물학적 특성과 마찬가지로, 종교도 후대로 전해지고 돌연변이가 나타나며, 이러한 돌연변이들 사이에서 선택이 일어난다. 여기서 어떤 종교가 선택되느냐는 그것이 개인이나 집단에 가져다주는 이득보다는 그 자신의 생존과 번식 능력에 달려 있다. 같은 종교라도 어떤 것들은 인간의 마음을 강탈하고, 그 깊숙한 속까지 침투해 다음 세대 숙주의 마음에 스스로를 전달시키는 능력이 더 뛰어나다. 데닛이 쓴 《주문을 깨다》의 서두를 보면 한 미세한 기생충의 이야기가 나온다. 이 기생충은 개미의 뇌를 자기 마음대로 조종해 개미가 풀 이파리의 맨 꼭대기로 올라가도록 만드는데, 그러면 초식동물들이 이 개미까지 먹을 가능성이 커진다. 개미에게는 이것이 자살행위나 다름없지만, 기생충에게는 이것이 곧 적응의 길이다. 이 기생충이 번식하는 데에는 반드시 반추동물의 소화기관이 필요하기 때문이다. 데닛의 주장에 따르면, 종교가 살아남은 것도 바로 이런 기생충처럼 숙주에게는 해롭지만(예를 들면, 자살 폭탄 테러) 기생충에게는 이로운(예를 들면, 이슬람교) 행동을 하게 만들기 때문이다. 이와 비슷하게 도킨스도 종교를 바이러스로 묘사한다. 감기에 걸렸을 때 숙주가 기침을 하는 것은 감기 바이러스가 멀리 퍼져나가기 위한 것이듯이, 성공적인 종교는 숙주로 하여금 그 '전염병'을 퍼뜨리는 데 소중한 자원을 쓰도록 만든다는 것이다.[23]

이런 비유들에서는 사회가 변화해야 한다는 함의가 뚜렷이 읽힌다. 종교가 일종의 바이러스이거나 기생충이라면, 나아가 그것이 (우리 인간보다도) 자신의 이익을 위해서 우리 인지 체계의 부산물을 이용하고 있는 것이라면, 우리는 몸에서 그것들을 몰아내지 않으면 안 된다. 따라서 과학자와 인문주의자를 비롯하여 이 전염병에 걸리지 않아 여전히 이성적 사고를 할 수 있는 소수의 사람들에겐 반드시 수행해내야 할 사명이 있으니, 다 같이 힘을 합쳐 그것의 주문을 깨고, 망상을 걷어내고, 신앙을 종식시켜야만 하는 것이다.

더 조리 있는 설 :
종교 역시 인간이 선택한 것

한편 신무신론파에 합류하지 않은 과학자들의 경우에는 종교가 적응의 결과일 수 있음(즉, 종교가 진화해온 건 그것이 개인이나 집단에게 어떤 이득을 가져다줬기 때문일 수 있음)을 논지로 삼으려는 경향이 훨씬 더 강하게 나타난다. 일례로 인류학자 스콧 애트런(Scott Atran)과 조 헨리히(Joe Henrich)가 최근 펴낸 한 논문을 보면 신앙심의 진화와 관련해 좀 더 의미심장한 설이 들어 있는데, 이쪽의 이야기가 이제까지 나와 있는 경험적 연구들과 더 폭넓게 일치하는 모습이다.[24]

신무신론파가 그랬듯이, 이들의 설도 두 단계로 되어 있으며 그 첫 단계는 신무신론과 하나도 다르지 않다. 갖가지 문제를 해결해가는 과정에서 인간은 적응의 결과로 (초고감도 동인 감지 장치를 비롯해) 다양한 인지 모듈과 능력을 발달시키게 되었다. 그런데 이 장치들에서 종종 오작동이 일어나면서 (초자연적 동인과 같은) 일련의 믿음이 생겨났고, 이는 다시 (예상외 부산물이 되어) 인류 역사 초창기에 반(半)종교적 행위들이 나타나는 데 기여했다. 이 모듈들은 최소 5만 년 이전에 인류 조상들이 아프리카를 떠나올 때 이미 뇌 속에 모두 다 자리를 잡았다. 그리고 신무신론파가 그랬듯이, 이들의 경우에도 두 번째 단계에 이르면 문화적(유전적이지 않은) 진화가 등장한다. 그러나 애트런과 헨리히가 보기에 종교는 기생 밈이 스스로의 이익을 위해 진화한 것이 아니었다. 그보다 종교는 일련의 문화적 혁신으로서, 집단의 단결성과 협동성이 더 향상될 때까지 퍼져나간다. 애트런과 헨리히의 주장에 따르면, 종교와 관련된 문화적 진화는 대체로 집단 간 경쟁이 그 원동력이 된다. 신이라는 예상외 부산물을 어떻게든 유용한 방식으로 활용할 줄 알았던 집단이 그렇지 못한 집단에 비해 유리했다는 뜻이며, 그리하여 (그들의 유전자가 아닌) 그들의 사상이 널리 퍼져나가게 되었다는 것이다. 그러나 어떤 집단의 종교가 그다지 효과적이지 못하다고 해서 그 집단이 완전히 종적을 감추어야 할 필요는 없었다. 이런 집단의 경우 다른 종교를 좀 더 효과적으로 변형시켜 받아들이기만 하면 되었기 때문이다. 따라서 여기서 진정 진화하는 것은 사람도 그들의 유전자도 아닌, 바로 **종교**이다.[25]

또 신이라는 예상외 부산물을 가지고 할 수 있는 최선의 일은 바로 도덕 공동체를 건설해내는 것이라고 이 둘은 말한다. 생각해보면 수렵·채집자의 신들은 변덕스럽고 심술궂은 모습을 보일 때도 많다. 이 신들은 악행을 벌로 다스리기도 하지만, 이따금 선한 사람에게도 고통을 안긴다. 그러나 인간 집단이 농경을 받아들여 그 규모가 좀 더 커지면, 신들도 훨씬 더 도덕적인 모습이 된다.[26] 규모가 큰 집단의 신들일수록 집단 내에 갈등과 분열을 조장하는 행동, 이를테면 살인·간통·위증·서약 파기 등을 중하게 여기는 것이 상례이다.

이렇듯 집단 내 이기심과 불화를 처단하도록 (문화적으로) 진화하는 것이 신이라면, 신은 집단 내에 협동심과 신뢰를 돈독히 다지는 데 활용될 수 있다. 주변에 보는 이가 아무도 없는 상황에서 사람들이 덜 윤리적으로 행동한다는 사실은 사회학자가 말해주지 않아도 누구나 알 수 있는 것이다. 글라우콘이 기게스의 반지를 꺼낸 것도 핵심은 바로 여기에 있는 것으로, 글라우콘이 옳았음을 입증하는 사회학자들의 연구는 수도 없이 많다. 예를 들어 사람들은 조명이 어두우면 시험 볼 때 부정행위를 더 많이 저지르는 경향이 있다.[27] 그러나 만화에 나올 법한 사람 눈 모양을 책상 근처에 붙여놓으면 부정행위가 줄어든다.[28] 아니면 신과 관련된 단어들로 문장 짜 맞추기를 해서 사람들의 기억 속에 신의 개념을 환기시켜도 부정행위는 줄어든다.[29] 모든 것을 볼 수 있는 신, 나아가 부정행위자와 서약 파기자를 증오하는 신이라는 존재를 만들어내는 것은 부정행위와 서약 파기를 줄이는 훌륭한 방법임이 드러난 것이다.

애트런과 헨리히에 따르면, 인간에게 유익한 문화적 혁신은 이것 말고도 또 있으니, 신이 집단 징벌을 주관하는 존재가 되어준다는 것이다. 마을 안에서 간통을 저지른 건 둘이지만 만일 그것이 신의 노여움을 사서 마을 전체에 가뭄이 들거나 역병이 돌 수 있다고 믿게 되면, 사람들은 당연히 불륜의 낌새가 조금만 감지되어도 거기에 촉각을 곤두세우게 될 것이다(나아가 그것을 두고 험담하기에 바빠질 것이다). 신의 분노가 있음으로 해서 부끄러움은 사회적 통제 수단으로서 더욱 효과를 발휘하게 되는 것이다.

애트런과 헨리히의 설에서 서두에 등장하는 예상외 부산물 관련 주장은 신무신론자의 주장과 하나도 다를 것이 없다. 그러나 인류학자인 이들은 실질적 실체로서 오랫동안 경쟁을 벌여온 것이 집단이라고 보았고, 따라서 그런 경쟁에서 일부 집단이 승리하는 데에 종교가 무슨 역할을 하는지 파악할 수 있었다. 실제로 종교가 집단의 단결력을 높이고, 무임승차자 문제를 해결하며, 집단 차원의 생존경쟁에서 승리하게 해준다는 증거는 현재 학계에 숱하게 나와 있다.

그중 가장 확실한 증거가 인류학자 리처드 소시스(Richard Sosis)의 연구로, 19세기 미국에 세워졌던 공동생활촌(commune) 200여 개의 역사를 담고 있다.[30] 이 공동생활촌은 혈연이 없는 사람들과의 협동을 자연 상태에서 실험하는 것이나 다름없다. 따라서 이 공동생활촌들이 살아남으려면 반드시 집단을 하나로 결속시키고, 이기심을 억제하고, 나아가 무임승차자 문제를 해결할 수 있어야만 한다. 공동생활촌은 보통 열성적 믿음이 있는 사람들에 의해 건설되는데, 자기들 사회보다 큰 사회의 도덕 매트릭스는 거부하고 대신 그와는 전혀 다른 원칙에 따라 조직을 구성해나가고 싶어 한다. 19세기의 이런 공동생활촌은 그 원칙이 종교적 내용인 경우가 많았고, 나머지는 비종교적인 원칙(대부분은 사회주의)을 바탕으로 삼고 있었다. 그렇다면 이 중 더 오래 살아남은 곳은 어디였을까? 소시스의 연구는 둘의 생존율에 극명한 차이가 있었음을 알려준다. 비종교적인 공동생활촌은 건설되고 20년이 흐르자 제대로 기능하는 곳이 고작 6퍼센트에 그쳤던 데 비해, 종교적인 공동생활촌은 그 비율이 39퍼센트에 이르렀다.

　종교적인 공동생활촌이 더 오랜 수명을 자랑할 수 있었던 비결은 무엇이었을까? 연구에서 소시스는 공동생활촌 각각에서 발견되는 생활의 요소를 모조리 찾아 그것들을 일일이 수량화해보았다. 그러고 나서 왜 일부 공동생활촌은 세월이 흘러도 건재하고 왜 일부는 스러지는지 그 이유를 수치들 속에서 찾을 수 있는지 살펴보았다. 그러자 한 가지 중대 변수가 드러났다. 각 공동생활촌이 구성원들에게 값비싼 희생을 얼마나 요구했느냐가 결정적 변수였던 것이다. 값비싼 희생이란, 이를테면 술과 담배를 끊거나, 이따금 연이어 며칠씩 금식을 하거나, 공동의 복장과 머리 모양을 따르거나, 외부인과의 교류를 단절하는 것을 말했다. 종교적 공동생활촌의 경우 희생과 그 효과는 완벽한 비례관계를 보였다. 즉, 공동생활촌이 더 많은 희생을 요구할수록 공동생활촌이 살아남는 기간도 더 길어졌던 것이다. 그러나 소시스가 보기에 놀라울 수밖에 없었던 사실은, 그런 희생에 대한 요구가 비종교적인 공동생활촌에는 별 도움이 되지 않았다는 것이다. 비종교적인 공동생활촌은 대부분 8년 이내에 무너져 버렸고, 희생과 지속성 사이에서도 상관관계가 나타나지 않았다.[31]

그렇다면 이 비종교적 공동생활촌들에서는 왜 희생이 아무 힘이 되지 못한 것일까? 소시스의 주장에 따르면, 의례와 법률을 비롯한 각종 제약은 그것이 신성시될 때 가장 잘 작동하기 때문이다. 이와 관련해 소시스는 인류학자 로이 라파포트(Roy Rappaport)의 말을 빌려온다. "사회적 규약에 신성함을 부여한다는 것은 곧 그것이 가진 자의성을 필요성의 망토로 덮어버리는 것과 같다."[32] 그러나 비종교적인 단체의 경우 조직에서 희생을 요구하면 사람들은 비용 대 이득의 잣대로 제각각 희생을 분석하는 것을 당연히 여긴다. 따라서 많은 이가 논리성이 없는 일은 잘 하려 들지 않는다. 다시 말해 **인간에게 주어진 가장 어려운 숙제, 즉 혈연이 없는 사람과 어떻게 협동하는가 하는 문제는 바로 신무신론자들이 값비싸고 비효율적이고 비합리적이라며 깎아내렸던 그 의례적 관습이 해결해주는 것이다.** 비합리적인 믿음이 도리어 집단의 합리적 운용에 도움을 주며, 고귀함 기반에 의지하게 되면 그 효과는 특히 더 커진다.[33] 신성함은 사람들을 하나로 뭉치게도 하지만, 동시에 사람들의 눈을 가려 관습이 가진 자의성을 보지 못하게도 한다.

소시스의 이러한 연구 결과는 애트런과 헨리히의 주장을 뒷받침해 준다. 신이라는 존재는 실제로 집단을 단결시키고, 성공시키고, 또 타 집단을 경쟁에서 물리치는 데 힘이 된다. 이는 분명 집단선택의 한 형태이나, 애트런과 헨리히는 이것이 순전히 **문화적 차원의** 집단선택임을 이야기한다. 사람들을 하나로 엮고 이기심을 더 잘 억제하는 종교가 다른 종교를 희생시키고 퍼져나가기는 하지만, 그렇다고 여기서 패배한 쪽이 반드시 종적을 감춰버리는 것은 아니기 때문이다. 더구나 7~8세기의 이슬람교나 19세기의 모르몬교의 경우에서 볼 수 있듯이, 종교는 유전자보다 훨씬 빠르게 퍼져나갈 수 있다. 어떤 종교가 성공적일 경우 그 주변의 민족 혹은 그것과의 경쟁에서 밀린 이들도 얼마든지 그것을 채택할 수 있다.

따라서 애트런과 헨리히는 신앙심이 어떤 식으로든 **유전적** 진화를 거쳤으리라는 생각에는 의구심을 갖는 입장이다. 그들의 이야기에 따르면 윤리적이고 고상한 신이 등장한 것은 극히 최근의 일로, 1만 년 전 농경 기술이 나타나 발전한 것과 그 궤적을 함께한다.[34] 또 이들은 유전자와 문화의 공진화는 홍적세 동안에 서서히 진행되었다고 믿는다(신이라는 예상외 부산물을 만들어내는 모듈도 이때 처음 만들어졌다고 믿는다). 인간이 아프리카 대륙을 떠나올 무렵 유전자는 이미 다 자리를 잡은 상태였고, 따라서 이후의 진화는 모두 문화의 담당이라는 것이다. 우리 마음은 종교를 믿게끔 형성되어 있지도, 조정되지도, 적응되지도 않았다는 것이 신무신론자들과 이들의 공통된 주장이다.

그러나 유전적 진화가 무척 빠른 속도로 진행될 수 있음을 알게 된 이상, 내게는 유전자가 5만 년 넘도록 그 상태 그대로였다는 것은 상상하기 어려운 일로 보인다.[35] 유전자와 문화의 공진화가 손을 맞잡고 "빙글빙글 왈츠를 추는" 식으로 이루어진다면,[36] 문화 쪽이 종교의 음악에 맞춰 춤을 추기 시작했는데 어떻게 유전자 쪽은 한 발짝도 움직이지 않고 가만히 있을 수 있다는 말인가? 5만 년이라는 세월은 우리 안에 없던 어떤 복잡한 모듈(이를테면 초고감도 동인 감지 장치나 군집 스위치처럼)이 새로이 진화하기에는 부족한 시간일지 모른다. 그러나 5만 년의 시간 동안 사람들은 자아나 집단을 파괴시키기보다 군집, 신성화, 신 섬기기에 더 적응하는 경향을 보여왔다. 그런데도 어떻게 관련 모듈들에 최적화나 미세 조정이 전혀 이루어지지 않을 수 있었겠는가?

뒤르켐의 설 : 공동체를 이끄는 강력한 힘

빙엄턴 대학의 생물학자 데이비드 슬론 윌슨(David Sloan Wilson)은 집단선택이 1970년대 들어 유죄를 선고받고 추방당했을 때 그 누구보다 극렬하게 저항한 인물이었다. 그래서 이후 30년간 그는 집단선택의 무죄를 입증해내는 일에 매달린다. 먼저 그는 자신이 만든 수학적 논증을 가지고 특별한 조건하에서는 유전적 집단선택이 실제로 일어날 수 있음을, 나아가 그 특별한 조건들이 초창기 인간 사회를 구성했을 가능성이 크다는 사실을 입증해 보였다.[37] 그리고 나서는 힘겨운 학제 간 연구를 통해서 수많은 종교의 역사를 탐구했고, 이 종교들이 자신이 말한 특별한 조건들을 정말 제공해주었는지 살피는 작업을 했다.[38]

월슨이 위대한 업적을 세운 부분이 있다면 그것은 사회과학의 역사에서 가장 중요한 두 인물의 사상을 하나로 통합해냈다는 데 있다. 바로 다윈과 뒤르켐이다. 월슨은 이 둘이 서로를 어떤 식으로 완성시킬 수 있는지 보여주었다. 이를 위해 월슨은 먼저 도덕성 진화가 집단선택을 통해 이루어진다고 한 다윈의 가설을 논의한 후, 다윈이 무임승차자 문제를 중요시했음을 언급한다. 그러고 나서는 종교에 대한 뒤르켐의 정의, 즉 종교는 "갖가지 관습과 믿음이 하나로 통합된 체계"이며, 그것이 집단 구성원들을 "하나의 도덕 공동체로" 결합시켜준다는 점을 이야기한다. 만일 뒤르켐의 주장대로 정말 종교가 단결력 좋은 집단을 만들어 하나의 개체처럼 기능할 수 있도록 해준다면, 이는 집단선택을 통해 부족의 도덕성이 나타날 수 있다는 다윈의 가설을 뒷받침해주는 것이 된다. 또 만일 다윈의 주장대로 우리 인간이 (집단선택을 비롯한) 다차원 선택의 산물이라면, 이는 뒤르켐의 가설, 즉 (자연선택에 의해) 우리가 **호모 듀플렉스**로서 낮은(개인적) 차원과 높은(집단적) 차원을 이리저리 오간다는 생각을 뒷받침해주는 것이 된다.

《종교는 진화한다(Darwin's Cathedral)》라는 책에서 월슨은 집단이 서로 단결하고, 노동을 분담하고, 힘을 합쳐 일하고, 나아가 번영을 이룩하는 데 종교가 어떤 식으로 도움을 줬는지 그 모습들을 일일이 나열하고 있다.[39] 그중 한 예로 드는 것이 장 칼뱅(John Calvin)으로, 그는 엄격하고 까다로운 형태의 기독교 신앙을 발달시킴으로써 무임승차를 억제하고 나아가 16세기 제네바에 위탁자선사업체와 상업 형성을 촉진시켰다. 또 중세 시대 유대교는 "문화로 일종의 성채를 지어서 외부자의 출입은 차단하고 내부자만 그 안에 들인" 역사가 있다.[40] 그러나 이런 예 중에서도 단연 눈에 띄는 것은, 인류학자 스티븐 랜싱(Stephen Lansing)의 연구를 바탕으로 한[41] 발리 섬에서 쌀농사를 짓는 농부들 이야기이다. 네덜란드의 식민지화가 있기 이전, 발리 섬 사람들은 물의 사원이라는 것을 가지고 있었다.

쌀농사를 짓는 데에는 그 어떤 작물과도 다른 독특한 농경 방식이 이용된다. 넓은 땅에다 벼 심을 논을 만든 다음 그곳에서 벼가 자라나는 동안 정확히 시기를 맞추어 물을 대주고 빼주기를 반복해야 한다. 그래서 쌀농사를 짓는 데에는 인력이 수백 명씩 동원되기도 한다. 발리 섬의 땅 중에는 하늘에서 떨어진 빗물이 높은 화산의 비탈을 타고 흘러내리다가 물렁물렁한 화산암을 만나면서 여러 개의 크고 작은 물줄기로 갈라지는 지대가 있다. 발리 섬 사람들이 이 산비탈 지대에 수백 개의 계단식 웅덩이를 만들고 그 주변에 수로와 터널을 깔아 그 물을 농업용수로 써온 지는 벌써 수백 년에 이른다. 수로와 터널은 땅 밑으로 더러 1킬로미터 이상 이어지기도 한다. 그리고 이 관개시설 전체를 아우르는 꼭대기, 즉 화산의 분화구 근처에는 발리인들이 물의 여신을 모신 웅장한 사원이 있다. 이곳의 전임 사제 24명은 어린 시절부터 발탁된 사람들이었고, 그중에서도 대사제는 물의 여신이 이승에 현신한 것으로 여겨졌다.

발리 섬에서는 사회조직의 가장 낮은 단계에 있는 사람들을 수박

(subak)이라고 부르는데, 대가족 몇 가구가 하나로 뭉친 집단으로서 이들 내에서의 의사결정은 민주적으로 이루어지는 편이다. 이 수박 집단에는 자기들 고유의 조그만 사원이 하나씩 있었으며, 그 안에서 자기들 고유의 신을 따로 모셨다. 발리 섬의 힘든 쌀농사를 집단으로 뭉쳐 해낸 것이 바로 수박 집단들이었다. 그렇다면 애초에 수박들이 다 같이 힘을 합쳐 관개시설을 만들어낸 것은 무슨 수로 가능했던 것일까? 또 공동의 관개시설을 잘 관리한 것도, 화산 지대의 물을 서로 오랫동안 공평하게 나눠 쓴 것도 어떻게 해서 가능했던 것일까? (공동의 재화가 있을 때 그것을 완전히 소진시키지 않고 서로 나눠 써야만 하는) 이런 공공재의 딜레마는 해결이 좀처럼 쉽지 않은 문제인데 말이다.[42]

공공시설 건설과 유지의 문제를 발리인들은 기막힌 종교적 해법으로 풀었으니, 관개시설이 뻗어 나오는 갈래마다 조그만 사원을 하나씩 지은 것이다. 그러자 사원 아래에 사는 수박들이 다 같이 이 사원의 신을 섬기면서 하나의 공동체로 통합되었고, 이로써 수박들은 더러 분쟁이 일어나도 좀 더 원만하게 해결할 수 있었다. 제로섬(zero-sum : 어떤 시스템이나 사회 전체의 이익이 일정하여 한쪽이 득을 보면 다른 한쪽이 반드시 손해를 보는 상태―옮긴이) 방식으로 물이 분배되었다면 부정과 사기가 횡행했을 상황이었지만, 사원이 이런 식으로 배치되자 그런 일은 웬만해서는 찾아볼 수 없었다. 수백 제곱킬로미터의 땅에 흩어져 사는 수천 명의 농부들은 이 체계 덕에 군이 중앙정부나 감독관이나 법정이 없어도 다 같이 협동하여 일을 해나갈 수 있었다. 이 시스템의 효율성이 얼마나 대단했는가 하면, 당시 수문학(水文學 : 물의 순환을 중심 개념으로 하여 물의 물리적·화학적 성질 등을 연구하는 학문―옮긴이)

의 대가로 꼽히던 네덜란드인들조차도 발리 섬에 왔을 때 이 시스템에서 거의 허점을 찾아내지 못할 정도였다.

수백의 신과 사원이 서로 얽히고설켜 만들어진 이 시스템을 우리는 과연 어떻게 이해해야 할까? 이것들 역시 정신 체계가 본령을 잊은 채 만들어낸 부산물일 뿐일까? 도킨스가 말한 "돈과 시간을 잡아먹는 종교 의례와……비생산적인 종교적 환상"이라는 것이 바로 이런 것일까? 그렇지 않다. 그보다는 이 신들을 메이폴(5월제 기둥)에 견주는 것이 그들을 이해하는 가장 좋은 방법이 아닐까 한다.

논의 전개를 위해 지금 여러분이 한 아가씨를 관찰하고 있다고 가정해보자. 꽃송이로 머리를 장식한 그녀는 기다란 리본의 한쪽 끝을 손에 잡고 춤을 추듯 원을 그리며 시계 방향으로 돌고 있다. 리본의 반대쪽 끝은 높다란 기둥의 꼭대기에 붙어 있다. 여인은 이 기둥 주위를 계속해서 빙글빙글 도는데, 그 발걸음이 똑바른 원 모양은 아니다. 기둥으로 몇 발짝 다가갔다 다시 떨어졌다 하며 실이라도 꼬듯 그 주위를 돌고 있다. 그 움직임을 따로 떼어놓고 보면, 마치 목숨을 끊으러 가는 미친 오필리아처럼 갈 곳을 못 찾고 이리저리 헤매는 모습으로만 여겨진다. 그러나 그 자리엔 이 아가씨 혼자만 있는 것이 아니다. 다섯 아가씨가 이 아가씨와 함께 똑같이 움직이고 있을 뿐 아니라, 젊은 남자 여섯은 아가씨들을 마주 보고 기둥 주위를 시계 반대 방향으로 돌고 있다. 자, 지금 여러분 머릿속에 떠오른 그 광경이 바로 메이폴 댄스이다. 이렇게 남녀가 서로를 스쳐 지나가며 상대방을 이리저리 오가면, 리본들이 한데 엮이면서 원통 모양으로 천이 짜인다. 이 메이폴 댄스는 사회생활의 가장 핵심적인 기

〈도표 11–3〉 메이폴 댄스

자료 : *The Illustrated London News* (August 14, 1858), p. 150.

적, 즉 **에 플루리부스 우눔**(다자에서 하나로)을 상징적으로 연출해주는 것이라고 할 수 있다.

메이폴 댄스는 기독교가 있기 이전 아득히 먼 옛날의 북유럽에서 처음 생겨난 것으로 보인다. 그러나 이토록 오래되었음에도 독일·영국·스칸디나비아 반도에서는 5월제가 열릴 때면 아직도 이 행사가 어김없이 등장한다. 그 연원은 정확히 알 수 없으나, 여하튼 이 메이폴 댄스는 종교에 대한 윌슨의 설명에서 신이 가진 역할과 관련해 더 없이 훌륭한 비유가 되어준다. 사람들은 (메이폴을 돌듯이) 신의 주위를 빙글빙글 돌면서 그것을 통해 서로 하나의 공동체로 엮인다. 그렇게 하나의 공동체로 일단 엮이고 나면, 이후부터 이런 공동체들은 더 효과적으로 기능할 수 있게 된다. 윌슨은 이를 다음과 같이 표현한다. "종교가 존재하는 주된 까닭은, 각자의 힘으로는 역부족인 일을 종교를 통해 다 같이 성취해내기 때문이다."[43]

윌슨에 따르면, 사람들이 신의 주위를 돌며 서로 하나로 엮이는 이런 일은 지금으로부터 1만 년 훨씬 이전부터 있었다고 한다. 물론 사람들을 하나로 엮기 위해서 반드시 도덕적으로 고상한 신, 간통을 저질렀다 하면 불같이 화를 내는 그런 신이 있어야 하는 것은 아니다. 수렵·채집자 무리에서 섬기는 것과 같은 도덕적으로 변덕이 심한 신들도 얼마든지 사람들의 신뢰와 단결심을 키우는 데 활용될 수 있다. 예를 들면, !쿵 부족의 한 집단에서는 사람들이 //가우와(//Gauwa)라는 전능한 천신과 //가우와시(//gauwasi)라는 사자(死者)의 정령을 믿으며 살아간다(!과 // 표시는 혀를 입천장에 붙였다 뗄 때 나는 '딱' 소리를 가리킨다). 이 초자연적 존재들은 부족 사람들에게 윤리적 지침을 내리는 일이 전혀 없고, 착한 행동에 보상을 해주거나 죄악을 벌로 다스리는 일도 없다. 이들은 그저 세상만사를 일으키는 힘일 뿐이다. 어느 날 사냥을 나갔는데 운이 좋았다면 그것은 정령이 도왔기 때문이고, 그 다음 날 어쩌다 뱀에 물렸다면 그날은 정령이 등을 돌린 것이다. 부족 사람들이 이 존재들을 믿는다는 것은 초고감도 동인 감지 장치가 인간에게 작동하고 있음을 보여주는 완벽한 실례이기도 하다. 동인이 전혀 없는 상태에서도 사람들이 동인을 인지하고 있으니까 말이다.

그런데 이런 심술궂은 신들도 "치유의 춤"이라는 !쿵 부족의 핵심적인 종교 의례에서는 대단히 중대한 역할을 수행한다. 인류학자 로나 마셜(Lorna Marshall)은 그 모습을 다음과 같이 묘사한다.

> 사람들은 마음속에서부터 하나로 뭉쳐 외부에 존재하는 악한 적들에 대항하는 모습을 보인다. ……그 춤은 모든 이를 하나로 끌어당긴다. ……서로가 어떤 관계이든, 자신의 기분이 지금 어떻든, 서로가 좋든 싫든, 서로의 관계가 좋든 나쁘든, 사람들은 다 같이 하나가 되어 함께 노래를 부르고 손뼉을 친다. 넋을 잃은 채 음악에 맞춰 다 같이 발을 구르고 손뼉을 치는데, 한 몸인 듯 손발이 척척 맞는 것은 어디서도 보기 힘든 진풍경이다. 그 어떤 말을 해도 이들은 떨어질 줄 모른다. 그저 똑같이 행동하며 서로의 영혼과 육체에 힘을 북돋우고, 서로에게 생기와 기쁨을 줄 수 있는 것을 찾아 그것을 다 함께 한다."

이 !쿵 부족이 버지니아 대학의 럭비 시합에 온다면 아마도 제대로 한판 놀다 갈 수 있지 않을까.

아프리카 대륙에서 대이동을 한 이래로 인간 집단이 이런 식의 행동을 줄곧 해왔다면, 나아가 그것이 집단의 생존에 어떤 식으로든 도움이 되었다면, 지난 5만 년 동안 유전자와 문화의 공진화(엄밀히 말해, 정신 속 모듈과 사회 관습이 서로에 맞게끔 발달하는 일)가 전혀 일어나지 않았다는 주장은 믿기 어려운 것으로 보인다. 더구나 완신세는 유전자 변화의 절정기로 여겨지는바, 이때 우리 몸 안의 다른 유전자는 모두 더 급격히 변화했는데 유독 예상외 부산물 모듈 유전자만 아무런 변화 없이 그대로였다고 하는 것은 특히나 믿기 어려운 이야기이다. 여기에 신들이 더 거대하고 더 윤리적인 모습을 띠어가던 때가 바로 완신세라는 점도 기억해야 할 것이다.[45] 만일 종교적 행동이 개인이나 집단에 모종의 결과를 가져다주었고 그런 방식이 안정적으로 작동한 것이 수천 년에 이른다면, 그동안 우리의 바른 마음에 유전자와 문화의 공진화가 어느 정도 일어났을 것임은 거의 틀림없는 사실이다. 신을 믿고, 그 신들을 이용해 도덕 공동체를 만들어내는 것이 바로 우리의 바른 마음이기 때문이다.

과학 저술가 니콜라스 웨이드는 《신앙 본능(Faith Instinct)》이라는 책을 써서 선사시대의 종교적 관습들을 모아 검토한 바 있는데, 여기서 윌슨의 종교 이론에 강력한 지지를 표한다. 진화론의 틀에서 볼 때 고대의 이런 관습들은 개인에게 유리하게 작용했다고 말하기는 힘들다는 것이다. 즉, 이런 관습들은 개인이 동일 집단 내의 덜 종교적인 개인과 경쟁하는 데 사용되었다기보다 집단이 다른 집단과 경쟁하는 데 사용되었을 것이 분명하다는 이야기이다. 그의 글 속에는 집단선택의 논리가 다음과 같이 명쾌하게 정리되어 있다.

[종교로 단결되는] 이런 사회에 속해 있는 것이 단결력이 약한 집단에 속해 있는 것보다 생존과 번식 확률이 더 높다. 단결력이 약한 집단의 경우 적에게 파멸당할 수도, 집단 내 불화로 자멸할 수도 있기 때문이다. 따라서 전체

인구 속에서 유전자는 종교적 행동들을 더욱 늘려가려는 경향을 가지며, 나아가 단결력이 약한 집단은 쇠하고 단결력이 강한 집단은 흥하는 과정 속에서 이러한 종교적 행동들은 세대가 거듭될수록 더욱 흔해진다.[46]

　한마디로 신이 있고 종교가 있는 것은 사람들 사이에 신뢰와 단결을 다지기 위한 집단 차원의 적응이라는 이야기이다. 메이폴도 그렇고 벌집도 그렇듯이, 애초 이러한 신과 종교는 사회의 구성원들이 만들어내지만, 시간이 흐른 후에는 그것들이 인간의 활동 양식을 규정한다. 윌리엄스도 지적한 바 있듯이, 집단 차원의 적응이 일어난다는 것은 곧 집단 차원에서 선택 과정이 작동한다는 뜻이기도 하다.[47] 그리고 이러한 집단선택은 매우 빠른 속도로도 일어날 수 있다(암탉들이 집단선택을 통해 단 몇 세대 만에 더 온순해진 경우에서 볼 수 있듯이).[48] 따라서 1만 년이면 (어느 정도의 유전자 변화를 비롯해) 유전자와 문화의 공진화가 충분히 일어났을 수 있는 시간이다.[49] 그러니 5만 년이면 유전자, 뇌, 집단, 종교가 공진화하여 서로 단단히 얽히고도 남았을 시간이다.
　(윌슨이 제시한) 이상의 설명에는 신과 종교를 예상외 부산물로만 보는 앞서의 설명과는 전혀 다른 함의가 들어 있다. 윌슨의 설명에서 보자면, 인간의 마음과 종교라는 것은 수만 혹은 수십만 년의 세월을 거치며 (꿀벌이 벌집과 함께 진화해온 것처럼) 함께 진화해온 셈이 되기 때문이다. 그리고 만일 이것이 정말 사실이라면, 사람들은 그렇게 쉽게 종교를 내던질 수 없다는 이야기가 된다. 물론 **조직화된** 종교는 극히 최근의 문화적 혁신인 만큼, 어느 정도 버리는 것이 가능할 수 있다. 그러나 제아무리 종교를 모두 거부하는 사람이라도 (〈도표 11-2〉에

서 본 것과 같은) 종교의 기본적인 심리, 즉 행위는 믿음과 연관되고 믿음은 소속감과 연관된다는 그 도식까지 뒤흔들지는 못할 것이다. 사람들에게 신성하게 여겨지는 모든 형태의 소속감을 버리고 순전히 '이성적인' 믿음에만 의거해 살라고 하는 것은, 마치 이 지구를 떠나 달의 궤도를 따라 도는 식민 도시에서 살라고 하는 것과 마찬가지일 것이다. 물론 가능성이야 있는 이야기이지만, 이를 위해서는 고도의 첨단 공학이 대거 동원되어야 할 뿐 아니라 설령 이주를 했다 해도 식민 도시의 후손들이 문제이다. 10세대만 지나도 그들은 어느덧 지구의 중력과 초록의 풀빛을 까닭 없이 그리워하게 될 테니까.

신은 과연 선한가 악한가

그렇다면 종교라는 것은 사람을 선하게 만들까, 아니면 악하게 만들까? 이에 대해 신무신론파에서는 세상에 존재하는 악 대부분은 종교에 그 뿌리가 있다고 주장한다. 전쟁, 종족 학살, 테러리즘, 여성 압제 등을 일으키는 주된 원인이 종교라는 것이다.[50] 한편 종교를 믿는 이들 입장에서는 오히려 문제가 무신론자들에게 있다. 그들은 비도덕적인 데다 신뢰하기 힘든 사람들이라는 것이다. 심지어 계몽주의를 선두에 서서 이끌었던 존 로크(John Locke)조차도 무신론자에 대해 이렇게 쓴 적이 있다. "약속·계약·서약은 인간 사회를 하나로 엮는 끈이거늘, 무신론자들 앞에선 이것들이 다 무용지물이 되어버리고 만다. 신을 없앤다는 것은, 설령 그것이 머릿속에서만 일어나는 일이라 해도, 모든 것을 허물어뜨리는 일이나 다름없다." 자, 이 둘 중에서 과연 어느 쪽이 옳을까?

몇십 년이 지나도록 이 싸움은 무승부인 것처럼 보였다. 설문 조사 결과에서는 종교가 있는 사람들이 자선단체에 더 많은 금액을 기부하고, 이타주의적 가치관도 더 많이 드러내는 것으로 나타났다. 그러나 사회심리학자들이 사람들을 실험실로 데려와 실제로 낯선 이들을 도와주도록 하자, 종교가 있는 사람이라고 해서 종교가 없는 사람보다 더 나을 것은 거의 없었다.[51]

그런데 우리는 정말로 종교가 사람들을 **무조건적인** 이타주의자로 만들어주기를 기대하는 것일까? 어떤 상황에서든 낯선 이를 기꺼이 도와줄 수 있는 그런 사람으로 말이다. 물론《성경》에서 예수는 부상당한 유대인을 착한 사마리아인이 돕듯이 이웃을 사랑하라고 이야기하지만, 종교란 본래 집단 차원의 선택인바 **편향적** 이타주의가 나타나는 게 당연하지 않겠는가. 종교가 있는 사람들은 당연히 자기가 속한 도덕 공동체 사람들에게 더 많은 인정과 도움을 베풀려고 할 것이며, 그것으로 자기 평판이 올라갈 수 있을 때에는 특히 더 그럴 것이다. 실제로도 종교는 정확히 이런 역할을 하는 것으로 나타난다. 일례로 미국의 자선 기부 현황을 조사한 연구들을 살펴보면, 전체 인구 중 종교 성향이 가장 약한 집단 5분의 1의 경우 자선단체에 돈을 기부하는 사람은 고작 1.5퍼센트밖에 되지 않는 것으로 나타났다. 반면에 종교 성향이 가장 강한 집단 5분의 1(믿음이 아니라 교회에 나가는 횟수를 기준으로 했을 때)은 그 비율이 무려 7퍼센트에 이르렀고, 기부금은 대체로 종교 단체에 들어가는 것으로 나타났다.[52] 이런 양상이 전개되기는 자원봉사 활동의 경우에도 마찬가지이다. 종교가 있는 사람들이 없는 사람들에 비해 자원봉사 활동을 훨씬 더 많이 하는 것으로 나타났고, 그 활동 대부분은 자신들의 종교 단체를 위해 이루어지고 있었다.

종교가 있는 사람들이 행실 면에서 더 낫다는 증거는 실험실 실험에서도 일부 나타나는데, 둘 이상의 사람이 함께 힘을 합쳐야 하는 경우에 특히 그러하다. 이와 관련해 일단의 독일 경제학자가 사람들을 실험실로 데려와 그들 사이에서 경제 게임을 벌여보았다. 이 게임에서 '신탁인'이 되면 매 라운드마다 일정 금액의 돈을 받는다.[53] 이 신탁인에게 질문이 주어지는데, 그 돈을 익명의 '수탁인'에게 맡길 의향이 있다면 그중 얼마를 맡기겠느냐는 것이다. 신탁인이 수탁인에게 돈을 넘기면 실험자가 그 돈을 세 배로 불려주고, 이번에는 '수탁인'에게 질문이 주어진다. 그 돈을 신탁인에게 돌려줄 의향이 있다면 그중 얼마를 돌려주겠느냐는 것이다. 게임에 들어간 피험자들은 저마다 매번 다른 상대방을 만나 신탁인도 되어보고 수탁인도 되어보며 여러 차례에 걸쳐 게임을 하게 된다.

이것은 행동경제학자들이 곧잘 이용하는 게임 형식이지만, 이 연구에는 독특한 요소를 가미한 부분이 있었다. 신탁인이 얼마큼의 자금을 위탁하겠다고 애초의 결정을 내리기 전에, 게임 참가자들과 관련해 지극히 개인적인 신상 정보를 한 가지씩 신탁인과 수탁인 모두에게 알려준 것이다(실험자들은 실험 몇 주 전 피험자 전원에게 미리 설문지를 작성하게 하여 관련 정보를 입수했다). 그런데 이때 신탁인이 수탁인의 신앙심 정도를 1에서 5까지의 수치로 알 수 있는 경우가 있었다. 수탁인들에게 종교가 있다는 사실을 알자 신탁인은 더 많은 자금을 위탁하는 경향이 있었고, 이는 (신앙인을 더 믿음직한 사람으로 여긴다는 점에서) 독일인이나 로크와 똑같은 생각을 가지고 있음을 알려주는 것이었다. 그런데 여기서 좀 더 중요한 것은, 종교가 있는 수탁인은 비종교적인 수탁인에 비해 정말 더 많은 돈을 돌려주었다는 사실이다. 설령 그 자신은 신탁인에 대해 아무것도 알지 못한다고 해도 말이다. 따라서 이 신탁 게임에서는 종교적인 사람이 종교적인 상대방을 만나 게임을 할 경우 가장 많은 돈이 쌓이게 되어 있었다(리처드 소시스 역시 이스라엘의 키부츠 여러 곳을 돌며 현장 실험을 했을 때 이와 똑같은 결과를 얻을 수 있었다).[54]

이렇듯 신과 신뢰와 무역 사이에 모종의 상호작용이 존재한다는 것은 이제까지 많은 학자가 화제로 삼았던 사실이기도 하다. 고대 세계에서 신전은 상업적 면에서 중요한 기능을 할 때가 많았다. 신을 앞에 놓고 서약하거나 계약서를 작성하게 되면, 약속 파기 시의 초자연적 징벌에 대한 위협이 눈앞에서 실감되었기 때문이다.[55] 중세 시대의 장거리 무역에서 유대교도나 이슬람교도가 대단한 수완을 발휘한 것도 일부는 종교 덕분이었다고 할 수 있었다. 종교를 통해 이들 사이에는 신뢰성 있는 관계와 강제성 있는 조약이 맺어질 수 있었다.[56] 심지어 오늘날에도 고도의 신뢰가 밑바탕이 되어야만 효율적으로 돌아가는 시장(이를테면 다이아몬드 시장)에서는 하나의 종교로 엮인 민족 집단(이를테면 초정통파 유대교도)이 패권을 쥐는 경우가 많다. 이들은 비종교적인 경쟁자에 비해 거래와 감시에 비용이 덜 들어가기 때문이다.[57]

바른 마음

이런 식의 작용은 종교가 본분을 다하는 것으로 볼 수 있다. 윌슨의 표현대로, "각자의 힘으로는 역부족인 일을 다 같이 성취해낼 수 있도록" 도와주는 것이니까. 그러나 그 정도 일이라면 마피아 같은 조직에서도 얼마든 해내지 않는가. 해당 집단을 초개체로 뭉치게 하고 그 외의 사람들은 모두 먹잇감으로만 보게 만드는 것(적어도 그들에게 등 돌리게 만드는 것), 이것이 정말 종교가 하는 일일까? 종교적 이타주의는 과연 외부인에 대한 은덕일까 아니면 저주일까?

이와 관련해 정치학자 로버트 퍼트넘과 데이비드 캠벨(David Campbell)은《아메리칸 그레이스 : 종교는 어떻게 사회를 분열시키고 통합하는가(American Grace : How Religion Divides and Unites Us)》라는 책을 써서, 종교 유무에 따라 미국인들의 모습이 어떻게 다른지를 갖가지 자료를 통해 설명해낸다. 상식적으로만 따져보면, 종교 집단에 시간과 돈을 많이 투자하는 사람일수록 그 밖의 것에는 상대적으로 투자를 덜할 것 같다는 생각이 든다. 그러나 막상 현실을 들여다보니 이런 상식은 옳지 않은 것으로 드러났다. 퍼트넘과 캠벨이 밝혀낸 바에 따르면, 종교 예배에 자주 참석하는 사람이 생활 전반에 걸쳐서도 더 많은 인정과 자선을 베푸는 것으로 나타났다.[58] 물론 종교가 있을 경우 자신이 믿는 그 종교의 자선단체에 많은 기부를 하는 것이 사실이지만, 이들은 그와 더불어 미국암학회(American Cancer Society) 같은 비종교적 자선단체에도 무종교인만큼(혹은 그 이상으로) 많은 기부를 하고 있었다.[59] 또 자신들의 교회에 가서 오랜 시간 봉사를 하는 것뿐만 아니라 이웃을 비롯하여 온갖 종류의 시민 단체에 가서도 무종교인보다 더 많은 봉사를 하고 있었다. 퍼트넘과 캠벨은 자신들의 연구 결과를 단도직입적으로 다음과 같이 표현한다.

여러 가지 다양한 척도로 봤을 때, 종교에 독실한 미국인이 종교가 없는 미국인에 비해 이웃과 시민으로서 더 훌륭한 자질을 보여주고 있다. 이들은 자신의 돈과 시간을 (특히 궁핍한 처지의 이들을 돕는 데에) 더 아낌없이 나눠 주고 있으며, 공동체 생활에도 더 적극적으로 참여한다.[60]

그렇다면 종교가 있는 사람들이 이웃과 시민으로서 더 나은 자질을 보이는 이유는 무엇일까? 그 이유를 밝히기 위해 퍼트넘과 캠벨은 일련의 설문 조사에 종교와 관련된 질문을 집어넣어 보았다. 사람들의 종교적 생활(예를 들면, "《성경》은 평소 얼마나 읽는가?", "기도는 평소 몇 번이나 하는가?")은 물론 그들의 종교적 믿음(예를 들면, "당신은 지옥을 믿는가?", "인간은 죽고 나면 신 앞에 불려가 자신이 저지른 죄악을 심판받는다고 생각하는가?")에 대해 상세하게 묻는 내용이었다. 연구 결과, 종교인의 훌륭한 자질에 있어 종교적 생활이나 믿음은 거의 중요하지 않은 것으로 나타났다. 즉, 지옥을 믿는가, 매일 기도하는가, 가톨릭·개신교·유대교·모르몬교 중 무엇을 믿는가 등의 이 모든 것은 종교인이 베푸는 아량과 아무 상관이 없었다. 종교가 이루어내는 도덕적 선행과 확실하고 강하게 연관된 사실은 단 하나, 바로 **사람들이 동료 종교인과의 관계에 얼마나 단단히 얽혀 있는가** 하는 것이었다. 도덕 매트릭스 안에서 맺어지고 이루어지는 우정과 집단 활동이 이타심을 강조하고 있었던 것이다. 사람들에게서 최선을 이끌어내는 힘도 바로 그것이었고 말이다.

퍼트넘과 캠벨은 믿음을 강조했던 신무신론파의 입장을 거부하고 마치 뒤르켐의 입에서 나온 듯한, 다음과 같은 결론에 다다른다. "이웃을 사랑하는 데에서 중요한 것은 종교적 믿음이 아니라, 바로 종교적 소속감이다."[61]

신과 종교 없이 살 수 있을까

퍼트넘과 캠벨의 연구를 보면 종교가 오늘날 미국에서 하고 있는 역할을 인정하지 않을 수 없다. 현재 미국에 엄청난 양의 사회적 자본이 쌓이게 된 것은, 나아가 그 혜택이 흘러넘쳐 외부인에게까지 미치게 된 것은, 결국 종교 덕분인 것이다. 그러나 이를 가지고 종교가 어느 때나, 또 어느 곳에서나 대체로 주변과의 경계를 허물고 많은 이에게 선행을 베풀어왔다고 생각할 이유는 없다. 나는 종교가 일련의 문화적 관습이며, 나아가 그것이 다차원 선택을 통해 우리 안의 종교적인 마음과 서로 공진화해왔다고 주장하는 바이다. 따라서 집단 차원의 선택이 어느 정도 일어나는 한, 종교도 우리의 종교적인 마음도 당연히 편향적이 될 수밖에 없다(즉, 집단 내부를 돕는 데 초점을 맞출 수밖에 없다). 종교가 아무리 보편적 사랑과 자비를 설파하더라도 말이다. 이제까지 신앙심이 진화해올 수 있었던 것은, (9장에 나오는) 레슬리 뉴슨의 표현대로 "자신이 가진 자원을 자손으로 전환시키는" 데에서 성공적인 종교가 집단에게 더 효율적이었기 때문이다.

따라서 종교는 이집단성·부족성·애국심, 이 셋의 하녀라고 하면 딱 맞을 것이다. 그 예로, 우리는 자살 폭탄 테러가 종교 **때문에** 일어나지는 않는다는 점을 들 수 있다. 이와 관련해 로버트 페이프(Robert Pape)는 지난 100년간의 자살 테러 공격을 모아 일일이 데이터베이스화해보았는데, 자살 폭탄 테러는 애국심에서 나오는 반응이라는 사실이 드러났다. 그것은 문화적으로 전혀 이질적인 민주주의 세력이 자신들 나라를 군사적으로 점령하는 데 대한 반발이었다.[62] 즉, 군화와 장갑차로 자기들 땅을 밀고 들어오는 데 대한 반응이었지, 하늘에서 폭탄이 몇 발 떨어졌다고 해서 보인 반응이 아니었다. 그것은 조국의 신성한 영토를 오염되게 놔둘 수 없다는 반응이었다(내가 벌집 속으로 주먹을 날린 후 그 상태로 한참을 있는다면 어떨지 상상해보자).

군사점령이 일어난다고 그것이 자살 폭탄 테러까지 이어지는 일은 대체로 없다. 자살 폭탄 테러까지 일어나려면 젊은이들이 몰려들 만한, 그래서 그들이 더 큰 대의를 위해 순교까지 감행할 만한 그런 이데올로기가 반드시 자리 잡고 있어야만 한다. 이러한 이데올로기는 비종교적일 수도 있고(마르크스·레닌주의를 지향하는 스리랑카의 과격파 단체 타밀 타이거즈의 경우처럼), 종교적일 수도 있다(시아파 이슬람교도들의 경우가 그렇다. 이들은 1983년 자살 폭탄 테러를 일으켜 미국을 레바논에서 철수시킴으로써 이 전략이 효과적일 수 있음을 세상에 처음으로 입증해 보였다). 즉, 어떤 것이든 사람들을 하나의 도덕 매트릭스로 엮을 수 있기만 하면, 그리하여 내부 집단은 미화하고 **동시에 타 집단은 악으로 몰 수 있기만 하면**, 거기에서 도덕을 내세운 살인은 얼마든지 나올 수 있다. 종교는 이러한 과업을 이루기에 딱 좋은 형태인 것이고 말이다. 따라서 종교는 잔혹 행위를 일으키는 원동력이기보다 잔혹 행위의 **방조**

자인 경우가 많다.

그러나 종교에는 어느 정도 고마운 마음을 가질 수밖에 없는 게 사실이다. 인류가 써온 그 오랜 역사를 가만히 들여다보면, 또 거의 기적과도 같이 희한하게 진화한(그래서 설명을 찾지 않고는 못 배기게 만드는) 우리의 바른 마음을 바라보고 있으면, 종교가 없었어도 과연 우리가 이만큼이나 올 수 있었을까 생각하지 않을 수 없다. 우리는 **호모 듀플렉스**이다. 90퍼센트는 침팬지이지만 나머지 10퍼센트는 벌이기도 하다. 성공적인 종교는 이 두 가지 본성의 차원에서 작동해 이기심을 억눌러주는 역할을 하고, 그렇지 못할 때는 최소한 이기심을 활용하되 그것이 집단에 커다란 이익을 가져다줄 수 있게 한다. 신이라는 개념 또한 인간의 도덕 매트릭스가 만들어지는 데 매우 유익한 것이었고, 글라우콘적인 생물체인 인간은 그것을 따를 충분히 강력한 동기를 갖고 있다. 더구나 신의 개념이 없었다면 우리의 군집성 외피는 진화하지 못했을 것이다. 지금의 우리는 때로 개인의 이득을 초월해 진심으로 타인(혹은 우리 집단)을 위해 스스로를 헌신하기도 한다.

종교란 결국 도덕의 외골격이다. 만일 여러분이 지금 어떤 종교적 공동체 안에서 살아가고 있다면, 그곳에서는 일련의 규범·인간관계·제도 등이 여러분을 옭아매고 있을 것이다. 이것들은 주로 여러분의 코끼리에 작용하여 여러분의 행동에 영향을 미친다. 그러나 만일 여러분이 도덕 매트릭스가 그렇게 촘촘하지 않은, 좀 더 느슨하게 짜인 공동체 안에서 살고 있는 무신론자라면, 여러분은 아마 내면의 도덕 나침반에 의지해서 기수가 읽어주는 방향에 따라 살아가야만 할 것이다. 합리주의자의 눈에는 아마도 후자가 훨씬 매력적으로 비치겠지만, 후자는 곧 아노미(anomie)로 이르는 지름길이기도 하다. 아노미는 뒤르켐이 고안해낸 말로, 사회가 더 이상 공통의 도덕 질서를 갖지 못할 때 나타나는 현상을 가리킨다(글자 그대로 해석하면 '무규범 상태'라는 뜻이다).[63] 우리 인간은 공통의 도덕 매트릭스 속에서 함께 살고, 거래하고, 신뢰하도록 진화해왔다. 사회가 개인과 연결된 끈을 놓아버릴 경우, 그래서 개인들이 자기 맘대로 살아가게끔 놔둘 경우, 거기서 비롯되는 결과는 행복감의 저하와 자살의 증가이다. 뒤르켐은 이를 100년도 더 전에 연구를 통해 입증해 보였다.[64]

따라서 종교라는 외골격을 내던지는 사회가 있다면, 앞으로 수 세대 동안 자신들에게 어떤 일이 벌어질지 곰곰이 생각해보지 않으면 안 될 것이다. 그 일들이 무엇일지는 지금 우리로서는 알 수가 없다. 유럽에 최초의 무신론 사회가 생겨난 것은 지금으로부터 불과 몇십 년 사이의 일이니까 말이다. 한 가지 분명한 사실은, 이 사회들은 자원을(양이 많음에도 불구하고) 자손으로(자식을 거의 낳지 않고 있으니) 전환시키는 데에서는 인류 역사상 효율성이 가장 낮다는 것이다.

마침내 등장하는 도덕성의 정의

이렇게 하여 여러분은 도덕성에 관한 책을 거의 다 읽은 참인데, 나는 아직도 여러분에게 도덕성이 무엇인지 그 정의를 내려주지 않았다. 당연히 의아하겠지만 거기엔 다 이유가 있었다. 내가 이제 막 내놓으려고 하는 도덕성의 정의는, 여러분이 아마 1장에서부터 봤다면 터무니없다고 여겼을 것이기 때문이다. 그러니만큼 정의를 내놓아봤자 도덕성에 관한 여러분의 직관과 전혀 맞물리지 못할 거라는 생각이 들었고, 그래서 기다리는 것이 최선이라고 여겼다. 총 11장에 걸쳐 합리주의를 논박도 해보고(1부), 도덕성의 영역도 넓혀보고(2부), 이집단성이라는 핵심적 혁신을 통해 우리가 이기심을 극복하고 문명을 이룩했음을 알게 된 이상(3부), 이제 드디어 그 정의를 이야기할 때가 온 것 같다.

도덕성 정의에 대한 내 작업이 다음과 같은 뒤르켐의 말로 시작되는 것은 당연한 일일 것이다. "결국 사람들 간에 연대를 형성시키는 모든 것, 나아가……자신의 자아보다……커다란 무엇을 통해 인간이 스스로의 행동을 규제하게 만드는 모든 것, 그것이 바로 도덕이다."[65] 뒤르켐은 사회학자였던 만큼 개인의 자아를 제약하는 사회적 사실들(개인의 마음 바깥에 존재하는 것들)에 주로 초점을 맞추었다. 그런 사회적 사실들의 실례로는, 종교·가족·법률을 비롯해 내가 도덕적 매트릭스라고 칭했던 공통의 의미 네트워크를 꼽을 수 있다. 그러나 나는 심리학자인 만큼 도덕성과 관련한 요소가 마음 바깥은 물론 우리의 마음 안에도 자리 잡고 있다고 주장하는 바이다. 이 책에서 소개한 갖가지의 진화한 심리 기제들, 즉 도덕적 감정들, 내면의 변호사(혹은 공보관), 여섯 가지 도덕성 기반, 군집 스위치 등이 이러한 내적인 요소에 해당한다.

이 두 종류의 퍼즐 조각을 한데 모으면 도덕 **체계**에 대한 나의 정의가 다음과 같은 식으로 만들어진다.

도덕적 체계란 가치, 미덕, 규범, 관습, 정체성, 제도, 첨단 기술 등이 진화한 심리 기제와 서로 맞물려 있는 것을 말한다. 이 둘은 도덕적 체계로서 함께 작용하여 개인의 이기심을 억제하거나 규제하며, 나아가 협동적인 사회가 만들어질 수 있게 한다.[66]

　이 정의와 관련해 여기서는 우선 두 가지 점만 짚고 넘어가려고 하며, 마지막 장에 들어가 서구 사회의 주요 정치 이데올로기 몇 가지를 살필 때 이 정의를 마저 활용해볼 생각이다.

　첫째로 밝히고자 하는 점은 위의 내용이 기능주의적 정의에 해당한다는 것이다. 즉, 나는 도덕으로 간주될 만한 것들을 일일이 열거하기보다 도덕이 **하는 일**이 무엇인지를 중심으로 도덕성을 정의했다. 이에 반해 튜리얼은 도덕성의 골자를 "정의, 권리, 복지"로 정의한 바 있다.[67] 그러나 이렇게 몇 가지 특정 이슈만 진정한 도덕적 문제로 보고 거기서 도덕성을 정의하게 되면, 나머지는 모두 '사회적 규약' 정도로 치부하게 되면서 분명 편향적 정의가 나올 수밖에 없다. 그것은 마치 한 도덕 공동체가 나서서 다음과 같이 말하는 것과 같다. "이상이 우리의 중심 가치입니다. 우리는 이 중심 가치를 골자로 해서 도덕성을 정의하는 바입니다. 이 외에 당신들이 어떤 가치를 가졌든 그것은 전혀 알 바 아닙니다." 내가 1장과 7장에서 이미 보여준 바 있듯이, 튜리얼의 도덕성 정의는 미국인들에게조차 두루 적용되지 않는다. 한마디로 그것은 정치적으로 진보적인 서양인을 위한, 그리고 그들에 의한 정의이다.

　물론 한 공동체는 이제껏 올바른 길을 걸어오고 그 외 나머지는 모두 잘못되었다는 주장이 어떤 의미에서는 가능할 수 있으니, 도덕성 정의와 관련된 두 번째 논의는 바로 여기에서부터 시작된다. 철학자들은 보통 도덕성에 대해서 **서술적** 정의(사람들이 도덕성에 대해 가지고 있는 생각을 그대로 서술하는 것)와 **규범적** 정의(그 누가 어떤 생각을 가졌든 진정으로 옳은 도덕성의 내용을 구체적으로 열거해주는 것)가 분명히 다르다고 이야기한다. 이 책을 쓰는 동안 내가 택한 방식은 전적으로 서술적이었다. 세상 사람들이 이러저러한 식의 도덕성 원칙을 가지고 있다는 이야기였으니까 말이다. 즉, 사람들 중에는 피해와 공평성 문제를 도덕성으로 생각하는 이들이 있는가 하면(특히 튜리얼, 콜버그, 신무신론과 같은 비종교적인 진보주의자들), 도덕성 영역을 훨씬 더 넓게 생각해 여섯 가지 도덕성 기반 대부분 혹은 전부를 활용해 도덕 매트릭스를 건설하는 이들도 있다(특히 보수주의자들과 비WEIRD 문화권 사람들). 내 이야기들은 하나같이 경험적이고 사실적이고 검증 가능한 명제들로서, 그에 대한 증거들은 1장, 7장, 8장에 제시한 바 있다.

그러나 사람들이 실제 어떤 생각을 가지는지는 철학자에겐 거의 관심거리가 되지 못한다. 규범윤리학의 영역에서 주된 관심사는 어떤 행동의 옳고 그름을 **진리에 입각해** 따지는 것이기 때문이다. 이러한 규범윤리학에서도 제일 유명한 체계가 바로 6장에서 이야기한 한 가지 미각 수용체 체계, 즉 공리주의(사회 전체의 행복을 최대로 늘려야 한다는 주의)와 의무론(칸트의 의무론의 경우, 타인의 권리와 자율성이 그 무엇보다 중요하다는 주의)이다. 이렇듯 단 하나의 명확한 원칙을 세워두면 세계의 다양한 문화를 일률적으로 판단하는 것이 가능해진다. 그러다 보면 다른 문화에 비해 더 높은 점수를 받는 것들이 나오기 마련이고, 이는 곧 그 문화가 다른 문화에 비해 도덕적으로 더 우월하다는 뜻이 된다.

나는 애초 도덕성 정의를 만들 때부터 그것을 서술적 정의로 쓸 생각이었다. 나의 정의는 규범적 정의로만 쓰기에는 무리가 있기 때문이다(내 정의를 규범적으로만 쓰면, 광신도 집단을 비롯해 파시스트 사회와 공산주의 사회가 높은 점수를 받게 된다. 이 사회들은 공통의 도덕적 질서를 만들어내고 그 속에서 고도의 협동을 이루어낸 바 있으니까 말이다). 그러나 내 정의가 규범적 정의로 따로 쓰이지는 못한다 해도, 다른 규범적 이론의 보충물로는 얼마든지 유용하게 쓰일 수 있지 않을까 한다. 특히 집단 및 사회적 사실들의 중요성을 잘 모르는 이론들에 큰 도움이 될 수 있을 것이다. 이를테면 공리주의 사상은 제러미 벤담 이후 오로지 개인에게만 초점을 맞춰온 것이 사실이다. 공리주의에서는 개개인이 원하는 것을 그들에게 제공함으로써 사회의 행복을 증진시킬 수 있다고 생각한다. 그러나 이러한 공리주의도 뒤르켐을 만나면, 인간의 삶이 풍성해지는 데에는 반드시 사회의 질서와 사회적 기본 토대가 필요하다는 사실을 인정하게 될 것이다. 이런 이론에서라면 사회질서가 무엇보다 소중하고 이룩하기 어렵다는 사실을 그 출발에서부터 기본 전제로 삼을 수 있지 않을까. 뒤르켐적인 공리주의에서는 살기 좋은 사회를 이룩하는 데 연대의 기반들(충성심, 권위, 고귀함 기반)이 막중한 역할을 한다는 사실도 기꺼이 인정해줄 테고 말이다.

개인들의 사적인 삶에 규범적 윤리가 되어줄 최선의 이론이 무엇인지는 나도 잘 모른다.[68] 한편 서양의 민주주의 사회처럼 민족적·도덕적 다양성이 어느 정도 존재하고 거기에서 입법과 공공 정책 시행

바른 마음

을 논해야 할 때에는, 그 규범 윤리로서 공리주의만큼 설득력 있는 대안은 없는 것으로 보인다.[69] 제러미 벤담이 법률과 공공 정책의 일차적인 목표가 총이익 산출의 최대화에 있다고 한 것은 내가 보기에도 옳다.[70] 그저 나는 벤담이 (우리 혹은 우리 국회의원들에게) 총이익 최대화의 방법을 일러주기에 앞서, 먼저 뒤르켐의 책을 읽고서 우리가 **호모 듀플렉스**임을 먼저 인정했으면 좋겠다고 생각하는 것뿐이다.[71]

11장 요약

종교를 초자연적 동인에 대한 일련의 믿음으로 생각할 경우, 백이면 백 종교를 오해할 수밖에 없다. 그렇게 되면 우리는 종교를 어리석은 망상으로 보게 되고, 심지어 자기들 이익을 위해 우리 뇌를 이용하는 기생충으로까지 여기게 된다. 하지만 뒤르켐주의를 통해(소속감에 초점을 맞추어) 종교를, 다원주의를 통해(다차원 선택에 뒤따르는 것으로) 도덕성을 바라보게 되면, 이와는 전혀 다른 그림이 얻어진다. 종교라는 것이 수만 년의 세월 동안 우리 조상들을 갖가지 집단으로 엮어왔음을 알 수 있는 것이다. 물론 그런 식으로 엮이는 과정에는 어느 정도 맹목적 믿음이 뒤따르는 것이 보통이다. 어떤 사람, 책, 혹은 원칙이 한번 신성한 것으로 선포되고 나면, 헌신적 추종자들은 더 이상 거기에 질문을 던지지도, 그것에 대해 명확하게 사고하지도 못하니까 말이다.

초자연적 동인을 믿는 우리의 능력은 아마도 초고감도 동인 감지 장치의 부산물로서 우연히 생겨났을 가능성이 있다. 그러나 초창기 인류에게 그런 믿음이 한번 생기고 나서부터는, 그 믿음을 가지고 도덕 공동체를 건설한 집단들이 오래도록 수명을 누리며 번영하는 양상을 띠었다. 19세기 미국에 세워진 종교적 공동생활촌이 그랬듯이, 초창기 인간들은 신을 이용해 구성원들에게서 희생과 헌신을 끌어낼 수 있었다. 또 부정행위 연구와 신탁 게임에 참가한 이들의 모습에서 볼 수 있듯이, 신은 초창기 인간들이 부정행위를 억제하고 신뢰를 돈독히 쌓는 데도 도움을 주었다. 그리하여 이제는 같은 집단이라도 구성원에게서 헌신을 이끌어내고 무임승차는 억제할 수 있는 집단만이 더 큰 집단으로 성장해나갈 수 있었다.

인간이 각종 식물과 동물을 처음으로 재배하고 기르게 된 이후, 인간의 문명이 그토록 거침없이 성장할 수 있었던 까닭도 바로 여기에 있다. 종교와 바른 마음은 완신세에 들어서기 수만 년 전부터 이미 문화적·유전적으로 서로 공진화해오던 상태였는데, 농경이 인류에게 새로운 도전과 기회를 안기면서 그 속도에 한층 불이 붙은 것이다. 그리하여 이제는 같은 집단이라도 신의 힘을 통해 협동이 더 잘 이루어지는 곳, 나아가 개개인의 마음이 이런 신들에게 반응하는 곳, 그런 집단만이 농경의 새로운 도전에 응하여 그것이 가져다주는 보상을 손에 넣을 수 있었다.

자신을 넘어선 무엇에 관심을 갖는 것, 나아가 다른 이들과 무리지어 그 주위에 몰려드는 것, 이는 다른 것들에게서는 찾아보기 힘든 인간의 비범한 능력이다. 그리고 이렇듯 서로가 한 팀으로 뭉치는 과정을 통해 우리는 대업을 추구할 수 있다. 종교의 핵심은 결국 여기

바른 마음

에 있다고 해도 과언이 아니다. 그리고 몇 가지 세세한 차이를 제외하면, 정치 역시 이와 크게 다르지 않다. 이 책 마지막 장에서 우리가 최종적으로 눈을 돌릴 부분이 바로 정치 심리이다. 여기서 우리는 사람들이 왜 굳이 이쪽저쪽의 정치 팀으로 나뉘어 자기들끼리만 뭉치려고 하는지 그 이유를 밝혀볼 것이다. 아울러 우리가 특히 중요하게 살펴볼 것은, 사람들은 어느 한편에 속하게 되면 다른 편의 동기나 도덕성은 더 이상 눈에 보이지 않는다는 것이다. 다양한 정치 이데올로기 구석구석에 흩어져 있는 지혜도 함께 말이다.

12장
좀 더 건설적으로
싸울 수는 없을까

1895년 시카고의 한 유머 작가가 이런 말을 했다. "어차피 정치란 오자미 시합이 아니니까."[1] 말인즉슨 정치란 아이들 싸움이 아니라는 뜻이다. 그 후로 미국 정치판에서 치고받는 싸움이 벌어질 때면, 사람들은 정치란 애들 싸움은 아니니까 하며 그 볼썽사나운 모습을 정당화시켰다. 합리주의자들이 꿈꾸기에는 각계 전문가들이 어떤 편견도 갖지 않고서 함께 일련의 정책을 만들어내는 것이 진정 바람직한 이상 국가이겠지만, 현실은 그렇지가 못하다. 사람들의 표와 돈을 얻기 위해 정당끼리 서로 경쟁을 벌이는 방법 말고는 정치가 돌아갈 다른 뾰족한 수가 없는 것이다. 그리고 이러한 경쟁에는 늘 사기와 선동이 빠지지 않는바, 정치인들이 진실을 제멋대로 줄였다 늘였다 하기 때문이다. 이들은 자기 내면의 공보관을 이용해, 자기 자신은 누구보다 밝고 깨끗한 사람으로 비치게 하는 한편 상대방은 나

바른 마음

라를 말아먹을 바보처럼 보이게끔 한다.

그런데 정치가 반드시 **이렇게** 볼썽사나워야만 하는 것일까? 그 모습이 추태를 더해간다고 느끼는 미국인은 이제 한둘이 아니다. 나라가 양극으로 갈려 전투태세로 싸우는 통에 이제는 그 본연의 기능마저 잃은 것처럼 보인다는 것이다. 그리고 실제로도 이들의 말이 맞다. 불과 몇 년 전까지만 해도 일부 정치학자는, 이른바 문화 전쟁이라는 것은 워싱턴 정가에나 국한되는 것이며 대부분의 정치 이슈와 관련한 미국인들의 태도는 실제로 그 정도까지 양분되어 있지 않다고 주장했다.[2] 그러나 지난 12년 사이에 미국인들의 사이는 점점 더 벌어지기 시작했다. 스스로를 중도파나 온건파라고 이르는 사람들은 줄어든 반면(2000년 40퍼센트에서 2011년 36퍼센트로), 스스로를 보수(38퍼센트에서 41퍼센트로)나 진보(19퍼센트에서 21퍼센트로)라고 칭하는 사람들은 늘어났다.[3]

그러나 유권자층이 양옆으로 조금 퍼진 이런 일쯤은, 실제 워싱턴 정가, 언론, 그리고 정치 계급 내에서 더 광범하게 일어나고 있는 일들에 비하면 아무것도 아니다. 정치권의 분위기가 변화한 것은 1990년대에 국회의 규칙과 행동 양식이 새롭게 바뀌면서였다.[4] 이때부터 정치인들은 정당 방침이 서로 다를 경우에는 서로 우정이나 사회적 친분 쌓기를 꺼렸다. 그렇게 해서 서로 간의 인간적 관계가 취약해져 버리고 말자, 이제 다른 정당 당원들끼리는 서로를 영원한 숙적으로만 보고 사회를 이끌어가는 동료 엘리트층으로 대하는 일이 없어졌다. 그러면서 선거에 나서는 후보들도 상대방의 "흠집 내기 조사(opposition research : 줄여서 'oppo'라고도 한다)"에 더 많은 시간과 돈을 들이기 시

이런 식의 다툼은 이제 그만. 당파심이
우리를 멍들게 하고 있습니다.

우리의 경쟁력이 사라지고 있습니다.
보수 / 분열 / 진보

〈도표 12-1〉 **이제는 서로를 존중합시다.** 이 포스터들은 캐모마일 티 파티(Chamomile Tea Party)의 그래픽 디자이너인 제프 게이츠(Jeff Gates)가 만든 것으로, 2차 세계대전 때에 사용되었던 미국의 포스터를 이용했다(www.chamomileteaparty.com 참조. 포스터는 해당 단체의 허가를 얻어 사용함).

작했다. 정당 직원 혹은 돈 받고 일하는 컨설턴트를 시켜 상대방 후보의 흠집을 (때로는 불법적으로) 찾아낸 후 그것을 언론사에 퍼다 나르도록 한 것이다. 한 노장 국회의원은 최근의 정치 형국을 이렇게 표현하기도 했다. "국회는 더 이상 평등한 합의체의 모습이라고 할 수 없습니다. 오히려 조직폭력배의 행동에 가깝지요. 의원들은 다들 적의에 가득 찬 채로 회의장에 발을 들입니다."[5]

정치권이 서로 바람을 내세우며 자기편끼리 뭉치는 이러한 풍조는 1990년대에도 이미 충분히 격심한 상태였으나, 그래도 그때는 평화·풍요·균형예산의 시대였다. 하지만 지금은 그때보다 재정과 정치 상황이 훨씬 열악해진 터라, 많은 미국인은 그저 불안하기만 하다. 함께 탄 배는 시시각각 가라앉고 있는데, 담당 승무원들은 누수를 막아야 할 책임을 서로에게 전가하며 싸우고만 있기 때문이다.

그리고 2011년 여름에 접어들면서 판은 커져 이제 이는 미국만의 문제가 아니게 되었다. 그해 미국 양당은 채무 한계 상향을 위한 정례 예산을 의결하지 못한 데다 장기적 적자 감소를 위한 '일괄 타결(grand bargain)' 방안에도 뜻을 모으지 못했다. 그러자 한 신용 평가 기관이 미국의 신용 등급을 낮추는 일이 발생했다. 미국의 신용 등급 하락은 전 세계 주식시장의 폭락으로 이어졌고, 이는 다시 미국에 더블딥(double dip : 경기하강이 있은 후 일시적 회복기를 거쳐 더 심각한 경기하강이 일어나는 경기 침체를 지칭하는 용어—옮긴이)이 일어날 가능성을 높여놓았다. 실제 미국에서 더블딥이 일어날 경우, 미국에 제품을 수출하는 수많은 개발도상국에는 재앙이나 다름없을 것이다. 미국의 과도한 당파성이 이제 세계를 위협하고 있는 것이다.

도대체 이곳 미국에서는 지금 어떤 일이 벌어지고 있는 것일까? 8장에서 나는 미국에서 일어나는 문화 전쟁을 세 가지 기반의 도덕성 대 여섯 가지 기반의 도덕성의 싸움으로 그려낸 바 있다. 그런데 애초부터 누구는 왜 세 가지 도덕성을 택하고 누구는 여섯 가지를 택하는 것일까? 왜 사람들이 당파성을 갖는지 그 심리적 근원에 대해서는 이제까지 심리학자들이 많은 것을 밝혀놓았다. 도덕성이 사람들을 뭉치게도 하고 눈멀게도 하는 것이다. 그러나 오늘날의 혼란스러운 정치판을 이해하려면 여기서 더 나아가 왜 어떤 사람들은 진보 혹은 보수에 엮이고, 또 어떤 사람들은 그 외 다른 팀에 엮이며, 또 어떤 사람들은 그 어느 팀에도 엮이지 않는지, 그 이유를 알아야 한다.

정치적 다양성에 관하여

앞으로 나는 이른바 진보와 보수의 심리라고 하는 것에 초점을 맞출 텐데, 여기서 진보와 보수는 한 가지 정치적 성향의 양 끝을 가리키는 말이다. 그런데 이와 관련해서 이데올로기는 단 한 가지 차원으로만 환원시킬 것이 아니라며 격하게 항의하는 이가 많다. 사실 내가 제시한 도덕성 기반 이론만 해도 사람들의 성향과 관련해 여섯 가지의 차원이 제공된다는 것이 가장 큰 장점으로, 여기서는 사람들의 성향으로 수백만 개의 조합이 나올 수 있다. 그 많은 사람을 단 두 가지 유형으로 나누는 건 아무래도 무리일 것이다. 하지만 안타깝게도 정치심리학 연구 대부분은 미국인 표본을 이 좌파·우파의 틀로 다루고 있기 때문에, 우리로서는 많은 경우 이 도식을 그대로 따르는 수밖에 없다. 더구나 이 한 차원의 분석은 아직도 상당히 유용한 부분이 있음을 언급하지 않을 수 없다. 미국인과 유럽인의 경우 대부분이 이 도식 안에서 자기 위치를 찾아낸다(물론 중간 근처인 사람이 대부분이지만).[6] 아울러 진보·보수의 이 도식은 미국의 문화 전쟁과 국회의원 선거에서도 주된 축으로 기능하고 있다.[7] 따라서 앞으로 내가 이야기할 극단적인 유형의 경우 거기에 완벽하게 들어맞는 사람은 비교적 드물겠지만, 이 진보와 보수의 심리를 이해해야만 우리는 오늘날 전 세계를 위협하고 있는 문제도 아울러 이해할 수가 있다.

유전자에서 도덕 매트릭스까지

이데올로기를 간단히 정의 내리라고 한다면, "무엇이 적합한 사회 질서이고, 그것을 어떻게 이룩할 것인가에 대한 일련의 믿음"이라고 할 수 있을 것이다.[8] 그리고 이데올로기와 관련해 가장 기본적으로 묻는 질문은 "현 질서를 유지할 것인가, 아니면 바꿀 것인가?"이다. 1789년 프랑스 혁명 당시 프랑스 의회에 모인 각계 대표들은 질서유지를 원할 경우 우측에, 변화를 원할 경우 좌측에 앉았다. 이때부터 **우**와 **좌**는 각각 보수와 진보를 의미하는 말이 되었다.

예전에만 해도 마르크스 이후의 정치 이론가들은 사람들이 특정 이데올로기를 선택하는 것은 자신의 이익을 증진시키기 위해서라고 가정했다. 부자와 권력자는 현 상태의 유지·보존을 원하는 반면, 농부와 노동자는 변화를 원한다는 것이다(최소한 농부와 노동자는 의식 수준이 높아지면, 그래서 그들의 이익이 무엇인지 제대로 볼 수 있게 되면 자연스럽게 사회의 변화를 바라게 된다고 마르크스주의자들은 이야기한다). 그러나 사람들의 이데올로기를 예측하는 데에서 예전에는 사회계층이 훌륭한 지표였는지 몰라도, 현대에 들어서는 둘 사이의 연관이 많이 약해진 것이 사실이다. 요즈음에는 부자 중에도 좌파와 우파가 다 있고(기업가는 대부분 우파, 하이테크 갑부는 대부분 좌파이다), 그것은 빈민 역시 마찬가지이다(시골 빈민은 대부분 우파, 도시 빈민은 대부분 좌파이다). 더구나 정치학자들이 이 현상을 면밀히 살펴본 결과, 개인적 이득은 사람들의 정치 성향을 예측하는 데에는 별 도움을 못 주는 것으로 드러났다.[9]

그래서 20세기 후반에는 대체로 정치학자들이 빈 서판 이론을 옹호하는 편이었다. 사람들은 자신을 길러준 부모 혹은 그들이 시청하는 텔레비전 프로그램을 통해 정치적 이데올로기를 흡수한다는 것이다.[10] 심지어 일부 정치학자들은, 사람들은 대체로 정치적 이슈에 대해 무척 혼란스러워하기 때문에 사실상 이데올로기라 할 만한 것을 아예 찾아볼 수 없다고까지 이야기했다.[11]

그러던 차에 등장한 것이 쌍둥이에 관한 연구였다. 1980년대 들어 과학자들이 대규모의 데이터베이스를 분석하기 시작하면서 일란성 쌍둥이(유전자뿐 아니라 태아기와 아동기 때의 환경도 **모두 다** 같은 경우)와 동성(同姓) 이란성 쌍둥이(유전자뿐 아니라 태아기와 아동기 때의 환경이 **절반만** 같은 경우)를 비교해볼 수 있게 된 것이다. 연구 결과 일란성 쌍둥이가 동성의 이란성 쌍둥이에 비해 모든 면에서 더 유사성을 보이는 것으로 나타났다.[12] 그뿐만이 아니었다. 일란성 쌍둥이는 (입양으로 인해) 서로 다른 집에서 자라도 보통 무척 유사한 모습을 하고 있었던 데 반해, 아무 연고 없는 아이들은 (입양으로 인해) 한 가정에서 자라도 서로를 닮거나 양부모를 닮은 일이 드물었다. 이런 아이들은 자신을 낳아준 친부모와 더 유사성을 보이는 경향이 있었다. 유전자는 우리가 가진 성격의 모든 면에 어떤 식으로든 작용하고 있는 것이다.[13]

단순히 IQ, 정신 질환, 수줍음 같은 기본적 성격 특성에 대해서만 그렇다는 이야기가 아니다. 재즈·매운 음식·추상미술에 대한 선호도, 배우자와의 이혼 및 자동차 추돌 사고로 죽을 확률, 신앙심 정도, 성인이 되어서의 정치 성향도 유전자의 영향을 받는다는 이야기이다. 내가 결국 정치적 우파 혹은 좌파로 굳어지는 것은 대부분의 다른 특성과 마찬가지로 대대로 유전될 수 있음이 드러났다. 유전자는 사람들에게서 나타나는 정치 태도의 변화 양상을 3분의 1 내지 2분의 1가량 설명해준다.[14] 이에 비해 가정환경이 보수적인가 진보적인가는 사람들의 정치 성향을 훨씬 적은 부분밖에 설명해주지 못한다.

어떻게 이런 일이 가능한 것일까? 핵발전소, 누진세, 해외 원조와 같은 이슈들이 생겨난 지는 불과 100~200년밖에 되지 않는다. 그런데 이와 관련한 입장에 어떻게 유전적 밑바탕이 깔려 있을 수 있다는 것인가? 또 사람들은 성인이 되어서도 더러 자신이 지지하는 정당을 바꾸곤 한다. 그런 사람들의 이데올로기에 어떻게 유전적 밑바탕이 깔려 있을 수 있다는 것인가?

이 질문들에 답하려면 7장에서 제시한 **선천성**의 정의로 되돌아가 볼 필요가 있다. 선천성은 변화가 불가하다는 뜻이 아니라, 경험 이전에 구조화되어 있다는 의미이다. 자궁 속의 뇌는 유전자의 지침에 따라 만들어지기는 하지만, 그것은 단지 초고에 불과하다. 이러한 초고는 아동기의 경험을 거치며 얼마든지 수정될 수 있다. 따라서 이데올로기의 기원을 알기 위해서 우리는 발달적 관점을 취하지 않으면 안 된다. 우선 유전자로부터 시작해 마침내 어른이 되어 특정 후보에게 표를 던지고 정치 집회에 참가하는 모습까지 살펴봐야 하는 것이다. 그 과정은 크게 다음의 세 단계를 거친다.

1단계 : 진보 유전자와 보수 유전자

최근 과학자들은 호주인 1만 3000명의 DNA를 분석한 끝에, 진보와 보수 사이에서 차이를 보이는 몇 가지 유전자를 발견해낼 수 있었다.[15] 이 유전자 대부분은 신경전달물질의 작용, 그중에서도 특히 글루타메이트 및 세로토닌과 큰 연관이 있었고, 이 두 물질은 모두 뇌의 위협 및 두려움 반응에 관여하는 것으로 알려져 있다. 이러한 연구 결과는 그간 학계에 나온 수많은 연구와 잘 들어맞는 것이었다. 그간의 연구에 따르면, 보수주의자들은 진보주의자들에 비해 위험 신호에 더 강한 반응을 보이는 것으로 나타났으며, 그러한 위험 신호에는 세균과 오염의 위협은 물론 백색소음의 급작스러운 방출 등 낮은 수준의 위협까지 포함되었다.[16] 이 외에도 진보 및 보수의 차이와 관련해 신경전달물질인 도파민 수용체 관련 유전자를 언급하는 연구들도 있다. 도파민은 오래전부터 자극 추구, 경험의 열린 수용 같은 특징들과 많이 연관되어왔는데, 이 같은 특징들은 진보주의와의 상관성이 그 무엇보다 뚜렷이 입증된 것으로 손꼽는다.[17] 르네상스 시대의 문인 미셸 드 몽테뉴(Michel de Montaigne)는 이런 말을 했다. "다양성을 가지각색으로 접하고 그것을 즐기는 일……나는 오로지 그런 것에서만 보람을 느낀다."[18]

어떤 것이든 단 하나의 유전자는 지극히 미미한 영향밖에 못 미침을 인정한다 해도, 이러한 연구 결과들은 나름의 중요성을 갖는 것이, 이를 토대로 유전자에서 정치학으로 이어지는 **한 가지** 길이 그려지기 때문이다. 즉, 유전자의 (집단적) 작용으로 어떤 사람들은 위협에 더(혹은 덜) 반응하는 뇌를 갖게 되고, 그런 뇌를 가진 사람들은 참신성, 변화, 새로운 경험에 노출되었을 때 즐거움을 덜(혹은 더) 느낀다.[19] 이는 진보와 보수를 구별할 때 일관되게 발견되는 주된 성격적 요소에 해당한다. 정치심리학자 존 조스트(John Jost)가 펴낸 주요 총론을 보면, 진보와 보수를 구별해주는 특징이 이 외에도 몇 가지 더 있는 것으로 나타나 있다. 그러나 개념상으로 보면 그것들은 거의 모두 위협에 대한 민감성(이를테면 보수주의자들은 죽음을 상기시키는 것에 더 강하게 반응하는 경향이 있다) 아니면 경험에 대한 개방성(이를테면 진보주의자들은 질서, 구조, 폐쇄의 필요성을 덜 느끼는 경향이 있다)과 관련되어 있음을 알 수 있다.[20]

2단계 : 타고난 특성에 따라 다른 길을 걷는 아동기

우리의 성격은 애초 어디에서부터 형성되는 것일까? 이 질문에 답하려면 개인의 성격에도 세 가지의 서로 다른 차원이 있다는 사실을 알 필요가 있는데, 이는 심리학자 댄 맥애덤스(Dan McAdams)가 제시한 유용한 이론에 따른 것이다.[21] 우리의 성격에서 가장 저차원을 이루는 부분은 맥애덤스의 용어로 "기질적 특성"이라는 것으로서,

개개인의 성격에서 광범한 영역을 아우른다. 이 특징들은 갖가지의 다양한 상황 속에서 자연스레, 그리고 아동기 때부터 노년에 이르기까지 제법 일관되게 그 모습을 드러낸다. 위협에 대한 민감성, 새로움의 추구, 외향성, 성실성 등이 이러한 기질적 특성에 해당한다. 기질적 특성은 누구에게는 있고 누구에게는 없는 정신 모듈이 아니다. 그보다 이는 누구나 갖고 있는 뇌 체계이지만 다이얼이 저마다 다른 숫자에 맞춰져 있어 서로 다른 기질적 특성이 나타나는 것이라고 할 수 있다.

여기에 이란성 쌍둥이 남매가 있다고 상상해보자. 둘은 한 집에서 살며 함께 자랐다. 엄마의 자궁에 있던 아홉 달 동안 남자아이의 유전자는 열심히 뇌를 만들어냈는데, 그 뇌는 위협에 대한 민감성은 평균을 약간 웃돌았던 반면 새로운 경험에 노출되었을 때 기쁨을 느끼는 성향은 평균을 약간 밑돌았다. 한편 여자아이의 유전자는 이와 정반대 구조를 가진 뇌를 열심히 만들어냈다.

한 집에서 자라고 똑같은 학교를 다녔어도, 쌍둥이 남매는 차츰차츰 자기들 손으로 서로 다른 세계를 만들어가기 시작한다. 심지어 둘의 행동은 유치원에서부터 차이가 나서 어른들은 쌍둥이를 다른 식으로 대하지 않으면 안 되었다. 한 연구에서 밝혀진 바에 따르면, 여성이 성인이 되어 진보주의자를 자처할 경우 그들에게는 유치원 때부터 선생님들에게서 듣는 평가가 따로 있다고 한다. 즉, 이들은 대체로 자극에 그다지 예민하지 않고 새로운 것을 찾아 나서는 경향에 일치하는 특성들을 보인다.[22] 나중에 커서 진보주의자가 되는 아이들은 호기심이 많고 언변이 좋으며 자립적이지만, 자기주장을 내세

바른 마음

우고 공격적이며, 순종이나 단정함과는 약간 거리가 있는 것으로 묘사되었다. 따라서 우리가 만일 초등학교 저학년 시절의 쌍둥이 남매를 곁에서 지켜볼 수 있었다면, 학교에서 선생님들이 이 둘을 다르게 대하는 걸 알 수 있었을 것이다. 창의적이면서 왈가닥인 꼬마 숙녀에게 끌리는 선생님이 있는가 하면, 누나는 감당 안 되는 철부지라며 기를 죽이고 남동생은 모범생이라며 치켜세우는 선생님도 있었다.

그러나 맥애덤스의 이론에 따르면, 기질적 특성은 성격의 가장 저차원을 이룰 뿐이다. 성격을 구성하는 두 번째 차원은 이른바 "성격적 적응"이다. 우리의 성장 과정 동안 나타나는 특성들이 이러한 성격적 적응에 해당한다. 이것들을 적응이라고 부르는 까닭은, 사람들이 살면서 피치 못하게 만나는 특정 환경이나 도전에 대한 반응으로 이러한 특성들이 생겨나기 때문이다. 예를 들어, 쌍둥이 남매의 사춘기 시절을 따라가 보자. 논의 전개상 이 둘은 상당히 엄격하고 규율을 중시하는 학교에 다녔다고 가정한다. 남동생은 학교에 잘 적응하지만, 누나는 선생님들과 걸핏하면 부딪친다. 누나는 화를 잘 내는 성향을 갖게 되고, 사람들과도 담을 쌓고 지낸다. 이런 방식은 이제 누나 성격의 일부가 되지만(바로 이것이 성격적 적응이다), 더 진보적이고 덜 갑갑한 학교에 갔다면 누나가 이런 성격을 갖는 일은 아마도 없었을 것이다.

남매는 이제 고등학생이 되어 정치에 관심을 갖는 나이가 되었다. 그 무렵엔 이미 서로 참여하는 활동도 달랐고(누나는 여행 기회가 있다는 사실에 얼마쯤 이끌려 토론부에 들어가 활동했고, 남동생은 가족이 다니는 교회 활동에 더 열심이었다), 주변에 두는 친구도 달랐다(누나는 고스족과 주로 어울렸고, 남동생은 운동을 좋아하는 친구들과 어울렸다). 누나는 뉴욕 시에 있는 한 대학에 진학하기로 했다. 거기서 라틴아메리카학을 전공하게 된 그녀는 불법 이민자 자녀를 위해 힘쓰는 것이 자신의 소명임을 알게 된다. 그녀의 지인은 하나같이 진보주의자들뿐이기 때문에, 그녀를 둘러싸고 있는 도덕 매트릭스는 주로 배려/피해 기반에만 의지하고 있다. 2008년 버락 오바마가 빈민에 대한 관심과 변화에 대한 약속을 외쳤을 때 그녀는 전기에라도 감전된 듯 짜릿한 전율을 느꼈다.

반대로 남동생은 고향을 떠나 굳이 지저분하고 인심 흉흉한 대도시로 갈 생각이 추호도 없었다. 남동생은 고향에 남아 국립대 지방 캠퍼스에 다니며 가족과 친구들 곁에 머물기로 했다. 대학에서 경영학을 전공한 그는 졸업 후 지방 은행에 취직하고 서서히 고위 임원의 자리에까지 오른다. 자신이 다니는 교회에서는 물론 자신이 사는 지역공동체에서까지 기둥으로 자리매김한 그는, 퍼트넘과 캠벨이 칭찬해 마지않은 대규모의 사회적 자본을 창출해내는 바로 그런 사람이다.[23] 그를 둘러싼 도덕 매트릭스는 여섯 가지 기반 모두에 의지하고 있다. 교회에서 설교할 때 그는 이따금 압제의 희생자들을 도와야 한다고 이야기하지만, 그의 삶에서 가장 흔하게 등장하는 도덕적 주제는 바로 개인으로서의 책임감(공평성 기반에 의지하는 것으로서, 무임승차자나 남에게 무거운 짐이 되지 말아야 한다는 생각)과 자신이 속한 숱한 집단이나 팀에 대한 충성심이다. 한마디로 그를 보고 있으면 존 매케인의 대선 슬로건 "나라가 먼저입니다"가 자연스레 떠오른다.

둘의 인생이 꼭 이런 식으로 풀려야 한다는 법은 없다. 쌍둥이가 세상에 태어난 그날에는, 누나의 운명이 나중에 커서 오바마를 뽑도록 미리 정해진 것도 아니었고, 남동생 역시 반드시 공화당원이 되어야 하는 상황은 아니었으니까. 하지만 서로 달랐던 유전자 조합으로 인해 이 둘의 마음에는 애초부터 다른 내용의 초고가 쓰여 있었다. 이로써 둘은 각자 다른 길을 걸으며 서로 다른 인생 경험을 했고, 나아가 서로 다른 도덕 문화 속으로 들어가게 되었다. 그리하여 성인이 되었을 때 둘은 전혀 다른 모습이 되어 있었으나 정치에 관하여 한 가지 점에서만큼은 의견이 같았다. 휴가를 맞아 누나가 집에 와도 정치 이야기는 절대 입에 올리지 말아야 한다는 것.

3단계 : 내 삶의 이야기 만들기

생각해보면 인간의 마음은 이야기를 처리하는 프로세서이지, 논리를 처리하는 프로세서가 아니다. 사람은 누구든 좋은 이야기를 사랑하며, 문화는 어느 곳에서든 어린아이들에게 이야기 세례를 퍼붓는다.

　그런데 우리가 아는 이야기 중에서도 제일 중요한 것이 우리 자신에 대한 이야기로, 이러한 "삶의 서사"들이 곧 맥애덤스가 말하는 성격의 세 번째 차원을 이룬다. 맥애덤스가 심리학에 남긴 가장 큰 공로는 무엇보다도, 심리학자들의 연구에 대하여 지금까지 다음과 같은 일관된 주장을 펼쳐왔다는 데 있다. 심리학자들은 (사람들 성격의 두 가지 저차원을 설문지와 반응시간 측정으로 평가해) 양적인 정보를 얻어서 그것을 좀 더 질적인 이해, 즉 사람들이 자기 삶에 의미를 부여하며 만들어내는 서사와 연결시킨다는 것이다. 이러한 서사들은 반드시 **참**이지는 않다. 이 이야기들에서는 과거가 단순화되고 선별되기 마련이며, 자신이 그리는 바람직한 미래상과 연결될 때가 많기 때문이다. 그러나 사람들이 만들어내는 삶의 서사가 어느 정도는 사후 조작인 것을 인정한다고 해도, 그것이 사람들의 행동, 인간관계, 정신 건강에 영향을 미친다는 사실에는 변함이 없다.[24]

그러한 삶의 서사들을 들여다보면 도덕성의 내용이 가득한 것을 알 수 있다. 그중 맥애덤스가 한 연구에서 진보와 보수 기독교도에게서 모은 서사를 가져다 도덕성 기반 이론을 가지고 분석한 것이 있다. 여기서 그는 예전에 나와 내 동료들이 YourMorals.org의 설문조사에서 발견한 것과 똑같은 패턴을 발견할 수 있다.

어떻게 그들만의 신앙심과 도덕적 믿음을 키워왔는지 그 이야기를 들려달라고 하자, 보수주의자들은 마음속 깊이 느껴지는 권위자에 대한 존경, 집단과의 유대, 자아의 정화를 강조했다. 이에 반해 진보주의자들은 인간적인 고통과 사회적 공평성의 문제가 마음 깊이 와 닿았음을 강조했다.[25]

삶의 서사 속에는 사춘기에 자아가 발달하여 성인으로서 정치적 정체성을 확립하는 이야기가 담겨 있기 마련이다. 일례로 키스 리처즈(Keith Richards)가 최근 펴낸 자서전에서 자기 삶에 찾아왔던 전환점을 어떻게 그리고 있는지 보자. 록그룹 롤링 스톤스의 리드 기타리스트인 그는 감각적인 것을 추구하고 규범은 따르지 않기로 유명하다. 그러나 학교의 합창단원일 때만 해도 그는 조금이나마 행실이 바른 축에 끼었다고 한다. 그 합창단은 다른 학교들을 물리치고 우승할 정도로 실력이 좋았던 터라, 합창단 지휘자는 리처즈를 비롯해 친구들을 학교 수업에서 빼주었다. 그래야 더 먼 곳까지 가서 대규모의 합창 대회에 참가할 수 있었기 때문이었다. 그러나 소년들이 사춘기에 접어들어 목소리가 변해버리자 지휘자는 헌신짝 버리듯 아이들을 내팽개쳤다. 그러고 나서 학교 측에서는 빠진 수업을 메우려면 학교를 1년 더 다니는 수밖에 없다고 통보해왔고, 합창단 지휘자는 아이들의 억울한 사정에도 팔짱만 끼고 있을 뿐이었다.

리처즈에게는 그야말로 "울화통 터질 일"이었다. 당시의 일을 계기로 그는 백팔십도 변했고, 그의 정치적 성향에도 갖가지 뚜렷한 변화가 찾아왔다.

그 일이 터진 순간, 스파이크와 테리와 나는 바로 테러리스트로 돌변했다. 나는 완전히 정신이 나가서 복수심에 활활 불타올랐다. 단순히 이 나라뿐 아니라, 나라를 상징하는 모든 것을 무너뜨려야 할 것 같았다. 그래서 이후 3년간 나는 나라를 욕보일 만한 짓들을 찾아서 하고 다녔다. 반역자가 생겨나기란 어렵지 않다. 나처럼 당해본 사람은 누구나 그렇게 될 테니까. ……그때 타오르던 분노는 사실 아직도 사그라지지 않았다. 이 세상을 남들과 다른 시선으로 보게 된 것이 그때부터였다. 그저 시시껄렁한 깡패가 아니라 진짜 덩치 큰 깡패들은 이 세상에 따로 있다는 걸 그때 깨달았다. 바로 권위를 손에 쥔 자들이었다. 그렇게 서서히 분노는 불타올랐다.[26]

리처즈의 성격이 애초부터 진보주의자가 될 만한 것이었을지는 모르지만, 그가 삶에서 실제 어떤 정치사상을 택할지의 문제는 그 운명이 미리 정해져 있지는 않았다. 이를테면 학창 시절에 그의 선생님들이 그를 다른 방식으로 대해주었더라면, 혹은 삶의 서사가 막 쓰이기 시작한 그때에 리처즈 자신이 주변의 일들을 그저 단순히 해석했더라면, 그는 더 평범한 직업을 가지고 살았을지도 모른다. 즉, 보수적인 동료들에게 둘러싸여 그들과 함께 일하며 그들의 도덕 매트릭스를 공유했을 거라는 이야기이다. 그러나 리처즈는 스스로를 잘못된 권위에 맞서는 십자군으로 이해했고, 그런 이해가 자리 잡고 나서부터는 그가 영국 보수당에 표를 던질 일은 영영 없게 되었다. 리처즈 자신이 짜낸 삶의 서사는 좌파 쪽에서 나오는 이러저러한 삶의 이야기와 너무나도 잘 맞는 것이었다.

진보주의와 보수주의의 장대한 서사

《도덕과 믿음의 동물(Moral, Believing Animals)》이라는 책은 사회학자 크리스천 스미스(Christian Smith)가 쓴 것으로, 삶의 장(場)으로서 도덕 매트릭스를 다루는 내용이 나와 있다.[27] 뒤르켐이 그랬듯이 스미스 역시 모든 사회질서는 신성한 무엇이 그 중심에 자리하고 있다고 생각한다. 여기서 나아가 스미스는 각각의 매트릭스가 이 신성한 중심을 찾아내고 강화하는 데에 있어 이야기, 특히 "장대한 서사"가 어떤 역할을 하는지 보여준다. 스미스는 그러한 장대한 서사를 가져다가 한 단락으로 압축해낼 줄 아는데, 그 솜씨가 단연 압권이다. 그의 말에 따르면, 각각의 서사에는 저마다 시작("옛날 옛적에"), 중간(위협이나 위기가 닥치는 대목), 끝(문제 해결이 이루어지는 부분)에 해당하는 부분

바른마음

이 있다. 또 그러한 서사를 들으면 청자는 자연스레 도덕적인 부분을 생각하게 된다. 즉, 누가 착한 편이고 누가 나쁜 편이지 혹은 무엇이 선한 힘이고 무엇이 악한 힘인지에 관심을 갖는다. 그러면서 그 이야기가 제시하는 신성한 중심을 보호하고 회복하고 이루려면, 내가 지금 무엇을 해야 하는지 교훈을 이끌어낸다.

이러한 서사 중에도 스미스가 "진보주의의 발전 서사"라고 부르는 것이 있는데, 미국 학계의 좌파 도덕 매트릭스는 상당 부분 이것으로 구성된다. 그 내용은 대체로 다음과 같은 식이다.

옛날 옛적에 사회와 사회제도가 부정의하고 불건전하고 폭압적이어서, 수없이 많은 이가 그 안에 살며 고통을 받았다. 이 사회가 비난받을 수밖에 없었던 까닭은, 불평등·착취·비합리적인 전통이 이곳에 깊이 뿌리내려 있었기 때문이다. ……그러나 자율·평등·번영을 바라는 인간의 고귀한 열망이 그러한 불행과 폭압의 힘에 맞서 맹렬히 싸워나갔고, 결국 자유롭고 민주적인 현대 자본주의 복지사회를 이룩해냈다. 현대사회의 모든 조건이 개인의 자유와 기쁨을 최대화시킬 가능성이 있기는 하지만, 그럼에도 불평등·착취·폭압이 남긴 뚜렷한 흔적을 없애려면 아직도 우리가 해야 할 일이 많다. 훌륭한 사회를 이룩하기 위해 투쟁을 벌이는 것, 즉 개개인이 평등하고 자유로운 조건 속에서 스스로 정의한 행복을 위해 살아갈 수 있도록 투쟁을 벌이는 것은, 한 사람이 목숨 바쳐 이룰 만한 진정 가치 있는 사명이다.[28]

물론 유럽 국가의 좌파들에게는 이런 식의 서사가 완벽히 들어맞지 않을 수도 있다(이를테면 자본주의에 대한 불신이 더 심한 국가들의 경우 그럴 수 있다). 하지만 그렇다고 해도 대강의 구성은 세계 어딜 가나 좌파의 인정을 받으리라 여겨진다. 한마디로 영웅적인 해방 서사인 셈이다. 희생자들이 품은 그 "고귀한 열망"을 자유롭게 이룩하려면 권위·위계질서·권력·전통의 족쇄는 반드시 깨부수어야 한다.

스미스가 이 서사를 지어낸 것은 도덕성 기반 이론이 나오기 이전의 일이었지만, 이 서사를 보면 그 도덕적 힘이 주로 배려/피해 기반(희생자들의 고통에 관심을 가짐)과 자유/압제 기반(스스로가 정의한 행복을 추구할 자유와 함께 압제로부터 해방되는 자유를 중시함)에서 나오고 있다는 것을 쉽게 알 수 있다. 이 서사 속에서 공평성이란 곧 정치적 평등을 말하며(압제에 대한 저항의 일환), 비례의 원칙으로서의 공평성 개념은 넌지시 암시만 되고 있다.[29] 권위는 여기서 악으로 취급되고 있을 뿐이며, 충성심이나 고귀함은 아예 언급조차 없다.

이 서사를 현대 보수주의의 서사와 한번 대조해보자. 서사 분석에서 또 한 명의 대가로 꼽히는 임상심리학자 드루 웨스턴(Drew Westen)은 《감성의 정치학(The Political Brain)》에서 로널드 레이건의 주요 연설을 가져다 그 주된 서사(이러한 서사는 암시적으로 드러나지만 때로는 명시적으로 드러나기도 한다)를 뽑아놓았다.

레이건이 지미 카터(Jimmy Carter)를 누르고 대통령이 된 것은 1980년의 일이다. 당시는 미국인들이 이란에 인질로 억류당하는 사건이 발생하고 국내 물가 상승률이 10퍼센트를 웃돌면서 미국 곳곳의 도시와 산업이 쇠락하는 것은 물론 미국인들의 자신감까지 한풀 꺾여가던 상황이었다. 레이건의 서사는 다음과 같은 식으로 전개된다.

바른 마음

예전에 미국은 세상에 환한 빛을 비춰주는 등대와도 같았다. 그런데 어느 날 갑자기 진보주의자들이 나타나더니 엄청난 규모의 연방 관료 체제를 세웠고, 이로써 자유 시장의 보이지 않는 손에는 꼼짝없이 수갑이 채워졌다. 그들은 다니는 곳곳마다 미국의 전통적 가치들을 뒤엎었으며 하느님과 신앙에도 반기를 들었다. ……그들은 사람들에게 먹고살기 위해 일을 하라고 하는 대신 열심히 일하는 미국인들의 돈을 퍼다 고급 승용차를 몰고 다니는 마약중독자나 사회보장제로 호사하는 가짜 생활 보호 대상자들에게 나눠 주었다. 또 범죄자들을 벌하기는커녕 그들을 '이해하려고' 노력했다. 범죄의 희생자들을 걱정하지는 않고, 범죄자의 인권을 걱정했다. ……가정, 충절, 개인적 책임감이라는 미국의 전통적 가치를 고수하는 대신 난잡한 성생활, 혼전 성교, 동성애 생활 방식을 설교하고 다녔다. ……거기다 페미니즘을 부추겨 가정이 가진 전통적 역할까지 훼손시켰다. ……이들은 전 세계적으로 악을 자행하는 무리에게 무력을 행사하기는커녕 오히려 국방 예산을 삭감하고, 군복 입은 군인들을 멸시했으며, 성조기를 불태우고, 협상과 다자주의를 선택했다. ……미국을 해치려는 자들의 손에서 이제 미국인들은 자신의 조국을 되찾아오기로 결심했다.[30]

'보수적'이 된다는 것이 나라와 시대에 따라 미국과 차이가 있을 수 있는 만큼, 이 서사가 사용되려면 각 상황에 맞게 가감이 이뤄지지 않으면 안 될 것이다. 그렇다 해도 이 서사 역시 대강의 구성이나 그 도덕적 폭은 세계 어딜 가나 우파의 인정을 받을 수 있을 것으로 여겨진다. 이 서사에도 영웅주의는 나타나 있으나, 이번 영웅은 **방어**에 주력한다. 대작 영화로 만들어지기에는 앞의 서사가 더 나은 셈이다. 이런 서사에서는 아무래도 성난 군중이 바스티유 감옥으로 몰려가 그곳의 죄수를 풀어주는 식의 두드러진 시각적 효과는 기대할 수 없기 때문이다. 그보다는 흰개미 떼에게 습격당한 한 가족이 우여곡절 끝에 집을 되찾고 집 안 구석구석을 손본다는 내용이 이 서사에 더 가깝다.

레이건의 서사가 보수주의를 뚜렷이 드러내는 부분은 또 있으니, 이 서사의 도덕적 힘은 여섯 가지 도덕성 기반 중 최소한 다섯 가지에는 의존하고 있다는 사실이다. 배려 기반(범죄의 희생자들을 염려하는 부분)은 넌지시 언급만 되고 있지만, 자유(정부의 제약을 받지 않을 자유), 공평성(비례의 원칙으로서의 공평성 : 열심히 일한 사람들의 돈을 가져다 가짜 생활 보호 대상자들에게 준다는 이야기), 충성심(군인과 성조기), 권위(가정과 전통의 전복), 고귀함(하느님 대신 난잡한 생활을 찬미하는 것)의 경우는 매우 분명하게 언급되고 있는 것을 알 수 있다.

이상의 두 서사를 들여다보면 내용이 어쩌면 이렇게 상반될 수 있을까 싶다. 서사가 이 정도로 차이가 나는데 과연 좌파와 우파는 상대편의 이야기를 이해나 할 수 있을까? 상대편의 이야기에 공감하기 위해, 좌파와 우파는 서로 다른 크기의 장애물을 넘어야 한다. 생각해보라. 도덕 매트릭스를 건설할 때 진보 쪽에서 사용하는 도덕성 기반이 더 적다면, 진보에서 사용하는 기반은 보수 쪽에서도 모두 사용한다는 이야기가 아니겠는가? 보수주의자들의 경우 공감 능력을 측정하면 진보주의자에 비해 점수가 약간 낮게 나오는 만큼[31] 고통이나 압제의 이야기를 들어도 진보주의자들만큼 울컥하지 않을 수도 있다. 그러나 그렇다고 해도 보수주의자들은 무엇에 제약을 당하는

바른 마음

심정이 얼마나 끔찍한지 인정은 할 수 있다. 또 보수주의자 중 많은 이가 20세기 들어 이루어진 위대한 해방(여성, 피착취 노동자, 아프리카계 미국인, 동성애자 들의 해방)을 모두 반기지는 않았어도, 동유럽이 공산주의의 압제에서 해방되었을 때만큼은 열렬한 갈채를 보낸 바 있다.

그러나 진보주의자들의 경우 레이건의 서사를 이해하려고 하면 보통 더 애를 먹는다. 나만 해도 진보적인 청중을 앞에 놓고 충성심·권위·고귀함의 세 가지 도덕성 기반을 제시하며 그것에 '연대의 힘'이 있다고 이야기하면, 상당수는 전혀 이해 안 간다는 모습을 보인다. 더 정확히 말해, 그들은 이 세 가지 관심사를 비도덕적인 것이라며 적극적으로 거부하는 경향이 있다. 특정 집단에 대한 충성은 도덕성의 범위를 좁혀 인종차별과 배척을 일으킨다고 그들은 이야기한다. 권위는 압제나 다름없다. 고귀함의 개념은 종교에서 그럴듯하게 꾸며낸 것으로서 그것의 기능은 오로지 하나, 여성의 성욕을 억압하고 동성애공포증을 정당화하는 것뿐이다.

나는 제시 그레이엄, 브라이언 노섹과 공동 연구를 진행하여 진보주의자와 보수주의자가 서로를 얼마나 이해할 수 있는지 테스트해 보았다. 연구는 사이트를 찾은 2000명 이상의 미국인 방문객에게 도덕성 기반 설문지 작성을 요청하는 식으로 이루어졌다. 설문의 3분의 1은 통상적 방식에 따라 스스로에 대해 답변하는 내용이었다. 그것이 끝나면 3분의 1은 "전형적인 진보주의자"라면 어떻게 반응할지를 답하게 되어 있었다. 그리고 나서 마지막 3분의 1은 "전형적인 보수주의자"의 입장에서 답하게 되어 있었다. 이런 식의 설문 형식을 통해 우리는 좌파와 우파가 각각 상대편에 대해 어떤 편견을 가지고 있는지 심층적으로 살필 수 있었다. 하지만 이보다 중요했던 점은, 사람들이 진보파와 보수파에 대해 얼마나 정확한 생각을 가지고 있는지 평가할 수 있었다는 것이다. '전형적인' 열성 당원이라면 이럴 것이라는 사람들의 생각을 좌파와 우파 열성 당원들의 실제 응답과 비교해볼 수 있었기 때문이다.[32] 그렇다면 남의 입장이 되어보는 이 테스트에서 제일 뛰어났던 것은 누구였을까?

연구 결과는 명확하고 일관된 내용을 보여주었다. 진보에 대해서든 보수에 대해서든 제일 정확한 예측을 내놓는 이들은 온건파와 보수파였다. 정확성이 제일 떨어진 것은 진보파였고, 그중에서도 "매우 진보적"임을 자처하는 이들이 특히 정확성이 떨어졌다. 전체 연구에서 제일 큰 오차가 나타난 부분은, 진보파들이 보수파의 입장에서 배려와 공평성 기반의 질문에 답할 때였다. "힘없는 동물을 해치는 것은 사람의 행동 중 가장 몹쓸 짓에 해당한다", "정의야말로 사회를 이룩하는 데에서 가장 중요한 요건이다"라는 항목이 나왔을 때, 진보주의자들은 보수주의자들이 이에 동의하지 않을 것으로 가정했다. 그도 그럴 것이, 주로 배려와 공평성(평등의 뜻으로서)의 직관에 기초해 도덕 매트릭스가 세워진 사람이라면 레이건의 서사를 듣고 어떻게 달리 생각하겠는가? 서사 내용으로 보면 레이건은 마약 중독자, 가난한 사람, 동성애자 들의 복지에는 일말의 관심도 없고, 전쟁을 치르는 일이나 성생활은 어떤 식이어야 한다는 이야기에 더 관심을 가지고 있는 듯 보인다.

레이건이 추구하는 것이 사실 충성심·권위·고귀함의 긍정적 가치임을 모르면, 십중팔구 우리는 공화당원들은 배려와 공평성에서 긍정적 가치를 볼 줄 모른다고 결론 내릴 수밖에 없다. 그리고 그러다 보면 마이클 파인골드(Michael Feingold)처럼 극단적 주장까지 내놓을 우려가 있다. 연극 비평가인 그는 진보파 신문인《빌리지 보이스(Village Voice)》의 기고가로, 한때 이런 글을 쓴 적이 있다.

> 공화당원들은 상상력을 믿지 않는다. 그 까닭은 공화당원 중에 상상력 가진 이가 극히 드물기 때문이기도 하지만, 대체로 상상력은 그들의 선택 받은 과업에 방해가 되기 때문이다. 그 과업이란 인간 종족과 이 지구를 멸망시키는 것을 말한다. 상상력을 가진 인간이라면 재앙으로 가는 지름길이 눈에 훤히 보이기 마련이다. 그러나 공화당원들은 재앙 속에서 이득을 챙기는 것이 삶의 목표이고, 또 인간에 대해서는 요만큼도 신경 쓸 줄 모르는 만큼, 재앙으로 가는 지름길은 눈에 보이지도 않고 보려고도 않는다. 내 개인적인 생각이지만, 더 이상 해를 끼치기 전에 이들을 박멸해야 하는 이유가 바로 여기에 있다.[33]

이 글은 여러모로 아이러니하지만 그중에서도 특히 아이러니라고 하지 않을 수 없는 것은, 연극 비평가란 곧 공상의 세계를 자유롭게 넘나들 줄 알아야 하는 사람임에도 정작 파인골드는 서로 발을 들인 도덕 매트릭스가 다르다는 이유로 공화당원들이 맡은 배역을 제대로 상상해내지 못하고 있다는 것이다. 도덕은 정말 사람들을 뭉치게도 하지만 눈멀게도 한다.

공동체를 지탱하는 도덕적 자본의 힘

이제까지 내가 겪은 지적 삶을 돌아보면, 그 속에는 두 번의 전환점이 있었다. 먼저 첫 번째는 내가 5장에서 이야기한 경험으로, 인도에 갔다가 리처드 슈웨더가 이야기한 더 폭넓은 도덕성(즉, 공동체의 윤리와 신성함의 윤리)의 존재를 받아들인 일이었다. 그러나 1993년의 그 전환점에서 시작해 2008년에 버락 오바마가 대통령에 당선되기까지 나는 여전히 열성 진보파였다. 그저 우리 팀(민주당)이 상대 팀(공화당)을 이길 수 있기만 바랐다. 사실 정치학 공부를 애초 시작하게 된 계기도 존 케리의 대선 캠페인이 승리와 거리가 먼 것을 보고 너무 진이 빠졌기 때문이었다. 나는 미국 진보파가 그들의 상대인 보수적 국민들을, 즉 그들의 윤리와 동기를 제대로 '파악하지' 못하고 있다고 확신했고, 따라서 도덕 심리에 관한 나의 연구로 진보파의 승리에 보탬이 되고 싶었다.

나는 정치심리학을 더 공부해야겠다는 생각이 들었고, 그래서 2005년 봄 학기에 정치심리학을 주제로 대학원 세미나 수업을 하나 맡기로 결심했다. 그러고는 새로 시작할 수업을 염두에 두고 수업에 활용할 좋은 읽을거리를 찾아나갔다. 그래서 케리가 대선에서 패배하고 한 달 뒤 친구들을 만나러 뉴욕을 찾았을 때도 중고 서점에 들러 정치학 코너의 책들을 죽 살펴보았다. 그렇게 선반 위의 책들을 눈으로 훑고 있는데, 유독 눈에 띄는 책이 한 권 있었다. 갈색 장정에 두툼한 두께의 책등에는 단 한마디의 제목이 달려 있었다. 바로 《보수주의(Conservatism)》였다. 내용을 들여다보니 역사가 제리 뮬러

(Jerry Muller)가 여러 글을 모아 편집해놓은 책이었다. 나는 복도 한쪽에 선 채 뮬러의 서문을 한 페이지 한 페이지 읽어나가기 시작했다. 그러나 셋째 페이지에 접어들고부터는 바닥에 주저앉지 않을 수 없었다. 뮬러의 그 글이 내 지적 생활의 두 번째 전환점임을 깨달은 것은 그로부터 몇 년 뒤의 일이었다.

뮬러는 보수주의와 정설주의(orthodoxy)가 엄연히 다르다는 이야기로 서두를 열고 있었다. 정설주의란 이 세상에는 "초월적 도덕 질서가 존재하며, 사회의 제반 양식을 그 틀에 맞추어야 한다"라는 견해를 말한다.[34] 《성경》을 입법의 지침으로 보는 기독교인이나 이슬람의 율법에 따라 살기를 원하는 이슬람교도를 정설주의의 실례라고 할 수 있다. 이들은 외부에 존재하는 신성한 도덕 질서에 자신들의 사회를 끼워 맞추고 싶어 한다. 그렇기 때문에 변화를, 그것도 때로는 아주 급진적인 변화를 옹호하는 경향이 있다. 한편 진정한 보수주의자는 급진적 변화를 위험한 것으로 보는바, 이 때문에 정설주의자와 갈등을 빚는 수가 있다.

이어서 뮬러는 보수주의를 반계몽주의와도 구별하고 있었다. 그 정의로만 따진다면(즉, 옛 질서를 지키려고 노력했던 성직자와 귀족을 생각하면), 이제까지 계몽주의에 저항해온 이들은 대부분 보수적이었다고 말할 수 있다. 그러나 뮬러의 주장에 따르면, 현대 보수주의의 기원은 오히려 주류의 계몽주의 사상 **내**에서 찾을 수 있었다. 데이비드 흄이나 에드먼드 버크(Edmund Burke) 같은 사상가들이 합리성, 실용성, 그리고 사실상의 공리성에 입각해 당시의 계몽주의 기조를 비판하려고 노력한 것이 현대 보수주의의 시초라는 이야기였다. 그야말로 나를 풀썩 주저앉게 만들었던 뮬러의 글을 그대로 옮기면 다음과 같다.

어떠한 사회적 혹은 정치적 논변을 **정설주의**가 아니라 **보수주의**로 만들어주는 특징이 있다면, 그것은 바로 이성을 힘으로 해서 인간의 행복을 찾으려는 계몽주의적 차원의 노력에 진보적 혹은 발전적 논조의 비판을 가한다는 데 있다.[35]

일평생 진보를 자처했던 내 머릿속에는 보수주의=정설주의=종교=신앙=과학 거부라는 가정이 그때까지 줄곧 자리 잡고 있었다. 무신론자에다 과학자인 나는 당연히 진보주의자여야 한다고 생각했고 말이다. 그러나 뮬러는 현대 보수주의의 진정한 핵심이 최상의 사회를 만들어내는 데 있다고 주장하고 있었다. 현재의 주어진 상황에서 행복을 최대한 이끌어내는 그런 사회를 말이다. 이게 정말이란 말인가? 사회학을 무대로 하고도 진보주의와 어깨를 나란히 할 수 있는 그런 보수주의가 정말 있단 말인가? 그렇다면 보수주의자들의 그 복안이 건강하고 행복한 사회를 만들어내는 데 더 훌륭한 도식일 수도 있지 않을까?

나는 계속해서 책을 읽어나갔다. 이어지는 내용에서 뮬러는 인간 본성과 제도에 대한 갖가지 주장을 검토하고 있었는데, (그의 말에 따르면) 보수주의의 핵심 믿음에 해당하는 것들이었다. 보수주의자들의 믿음을 보면 첫째로, 인간이란 본래 불완전한 존재이기에 일체의 제약이나 책임감이 사라지면 그 순간 나쁜 짓을 하게 되어 있다(나 역시 같은 생각이었다. 4장의 글라우콘, 테틀록, 애리얼리의 견해 참조). 둘째로, 우리의 이성적 추론 능력은 결함투성이인 데다 스스로를 과신하는 경향이 있다. 따라서 직관이나 역사적 경험의 제지를 받지 않고 순전히 이성으로만 이론을 세우려 하면 그것은 위험한 일이 된다(나 역시 그렇게 생각했다. 2장의 흄의 견해와 체계화 능력에 대한 6장의 배런코언의 견해 참조). 셋째로, 제도라는 것은 사회적 사실로서 서서히 생겨나며 그 연후에 우리는 그것을 존경하고 신성시하게까지 된다. 하지만 이러한 제도들에서 권위의 껍질을 벗겨내 버리면, 그래서 그것을 우리의 이익을 위해서만 존재하는 임의적 부산물로 만들어버리면, 제도의 효과는 반감되고 만다. 그것은 우리 자신을 더 큰 아노미와 사회적 혼란 속으로 내모는 것이나 다름없다(나 역시 그렇게 생각했다. 8장과 11장의 뒤르켐의 견해 참조).

이렇듯 나 자신의 연구가 뒷받침이 되고 있던 만큼, 나로서는 이 보수주의자들의 주장에 동의하지 않을 수가 없었다. 18세기의 사상가 에드먼드 버크부터 20세기의 사상가 프리드리히 하이에크(Friedrich Hayek), 그리고 토머스 소웰(Thomas Sowell)에 이르기까지, 이 보수주의 사상가들은 도덕성의 사회학과 관련해 이미 중대한 통찰력(내가 그때까지 한 번도 접해보지 못한 통찰력)을 지니고 있었다는 사실을 나는 차차 실감할 수 있었다. 내가 앞으로 **도덕적 자본**(moral capital)이라고 부를 것의 중요성을 이들은 간파하고 있었던 것이다(여기서 나는 보수주의 지식인들을 칭송하고 있는 것이지, 공화당을 칭송하고 있는 것은 아님을 유념해주기 바란다).[36]

이른바 **사회적 자본**(social capital)은 1990년대에 사회학계를 휩쓸었

던 용어로, 로버트 퍼트넘의 2000년 작《나 홀로 볼링(Bowling Alone)》
이라는 책에 등장하면서 순식간에 대중적 어휘가 되었다.[37] 경제학
에서 자본이라고 하면, 개인 혹은 회사가 재화나 서비스를 만들어
낼 때 쓸 수 있는 자원을 가리킨다. 그런 자본으로는 재정적 자본(은
행에 예치된 자금), 물리적 자본(렌치나 공장), 인적 자본(잘 훈련된 영업 팀)
등이 있다. 다른 모든 조건이 동일하다고 쳤을 때, 어떤 것이든 회
사가 많은 자본을 가지고 있으면 더 적게 가진 회사를 경쟁에서 이
기게 되어 있다.

　사회적 자본도 일종의 자본에 해당하지만, 경제학자들은 대체로
이를 무시했다. 개인들 사이의 사회적 유대 속에서 생겨나는 호혜성
및 신뢰의 규범이 바로 사회적 자본이기 때문이다.[38] 다른 모든 조건
이 동일하다고 쳤을 때, 회사가 더 많은 사회적 자본을 가지고 있을
경우 단결성과 내부 신뢰성이 떨어지는 회사를 경쟁에서 이기게 되
어 있다(다차원 선택이 작동하면 협동적 인간 존재가 만들어져 나올 수 있다는 것
도 이와 같은 맥락이다). 이러한 사회적 자본을 논의할 때 더러 그 실례
가 되는 이들이 11장에서 언급한 바 있는 초정통파 유대교도 다이아
몬드 상인들이다.[39] 탄탄한 직물처럼 촘촘히 짜인 이 민족 집단은 역
사상 가장 효율적인 시장을 형성해낼 수 있었는데, 그 까닭은 거래
와 감시에 지극히 낮은 비용만 들여도 되었기 때문이다. 이들이 만
든 시장에서는 모든 거래에 늘 간접비가 적게 들어간다. 그리고 간
접비를 이렇게 줄일 수 있었던 까닭은, 서로에 대한 신뢰가 있기 때
문이다. 예를 들어 유대교도의 시장 맞은편에 민족과 종교가 다양한
상인들이 경쟁 시장을 형성했다고 해보자. 이런 곳에서는 다른 상인

에게 다이아몬드 감정을 보냈다가 사기와 절도를 당하는 일이 비일비재한 만큼, 이들의 경우 변호사와 경비업체를 고용하는 데 유대교도보다 훨씬 더 많은 돈을 지출할 수밖에 없을 것이다. 리처드 소시스가 연구했던 비종교적인 공동생활촌이 그랬듯이, 이들 역시 종교로 뭉쳐 있지 않으면 개개인으로 하여금 공동체의 규범을 따르게 하기가 훨씬 더 어려울 것이다.[40]

이러한 사회적 자본을 사랑하지 않을 사람은 없다. 좌파든 우파든 중도든, 상대방을 믿고 의지할 수 있는 이러한 힘이 얼마나 소중한지를 모르고 지나치는 사람은 없을 테니까. 하지만 이제는 단순히 재화를 생산해내는 회사를 넘어서서, 학교, 공동생활촌, 대기업, 심지어 국가 전체가 있고 이들이 구성원에게 더 나은 도덕적 행동을 원한다고 생각해보자. 도덕적 다양성의 문제는 일단 제쳐두고 이들이 목표하는 바를 명시해보면, 그것은 친사회적 행동의 '산출량'은 늘리고 반사회적 행동의 '산출량'은 줄이는 것이 될 것이다(해당 집단이 이 용어를 어떻게 정의하든 상관없이). 어떤 식의 도덕적 비전을 원하든 그것을 이루려면 높은 수준의 사회적 자본이 필요할 것이 거의 틀림없다(아노미와 불신의 상태에서 뭔가 유익한 것이 나오리라 상상하기는 힘드니까). 하지만 과연 사람들을 하나로 연결시켜 건전하고 신뢰성 있는 관계를 만들어내기만 하면 그것으로 집단의 윤리 성적이 올라갈 수 있을까?

만일 여러분이 사람이란 본래 선하다고 믿는다면, 나아가 제약과 구속이 사라져도 인간은 얼마든지 잘 살아갈 수 있다고 믿는다면, 그렇게 사람들을 하나로 연결시키는 것만으로도 충분히 윤리가 향상되리라 여길 수 있다. 그러나 보수주의자들은 대체로 인간 본성에 관해 이와는 전혀 다른 관점을 취하고 있다. 이들의 믿음에 따르면, 인간이 올바로 행동하고 협동하고 번영하려면 외부의 틀 혹은 제약이 필요하다. 그러한 외부적 제약에 해당하는 것으로는 법률, 제도, 관습, 전통, 국가, 종교를 들 수 있다. 따라서 이런 "피제약성"[41]의 견해를 가진 사람에게는 "마음 바깥에 존재하는" 화합의 장치들이 건전성과 청렴성을 유지하는 것이 무엇보다 중요하다. 이것들이 없으면 사람들이 서로를 속이고 이기적으로 행동하게 되는 것은 물론 사회적 자본도 금세 바닥나 버리고 만다는 것이 이들의 믿음이다.

만일 여러분이 WEIRD권 사회에 사는 구성원이라면, 여러분의 시선은 주로 사람들 같은 개별 사물에 미치지 그 사이의 인간관계에까지 자연스레 미치지는 않을 것이다. 그럴 때 사회적 자본 같은 개념을 갖고 있으면 큰 도움이 되는데, 그러면 억지로라도 사람들이 몸담고 있는 인간관계와 그것이 사람들의 생산성을 더욱 향상시켜준다는 사실을 살필 수 있기 때문이다. 그리고 여기서 나는 우리가 이 접근법을 가지고 한발 더 나아갔으면 한다. 도덕 공동체란 단순한 혈연관계를 넘어서 성장한 집단인바, 그것이 이루어내는 기적을 이해하려면 단순히 사람 하나하나, 혹은 그 사이의 인간관계만 살펴서는 안 되기 때문이다. 그보다는 사람들의 관계가 자리 잡고 있는 **완벽한 환경**과 거기서 더 선한 사람들이 만들어진다는 사실을 살펴야 한다(선에 대한 정의는 저마다 다르겠지만). 물론 하나의 도덕 공동체가 지탱되어나가는 데에는 마음 외적인 요소가 무수히도 많이 필요하다.

예를 들어 조그만 섬에서나 작은 마을에서라면, 자전거를 가지고 있어도 보통은 자물쇠를 채울 필요가 없다. 그러나 똑같은 나라라도

바른 마음

큰 도시에서는 자전거 몸체에만 자물쇠를 채웠다간 누군가 바퀴만 빼 갈 위험이 있다. 따라서 소규모에 고립되고 하나의 도덕관을 지닌 것은 공동체의 도덕적 자본을 증가시킬 수 있는 환경조건이라고 할 수 있다. 하지만 그렇다고 해서 조그만 섬이나 작은 마을이 사람들이 함께 어울려 살기에 더 좋은 공간이라는 뜻은 아니다. 다양성이 넘치고 사람들로 북적이는 대도시가 많은 사람에게는 더 창의적이고 재밌는 장소이기 때문이다. 하지만 여기에도 분명 일장일단은 있다(얼마간의 도덕적 자본을 선택할지 아니면 얼마간의 다양성과 창의성을 선택할지는, 내 뇌 구조가 경험에 개방적인지 아니면 위협에 민감한지에 따라 달라진다. 보통 도시가 시골에 비해 진보적 성향이 훨씬 강한 것도 일부는 여기에 원인이 있다).

이렇듯 갖가지의 마음 외적인 요소를 살펴보고, 이어 그것들이 마음 내적인 도덕 심리와 얼마나 잘 맞물리는지를 살펴보면, 11장에서 내가 내렸던 도덕적 체계에 관한 정의가 곧장 떠오르지 않을 수 없다. 사실상 도덕적 자본은 **도덕 공동체를 지탱시켜주는 자원**으로 정의할 수 있다.[42] 그 내용을 더 구체적으로 정의하면 다음과 같다.

도덕적 자본이란 어떤 공동체가 가진 가치, 미덕, 규범, 관습, 정체성, 제도, 첨단 기술, 그리고 이와 맞물린 진화한 심리 기제의 정도를 말한다. 이 둘은 도덕적 체계로서 함께 작용하여 개인의 이기심을 억제하거나 규제하며, 나아가 협동적인 사회가 만들어질 수 있게 한다.

도덕적 자본의 실제 작동 모습을 살펴보기 위해, 리처드 소시스가 연구 대상으로 삼았던 19세기 공동생활촌을 바탕으로 사고실험을 하나 해보자. 우선 이 공동생활촌은 애초 성인 25명으로 시작되었고, 이들은 모두 서로를 잘 알고 좋아하며 신뢰하는 사이였다고 가정한다. 다시 말해 첫째 날 각 공동생활촌이 가지고 있던 사회적 자본은 모두 똑같이 높은 수준이었다. 그렇다면 어떤 요소들로 인하여 일부 공동생활촌은 사회적 자본을 계속 유지하며 수십 년 동안 높은 수준의 친사회적 행동을 이끌어냈던 반면, 일부 공동생활촌은 불과 1년 만에 불화와 불신이 팽배한 곳이 되어버렸을까?

11장에서는 이런 공동생활촌이 성공하는 데에서 신에 대한 믿음과 값비싼 종교 의례가 무엇보다 중대한 요소였다고 말한 바 있다. 하지만 여기서는 종교는 일단 제쳐두고 다른 종류의 마음 외적인 요소에 눈을 돌려보기로 하자. 이 공동생활촌들에는 저마다 중시하는 가치와 덕의 목록이 애초부터 분명히 정해져 있었고, 또 그 내용을 모두 포스터로 제작해 공동생활촌의 골목골목마다 붙여놓았다고 해보자. 그중에는 순응보다는 자기표현을, 충성심보다는 관용의 미덕을 중시하는 공동생활촌이 있었다. 이런 곳은 아마도 새 구성원을 끌어들이기에는 유리했을 것이나, 도덕적 자본의 수준은 순응과 충성심을 중시하는 공동생활촌에 비해 낮았을 것이다. 즉, 더 엄격한 분위기의 공동생활촌일수록 이기심을 억누르거나 규제하기가가 더 나았을 테고, 따라서 공동생활촌으로서 오래 지속될 확률도 더 높았을 것이다.

도덕 공동체는 워낙 잘 허물어져 내리는 것이라, 세우기는 어려워도 파괴되기는 쉽다. 그러니 국가 같은 아주 커다란 규모의 공동체는 붕괴 위험이 그 어느 것보다 큰 것은 물론, 도덕적 불확실성의 위협도 그 어디보다 격심한 것이 어쩌면 당연하다. 그렇게 생각해도 큰 무리가 없는 것이, 현재에도 우리 주변에는 도덕 공동체로서 실패한 국가가 허다하다. 독재자와 일부 상류층이 자신들만의 이익을 위해 국정을 이끌어가는 경우가 특히 그렇다. 도덕적 자본을 중시하지 않다 보면, 그것을 증가시켜주는 가치, 미덕, 규범, 관습, 정체성, 제도, 첨단 기술도 덩달아 발달시키지 않게 된다.

여기서 분명히 밝혀두고 싶은 것은 도덕적 자본이라고 해서 늘 흠잡을 데 없이 좋기만 하지는 않다는 사실이다. 도덕적 자본이 있으면 무임승차자는 자동적으로 억제되지만, 그렇다고 기회균등과 같은 다른 형태의 공평성이 자동적으로 실현되는 것은 아니다. 더구나 어떤 공동체의 도덕적 자본이 많으면 그 자신은 효율적으로 기능하게 되지만, 그러한 효율성이 다른 공동체에 피해를 끼치는 수도 있다. 많은 도덕적 자본을 쌓는 일은 광신 집단이나 파시스트 국가에서도 가능하다. 공동체 내에 퍼져 있는 도덕 매트릭스를 구성원 대부분이 진정으로 믿고 따르기만 하면 되기 때문이다.

그렇기는 해도 조직이나 사회에 변화를 꾀하면서 그 변화가 도덕적 자본에 미칠 영향을 고려하지 않으면 공연히 문제만 일으키게 되고 만다. 내가 보기에는 이것이야말로 **좌파가 가진 가장 근본적인 맹점**이 아닐까 한다. 이 사실을 알고 나면 진보파의 개혁이 왜 그렇게 자주 역효과를 내는지,[43] 또 공산주의 혁명은 왜 보통 폭정으로 끝을 맺고 마는지 그 이유를 설명해낼 수 있다. 또 진보주의가 자유와 기회균등 실현을 위해 그토록 갖은 일을 했음에도, 그것이 정치철학으로서 미진한 구석이 있는 것도 이 때문이 아닌가 한다. 진보주의는 확실히 적정선을 넘어서는 경향이 있고, 한꺼번에 너무 많은 것을 바꾸려고 하며, 고의는 아니더라도 사회에 쌓인 도덕적 자본을 감소시키는 경향이 있다. 이와는 반대로 보수주의자들은 쌓여 있는 도덕적 자본은 잘 지켜내지만, 특정 계층의 희생자를 보지 못하고 지나치는 경향이 있으며, 모종의 강력한 이해관계에 따른 약탈을 제어하지 못하며, 시대 변화에 발맞추어 제도를 바꾸거나 고칠 줄 모른다는 약점이 있다.

하나의 음, 두 개의 양

중국철학에서는 겉으로는 대조되거나 반대되는 것처럼 보여도 실제로는 상보적이고 상호 의존적인 한 쌍의 힘을 가리켜 음양(陰陽)이라고 한다. 따라서 낮과 밤은 서로 맞서는 개념이 아니며, 이는 더위와 추위, 여름과 겨울, 남자와 여자도 마찬가지이다. 이 한 쌍의 힘은 급변하거나 교대하며 서로 균형을 맞추니, 어느 한쪽이 없어서는 곤란하다. 존 스튜어트 밀은 진보와 보수도 곧 이와 같다고 이야기했다. "건강한 상태의 정치적 삶을 이룩하려면, 질서 혹은 안정을 추구하는 정당과 진보 혹은 개혁을 추구하는 정당, 이 둘이 모두 필요하다."[44]

철학자 버트런드 러셀(Bertrand Russell)의 견해에 따르면, 이러한 역학은 이제까지 서양 지성의 역사에도 똑같이 작용해왔다. "기원전 600년부터 오늘날에 이르기까지 철학자들은 사회적 연대를 탄탄히 조이고자 했던 무리와 그것을 풀고자 했던 무리, 이 둘로 나뉘었다."[45] 이어 러셀은 보수와 진보 모두가 전적으로 옳지는 않다고 설명하는데, 그가 사용한 용어들은 그때까지 내가 찾고자 했던 **도덕적 자본**의 개념에 가장 가까운 것들이었다.

> 이런 식의 논쟁에서(즉, 오랜 세월이 지나도록 해결되지 않은 그 모든 종류의 논쟁에서) 보수와 진보 양쪽은 저마다 한편으로는 옳고 또 한편으로는 그르다. 인간에게서 사회적 단결은 꼭 필요한 것이나, 이제까지 인류가 순전히 이성적 논변만으로 그 단결을 이루어낸 적은 단 한 번도 없다. 공동체는 어느 곳이나 정반대되는 다음의 두 가지 위험에 노출되게 되어 있다. 하나는 지나친 규제와 전통 존중으로 인해 사회가 경직되는 것을 말하고, 다른 하나는 개인주의와 개인의 독립성 심화로 협동이 불가능해지면서 사회가 와해되거나 외세에 정복당하는 것을 말한다.[46]

이어지는 논의에서 나는 위험을 무릅쓰고 밀과 러셀의 이러한 통찰력을 미국 사회에서 벌어지고 있는 몇 가지 논쟁에 적용해보려고 한다. 이 일이 위험스럽다고 하는 것은 당파성 강한 독자들 때문이다. 이들의 경우 음양의 개념을 끌어다 하는 추상적 차원의 논의는 받아들일 수 있을지 몰라도, 내가 '상대편'도 특정 이슈에 대해 어느 정도 유용한 이야기를 해줄 수 있다고 말하는 순간 얼른 귀를 닫아버릴 것이다. 그런데도 내가 굳이 이런 위험을 무릅쓰고자 하는 까닭은, 모든 방면의 통찰력을 다 끌어와야 진정으로 개선될 수 있는 것이 공공 정책임을 보여주고 싶기 때문이다. 앞으로 논의를 끌어가며 나는 11장 말미에 내놓았던 뒤르켐식 공리주의의 틀을 활용할 것이다. 즉, 앞으로 나는 각 이슈를 평가하며 해당 이데올로기가 사회 전반의 이익을 얼마나 증진시켜주는지 따지겠지만(공리주의를 보여주는 대목), 그와 함께 인류를 **호모 듀플렉스**로 바라보는 관점을 취할 것이다(인간은 90퍼센트는 침팬지이고 나머지 10퍼센트는 벌과 같다는 견해). 이말은 곧 우리 인간은 건전한 군집과 접하지 못하면 번영도 이루어내지 못한다는 의미이다(뒤르켐주의를 보여주는 대목).

이어질 논의에서 나는 단순히 좌파와 우파를 대조하는 틀에서 벗어나, 진보의 반대파를 두 집단으로 나누는 관점을 취할 것이다. 그 두 집단이란 사회적 보수주의자(이를테면 종교적 우파)와 자유주의자(자유 시장을 열렬히 옹호하는 성향 때문에 이들은 더러 '고전적 진보주의자'라고 불리기도 한다)를 말한다. 우리는 YourMorals.org를 통해 이 두 집단에 대해 많은 연구를 진행해보았는데, 그 결과 둘은 성격이나 도덕성 면에서 현저히 차이를 보이는 것으로 나타났다. 자, 그럼 이제부터는 진보주의자들의 입장이 정당화될 수 있는 두 가지 주요 논점을 간략히 밝혀보겠다. 그리고 이어서 이와 대조해 보수주의 두 파의 입장은 두 가지 점에서 또 어떻게 정당화되는지도 밝히려고 한다.

음 : 진보주의자에게 배울 점

좌파가 도덕 매트릭스를 건설하며 의지하는 도덕성 기반은 여섯 가지 중 세 가지가 꼽히지만, 그중에서도 가장 확고하고 일관되게 의지하는 것은 배려 기반이다."[47] 그 모습을 도식으로 나타내보면 〈도표 12-2〉와 같을 수 있겠는데, 각 기반의 중요성에 따라 선의 굵기를 달리해놓았다.

　인간이 충성심·권위·고귀함에 이끌린다는 데에 진보주의자들은 의구심을 가질 때가 많지만, 그럼에도 이들이 모든 경우에 그 같은 직관을 부정하는 하는 것은 아니다(진보주의자들이 자연을 얼마나 고귀하게 여기는지 한번 생각해보라). 따라서 가늘기는 해도 도표에 충성심, 권위, 고귀함의 선 역시 존재하는 것으로 해두었다. 진보주의자들이 지닌 구체적 가치에는 여러 가지가 있지만, 진보든 보수든 가장 신성시하는 가치 하나를 알아두는 것이 여러모로 도움이 될 것 같다. 이러한 가치는 각파에게 흡사 제3레일(third rail : 전차에 운전용 전력을 공급하기 위해 전차 궤도와 평행하게 부설된 또 하나의 레일—옮긴이)과도 같아 그것에 손대는 순간 부쩍 힘이 솟는다. 1960년대 이후 미국 진보주의자

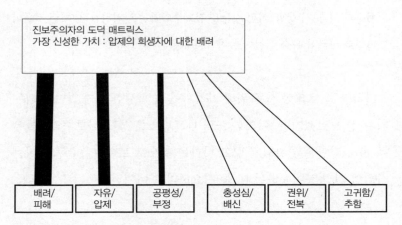

〈도표 12-2〉 미국 진보주의자의 도덕 매트릭스

들의 경우 압제에 희생당한 이들을 돌보는 것을 가장 신성한 가치로 여기는 듯하다. 누구라도 그 희생자들의 고초를 희생자 자신의 탓으로 돌렸다간, 혹은 그 거룩한 희생자에게 선입관을 표하거나 단순히 그 구실만 대도, 사람들은 집단으로 들고일어나 그에게 맹렬한 반응을 보일 수 있다.[48]

우리가 YourMorals.org에서 얻은 결과들은 진보주의에 대한 철학적·대중적 정의와 잘 들어맞았다. 즉, 진보주의자들은 힘없는 이들을 배려하고, 위계 서열과 압제에 맞서며, 법률·전통·제도 개선을 통해 사회문제를 해결하려는 모습이 강했다.[49] 라디오 프로그램 사회자인 개리슨 케일러(Garrison Keillor)는 다음과 같은 글로써 현대 미국 좌파의 정신과 자아상을 포착해낸 바 있다.

나는 진보주의자이며, 진보주의란 곧 호의의 정치를 말한다. 관용, 아량, 공동체 의식, 권력자에 대한 약자의 수호, 배움에 대한 사랑, 믿음의 자유, 예술과 시, 도시 생활, 이런 것들을 진보주의자들은 지지한다. 이런 것들이야말로 미국이 목숨을 걸어도 아깝지 않을 것들이다.[50]

미국인 중 호의와 시를 위해 자기 목숨을 희생한 이가 얼마나 되는지는 잘 모르겠지만, 이러한 도덕 매트릭스를 통해 진보주의자들은 두 가지 점만은 일관되게 밀고 나가는 것으로 보이며, 이 두 가지는 사회의 건강을 이룩하는 데 꼭 필요하다고 여겨진다.

신자유주의 사회에서 정부가 할 수 있는 일, 해야 하는 일

영화 〈아바타(Avatar)〉는 참 좋아한 작품이지만, 그 안에 들어 있는 진화론적 사고는 내가 이제까지 본 것 중 가장 엉망이었다. 하늘에 섬이 둥둥 떠 있는 것은 그렇다 쳐도, 얼마든지 잡아먹어도 좋다는 듯 모든 생물체가 한데 어울려 살아가고 있는 모습은 아무래도 영 믿기지가 않았다. 그러나 한 가지만큼은 미래의 모습으로 꽤 설득력 있게 다가왔다. 이 영화가 그려내는 바에 따르면, 지금으로부터 몇백 년 후 이 지구는 대기업들의 뜻에 따라 움직이게 되고 각국의 정부는 이러한 대기업들의 머슴으로 전락한다.

앞서 9장에서 나는 생명체의 진화에 어떤 식의 중대 과도기가 있었는지 이야기한 바 있다. 그것은 초개체가 출현하여 자기 맘에 드는 자리를 차지하고서 그곳의 생태계를 변화시키는 한편, 자신의 경쟁 상대는 변방으로 몰아내거나 멸종시켜버린다는 것이었다. 또 10장에서는 회사가 곧 초개체임을 보여주었다. 회사는 초개체와 **유사한** 수준이 아니라, 실질적으로 초개체이다. 따라서 과거가 우리에게 어떤 지침이 되어준다면, 회사는 분명 진화를 거쳐 그 무엇보다 강력한 형태로 성장하게 될 것이다. 그 과정에서 숙주 국가의 법률과 정치체제를 자신이 더 살기 좋은 환경으로 바꿔나가면서 말이다. 이제 규모가 제일 큰 대기업을 상대할 수 있는 것은 이 지구 상에서 각국 정부뿐이다. 대기업에 세금을 매기고, 그것을 규제하고, 또 너무 강력해졌다 싶을 땐 작은 덩어리로 분할할 수 있는 힘이 일부 정부에는 아직 남아 있기 때문이다.

이따금 경제학자들이 논의하는 주제 중 '외부 효과(externality)'라는 것이 있다. 이것은 어떤 거래에서 발생한 비용(혹은 이득)을 그 거래에 동의하지 않은 제삼자가 떠안는 것을 가리킨다. 예를 들어 한 농부가 전과는 다른 새로운 종류의 비료를 농사에 쓰게 되었다고 해보자. 이 비료는 농산물 생산량은 늘려주지만 인근의 강에 흘러드는 유해 물질은 더 많이 만들어낸다. 이렇게 되면 비료를 사용함으로써 발생하는 수익은 농부가 챙기는 반면, 그로 인한 비용은 다른 이들이 감내한다. 또 한 공장식 축산 농장에서 소를 더 빨리 살찌울 수 있는 방법을 알아냈다고 하자. 그런데 이 방법을 쓰면 소화 장애와 골절이 늘어나 소들이 괴로워한다. 이때에도 수익은 농장이 챙기고, 비용은 동물들이 안는다. 회사는 주주의 수익을 최대화해야 하는 의무를 지고 있다. 이 말은 곧 회사는 비용을 낮추기 위해 모든 종류의 기회를 모색한다는 뜻으로, 이런 기회에는 (적법할 때) 외부 효과의 형태로 다른 이들에게 비용을 떠넘기는 것도 포함된다.

　나는 기업반대주의자는 아니다. 이상의 이야기는 그저 글라우콘주의자의 차원에서 하는 것일 뿐이다. 기업의 활동이 대중의 눈에 전면 공개되면, 즉 기업이 대중에게 떠넘기는 외부 효과를 자유로운 언론이 나서서 보도할 수 있게 되면, 기업들은 올바로 행동할 가능성이 높아지며 실제로도 기업 대부분이 그런 식으로 활동한다. 그러나 고도의 수를 써서 대중의 눈을 피하고 활동을 은폐하는 기업도 상당수에 이르는 실정이다(예를 들면, 거대 규모의 미국 식품 가공 회사와 공장식 농장이 그렇다).[51] 게다가 상당수 기업은 그 힘이 막강해 기업 규제의 직무를 맡은 정치인과 연방 기구를 '포섭'할 수 있는 능력, 혹은 포섭이 안 되면 그들에게 영향력을 행사할 수 있는 능력을 갖고 있다(특히 미 대법원의 결정에 따라 현재는 기업과 노조가 정치적 대의에 무제한으로 기부할 수 있는 '권리'까지 갖게 되었다).[52] 기게스의 반지가 기업들 손에 들어가면 (생태계, 금융 시스템, 공공 의료 등의 분야에) 대재앙이 일어날 것은 불 보듯 뻔하다.

내가 보기에 진보주의자들의 주장에 옳은 대목이 있다면, 정부의 주된 기능이 기업들에 맞서 대중의 권익을 지켜내는 데 있다고 본다는 점이다. 기업이란 아무래도 시장을 왜곡시키고 외부 효과의 짐을 타인에게, 그것도 스스로 법정에 설 능력이 제일 취약한 대상(빈민, 이민자, 농장의 동물들)에게 떠넘기는 경향이 있기 때문이다. 효율적인 시장에는 반드시 정부의 규제가 필요하다. 물론 진보주의자들이 정도를 지나치는 때도 있는 것은 사실이다. 진보주의자들은 곧잘 반사적으로 반기업적 태도를 보이곤 하는데,[53] 공리주의적 관점에서 보면 이는 엄청난 실수가 아닐 수 없다. 그러나 기업 행동을 제한하고 규제할 방법과 시기를 두고 음양 간에 끊임없이 줄다리기와 논쟁을 벌이는 것은 분명 나라를 건강하게 만드는 길일 것이다.

규제를 통한 해결은 가능하다

미국에서 1950년대와 1960년대는 자동차 소유 비율이 급격히 치솟은 시기였다. 그러자 자동차의 배기관이 대기 중에 내뿜는 납의 양도 엄청나게 늘어나, 1973년이 되자 납 배출량은 연간 20만 톤에 이르렀다(1930년대 이후로는 정유사들도 납 배출량을 늘리는 데 일조했는데, 정유 공정의 효율성을 늘린다는 명목에서였다).[54] 납 배출이 늘어나면 그것이 미국인들의 폐·혈관·뇌로 들어가는 것은 물론 수백만 성장기 어린이의 뉴런 발달을 지체시킨다는 증거가 나왔음에도, 기름에 납 첨가물을 넣지 못하게 하려는 각계의 노력은 화학 산업계에 저지를 당해 수십 년간 모조리 수포로 돌아갔다. 대중에게 치명적 외부 효과를 떠넘기는 능력을 어떻게든 보전하기 위해 기업이라는 초개체가 그야말로 물불 안 가리고 영향력을 행사한 고전적 실례였다.

그러다가 카터 행정부 들어 납이 첨가된 기름을 사용하지 못하게 하는 조치가 일부에 단계적으로 실행되기 시작했으나, 로널드 레이건이 집권하면서 그마저도 거의 무용지물이 되었다. 새로운 규제를 입안하거나 옛 규제를 실행할 수 있는 환경보호국의 힘을 정부에서 무력화시켜버린 때문이었다. 그러자 국회의 초당파 의원들이 힘을 합쳐 아이들 편에서 화학 산업계에 맞섰고, 이로써 1990년대에 이르자 납 성분은 기름에서 완전히 제거되기에 이르렀다.[55] 그런데 공공 보건 분야에 대한 이 단순한 개입이 실로 기적과도 같은 효과를 불러왔다. 기름의 납 함유량이 감소하자 아동의 혈중 납 함유량도 그와 똑같은 폭으로 떨어졌고, 혈중 납 함유량 감소는 최근 몇십 년 사이에 있었던 IQ 상승에 일익을 담당했음이 드러난 것이다.[56]

그러나 이보다 훨씬 놀라운 사실은, 1970년대 말에 시작된 단계적인 납 성분 금지 조치가 범죄율을 감소시키는 데에도 일조했으리라는 것이다. 여러 건의 연구 결과, 1990년대에 일어난 기이하고도 불가사의한 범죄 감소는 최대 **50퍼센트** 정도는 이 조치에서 연원했을 수 있음이 입증되었다.[57] 1950년대부터 1970년대 사이에는 아동 수백만 명, 그중에서도 특히 대도시의 빈민층 아동들이 성장기 동안 많은 양의 납을 들이마심으로써 뉴런 발달에 저해를 받았다. 여기에 속해 있던 남자아이들은 그 후 1960년대부터 1990년대 초까지 갖가지 범죄를 저지르며 미국의 범죄율을 엄청나게 높여놓았고, 이에 미국 전역이 공포에 떨면서 급기야는 나라가 우경화되는 양상까지 보였다. 그러다 1990년대에야 드디어 이들 대신 뇌에 납이 없는(따라서 충동 조절이 더 잘되는) 젊은이 세대가 나타나게 되었고, 이것이 바로 범죄율 급감의 일부 원인으로 보인다는 것이었다.

뒤르켐식의 공리주의 관점에서 보면, 공공 보건의 문제를 해결하는 데에서는 정부의 개입보다 더 나은 조처를 상상하기 힘들다. 위에서 봤듯이 한 건의 규제로 수많은 사람이 목숨을 건진 것은 물론, IQ가 높아지고, 돈이 절약되고, 도덕적 자본까지 쌓일 수 있었으니 말이다.[58] 더구나 뉴런 발달을 저해하는 환경적 위해 요소는 비단 납뿐만이 아니다. 어린아이들의 경우 PCB(폴리염화바이페닐), 유기인산화합물(일부 농약 제품에 사용되는 성분), 메틸수은(석탄 연소 시의 부산물)에 노출되면 IQ는 낮아지는 한편 ADHD(주의력 결핍 과잉 행동 장애)에 걸릴 위험성은 높아진다.[59] 이런 식의 뇌 발달 저해를 생각하면, 앞으로는 이 물질들이 폭력 및 범죄와도 연관을 가진다는 사실이 연구를 통해 밝혀질 가능성이 높다. 따라서 범죄와 싸워나가는 데에서 돈을 가장 적게 들이는(더불어 가장 인도적인) 방법은, 감옥을 더 많이 짓기보다 환경보호국에 더 많은 자금과 권한을 주는 데 있을 것이다.

시장에 개입하고 '사회사업'을 벌이려는 노력은 늘 예기치 못한 결과를 불러온다며 진보주의자들에게 반대를 표하는 보수주의자들은, 그런 결과에 때로 긍정적인 것들도 있음을 유념해야 할 것이다. 또 규제하기보다 시장에 맡기는 것이 더 나은 방책이라고 주장할 때에도, 그러면 수많은 기업에서 비롯되는 그 위험하고도 불공정한 외부 효과의 문제는 어떻게 해결할 것인지 그 방안을 내놓지 않으면 안 될 것이다.[60]

첫 번째 양 : 자유주의자에게 배울 점

자유주의자는 사회적인 면에서는 때로 진보주의자로 불리고(성생활과 약물 사용 등의 사적인 문제에 대해 개인의 자유를 옹호하기 때문에), 경제적인 면에서는 때로 보수주의자로 불린다(자유 시장을 옹호하기 때문에). 그러나 이 같은 꼬리표는 결국 미국 내에서 이 용어들이 얼마나 혼용되고 있는지를 여실히 보여주는 것이라고 할 수 있다.

자유주의자들의 직접적 뿌리는 18세기와 19세기의 계몽주의 개혁가들, 즉 왕과 성직자의 통제로부터 백성과 시장을 해방시키려 싸웠던 이들에게서 찾을 수 있다. 자유주의자들은 자유를 사랑한다. 자유야말로 그들의 신성한 가치이다. 자유주의자들 중에는 단순하게 진보주의자로 인식되기를 원하는 이도 많지만,[61] 19세기에 진보주의가 양 갈래로 나뉜 이래로 미국에서는(유럽은 사정이 다르다) 더 이상 자유주의자에게 진보주의의 이름은 붙지 않게 되었다. 이때부터 일부 진보주의자들이 강력한 대기업과 부유한 산업가들을 인간의 자유를 위협하는 주된 세력으로 보기 시작한 것이다. 이 ('좌파 진보주의자'라고도 알려진) '새로운 진보주의자'들은 초창기 산업자본주의의 잔혹한 관행으로부터 대중을 지켜주고, 또 거기에 희생된 수많은 이를 구제해줄 수 있는 것은 오로지 정부뿐이라고 보았다. 한편 계속해서 정부를 자유의 주된 위협 세력으로 본 이들은 '고전적 진보주의자', '우파 진보주의자', 혹은 (미국에서 쓰는 용어로) '자유주의자'라고 알려지게 되었다.

진보주의에서도 좌파의 길을 택한 이들은 이제 정부를 단순히 자유의 수호자로서만이 아니라 국민의 복지 전반을 증진시켜주는 존재로 활용하기 시작했고, 특히 자활 능력을 갖추지 못한 이들을 도와주어야 한다고 여겼다. 그리하여 공화당(시어도어 루스벨트 같은 경우)과 민주당(우드로 윌슨 같은 경우)에서는 이런 좌파 진보주의자들이 점점 커져가는 기업의 권력을 제한하는 행보에 나서기 시작했으니, 이를테면 독점을 붕괴시키거나 새로운 정부 기관을 창설하여 노동 관행을 규제하는 한편 품질 좋은 식품과 약재가 만들어질 수 있도록한 것이다. 그런데 이러한 좌파 진보주의의 개혁 중에는 개인의 사생활과 자유를 훨씬 더 깊숙이 침해하는 것들도 있었다. 자녀를 학교에 보내도록 부모에게 강제하거나 주류 판매를 금지한 것이 그런 일들에 해당했다.

진보주의의 좌우가 어느 지점에서 갈리는지는 〈도표 12-2〉에서 제시한 진보주의자들의 도덕 매트릭스를 살핌으로써 잘 알 수 있다. 도표에서 보다시피 진보주의자들의 도덕 매트릭스는 주로 두 가지 기반, 즉 배려와 자유 기반에 의지하고 있다(여기에 더해 공평성 기반도 웬만큼 작용하는데, 사람이라면 누구나 비례의 원칙을 어느 정도 중시하지 않을 수 없기 때문이다). 1900년 당시 진보주의자 중에서도 배려 기반에 가장 많이 의지했던 사람들(즉, 타인의 고통을 누구보다 민감하게 느끼는 이들)은 애초부터 왼쪽 길을 택할 수밖에 없는 성향이었다. 그러나 1900년 당시 진보주의자 중에서도 자유 기반에 더 의지하고 있던 사람들(즉, 자신의 자유가 제한당할 때의 아픔을 그 누구보다 민감하게 느끼는 이들)은 왼쪽 길로 가는 것을 거부했다(《도표 12-3》 참조). 자유주의 작가로 손꼽히는 윌 윌킨슨(Will Wilkinson)이 최근 피력한 견해에 따르면, 자유주의자는 기본적으로 진보주의자이나 다만 시장을 사랑하는, 그리고 남의 처지를 애통해하는 마음은 부족한 그런 진보주의자이다.[62]

YourMorals.org에서의 우리 연구는 이런 윌킨슨의 말이 옳은 것임을 밝혀주었다. 우리는 라비 이어와 세나 콜레바의 주도로 프로젝트를 하나 진행하여 자유주의자 1만 2000명이 작성해준 수십 개의 설문 조사를 분석한 후, 그 반응을 수십만의 진보주의자 및 보수주의자의 반응과 비교해보았다. 그 결과 우리는 대부분의 성격 지표에서 자유주의자가 보수주의자보다는 진보주의자의 모습에 가깝다는 것을 알아낼 수 있었다(예를 들어, 진보주의자와 자유주의자는 경험에 대한 개방성에서는 보수주의자보다 높은 점수를 보였으며, 혐오감 민감성과 성실성의 측면에서는 보수주의자보다 낮은 점수를 보였다). 도덕성 기반 설문 조사에서도 자유주의자들은 진보주의자들과 대열을 함께하여 충성심, 권위, 고귀함 기반에서 매우 낮은 점수를 보였다. 자유주의자들이 진보주의자와 가장 현격한 차이를 보인 부분은 다음의 두 가지였다. 먼저 자유주의자들은 배려 기반에서는 매우 낮은 점수를 보였고(심지어 보수주의자들보다도 점수가 낮았다), **경제적** 자유와 관련해 우리가 추가로 넣은 새 질문들에서는 지극히 높은 점수를 보였다(보수주의자보다는 약간 높고, 진보주의자에 비해서는 훨씬 높았다).

예를 들어, "개인의 자유와 선택이 제약을 받는다 하더라도 공공의 이익 증진을 위해서 정부는 더 많은 일을 해야 한다"라는 주장에 여러분 같으면 동의하겠는가? 만일 동의한다면 여러분은 진보주의자일 가능성이 높다. 하지만 그렇지 않다면 아마 자유주의자나 보수주의자 둘 중 하나일 것이다. 100년도 한참 더 전에 진보주의자(좌파 진보주의)와 자유주의자(고전적 진보주의자)를 갈라놓았던 이 질문은 오늘날의 데이터 속에도 그 모습을 뚜렷이 드러내고 있는 것이다. 1930년대 이후 자유주의의 이상을 가진 이들이 대체로 공화당을 지지해온 까닭은, 자유주의자와 공화당원에게는 공공의 적이 있기 때문이다. 진보주의에서 내거는 복지사회가 바로 미국의 자유(자유주의자의 입장)와 미국의 도덕심(사회적 보수주의자의 입장)을 무너뜨리는 장본인이라고 이들은 생각하는 것이다.

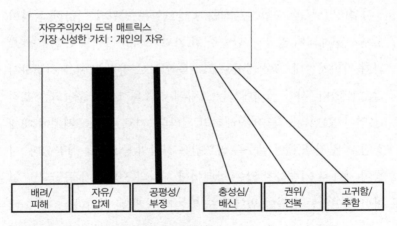

〈도표 12-3〉 미국 자유주의자의 도덕 매트릭스

자유주의자들의 논점 중에는 옳다고 여겨지는 것이 많지만,[63] 일단 이 책에서는 진보주의에 대한 그들의 반대 논점 단 한 가지에만 초점을 맞춰보기로 하겠다.

시장은 때로 기적을 일으킨다

2007년 데이비드 골드힐(David Goldhill)은 아버지를 잃어야 했다. 병원 입원 시의 세균 감염이 원인이 되어 결국 세상을 떠난 것이다. 이런 식의 불필요한 죽음이 도대체 왜 일어나는지 알기 위해 골드힐은 미국의 의료 보건 체계와 관련해 글을 읽어나가기 시작했다. 미국에는 골드힐의 아버지처럼 우발적 감염으로 인해 사망하는 사람이 연간 약 10만 명에 이른다. 여러 가지로 공부한 끝에 그는 병원들이 간단한 위생 절차 리스트를 따르기만 해도 사고를 3분의 2나 줄일 수 있다는 것을 알 수 있었다. 하지만 그 리스트를 실제로 이용하고 있는 병원은 몇 군데밖에 없었다.

사업가였던(그리고 민주당원이었던) 골드힐은 병원의 이러한 실정이 도무지 이해되지 않았다. 단순한 한 가지 조치면 그야말로 엄청난 효과가 거둬지는데, 조직에서는 그것을 알고도 정작 조치를 시행하지 않고 있었다. 사업 세계에서는 그렇게 비효율적으로 운영되는 조직은 얼마 못 버티고 곧 파산해버리고 만다. 의료 서비스 체계에 대해 점점 많은 것을 알면 알수록 골드힐은 시장의 중요성을 실감했다. 시장이 제대로 기능하지 않는 상태에서 재화와 서비스가 공급되면 얼마나 어이없는 상황이 벌어질 수 있는지 알게 된 것이다.

2009년 골드힐은 월간지 《애틀랜틱(Atlantic)》에 〈미국의 의료 체계가 어떻게 나의 아버지를 죽였는가(How American Health Care Killed My Father)〉라는 제목으로 글을 발표했는데, 이것이 세간에 논란이 되었다.⁴⁴ 여기서 그는 보험을 들어서 일상용품을 구매하는 것이 얼마나 불합리한 일인지를 주된 논점 중 하나로 삼고 있다. 우리가 보통 보험에 드는 까닭은, 뭔가 엄청난 손실을 입었을 때 그 위험에 대비하기 위해서이다. 즉, 우리가 다른 이들과 함께 보험 기금에 들어가는 것은 그 위험의 정도를 완화하기 위해서이지, 한 푼이라도 더 아끼겠다는 생각은 아니다. 일상의 자질구레한 지출, 즉 최대한 싼 가격에 최대한 좋은 품질의 물건을 찾는 일은 우리 각자가 알아서 한다. 자동차보험사에서 자동차 엔진오일을 갈아주지 않았다고 해서 우리가 그 일로 보험회사에 소송을 거는 일은 없는 것이다.

여러분이 다음에 마트에 갈 일이 있거든, 진열대에서 완두콩 통조림을 하나 집어 들어 그것을 한번 자세히 들여다보도록 하자. 그리고 그것 하나를 만드는 데 얼마나 많은 이의 노동이 들어갔는지(농부, 트럭 운전사, 마트 직원, 광부, 금속 산업 노동자에 이르기까지), 나아가 그런 물건을 1달러도 안 되는 돈에 살 수 있다는 사실이 얼마나 기적 같은 일인지 한번 생각해보자. 그 완두콩 통조림이 제조되는 매 단계에서는 공급업체 간에 어김없이 경쟁이 있었을 테고, 이 경쟁에서는 어떤 식으로든 혁신을 일으켜 내 지갑의 돈을 한 푼이라도 아껴준 사람들이 보상을 받았을 것이다. 만일 세상 사람들이 흔히 생각하듯 정말 신이 이 세상을 만들었다면, 또 인간이 널리 이롭도록 신이 세상의 질서를 세워놓았다면, 자유 시장이야말로(그것의 보이지 않는 손과 더불어) 신의 후보로서 꽤 유력한 존재가 아닐 수 없다. 왜 자유주의자들이 때로 자유 시장을 거의 종교에 준할 정도로 떠받드는지 여러분도 이제는 슬슬 이해되기 시작할 것이다.

자, 이번에는 다소 악독한 상상을 하여 시장 전반이 대혼란에 빠졌다고 상상해보자. 어느 날부터인가 마트의 상품에서 가격이라는 것을 전혀 찾아볼 수 없게 되었다고 말이다. 그뿐만 아니라 내용물에 대한 간단한 설명 외에는 상품 이름마저도 전부 사라져 서로 다른 회사에서 나왔어도 제품이 어디가 어떻게 다른지 비교할 수 없게 되었다고 하자. 우리는 그저 진열대에서 원하는 물건을 원하는 양만큼 집어 계산대로 가져간다. 그러면 계산원이 우리가 가진 식품 보험 카드를 스캔 기구로 찍은 후, 항목별로 청구서를 기입하도록 도와준다. 우리는 고정 수수료 10달러를 내고 마트에서 산 식품들을 집으로 가져온다. 한 달 뒤 우리는 식품 보험회사에서 보낸 청구서를 받는다. 그날 우리가 마트에서 산 식품 대금은 대부분 보험으로 처리되지만, 보험 적용이 안 되는 것에 대해 수표로 15달러를 더 보내주어야 한다는 내용이다. 언뜻 보기엔 단돈 25달러면 먹을거리를 카트 한가득 살 수 있다는 이야기이니 몹시 싼 것처럼 여겨질 것이다. 그러나 식품 보험에 들기 위해 일괄 지불해야 하는 돈이 2000달러 이상임을 감안하면, 사실상 우리는 식품 대금으로 매달 일정 금액을 내는 것이나 다름없다.

이러한 체계 속에서는 누구라도 식품의 가격을 떨어뜨리거나 그 품질을 높여야 할 인센티브를 거의 갖지 못한다. 마트는 보험업자에게서 돈을 받고, 보험업자는 우리에게서 보험료를 받으니 말이다. 마트에서는 이제 우리에게 가치가 있는 식품보다는 그들이 보험 수가를 제일 많이 챙길 수 있는 식품들을 골라 그것들만 들여놓을 테고, 그렇게 되면 결국 식품 보험의 비용이 올라가기 시작할 것이다.

그리고 그렇게 식품 보험의 비용이 올라가면, 당연히 더 이상 식품 보험료를 내지 못하는 사람이 많아질 것이다. 그러면 진보주의자들은 (배려 기반에 자극을 받아) 새로운 정부 지원 사업을 마련해 빈민과 노인의 식품 보험료를 대신해서 충당해주라고 압박을 넣을 것이다. 그러나 정부가 한번 식료품 사업의 주요 구매자가 되어버리고 나면, 이제 마트와 식품 보험 산업에서는 정부 구매로 최대한 이익을 내는 것에 성공의 사활을 걸게 된다. 그러다 보면 우리도 모르는 사이 정부는 완두콩 통조림 하나를 30달러를 들여 구매하고 있을 것이고, 우리는 그렇게 한참 부풀려진 가격으로 이웃들에게 식료품을 사주기 위해 매달 꼬박꼬박 급여의 25퍼센트를 내야 하는 처지가 된다.

골드힐은 현재 미국인들이 바로 이런 일을 자초하고 있다고 이야기한다. 소비자가 더 이상 가격을 고려하지 않게 되어버리면, 즉 선택은 내가 하지만 그 비용은 항상 다른 누가 내주게 되면, 이러한 악순환은 계속 이어질 수밖에 없다. 단순히 전문가 패널들을 개입시켜 통조림 가격을 적정 수준으로 정하는 것은 문제의 근본적 해결책이 되지 못한다. 공급, 수요, 그리고 창의성을 하나로 결합시키는 방법, 그리하여 가급적 낮은 가격으로 의료 서비스가 제공될 수 있도록 하는 방법은 오로지 하나, 시장의 기능에 맡기는 수밖에는 없다.[65] 예를 들어 현재 의료 서비스 중에서도 라식 수술(레이저를 이용한 안과의외과 수술로 이 수술을 받으면 렌즈를 낄 필요가 없어진다)에는 공개 시장이 형성되어 있는 상태이다. 의사들은 고객을 유치하기 위해 서로 경쟁을 벌이는 상황이고, 이 수술은 보험이 적용되는 경우가 드물기 때문에 환자들은 수술 비용을 고려하지 않을 수 없다. 경쟁과 혁신이 이뤄진 끝에 현재 라식 수술의 가격은 그것이 의료계에 처음 도입되었을 때에 비해 거의 80퍼센트 정도나 내려간 상태이다(미국 외 다른 선진국에서는 의료 서비스 비용을 좀 더 성공적으로 통제해왔으나, 급격히 올라가는 의료비로 인해 국가 재정이 파탄에 이르기는 이들도 마찬가지이다.[66] 그러나 미국과 마찬가지로 이 선진국들 역시 부족한 재정을 메우기 위해 세금을 올리거나 의료 서비스를 줄일 정치적 뜻은 대체로 없어 보인다).

따라서 자유주의자들이 나서서 "자발적 질서"의 기적을 이야기할 때는, 또 그러한 질서가 사람들이 무엇을 자유롭게 선택할 수 있을 때(선택에 따르는 비용을 부담하는 것은 물론 그러한 선택의 이익을 향유할 수 있을 때) 나온다는 이야기를 할 때는, 우리 나머지 사람들은 분명 거기에 귀를 기울일 필요가 있다.[67] 진보주의자들은 때로 배려 기반과 연민에 자극받아 시장의 작용에 개입하려 하지만, 그랬다간 상상치도 못한 엄청난 폐해가 생겨날 수 있다(물론 앞서 말했듯이, **왜곡된** 시장을 바로잡으려면, 그럼으로써 시장이 올바로 기능하도록 하려면, 종종 정부의 개입이 필요한 것도 사실이다). 진보주의자들의 경우 정부가 수도 없이 많은 부분에서 힘을 써주기를 기대하지만, 사실 의료 서비스 경비 문제에서는 시장 이외에 다른 가능성은 모두 설 자리를 잃는다. 여러분은 미국의 지방, 주, 연방 정부가 지금 이 순간 파산 지경에 있다고 생각할지 모르지만, 앞으로 베이비 붐 세대가 모두 일자리에서 물러나고 나면 어떻게 될지 그때가 더욱 문제이다.

나는 때로 진보주의자들의 모습에서 아이러니를 느낄 때가 있다.

바른 마음

그들은 자연 세계의 설계나 적응에 대해서는 '지적 설계론'을 거부하고 다윈의 학설을 끌어안으면서도, 정작 경제 세계에서 이루어지는 설계와 적응에 대해서는 애덤 스미스(Adam Smith)의 설명을 받아들이지 않기 때문이다. 그러면서 이따금 사회주의 경제학자들의 '지적 설계론'을 선호하는 경향을 보이는데, 공리주의의 관점에서 보면 이 노선은 결국 재앙으로 끝맺고 마는 경우가 많다.[68]

두 번째 양 : 사회적 보수주의자에게 배울 점

밀의 도식에 따르면, 보수주의자들은 "질서와 안정을 추구하는 당파"에 속해 있다. 그렇기 때문에 이들은 대체로 "진보 혹은 개혁을 추구하는 당파"에서 변화를 실행하고자 할 때 거기에 저항하는 경향이 있다. 그러나 이런 용어로 정리해놓고 보면, 마치 보수주의자들은 시대 변화의 발목을 잡는 것은 물론 진보주의자들의 서사에 등장하는 "인간으로의 고상한 열망"을 억누르는 막무가내의 훼방꾼들인 것처럼 보일 수 있다.

이 보수주의자들을 좀 더 긍정적으로 바라볼 수 있는 방법이 있다. 보수주의자들은 다른 이들에 비해 도덕 매트릭스의 폭이 넓기 때문에, 도덕적 자본에 위협이 가해질 경우 진보주의자는 미처 인지하지 못해도 보수주의자는 그것을 감지해낼 수 있다. 보수주의라고 해서 모든 종류의 변화(이를테면 인터넷)에 반대하는 것은 아니다. 그러나 어떤 변화 때문에 우리 도덕성의 뼈대가 되는 제도나 전통(이를테면 가정)이 해를 입는다고 생각하면 보수주의자들은 거기에 맹렬히 맞서 싸운다. 도덕성의 근간이 되는 그러한 제도와 전통의 수호야말로 보수주의자가 가장 신성하게 생각하는 가치이다.

예를 들어, 역사가 새뮤얼 헌팅턴(Samuel Huntington)이 보수주의에 대해 언급한 것을 보면, 보수주의는 그것이 신성시하는 특정 제도(18세기 프랑스의 경우에는 군주제, 21세기 미국의 경우에는 헌법이 될 수 있겠다)를 통해서는 정의될 수 없다고 한다. 그보다 "보수주의 이데올로기는 사회 기반이 위협을 받는 순간에 기능한다는 특징이 있다. 어느 정도는 제도가 꼭 필요하고, 또 그런 제도로는 기존의 것이 바람직함을 사람들에게 환기시키는 것이다"라고 이야기했다.[69]

YourMorals.org에서의 연구 결과 우리는 사회적 보수주의자들이야말로 누구보다 폭넓은 도덕적 관심사를 가지고 있음은 물론, 이들이 여섯 가지의 기반 모두를 비교적 골고루 중시하고 있음을 알 수 있었다(〈도표 12-4〉 참조). 이 폭넓은 관심사(특히 충성심, 권위, 고귀함 기반에 비교적 높은 가치를 두는 것)는 보수주의자들로 하여금 일정한 통찰력을 갖게 해주는데, 뒤르켐식 공리주의 관점에서 볼 때 이러한 통찰력은 매우 소중한 것으로 여겨진다.

벌집을 망가뜨리면 벌도 죽는다

배타성은 진보주의자들이 무엇보다도 싫어하는 개념이다. 몇 년 전 한 강연에 참석했을 때 나는 한 철학 교수가 국가 개념의 정당성을 이렇게 꼬집는 것을 들을 수 있었다. "국가라는 건 지도 위에 임의로 선을 그어놓은 것에 지나지 않습니다. 누가 지도 위에 선을 죽 긋고

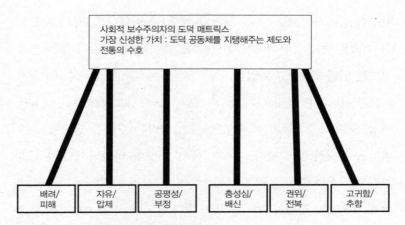

'이 선 안쪽에 있는 건 다 우리 거야. 그러니까 너희는 나가'라고 말
하는 것이지요." 강의를 듣던 사람들은 다 같이 그를 따라 웃음을 터
뜨렸다. 더구나 나는 최근 강의를 하면서 배타에 대한 이러한 혐오
감이 종교에도 똑같이 작용하고 있다는 것을 알 수 있었다. 종교라는
것이 사회 나머지 부분에 좋은 역할을 해줄 때가 많다고 내가 주장하
자 한 대학원생이 깜짝 놀라며 이렇게 말한 것이었다. "하지만 종교
는 하나같이 배타적인걸요!" 무슨 뜻으로 그런 말을 하는 것인지 묻
자 그녀가 대답했다. "그러니까 가톨릭교회 같은 경우 교리를 믿지
않는 사람은 받아들여 주지 않잖아요." 나는 그 여학생이 사뭇 진지
하게 그런 말을 하고 있다는 사실이 도무지 믿기지 않았다. 그래서
배타성으로 따지면 버지니아대 대학원이 가톨릭교회보다 더하지 않
느냐고 이야기했다. 대학원에서는 응시생 대부분을 탈락시켜버리니
까 말이다. 이를 주제로 논의가 오가는 도중 분명해진 것인데, 그 여

학생이 염려하는 것은 사실 차별의 희생자들이었다. 그중에서도 특히 수많은 종교 공동체에서 동성애자들을 받아들여 주지 않는 것을 그녀는 안타까워하고 있었다.

그런 이야기를 듣고 나자 왜 존 레넌(John Lennon)이 진보주의자들의 꿈을 하나로 담아 〈이매진(Imagine)〉이라는 명곡을 남겼는지 그 까닭을 이해할 것 같았다. 이 세상에서 그 모든 나라와 종교가 사라진다고 상상해보자. 우리를 갈라놓는 그 국경과 경계만 사라지면 세상은 "다 같이 하나가" 될 수 있을 테니 말이다. 진보주의자들은 그런 곳을 천국으로 꿈꾸지만, 보수주의자들은 그렇게 되었다간 세상은 순식간에 아비규환이 된다고 믿는다. 그리고 이 대목에서 뭘 좀 아는 것은 보수주의자 쪽인 것으로 보인다.

이 책 전반에 걸쳐 나는 인간이 대규모의 사회를 이룩한 것은 거의 기적에 가까운 일이었다고 주장했다. 그러면서 우리의 복잡한 도덕 심리가 어떻게 종교 및 기타 문화적 발명품(부족과 농경이 여기에 해당한다)과 공진화하여 오늘날의 우리에게까지 이르게 되었는지 그 모습을 보여주려고 노력했다. 그리고 더불어 우리 인간이 (집단선택을 비롯한) 다차원 선택의 산물임을, 나아가 '편파적 이타주의'가 일조하여 인간이 그토록 기막힌 팀플레이어의 면모를 보일 수 있음을 주장했다. 집단을 필요로 하고, 집단을 사랑하며, 집단 속에서 선한 모습을 발달시켜나가는 것이 우리 인간이다. 물론 이런 집단이 있으면 거기에 속하지 못한 외부자는 필히 배척당하게 되어 있다. 하지만 그렇다고 집단이나 내부 질서를 모조리 와해시켜버리면 그것은 내가 가진 도덕적 자본까지 바닥내 버리는 셈이 된다.

이 점을 잘 이해하고 있는 것이 바로 보수주의자들이다. 예를 들어 에드먼드 버크의 경우 1790년 다음과 같이 말했다.

어느 한곳에 애착을 갖는 것, 사회 안에서 우리가 속해 있는 그 조그만 소대를 사랑할 줄 아는 것, 이것이야말로 일반 대중을 사랑할 수 있는 첫 원칙이다(즉, 새싹이다). 이를 시작으로 해서 줄줄이 이어진 고리를 하나하나 거치면 우리는 차차 우리의 조국, 나아가 인류를 사랑하는 단계까지 나아갈 수 있다.[70]

애덤 스미스도 이와 비슷한 맥락에서 애국심과 편파성을 옹호하는 주장을 하는데, 이런 것들이 동력이 될 때에야 비로소 사람들은 개선의 여지가 있는 것들을 실제로 개선시키기 위해 분투하기 때문이다.

모종의 지혜가 어렵사리 인간의 애정 체계를 만들어냈을 때……그것은 아마도 그렇게 판단했던 듯하다. 인류가 이룬 위대한 사회의 이익이 가장 잘 증진되려면, 개개인의 주된 관심사가 사회의 특정 부분에 쏠려야 한다고, 즉 개개인의 능력과 이해심의 가장 많은 부분이 거기에 할애되어야 한다고 여겼다.[71]

많은 논의가 전개된 지금 우리는 이것이 곧 뒤르켐식 공리주의와 다르지 않다는 것을 알 수 있다. 공리주의는 공리주의이되 인간의 이 집단성을 잘 알고 있는 사람의 공리주의이다.

버크와 스미스의 말이 옳음은 로버트 퍼트넘의 풍부한 증거로도 입증되고 있다. 앞서 11장에서도 말했듯이, 종교가 미국인들을 "더 나은 이웃이자 시민"으로 만들어주고 있다는 사실이 퍼트넘의 연구를 통해 드러난 바 있다. 또 자신이 동료 종교인과의 관계에 단단히 얽혀 있다는 사실이 사람들을 더욱 선하게 만드는 데 적극적 역할을 한다는 그의 결론에 대해서도 우리는 이야기했다. 사실 무엇이든 사람들을 촘촘한 신뢰의 망 속에 엮어줄 수 있으면, 그것은 사람들을 덜 이기적인 존재로 만들어주는 역할을 한다.

한편 이보다 앞서 진행된 한 연구에서 퍼트넘은 민족이 다양할 경우 정반대의 효과가 난다는 것을 알 수 있었다. 〈에 플루리부스 우눔〉이라는 의미심장한 제목의 논문에서 그는 미국에 존재하는 수백 개 공동체의 사회적 자본 수준을 심층 조사했고, 그 결과 이민과 민족적 다양성 수준이 높으면 사회적 자본이 감소하는 것 같다는 사실을 알아냈다. 그건 당연한 일 아니냐고 여러분은 생각할지 모른다. 사람들은 인종차별적 성향을 갖고 있어서 자신과 모습이 다른 사람들은 신뢰하지 않으니까. 하지만 이는 그런 맥락의 이야기가 아니다. 퍼트넘은 설문 조사에서 사회적 자본을 다음의 두 가지로 분명히 구별해놓았다. 즉, 사회적 자본에는 서로 다른 집단 사이에 만들어지는 **연접 자본**(bridging capital)이 있는가 하면, 집단은 동일하지만 서로 다른 가치와 정체성을 가진 개인들을 묶어주는 **결속 자본**(bonding capital)이 있다. 퍼트넘은 민족적 다양성이 이 두 종류의 사회적 자본을 **모두** 감소시킨다는 사실을 알 수 있었다. 그는 다음과 같이 결론을 정리한다.

다양성으로 인해 초래되는 일은 내집단/외집단의 분열이 아니라, 아노미 혹은 사회적 고립이다. 쉽게 말해 다양한 민족이 뒤섞여 있는 환경 속의 사람들은 거북이가 등껍질 속으로 숨어들듯 밖으로 나오지 못하고 '움츠러드는' 모습을 보인다.

퍼트넘은 여기서 뒤르켐의 사상(이를테면 아노미의 개념)을 활용해 왜 다양성이 존재하면 사람들이 안으로만 파고들며 더 이기적이 되는지, 그래서 자신이 속한 공동체의 일에는 별반 관심을 안 가지게 되는지 그 이유를 설명하고 있다. 여기서 퍼트넘이 말하는 거북이의 은둔성은 내가 앞에서부터 줄곧 이야기해왔던 꿀벌의 군집성과 정반대되는 개념이다.

진보주의자들은 압제당하고 소외당하는 이들을 대변하고자 한다. 또 사람들 사이에 자라난 임의의 장벽(인종에 근거한 장벽과 최근 들어서는 성적 성향에 근거한 장벽)을 허물기 위해서도 싸움을 벌인다. 그러나 희생자를 도우려는 열의는 좋지만 그것이 충성심, 권위, 고귀함 기반은 별로 중시하지 않다 보니, 진보주의자들이 밀어붙이는 변화는 집단·전통·제도·도덕적 자본을 약화시키는 경우가 많다. 예를 들어 1960년대에 진보주의자들은 도심 빈민을 돕고자 하는 일환으로 복지 프로그램을 만들었으나, 이 정책으로 인해 결혼의 가치가 감소하고 동시에 혼외 출산 비율이 늘면서 아프리카계 미국 가정의 토대는 오히려 약화되었다.[72] 또 1970년대에 학생의 권한을 강화시킨다는 명목으로 교사와 학교를 상대로 소송을 걸 수 있는 권리를 학생들에게 주었는데, 이 역시 학교에 무질서한 환경을 조성하는 결과를 낳았고 그로 인한 가장 큰 피해자는 빈민이었다.[73] 1980년대 들어서는 라틴아메리카계 이민자를 돕기 위한 노력으로 다문화 교육 프로그램을 만들었으나, 이는 미국인 사이의 공통된 가치와 정체성을 강조하기보다 오히려 서로의 차이를 부각시키는 쪽으로 이루어졌다. 차이가 부각되면 사람들은 더 인종차별적 경향을 띠지, 그 경향이 줄지는 않는다.[74]

이러저러한 사회적 이슈들을 논의할 때 진보주의자들은 벌집의 어느 한곳(즉, 도움이 절실히 필요한 이들)만을 도우려는 듯한 모습이다. 설령 그러한 노력이 벌집 전체에 타격을 준다고 해도 말이다. 그러나 그러한 '개혁'은 사회 전반의 복지 수준을 오히려 낮추는 수가 있고, 때로는 그 피해가 그들이 그렇게 돕고자 했던 압제당하고 소외받는 이들에게 갈 수도 있다.

보다 교양 있는 정치를 향하여

음과 양이 서로 상반되는 두 개념으로 처음 이야기된 곳은 고대 중국으로, 예로부터 중국은 집단의 조화를 중시하는 경향이 있었다. 그러나 일신론 사상의 발원지 중동에서는 그런 균형의 상징보다 전쟁의 상징을 더 흔히 접할 수 있었다. 그 예로 3세기에 활동한 페르시아 예언자 마니(Mani)의 설교에 따르면, 눈앞의 이 현실계는 빛의 힘(절대선)과 어둠의 힘(절대악)이 대결을 벌이는 전쟁터이다. 이 싸움의 선봉에 선 것이 인간이고, 인간은 선과 악 둘 모두를 지녔으나, 반드시 둘 중 어느 하나를 택한 후 그 편이 이기도록 싸워나가야만 한다.

마니의 이러한 교설은 결국 마니교로 발전했고, 마니교는 중동 전역으로 퍼져나가 서양의 사상에까지 영향을 미쳤다. 만일 우리가 이러한 마니교의 방식에 따라 정치를 생각한다면, 타협은 곧 죄를 짓는 것이나 다름없다. 신과 악마가 서로 손잡고 공동성명을 발표하는 일은 좀처럼 없으니, 우리 역시 그래서는 안 되는 것이다.

1990년대 초 이래로 미국 정치 계층의 모습을 보면, 워싱턴 정가를 필두로 하여 여러 주도(州都)까지 차례로 이러한 마니교 사상과 훨씬 더 닮은꼴이 된 형국이다. 그러다 보니 서로에 대한 악감정과 미결 안건만 쌓이고, 초당적 해법을 내놓을 수 있는 여지는 줄어들고 말았다. 이 상황을 우리는 어찌해야 할까? 이와 관련해 여러 조직과 단체에서는 국회의원과 시민이 다 같이 "교양 서약(civility pledge)"이라는 것을 하여 "좀 더 교양을 갖추는" 한편 "모든 이를 긍정적인 면에서" 바라보자고 촉구해왔다. 하지만 이런 식의 서약이 과연 통할지 나로서는 의문이다. 기수가 이런 서약에 얼마든지 서명한다 해도, 그 구속력이 코끼리에게까지 미치지는 않을 것이기 때문이다.

우리가 이 난국을 빠져나가려면, 심리학자와 정치학자가 서로 합심해 변화의 방법을 찾아내는 수밖에 없다고 나는 생각한다. 마니교식의 이분법을 간접적으로 희석시킬 수 있는 그런 방법을 말이다. 2007년 내가 프린스턴 대학에서 콘퍼런스를 개최한 것도 바로 그런 맥락에서였다. 우리는 콘퍼런스를 통해서, 오늘날 미국에서 진행되고 있는 양극화가 상당 부분 불가피한 것임을 알 수 있었다. 1964년 린든 존슨(Lyndon Johnson)이 민권법(Civil Rights Act : 인종·피부색·종교·국적에 기초한 차별을 철폐하기 위한 미국의 포괄적인 입법—옮긴이)을 통과시킨 것을 기점으로 하여 미국의 정치 판도는 일대 재편을 맞았고, 그에 따라 자연스레 양극화가 이어졌던 것이다. 그 전만 해도 남부 주들은 민주당의 확고한 지지 세력이었으나(링컨이 공화당이었기 때문에), 법안 통과를 계기로 하나둘 등을 돌려 민주당을 떠나기 시작했다. 그리하여 1990년대에는 공화당의 확고한 지지 세력으로 탈바꿈해 있었다. 이런 식의 재편이 있기 전에는 민주당에는 보수 세력이, 그리고 공화당에는 진보 세력이 어느 정도 있었기 때문에, 중요한 입법 현안이 있으면 그것을 처리하기 위해 초당적인 파를 구축하기가 더 쉬웠다. 그러나 재편이 있은 후로 양당에서는 더 이상 겹치는 부분을 찾아볼 수 없게 되었다. 지금은 아무리 진보적인 공화당 의원도 민주당의 제일 보수적인 의원에 비하면 더 보수적인 것이 보통이다. 게다가 양당이 오로지 하나씩의 이데올로기만 내걸면서(즉, 한쪽은 진보 정당을 다른 한쪽은 보수 정당을 표방하면서) 미국 정치에는 마니교적 분위기가 한층 짙어질 수밖에 없었다.[75]

　　그러나 손쓸 수 없게 되어버린 면도 있었지만, 예전 상황으로 돌려 놓을 수 있는 요소들도 있음을 우리는 발견할 수 있었다. 콘퍼런스에서 단연 압권은 아이오와 주의 전임 공화당 의원 짐 리치(Jim Leach)의 발표가 있던 대목으로, 그는 1995년부터 있었던 일련의 변화를 설명해 주었다. 당시 신임 하원의장이던 뉴트 깅리치(Newt Gingrich)는 국회에 입성 예정인 공화당 의원들에게 이제부터는 배우자와 자녀를 위싱턴에 데리고 오기보다 그냥 고향에 두고 올 것을 권했다. 1995년 이전에는 주말이면 의원들이 민주당 공화당 할 것 없이 똑같은 사회적 행사에 참여하곤 했다. 또 배우자들끼리 서로 친구가 되는 일이 다반사였고, 아이들은 같은 스포츠 팀에서 뛰며 서로 호흡을 맞추었다. 그러나 요즈음은 의원 대부분이 월요일 밤에 비행기에 올라타 워싱턴으로 날아오는 실정이다. 그렇게 워싱턴에 오면 자기편 사람들하고만 무리 지어 지내며 사흘 내내 상대편과 싸움을 벌인다. 그러고 나서 목요일 밤이 되면 다시 비행기에 올라타 집으로 돌아가는 식이다. 이렇게 양당 의원들 사이의 우정이 종적을 감추면서, 그 대신 마니교적 분위기와 초토화식 정치술이 득세하게 되었다.

앞으로 어떻게 미국인들이 국회의원을 설득해 다시 가족을 워싱턴으로 데려오게 할 수 있을지 그 방법은 나도 잘 모르겠다. 또 요즘처럼 분위기가 험악해질 대로 험악해진 상황에서 그런 변화를 일으킨다고 과연 양당 의원들 사이에 우정이 되살아날지도 의문이다. 하지만 우리는 이것이 간접적 변화의 한 예임을, 나아가 이것이 만에 하나라도 코끼리를 변화시켜줄 수 있음을 알아야 한다.[76] 알다시피 인간에게는 직관이 먼저이다. 따라서 무엇이 우리에게 더 긍정적인 사회적 유대를 키워주려면, 그것은 반드시 우리의 직관을 바꿔줄 수 있는 것이어야 하고, 거기서 한발 더 나아가 우리의 추론 능력과 행동에까지 영향을 미칠 수 있어야 한다. 오늘날의 마니교적 분위기를 희석시킬 수 있는 기타 구조적 변화로는, 주요 선거의 진행 방식을 바꾸는 것, 선거구 구획 방식에 변화를 주는 것, 선거전에서 후보들의 자금 모집 방법을 변경하는 것 등이 있다(www.CivilPolitics.org에 가면 치유책이 될 수 있는 모든 방법의 목록을 일일이 확인해볼 수 있다).

사실 이는 정치인들에게만 국한되는 문제가 아니다. 첨단 기술이 발달하고 거주 패턴이 바뀌면서, 일반인 역시 마음 맞는 개인끼리 모여 그들하고만 사는 것이 가능해졌기 때문이다. 예를 들어 1976년만 해도 '표밭 카운티'(민주당이든 보수당이든 어느 한쪽이 20퍼센트 이상의 표차로 이기는 카운티) 거주자는 전체 미국인 중 단 27퍼센트에 불과했다. 그러나 그 비율은 차츰 늘기 시작하더니 2008년이 되자 표밭 카운티 거주자가 전체 미국인의 무려 48퍼센트를 차지하게 되었다.[77] 우리 미국은 카운티는 물론 소도시까지도 각자 "라이프스타일이 같은 소수 집단의 집단 거주지"로 분리되고 있는 형국이다. 이런 곳에서는 사람들이 같은 후보에게 표를 던지는 것은 물론, 사람들이 먹는 음식, 하는 일, 숭배하는 종교까지 점점 똑같아진다. 예를 들어 내가 시장을 볼 때 으레 들르는 곳이 홀 푸드(Whole Foods) 상점이라면, 내가 사는 주는 버락 오바마에게 표를 던질 확률이 89퍼센트에 이른다. 이와 반대로 공화당원들을 좀 찾아야 할 때에는, 크래커 배럴(Cracker Barrel) 식당 체인이 있는 곳에 가면 된다(이 체인이 있는 카운티에서는 매케인에게 표를 던질 확률이 62퍼센트였다).[78]

도덕은 사람들을 뭉치게도 하고 눈멀게도 한다. 이는 상대편에게만 해당되는 이야기가 아니다. 사람이면 누구나 부족과 같은 도덕 공동체 속에 빨려 들어가게 되어 있다. 그리고 그곳에 들어가서는 신성한 가치를 빙 둘러싸고 다 같이 힘을 합쳐 왜 우리가 백번 옳고 저들은 백번 그른지 사후 논변을 지어낸다. 그러면서 상대방은 눈이 멀어 진실·합리성·과학·상식을 못 본다고 여긴다. 그러나 알고 보면 신성한 대상을 이야기하는 순간 눈이 멀기는 모두가 마찬가지이다.

따라서 상대편을 이해하고 싶다면, **그쪽에서 신성시하는 것을 따라**

가 보면 된다. 그러려면 첫걸음으로 여섯 가지의 도덕성 기반을 떠올려보고, 그중 해당 논쟁에서 가장 중시되고 있는 기반 한두 개를 찾아낸다. 더불어 여러분이 진정 마음을 열고 싶다면 머리가 아닌 가슴을 먼저 열어야 한다. '상대편'의 누구와 한 번이라도 우정 어린 만남을 갖고 나면, 어느덧 상대편의 말에 귀 기울이기가 훨씬 쉬워졌음을 알 수 있게 될 테고, 그러면 심지어 논쟁거리를 전혀 새로운 차원에서 바라보는 수도 있다. 이렇게 되면 여전히 의견은 하나로 모으지 못한다 해도, 어느 한쪽은 옳고 한쪽은 그르다는 마니교식 이분법을 떠나 서로를 더 존중하는 건설적인 음양의 관계로 발전해나갈 수 있을 것이다.

12장 요약

사람들은 무엇을 자기 이데올로기로 삼을 때 아무것이나 고르지는 않으며, 자기 주변에 있는 사상에 물들어 이데올로기를 갖는 것도 아니다. 어떤 사람이 미리부터 진보주의자의 성향(운명까지는 아니라도)을 갖는 것은, 그런 뇌를 가졌기 때문이다. 즉, 모종의 유전자 조합으로 말미암아 그의 뇌는 신기함·다양성 등에는 특별한 만족을 느끼고, 그와 동시에 위협의 신호에는 덜 민감하게 만들어져 있다. 그래서 이들의 삶에서 발달하는 특정한 "성격적 적응"과 "삶의 서사"는 무의식적으로, 그리고 직관적으로 좌파 정치 운동의 장대한 서사(이를테면 진보주의자들의 사회 개선 시나리오)를 연상시키게 되어 있다. 한편 또 다른 유전자 조합으로 말미암아 정반대 구성의 뇌를 갖는 사람은 역시 같은 이유로 인해 보수주의 성향을 미리부터 갖게 되고, 그들의 삶은 우파의 장대 서사(이를테면 레이건의 서사)를 연상시킨다.

정치의 어느 한쪽에 일단 발을 들이고 나면, 사람들은 그 안의 도덕 매트릭스에 갇혀 거기서 좀처럼 헤어나지 못한다. 사람들은 어디를 가나 자신이 품은 장대한 서사가 옳다고 확신하며, 따라서 그 매트릭스 바깥에서 논쟁을 벌여서는 그들이 틀렸다고 이해시키기가 무척 힘들어진다(아마도 불가능할 것이다). 12장에서 나는 보수주의자가 진보주의자를 이해하는 것보다는 진보주의자가 보수주의자를 이해하는 일이 더 어려운 것 같다고 이야기했다. 진보주의자의 경우 충성심·권위·고귀함 기반을 도덕성과 관련시켜 이해하는 것을 더 어려워하는 경향이 있다. 그뿐만 아니라 이번 장에서 나는 도덕적 자본이라는 것을 도덕 공동체를 지탱시키는 자원이라고 정의했는데, 특히 진보주의자들은 이 도덕적 자본의 존재를 잘 인지하지 못하는 경우가 많다.

또 나는 12장에서 진보와 보수가 음과 양의 관계일 수 있음을 이야기했다. 존 스튜어트 밀의 표현대로, "건강한 정치적 삶에는 이 둘 모두가 필요한" 것이다. 진보주의자들은 배려의 전문가들이다. 기존의 사회 여건 속에서 희생당하는 이들을 진보주의자들은 남들에 비해 잘 알아보는 경향이 있으며, 따라서 그러한 여건을 개선시키는 것은 물론 새로운 여건을 만들어내야 한다고 지속적으로 압박을 넣는다. 진보주의자의 한 사람인 로버트 F. 케네디(Robert F. Kennedy)는 이렇게 말하기도 했다. "세상에는 자기 눈앞의 일들을 바라보며 현실은 왜 이럴까 하고 탄식하는 이들이 있습니다. 반면에 저는 이제까지 한 번도 일어난 적 없는 일들을 꿈꿉니다. 그리고 이렇게 묻지요. 왜 그렇게 되면 안 되지?" 12장에서 나는 진보주의자들이 이런 도덕 매트릭스를 가진 덕분에 (내가 보기에) 건강한 사회를 이루는 데 없어서는 안 될 논점 두 가지를 확보하고 있음을 보여주었다. (1) 정부는 회사라는 초개체를 제약할 수 있고, 또 제약해야만 한다. (2) 실제로 몇몇 중요 문제는 규제를 통해 해결이 가능하다.

20세기 초 이래 진보주의 개혁 운동은 미국과 유럽에 막강한 영향력을 끼쳐왔으나 자유주의자들(자유를 신성시하는 이들)과 사회적 보수주의자들은 이러한 움직임에 균형추로서의 역할을 막중하게 수행해왔으니, 나는 그들의 모습도 12장에서 아울러 설명했다. 자유주의자의 주장에서 옳은 대목은 시장이 기적을 일으킨다는 점이라고 했고(외부 효과 등 시장에서 발생하는 여타 문제들이 해결될 수 있을 때에만), 사회적 보수주의자의 주장에서 옳은 대목은 벌집을 망가뜨려서는 벌에게 도움이 되지 않는다는 점이라고 했다.

마지막으로, 현재 미국 정치계는 마니교적 분위기가 날로 더해가는바, 단순히 서약에 서명하거나 나아지겠다고 다짐하는 것으로는 이 문제가 해결되지 않을 것이라고 이야기했다. 우리의 정치가 좀더 교양을 갖출 수 있으려면, 정치인 선출 절차에 변화를 줄 방법은 물론 정치인들이 상호작용하는 제도와 환경을 변화시킬 방법도 찾아야 할 것이다.

도덕은 사람들을 뭉치게도 하고 눈멀게도 한다. 도덕이 우리를 뭉치게 한다는 것은 결국 각자의 이데올로기를 내걸고 편을 갈라 싸우게 한다는 뜻이다. 그렇게 편이 나뉘면 우리는 매 싸움에 이 세상의 운명이라도 걸린 듯이 서로 이를 악물고 싸운다. 도덕이 우리를 눈멀게 한다는 것은 결국 우리가 엄연히 존재하는 사실을 보지 못하게 된다는 뜻이다. 각 편에는 저마다 좋은 사람들이 있고, 그들 이야기 중에는 뭔가 귀담아들을 것도 있다는 사실을 말이다.

바른 마음

이 책에서 나는 여러분과 함께 마치 여행이라도 하듯이 인간의 본성과 인간의 역사를 한 바퀴 죽 둘러보았다. 그러면서 정치와 종교는 물론, 이 지구를 지배하기까지 인간이 이룬 그 기막힌 약진을 이해할 때 (내가 제일 좋아하는 연구 주제인) 도덕심리학을 핵심 열쇠로 사용할 수 있음을 보여주려고 했다. 그러나 이 한 번의 여행에 너무 많은 구경거리를 몰아넣은 것은 아닌가 싶어, 책을 마무리하며 그중 제일 중요했던 점 몇 가지를 짚고 넘어가려고 한다.

이 책 1부에서 내가 꺼내놓은 도덕심리학의 첫 번째 원칙은, "**직관이 먼저이고 전략적 추론은 그다음이다**"라는 것이었다. 여기서 나는 사회적 직관주의자 모델이 어떻게 만들어졌는지 그 과정을 설명하는 한편, 그 모델을 가지고 "합리주의자의 망상"에 대해서도 이의를 제기해보았다. 이 부분에서 우리에게 큰 힘이 되었던 영웅은 데이비드 흄(우리를 합리주의에서 끌어내 직관주의로 들어서게 했다는 점에서)과 글라우콘(도덕 질서가 형성되는 데에서 평판을 비롯한 기타 외적인 제약이 무엇보다 중요함을 보여주었다는 점에서)이었다.

나는 여러분이 이 대목에서 얻었을 자신의(그리고 주변 모든 이의) 이미지를 여행이 끝난 후에도 집에까지 가져갔으면 한다. 엄청난 덩치의 코끼리가 한 마리 있고 그 위에 작은 기수가 올라타 있는 모습을 말이다. 이러한 이미지를 머릿속에 간직하게 되면 앞으로 여러분은 남을 대할 때 좀 더 인내심을 가질 수 있다. 나 자신부터 말도 안 되는 사후 논변을 지어내는 것을 알아채고부터는, 내가 아무리 상대방 주장을 손쉽게 논박할 수 있다 해도 이제 그것을 선뜻 무시하고 나서지는 못할 테니까. 도덕심리학에서 말하는 행위는 사실 무엇이 옳다는 기수의 선언에 있지 않다.

여행의 두 번째 대목에서 우리가 살펴본 것은 도덕심리학의 두 번째 원칙, 즉 "**도덕성은 단순히 피해와 공평성 차원에만 국한되지 않는다**"라는 것이었다. 여기서는 내가 인도에 머물렀을 때의 일화를 소개하면서, 그 일로 인해 내가 스스로의 도덕 매트릭스를 벗어나 다른 도덕적 관심사에 눈을 돌릴 수 있었음을 이야기했다. 바른 마음을 여섯 가지 미각을 가진 혀에 비유한 것도 이 부분이었다. 또 도덕성 기반 이론을 제시하는 것과 함께, 동료들과 힘을 합쳐 YourMorals. org에서 진보주의자와 보수주의자를 연구한 내용도 소개했다. 이 대목의 영웅들은 리처드 슈웨더(우리로 하여금 도덕 영역을 넓히고 그것을 더 잘 이해하게 했다는 점에서)와 에밀 뒤르켐(사람들, 특히 사회적 보수주의자들이 왜 충성심·권위·고귀함의 연대 기반을 중시하는지 우리에게 설명해주었다는 점에서)이었다.

이 대목에서 나는 여러분이 여행의 기념품으로 도덕성 일신론자에 대한 의구심을 챙겨 갔으면 한다. 만일 누가 모든 사람, 모든 시대, 모든 장소에는 단 한 가지의 진정한 도덕성이 적용된다고 주장한다면, 그는 필히 조심해야 할 사람이다. 더구나 그 도덕성이 단 한 가지의 도덕성 기반에만 의지한다고 말할 경우 특히 더 조심해야 한다. 인간 사회는 복잡한 곳이다. 인간이 수없이 다양한 욕구와 과제를 지닌 존재이기 때문이다. 물론 우리가 도덕성의 여섯 가지 기반을 모두 사용할 필요가 있는 것은 아니며, 개중에는 단 하나의 도덕성 기반으로도 충분히 번성할 수 있는 조직이나 소(小)문화도 분명 존재할 것이다. 그러나 사회나 시대를 막론하고 모든 사람이 단 하나의 특정 매트릭스(도덕성 기반이 한 가지의 특정 방식으로 배열된)만 이용해야 한다고 말하는 사람이 있다면, 그는 어떤 식으로든 근본주의자라고 하지 않을 수 없다.

세계에 존재하는 도덕적 다양성, 그리고 그것을 어떻게 이해해야 할 것인가는 철학자 이사야 벌린(Isaiah Berlin)이 그 답을 찾기 위해 평생 동안 씨름해온 문제이다. 벌린은 도덕적 상대주의를 단호히 거부하는 입장이다.

나는 상대주의자가 아니다. 그래서 이런 식으로 말하는 일은 없다. "나는 커피에 우유 넣는 걸 좋아하지만 당신은 빼는 걸 좋아하지요. 그렇듯이 내가 따뜻한 심성을 선호해도 당신은 강제수용소를 선호할 수 있어요." 이 말은 곧 우리에게는 저마다 중시하는 가치가 따로 있고, 그 가치는 다

른 무엇에 침해되거나 통합될 수 없다는 뜻이다. 이러한 생각을 나는 틀렸다고 본다.[1]

그 대신 벌린은 다원주의에 대한 지지를 표하는데, 그것을 정당화하는 내용을 보면 다음과 같다.

> 문화와 기질이 여러 가지로 존재하듯이, 이 세상에는 본보기가 되는 이상(理想)도 여러 가지로 존재한다는 결론에 나는 이르게 되었다. ……[가치라는 것은] 무한정 존재하지는 않는다. 인간적인 가치들, 그러니까 내가 인간 본연의 외관과 성격을 유지한 채 추구할 수 있는 가치는 그 수가 한정되어 있다. 그것은 74개일 수도 있고, 혹은 122개일 수도 있으며, 혹은 27개일 수도 있으나, 그 개수가 어떻든 한정적인 것만은 사실이다. 그리고 이러한 다원주의의 중요한 특징은 바로, **어떤 이가 그러한 가치 중 하나를 추구할 때 나는 그 가치를 따르지 않는다 해도 왜 그 사람이 그 가치를 따르는지 이해할 수 있다**는 점이다. 즉, 그가 처한 상황에서라면 나 역시 그 가치를 따르게 될 것임을 인정할 수 있다. 바로 여기서부터 인간적 이해의 가능성이 싹튼다.[2]

여행의 세 번째 대목에서는 "**도덕은 사람들을 뭉치게도 하고 눈멀게도 한다**"라는 원칙을 제시했다. 우리 인간은 다차원 선택으로 만들어지는바, 그 때문에 **호모 듀플렉스**의 특성을 갖게 되었다. 즉, 우리는 이기적인 동시에 이집단적이다. 우리의 본성은 90퍼센트는 침팬지와 비슷하지만, 나머지 10퍼센트는 벌과 비슷하다. 또 이 대목에서 나는 우리 인간이 지금까지 진화해온 역사에 종교가 매우 중대한 역할을 했을 가능성을 이야기했다. 우리의 종교적인 마음이 우리의 종교적인 관습과 공진화한 결과, 이 땅에는 사상 최대의 도덕 공동체가 만들어질 수 있었고, 이러한 현상은 농경이 등장한 이래 특히 두드러졌다. 이와 함께 나는 사람들 사이에 어떻게 정치적 분파가 생기게 되었는지 설명하는 한편, 왜 일부 사람들은 좌파에 쏠리고 일부는 우파에 쏠리게 되는지 설명했다. 이 대목에서 영웅으로 등장한 이들은 찰스 다윈(다차원 선택의 개념은 물론 진화 이론 자체를 내놓았다는 점에서)과 에밀 뒤르켐(우리가 **호모 듀플렉스**이며, 우리의 본성 중에는 집단선택에 의해 굳어지는 것도 있을 수 있음을 보여주었다는 점에서)이었다.

여행의 이 마지막 대목에서 여러분이 집으로 가져갔으면 하는 것은, 우리 뒤통수 어딘가에 있을 조그만 혹의 이미지이다. 피부만 한 겹 들춰내면 바로 보이는 그 군집 스위치는 언제든 켜질 순간만을 기다리고 있다. 지금까지 50년의 세월 동안 우리는 인간이란 본래 이기적 존재라는 이야기를 늘 들었다. 텔레비전 리얼리티 쇼 프로그램에서는 지금도 인간의 가장 추악한 모습을 보여주며 우리를 몸서리치게 한다. 심지어 어떤 이들은 여자가 강간당할 위기에 처하면 "불이야" 하고 소리를 질러야 한다고 믿는다. 사람은 누구나 이기적이기 때문에, 자기의 목숨이 걸린 일이 아니고는 밖에 나와 무슨 일이 있나 살펴볼 일이 없기 때문이다.[3]

아니, 그렇지는 않다. 우리가 깨어 있는 시간 대부분을 자신의 이익을 늘려가는 데 쓴다는 건 사실일 수 있겠지만, 그럼에도 우리 모두에게는 분명 개인의 이익을 초월해 그저 전체의 일부가 되는 능력

"지금 엄마와 아빠가 왜 떨어져 앉았느냐 하면,
이 아빠는 어떻게 하는 것이 우리나라에 제일 좋은 일일지를 생각하는
반면에 네 엄마는 그렇지 않기 때문이란다."

사람들이 왜 정치 때문에 서로 편이 갈리는지에 대한 마니교식의 설명

도 있기 때문이다. 이는 단순히 능력이 아니라 일종의 관문으로, 그
곳을 거칠 때 우리는 비로소 삶에서 제일 소중하게 간직될 그 숱한
경험을 만날 수 있다.

이 책에서는 사람들이 왜 정치와 종교 때문에 서로 이편저편으로
나뉘는지 그 이유를 설명하려고 했다. 그 답은 마니교에서 이야기하
는 것과는 달리, 어떤 사람은 선하고 어떤 사람은 악해서가 아니다.
그보다는 우리의 마음이 집단적 바름을 추구하도록 만들어져 있기

때문이라는 것이 이 책의 답이었다. 우리 인간은 지극히 직관적인 생물체로서, 우리의 전략적 추론 능력도 사실은 직감에 따라 움직인다. 그러다 보니 나와 다른 매트릭스의 사람들을 만나면, 더구나 그런 이들의 도덕 매트릭스는 우리의 것과는 다른 식으로 배열된 도덕성 기반에 의지하고 있는 때가 많기 때문에, 그들과 연결된다는 것이 쉬운 일은 아니다(그러나 불가능한 일도 아니다).

그러니만큼 이다음에 옆자리에 나와 다른 매트릭스의 사람이 앉게 된다면, 그때는 한번 연결을 시도해보자. 하지만 그 사람의 매트릭스로 곧장 뛰어들려고 해서는 안 된다. 또 몇 가지 공통점이 발견되거나 어떤 식으로든 약간의 신뢰가 생기기 전까지는 도덕성의 문제를 꺼내 들어서도 안 된다. 그러다가 시의적절하게 도덕성 관련된 이슈를 무사히 꺼냈다 싶으면, 그때는 다른 것보다 먼저 그 사람의 입장을 얼마간 추어주고 그에 대해 진정한 관심을 표한다.

우리는 어차피 한동안은 이 땅에 다 같이 발붙이고 살아가야 한다. 그러니 서로 잘 지낼 수 있게 함께 노력해보자.

옛날 새러 앨거(Sara Algoe)가 내 밑에서 대학원생으로 공부하던 시절, 그녀는 나에게 한 가지 가르침을 주었다. 누구에게 감사 인사를 한다고 해서 내 빚이 청산되거나 통장 잔고가 채워지는 건 아니지만, 그것이 인맥만은 단단히 다져준다는 점이다. 더구나 공개적 자리가 있으면 고마운 이들을 언급하여 그들에게 영예를 돌리고 싶은 게 당연한 마음일 것이다. 나에게는 단단히 다져야 할 인맥만도 한둘이 아닐뿐더러, 이 책을 만들기까지 도움을 준 데 대해 영예를 안기고 싶은 이도 한둘이 아니다.

먼저 내가 도덕성에 관련된 사고를 정립하기까지 가르침을 주신 다섯 분의 교수님들께 감사를 전한다. 존 마틴 피셔(John Martin Fischer) 교수님과 조너선 배런 교수님, 이 두 분의 열정이 있었기에 나는 도덕성 연구라는 분야에 발을 들일 수 있었다. 폴 로진 교수님은 구토감·음식·순결의 심리를 공부하도록 나를 이끌어주셨고, 더불어 일반심리학을 공부하는 것이 얼마나 재밌는 일인지도 몸소 보여주셨다. 앨런 피스크 교수님은 문화·인지·진화를 동시에 바라볼 수 있게끔 나를 깨우쳐주셨고, 사회학자답게 사고하는 것이 무엇인지도 보여주셨다. 리처드 슈웨더 교수님은 모든 문화는 나름대로 인간의 잠재력을 최고로 발휘시키는 부분이 있음을 일깨워주셨다. 좀처럼 열리지 않던 내 마음의 문을 열어 나를 상대주의자가 아닌 다원주의자의 길로 이끌어주신 것도 슈웨더 교수님이었다. 이 책의 도덕성 기반 이론은 피스크 교수님의 관계 모델 이론(Relational Models Theory)에도 의지하고 있지만, 슈웨더 교수님의 "세 가지 윤리"에 의지하고 있는 부분이 많다.

다음으로는 나와 동고동락하는 YourMorals.org의 우리 연구 동아리, 피트 디토, 제시 그레이엄, 라비 이어, 세나 콜레바, 매트 모틸(Matt Motyl), 션 보이치크(Sean Wojcik)에게 고마운 마음을 전하는 바이다. 우리 팀은 하나로 뭉치면 90퍼센트는 벌, 10퍼센트는 침팬지의 모드로 들어간다. 함께 힘을 합치는 것이 우리에게는 무엇보다 즐거운 일이었고, 그러한 협력 작업에서는 늘 애초 기대를 훨씬 뛰어넘는 성과가 나왔다. 나중에 들어온 YourMorals의 식구들에게도 감사를 전한다. 이 책의 도덕성 기반 이론은 그 식구 중 하나인 크레이그 조지프와의 합작품이다. 브라이언 노섹은 우리 연구가 계속 굴러가게 해준 것은 물론 우리 연구에 통계적 엄격함을 부여해주었으며, 우리가 전환점을 맞을 때마다 매번 아이디어와 전문성을 제공해주었다. 게리 셔먼(Gary Sherman)은 "데이터 위스퍼러(data whisperer)"

라는 말이 무색하지 않은 사람이다. 지금 우리의 데이터는 그 양이 너무도 방대해져 거의 의식이 생기지 않았을까 싶을 정도인데, 셔먼은 그 안에서 무엇보다 놀라운 관계성을 찾아내는 능력을 갖고 있다.

미국의 심리학 대학 중에서도 협동성이 뛰어나기로 유명한 버지니아 대학에 내가 터를 잡을 수 있었던 것은 행운이었다. 덕분에 제리 클로어, 짐 코언(Jim Coan), 벤 컨버스(Ben Converse), 주디 들로치(Judy DeLoache), 제이미 모리스, 시게 오이시(Shige Oishi), 바비 스펠먼(Bobbie Spellman), 소피 트라월터(Sophie Trawalter), 팀 윌슨(Tim Wilson) 같은 이들과 더없이 귀중한 인연을 맺을 수 있었으니까. 탁월한 재능을 가진 수많은 대학원생을 만난 것도 내게는 행운이었다. 이들은 책의 갖가지 아이디어가 만들어져 나오는 데 도움을 준 것은 물론 각 장의 내용에 대해 나와 토론하고 논쟁을 벌여주었다. 새러 앨거, 베커 프레이저(Becca Frazier), 제시 그레이엄, 칼리 호킨스(Car-lee Hawkins), 셀린 케세비르(Selin Kesebir), 제시 클루버(Jesse Kluver), 캘빈 라이(Calvin Lai), 니콜 린드너(Nicole Lindner), 매트 모틸, 패트릭 세더(Patrick Seder), 토머스 탤헬름(Thomas Talhelm)에게 고마움을 전한다. 학부생들인 스콧 머피(Scott Murphy), 크리스 오바이스(Chris Oveis), 젠 실버스(Jen Silvers) 역시 내가 생각을 정리하는 데 일조해주었다는 점에서 고마움을 전한다.

뉴욕 대학 스턴 경영대학원의 동료들에게도 고마움을 느끼고 있다. 피터 헨리(Peter Henry) 학장, 잉고 월터(Ingo Walter), 브루스 뷰캐넌(Bruce Buchanan)은 2011년 7월 내가 그곳에 객원교수로 갔을 때 무척이나 환대해주었다. 스턴 대학원에 머무는 동안 나는 이 책을 마무리 지을 시간을 가질 수 있었고, 또한 학교의 주선으로 주변의 훌륭한 동료들을 많이 만날 수 있었다. 이들에게서는 지금도 경제 윤리에 대한 가르침을 계속 얻는 중이다(기회만 주어진다면 나중에 이 분야에 도덕심리학을 적용해보고 싶다는 바람이 있다).

초고 전체를 읽어주고 상세하게 논평해준 친구와 동료도 수없이 많다. YourMorals 연구 팀은 물론, 폴 블룸, 테드 캐드스비(Ted Cadsby), 마이클 도드(Michael Dowd), 웨인 이스트먼(Wayne Eastman), 에버렛 프랭크(Everett Frank), 크리스티안 갈가노(Christian Galgano), 프리다 하이트(Frieda Haidt), 스털링 하이트(Sterling Haidt), 제임스 허친슨(James Hutchinson), 수잰 킹(Suzanne King), 세라 칼슨 메넌(Sarah Carlson Menon), 제인 류(Jayne Riew), 아서 슈워츠(Arthur Schwartz), 배리 슈워츠(Barry Schwartz), 에릭 슈비츠게벨, 마크 슐먼(Mark Shulman), 월터 시놋 암스트롱(Walter Sinnott-Armstrong), 에드 스케치(Ed Sketch), 앤디 톰슨(Andy Thomson)에게 감사의 인사를 전한다. 스티븐 클라크(Stephen Clarke)의 주도하에 구성된 옥스퍼드 철학자들의 독서 모임은 이 책의 각 장에 대해 건설적인 비판을 해주었다. 카트리엔 디볼더(Katrien Devolder), 톰 더글러스(Tom Douglas), 미셸 허친슨(Michelle Hutchinson), 가이 카헤인(Guy Kahane), 닐 레비(Neil Levy), 프란체스카 미네르바(Francesca Minerva), 트룽 응웬(Trung Nguyen), 페드로 페레스(Pedro Perez), 러셀 파월(Russell Powell), 줄리언 새벌레스쿠(Julian Savulescu), 폴 트룹(Paul Troop), 마이클 웹(Michael Webb), 그레이엄 우드(Graham Wood) 등이 그렇게 도움을 주신 분들이다. 또 보수파 독자 셋, 보 레드베터(Bo Ledbetter), 스티븐 메신저(Stephen

Messenger), 윌리엄 모달(William Modahl)의 이름은 특히 빼놓을 수 없는데, 이들은 몇 년 전 내 작업에 대해 알고 서로 엇갈리는 평을 이메일로 보내주었다. 이후에도 우리는 이메일로 계속 우정을 쌓아왔고, 이는 도덕적 간극을 뛰어넘어 서로 교양 있는 교류를 하는 것이 얼마나 중요한지 입증해준 사례였다. 그들의 아낌없는 조언과 비판, 또 그들이 추천해준 보수주의 관련 읽을거리를 통해 나는 실로 많은 것을 얻을 수 있었다.

한두 장 혹은 여러 장을 골라 읽고 조언해준 친구와 동료도 많았다. 제라드 알렉산더(Gerard Alexander), 스콧 애트런, 사이먼 배런코언, 폴 블룸필드(Paul Bloomfield), 크리스 보엠(Chris Boehm), 롭 보이드, 아서 브룩스(Arthur Brooks), 테디 다우니(Teddy Downey), 댄 페슬러(Dan Fessler), 마이크 가자니가(Mike Gazzaniga), 사라 에스테스 그레이엄, 조시 그린, 레베카 하이트(Rebecca Haidt), 헨리 해슬럼(Henry Haslam), 로버트 호건, 토니 셰이, 대럴 아이스노글(Darrell Icenogle), 브래드 존스(Brad Jones), 롭 카이저(Rob Kaiser), 더그 켄릭(Doug Kenrick), 주드 킹(Judd King), 롭 쿠르스번(Rob Kurzban), 브라이언 로(Brian Lowe), 조너선 모레노(Jonathan Moreno), 레슬리 뉴슨, 리처드 니스벳(Richard Nisbett), 아라 노렌자얀, 스티븐 핑커, 다비드 피사로(David Pizarro), 로버트 포사키(Robert Posacki), N. 스리람(N. Sriram), 돈 리드(Don Reed), 피터 리처슨, 로버트 사폴스키(Robert Sapolsky), 아짐 샤리프(Azim Shariff), 마크 셰프(Mark Shepp), 리처드 슈웨더, 리처드 소시스, 필 테틀록, 리처드 탈러(Richard Thaler), 마이클 토마셀로, 스티브 베이시(Steve Vaisey), 니콜라스 웨이드, 윌 윌킨슨, 데이비

　　　　　　　　바른 마음

드 슬론 윌슨, 데이브 윈스보로(Dave Winsborough), 키스 윈스턴(Keith Winsten), 폴 잭(Paul Zak), 이 모두에게 감사를 표한다.

그 외에도 많은 이가 갖가지 방법으로 나에게 힘을 보태주었다. 롤프 데겐(Rolf Degen)은 이 책과 관련된 읽을거리를 수십 가지나 찾아주었고, 보 레드베터는 공공 정책 이슈와 관련해 배경 조사를 해주었다. 또 토머스 탤헬름은 이 책 전반부가 좀 더 매끈하게 전개되도록 내가 쓴 글을 손봐주었다. 또 인도 오리사의 수로지트 센(Surojit Sen)과 지금은 고인이 되신 그녀의 아버지 수쿠마르 센(Sukumar Sen)에게도 감사를 전한다. 두 분은 부바네스와르에서 공부할 당시 나에게 숙식을 제공하며 후하게 대접해주었고, 더불어 내게 귀중한 가르침까지 주었다.

애초 구상했던 아이디어를 여러분이 손에 들고 있는 이 책으로 만들어준 일단의 전문가에게 특히나 감사한 마음이다. 나의 에이전트 존 브록만은 지금까지 과학 서적 분야에 독자층을 형성시키기 위한 노력을 참으로 많이 해온 인물로, 덕분에 나 역시 수없이 많은 기회를 맞을 수 있었다. 책을 편집해준 판테온 출판사의 댄 프랭크(Dan Frank)는 그의 출중한 지혜와 가벼운 톤으로 책의 초점은 훨씬 분명하게, 책의 분량은 훨씬 짧게 만들어주었다. 초고를 마감하는 마지막 몇 달은 그야말로 눈코 뜰 새 없이 바빴으나, 판테온 출판사의 질 베릴로(Jill Verrillo) 덕분에 한결 수월하게 지낼 수 있었다. 책표지는 스테판 사그마이스터(Stefan Sagmeister)가 디자인해준 것으로서, 책의 내용에 대해 기막히게 운을 떼주고 있다. 누구라도 저 찢어진 틈을 보면 어떻게든 이어 붙여야겠다는 생각이 들지 않겠는가?

마지막으로 언제나 나에게 축복이며 든든한 힘인 우리 가족에게 감사한다. 지난 3년간 하루 종일 내가 일에 매달려 있는 동안, 아내 제인 류(Jayne Riew)는 불어가는 식구들을 살뜰히 보살펴주었다. 그러면서도 내가 써낸 모든 글을 편집하고 가다듬는 일까지 도맡아 하고 있다. 레베카와 사만다와 나, 우리 삼 남매가 유대계 미국인의 도덕 매트릭스 속에 살면서 열심히 일하고, 배움을 사랑하고, 논쟁을 즐기는 사람으로 성장할 수 있었던 것은 다 부모님 해럴드 하이트(Harold Haidt)와 일레인 하이트(Elaine Haidt)의 가르침 덕분이었다. 자식의 성공을 위해 최선의 노력을 다하신 아버지는 지난 2010년 3월 여든셋의 나이로 이 세상을 떠나셨다.

바른마음

들어가며

1 킹의 호소가 선전 문구로 전락해버렸다는 확실한 증거로 문구 자체가 바뀌어 버린 사실을 들 수 있다. 구글 검색창에 "can't we all get along"이라는 문구를 쳐보면(킹은 단 한 번도 이런 말을 한 적이 없다) "can we all get along"보다 조회 수가 세 배나 많다.

2 Pinker(2011)를 보면 문명을 통해 폭력과 잔혹성이 엄청나게 줄어들었다는 설명을 접할 수 있다. 심지어 이는 20세기 들어 일어난 전쟁과 종족 학살까지 포함해도 마찬가지이다. 또 Keeley(1996)를 참조하면, 문명기 이전에는 집단 간 폭력이 무척이나 널리 퍼져 있었다는 사실을 확인할 수 있다.

3 《옥스퍼드 영어 사전(Oxford English Dictionary)》.

4 《웹스터 사전(Webster's Third New International Dictionary)》. 이는 'righteous'의 세 번째 정의이다. 첫 번째 정의는 "올바른 일을 하는 것. 올바르게 혹은 정의롭게 행동하는 것. 신성한 법칙 혹은 도덕적 법칙의 표준에 따르는 것"이라고 되어 있다.

5 《웹스터 사전》.

6 진화는 곧 설계 과정과 **다름없다**. 다만 지적 설계 과정은 아니다. Tooby & Cosmides(1992)를 참조하라.

7 내가 쓴 연구 논문에는 도덕심리학의 원칙이 세 가지가 아니라 **네 가지**로 설명되어 있다. 하지만 이 책에서는 원칙을 간결하고 기억하기 쉽게 만들기 위해 앞의 두 원칙을 하나로 합쳤다. 두 원칙이 모두 사회적 직관주의자 모델(Haidt, 2001)의 여러 측면과 관련이 있기 때문이었다. 그 두 원칙을 둘로 분리하면 다음과 같다. 직관은 무엇보다 우선하지만, 독재적이지는 않다. 도덕적 사고는 사회적 행위를 위한 것이다. 네 가지 원칙 전부를 다루고 있는 광범

한 논의는 Haidt & Kesebir(2010)를 참조하라.

8 '적응 무의식(adaptive unconscious)'에 대해서는 T. D. Wilson(2002)을
   참조하라.

9 Rob Kurzban(2010)이 최근 펴낸 명저의 제목을 따왔다.

10 영국의 진보민주당(Liberal Democrats)의 당수 닉 클레그(Nick Clegg)는
   이렇게 표현했다. "그러나 우리는 좌파도 아니고 우파도 아닙니다. 우리에게
   는 우리만의 이름이 있습니다. 바로 진보(liberal)입니다."(2011년 3월 13일
   영국 셰필드에서 열린 진보민주당 봄 콘퍼런스에서 연설한 내용) 유럽의 진
   보주의자들은 미국의 자유주의자들만큼 자유 시장과 작은 정부에 헌신적이
   지는 않다. 자유주의자 관련 문헌 분석과 새로운 연구 내용을 접하려면 Iyer,
   Koleva, Graham, Ditto, & Haidt(2011)를 참조하라.

11 승찬(Sen-ts'an), 《신심명(Hsin hsin ming)》(Conze, 1954)에서 발췌.

1장 도덕성은 대체 어디에서 생겨나는가

1 대학교를 졸업할 당시 나는 젊은이가 존재론적 물음을 푸는 데에는 심리학
   과 문학이 더 많은 도움을 주리라 결론을 내렸다. 하지만 그 이후로 철학도
   한결 발전한 면이 있으니, Wolf(2010)를 참조하라.

2 일례로, 〈예레미아〉 31 : 33-34, "나는 나의 법을 그들 안에 새겨 넣을 것이
   다. 나는 그 내용을 그들의 심장에 써넣을 것이다"라는 내용을 들 수 있다.
   Darwin(1998/1871)도 참조하라.

3 'empiricism'에는 두 가지 뜻이 있다. 이 책에서는 보통 심리학자들이 사용
   하는 뜻으로 이 말을 쓸 것이다. 즉, 선천주의와는 반대로, 태어날 때 우리의
   마음은 '빈 서판'과도 같아 마음 안의 거의 모든 내용물이 경험에 의해 쓰인
   다는 믿음을 의미한다. 한편 과학철학자의 경우에는 경험적 방법론에 대한
   헌신의 뜻으로 'empiricism'을 사용하기도 한다. 즉, 세상을 관찰하고 측정
   하고 조작해봄으로써 세상에 관한 믿을 만한 결론을 얻을 수 있다는 뜻이다.
   나도 과학자의 한 사람으로서는 후자의 'empiricism'을 지지한다.

4 Locke(1979/1690).

5 Piaget(1932/1965).

6 물론 현재는 물리학 지식을 어느 정도 선천적으로 갖고 태어난다는 사실을 우리는 알고 있으며(Baillargeon, 2008), 그것은 상당 부분의 도덕적 지식도 마찬가지이다(Hamlin, Wynn, & Bloom, 2007). 3장을 보면 이와 관련해 더 많은 내용을 접할 수 있다.

7 이 부분에 대한 피아제의 생각은 잘못되었던 것으로 보인다. 반드시 언어로 반응해야 할 필요가 없는 더 감성적인 측정법을 이용할 경우, 아이들은 세 살 때부터 이미 공평성 위반 사례에 반응하는 것으로 보이며(LoBue et al., 2011), 심지어 15개월부터도 그런 반응이 나타나는 듯하다(Schmidt & Sommerville, 2011). 다시 말해, 현재에는 도덕성 기반 이론과 같은 선천성 이론에 더 힘이 실리고 있다는 이야기이다(6장 참조).

8 합리주의에 대한 나의 정의는 합리주의의 철학적 정의와 크게 다르지 않다. 철학적 정의에 따르면, 합리주의자들은 "선험적 이성이 세상에 대한 실질적 진리를 파악하게 해주는 힘을 갖고 있다"라고 믿는다(B. Williams, 1967, p. 69). 그러나 나의 접근법은 선천적 개념에 대한 18세기의 논쟁은 피하고 있으며, 그보다는 20세기의 관심사와 관련이 있다. 그 관심사란 추론 능력(특히 독립적 개인의 추론 능력)이 법률과 공공 정책 선택에서 신뢰성 있는 방법이 되는가 하는 것이다. Oakeshott(1997/1947)을 참조하라. Hayek(1988)는 이성의 심사숙고를 밑바탕으로 해서 사회적 혹은 도덕적 질서가 건설될 수 있다고 믿을 경우, 그러한 믿음에는 합리주의보다는 "구성주의(constructivism)"라는 말이 더 정확하다고 주장했다. 콜버그 자신은 스스로를 합리주의자로 칭한 적이 없음을 언급해두어야겠다. 콜버그는 스스로를 구성주의자라고 칭했다. 그러나 이 책의 나머지 논지 전개에서 드러나겠지만, 콜버그·피아제·튜리얼은 직관주의와 대조를 이루는바 나는 그들을 합리주의자로 칭할 것이다.

9 Kohlberg(1969, 1971).

10 Kohlberg(1968).

11 일례로 Killen & Smetana(2006)를 참조하라.

12 Turiel(1983, p. 3)은 사회적 규약을 "조화로운 사회적 상호작용에 이바지하고 특정 사회 체계의 맥락에 연관된 일련의 획일화된 행동"이라고 정의했다.

13 Turiel(1983), p. 3.

14 Hollos, Leis, & Turiel(1986). Nucci, Turiel, & Encarnacion-Gawrych (1983).

15 실험 연구 대부분은 콜버그와 튜리얼에게서 자극을 받아 이루어졌지만, 연구에 매우 큰 영향을 미친 두 인물을 추가로 언급하지 않으면 안 될 것이다. Carol Gilligan(1982)은 콜버그가 "배려의 윤리"를 무시했다고 주장했는데, 그녀의 말에 따르면 배려의 윤리는 남자보다는 여자에게서 더 흔하게 나타난다. Martin Hoffman(1982) 역시 공감 능력 발달과 관련하여 주요 연구를 수행했으며, 학계에서 대체로 도덕적 추론 능력에 대해 연구가 이루어지던 때에 그는 도덕적 감정을 강조했다. 안타깝게도 콜버그는 1987년 1월 자살로 생을 마감했다. 그는 생전에 우울증과 기생충 감염으로 인한 만성 질병으로 괴로워했다.

16 A. P. Fiske(1991).

17 Evans-Pritchard(1976).

18 이 생각에 대해서는 11장에 들어가 에밀 뒤르켐의 사상에 많은 부분을 의존하여 본격적으로 논의를 전개할 것이다.

19 Rosaldo(1980).

20 Meigs(1984).

21 〈레위기〉 11장을 참조하라.

22 〈신명기〉 22 : 9 - 11 내용 참조. Mary Douglas(1966)의 주장에 따르면, 코셔 율법에 숨어 있는 가장 중요한 원칙은 범주의 순수성을 지키는 것이라고 한다. 그러나 내 생각은 이와 다르며, 구토감이 훨씬 더 강력한 역할을 한다고 본다. Rozin, Haidt, & McCauley(2008)를 참조하라.

23 이 표현은 1778년 존 웨슬리(John Wesley)의 설교에 처음 사용된 것으로 기록되어 있으나, 〈레위기〉에서도 분명 그 흔적을 찾을 수 있다.

24 Shweder, Mahapatra, & Miller(1987).

25 Geertz(1984), p. 126.

26 Shweder & Bourne(1984). 슈웨더는 'individualistic(개인주의적인)'이라는 말보다 'egocentric(자기중심적인)'이라는 말을 사용하고 있지만, 내 생

각에 'egocentric'에는 부정적 함의가 너무 많고, 또 이기심과도 너무 밀접하게 연결되어 있어 사용하기가 꺼려진다.

27 Shweder, Mahapatra, & Miller(1987). 피험자들은 각자 이야기 39개 중 13개에 응답했다.

28 Turiel, Killen, & Helwig(1987).

29 도덕적 당혹감이라는 용어를 만들어준, 버지니아 대학의 내 동료이자 멘토인 댄 웨그너(Dan Wegner)에게 감사하는 바이다.

30 Hume(1969/1739 - 1740), p. 462. 여기서 흄이 의미했던 바는, 이성은 열정이 선택한 목표를 이루기 위해서는 어떤 수단이든 찾아낸다는 것이었다. 흄은 추론 능력의 기능으로서 사후의 정당화에는 초점을 맞추지 않았다. 그러나 이어지는 장들에서 드러나겠지만, 스스로의 행동과 판단에 대한 정당화야말로 우리가 열정을 가지는 주된 목표 중의 하나이다.

31 Haidt, Koller, & Dias(1993).

2장 도덕은 너무나도 감성적이다

1 이것은《행복의 가설(Happiness Hypothesis)》이 기반으로 삼고 있는 진리로서, 이 책 1장에 그 내용이 설명되어 있다.

2 《변신 이야기(Metamorphosis)》(Ovid, 2004), Book VII에 나오는 메데이아(Medea)의 대사이다.

3 Plato(1997).《티마이오스(Timaeus)》69d에서 인용한 구절이다. 여기서 티마이오스는 플라톤의 입장을 대변하고 있는 것으로 보인다. 티마이오스는 소크라테스에게서 곧바로 논박을 당함으로써 그를 부각시키는 역할만 하고 있지는 않다.

4 Solomon(1993).

5 흄이 원래 사용한 말은 'slave(노예)'였지만, 나는 이보다 덜 공격적이고 더 정확한 뜻을 가진 'servant(하인)'라는 용어로 바꿔 사용하려고 한다. 당시 흄은 프랜시스 허치슨(Francis Hutcheson), 섀프츠베리 백작(Earl of Shaftesbury) 같은 영국 및 스코틀랜드 감성주의자들의 사상을 바탕으로 자신의 이론을 구축했다. 이 외에 다른 저명한 감성주의자들, 혹은 반합리주의자들

로는 루소(Rousseau), 니체(Nietzsche), 프로이트(Freud)를 꼽을 수 있다.

6 Ellis(1996).

7 Jefferson(1975/1786), p. 406.

8 Ibid., pp. 408 - 409.

9 《파이드로스(Phaedrus)》에서와 마찬가지로, 플라톤이 《티마이오스》에서 구축한 모델에 따르면 영혼은 사실상 세 부분, 즉 이성(reason : 머리에 자리함), 정신(spirit : 명예욕을 포함하여 가슴에 자리함), 욕구(appetite : 쾌락과 돈에 대한 사랑으로, 배에 자리함)로 나뉜다. 그러나 나는 이것을 쌍방향 모델, 즉 이성(목 윗부분에 자리함)과 두 종류의 열정(목 아랫부분에 자리함)이 대립하는 것으로 간소화할 것이다.

10 이 유명한 말은 애초 허버트 스펜서(Herbert Spencer)가 고안해낸 것이긴 하지만, 다윈 역시 이 말을 사용했다.

11 Darwin(1998/1871) 1부 5장. 이와 관련한 내용은 9장에 가서 더 상세히 접할 수 있다.

12 이 사상은 19세기 말에 허버트 스펜서가 본격적으로 전개시켰으나, 그 시초는 18세기 토머스 맬서스(Thomas Malthus)까지 거슬러 올라갈 수 있다. 다윈은 집단이 집단과 경쟁을 벌인다고 믿었으나(9장 참조), Desmond & Moore(2009)에 따르면 다윈은 사회적 다윈주의자는 결코 아니었다고 한다.

13 히틀러(Hitler)는 채식주의자이기도 했으나, 채식을 하면 나치가 된다고 주장할 사람은 아무도 없을 것이다.

14 Pinker(2002), p. 106.

15 롤스(Rawls)는 지금까지도 가장 저명한 정치철학자 중 한 사람으로 손꼽힌다. Rawls(1971)에 실린 사고실험으로 유명하다. 여기서 롤스는 "무지의 장막(veil of ignorance)"이 있을 경우, 그래서 사람들이 사회 안에서 결국 어떤 위치를 차지할지 알 수 없을 경우, 사회를 어떻게 설계할 것인지 상상해보라고 한다. 합리주의자들은 롤스를 사랑하는 경향이 있다.

16 윌슨의 이 말에는 선각자의 예지가 담긴 만큼, 되새겨볼 가치가 있다. "윤리철학자들은 자신들의 시상하부·변연계에 자리한 감정 중추에서 의견을 구해 도덕의 의무론적 규범을 직관으로 알아낸다. 이는 〔콜버그 같은〕 발달주

의자에게도 똑같이 적용되며, 그들 자신이 가장 객관적이라고 하는 때조차
도 그러하다. 이러한 규범들의 의미는 감정 중추의 활동을 생물학적 적응으
로 해석할 때에만 비로소 그 뜻을 해독해낼 수 있다." E. O. Wilson(1975),
p. 563.

17 E. O. Wilson(1998).

18 스티븐 제이 굴드(Stephen Jay Gould)나 리처드 르원틴(Richard Lewontin)
같은 일류 생물학자들은, 사회생물학이 사회적 정의의 정치적 의제에 과학
을 노골적으로 연결시킨다며 비판하는 글을 쓴 바 있다. 일례로, Allen et
al.(1975)을 참조하라.

19 Pinker(2002), 6장을 참조하라.

20 이러한 언급에서 공감에 대한 마틴 호프먼(Martin Hoffman)의 연구, 예를
들면 Hoffman(1982)은 제외되었다.

21 de Waal(1996). 내가 이 책을 읽은 것은 대학원을 나오고 나서의 일이지만,
드 발의 연구에 대해서는 대학원에 다닐 때부터 관심이 있었다.

22 Damasio(1994).

23 감정을 도덕성과 접목시킨 저작으로 매우 영향력 있는 것 세 가지를 꼽자
면, 경제학자 로버트 프랭크(Robert Frank)가 쓴《이성 안의 열정(Passions
Within Reason)》, 철학자 앨런 기바드(Allan Gibbard)가 쓴 《지혜로운
선택, 적절한 느낌(Wise Choices, Apt Feelings)》, 철학자 오언 플래너건
(Owen Flanagan)이 쓴《도덕적 개성의 다양성(Varieties of Moral Person-
ality)》을 들 수 있다. 그뿐만 아니라 사회심리학자 존 바그(John Bargh)의
연구 역시 자동적 인지 과정(즉, 직관)과 찰나의 정서의 부활에 결정적 역
할을 했다. 찰나의 정서는 3장에서 주된 논의로 등장할 것이다. Bargh &
Chartrand(1999)를 참조하라.

24 나는 진화심리학이 거듭난 시기를 1992년으로 잡는다. 이때 영향력 있는 저
서 한 권이《적응을 거친 마음 : 진화심리학과 문화의 발생(The Adapted
Mind : Evolutionary Psychology and the Generation of Culture)》이라는
도발적인 제목을 달고 세상에 등장했기 때문이다. 이 책은 제롬 바코(Jerome
Barkow), 레다 코스미디스(Leda Cosmides), 존 투비(John Tooby)가 공

동 편저한 것이다. 이 외에 이 분야의 주요 인물에는 데이비드 버스(David Buss), 더그 켄릭(Doug Kenrick), 스티븐 핑커(Steven Pinker)가 포함된다. 도덕성(특히 협동과 사기의 주제)은 애초부터 진화심리학의 주요 연구 분야였다.

25 내가 이 모델을 '제퍼슨식'이라고 부르는 것은, 그가 코스웨이에게 쓴 편지에서 볼 수 있듯이, 이 모델에 따르면 '머리'와 가슴이 서로 독립적이고 상충하는 도덕적 판단에 이를 수 있기 때문이다. 그러나 제퍼슨은, 머리는 도덕적 판단에는 서툴고 오로지 계산으로 결정되는 문제만 해결해야 한다고 생각했음을 언급해두어야겠다. 도덕성에 관해서 제퍼슨 자신은 감성주의자였다.

26 이 연구들은 스티븐 스토스(Stephen Stose)와 프레드리크 뷔요크룬트(Fredrik Bjorklund)와 함께 수행했다. 나는 이 자료들을 한 번도 문서화하지 않았는데, 당시에는 아무 가치 없는 이 연구 결과를 책으로 펴낼 일이 없을 것이라고 생각해서였다.

27 이 과제의 아이디어는 댄 웨그너(Dan Wegner)가 낸 것으로, 그는 만화 〈심슨 가족(The Simpsons)〉에서 바트가 밀하우스에게 영혼을 파는 에피소드를 보고 아이디어를 얻었다.

28 우리는 피험자들이 실제로 주스를 마시게 놔두지는 않았다. 잔이 입술에 가닿기 바로 전에 스콧이 제지했다.

29 이 기록은 인터뷰 당시의 대화를 가져다 편집 없이 실은 것이다. 단, 피험자가 혼자 중얼거린 말은 삭제했다. 본문에 실린 내용은 이 이야기에 관한 해당 피험자의 초반부 절반 인터뷰이다. 우리는 비디오카메라를 미리 숨겨두고 모든 인터뷰를 기록했으며, 단 한 명을 제외한 모든 피험자에게서 나중에 그 비디오 내용을 분석해도 좋다는 허락을 얻어냈다.

30 예를 들어, 무해한 금기 인터뷰의 경우 사람들이 "모르겠다"라고 말할 확률은 하인츠 인터뷰에 비해 거의 두 배가 높았다. 아무 근거 없이 그저 선언하듯("그냥 잘못이다!", "그런 짓은 당신도 안 하지 않는가!") 답할 확률은 두 배 이상 높았으며, 스스로의 주장을 해명 못하겠다고 답하는 확률은 열 배에 달했다(본문에 실린 이야기의 맨 마지막 부분에서처럼). 또 추론을 통해 소위 막다른 골목에 이르는 경우(즉, 피험자 자신이 주장해놓고는 곧이어 말이

안 된다는 것을 깨닫고 논변을 포기하는 상황)도 70퍼센트 이상이었다. 본 문의 피험자가 남매는 누구와 섹스를 하기에는 나이가 너무 어린 것 같다는 주장을 하려 했던 순간이 바로 여기에 해당한다. 이러한 막다른 골목의 상황 일부에는 자기 회의의 표정이 나타난다. 이야기를 하면서 미간을 잔뜩 찌푸리고 무엇을 노려보는 듯한 이런 표정은 **다른** 누가 말도 안 되는 주장을 할 때 우리가 짓는 표정이기도 하다. 이 연구 내용은 한 번도 출간한 적이 없지만, 내 웹페이지인 www.jonathanhaidt.com에 가서 Publications 항목에 들어 간 후 Working Papers의 Haidt and Murphy에 가보면 관련 보고서를 읽어 볼 수 있다.

31 Wason(1969).

32 Johnson-Laird & Wason(1977), p. 155.

33 Margolis(1987), p. 21. Gazzaniga(1985)에서도 비슷한 주장을 찾아볼 수 있다.

34 Margolis(1987), p. 76. 추론의 일부 형태는 언어가 없는 생물체도 할 수 있 지만, '이유를 찾는 추론'만큼은 불가능하다. 그러한 종류의 추론은 남들을 설득하려는 준비 과정에 한해서만 이루어지기 때문이다.

35 콜버그는 마지막으로 남긴 주요 저작 중 하나에서 "도덕적 추론은 일상의 도 덕 언어를 사용해 이루어지는 과정"이라는 가정이 자신의 접근법을 떠받치 는 한 기둥이라고 말했다(Kohlberg, Levine, & Hewer, 1983, p. 69). 콜버 그는 무의식적 혹은 비언어적 추론(즉, 직관)에는 관심이 없었다.

36 도덕적 추론이 사회적 정당화의 기능을 하는 것으로 이해되어야 한다는 이 사상은 여러 철학자가 발전시켜온 것이기도 하다. Gibbard(1990)와 Stevenson(1960)을 참조하라. 심리학에서는 Mercier & Sperber(2011)를 참조하라.

37 Neisser(1967)를 참조하라. Greene(2008)은 인지를 더 협소한 의미로 정의 해 그것을 감정과 대조하는 데 신중한 입장이지만, 그 같은 입장은 드문 예 외에 속한다.

38 Ekman(1992). Ellsworth & Smith(1985). Scherer(1984).

39 Lazarus(1991).

40 감정은 전적으로 직관의 하위 범주는 아니다. 나머지 신체 부위에서의 호르몬 변화를 비롯해, 적응 행동의 준비 단계로 나타나는 모든 신체 변화가 종종 감정에 포함되는 것으로 이야기된다. 이런 호르몬 변화는 직관이라고 할 수 없다. 그러나 감정의 인지적 요소들(이를테면 사건에 대한 평가나 주의력 및 경계심 변화)은 직관의 하위 유형에 해당한다. 그러한 인지 요소들은 과정에 대해서가 아닌 결과에 대한 의식적 인지로서 자동적으로 일어난다.

41 대니얼 카너먼(Daniel Kahneman)은 오랫동안 이 두 종류의 인지를 "시스템 1(system 1)"과 "시스템 2(system 2)"라고 불러왔다. Kahneman(2011)을 참조하면 두 가지 시스템의 관점에서부터 어떻게 사고와 의사결정이 이뤄지는지 일목요연한 설명을 접할 수 있다.

42 신경학자 마이클 가자니가(Michael Gazzaniga)는 이를 "해석자 모듈(the interpreter module)"이라고 부른다.

43 이를 확증 편향이라고도 한다. 이 책의 4장에 들어 있는 확증 편향에 대한 설명을 참조하라.

44 철학자들이 사회적 직관주의자 모델에 가하는 가장 흔한 비판 중 하나는, 이 모델의 5번, 6번 선(도식에서 점선으로 표시한 부분)이 내가 주장하는 것보다 일상에서 훨씬 자주 나타난다는 것이다. 예를 들어 출간 예정인 Greene(근간)을 참조하라. 이런 비판은 어떤 증거도 제시하고 있지 않다. 그러나 공평한 것이, 나 역시 사람들이 실생활에서 얼마나 자주 반직관적인 결론을 내놓는지(5번 선) 혹은 도덕적 문제에 관한 개인적 성찰을 통해 사람들이 얼마나 자주 자기 마음을 바꾸는지(6번 선)와 관련해 그 어떤 증거도 제시하고 있지 못하다. 물론 사람들이 도덕적 이슈와 관련하여 자기 마음을 바꾸는 일이 있기는 하지만, 대부분의 경우 직관을 사로잡는 새로운 경험을 하거나(1번 선, 이를테면 태아의 초음파 사진을 보는 것) 다른 사람이 직관을 사로잡는 주장을 한다고 해서(3번 선) 그런 일이 일어나지는 않는 것으로 보인다. 또 Kuhn(1991)을 근거로 하면, 철학자들은 일반인들에 비해 자신의 애초 직관을 더 잘 기각할 수 있다고 하는데, 내가 보기엔 이 역시 의심스럽다.

45 Zimbardo(2007).

46 Latane & Darley(1970).

47 Haidt(2001).

48 특히 Hauser(2006), Huebner, Dwyer, & Hauser(2009), Saltzstein & Kasachkoff(2004)를 참조하라.

49 Hume(1960/1777), 1부의 서두 단락.

50 Carnegie(1981/1936), p. 37.

3장 나는 바르다, 남이 잘못이다

1 이때 내가 쓰고 있던 글은 Haidt(2007)였다. 내 연구 논문 전부가 그렇지만, 이 글에서 나는 도덕심리학의 원칙을 **네 가지**로 설명하고 있다. 그중 처음 두 가지는 "**직관은 무엇보다 우선지만, 독재적이지는 않다. 도덕적 사고는 사회적 행위를 위한 것이다**"라는 것이다. 이 책에서는 이 두 가지 원칙을 하나로 합쳐 다음과 같이 만들었다. "**직관이 먼저이고, 전략적 추론은 그다음이다.**" 기억하거나 적용하는 데에는 이것이 한결 쉽겠다는 생각이 들어서였다.

2 사회적 직관주의자 모델에서 봤을 때, 이 한 문장이면 판단의 처음 몇 초 동안의 일이 간단하게 요약된다. 하지만 이것은 두 사람이 서로 이유를 주고받으며 이따금 서로의 판단에 변화를 일으키는 상호 영향의 모습은 포착하지 못한다.

3 Wheatley & Haidt(2005).

4 우리는 최면에 잘 걸리는 피험자들만 데려다 실험에 활용했다. 피험자들은 내가 최면에 대해 강의하던 날 심리학 강의실 101호에서 선별한 학생들이었다. 1980년대 과학자들은 최면을 피험자들이 주어진 역할에 적응하거나 혹은 연기를 하는 것이지 실제 일어나는 현상은 아니라고 생각한 적이 있었다. 그러나 일련의 연구 결과 조작이 불가능한 효과도 몇 가지 있음이 드러났다. 예를 들어, 우리는 사람들에게 최면 후 암시를 걸어 세상을 흑백으로 보게 만들 수 있는데, 그런 다음 이들을 fMRI 스캐너에 집어넣어 보면, 피험자들이 색깔이 있는 이미지를 보는 동안에도 뇌의 색깔 감지 회로는 활동이 현격히 줄어든 것을 알 수 있다(Kosslyn et al., 2000).

5 《법구경(Dhammapada)》 252절(Mascaro, 1973). 《행복의 가설》 4장을 참조하면 이 위대한 진리의 심리에 대해 더 많은 내용을 접할 수 있다.

6 이 문장은 행동주의의 핵심 주장에 충분히 가깝다고 할 수 있다. 두 가지의 기본적인 정향반사(orienting reflex)에 대해서는 Pavlov(1927)를 참조하라. 약간의 변형을 가하면 이는 프로이트에게도 마찬가지로 적용된다. 프로이트는 무의식 상태의 다양한 부분이 항상 주변 환경을 살피며 순식간의 자동 반응을 일으킨다고 했다. 물론 그 과정에서 각 부분은 때로 서로 마찰을 빚기도 한다. 이와 더불어 Osgood(1962)을 참조하면 범주화의 근본적 차원 세 가지를 접할 수 있는데, 그 첫 번째가 좋은 것 대 나쁜 것 어느 한쪽으로의 쏠림이다.

7 Wundt(1907/1896).

8 LeDoux(1996)를 참조하면, 대뇌피질에서 사건을 처리하기 훨씬 전 편도체에서 어떤 식으로 무엇에 대한 감정적 반응을 보이는지 알 수 있다.

9 이 효과는 사람들의 특정 자극에 대한 기억과는 상관이 없었다. 한 연구에서 자이언스는 화면에 1000분의 1초 동안만 이미지를 띄워보았다. 누구라도 의식적으로 무엇을 파악하기는 너무 짧은 시간이었다. 그러나 나중에 테스트를 해보았을 때 사람들은 단 한 번 보거나 혹은 한 번도 보지 않은 이미지보다 다섯 번 "본 적이 있는" 이미지를 선호했다(Zajonc, 1968).

10 Zajonc(1980). 나는 코끼리와 기수의 비유를 만들어낼 때 자이언스의 이론에 많은 부분을 의지했다.

11 Ibid., p. 171.

12 Fazio et al.(1986). Greenwald, McGhee, & Schwartz(1998).

13 Morris et al.(2003).

14 Greenwald, Nosek, & Banaji(2003).

15 Morris et al.(2003). 둘 사이의 차이는 뇌의 N400 요인(N400 component)에서 발견되었다. 이 부분은 뇌가 부조화를 경험할 때, 즉 모리스가 서로 다른 감정적 의미를 지닌 단어들을 짝지었을 때 더 커지는 양상을 보인다. 네덜란드에서 수행된 더 최근의 연구에서는(Van Berkum et al., 2009) 열성 당원들에게 안락사 등의 이슈에 찬성하거나 반대하는 진술을 읽도록 했다. 이때에도 전반적인 감정 반응과 연관이 있는 LPP(late positive potential) 효과가 더 크고 느려지는 것과 함께, 똑같은 N400 효과가 나타났다. 이는 열

성 당원들은 핵심 단어를 읽은 첫 0.5초 만에 서로 다른 것들을 느끼기 시작했음을 나타낸다.

16 Dion, Berscheid, & Walster(1972).

17 가짜 배심원과 행한 실험에 대해서는 Efran(1974)을 참조하라. 매력적인 피고가 더 가벼운 형량을 받음을 보여주는 현장 연구에 대해서는 Stewart(1980)를 참조하라. 이에 대한 메타분석을 살펴려면 Mazzella & Feingold(1994)를 참조하라. 대부분 범죄에서 매력적인 용모는 피고에게 유리하게 작용하지만, 사기를 치는 경우와 같이 매력적인 용모를 이용해 범죄를 저지른 이들의 경우에는 그 점이 유리하게 작용하지 않는다(Sigall & Ostrove, 1975).

18 Todorov et al.(2005). 토도로프는 열성 당원들이 어느 쪽이든 후보자를 알아본 경우는 연구에서 제외했다.

19 원래 연구에서는 1초간 노출을 행했고, 이때는 정확성 감소를 전혀 발견할 수 없었다. 10분의 1초의 연구 결과는 후속 연구에서 나온 것으로, Ballew & Todorov(2007)에 실려 있다. 이 연구는 재임 여부가 제3의 변수가 되어 정치인들을 더 유능해 보이게 하고 나아가 우연의 일치로 그들을 선거에서 승리하게 만드는지에 대해서도 설명했다. 결과는 그렇지 않다는 것이었다. 재임 중인 후보가 승리했을 경우에는 물론 재임 후보가 없거나 패배한 경우에도, 얼굴로 유능함을 예상하는 것은 똑같이 정확했다.

20 직관의 역할과 자동적인 "도덕적 발견 체계(moral heuristics)"에 대한 추가 논평에 대해서는 Gigerenzer(2007)와 Sunstein(2005)을 참조하라.

21 Damasio(2003)에 실린 논평들을 참조하라. Greene(2009a). 공평성과 뇌섬엽에 대해서는 Hsu, Anen, & Quartz(2008)를 참조하라. Rilling et al.(2008). Sanfey et al.(2003).

22 Schnall et al.(2008), Study 1. 네 가지 판단 모두 예상된 방향으로 일어나기는 했지만, 모든 비교가 통계적 중요성을 가진 것은 아니었다. 네 이야기를 합쳤을 때(이런 유의 데이터는 통상적으로 이렇게 분석한다) 방귀 스프레이의 효과는 p 〈 .001로 높은 중요성을 나타냈다. 더불어 여기에는 제3의 실험 조건도 존재했다. 즉, 방귀 스프레이를 1회만 뿌려본 것이었는데, 이 조건은

2회 분사의 조건과 아무 차이도 보이지 않았다.

23 Eskine, Kacinic, & Prinz(2011). 좋은 냄새가 어떻게 좋은 행동을 유발하는지에 대해서는 Liljenquist, Zhong, & Galinsky(2010)도 참조하라.

24 Clore, Schwarz, & Conway(1994). 어떤 외부 효과 때문에 자신이 불쾌한 느낌을 가지게 되었다는 사실을 사람들에게 인식시키면, 이 효과는 보통 줄어들거나 사라져버린다. 우리의 정서 반응은 우리가 무엇을 좋아하는지 여부에 보통은 훌륭한 지침이 되지만, 심리학자들이 관련 없는 감정을 일으켜 피험자들을 '속이면', 이 '정보로서의 정서' 발견 체계는 실수를 저지른다.

25 Zhong, Strejcek, & Sivanathan(2010).

26 Zhong & Liljenquist(2006).

27 Helzer & Pizarro(2011). 손 세정제를 이용한 이 논문의 첫 번째 연구에서는 피험자들에게 전반적인 자기 묘사만을 부탁했는데, 피험자들은 세정제 가까이에 서 있을 때 스스로를 더 보수적으로 묘사하는 경향을 보였다. 두 번째 연구에서 저자들은 이 효과를 그대로 본떠서 청결과 세척을 상기시킴으로써 주로 성적 정결과 관련된 질문들에 대해 사람들이 더 비판적인 성향을 갖도록 할 수 있음을 보여주었다.

28 Hare(1993).

29 Ibid., p. 54.

30 Ibid., p. 91.

31 Beaver et al.(2011). Blonigen et al.(2005). Viding et al.(2005).

32 사이코패스는 일반인에 비해 편도체와 vmPFC를 비롯한 여러 감정 영역의 반응성이 훨씬 덜하다는 사실이 뇌 주사 연구들을 통해 확인되고 있다. Blair(2007)를 참조하라. Kiehl(2006). 사이코패스들을 데려다 거짓말 탐지기 테스트에서처럼 전도계에 연결시키면, 상어가 아가리를 벌리고 있는 사진에는 정상적인 반응을 보인다. 그러나 신체 절단 혹은 고통 받는 아이의 사진을 보여줄 경우에는 전도계가 꼼짝도 하지 않는다(Blair, 1999). 사이코패스에 관한 최고의 임상적 묘사와 부모를 비롯한 타인에 대한 사이코패스의 무관심에 대해서는 Cleckley(1955)를 참조하라.

33 James(1950/1890), I : 488.

34 Baillargeon(1987).

35 의도를 추론하고 피해에 반응하는 것을 비롯하여, 영아들이 사회적 세계를 이해하는 능력을 선천적으로 가지고 있음을 보여주는 연구는 데이비드 프리맥(David Premack)과 앤 프리맥(Ann Premack)에 의해 처음 이루어졌다. 도덕적 인지의 기원을 요약 정리한 내용에 대해서는 Premack & Premack(1994)을 참조하라.

36 Hamlin, Wynn, & Bloom(2007). 이러한 쳐다보는 시간의 차이는 10개월 된 영아들에게서만 찾아볼 수 있었고, 6개월 된 영아들에게서는 찾아볼 수 없었다. 그러나 손을 뻗는 경향의 차이는 두 연령 집단 모두에서 찾아볼 수 있었다. 연구에 쓰인 인형들은 전통적인 인형이 아니었다. 나무 블록을 색깔과 모양을 달리 해서 만든 것들이었다. www.yale.edu/infantlab/In_the_Media.html에 나와 있는 링크들에 들어가 보면 해당 인형극을 볼 수 있다. 영아들의 자질을 측정하는 이 기법은 Kuhlmeier, Wynn, & Bloom(2003)이 처음으로 만들어냈다.

37 Hamlin, Wynn, & Bloom(2007), p. 559.

38 이 아이디어에 대한 초기 글들에 대해서는 Hoffman(1982)을 참조하라. Kagan(1984).

39 트롤리 딜레마를 처음으로 논의한 것은 철학자 필리파 풋(Philippa Foot)과 주디스 자비스 톰슨(Judith Jarvis Thompson)이다.

40 일부 철학자들은 다리 이야기와 스위치 이야기 사이에 차이가 있다고 지적한다. 전자는 희생자를 목적의 수단으로 활용하는 반면, 후자에서는 희생자가 목적의 수단으로 활용되고 있지 않다는 것이다. 스위치 이야기에서 인부의 죽음은 단순히 운이 없는 부작용에 해당한다고 그들은 이야기한다. 그래서 그린을 비롯한 여러 사람이 대안 버전을 만들어냈는데, 이를테면 스위치가 생명을 구하는 목적으로만 사용되게 하는 식이다. 여기서는 스위치를 올리면 트롤리가 옆쪽의 원형 선로를 달리게 되고 거기에는 한 남자가 서 있다. 이 경우 희생자는 목적의 수단으로 사용되는데, 그가 선로에서 비켜나면 트롤리는 원형 선로를 따라 계속 달리다 다시 주 선로로 접어들어 사람 다섯을 죽이게 되기 때문이다. 이런 경우에 피험자들은 원래의 스위치 이야기와

보행자 다리 이야기 그 둘의 중간 반응을 보이는 경향이 있다.

41 Greene et al.(2001). 또한 이 연구의 보고에 따르면, 공리주의적 선택을 했던 사람들이 대답을 내놓는 데 더 오랜 시간이 걸렸다. 추론 능력이 감정을 억누르기 위해 악전고투라도 벌이는 듯한 모습이었다. 그런데 후에 이러한 내용은 일반적 원칙이라기보다는 선택받은 특정 이야기들에 대한 인위적 결과라는 사실이 입증되었다(McGuire et al., 2009). 그러나 이에 대한 반응도 있으니 Greene(2009b)을 참조하라.

42 Rilling et al.(2008). Sanfey et al.(2003).

43 이 부분의 연구 논평에 관해서는 Greene(2009a)과 Greene(근간)을 참조하라. 가장 자주 보고되는 영역에는 vmPFC, 뇌섬엽, 편도체가 포함된다. 예외에 대해서는 Knoch, Pascual-Leone, Meyer, Treyer, & Fehr(2006)를 참조하라.

44 Greene(2008), p. 63에서 인용했다. 내가 그린에게 《사회생물학(Sociobiology)》 p. 563에 나온 윌슨의 인용문을 전부터 알고 있었느냐고 묻자, 그린은 몰랐다고 했다.

45 Haidt & Kesebir(2010)에 들어 있는 이 연구들에 대한 내 논평을 참조하라.

46 이 학제 간 연구 공동체가 펴낸 세 권의 논문 모음집에 대해서는 Sinnott-Armstrong(2008)을 참조하라.

47 Paxton, Ungar, & Greene(근간).

48 강력한 직관을 갖는 정도, 이성적 논리를 만들어내는 능력의 정도, 다른 이의 논리에 개방적인 정도는 사람에 따라 다 다름을 언급해두어야만 하겠다. 이러한 개인적 차이에 대해서는 Bartels(2008)를 참조하라.

4장 도덕은 표를 얻으려는 정치인과 같다

1 《국가론(Republic)》, 360c., G. M. A. 그루브(G. M. A. Grube) · C. D. C. 리브(C. D. C. Reeve) 공역. Plato(1997)에 실려 있다.

2 360e – 361d의 부분에서 이런 식으로 이의를 제기하는 사람은 글라우콘의 형 아데이만토스(Adeimantus)이나, 그는 글라우콘의 주장을 부연하고 있을 뿐이다. 글라우콘과 아데이만토스는 소크라테스가 논쟁에서 이겨 자기들

의 주장을 논박해주기를 바라고 있다. 그러나 나는 앞으로 이 책에서 실제성보다는 평판을 더 중히 여기는 관점의 대변자로 글라우콘을 활용할 것이다.

3 《국가론》, 443 – 445.

4 Ibid., 473ff.

5 적어도 플라톤은 인간 본성에 관한 자신의 가정에 대해서 장황하게 이야기했다. 그러나 그 외에 칸트나 롤스 같은 다른 도덕철학자들은 마음이 어떻게 작동하고, 사람들이 무엇을 원하고, 혹은 무엇이 '합리적으로' 보이는가에 대해 단순히 주장만 하고 있다. 그리고 이러한 주장은 특이한 성격 혹은 가치 체계에 대해서보다는 자기 자신에 대한 성찰에 밑바탕을 두고 있는 것으로 보인다. 예를 들어, 롤스가 세웠던(1971) 가정 몇 가지를 테스트해보았을 때 (예를 들어, "무지의 장막" 뒤에 있어 자신이 사회에서 어떤 위치를 점할지 알 수 없는 상황에서 사회를 건설하면 사람들이 대부분 평균 계층보다는 극빈 계층을 돌볼 것이라는 가정), 그것들은 틀린 것으로 드러났다(Frohlich, Oppenheimer, & Eavey, 1987).

6 정확한 표현은 다음과 같다. "나의 사고는 처음에도 마지막에도 그리고 항상 나의 행위를 위한 것이다."(James, 1950/1890, p. 333). Susan Fiske(1993) 는 제임스의 이 기능주의를 사회적 인지에 적용했고, 그의 신조를 "사고는 행위를 위한 것이다"로 압축했다. 사회과학의 기능주의에 대해 좀 더 알고 싶으면 Merton(1968)을 참조하라.

7 합리주의자라도 이성적 추론이 오류를 일으키기 쉽고, 사람들 대부분이 제대로 된 추론을 하지 못한다고 믿을 수 있다. 그러나 무엇을 당연시한다는 것은 그것의 가능성을 믿는다는 이야기인 만큼, 합리주의자들은 이성이 이런 식으로 작동할 **수 있다**는 믿음에 헌신적이다. 아마도 (플라톤의 경우처럼) 완벽한 합리성이야말로 영혼의 진정한 본성이라고 믿기 때문인 듯하다.

8 Lerner & Tetlock(2003), p. 434.

9 Gopnik, Meltzoff, & Kuhl(2000).

10 이 책 전반에 걸쳐 나는 **글라우콘주의** 대신 **마키아벨리주의**라는 용어를 사용할 수도 있었다. 그러나 **마키아벨리주의**라는 말은 너무 음험하여, 사람들을 지배하기 위해 사람들을 속이는 지도자의 이미지가 너무 많이 풍긴다. 나는

도덕적 삶의 진정한 핵심은 권력과 지배보다는 협동과 연합에 있다고 생각한다. 우리의 도덕적 추론이 부정직하고 위선적인 방식으로 이루어지는 것은 다름 아니라 사람들이 우리를 좋아하게 만들어 그들과 협동을 하려는 목적인 만큼, 나는 **글라우콘주의**라는 용어를 더 선호한다.

11 Lerner & Tetlock(2003)의 논평을 참조하라. Tetlock(2002)은 직관적인 정치인, 직관적인 검사, 직관적인 신학자의 세 가지 비유를 제시하고 있다. 이번 장에서는 직관적인 정치인에 초점을 맞추고, 나중에 직관적 정치인의 필요와 관련해 직관적인 검사의 개념을 제시할 것이다. 직관적인 신학자의 소재는, 종교를 비롯해서 성스러움에 대한 공통된 믿음을 가지고 사람들을 하나로 엮어야 할 필요성에 대해 논의하는 11장에서 다룬다.

12 이에 대한 논평으로는 Ariely(2008)를 참조하라. Baron(2007).

13 Lerner & Tetlock(2003), p. 438.

14 Ibid., p. 433. 강조 표시는 추가한 것이다.

15 Leary(2004).

16 Leary(2005), p. 85. 타인의 의견에 강박증을 보이는 방식은 사람들 간에 분명 차이가 존재한다. 그러나 레어리의 연구 결과에 따르면, 우리는 스스로의 강박 정도를 평가하는 데에는 특히 정확하지 않은 것으로 나타난다.

17 Millon et al.(1998). 사이코패스도 종종 다른 사람들의 생각에 신경을 쓰지만, 그것은 타인을 조종하거나 이용하려는 계획의 일환일 뿐이다. 사이코패스에게는 수치심이나 죄책감의 감정이 없기 때문에 남들이 그들의 거짓말을 알아차리고 그들을 미워하게 되더라도 그것 때문에 괴로워하지 않는다. 이들은 자동적으로 돌아가는 무의식적인 사회성 계량기를 갖고 있지 않다.

18 Wason(1960).

19 Shaw(1996). 이러한 확증 편향은 사회심리학·임상심리학·인지심리학에서 널리 찾아볼 수 있다. 그것은 아동기 초반부터 나타나 평생 동안 지속된다. 이와 관련된 논평으로는 Kunda(1990)를 참조하라. Mercier & Sperber(2010). Nickerson(1998). Pyszczynski & Greenberg(1987).

20 Kuhn(1989), p. 681.

21 Perkins, Farady, & Bushey(1991).

22 Ibid., p. 95. 이들은 고등학교 1학년과 4학년 사이에서 전반적 능력 향상을 약간 발견할 수 있었지만, 이는 교육의 효과라기보다 단순한 성숙 과정이었다고 여겨진다. 대학에서는 이러한 능력 향상을 찾아볼 수 없었다.

23 《데일리 텔레그래프(Daily Telegraph)》는 지출 내역 전반이 담긴 유출 문건을 입수했다. 이것은 하원이 몇 년 동안 정보 자유법(Freedom of Information) 요구에 반대하면서 그에 대한 대비책으로 준비해온 것이었다.

24 Bersoff(1999). "도덕적 위선(moral hypocrisy)"에 대해서는 댄 뱃슨(Dan Batson)의 연구, 예를 들면 Batson et al.(1999)을 참조하라.

25 Perugini & Leone(2009).

26 Ariely(2008), p. 201. 강조 표시는 필자가 추가한 것이다.

27 이 용어는 《행복의 가설》에서도 사용했다.

28 Gilovich(1991), p. 84.

29 Ditto, Pizarro, & Tannenbaum(2009). Kunda(1990).

30 Frey & Stahlberg(1986).

31 Kunda(1987).

32 Ditto & Lopez(1992). Ditto et al.(2003)도 참조하라. 이 책의 연구 결과에 따르면, 우리는 무엇을 믿고 싶을 때 그것을 지지하는 증거를 단 하나도 찾지 않는 경우가 많다. 그런 것들을 그저 무비판적으로 받아들이는 것이다.

33 Balcetis & Dunning(2006).

34 Brockman(2009).

35 이와 관련한 논평으로는 Kinder(1998)를 참조하라. 이러한 규칙에는 예외가 있는데, 어떤 정책이 가져다주는 물질적 이득이 "실질적이고, 즉각적이고, 잘 알려져 있을" 때가 그렇다. 이때에는 이 정책에 피해를 입을 사람들보다는 이 정책으로 인해 혜택을 입는 사람들이 해당 정책을 지지할 가능성이 더 높다. "이기심의 규범(norm of self-interest)"에 관해서는 D. T. Miller(1999)도 참조하라.

36 Kinder(1998), p. 808.

37 이 용어는 스미스(Smith), 브루너(Bruner), 화이트(White)의 말을 빌려온 것으로, Kinder(1998)에 인용되어 있다.

38 Hastorf & Cantril(1954)의 고전적 연구를 참조하라. 이 연구에는 다트머스와 프린스턴의 학생들이 럭비 시합에서 심판이 선수에게 벌칙을 주는 장면을 똑같이 보고도 경기에서 일어난 일에 대해 매우 다른 결론에 이른다는 내용이 들어 있다.

39 Lord, Ross, & Lepper(1979). Munro et al.(2002). Taber & Lodge(2006). 양극화 효과는 모든 연구에서 발견되지는 않지만, 타버와 로지의 주장대로, 양극화 효과를 전반적으로 찾아내지 못하는 연구들은 더 차분하고 덜 감정적인 자극을 사용하여 열성 당파심의 동기를 온전히 일으키지 못한 면이 있었다.

40 Westen et al.(2006).

41 이렇게 활성화된 영역들에는 뇌섬엽, 내측 PFC(medial PFC), 배측 ACC (ventral ACC), 복내측 PFC(ventromedial PFC), 후대상피질(posterior cingulate cortex)이 포함된다. 부정적인 감정과 연관되는 영역은 특히 좌측 뇌섬엽, 외측안와전두피질(lateral orbital frontal cortex), 복내측 PFC를 들 수 있다. 두려움 및 위협과 밀접한 관련이 있는 편도체는 초기 실험에서는 활동성이 크게 증가하는 모습을 보였으나, 후반 실험에서는 거기에 '길이 들었다.' 이 모든 연구 결과는 자신이 지지하는 후보의 위선에 대한 반응에서 중립적인 대상(예를 들면, 톰 행크스)의 위선에 대한 반응을 뺀 것에서 얻어졌다.

42 Greene(2008)은 이 영역을 뇌 안의 "밀(Mill)"이라고 칭한다. 이 부분은 피험자들이 감정에 더 기초한 의무론적 선택을 할 때보다는 냉철한 공리주의적 선택을 할 때 더 활성화되는 경향이 있기 때문이다.

43 dlPFC는 무죄를 입증하는 정보가 주어져 열성 당원이 수갑에서 풀려난 후에야 활동이 증가하는 모습을 보였다. 마치 분명하고 감정적으로 받아들일 수 있는 설명을 피험자들이 확보하기 전까지는 확증 추론은 활동을 시작조차도 하지 않는 듯한 모습이었다.

44 Olds & Milner(1954).

45 《웹스터 사전》. 이와 관련된 정의에는 "잘못된 믿음, 혹은 잘못된 믿음이나 정신적 혼란으로 말미암아 생겨나는 인식의 끈질긴 오류"가 포함된다.

46 Dawkins(2006), Dennett(2006), Harris(2006), 이들의 주장에 대해서는 11장에서 상세히 논의할 것이다.

47 플라톤은《국가론》3권에서 양육에 대해 조언하고 있다. 도킨스의 경우는《만들어진 신》9장에 그 내용이 들어 있다.

48 Schwitzgebel & Rust(2009, 2011), Schwitzgebel et al.(2011).

49 Schwitzgebel(2009).

50 Mercier & Sperber(2011), p. 57.

51 Lilienfeld, Ammirati, & Landfield(2009)를 참조하면 인간의 사고에서 '편견을 없애는' 방법을 발달시키기가 얼마나 어려운가 하는 보고를 접할 수 있다. '비판적 사고'를 지향하는 저서의 경우, 교실 너머로 기술을 전수하는 방법은 거의 못 찾고 있으니(혹은 그러한 시도도 하지 않으니) 성과가 극히 미미하다.

52 Wilson(2002), Wilson & Schooler(1991).

53 Baron(1998).

54 Heath & Heath(2010).

55 내가 이러한 '경로 변화'와 관련된 연구를 한데 모으려고 시도한 www.EthicalSystems.org의 내용을 참조하라. 한 가지 좋은 예로 댄 애리얼리(Dan Ariely)의 연구 결과에 따르면, 사람들에게 경비 보고서에 서명하도록 할 때 말미에 작성하게 하여 그들이 정직했음을 확인시키기보다는 서두에 서명을 받아 정직할 것임을 약속받으면 경비를 초과 청구하는 경우가 훨씬 줄어든다. Ariely(2008)를 참조하라.

5장 편협한 도덕성을 넘어

1 Mill(2003/1859), p. 80.

2 Henrich, Heine, & Norenzayan(2010).

3 Markus & Kitayama(1991).

4 이런 종류의 문화적 차이에 대한 논평으로는 Kitayama et al.(2009)을 참조하라.

5 Nisbett et al.(2001).

6 《논어》, 15 : 24, 자공이 공자에게 한마디 말만 가지고 종신토록 행할 수 있는 것이 무엇인지 물었다. 공자는 이렇게 대답했다. "서(恕)가 아니고 무엇이겠는가? 내가 하고 싶지 않은 것은 남에게 시키지 마라."(Lays, 1997) 그러나 《논어》에 들어 있는 여러 가지 도덕적 가르침은 한 가지의 황금률로 환원시킬 방법이 없다. 《논어》를 읽어보았을 때 그것은 내가 앞으로 7장, 8장에서 제시할 여섯 가지 도덕적 기반에 모두 의지하는 모습이었다.

7 예를 들면, 샘 해리스(Sam Harris)의 《종교의 종말(The End of Faith)》과 《도덕의 풍경(The Moral Landscape)》과 같은 책들을 참조하라.

8 이는 전적으로 새로운 것은 아니다. Shweder(1990a)가 설명하듯이, 이는 심리학에서 여러 차례 일어난 움직임이었다. 그러나 어떤 사람이 문화심리학자를 자처한다면, 그 사람은 Shweder & LeVine(1984)의 출간 이후 10년 사이에 재탄생한 분야를 지향하고 있다는 뜻일 것이다.

9 Shweder(1990a).

10 세 가지 윤리에 대한 언급이 처음 실린 책은 Shweder(1990b)이다. 이 이론을 주로 다룬 책은 Shweder et al.(1997)이다.

11 피터 싱어(Peter Singer)는 오늘날 가장 저명한 공리주의 철학자로 손꼽힌다. P. Singer(1979)를 참조하라.

12 그것이 반드시 기독교적 의미의 영혼일 필요는 없다. Paul Bloom(2004)이 입증했듯이, 우리는 "원래 날 때부터 이중적 존재"이다. 종교마다 각양각색의 차이가 나타나기는 하지만, (많은 무신론자를 비롯하여) 사람들 대부분은 마음이나 정신이나 영혼이 몸과 분리되는 무엇이라고 믿으며, 무엇이 몸 안에 살고 있다고 믿는다.

13 예를 들면, 사이드 쿠트브(Sayyid Qutb)도 그런 결론을 내린 바 있다. 이집트인인 그는 1940년대에 2년간 미국에 머물며 공부했다. 당시 그는 거부를 당했고, 이러한 도덕적 거부감은 나중에 그가 이슬람 철학자 및 이론가로서 쓴 저작에 영향을 미쳤다. 이 저작은 오사마 빈 라덴(Osama bin Laden)과 알 카에다에 주된 영감을 준 책 중 하나였다.

14 이러한 텍스트 분석은 Haidt et al.(1993)에 실려 있다. Lene Arnett Jensen(1997, 1998)도 참조하라. 이 책에서는 인도와 미국의 진보적 참가자와 정

통파 참가자에게 슈웨더의 세 가지 윤리를 적용하여 비슷한 결과에 도달했다.

15 환대와 친절을 베풀어준 쿠타크(Cuttack)와 브바네스와르(Bhubaneswar)의 고(故) 수쿠마르 센(Sukumar Sen)과 수로지트 센(Surojit Sen)에게는 영원히 감사의 마음을 잊지 못할 것이다.

16 《코란》 2 : 222, 4 : 43, 24 : 30을 참조하라. 히브리어 《성경》에서는 특히 〈레위기〉를 참조하라. 기독교의 경우에는 Thomas(1983) 1장을 참조하라. 또 《신약성경》에서 예수와 그의 제자들의 청결에 관한 단락을 참조하라. 예를 들면, 〈요한복음〉 3 : 25, 11 : 55, 〈사도행전〉 15 : 9, 20 : 26, 21 : 26, 24 : 18이 있다.

17 우리는 그토록 수많은 언어가 왜 배설물처럼 물리적으로 혐오스러운 것들만이 아니라 일부 도덕적 위반 행위에까지 '구토감'이라는 말을 쓰는지 그 이유를 설명하고 싶었다. 물론 모든 위반 행위에 그 말이 적용되는 것은 아니며, 어느 문화에서나 항상 똑같은 위반 행위에 그런 말이 적용되지도 않는다 (Haidt et al., 1997).

18 사람들은 직관적으로 좋은 것은 위, 나쁜 것은 아래와 연관시킨다. 심지어 이는 컴퓨터 화면에서 위아래의 위치가 상대적일 때에도 마찬가지였다(Meier & Robinson, 2004). 이러한 심리적 차원에 대한 연구 논평에 대해서는 Brandt & Reyna(2011)를 참조하라. Rozin, Haidt, & McCauley(2008). 《행복의 가설》 9장.

19 도덕적 고양에 대한 내 연구는 《행복의 가설》 9장에서 상세하게 설명하고 있다. www.ElevationResearch.org도 참조하라.

20 도덕적 위반 행위들은 구토감을 일으키는 데 중요한 뇌 영역인 전뇌섬엽을 활성화시키는 것으로 입증된 경우가 많다(Rilling et al., 2008 ; Sanfey et al., 2003). 물론 이제까지 사용된 도덕적 위반 사례들은 대체로 로진, 매콜리, 그리고 내가 도덕적 구토감이라고 부르는 것들보다는 사기와 관련되어 있다. Rozin, Haidt, & Fincher(2009)를 참조하라.

21 안드레스 세라노(Andres Serrano)가 만든 〈피스 크라이스트(Piss Christ)〉는 특히나 난해한 경우인데, 그가 만들어낸 이미지는 시각적 효과가 엄청나

기 때문이다. 노란색 소변을 통해 강한 빛이 발하면서 사진에서는 거의 신성한 느낌의 광채가 감돈다. 크리스 오필리(Chris Ofili)가 그린 〈홀리 버진 메리(The Holy Virgin Mary)〉와 이 작품이 1999년 뉴욕 시에서 전시되었을 때의 논쟁도 참조하라. 이 그림에 묘사된 성처녀 메리는 흑인이다. 작가는 그 주위에 포르노 잡지에서 오려 낸 여성 음부를 붙였으며 실제 코끼리 똥도 가져다 발랐다.

22 내가 이런 식의 가정적 실례를 내놓았을 때, 브루스 뷰캐넌(Bruce Buchanan)이 1988년 시카고에서 실제로 이와 매우 유사한 일이 있었다고 지적해주었다. 위키피디아에 들어가 'Mirth & Girth' 항목을 검색해보면, 명망 높았던 전임 시카고 시장으로서 최근 고인이 된 해럴드 워싱턴(Harold Washington)을 풍자한 그림을 볼 수 있다.

23 Martha Nussbaum(2004)은 이러한 주장을 강력하게 해오고 있다. 그리고 Kass(1997)를 시초로 하여 레온 카스와 이 문제로 오랜 시간 논쟁을 벌여오고 있다.

24 교황 베네딕토 16세(Benedict XVI)와 요한 바오로 2세(John Paul II)는 특히나 힘 있는 어조로 이 점들에 대해 이야기해오고 있다. Bellah et al.(1985)도 참조하라.

25 예를 들면, 힌두교에서 말하는 마야의 베일, 플라톤의 형상의 세계, 플라톤의 동굴에서 빠져나오기 등이 여기에 해당한다.

26 이는 미국전국선거조사국(American National Election Survey)의 자료에 따른 것이다. 유대인의 민주당 지지도는 아프리카계 흑인에 이어 두 번째로 높다. 1992년에서 2008년 사이 유대인 중 82퍼센트가 자신이 민주당원임을 혹은 민주당을 지지함을 밝혔다.

27 8장에서 이야기하겠지만, 보수주의자들이 적어도 진보주의자만큼 공평성을 중시한다는 사실을 나는 최근에 와서야 깨달았다. 단 이때 보수주의자들이 중요시하는 것은 평등보다는 비례의 원칙이다.

28 그렇다고 해서 모든 도덕적 비전과 이데올로기가 똑같이 훌륭하다거나, 혹은 인간적이고 도덕적으로 질서 잡힌 사회를 건설하는 데에서 똑같이 효과적이라는 이야기는 아니다. 나는 상대주의자가 아니다. 여러 이데올로기가

인간의 본성과 얼마나 잘 맞는가 하는 문제는 12장에 가서 논의할 것이다. 다만 여기서 내가 지적하고 싶은 점은 오래도록 이어지는 싸움에는 항상 특정 도덕적 비전을 가진 사람들이 관련되기 마련이고, 이들은 그 도덕적 비전을 열렬히, 그리고 진심으로 믿는다. 우리는 종종 반대되는 이데올로기를 가진 사람들이 금전적 이득 같은 모종의 꿍꿍이를 가지고 있다고 생각하곤 한다. 이런 생각은 보통 착오이다.

29 Shweder(1991), p. 5.

30 이 주장과 관련해서 나는 사람들과 계속 논쟁 중에 있다. 논쟁과 관련한 자료는 www.JonathanHaidt.com/postpartisan.html에 모아두었다.

6장 바른 마음이 지닌 여섯 가지 미각

1 철학계에서 여기에 포함되는 인물로는 제러미 벤담, R. M. 헤어(R. M. Hare), 피터 싱어를 들 수 있다. 심리학계에서는 도덕성의 개념이 종종 이타주의나 '친사회적 행동(prosocial behavior)'으로 작동할 때가 많다. 즉, 더 많은 사람으로 하여금 더 많은 사람(이상적으로는 낯선 이들)을 돕도록 하는 것을 중요시한다. 심지어 달라이 라마(Dalai Lama)까지도 윤리적 행위를 "행복에 대한 타인의 경험 혹은 기대에 해를 끼치지 않도록 삼가는 행위"라고 정의한다(Dalai Lama, XIV, 1999, p. 49).

2 철학계에서 여기에 해당하는 인물로는 임마누엘 칸트(Immanuel Kant)와 존 롤스(John Rawls)를 들 수 있다. 심리학계에서는 로런스 콜버그를 들 수 있다. 엘리엇 튜리얼은 이와 함께 정의와 복지도 똑같이 중요시하고 있다.

3 일원론의 위험성에 대해서는 Berlin(2001)을 참조하라.

4 Chan(1963), p. 54.

5 물론 이를 위해서는 훨씬 더 복잡한 후각 체계를 지닌 코도 만족시켜야 하지만, 비유를 단순화하기 위해 이 점은 무시할 것이다.

6 여기서 내가 사용하고 싶은 말은 'empiricism'이나, 이 단어에는 두 가지 뜻이 있다. 그 첫 번째인 선천주의의 반대라는 뜻은 1장에서 이미 사용한 바 있다. 나는 빈 서판을 연상시키는 이 의미는 거부하는 입장이지만, 과학자들이 경험을 통해(관찰을 통해, 경험에 기초하여) 지식을 얻는 방법이라는 두 번

째 뜻은 옹호하는 입장이다.

7 E. O. 윌슨은 《통섭(Consilience)》에서 이 점을 지적했다. 흄과 마찬가지로 그는 초월주의보다는 자연주의/경험주의를 옹호하는 입장이었다. 나 역시 마찬가지이다.

8 흄은 일부 열정과 감성은 너무도 차분하여 때로 이성으로 착각되기도 한다는 점을 언급했다(《인간 본성론》, 2권). 바로 이 때문에 나는 흄이 말한 **감성 (sentiment)**의 현대 역어로서 **직관(intuition)**이 최선이라고 여긴다.

9 흄은 여기서 그보다 앞선 시대의 '도덕 감각' 이론가인 프랜시스 허치슨을 통해 자신의 주장을 성립시키고 있다. 이 내용은 《인간 오성에 관한 탐구 (Enquiry Concerning Human Understanding)》의 두 번째 편집본까지는 실려 있었다. 그러다 마지막 편집본에 가서는 이 내용이 삭제되었지만, 나는 흄이 미각 비유와 관련해서 마음을 바꿨다는 표시를 전혀 찾을 수 없었다. 예를 들어 《인간 오성에 관한 탐구》 마지막 편집본 3부 12장에서 흄은 이렇게 말한다. "맛과 감성이 그렇듯이, 도덕은 이해의 대상으로는 그다지 적절하지 않다. 아름다움은, 그것이 도덕적인 것이든 자연적인 것이든, 인식된다기보다 느껴진다고 하는 것이 더 적절하다."

10 특히 애덤 스미스와 에드먼드 버크를 꼽을 수 있다. Frazier(2010)를 참조하라.

11 3장의 내용이 이러한 연구에 대한 나의 논평에 해당한다. 좀 더 학술적인 논평을 접하고 싶다면 Haidt & Kesebir(2010)를 참조하라.

12 Baron-Cohen(1995).

13 Baron-Cohen(2002), p. 248.

14 Ibid.

15 Baron-Cohen(2009). 이와 관련된 태아기 요인 중 하나는 테스토스테론인 것으로 보인다. 테스토스테론은 발달 중인 태아의 뇌에 여러 가지 영향을 미친다. 임신이 되고 나서 처음 두 달까지는 사람은 다 여자아이이다. 그러다 Y 염색체가 나타나면 그로 인해 8주째부터 테스토스테론이 생성되기 시작한다. 이것이 태아의 뇌와 신체 모두를 남자의 패턴으로 바꾸어놓는다. 자폐증은 여자아이보다는 남자아이에게서 몇 배나 흔하게 나타난다.

16 Bentham(1996/1789), 1장 2절.

17 Lucas & Sheeran(2006).

18 Ibid., p. 5, 윌리엄 해즐릿(William Hazlitt)의 말을 인용했다.

19 Ibid., 밀(Mill)의 말을 인용했다.

20 Lucas & Sheeran(2006), p. 1. 물론 사후의 정신 진단은 쉽지 않은 일이다. 벤담이 생전에 아스페르거 증후군을 앓았든 앓지 않았든, 내가 여기서 이야기하고자 하는 주된 논점은 벤담이 유별난 사고를 한 사람일 뿐 아니라 인간 본성에 대해서도 이해가 빈약했다는 점이다.

21 Denis(2008).

22 Kant(1993/1785), p. 30.

23 Fitzgerald(2005). 칸트가 마흔일곱이 되었을 때 그의 머리에 뇌종양이 생겼을 가능성도 있다. 이때부터 그는 두통을 호소하기 시작했고, 그러고 나서 얼마 지나지 않아 왼쪽 시력을 잃었다. 칸트의 문체나 철학도 이때부터 함께 변하기 시작했으니, 일각에서는 이때 종양이 생기면서 좌측 전전두엽의 감정 처리 기능이 저해되었고, 그러면서 통상적인 공감 능력이 고도의 체계화 능력을 제어하지 못하게 되었다고 추측한다. Gazzaniga(1998), p. 121을 참조하라.

24 Scruton(1982).

25 이 진술이 모든 과학적 탐구에 적용된다는 의미는 아니다. 화학자들에게 공감 능력 같은 것은 필요 없다. 그러나 위대한 소설가나 극작가가 그렇듯이, 사람들의 삶을 들여다보는 데에는 공감 능력이 분명 도움이 된다.

26 WEIRD권 사람들에 대한 논문을 쓴 저자들은(Henrich et al., 2010. 5장 참조) 서양의 사고가 언제부터 WEIRD식으로 되었는지에 대해서는 언급하지 않고 있다. 그러나 그들의 이론을 보면 산업혁명에 속도가 붙고 부·교육·개인주의가 늘어난(적어도 상류 계층의 경우) 19세기에 WEIRD식 사고가 더 흔하게 나타나게 되었음이 직접적으로 함축되어 있다.

27 내가 보기에 도덕철학은 지난 20년 동안 한결 발전한 모습이다. 심리학을 비롯하여 자연 세계에 대한 고대의 관심을 어느 정도 회복했기 때문이다. 요즘에는 신경과학, 사회심리학, 진화론 분야에서도 수많은 철학자의 글이 널리

읽히고 있다. 1990년대 이래로 '심리적 사실주의(psychological realism)' 에 대한 관심도 점점 늘고 있으니, Flanagan(1991)과 Gibbard(1990)가 그 실례에 해당한다. 이에 대한 최신 연구로 Appiah(2008)와 월터 시놋 암스트 롱이 편집한 세 권짜리 논문집(Sinnott-Armstrong, 2008)을 참조하라.

28 예를 들어, 동물을 비롯하여 모든 유정에 대해 자비를 설교한 것은 부처뿐이 었다. 문화와 덕 이론 논평에 대해서는 Haidt & Joseph(2007)를 참조하라.

29 당연히 여기서도 후각 체계가 작동하겠지만 단순화를 위해 무시했다. 또 한 가지, 수많은 과일 음료수가 신맛 수용체를 자극한다는 것도 당연한 사실이 나, 그 점은 이 비유와 잘 들어맞는다. 수많은 도덕 위반 사례는 주로 한 가 지 기반만 자극하지만, 미약하게나마 그 외의 기반도 하나 이상 자극한다.

30 Sperber & Hirschfeld(2004). 모듈은 보통 뇌의 특정 지점을 가리키는 것이 아니다. 그보다 모듈은 그것들이 **하는 일**이 무엇인가로 정의된다. Fodor(1983)가 모듈성을 갖추기 위해 필요한 것으로 제시한 그 까다로운 요 건들을 크레이그와 나는 받아들이지 않는다. 그 대신 우리는 Sperber(2005) 의 "대량 모듈성(massive modularity)"을 받아들이는바, 여기에는 선천적 인 "학습 모듈(learning modules)", 즉 아동기 발달 과정 중에 구체적인 모 듈을 추가로 더 만들어내는 모듈도 포함된다. Haidt & Joseph(2007, 2011) 를 참조하라.

31 영장류의 경우에는 이 과정이 더 복잡한 양상을 띤다. 영장류는 날 때부터 뱀에 대한 선천적 두려움을 가지기보다는 뱀을 두려워하는 것을 **배우도록** 선 천적으로 '준비된 상태'이다. 그래서 뱀과 관련해 나쁜 경험을 단 한 번만 해 도, 혹은 자기 종족의 다른 구성원이 뱀에 두려움 반응을 보이는 것을 자주 목격하기만 해도, 영장류는 뱀을 두려워하게 된다(Mineka & Cook, 2008). 꽃이나 다른 동물들이 두려움 반응을 보이는 기타 사물에 대해서는 영장류 는 두려움을 배우지 않는다.

32 스페르베와 허슈펠드가 사용한 용어는 **적절한 영역(proper domain)**과 **실 제의 영역(actual domain)**이었으나, (나를 비롯한) 많은 이가 이를 잘 기 억하지 못하는 까닭에 **본래적 동인(original trigger)**과 **통용적 동인(current trigger)**이라는 말로 바꾸었다. **본래적 동인**이라고 해서 이 모듈이 먼 옛날에

는 실수를 일으키지 않았다는 뜻은 아니다. 진화적 설계에 의도가 전혀 없는 경우를 제외한다면 **의도적 동인(intended trigger)**이라는 말을 쓰면 좋겠다는 생각이다.

33 자연선택은 곧 설계 과정과 다름없다. 생물 세계에 나타나는 그 수많은 설계를 일으키는 것이 바로 자연선택이다. 자연선택은 단순히 지적 혹은 의식적 설계자를 말하지는 않는다. Tooby & Cosmides(1992)를 참조하라.

34 이 이론의 기원과 세부 사항에 대해 좀 더 알고 싶으면 Haidt & Graham (2007)을 참조하라. Haidt & Joseph(2004, 2007). 이 이론은 리처드 슈웨더와 앨런 피스크의 연구에서 강한 영향을 받았다. 문화에 따라 다양하게 들어차 있는 우리 안의 진화한 인지 모듈을 찾아내는 일반적 접근법은 앨런 피스크의 관계 모델 이론에서 영감을 받았다. 이 이론을 도덕심리학에 적용한 내용에 대해서는 Rai & Fiske를 참조하라(2011).

35 이와 관련한 최근 목록은 Neuberg, Kenrick, & Schaller(2010)를 참조하라.

36 애초 연구에서(Haidt & Joseph, 2004) 우리는 네 가지 기반만 설명했고, 거기에 고통(Suffering), 위계(Hierarchy), 호혜성(Reciprocity), 정결(Purity)이라는 이름을 붙였다. 이 외에도 여러 가지 기반이 더 있을 수 있음을 언급했고, "집단 충성심(group-loyalty)"에 대해서는 다섯 번째 기반의 유력한 후보라고 따로 주를 달아 언급했다. 이와 관련해서는 제니퍼 라이트(Jennifer Wright)에게 감사를 전한다. 애초에 크레이그와 나는 집단 충성심을 위계의 항목에 놓았는데, 논문 작업을 하는 동안 제니퍼가 이메일을 통해 집단 충성심은 위계와는 다른 것이라며 나와 논쟁을 벌여주었다. 2005년부터는 다섯 가지 기반의 이름을 바꾸어 각 기반마다 두 개의 관련 단어를 사용하여 오해의 여지를 줄이고자 했다. 그리하여 2005년부터 2009년까지는 피해/배려, 공평성/호혜성, 내집단/충성심, 권위/존경, 정결/고귀함이라는 용어를 사용했다. 그리고 2010년 이론을 다시 매만져 내용을 확충하는 한편 8장에서 이야기할 단점들도 보완했다. 똑같은 기반을 여러 가지 이름으로 부르는 혼동을 피하기 위하여, 이 책에서는 이론의 기원을 논할 때도 2010년도의 이름을 사용했다. 권위의 기반과 관련해 여기서는 아랫사람의 심리, 즉

권위를 존경하는 심리에 초점을 맞추었다. 다음 장에 들어가서는 높은 위치에 있는 리더의 심리에 대해서도 탐구할 것이다.

37 이를테면 Trivers(1971)가 호혜적 이타주의의 이면에서 작동한다고 한 도덕적 감정의 '집합(set)'을 참조하라(예를 들면, 자신이 받은 호의에 대한 감사, 타인이 되갚지 않은 호의에 대한 분노, 자기 자신이 되갚지 못한 호의에 대한 죄책감). 배려 기반의 경우, 첫째로 고통을 감지하는 모듈, 둘째로 의도적으로 가하는 피해를 감지하는 모듈, 셋째로 혈연관계를 감지하는 모듈, 넷째로 상대방을 배려하거나 편하게 하는 노력을 감지하는 모듈이 있을 수 있다. 여기서 중요한 점은 우리 안에는 선천적으로 "if-then"식으로 작동하는 여러 가지 프로그램이 있고, 이것들이 함께 작동하여 사람들이 적응 도전 과제에 임하도록 돕는다는 것이다. 이러한 모듈 중 일부는 스페르베가 설명했듯이 "학습 모듈"로서 우리 안에 선천적으로 들어 있을 수 있고, 이런 학습 모듈은 구체적인 모듈들을 아동기 발달 과정 중에 추가로 더 만들어낸다. 도덕적 모듈성에 관한 상세한 논의는 Haidt & Joseph(2007)를 참조하라.

7장 정치는 도덕을 어떻게 이용하는가

1 Luce & Raiffa(1957).

2 Marcus(2004), p. 12.

3 Marcus(2004). 이 정의는 두 페이지에 나뉘어 있는 내용을 내가 하나로 이어 붙인 것이다. 첫 문장은 p. 34에 실려 있고, 두 번째 문장은 p. 40에 실려 있다. 그러나 3장의 통합적인 논의에 이 내용이 다 같이 들어 있다.

4 최근의 연구 결과 수렵·채집자 집단의 유전적 혈연관계는 인류학자들이 오랫동안 가정해온 것만큼 높은 수준이 아니라고 밝혀졌다(Hill et al., 2011). 그러나 나는 이러한 관계성 약화는 문화적 복잡성이 증대하면서 최근 수만 년 사이에 이루어진 것이라고 가정하고 있다. 더불어 나는 배려 기반은 우리의 뇌가 커지고 아동기가 늘어나면서 그보다 훨씬 전인 수백만 년 사이에 이미 수정과 강화를 마쳤다고 가정한다.

5 이를테면 혈연의 정도를 따지거나, 상대방이 가한 피해가 의도적이었는지 우연이었는지 따져봄으로써, 누가 우리 아이를 울렸을 때 그에게 화를 낼

지 말지를 결정한다. 이러한 모듈들이 Fodor(1983)가 애초 정의한 것과 같은 특징을 갖지 않는다는 것은 앞 장의 주석에서 이미 이야기한 바 있다. 당시 포더의 기준은 너무 엄격해서 고차원의 인지 중에는 거의 그 기준을 충족시키는 것이 없었다. 고차원의 인지가 어떻게 부분적으로 모듈성을 갖출 수 있는가 하는 논의에 대해서는 Haidt & Joseph(2007)를 참조하라. 또 뇌 안의 지점보다는 기능적인 시스템으로서의 모듈에 대해서는 Barrett & Kurzban(2006)을 참조하라.

6 Bowlby(1969).

7 이에 관한 논평은 Sherman & Haidt(2011)를 참조하라.

8 진화와 공감의 신경학에 대해서는 Decety(2011)를 참조하라.

9 Pinker(2011)를 참조하면 폭력에 대한 반감이 오랜 세월에 걸쳐 꾸준히 상승해왔음을 알 수 있다. 예를 들어, 1960년대까지만 해도 아내 구타와 관련된 농담은 미국 영화와 텔레비전 프로그램에 흔하게 등장했고 시청자에게도 용인되었다.

10 정치적인 범퍼 스티커가 두려움이나 금전적 이해에 호소하는 수도 있으나 [예를 들면, "지금 당장 이 땅에서 석유를 파내 돈을 적게 내자(Drill here, drill now, pay less)"라고 했던 2008년 공화당의 문구], 도덕에 호소하는 경우에 비하면 그 사례를 찾아보기 힘들다.

11 미국 이외 지역의 독자들을 위해, 내가 'liberal'의 의미를 정치적 좌파의 의미로 사용했음을 다시 한 번 언급한다. 다음 장에 제시될 자료를 보면, 우리가 연구한 나라 모두에서 좌파 사람들은 정치적 우파에 비해 배려/피해 기반에서 높은 점수를 보이고 있다.

12 보수주의 기독교도들은 많은 양의 자금을 해외로 보내고, 빈민에게 많은 도움과 원조를 제공하고 있다. 그러나 이러한 활동은 대체로 기독교에 더 많은 개종자를 끌어들이려고 노력하는 선교사 집단에 의해 이루어지고 있다. 즉, 그러한 활동은 여전히 보편적 배려보다는 편향적 배려의 형태를 띠고 있다.

13 이는 다윈이 《종의 기원(Origin of Species)》과 《인간의 유래(Descent of Man)》에서 가지고 있던 주된 관심사였다. 다윈이 가졌던 의문과 그의 해결책에 대해서는 9장에 가서 다시 논의할 것이다.

14 Trivers(1971).

15 이 점은 로버트 액설로드(Robert Axelrod)가 1984년 행한 유명한 토너먼트에서 멋지게 드러난 바 있다. 이 토너먼트에서는 여러 가지 전략이 컴퓨터상의 진화 시뮬레이션 속에서 경쟁을 벌였다. 이때 되갚기 전략을 이길 수 있었던 것은 없었다[그러나 이와 관련해 "이기면 머물고, 지면 움직이라(Win Stay, Lose Shift)" 전략을 논한 Nowak(2010)도 참조하라. 실수와 착오까지 고려하면 이 전략이 더 뛰어난 힘을 발휘한다].

16 Rozin et al.(1999). Sanfey et al.(2003).

17 나는 이 책이 인쇄에 막 들어가려던 차에 그 현장을 방문했다. 그때 월 가 점령 시위에 등장한 문구에 도덕성 기반 이론을 적용하여 사진 에세이를 만들었고, http://reason.com/archives/2011/10/20/the-moral-foundations-of-occup에 그 내용을 올려놓았다.

18 티파티의 경우는 비례의 원칙과 인과의 개념으로서의 공평성이 주된 도덕적 동기가 된다고 주장해왔다. 일부 자유주의자는 이를 자유의 개념으로 보지만, 나는 그렇게 생각하지 않는다. Haidt(2010)를 참조하라.

19 Sherif et al.(1961/1954), p. 94.

20 예를 들어, 남자아이들은 자기들끼리 자발적으로 모여 팀 경쟁을 벌이는 경우가 여자아이들에 비해 훨씬 많다(Maccoby, 1998). 또 남자 대학생들은 집단 간 경쟁의 형식에서 더 많은 협동성을 보이나, 여학생들의 경우는 그런 식의 조작에 별 영향을 받지 않는 것으로 나타난다(Van Vugt, De Cremer, & Janssen, 2007).

21 Baumeister & Sommer(1997). Maccoby(1998).

22 Boehm(2012). Goodall(1986).

23 Keeley(1996).

24 Glover(2000).

25 Arberry(1955)의 번역본 《코란》 4 : 56의 내용이다. 하디스 게송(이를테면 Bukhari 52 : 260과 Bukhari 84 : 58)과 《코란》 4 : 89를 참조하면 배교자 처형에 관해 더 많은 내용을 접할 수 있다.

26 진보주의 학자들은 자주 이 점을 지적하며(예를 들면, Gray, 1995), www.

YourMorals.org에 올라와 있는 많은 연구에서도 이 같은 사실을 알 수 있다. Iyer et al.(2011)을 참조하라.

27 Coulter(2003).

28 이는 사회학자 로버트 니스벳(Robert Nisbet)이 Nisbet(1993/1966) 1장과 4장에서 강력하게 개진하는 논지이기도 하다.

29 Boehm(1999). de Waal(1996).

30 de Waal(1996), p. 92.

31 L. W. 킹(L. W. King)의 번역문 인용, www.holyebooks.org/babylonia/the_code_of_hammurabi/ham04.html에서 검색한 내용이다.

32 이는 피스크의 웹 사이트 www.sscnet.ucla.edu/anthro/faculty/fiske/rel modov.htm에 올라와 있는 이론의 개요에서 인용한 것이다. 이 이론에 대한 온전한 설명을 보려면 Fiske(1991)를 참조하라.

33 진화의 이야기는 사실 이보다는 복잡하며, 인간이 오랜 세월 평등주의를 거쳤다는 중요한 사실에 대해서는 다음 장에 가서 이야기할 것이다. 이 대목에서는 그저 다음과 같은 사실에서 흥미를 느껴보기 바란다. 즉, 우리 인간이 가진 일부 인지 모듈은 사람들 대부분이 위계와 존경을 잘 감지해내고 좋아하게 만들었을 가능성이 있다.

34 de Waal(1996). Fiske(1991).

35 나는 위계질서의 하층부 사람들이 대체로 위계질서를 지지하는 이유가 이 때문이라고 생각한다. 더 자세한 내용에 대해서는 Haidt & Graham(2009)을 참조하라. 대안적인 견해에 대해서는 "체계 정당화 이론(system justification theory)" 관련 연구, 예를 들면 Jost & Hunyady(2002)를 참조하라.

36 이러한 과실치사형에 대해 대중의 공분이 일자, 검사 측에서는 선고에 항소하여 재심에서 승리를 거두었고, 결국에는 살인죄에 종신형을 끌어냈다. 이 사건의 전반에 대해서는 Stampf(2008)를 참조하라.

37 애초 이 말을 쓴 것은 Rozin(1976)이었다. 후에 마이클 폴란(Michael Pol-lan)이 이 용어를 가져다 자신의 베스트셀러 제목으로 삼았다.

38 McCrae(1996).

39 Rozin & Fallon(1987). 구토감이 어느 때에 일어나는지는 알 수 없으나, 인

간이 느끼는 구토감은 다른 동물들에게 없는 것만은 확실하다. 다른 포유류는 맛이나 냄새에 근거해서 음식물을 거부한다. 음식물을 만져본 느낌에 따라 혹은 그 음식이 누구 손을 거쳤는가에 따라 음식물을 거부하는 것은 인간뿐이다.

40 Schaller & Park(2011).

41 Thornhill, Fincher, & Aran(2009). 심지어 샐러의 연구 팀은 캐나다 학생들에게 질병과 전염병의 이미지만 보여주고도 낯선 이민자들에 대한 그들의 두려움을 증가시킬 수 있었다. 한편 감전 사고와 같은 다른 종류의 위협을 이미지로 접한 학생들은 두려움을 덜 나타냈다(Faulkner et al., 2004).

42 신성화와 종교의 진화적 기원에 대해서는 9장과 11장에서 논의할 것이다.

43 이 둘이 저지른 행동을 알면 사람들이 분명 구토감과 불쾌감을 느낀다고 반론을 펼칠 수도 있을 것이다. 그러나 그러한 주장은 어떤 공동체에서 역겹다고 느껴지는 행동, 이를테면 동성애 섹스나 인종 간 섹스, 혹은 집에서 혼자 닭발이나 물고기 눈알을 먹는 행동에 대해 그것을 금해야 한다고 의사 표명을 하는 것이나 다름없다.

44 평균적으로 자유주의자들은 공감과 구토감을 덜 경험하며(Iyer et al., 2011), 사람들의 금기 위반도 더 잘 용인하는 경향이 있다(Tetlock et al., 2000).

45 독일 태생의 화가 한스 멤링(Hans Memling)의 작품(1475년 작). 파리 자크마르 앙드레 박물관(Musée Jacquemart-André) 소장. 이 작품에 대한 정보는 http://www.ghc.edu/faculty/sandgren/sample2.pdf를 참조하라.

46 NRSV.

47 일례로 D. Jensen(2008)을 참조하라.

48 Kass(1997).

8장 도덕적인 인간이 승리한다

1 이와 비슷한 주장에 대해서는 Lakoff(2008)와 Westen(2007)을 참조하라.

2 이 책에서 나는 민주당을 진보 및 좌파, 공화당을 보수 및 우파와 동일시하고 있다. 1970년 전에는 양당이 폭넓게 연합하고 있었기 때문에 이런 도식

이 통하지 않았다. 그러나 1980년대 이래 남부의 정당 충성도가 민주당에서 공화당으로 옮겨가면서, 이제 두 정당은 거의 완벽하게 좌우의 두 축으로 나뉘었다. 미국전국선거조사국 자료를 보면 이러한 판도 변화가 뚜렷이 나타난다. 스스로를 진보/보수로 분류하는 것과 스스로를 민주/공화로 분류하는 것 사이의 관계성은 1972년 이후로 꾸준히 증가했고, 1990년대 들면서는 급격히 가속도가 붙었다(Abramowitz & Saunders, 2008). 물론 모든 사람이 이 일차원의 스펙트럼에 딱 들어맞는 것은 아니고, 들어맞는 사람들 중에도 대부분이 중간에 위치하지 양극단 가까이에 위치하는 이들은 별로 없다. 그러나 정치와 정책이라는 것이 대체로 강력한 당파심을 가진 이들에 의해 움직이는 만큼, 이번 장과 12장에서 나는 이런 종류의 사람들이 가진 바른 마음을 이해하는 데 초점을 맞추었다.

3 이 연구의 피험자들은 "진보 성향이 강한(strongly liberal)"에서부터 "보수 성향이 강한(strongly conservative)"으로 표시된 축에 스스로를 위치시킨 것이었는데, 〈도표 8-2〉에서 사용된 말과 통일하기 위해 "strongly"라는 단어를 "very(매우)"로 바꾸었다.

4 이를 더 긴 문장으로 정확하게 설명하면 다음과 같다. 사람들은 누구나 어떤 상황에서 다섯 가지의 도덕성 기반 모두를 사용할 수 있지만, 진보주의자들은 그중에서도 배려와 공평성 기반을 가장 선호하며, 대체로 이 두 가지 기반을 바탕으로 그들의 도덕 매트릭스를 건설한다.

5 미국, 영국, 캐나다, 호주와 세계 각지의 권역별(서유럽, 동유럽, 라틴아메리카, 아프리카, 중동, 남아시아, 동아시아, 남동아시아) 데이터에 대해서는 Graham et al.(2011)의 〈표 11〉 보고를 참조하라. 내가 여기서 보고한 기본 패턴은 이 모든 국가와 권역에서도 그대로 나타나고 있다.

6 그로부터 4년 후인 2011년 1월에 나는 이 콘퍼런스에 참석했고, 연설을 통해 공통된 이데올로기가 가지는 연대와 맹목 효과를 학계가 인정해야 한다고 촉구했다. www.JonathanHaidt.com/postpartisan.html에 당시의 강연 내용과 그에 대한 반응을 모아두었다.

7 Wade(2007).

8 스스로를 "매우 보수적"이라고 말하는 사람들의 경우에는 선들이 사실상 교

차하는 것을 볼 수 있다. 이 말은 곧 최소한 MFQ의 질문으로 판단해보건대, 이들은 배려와 공평성보다 충성심·권위·고귀함을 약간 더 중시한다는 뜻이 된다. 이 MFQ 버전에 사용된 질문들은 원래 버전에 사용된 질문들과는 대부분 다르기 때문에(〈도표 8-1〉에 나타난 것처럼), 두 형태 사이에 정확히 어떤 의미가 있다고 비교하기는 어렵다. 그러나 여기서 중요한 점은, 설문지 버전이 다양함에도 도표에 나타나는 선의 경사는 비슷하다는 것이다. 그리고 훨씬 많은 수의 피험자가 포함된 이 도표에서는 선들이 직선에 가까운 모습을 하고 있다. 이것은 곧 다섯 가지의 기반 각각에 정치 이데올로기로 인한 단순 선형 효과(simple linear effect)가 나타나고 있음을 의미한다.

9 Linguistic Inquiry Word Count. Pennebaker, Francis, & Booth(2003).

10 Graham, Haidt, & Nosek(2009). 처음에 단순히 단어 등장 횟수를 세었을 때에는 충성심을 제외한 모든 기반에 대해 예상한 결과가 나왔음을 언급해둔다. 두 번째 검사에 들어가서는 보조자에게 해당 문맥을 읽게 한 후 그것이 도덕성 기반을 지지하는지 거부하는지 코드화하게 했다. 그런 다음 검사를 시행하자 두 교파 사이의 차이는 더 크게 벌어졌고, 이로써 충성심을 비롯하여 다섯 가지 기반 모두에서 예상했던 차이를 발견할 수 있었다.

11 우리는 N400 요소와 LPP 요소를 살펴보았다. Graham(2010)을 참조하라.

12 2008년 6월 15일, 일리노이 주 시카고의 신의 사도 교회(Apostolic Church of God)에서 연설한 내용이다.

13 2008년 6월 30일, 미주리 주 인디펜던스에 가서 연설한 내용이다.

14 2008년 7월 14일, 오하이오 주 신시내티의 NAACP에 가서 연설한 내용이다.

15 2008년 7월 24일의 연설 내용이다. 오바마는 스스로를 "미국의 자랑스러운 시민이자 세계의 친구 같은 시민(a proud citizen of the United States, and a fellow citizen of the world)"이라고 소개했다. 그러나 미국의 보수적인 출판물들은 "citizen of the world"에만 얽매여 "proud citizen" 부분은 인용하지 않았다.

16 www.edge.org/3rd_culture/haidt08/haidt08_index.html에 가면 이 글을 찾아볼 수 있다. 최근 브록만은 내 저작권 대리인이 되었다.

17 예를 들어, Adorno et al.(1950)과 Jost et al.(2003)을 참조하라. Lakoff

(1996) 역시 이와 같은 맥락의 분석을 제시하고 있다. 다만 라코프는 보수주의자들이 지닌 '엄한 아버지'의 도덕성을 병증으로 보지 않는다.

18 내가 뒤르켐주의 시각을 갖게 된 것은 단순히 뒤르켐의 책을 통해서만이 아니라, 리처드 슈웨더와 함께한 연구, 그리고 5장에서 설명한 대로 내가 인도에서 살아본 경험 때문이기도 했다. 뒤르켐주의 시각이 형성되는 데 아일랜드의 철학자 에드먼드 버크 역시 상당 부분 공헌했음은 나중에 알았다.

19 이러한 분석은 **사회적** 보수주의자들에게만 적용된다는 점을 강조하고 싶다. 자유지상주의자들, 즉 고전적 진보주의자라고도 알려진 '자유방임주의(laissez-faire)' 보수주의자들에게는 이 분석이 적용되지 않는다. 12장을 참조하라.

20 물론 북유럽 국가들처럼, 장구한 역사와 언어를 공유한 단일민족 나라들이 이를 이루기가 훨씬 쉽다. 이 국가들이 미국에 비해 훨씬 더 진보적이고 비종교적인 것도 한편은 이 때문일 것이다. 이에 대한 추가 논의는 12장을 참조하라.

21 미국 국회에서 실제로 더 많은 일을 하고 있는 쪽이 민주당원이라는 사실은 흥미롭지 않을 수 없다. 국회의원들은 성직자가 아니다. 입법 과정은 추잡하고 부패한 거래와 다름없으니, 이런 거래에서는 신성한 상징을 존경하는 능력보다 자신의 지역에 자금과 일자리를 끌어들이는 능력이 더 중요할 수 있다.

22 Bellah(1967).

23 웨스턴도 Westen(2007) 15장에서 뒤르켐의 신성함과 속세의 구별에 의지하여 비슷한 조언을 한 바 있다. 나의 논의는 그의 분석에서 많은 도움을 얻었다.

24 이 이메일과 뒷부분의 이메일 내용은 원문 그대로 실었음을 밝힌다. 편집은 지면 관계상, 그리고 글쓴이의 신원 보호를 위해서만 이루어졌다.

25 우리는 자유주의자들에게서 오랫동안 원래의 다섯 가지 기반만으로는 자유주의자의 도덕성이 설명되지 않는다고 불평을 들어왔다. 주요 연구를 통해 자유주의자를 진보주의자 및 보수주의자와 비교해본 끝에, 우리는 그들이 옳았다고 결론을 내렸다(Iyer et al., 2011). 우리가 도덕성 기반 목록을 수

정하기로 결정한 데에는 www.MoralFoundations.org에 '이의 제기' 공간을 만들어두고 사람들에게서 도덕성 기반 이론에 대한 비판과 추가로 들어갈 기반 추천을 받은 것도 영향을 미쳤다. 그때 자유를 넣어야 한다는 강력한 주장이 들어왔다. 그 외에 도덕성 기반의 추가 후보로서 지금까지도 면밀히 연구하고 있는 것들로는 정직, 재산/소유, 낭비/효율성이 있다. 여섯 번째 기반인 자유는 자유에 대한 관심사를 측정할 여러 방법을 만들어가고 있다는 점에서 아직까지는 임시적이라고 하겠다. 또 애초의 다섯 가지 기반과 원래의 MFQ는 엄격한 테스트를 거친 데 반해 자유 기반에는 아직 이를 적용해보지 않았다. 그럼에도 여기에서 자유/압제 기반에 대해 이야기하는 까닭은 자유에 대한 이론적 근거가 충분히 강하다고 생각되기 때문이며, 또 자유주의자들에게는 자유가 심히 중대한 관심의 초점이 되고 있음을 알게 되었기 때문이다(Iyer et al., 2011). 자유주의자는 상당한 세력을 이루고 있음에도 정치심리학자에게서는 대체로 무시당하고 있는 실정이다. 우리 연구의 최신 결과에 대해 알고 싶으면 www.MoralFoundations.org를 참조하라.

26 Boehm(1999).

27 Ibid. 그러나 Brian Hayden(2001)의 연구도 참조하라. 그가 밝혀낸 바에 따르면, 위계와 불평등의 증거는 종종 농경으로 이행하는 과도기보다도 수천 년을 앞서 나타난다. 농경 이외의 여타 기술적 혁신이 일어나면서 소위 '거대 세력가(aggrandizers)'가 먼저 생산을 지배할 수 있었고, 이를 기반으로 비로소 집단들이 농사를 짓기 시작할 수 있었다고 그는 주장한다.

28 de Waal(1996).

29 이러한 설명은 de Waal(1982)에 실려 있다. Boehm(2012)은 인간, 침팬지, 보노보가 다른 종으로 갈리기 전 이들의 공통 조상이 어떤 모습이었을지 그려내는 노력을 하고 있다. 그의 결론에 따르면, 그 최후의 공통 조상은 평화로운 보노보보다는 공격적이고 텃세가 심한 침팬지에 더 가까웠을 것이라고 한다. Wrangham(2001)과 Wrangham & Pilbeam(2001)도 이와 같은 입장을 보이고 있으며, 더불어 보노보와 인간이 많은 점에서 서로 닮아 있는 것은 비슷한 '자기 길들이기(self-domestication)' 과정을 겪었기 때문일 거라고 이야기한다. 그 결과 이 두 종은 모두 아동기의 특성들을 성인기까지 유

지해가면서 더 평화롭고 놀기 좋아하는 특성을 가지게 되었다는 것이다. 그러나 무엇이 진실인지는 아무도 알 길이 없으니, de Waal & Lanting(1997)은 공동의 조상이 침팬지보다는 보노보와 더 닮았을 거라고 이야기한다. 물론 이 책에서도 아이 같은(neotonous) 특성을 더 많이 가지는 쪽은 침팬지보다는 보노보라고 언급하고 있다.

30 이러한 획기적 변화의 주인공으로 왜 **호모 하이델베르겐시스(Homo heidel-bergensis)**가 가장 유력한 후보인지는 9장에 들어가서 설명할 것이다. 이들이 처음 등장한 것은 지금으로부터 약 7~8만 년 전으로, 그 후로 이들은 불을 사용하고 창을 만드는 등 중요하고 새로운 기술들을 섭렵해나갔다.

31 Dunbar(1996).

32 de Waal(1996)의 주장에 따르면, 침팬지도 행동 규범과 규범 위반자 대응 방식을 배울 수 있는 기본 능력이 있다고 한다. 인간과 침팬지 사이에 나타나는 여타의 수많은 유사점과 마찬가지로, 규범과 관련해 침팬지에게서는 여러 가지 발달된 인간 능력의 흔적을 찾아볼 수 있다. 그러나 침팬지의 경우에는, 이러한 규범들이 성장해 서로의 규범과 하나로 맞물리고 그러면서 결국 모두를 아우르는 단계까지 나아가지는 않는 것으로 보인다. 다음 장에서 설명하겠지만, 내가 보기에 **호모 하이델베르겐시스**가 등장한 이후에야 우리는 명실상부한 '도덕 공동체'에 대해 이야기할 수 있다.

33 Lee(1979), Boehm(1999), p. 180에서 인용했다.

34 이 용어가 처음 사용된 것은 1852년 마르크스를 논한 《뉴욕타임스(New York Times)》의 한 기사였으나, 마르크스와 마르크스주의자들이 이 용어를 적극 받아들이면서 1875년 마르크스의 저작 《고타 강령 비판(Critique of the Gotha Program)》에 등장하게 된다.

35 Brehm & Brehm(1981).

36 여기서는 당연히 무임승차자의 문제가 제기될 수밖에 없다. Dawkins(1976)를 참조하라. 이럴 때는 자신은 뒤로 물러나 남들로 하여금 위험한 불한당에게 맞서 목숨 걸고 싸우도록 하는 게 최선의 전략 아니겠는가? 이러한 무임승차자 문제는 언어, 규범, 도덕적 징벌이 없는 종에게 큰 골칫거리가 아닐 수 없다. 그러나 이어지는 장에서 입증하겠지만, 인간의 경우에는 이 무임승

차자 문제의 중요성이 심하게 과장되어왔다. **도덕성은 대체로 이 무임승차자 문제를 해결하기 위해 발달한 방책과 다름없다.** 수렵·채집자 집단, 나아가 더 큰 규모의 부족도 무임승차자를 벌함으로써 그 구성원에게 집단에 대한 노력과 희생을 강요할 수 있다. Mathew & Boyd(2011)를 참조하라.

37 리더는 독재자에게 대항하는 과정에서 등장할 때가 많지만, 결국에는 그 자신도 똑같이 독재자가 되고 만다. 록밴드 더 후(The Who)는 이를 다음과 같은 가사로 노래하기도 했다 "새로운 사장님을 만났네. 옛날 사장님과 똑같구나(Meet the new boss. Same as the old boss)."

38 이메일 내용을 이 책에 싣도록 허락해준 멜로디 딕슨(Melody Dickson)에게 감사를 전한다. 이 외에 이 장에 들어 있는 한 문장 이상의 인용문들은 이메일과 블로그 게시글에서 가져온 것들로 글쓴이의 동의를 얻어 이 책에 사용했고, 이들은 계속 익명의 상태이길 원했다.

39 1773년의 보스턴 차 사건을 가리키는 것으로, 이를 주된 시발점으로 하여 영국에 대한 아메리카 식민지 주민들의 반란이 이어졌다.

40 Hammerstein(2003).

41 나도 《행복의 가설》을 통해 이러한 잘못된 통설을 퍼뜨린 책임이 있다. 당시 나는 Wilkinson(1984)의 연구를 지칭한 것이었다. 그러나 윌킨슨의 연구에 등장한 박쥐들은 가까운 혈족일 가능성이 높은 것으로 밝혀졌다. Hammerstein (2003)을 참조하라.

42 S. F. Brosnan(2006)에 실려 있는 논평을 참고하라. 흰목꼬리감기원숭이의 공평성 관심사와 관련한 주된 실험 연구들을 보면(S. F. Brosnan & de Waal, 2003), 이 원숭이들은 주요 통제 조건을 수행해내지 못했다. 즉, 자기 눈앞에 보이는 포도를 자신이 갖지 못할 때는 언제든 화를 냈고, 다른 원숭이가 그 포도를 받게 되는 것은 이들에게 아무 상관이 없었다. 내 개인적인 견해로는 브로스넌(Brosnan)과 드 발이 옳을 가능성이 높다. 침팬지와 흰목꼬리감기원숭이는 자신에게 주어지는 호의와 무시를 항상 살피고, 또 공평성에 대해서도 초기 단계의 감각을 지니고 있다. 그러나 이들은 도덕 매트릭스 속에서 살고 있지는 않다. 명확한 규범과 험담이 존재하지 않다 보니, 원숭이들은 그러한 공평성의 개념을 실험실 상황 속에서 일관되게 보여주지

못한다.

43 트리버스도 '도덕적 호혜성(moralistic reciprocity)'에 대해 논의한 적이 있지만, 이는 호혜적 이타주의와는 매우 다른 과정을 거친다. Richerson & Boyd(2005), 6장을 참조하라.

44 Mathew & Boyd(2011).

45 Fehr & Gächter(2002).

46 페어와 개히터는 이 연구를 다른 버전으로도 시행해보았다. 즉, 다른 모든 조건은 동일하게 둔 채, 처벌을 초반의 여섯 번째 라운드까지만 이용하게 하고 일곱 번째 라운드에 가서는 없앤 것이다. 여기서도 결과는 똑같았다. 초반의 여섯 번째 라운드까지는 높은 수준의 협동이 일어나 그 정도가 계속 증가했으나, 일곱 번째 라운드 들어서는 협동성이 뚝 떨어져 이후 계속 감소하는 양상을 보였다.

47 de Quervain et al.(2004)이 시행한 PET 연구에 따르면, 사람들에게 이타주의적인 처벌을 가할 기회를 주자 뇌의 보상 영역이 더 활성화되는 것으로 밝혀졌다. Carlsmith, Wilson, & Gilbert(2008)에서는 복수의 즐거움이 때로 '정서 예측(affective forecasting)'의 오류로 밝혀졌음을 언급해두어야겠다. 복수는 종종 우리가 기대한 것만큼 달콤하지는 않은 것이다. 그러나 여기서 중요한 점은, 사람들은 나중에 기분이 좋아지는가 여부와는 상관없이 자신이 누구에게서 속임을 당하면 그에 대해 벌을 내리고 **싶어 한다**는 것이다.

48 이는 보엠의 논지이며, 나는 이 논지가 옳다고 확신하는바, 1980년대 이래로 미국의 불평등이 극심해지고 있는데도 좌파에서 이 사실만 가지고 미국의 나머지 국민들의 분노를 일으키지 못했기 때문이다. 그러다 드디어 2011년 월 가 점령 시위가 일어나면서 단순히 불평등을 지적하는 것 이상의 논의가 나오기 시작했고, 그러면서 공평성/부정의 기반에 근거한 주장(어떻게 '1퍼센트'의 사람들이 부정한 방법을 써서 최상류층이 될 수 있었으며, 우리가 제공해준 구제책으로 인해 그들이 우리에게 어떤 '빚'을 지고 있는가에 대한 주장)은 물론, 자유/압제의 기반에 근거한 주장(그 1퍼센트가 어떻게 정부의 주도권을 빼앗았으며, 그 권력을 남용하여 나머지 99퍼센트에게 어떻게 해를 끼치고 그들을 어떻게 노예화했는가에 관한 주장)이 나오고 있다. 그러

나 부정이나 압제를 함께 제시하지 않고 단순히 불평등만 지적하는 것으로는 그다지 많은 분노를 불러일으키지 못하는 것으로 보인다.

49 YourMorals.org에 있는 우리 자료를 가지고 요인 분석과 군집 분석을 해보면, 평등과 관련한 질문들이 배려·피해·동정심(배려 기반) 관련 질문들과 궤를 같이하지, 비례의 원칙과 관련된 질문들과는 궤를 같이하지 않는다는 사실이 되풀이해서 드러난다.

50 사회심리학에서 '형평성 이론(equity theory)'이라고 불리는 방대한 연구들을 참조하라. 이 이론에서는 투입량 대비 순이익(산출량에서 투입량을 뺀 값)이 모든 참가자에게 똑같이 돌아가야 한다는 것을 핵심 기조로 삼는다 (Walster, Walster, & Berscheid, 1978). 이는 곧 비례의 원칙에 대한 정의이기도 하다.

51 아이들은 사춘기에 접어들기 전까지는 대체로 평등성을 좋아하는 경향이 있다. 그러나 나이가 들면서 사회적 지성이 성숙하면 엄격한 평등주의자의 입장에서 벗어나 비례의 원칙을 중시하기 시작한다. Almas et al.(2010)을 참조하라.

52 Cosmides & Tooby(2005).

53 도덕성 기반 이론과 YourMoral.org에서 우리가 추구했던 목표는, 인류학과 진화심리학을 잇는 **최선의** 교량을 찾는 것이었지, 완전한 형태의 교량을 찾는 것은 아니었다. 우리가 찾아낸 여섯 가지 기반을 우리는 도덕성에서 가장 중요한 것들로 보고 있으며, 이 여섯 가지 기반을 이용하면 대부분의 도덕적·정치적 논쟁을 설명해낼 수 있다는 사실을 알게 되었다. 그러나 추가적인 도덕적 직관을 일으키는 선천적 모듈들은 더 있을 것이 분명하다. 이와 관련해 우리가 연구하고 있는 도덕성 기반 후보들로는 정직성, 소유, 자제력, 낭비 등이 있다. MoralFoundations.org에 가보면 이 추가적인 도덕성 기반에 대해 알 수 있다.

54 고통 받는 아이를 보면 동정심이 느껴지는 것과 같은 이치이다. 이는 혀에 레몬주스를 한 방울 떨어뜨리는 것과 비슷하다. 사람이 고통당하는 것을 보거나(배려/피해), 불한당에게 압제를 당하거나(자유/압제), 다른 사람에게 속임을 당했을 때라야만(공평성/부정) 우리는 비로소 울컥하는 마음을 갖는

다. 이러한 나의 입장에 반대하여 평등이 도덕성의 기본적 기반이 된다고 보
는 주장에 대해서는 Rai & Fiske(2011)를 참조하라.

55 이러한 사실은 Iyer et al.(2011)에 실린 여러 건의 설문 조사에서 공통적으
로 찾아볼 수 있다.

56 Berlin(1997/1958)은 이런 종류의 자유, 즉 자유를 침해받지 않을 권리를 "
소극적 자유(negative liberty)"라고 부른다. 그가 지적한 바에 따르면, "적
극적 자유(positive liberty)", 즉 인권의 개념과 자유 향유를 위해 필요한 자
원의 개념은 20세기 들어서 좌파가 만들어낸 것이다.

57 퓨 리서치 센터(Pew Research Center)는 2004년 10월 26일 배포된 한 여
론조사를 통해서 소규모 사업주들이 케리(37퍼센트)보다 부시(56퍼센트)를
더 선호한다는 사실을 알 수 있었다. 2008년 좌파로 향하던 약간의 움직임은
2010년 들어 막을 내렸다. HuffingtonPost.com에서 "Small business polls :
Dems get pummeled"로 검색해보면 이에 대한 요약 내용을 볼 수 있다.

58 Iyer et al.(2011)에 들어 있는 이 사실은 우리가 경험적으로 발견한 내용으
로서 www.MoralFoundations.org에 들어가면 인쇄가 가능하다.

59 YourMorals.org의 미출간 자료. 여러분도 YourMorals.org에 가서 MFQ
version B를 받으면 이 설문 조사에 임할 수 있다. 더불어 YourMorals 블로
그에서 공평성 자료에 대한 우리의 논의도 참조하라.

60 Bar & Zussman(2011).

61 Frank(2004).

9장 우리는 왜 그토록 집단적이 되는가

1 보수주의자들은 2차 세계대전 이후 몇십 년 동안은 사회학과 인문학에서 그
가치가 그저 과소평가되는 정도였으나, 1990년대 들어서는 경제학 외에서
는 거의 그 존재를 찾아볼 수 없는 지경까지 갔다. 이런 변화가 일어난 주된
원인 중 하나는 소위 "가장 위대한 세대(greatest generation)", 즉 2차 세
계대전을 싸워나가며 양극화가 극심하지 않았던 세대 출신의 교수들은 점점
사라지고 그 대신 정치적으로 좀 더 양극화된 베이비부머 세대가 1980년대
부터 그 자리를 메우기 시작했기 때문이다(Rothman, Lichter, & Nevitte,

2005).

2　이는 플라톤의 《국가론》에 등장하는 글라우콘을 가리킨다. 사람들이 기게스의 반지를 끼면 모습이 보이지 않아 평판에 대한 염려를 하지 않아도 되는데, 이것을 가지고도 사람들이 과연 훌륭하게 행동할지를 그는 소크라테스에게 묻는다. 4장을 참조하라.

3　이 유명한 표현은 Dawkins(1976)가 한 것이다. 유전자는 결국에 자기 유전자를 더 많이 복제해줄 특성들을 골라 그것만을 암호화할 수 있다. 이때 도킨스의 말은 이기적인 유전자가 철저하게 이기적인 사람들을 만들어낸다는 뜻은 아니었다.

4　집단을 좋아하고 집단에 이끌린다는 좁은 의미에서도 우리는 물론 집단적이다. 이러한 의미에서 보면 양·물고기·새 등 떼를 지어 사는 모든 동물은 집단적이라고 하겠다. 그러나 내가 하려는 말에는 이보다 훨씬 더 많은 뜻이 담겨 있다. 우리 인간은 자신이 속한 집단을 소중히 여기며, 때로는 자기가 대가를 치러가면서까지 집단의 이익을 증진시키고 싶어 한다. 이런 일은 무리를 지어 사는 동물 어느 것에나 통상적으로 일어나지는 않는다(Williams, 1966).

5　사람들이 충성심을 비롯해 기타 형태의 집단 충성심을 표할 때 거기에 얼마간의 글라우콘주의가 작동하리라는 점은 나도 의심하지 않는다. 다만 여기서 내가 주장하는 것은 우리의 팀 정신은 순전히 글라우콘주의만 띠지 않는다는 것이다. 우리는 분명 우리의 집단을 신성한 것으로 다루는 때가 있으며, 커다란 물질적 보상이 있거나 배신에 대해 비밀이 완벽히 보장된다고 해도 우리의 집단을 배신하려 들지 않는다.

6　Dawkins(1999/1982)를 참조하고, 더불어 Dicks(2000)에서 도킨스가 **이단(heresy)**이라는 말을 어떻게 사용했는지도 참고하라.

7　이는 **상리공생(mutualism)**으로도 일컬어지며, 둘 이상의 동물이 서로 협동하여 그 상호작용을 통해 모두가 모종의 이득을 얻는 것을 말한다. 이는 이타주의의 형태라고는 할 수 없으며, 따라서 진화론에서는 골치 아픈 문제가 아니다. 인류의 초사회성 발달 초기 단계에서는 이러한 상리공생이 지극히 중요했을 수 있다. Baumard, André, & Sperber(미출간)를 참조하라.

Tomasello et al.(근간).

8 이번 장에서는 이타주의보다는 협동에 초점을 맞출 것이다. 그러나 이 중에서도 내가 가장 관심을 갖는 것은 이런 협동, 즉 진정으로 사리를 추구하는 글라우콘주의자들은 참여하지 않으려 하는 협동이다. 전략적 협동은 개인적 차원에서 작동하는 자연선택으로 너무 쉽게 설명되는바, 이것과 구별하기 위해 우리는 핵심이 되는 이런 경우들을 '이타주의적 협동'이라는 말로 불러야 할지 모르겠다.

9 1부 4장, p. 134의 내용으로, 강조 표시는 필자가 추가한 것이다. Dawkins (2006)는 이를 명실상부한 집단선택의 경우로 보지 않는다. 벌집은 성장하면 딸 벌집으로 분봉해서 나가는데, 다윈은 여기서 부족이 성장하여 '딸 부족(daughter tribes)'으로 나뉘는 것을 상정하고 있지 않기 때문이다. 그러나 그 세부 사항을 우리가 추가해보면(수렵·채집자 사회에서는 성인이 150명 이상으로 성장하면 집단이 나뉘는 경향을 보이므로 전형적으로 그러한 특징을 보인다고 할 수 있다), 이는 어느 모로 보나 집단선택의 예에 해당할 수 있을 것이다. Okasha(2005)는 이를 덜 까다로운 형태인 MLS-1과 대조하여 MLS-2라고 부르는데, 중대 과도기의 초기 과정에서는 이것이 더 흔하게 나타날 수 있다고 그는 생각한다. 이에 대해서는 아래에서 더 이야기할 것이다.

10 《인간의 유래》 5장 p. 135의 내용. 강조 표시는 필자가 추가한 것이다. 도킨스는 《만들어진 신》 5장에서 집단선택에 대한 **유일한** 반론으로 무임승차자 문제를 제시하고 있다.

11 Price(1972).

12 어떤 특성을 '선호하는' 유전자가 존재한다는 옛날의 생각은, 게놈 시대에 접어들면서 별 대접을 못 받고 있음을 언급해야겠다. 어떤 것이든 심리적 특성에 나타나는 다양성을 상당 부분 설명해낼 수 있는 단일 종류의 유전자는(심지어 수십 개 유전자 집단도) 존재하지 않는다. 그러나 심리적 특성은 거의 모두가 어떤 식으로든 후대로 유전되는 것은 가능하다. 이 책에서 나는 때때로 한 특성을 '선호하는' 유전자라는 식으로 말하겠지만, 이는 단순히 편의를 위한 표현일 뿐이다. 여기서 내가 진정 뜻하는 바는 특정 특성을 암호화하는 것은 게놈 전체이며, 자연선택이 이 게놈을 변화시키면 다른 특성들을

선호하도록 암호화가 이루어진다.

13 내가 여기서 제시한 집단선택 혹은 군집 차원 선택은 포괄 적응도 이론 (Hamilton, 1964) 및 도킨스의 "이기적 유전자(selfish gene)" 관점과 완벽히 양립함을 강조하는 바이다. 그러나 꿀벌과 개미를 비롯해 기타 고차원의 사회성 생물을 연구하는 사람들의 경우, 다차원 선택을 이용하면 유전자의 시각에서 바라볼 때보다 현상을 더 또렷하게 인식할 수 있다고 말할 때가 있다. Seeley(1997)를 참조하라.

14 이 대목에서는 내가 지나친 단순화를 한 감이 없지 않다. 꿀벌, 개미, 말벌, 흰개미는 초개체 상태를 달성하는 데에서 정도의 차이를 다양하게 보인다. 이기심이 완전히 0까지 떨어지는 경우는 좀처럼 찾아보기 힘들다. 특정 상황에서 번식 능력을 가지는 벌이나 말벌의 경우에는 특히 더 그렇다. Höll-dobler & Wilson(2009)을 참조하라.

15 이번 장의 초반 버전을 비평하는 과정에서 나에게 이 점을 지적해준 스티븐 핑커에게 감사를 전한다. 핑커의 언급에 따르면, 국가가 나타나기 이전 시기의 전쟁은 대의를 위해 장렬히 목숨을 바치는 오늘날의 모습과는 전혀 달랐다고 한다. 전사들은 자신들의 평판을 드높이기 위해 애썼고, 따라서 글라우콘주의를 따르는 가식적인 행동이 전쟁 중에 많이 일어났다. 자살 테러는 인간 역사에서는 매우 드물게만 일어난다. Pape(2005)의 경우, 그러한 사건은 어떤 집단이 문화적으로 이질적인 침략자로부터 자신의 신성한 조국을 지키고자 할 때만 일어난다고 말한다. 자살 테러에서 신성한 가치가 하는 역할에 대해서는 Atran(2010)도 참조하라.

16 《인간의 유래》 5장, p. 135.

17 성적 선택이 어떻게 도덕성 진화에 공헌했는지에 대해서는, 특히 Miller(2007)를 참조하라. 사람들은 자신이 가진 미덕을 잠재 배우자에게 선전하는 일에서는 어떤 수고도 마다하지 않는다.

18 《인간의 유래》 1부 5장, p.137. Richerson & Boyd(2004)를 참조하라. 이들은 다윈이 기본적으로 옳았다고 주장한다.

19 Wynne-Edwards(1962).

20 Williams(1966), p. 4.

21 Williams(1966), pp. 8 - 9에서는 목적이라고 불릴 만한 효과를 최소한 하나라도 만들어내는 생물학적 기제를 적용이라고 정의했다.

22 윌리엄스는 "fleet herd of deer"라는 표현을 사용했으나, 'fleet'라는 말이 그리 흔히 사용되지 않아 내가 'fast'라는 말로 바꾸었다.

23 Williams(1966), pp. 92 - 93.

24 Ibid., p. 93.

25 Walster, Walster, & Berscheid(1978), p. 6.

26 나는 유전자가 항상 '이기적'이라는 데 동의하며, 이 논쟁에 뛰어드는 모든 파는 이기적인 유전자가 전략적으로 관대한 사람들을 만들어낼 수 있다는 데 동의한다. 여기서 논쟁의 초점은, 인간의 본성 안에는 과연 자기 자신의 이익보다 집단의 이익을 우선시할 수 있는 **어떠한** 정신적 기제가 포함되어 있는가, 만일 그렇다면 그러한 기제를 집단 차원의 적응으로 볼 수 있는가 하는 점이다.

27 이는 사실이 아닌 것으로 밝혀졌다. Hill et al.(2011)이 32곳의 수렵·채집자 사회를 조사한 결과, 조사 대상이 된 개인의 동료 집단 성원이 가까운 친척인 경우는 약 10퍼센트에 불과했다. 대부분은 혈연관계가 전혀 없었다. 해밀턴의 연구 결과 밝혀진 아체족(파라과이 동부의 인디오—옮긴이)의 유전적 상관성 계수는 0.054에 그쳤다. 인간의 협동을 혈연선택으로 설명하려는 이론에는 이 점이 문제일 수밖에 없다.

28 Williams(1988), p. 438.

29 Dawkins(1976), p. 3. 도킨스는 이 책의 30주년판 서문에서 용어 선택에 대해 후회한다고 밝히고 있다. 이기적 유전자도 서로 협동할 수 있고 실제로 협동하며, 서로 협동할 수 있는 탈것(이를테면 인간)을 만들 수 있고 또 만들어내기 때문이다. 그러나 도킨스가 현재 가지고 있는 관점은 여전히 내가 이번 장과 다음 장에서 설명하는 종류의 이집단성 및 팀 정신과는 양립하지 못하는 것으로 보인다.

30 영장류 동물학자들은 몇몇 종의 영장류를 제약 없는 환경에 두고 관찰했을 때 이타주의로 보이는 행동을 한다고 오랫동안 보고해왔으나, 침팬지들을 통제된 실험실 환경에 두고 그들에게서 이타주의를 보일 수 있도록 한 사람

은 최근까지 아무도 없었다. 영장류의 이타주의를 입증한 연구는 현재 한 건인데(Horner et al., 2011), 이에 따르면 침팬지들은 스스로 치러야 하는 대가가 전혀 없을 때는 상대방에게 더 큰 이득을 주는 방안을 택하려 하는 경향이 있다. 침팬지들은 자신들이 이득을 만들어낼 수 있다는 사실을 인식하고 있으며, 실제로도 그러한 방향으로 선택을 한다. 그러나 여기서는 선택을 하는 당사자가 어떤 대가도 치를 필요가 없기 때문에, 이타주의와 관련한 수많은 정의를 충족시키지 못한다. 나는 침팬지의 이타주의 관련 일화들이 신빙성을 가진다고 믿지만, 그럼에도 인간이야말로 이타주의에 있어 '기린'과도 같다는 나의 주장에는 변함이 없다. 설령 침팬지를 비롯한 기타 영장류가 약간의 이타주의를 행할 수 있다 하더라도, 인간은 그보다 훨씬 방대한 이타주의를 행한다.

31 조지 W. 부시(George W. Bush)의 재임 시 나는 단 한 번도 그를 좋아한 적이 없지만, 아프가니스탄 침공을 비롯하여 미국을 향한 공격에 그가 격렬히 반응한 것은 진심으로 옳았다고 믿는다. 물론 리더들이 자신만의 목적을 위해 국기 주위에 몰리기 현상을 손쉽게 이용할 수 있는 것은 사실이며, 차후에 일어난 이라크에 대한 침공은 그런 맥락에서 일어난 것이었다고 믿는 사람이 많다. Clarke(2004)를 참조하라.

32 이 반사 반응에 국기가 필요한 것은 아니다. 이는 외부의 위협이 가해질 때 사람들이 한데 모여 집단 연대 표시를 드러내는 것이기 때문이다. 이 효과의 문헌 논평에 관해서는 Dion(1979)을 참조하라. Kesebir(근간).

33 이러한 견해를 가진 대표 주자로는 데이비드 슬론 윌슨(David Sloan Wilson), 엘리엇 소버(Elliot Sober), 에드워드 O. 윌슨(Edward O. Wilson), 마이클 웨이드(Michael Wade)를 들 수 있다. 전문 논평에 대해서는 Sober & D. S. Wilson(1998)을 참조하라. D. S. Wilson & E. O. Wilson(2007). 이해하기 쉬운 입문서로서는, D. S. Wilson & E. O. Wilson(2008)을 참조하라.

34 인종차별, 종족 학살, 자살 폭탄 테러는 모두 이집단성의 표명이다. 이런 행동은 사람들이 자기 주변의 동료를 경쟁에서 물리치려고 하는 행동이 아니라, 자신들 집단이 다른 집단을 경쟁에서 물리치기 위해 하는 행동인 것이다. 수렵·채집자 사회보다는 문명화된 사회에서 폭력의 비율이 훨씬 줄어든

다는 증거에 대해서는 Pinker(2011)를 참조하라. 핑커는 국가가 점점 강력해지고 자본주의가 확산되면서 어떻게 폭력이 그 어느 때보다 줄어들 수 있었는지 설명하고 있으며, 이는 20세기 들어 일어난 그 모든 전쟁과 종족 학살을 포함했을 때에도 마찬가지이다.

35 Margulis(1970). 식물세포에서는 엽록체 역시 자신만의 고유한 DNA를 가진다.

36 Maynard Smith & Szathmary(1997). Bourke(2011).

37 나의 '보트 경기' 비유에는 한 가지 중요한 결점이 있다. 실제로는 새로운 탈것이 반드시 경주에서 '승리'하는 것은 아니기 때문이다. 원핵생물은 지금까지도 꽤 성공적으로 이 세상을 살아가고 있다. 그 무게나 숫자로 보면 이것들은 여전히 지구 상의 생물체 대부분을 차지하고 있다. 그렇다 해도, 새로운 탈것이 어느 순간 난데없이 나타나 지구에 존재하는 생물 에너지 상당 부분을 요구하고 나서는 것만은 분명해 보인다.

38 메이너드 스미스(Maynard Smith)와 사트마리(Szathmáry)는 인간의 과도기는 언어 덕분이며, 그러한 과도기는 지금으로부터 약 4만 년 전에 있었을 거라고 말한다. Bourke(2011)를 보면 이와 관련한 최신 논의가 들어 있다. 그는 과도기의 주된 여섯 종류를 들면서, 이 중 여러 가지(예를 들면, 진사회성으로의 과도기)는 수십 번에 걸쳐 독립적으로 일어났음을 언급하고 있다.

39 Hölldobler & Wilson(2009). 초개체 이외의 다른 용어들을 선호하는 이론가도 많다. 예를 들어 Bourke(2011)에서는 이를 단순히 'individuals(개체)'라고 부른다.

40 Okasha(2006)는 이를 MLS-2라고 부른다. 나는 이를 안정된 집단 간 선택이라고 부를 것이고, 이에 반해 MLS-1은 부침하는 집단 간 선택이라고 부를 것이다. 이 둘 사이의 차이는 미묘하지만, 집단선택이 실제로 일어났는가를 두고 논쟁을 벌이는 전문가들 사이에서는 중대한 문제이다. 둘의 차이는 본문에 싣지 못할 정도로 너무도 미묘하지만, 그 속의 전반적 생각을 정리하면 다음과 같다. 안정된 집단 간 선택의 경우 우리는 집단을 실체로 보고 거기에 초점을 맞추어, 그것이 다른 집단과 경쟁을 벌여나가는 과정에서 가지는 적합성을 추적한다. 이런 종류의 선택이 진정 의미가 있으려면, 집단들은 반

드시 수 세대에 걸쳐 각 집단 내에 높은 유전적 상관성을 보이며 튼튼한 경계를 유지해야만 한다. 그러나 오늘날 우리가 아는 바에 따르면 수렵·채집자 집단은 이렇지가 않다. 결혼 등의 여러 이유를 통해 개인들이 집단을 서로 오가는 것이다(물론 아래에 가서 지적하겠지만, 오늘날의 수렵·채집자 무리가 우리 조상들의 10만 년 전, 심지어 3만 년 전의 생활 방식을 그대로 살고 있을 리는 없을 것이다). 반면 부침하는 집단 간 선택이 유전자 빈도에 영향을 미칠 수 있으려면, 각종 집단으로 구성된 사회적 환경만 존재하면 된다. 그리고 이 집단들이 그 속에서 단 며칠 혹은 단 몇 달만이라도 서로 경쟁을 벌이기만 하면 된다. 이때 우리는 집단의 적합성보다는 집단 관련 적응 특성들을 가진(혹은 결여한) 개개인의 적합성에 초점을 맞추게 된다. 마음속에 효과적인 집단 관련 적응 특성을 가진 개인들은 결국 승리하는 팀에서 역할을 하는 경우가 더욱 많아지고(이를 위해서는 최소한 인구 구성에 어느 정도의 편차가 존재해야 한다), 그러면 그런 이집단적인 개인들은 같은 팀 안에서 그런 사람들을 만날 확률이 더 높아진다. 일부 비판가들은 이것이 '진정한' 집단선택이 될 수 없으며 결국에는 개인 차원의 선택과 똑같지 않느냐고 이야기하지만, 오카샤는 이에 동의하지 않는다. 그의 지적에 따르면, 부침하는 집단 간 선택은 중대 과도기의 초반에 일어나며 이것이 집단의 단결성을 높이고 무임승차를 억제하는 적응으로 이어지기 때문이다. 그리고 이를 토대로 나중에 안정된 집단선택이 차후의 중대 과도기에서 작동하게 된다는 것이다. 일부 학자들은 인간이 중대 과도기의 한가운데에 "교착상태"로 있다고 주장하기도 한다(Stearns, 2007). 내 생각에 이는 우리가 90퍼센트는 침팬지이고 나머지 10퍼센트는 벌이라는 주장의 또 다른 표현인 듯하다. MLS-1과 MLS-2에 대한 완전한 설명을 접하려면 Okasha(2006) 2장과 6장을 참조하라.

41 그렇다고 해서 생명체가 전체적으로 혹은 필연적으로 그 어느 때보다 위대한 복합성과 협동성을 향해 나아간다는 뜻은 아니다. 다차원 선택은 곧 반대되는 선택의 힘들이 항상 다양한 차원에서 작동하고 있다는 의미이다. 때로는 종(種)들이 초개체에서 벗어나 더 독자적인 형태를 띠기도 한다. 그러나 벌, 개미, 흰개미, 인간이 살아가는 현재 세상 속에는 지금으로부터 200만 년 전

의 세상에 비해 협동적인 개체들이 수천 톤은 더 늘어나 있는 상태이다.

42 Bourke(2011), Hölldobler & Wilson(2009).

43 Hölldobler & Wilson(2009), E. O. Wilson(1990). 무임승차자 문제가 해결되고 나면 그 순간 곧바로 새로운 초개체가 나타나 세상을 지배하는 것은 아님을 언급해둔다. 초개체들은 어느 정도의 개량 기간을 거치고 나야 비로소 자신들의 새로운 협동을 최대한 이용하기 시작하며, 이러한 협동은 다른 초개체와 경쟁하는 과정에서 집단 차원의 선택을 통해 더 발달하게 된다. 진사회성을 지닌 막시류 곤충은 지금으로부터 1억 년도 더 전에 이 세상에 처음 등장했으나, 그들이 세상을 지배하는 단계에 이른 것은 지금으로부터 약 5000만 년 전의 일이다. 이는 인간에게도 마찬가지로 적용되는 이야기일 터, 인간이 이집단적인 마음을 온전히 발달시킨 것은 홍적세 말엽으로 보이나, 완신세 말에 이르러서야 비로소 세계 정복을 이루었다.

44 Richerson & Boyd(1998).

45 진사회성(eusociality)이라는 말은 곤충에 대한 연구와 함께 등장한 것으로, 그 정의로 따지면 인간에게는 적용될 수 없는 용어이다. 진사회성을 가진 집단에서는 그 구성원들이 생식 활동을 분업화하여, 집단의 거의 모든 구성원은 생식이 불가한 상태나 다름없기 때문이다. 따라서 나는 인간은 물론 진사회성을 가진 곤충의 행동까지 아우를 수 있는 **초사회적인(ultrasocial)**이라는 용어를 사용하기로 한다.

46 Hölldobler & Wilson(2009), p. 30. 강조 표시는 필자가 추가한 것이다. 원문에는 "종에서의(species that)"라는 말 대신 "현존하는 종이 속한 계통의 (clades whose extant species)"라고 표현되어 있다.

47 Wilson & Hölldobler(2005), p. 13370.

48 인간은 좀 더 폭력적인 침팬지와도 밀접한 관련성을 보이지만, 좀 더 평화로운 보노보와도 그만큼 밀접한 관련성이 있다. 그러나 나는 Boehm(2012)과 Wrangham(2001 Wrangham & Pilbeam, 2001)의 의견에 따라, 이 세 종의 최후 공통 조상은 아마 침팬지에 더 가까웠을 것이며, 나아가 인간과 보노보가 공통적으로 가진 특성들, 이를테면 훨씬 평화로운 성격과 성인기까지 나타나는 유희성 등은 수렴 진화(convergent evolution)의 결과물일 것

이라고 가정한다. 즉, 두 종은 공동의 조상에서 갈라져 나온 훨씬 이후부터 비슷한 방향으로 변화했다. 이 둘은 모두 성인이 되어서도 유년기 특징을 더 많이 지니는 식으로 변화했다. Wobber, Wrangham, & Hare(2010)를 참조하라.

49 이때 인간의 뇌 혹은 유전자가 급속히 변화했다는 이야기는 아니다. 나는 Richerson & Boyd(2005) 및 Tooby & Cosmides(1992)의 의견에 따라, 도시국가에서의 삶을 가능하게 해준 유전자 대부분은 수렵·채집자로서 살아가던 수십 만 년의 세월 동안 형성되었을 거라고 가정한다. 그러나 아래에 가서 이야기하겠지만, 완신세의 기간에도 **일부** 추가적인 유전적 진화가 있었을 가능성이 높다고 생각한다.

50 무게로 따지면 우리 인간은 이 세상 포유류의 태반을 차지하지 못하지만, 이는 우리가 엄청난 수의 소·돼지·양·개를 기르고 있기 때문이다. 우리가 길들인 하인들까지 우리 안에 포함시킬 경우, 인간의 문명은 전체 포유류 생맹체 중 무려 98퍼센트를 차지한다고 도널드 조핸슨(Donald Johanson)은 이야기한다. 이 말은 2009년 4월 애리조나 주립 대학에서 열린 "기원(Origins)" 콘퍼런스에서 나왔다.

51 집단선택 비판가들은 이 외에 집단이 반드시 스스로 생식을 해야만 한다는 기준도 추가로 제시한다. 이러한 생식 활동에는 새로운 여러 개 집단이 "모체에서 갈라져 나와" 본래 집단과 매우 닮은 집단을 형성하는 일이 포함된다. 이 기준은 MLS-2(안정된 집단 간의 선택)에는 적용되지만, MLS-1(부침하는 집단 간의 선택)에는 반드시 적용되지는 않는다. Okasha(2006)를 참조하고, 위에 있는 주석 40번의 내용도 참조하라.

52 2010년 10월 토마셀로는 버지니아 대학에서 3회에 걸쳐 주요 강의를 했다. 이 인용문을 비롯해 토마셀로가 가진 기본 논지의 내용은 Tomasello et al.(2005)에서 찾아볼 수 있다. 어떤 음식을 얻기 위해 반드시 두 마리의 침팬지가 협력해야 할 때 침팬지는 협력자의 힘을 빌려 먹이를 얻어낼 수 있지만(Melis, Hare, & Tomasello, 2006), 이때 침팬지들이 의도를 공유하거나 협력자와 진정 협동을 이루는 것은 아닌 듯하다.

53 Herrmann et al.(2007). http://www.sciencemag.org/content/317/5843/

1360/suppl/DC1에 가면 동영상을 비롯하여 이 과업에 대한 완전한 설명을 다운로드 받을 수 있다. 그러나 이 동영상들에서는 침팬지들이 사회적 과업을 해결한 경우가 드물었음에도, 침팬지들이 항상 문제를 해결하는 모습을 보여주고 있음에 유의하자. 또 이 실험에는 제삼자 집단인 오랑우탄도 포함되어 있었다는 사실도 알아두라. 오랑우탄은 두 종류의 과업 모두에서 침팬지보다 능력이 떨어지는 모습을 보였다.

54 Tomasello et al.(2005). 토마셀로는 자폐증 연구가인 Simon Baron-Cohen(1995)을 인용하고 있다. 배런코언의 설명에 따르면 보통의 아동들에게는 "공통된 주의력 메커니즘(shared attention mechanism)"이 발달하나, 자폐증이 있는 아이들의 경우는 이것이 발달하지 않아 "마음을 못 보는(mind-blind)" 상태로 남아 있게 된다고 한다.

55 Boesch(1994).

56 Tomasello et al.(근간). 침팬지들이 정치적 연대를 형성하는 것은 분명하다. de Waal(1982)에 기록되어 있는 대로, 침팬지는 두 마리의 수컷이 팀을 이루어 현재의 일인자 수컷에게 대항하는 모습을 보인다. 그러나 여기서도 **진정한 협동은** 이루어진다 해도 그 정도가 약하다.

57 de Waal(1996)의 주장에 따르면, 규범을 발달시켜 규범 위반자에게 처벌을 내리는 것은 침팬지의 공동체에서도 일어난다. 그러나 침팬지들 사이에서 그러한 규범의 실례를 찾아보기는 힘들며, 침팬지들은 시간이 지나도 점점 더 정교한 규범 체계를 만들어가지 않는다. 그 외에 문화적 능력과 같은 많은 것의 경우, 침팬지는 인간 도덕성을 이루는 '구성물'을 상당수 가진 것으로 보이나 이것을 한데 합쳐 도덕성 체계를 구축하지는 않는 것으로 보인다.

58 진화론파에서 일어나는 논쟁에서 주된 주제는, 왜 개인은 대가를 치러가면서까지(처벌당하는 당사자가 폭력적 반응을 보이는 것도 이에 해당할 수 있을 것이다) 다른 사람을 처벌하려 하는가 하는 점이다. 그러나 처벌이 매우 낮은 비용에 이루어지게 되면(예를 들면, 험담을 하거나 위반자를 단순히 협업 파트너로 선택하지 않는 것 등)(Baumard, André, & Sperber, 미출간), 사람들이 감당해야 하는 비용은 지극히 적어지고, 따라서 다양한 방법으로 처벌의 경향이 드러날 수 있음이 컴퓨터 모델을 통해 입증되고 있다.

Panchanathan & Boyd(2004)를 참조하라. 무임승차자의 비용이 늘어나고 나아가 그것이 점차 드문 일이 되면, 여러 가지의 다른 특성에 대한 집단 차원 선택이 개인 차원 선택해 비해 점차 강력해진다.

59 누적 문화와 유전자·문화의 공진화에 대해 더 많은 내용을 알고 싶다면, 리처슨과 보이드의 걸작 《유전자만이 아니다(Not by Genes Alone)》를 참조하라.. 이 장에 들어 있는 아이디어는 이 둘 덕분에 나온 것이 많다.

60 이 생물체들은 몇 가지 연장을 만들었을 가능성이 높다. 심지어 침팬지도 몇 가지 연장을 만들 줄 안다. 그러나 **호모(Homo)** 속이 출현할 때가 가까웠음에도 이 시기가 끝날 때까지 화석 기록에는 연장 사용의 증거가 많이 발견되지 않는다.

61 Lepre et al.(2011).

62 Richerson & Boyd(2005)에 이러한 논지가 전개되고 있다. 문화적 인공물에서는 시간과 공간을 뛰어넘는 그러한 안정성이 거의 나타나지 않는다. 예를 들면, 박물관의 진열대를 가득 메운 칼이나 찻주전자를 한번 생각해보라. 여기서 문화가 지극히 창의적이라고 하는 것은, 동일한 기본 기능을 수행하는 물건들을 수많은 방법으로 만들어내고 있다는 점에서이다.

63 **호모 하에델베르겐시스**에 대한 내 설명은 Potts & Sloan(2010)과 Richerson & Boyd(2005) 4장에서 끌어왔다.

64 내 설명은 추측에 근거한 것이다. 특정 사건이 일어난 시점 혹은 특정 능력이 등장한 시점을 추측하는 것은 늘 위험한 일이다. 토마셀로는 나보다 신중한 성격으로, 공통된 의도가 처음 나타난 종(種)이나 시점을 한 번도 명시한 적이 없다. 그러나 **호모 하이델베르겐시스**가 가장 유력한 후보가 아니냐는 내 질문에는 그렇다고 답했다.

65 둘 사이에는 커다란 차이점 두 가지가 존재한다. (1) 문화적 혁신은 사람들이 그것을 목격하고, 나아가 복제하는 과정에서 횡적으로 이루어진다. 그러나 유전적 혁신은 부모에게서 자식으로 전해지며 종적으로 이루어진다. (2) 문화적 혁신은 지적인 설계자, 즉 문제 해결을 위해 노력하는 사람들이 이끌어갈 수 있다. 그러나 유전적 혁신은 임의적 돌연변이를 통해서만 일어난다. Richerson & Boyd(2005)를 참조하라. Dawkins(1976)는 자신이 만들

어낸 '밈(meme)'의 개념을 통해 문화적 진화가 유전적 진화와 비슷할 수 있다는 생각을 처음으로 대중화시켰으나, 공진화의 함의를 더 온전히 발달시킨 것은 리처슨과 보이드이다.

66 Tishkoff et al.(2007). 재미있는 사실은, 아프리카 인구에서는 이 유전자가 유럽인과는 다른 형태를 띤다는 점이다. 게놈은 융통성과 적응성이 매우 커서, 하나의 적응 압력에도 여러 가지 다른 방식을 찾아낼 때가 많다.

67 이에 대해 오늘날 산업사회는 부족적이기보다 세계주의적이라고 주장하는 사람이 있을지 모르겠다. 그러나 그러한 사회 속에서도 우리는 집단을 이루는 경향을 보이고, 이는 부족주의가 지닌 기본적인 사회적 성격과 밀접하게 연관되어 왔다. Dunbar(1996)를 참조하라. 이와 정반대 경우에 해당하는 수렵·채집자 무리는 많은 사람이 생각하는 것처럼 가까운 혈족이 소규모로 모여 있는 형태에 그치지 않는다. 결혼 등의 여러 이유로 인해 사람들은 공동 거주 집단을 나가기도 하고 들어오기도 한다. 이 소규모 무리는 직접적 혈연이 없는 다른 무리와도 밀접한 교역과 물물교환 관계를 유지하고 있다. 물론 한 무리의 자녀가 다른 무리의 사람과 결혼해 이웃 무리에 들어가더라도 부모 및 형제자매와의 관계는 계속 유지되었다는 점이 이들에게는 유리하게 작용할 것이다. 결혼을 통한 교류는 결혼 당사자의 개별 가족들을 훨씬 넘어서 **다수의 집단**을 하나로 엮어주는 역할을 한다. Hill et al.(2011)을 참조하라.

68 색색의 분가루와 안료는 지금으로부터 16만 년 전에 존재했던 인간의 주거지에서도 발견되는데, 당시 사람들은 이것들을 상징적 차원과 의례 목적에서 활용했을 것이다. Marean et al.(2007)을 참조하라.

69 Kinzler, Dupoux, & Spelke(2007). 논평에 관해서는 Kesebir(근간)을 참조하라.

70 Richerson & Boyd(2005), p. 214. 수치심이 어떻게 권위에 복종하는 감정에서 규범을 따르는 감정으로 발전할 수 있었는지에 대해서는 Fessler(2007)도 참조하라.

71 Hare, Wobber, & Wrangham(미출간). Wrangham(2001). 자기 길들이기 [때로는 자가 길들이기(autodomestication)라고도 한다]는 사회적 선택으

로 알려진 좀 더 일반적인 과정의 한 형태로서, 여기서는 해당 종의 구성원 스스로가 내린 결정으로 인해 선택이 일어난다.

72 Hare, Wobber, & Wrangham(미출간).

73 우리가 옛날 영장류 시절 갖고 있던 본성이 좀 더 이기적이라고 말한다 해서, 이것이 프란스 드 발의 연구 결과와 모순되는 뜻을 담는 것은 아니다. 드 발은 연구를 통해 침팬지와 보노보에게도 공감 능력을 비롯해 인간이 가진 도덕적 감각의 구성물이 존재함을 입증했다. 다만 여기서 내가 말하고자 하는 뜻은, 이러한 구성물들은 개개인이 집단 내에서 번성하도록 돕는 기제라고 할 때 너무도 쉽게 설명된다는 것이다. 나는 침팬지의 본성을 설명하는 데는 집단선택의 개념이 필요하다고 생각지 않지만, 인간의 본성을 설명하는 데에서는 집단선택의 개념이 필요하다고 본다. de Waal(2006)은 우리의 진정한 본성은 이기적인데 그것을 도덕성이 얇은 판처럼 덮고 있다고 생각하는 이들을 "박판 이론가(veneer theorists)"라며 비판하고 있다. 나는 그러한 의미의 박판 이론가는 아니다. 하지만 인간이 집단선택에 의해 최근 형성된 몇 가지의 적응 특성들을 갖고 있다고 생각한다는 점에서는 박판 이론가라고 할 수 있다. 그러한 적응 특성들은 옛날 우리가 영장류이던 시절부터 진화해온 것이지만, 그것은 우리를 다른 영장류와 전혀 다른 존재로 만들어주기도 한다.

74 Bourke(2011), pp. 3-4.

75 아프리카 두더지쥐 두 종은 포유류로서는 유일하게 진사회성 동물의 자격을 가지는 생물로서 이러한 언급에서 제외된다고 하겠다. 두더지쥐는 꿀벌이나 개미와 똑같은 방식으로 진사회성을 이룬다. 즉, 생식을 하는 암수를 한 마리씩만 남겨두고 나머지는 모두 생식 활동을 억제한다. 그러면 군체의 구성원 모두가 매우 가까운 혈족 관계가 된다. 또 이들은 땅속에 광범위하게 굴을 파기 때문에, 방어가 가능한 공동의 보금자리도 가지고 있다고 볼 수 있다.

76 호모 사피엔스 일부는 지금으로부터 7만 년 전에 아프리카 대륙을 떠나 이스라엘 근방에서 살았다. 이 기간에 이들과 네안데르탈인 사이에 혼종이 이루어졌던 것으로 보인다(Green et al., 2010). 또 지금으로부터 7만~6만 년 전에 아프리카 대륙을 떠나 예멘과 남아시아를 두루 돌면서 뉴기니와 호주

사람들의 조상이 된 이들도 있었다. 그러나 유라시아 대륙과 아메리카 대륙에 터를 잡은 집단은, 지금으로부터 5만 년 전 아프리카와 이스라엘을 떠났던 이들이었던 것으로 보인다. 따라서 지금으로부터 7만 년 전에 이미 사람들의 이동은 있었지만, 나는 지금으로부터 5만 년 전을 대이동의 시기로 잡고 있다. Potts & Sloan(2010)을 참조하라.

77 굴드가 《리더 투 리더 저널(Leader to Leader Journal)》 15(2000년 겨울호)에서 한 인터뷰에 실린 말. http://www.pfdf.org/knowledgecenter/journal.aspx?ArticleID=64에 가면 그 내용을 찾아볼 수 있다. 강조 표시는 필자가 넣은 것이다.

78 이는 라마르크주의로 알려져 있다. 다윈 역시 실수이긴 했지만 이 학설을 믿었다. 독재 성향이 있는 사람이 새로운 종의 인간, 즉 소련의 인간(Soviet Man)을 만들어내는 데에는 라마르크주의가 큰 도움이 되었다. 당시에는 멘델보다도 트로핌 리센코(Trofim Lysenko)가 더 각광받는 생물학자였다.

79 Trut(1999).

80 Muir(1996).

81 Hawks et al.(2007)을 참조하라. Williamson et al.(2007). 그 내용을 짧게 설명하면, 각 유전자는 감수분열의 염색체 이동을 거치는 동안 인접한 DNA를 함께 끌어당기는 경향이 있는데 그 정도를 살피면 표류와 선택에 의한 변화를 구분할 수 있다는 것이다. 임의적 표류일 경우에는 인접 뉴클레오타이드가 함께 끌려가지 않는다.

82 Richerson & Boyd(2005)의 언급에 따르면, 환경은 수천 년마다 한 번씩 급속히 변화하나 유전자는 이에 반응하지 않는다고 한다. 모든 적응은 문화적 혁신에 의해 이루어지는 것이다. 그러나 이들의 이론이 정립되던 때에 사람들은 하나같이 수만 혹은 수십만 년이 걸려야만 유전적 진화가 일어날 수 있다고 생각했다. 이제는 단 1000년 사이에도 유전자가 반응할 수 있다는 것이 주지의 사실인 만큼, 이 부분에서의 내 진술은 정확하다고 본다.

83 Yi et al.(2010).

84 Pickrell et al.(2009).

85 Clark(2007).

86 아마도 굴드가 그랬을 것처럼, 지난 5만 년 동안 유전적 진화가 계속되었다고 하면, 인종 간에 유전적 차이가 있지 않겠느냐고 하는 독자들이 있을 수 있다. 그러한 우려는 타당한 것이기는 하지만 과장된 면이 있다. 이제까지 모든 유럽인, 아프리카인, 아시아인에게 적용된 선택 압력은 거의 없었기 때문이다. 도덕성 진화를 연구하는 데에서 대륙 전체에 걸친 인종은 적절한 분석 단위가 아니다. 그보다는 새로운 생태학적 틈새를 파고 들어간 집단, 혹은 새로운 방식의 생계유지 수단을 택한 집단, 혹은 결혼 생활을 규제하는 특정 방식을 발달시킨 집단, 이러한 집단들이 저마다 여러 가지의 선택 압력을 마주했다고 봐야 한다. 그뿐만 아니라 유전자와 문화의 공진화가 어떤 특성을 선호하게 되면, 그러한 특성은 보통 어떤 도전 과제에 대한 적응이었던 만큼 집단 간 차이는 결함이 되지 않는다. 마지막으로, 유전적 차이와 관련된 도덕적 행동 사이에 민족적 차이가 나타난다고 판명된다 하더라도, 그러한 행동 차이에 유전자가 기여한 바는 문화의 영향에 비하면 극히 미미할 가능성이 높을 것이다. 1945년에는 누구라도 독일인들은 군사 정복을 이루는 데 잘 맞도록 진화했고, 아슈케나지 유대인들은 유순하고 평화주의적인 성격을 갖도록 진화했다는 이야기를 지어낼 수 있었을 것이다. 그러나 그로부터 50년 후에는 이스라엘과 독일을 비교하며 정반대의 행동 패턴을 설명하지 않으면 안 되었을 것이다(이 예를 제공해준 스티븐 핑커에게 감사를 전한다).

87 Potts & Sloan(2010). 더불어 Richerson & Boyd(2005)를 참조하면, 기후 불안정 초반기가 어떻게 약 50만 년 전 인류가 문화적 생물체로 탈바꿈하게 된 첫 추동력이 되었는지 그 이론을 알 수 있다.

88 Ambrose(1998). 이 특정한 화산 폭발이 인간 진화의 경로를 뒤바꾸어놓았는지 여부는 알 수 없지만, 여기서 내가 주장하려고 하는 더 커다란 논지는 진화는 대부분의 컴퓨터 시뮬레이션에서 가정하는 것처럼 원만하게 서서히 진행되지 않았다는 점이다. 그 과정에는 '검은 백조'에 해당하는 희귀한 사건들, 즉 도저히 일어날 수 없을 것으로 보이는 사건이 많았을 것이다. 우리는 '정상적인' 조건을 바탕으로 해서 단 몇 가지 변수와 가정만 가지고 진화 과정의 모델을 세우는데, Taleb(2007)의 설명에 따르면 이러한 사건들은 그 노력을 무용지물로 만들어버린다.

89 Potts & Sloan(2010).

90 이 시기의 후반에 접어들면 공예물, 구슬, 상징적 활동과 준종교적 활동, 부족적 행동이 좀 더 일반화되었음을 말해주는 뚜렷한 표시들이 고고학적 증거에 나타나기 시작한다. 7만 5000년 전 무렵의 남아프리카 블롬보스 동굴(Blombos Cave) 유적 발견에 대해서는 Henshilwood et al.(2004)을 참조하라. 이와 함께 Kelly(1995)도 참조하라. Tomasello et al.(근간). Wade(2009). 지금으로부터 7만~8만 년 전의 아프리카 대륙에서는 무언가 정말 흥미로운 일이 진행되고 있었다.

91 집단선택과 상관없이 인간의 이집단성을 설명하려는 시도에 대해서는 Tooby & Cosmides(2010)를 참조하라. 이와 함께 Henrich & Henrich(2007)도 참조하라. 이 둘은 문화적인 집단선택은 받아들이지만, 거기에 유전적 영향은 없다고 본다. 나는 이러한 접근법으로도 우리의 이집단성이 상당 부분 설명된다고 생각하지만, 다음 장에 가서 설명할 군집 스위치 같은 개념을 이런 접근법은 설명해내지 못하는 것 같다.

92 이 이슈들은 모두 복잡한 문제들로서, 사회심리학자인 나는 이제까지 개괄한 네 가지 분야 어느 곳에서도 전문가가 아니다. 따라서 내 설명은 법정의 피고 측 논변이기보다는 과학계의 고등법원에 올리는 항소장 개요 정도로 봐야 정확할 것이다. 전문가들이 이 사건을 다시 꺼내어 새로운 증거 속에서 새롭게 바라봐야 하는 이유를 설명한 내용이기 때문이다.

93 90퍼센트와 10퍼센트의 수치를 말 그대로 받아들여서는 안 될 것이다. 여기서 내가 말하려는 것은 단지, 인간의 본성은 대부분 침팬지의 본성을 만들어낸 것과 똑같은 바로 그런 종류의 개인 차원의 선택 과정을 통해 만들어졌고, 그보다 훨씬 적은 인간의 본성은 꿀벌·개미를 비롯한 기타 진사회성 생물과 흔히 관련되는 그러한 종류의 집단 차원 선택에 의해 만들어졌다는 점이다. 물론 꿀벌의 심리는 인간의 심리와 공통되는 부분이 전혀 없다. 꿀벌들은 도덕성 혹은 도덕적 감정 같은 것을 전혀 가지지 않은 채로 놀라운 협동을 이루어내니까 말이다. 꿀벌을 활용한 것은 단지 집단 차원 선택이 어떻게 팀플레이어를 만들어내는지 보여주기 위해서였다.

10장 군집 스위치 : 나를 잊고 거대한 무엇에 빠져들게 만드는 능력

1 McNeill(1995), p. 2.

2 J. G. Gray(1970/1959), pp. 44 - 47. 인용문은 그레이 자신의 말로서, 여러 페이지에 그는 노병으로 등장해 이야기하고 있다. 인용문이 본문에서와 같이 모아져 있는 것은 McNeill(1995), p. 10이다.

3 4장을 참조하라. 글라우콘 자신은 글라우콘주의자가 아니었음을 다시 한 번 이야기한다. 플라톤의 형이었던 그는 《국가론》에서 소크라테스가 성공을 거두길 바라는 인물로 등장한다. 그러나 글라우콘은 이 주장(평판 관리에서 자유로워지면 사람들은 추하게 행동하는 경향이 있다)을 너무도 명료하게 정리하고 있기 때문에, (내가 옳다고 여기는) 그 견해의 대변자로 그를 활용하기로 했다.

4 G. C. Williams(1966), pp. 92 - 93. 앞서 9장에 등장하는 윌리엄스의 논의를 참조하라.

5 내가 이런 주장을 처음 펼친 것은 Haidt, Seder, & Kesebir(2008)에서였다. 이 책에서 나는 긍정 심리학과 공공 정책에서 군집 심리가 가지는 함의를 탐구했다.

6 이 문장에서 나는 "해야 한다(should)"라는 말을 규범적 차원에서가 아니라 순전히 실용적 차원에서 사용하고 있다. 우리가 X를 이루기를 원한다면, X를 이루기 위한 계획을 세울 때 우리는 이 군집성에 대해 알아야 한다는 의미이다. 나는 X의 내용이 무엇인지를 사람들에게 일러주려는 게 아니다.

7 이보다 앞서 Freeman(1995)과 McNeill(1995)이 이런 사상을 전개한 바 있다.

8 이 약어와 개념은 Henrich, Heine, & Norenzayan(2010)에서 나온 것이다.

9 Ehrenreich(2006), p. 14.

10 Durkheim(1992/1887), p. 220.

11 9장에서 설명한 대로이다. '사회적 선택(social selection)'에 대해서는 Boehm(2012)을 참조하라.

12 Durkheim(1992/1887), pp. 219 - 220. 강조 표시는 필자가 추가한 것이다.

13 Durkheim(1995/1915), p. 217.

14 Durkheim(1995/1915), p. 424.

15 Emerson(1960/1838), p. 24.

16 Wright(1994), p. 364에 인용되어 있는 다윈의 자서전 내용 일부이다.

17 Keltner & Haidt(2003).

18 버섯과 인류 역사에 관해서는 때로 과감한 주장들이 나오는데, 이에 대한 신중하고 비판적인 논평에 대해서는 Lechter(2007)를 참조하라. 레히터의 말에 따르면 아즈텍인들이 버섯을 사용했다는 증거는 지극히 강력하다고 한다.

19 www.Erowid.org에서 약물 경험과 관련된 방대한 자료를 참조하라. 각 환각제 모두에 대해서 신비적 경험이었다는 이야기와 기분 나쁘거나 끔찍한 경험이었다는 이야기가 두루두루 많다.

20 성인식의 실례와 분석에 대해서는 Herdt(1981)를 참조하라.

21 Grob & de Rios(1994).

22 특히 Maslow(1964)의 부록 B를 참조하라. 여기서 매슬로는 25개 특성을 제시하는데, 다음과 같은 것들이 포함되어 있다. "전체 우주가 하나로 통합된 것처럼 인식된다." "세상이……그저 아름답게만 보인다." "절정경험을 한 사람은 좀 더 사랑이 넘치고 좀 더 수용적이 된다."

23 Pahnke(1966).

24 Doblin(1991). 대조군 피험자 중 이 실험에서 모종의 이득을 거뒀다고 말한 사람은 단 하나였는데, 아이러니하게도 그 이유는 실험을 통해서 가급적 환각제를 빨리 복용해야겠다는 생각을 가지게 되었다는 것이었다. 판케(Pahnke)의 애초 연구에는 보고되지 않은 한 가지 중요한 점이 도블린의 연구에는 언급되어 있다. 실로시빈 피험자 대부분이 약을 복용했을 때 얼마간의 두려움과 부정성을 경험했다는 사실이다. 물론 피험자 전원은 당시의 경험이 전반적으로는 지극히 긍정적이었다고 말했다.

25 Hsieh(2010), p. 79. 강조 표시는 필자가 추가한 것이다.

26 여기서 나의 목적은 군집 스위치의 신경생물학에 대해 온전한 설명을 제시하는 데 있지 않다. 군집 스위치에 대한 나의 기능적 정의와 최근 사회신경과학에서 가장 주목받는 부분(옥시토신과 거울 뉴런) 사이에 엄청난 수렴이 이루어지고 있음을 지적하려는 것뿐이다. 앞으로 신경과학계의 전문가들이 뇌와

신체를 좀 더 면밀히 관찰하여, 내가 여기서 설명하고 있는 이집단성과 동시성 활동에 대해 뇌와 신체가 어떤 반응을 보이는지 연구해주길 바란다. 의례와 동시성의 신경생물학에 대해 더 많은 것을 알고 싶으면 Thomson(2011)을 참조하라.

27 이 외에도 후보가 둘 있으나, 이 둘에 대한 연구는 훨씬 적게 이루어진 상태라 이 책에서는 다루지 않을 것이다. V. S. 라마찬드란(V. S. Ramachandran)은 왼쪽 측두엽에서 한 지점을 발견해냈는데, 여기에 전기적 자극을 주면 때로 사람들은 종교적 경험을 한다. Ramachandran & Blakeslee(1998)를 참조하라. Newberg, D'Aquili, & Rause(2001)는 명상을 통해서 의식 상태를 변화시킨 사람들을 데려다 그들의 뇌를 연구해보았다. 연구자들은 이들의 두정엽 피질, 즉 공간 속에서 신체의 인식도를 그리는 뇌의 부분에서 활동 감소를 발견할 수 있었다. 그러한 부분들이 더 조용히 가라앉을수록, 그 사람은 자아를 잊는 기쁜 경험을 하게 된다.

28 Carter(1998).

29 Kosfeld et al.(2005).

30 Zak(2011)에 이러한 체계의 생물학이 어느 정도 상세히 설명되어 있다. 그 중에서도 특히 언급해두어야 할 것은, 옥시토신이 집단의 연대와 이타주의를 일으키는 것은 두 가지의 추가적 신경전달물질의 작용에 일부 의거한다는 것이다. 도파민은 행동을 유발하고 거기에 보상을 해주며, 세로토닌은 근심을 줄여주고 사람들을 좀 더 사교적으로 만들어준다. 이는 세로토닌 수치를 올려주는 프로작류의 약제에서 공통적으로 나타나는 효과이다.

31 Morhenn et al.(2008). 물론 이 연구에서는 등 주무르기가 신뢰의 표시와 연결될 때에만 옥시토신 수치가 올라갔다. 신체 접촉은 다양한 종류의 연대 효과를 지닌다. Keltner(2009)를 참조하라.

32 '편파적(parochial)'은 교회의 관할 교구 안을 벗어나지 않는 것처럼, 특정 지역 혹은 한정된 지역의 의미를 가지는 말이다. 편파적 이타주의의 개념은 샘 보울즈(Sam Bowles)를 비롯한 여러 학자가 만들어낸 것이다. 일례로 Choi & Bowles(2007)를 들 수 있다.

33 de Dreu et al.(2010).

34 de Dreu et al.(2011). 인용문은 p. 1264의 내용이다.

35 이 연구를 최초로 보고한 책은 Iacoboni et al.(1999)이다. 최신 논평에 대해서는 Iacoboni(2008)를 참조하라.

36 Tomasello et al.(2005). 9장을 참조하라.

37 Iacoboni(2008), p. 119.

38 T. Singer et al.(2006). 이 연구의 게임은 죄수의 딜레마를 여러 차례 되풀이하는 식이었다.

39 연구 결과 남자들은 공감도가 크게 떨어지는 것으로 나타났으며, 이와 함께 보상과 관련된 신경 회로들이 활성화되는 모습이 평균적으로 나타났다. 이들은 이기적인 게임자가 충격을 받는 것을 보고 좋아했다. 여자들은 공감 반응이 소폭만 떨어지는 것으로 나타났다. 이러한 감소는 통계적으로 의미 있는 수준은 아니었지만, 여자들은 몇몇 특정 상황 속에서는 자신의 공감 능력을 차단할 수 있는 것처럼 보인다. 샘플 집단의 크기가 더 커지거나, 더 심각한 공격이 있게 되면, 여자들 역시 공감도가 통계적으로 의미 있을 만큼 크게 떨어지리라고 나는 장담한다.

40 물론 이 경우에 '나쁜' 게임자는 피험자를 직접적으로 속였고, 여기에 일부 피험자가 분노를 느꼈다. 아직 시행되지 않았지만 이와 관련한 핵심 테스트는 아마도, 단순히 '나쁜' 게임자가 피험자가 아닌 다른 이를 속였을 때 피험자가 그 행동을 보고도 공감도가 떨어지는지 그 반응을 살피는 것이 될 것이다. 나는 이 상황에서도 공감도가 떨어질 것으로 추측한다.

41 Kyd(1794), p. 13. 강조 표시는 필자가 넣은 것이다.

42 Burns(1978).

43 Kaiser, Hogan, & Craig(2008).

44 Burns(1978).

45 Kaiser, Hogan, & Craig(2008). Van Vugt, Hogan, & Kaiser(2008).

46 150이라는 수는 로빈 던바(Robin Dunbar)가 언급한 이래로 때로 "던바의 수(Dunbar's number)"라고 불리기도 한다. 한 집단 내에서 구성원 모두가 서로를 알고 또 서로와의 관계를 알 수 있으려면, 집단의 인원이 대체로 최대 150명을 넘으면 안 되는 것으로 보인다고 그는 말했다. Dunbar(1996)를

참조하라.

47 Sherif et al.(1961/1954), 7장에서 설명한 것과 같다.

48 Baumeister, Chesner, Senders, & Tice(1989). Hamblin(1958).

49 집단 내 공통의 정체성에 관한 연구를 참조하면(Gaertner & Dovidio, 2000 ; Motyl et al., 2011), 유사성에 대한 인식의 증가가 내재적·외재적 편견 감소로 이어짐을 알 수 있다. 도덕적 다양성의 문제에 대해서는 Haidt, Rosenberg, & Hom(2003)을 참조하라.

50 유사성이 이타주의를 증가시키는 방법에 관한 논평으로는 Batson(1998)을 참조하라.

51 '인종 지우기'가 가능함을 입증한 연구에 대해서는 Kurzban, Tooby, & Cosmides(2001)를 참조하라. 인종 지우기란, "연합적인 집단에 소속됨"에 있어 인종이 유용한 신호가 되지 않을 때 사람들로 하여금 다른 사람들의 인종을 알아차리거나 기억하지 못하게 만들 수 있음을 말한다.

52 Wiltermuth & Heath(2008). Valdesolo, Ouyang, & DeSteno(2010). 이와 함께 Cohen et al.(2009)을 참조하면, 동시에 노를 저으면 (똑같은 힘으로 혼자서 열심히 노를 저을 때보다) 고통 인내도가 증가한다는 사실을 알 수 있다. 동시성 행동이 엔도르핀 배출을 증가시키기 때문이다.

53 Brewer & Campbell(1976).

54 www.RighteousMind.com과 www.EthicalSystems.org에서 더 많은 이야기를 할 것이다.

55 Kaiser, Hogan, & Craig(2008), p. 104. 강조 표시는 필자가 넣은 것이다.

56 Mussolini(1932). 끝에서 두 번째 줄에서는 "죽음에 의한(by death itself)"이라는 구절을 삭제했다. 이 글은 무솔리니가 쓰지 않은 것일 수도 있다. 무솔리니의 글은 대부분 혹은 전부 철학자 조반니 젠틸레(Giovanni Gentile)가 썼지만, 책은 무솔리니의 이름을 달고 출간되었다.

57 특히 V. Turner(1969)를 참조하라.

58 파시스트 당대회에서는 사람들이 기막히게 똑같은 군대의 움직임에 놀라고 지도자에게 열광하게 된다. 그때 일어나는 효과를 맥닐이 이야기한 소규모 집단의 병사들이 서로 열을 짜서 행진할 때의 효과와 비교해보자. 기초 훈련

은 병사들을 서로 하나로 묶어주지, 훈련 교관과 하나로 묶어주지는 않는다.

59 만일 이 진술이 가치 판단을 내리는 것과 다를 바 없이 여겨진다면 그 생각
이 맞다. 이는 뒤르켐적 공리주의, 즉 내가 다음 장에서 전개할 규범 이론의
실례이다. 참되고 품격 있는 현대 민주주의 사회에서는 개인들이 너무 단단
히 얽힐 위험이 없을 것이며, 이런 사회를 이루는 데 군집이 큰 힘이 된다는
사실을 나는 믿어 의심치 않는다. Haidt, Seder, & Kesebir(2008)를 참조
하라. 이를 뒷받침하는 최근의 경험적 연구에 관해서는 Putnam & Camp-
bell(2010)을 참조하라.

60 〈1787년 연방회의 기록(The Records of the Federal Convention of 1787)〉
에서 제임스 매디슨(James Madison)이 6월 6일에 한 언급을 참조하라. "〔다
수의 압제로 인한 위험을 막을〕유일한 방책은 권역을 넓히는 것입니다. 그
리하여 공동체를 무수히 많은 이해 집단과 파벌로 나뉘게 하는 것이지요. 그
러면 무엇보다도 첫째로, 전체 혹은 소수의 이해와는 별개로 다수가 공통된
이해관계를 동시에 갖는 일이 없을 것입니다. 그리고 둘째로는 설령 그러한
이해관계를 갖게 된다 하더라도, 그것을 추구하기 위해 하나로 뭉치기가 그
렇게 쉽지 않을 것입니다." 당시 건국 시조들이 논의했던 것은 결국 정치적
당파로서, 이것이 군집의 응집성을 높이는 일은 드문 게 사실이다. 그러나
이들이 꿈꿨던 나라는 국민들이 자신의 지역 집단과 제도에 헌신하면서 강
한 힘을 갖게 되는 곳으로서, 사회적 자본에 대한 Putnam(2000)의 분석과
같은 맥락에 있다.

61 Putnam(2000), p. 209.

11장 종교는 믿음의 문제가 아니다

1 McNeill(1995), 10장을 참조하라. 여기에 공격성이 관련된다는 사실은 일부
다른 대학의 경우에서 더 뚜렷하게 찾아볼 수 있다. 응원 구호를 외치면서
도끼를 휘두르는 동작을 취하는 곳이 있는가 하면(예를 들면, 플로리다 주립
대학), 경기장 맞은편의 상대 팀 팬을 향해 두 팔로 악어가 아가리를 열었다
닫았다 하는 모습을 흉내 내는 곳도 있다(플로리다 대학).

2 이 비유는(이 장에 들어 있는 여러 아이디어를 비롯하여) Graham &

Haidt(2010)에서 제시 그레이엄과 함께 만들어낸 것이다.

3   Durkheim(1965/1915), p. 62.

4   또 일부 극좌파의 경우는 그 책임을 미국 자체의 탓으로 돌렸다. 예를 들어, 2003년 워드 처칠(Ward Churchill)이 세계무역센터의 사람들은 죽을 만해서 죽었다고 한 주장을 참조하라. 좌파가 종교에 적의를 품어온 지는 이미 오래임을 언급해두고자 한다. 그 역사는 마르크스는 물론 18세기의 프랑스 **계몽사상가**들에게까지 거슬러 올라간다. 오늘날 서양 국가의 좌파가 이슬람을 방어하고 나서는 것은 종교에 대한 방어는 아닌 것으로 보인다. 그보다는 이슬람교도들을 유럽과 팔레스타인에서 발생한 압제의 희생양으로 보는 경향이 최근 좌파에서 더 강해진 결과이다. 이와 함께, 9·11 공격 직후 며칠 동안 부시 대통령은 갖가지 행보를 통해 자신이 분명 이슬람은 평화의 종교라고 말하는 사람들 편에 있음을 내보였다.

5   불교는 보통 이런 비판에서 면제되는 편이며, 심지어 일부는 불교를 적극 옹호하고 나서기도 한다(예를 들면, 샘 해리스). 그것은 아마도 불교가 비종교적인 측면에서도 받아들이기 쉽고, 나아가 철학 및 윤리적 체계로서 배려/피해 기반에 단단히 의지하고 있기 때문인 듯하다. 달라이 라마도 1999년 자신의 책 《오른손이 하는 일을 오른손도 모르게 하라(Ethics for the New Millennium)》에서 바로 이러한 취지의 말을 하고 있다.

6   Harris(2004), p. 65.

7   Ibid., p. 12. 해리스는 믿음을 인간성의 진수로까지 끌어올리고 있다. "우리 뇌에 인간성이 깃들어 있다면 그것은 다름 아니라 새롭게 진술된 명제의 진실성을 이미 받아들여진 다른 무수한 진실에 비추어 평가하는 능력일 것이다."(ibid., p. 51) 이는 합리주의자에게는 멋진 정의이겠지만, 사회적 직관주의자인 나는 우리 뇌에 인간성이 깃들어 있다면 그것은 다름 아니라 함께 의도를 공유하고 또 함께 합의의 환각(즉, 도덕 매트릭스) 속에 들어가 협동적이고 도덕적인 공동체를 이루어내는 능력일 것이라고 생각한다. 9장에 들어 있는 토마셀로의 연구에 대한 나의 논의를 참조하라. 이와 함께 Harris et al.(2009)도 참조하라.

8   Dawkins(2006), p. 31.

9 Ibid.

10 Dennett(2006), p. 9의 말에 따르면, 종교는 곧 "사회적 체계로서 그 안의 참가자들은 단수 혹은 복수의 초월적 동인에 믿음을 맹세하고, 그것의 승인을 얻을 수 있기를 간절히 바란다." 적어도 데닛은 종교가 "사회적 체계(social systems)"임은 인정하고 있지만, 책의 나머지 부분에서는 대체로 개인들이 가진 잘못된 믿음의 원인과 결과에 초점을 맞추고 있다. 또 그가 내린 정의의 각주에서 그는 자신의 정의가 뒤르켐의 정의와 뚜렷이 대조됨을 밝히고 있다.

11 예를 들면, Ault(2005)를 참조하라. Eliade(1957/1959). 심리학 분야에서 가장 위대한 종교철학자인 윌리엄 제임스(William James) 역시 James(1961/1902)에서 외로운 독신자의 관점을 취했음을 언급해둔다. 그의 정의에 따르면 종교란 "무엇을 신성하다고 여기든 개인이 그것과의 관계에서 혼자만 갖는 갖가지 느낌, 행위, 경험"을 말한다. 신무신론파에게는 이렇듯 믿음에 초점을 맞추는 것이 특이한 일이 아니다. 이는 심리학자와 생물학자를 비롯해 기타 자연과학자들에게는 흔한 일이다. 이와 반대로 사회학자, 인류학자, 종교 연구 분과에 몸담은 학자들은 모두 뒤르켐이 말한 이른바 "사회적 사실(social facts)"을 고려하는 데 더 능숙하다.

12 예를 들면, Froese & Bader(2007)를 참조하라. Woodberry & Smith(1998).

13 Dennett(2006), p. 141.

14 Dawkins(2006), p. 166.

15 밈은 미세한 문화적 정보로서, 유전자가 진화하는 것과 똑같은 방식으로 진화할 수 있다. Dawkins(1976)를 참조하라.

16 Barrett(2000). Boyer(2001).

17 이 생각은 Guthrie(1993)에 의해 널리 대중화되었다.

18 Dawkins(2006), p. 174. 그러나 종교에 헌신하고 귀의하는 경험은 10대 시절에 활발히 일어나기 시작한다. 아이들이 무엇이든 어른들이 하는 말을 가장 안 듣는 것처럼 보이는 때가 바로 이때이다.

19 Dennett(2006), 9장. 나는 데닛의 이 주장이 옳다고 믿는다.

20 Bloom(2004 2012). 블룸은 신무신론파는 아니다. 나는 그가 여기서 올바른

의견을 피력하고 있다고 본다. 이는 초자연적인 믿음에 앞서 일어나는 가장 중요한 심리적 현상에 해당한다.

21 Dennett(2006), p. 123.

22 Blackmore(1999)도 참조하라. 블랙모어는 밈 이론가로, 애초에는 도킨스와 의견을 같이하여 종교란 곧 밈으로서 바이러스처럼 퍼진다고 했다. 그러나 종교적인 사람들이 더 행복하고, 더 관대하며, 더 능력이 풍부하다는 증거를 접하고 나서는 그 입장을 철회했다. Blackmore(2010)를 참조하라.

23 Dawkins(2006), p. 188.

24 Atran & Henrich(2010).

25 여러 가지 신과 종교가 어떻게 진화했는지에 대한 자세한 설명에 대해서는 Wade(2009)를 참조하라. Wright(2009).

26 Roes & Raymond(2003). Norenzayan & Shariff(2008).

27 Zhong, Bohns, & Gino(2010).

28 Haley & Fessler(2005).

29 Shariff & Norenzayan(2007).

30 Sosis(2000) Sosis & Alcorta(2003).

31 Sosis & Bressler(2003).

32 Rappaport(1971), p. 36.

33 여기에서 "합리적(rational)"인 운용 방식이라 함은, 집단이 장기적 이익을 증진시킬 수 있는 방식으로 행동하는 것을 의미한다. 여기서는 집단 내의 개인들이 자신의 이익만을 추구하는 바람에 집단이 흔적도 없이 사라지는 것은 지양한다. 어떻게 도덕적 감정이 사람들을 "전략적으로 비합리적이게(strategically irrational)" 만들어 "약속 문제(commitment problem)"를 해결할 수 있도록 도와주는지에 관한 유사 분석에 대해서는 Frank(1988)를 참조하라.

34 혹은 터키 괴베클리 테페(Göbekli Tepe)의 신비한 유적지가 고차원의 신들이나 도덕적인 신들에게 바쳐진 것이 맞다면, 농경이 시작되기 수천 년 전의 일일 수도 있다. Scham(2008)을 참조하라.

35 유전적 진화의 속도에 관한 논평에 대해서는 Hawks et al.(2007)과 이 책의

9장을 참조하라. 역시 이러한 주장(즉, 부산물 이론이 추후의 생물학적 적
응을 배제하지 않는다는 논지)을 하는 부산물 모델에 관한 비판에 대해서는
Powell & Clark(근간)를 참조하라.

36 Richerson & Boyd(2005), p. 192. 이 책의 9장에서 내가 설명한 내용과 같
다.

37 이는 엘리엇 소버(Eliot Sober)와 함께한 작업이었다. 예를 들면, Sober &
Wilson(1998)이 있다.

38 Dawkins(2006), p. 171에서는 종교가 이러한 특별한 조건을 제공해주었을
가능성을 당연하게 여기고 있다. 나아가 도킨스는 종교가 집단선택을 촉진
시켰을 가능성에 대해서도 반대 주장을 전혀 내놓지 않고 있다. 이 가능성이
사실로 밝혀지면 종교는 적응이라기보다 기생충과 다름없다는 그의 주장이
논박당하는 셈인데 말이다. 《만들어진 신》의 pp. 170-172를 면밀히 살펴볼
것을 독자들에게 적극 권한다.

39 내가 집단선택을 너무 열렬히 옹호하는 것처럼 보인다면, 내가 《종교는 진화한
다》를 2005년도에 읽었기 때문이다. 당시 나는 《행복의 가설》 마지막 장(章)을
집필 중이었다. 윌슨의 책을 다 읽었을 무렵, 나는 행복에 대한 내 이해에, 그
리고 행복이 왜 '사이'에서 오는지에 대한 내 이해에 어떤 연결 고리가 빠져
있었는지 느끼게 되었다. 그뿐만 아니라 도덕성에 대한 내 이해와 도덕성이
왜 사람들을 뭉치게도 하고 눈멀게도 하는지에 대한 이해에도 어떤 고리가
빠져 있었는지 알 수 있었다.

40 D. S. Wilson(2002), p. 136.

41 Lansing(1991).

42 Hardin(1968).

43 D. S. Wilson(2002), p. 159.

44 Marshall(1999), Wade(2009), p. 106에 인용된 내용이다.

45 Hawks et al.(2007). 이는 9장에서 설명한 바 있다. Roes & Raymond
(2003).

46 Wade(2009), p. 107. 강조 표시는 필자가 넣은 것이다.

47 G. C. Williams(1966).

48 Muir(1996). 이 책 9장의 내용을 참조하라. 다시 한 번 이야기하지만 인간에게 가해진 선택의 압력은 절대 교배 실험에 적용되는 것만큼 강력하지도 일관되지도 않았을 것이다. 따라서 나는 5세대 혹은 10세대 만에 일어나는 유전적 진화에 대해 이야기하려는 것이 아니다. 그러나 30세대 혹은 50세대 정도면 인간 개체군에서 발견되는 여러 유전적 변화를 비롯해 Cochran & Harpending(2009)에 설명된 여러 유전적 변화에 합치할 것으로 보인다.

49 Bowles(2009)를 참조하라.

50 이러한 진술은 해리스와 히친스에게 가장 유효하며, 데닛에게도 최소한은 유효하다.

51 Norenzayan & Shariff(2008).

52 Putnam & Campbell(2010).

53 Tan & Vogel(2008).

54 Ruffle & Sosis(2006)는 이스라엘의 비종교인과 집단농장의 독실한 신자를 데려다 파리에서 1회로 끝나는 협동 게임을 시켜보았다. 이때 자신의 이기심을 억제하여 게임이 끝나고 나눠 가지는 돈의 양을 최대화할 수 있었던 이들은 자주 함께 모여 기도를 드리는 독실한 남자 신자들이었다.

55 Larue(1991).

56 Norenzayan & Shariff(2008)에 들어 있는 논의를 참조하라.

57 Coleman(1988).

58 퍼트넘과 캠벨은 자신들의 상관성 데이터에서 인과적 추론을 이끌어내는 데에서는 신중한 입장이다. 그러나 이 둘은 벌써 수년에 걸쳐 데이터를 모아온 상태이기 때문에, 종교적 참여의 증감이 개인들 내의 이듬해 행동 변화를 예측해주는지는 살필 수 있었다. 그들의 결론에 따르면, 그 자료는 허구의 제3변수에서 나오기보다는 인과적 설명과 가장 일관성을 보이는 것으로 나타났다.

59 아서 브룩스(Arthur Brooks)도 2006년 저서인 《누가 진정 사회를 보살피는가(Who Really Cares)》에서 이와 똑같은 결론에 이르렀다.

60 Putnam & Campbell(2010), p. 461.

61 Ibid., p. 473.

62 Pape(2005). 자살 테러 공격이 대부분 민주주의 사회를 목표로 삼는 것은

민주주의가 대중의 여론에 더 민감하게 반응하기 때문이다. 독재 사회의 경우에는 자살 폭탄 공격을 받는다고 해서 테러리스트의 고국에서 철수할 가능성이 낮다.

63 종교의 도덕 질서에서 배제되는 사람들, 이를테면 보수적인 기독교도 혹은 이슬람교도의 지배 지역에서 살아가는 동성애자들에게는 이렇듯 좀 더 느슨한 사회가 좋은 곳일 수밖에 없다는 사실은 나도 인정한다.

64 Durkheim(1951/1897). 자살률에 관한 뒤르켐의 관찰이 오늘날에도 여전히 유효하다는 증거에 대해서는 Eckersley & Dear(2002)를 참조하라. 또한 아노미 현상의 증가로 1960년대부터 미국의 젊은이들 사이에서 자살이 급격히 늘기 시작했음도 참조하라(www.suicide.org/suicide-statistics.html을 참조하라).

65 Durkheim(1984/1893), p. 331.

66 나는 Haidt & Kesebir(2010)를 비롯한 이전 저작들에서 이러한 정의를 제시하고 정당화한 바 있다.

67 Turiel(1983), p. 3과 이 책의 1장을 참조하라.

68 개인적으로는 덕 윤리(virtue ethics)가 인간 본성에 가장 가까운 규범적 틀이라고 생각한다. 이에 관한 논평으로는 Haidt & Joseph(2007)를 참조하라.

69 나는 Harris(2010)에서 해리스가 공리주의를 택한 것에 동의하지만, 우리 둘 사이에는 커다란 차이점 두 가지가 존재한다. (1) 내가 공리주의를 지지하는 것은 공공 정책에만 한해서이다. 나는 총이득을 최대로 만들어내야 할 의무가 개인들에게 있지는 않다고 생각한다. (2) 해리스는 일원론자를 자처하고 있다. 그는 의식적인 존재의 행복을 최대화할 수 있는 길은 무엇이든 옳다고 말하며, 나아가 fMRI 장치와 같은 객관적인 기술을 통해서 행복을 측정할 수 있다고 믿는다. 나는 이에 반대한다. 나는 다원주의자이며, 일원론자가 아니다. 나는 Shweder(1991)와 Shweder & Haidt(1993)와 Berlin(2001)의 입장을 따르는바, 선(善)과 가치는 다양하게 존재하며 때로 이것들이 갈등을 빚는다고 믿으며, 나아가 한 가지 차원에 따라 사회의 순위를 매길 수 있는 단순한 산술적 방법은 존재하지 않는다고 믿는다. 무엇이 좋은 사회를 만드

는 길인가에 대한 철학적 반성은 언제고 꼭 필요할 수밖에 없다.

70 여기서 내가 지지하는 것은 공리주의 중에서도 소위 '규칙 공리주의(rule utilitarianism)'라고 하는 것이다. 이 원칙에서는 장기적으로 최대의 총이익을 산출해주는 그러한 체계와 규칙을 만들어내는 것을 우리가 목표로 삼아야 한다고 말한다. 이는 매번의 행위를 통해 매 경우에서의 효용성을 최대화해야 한다고 말하는 '행위 공리주의(act utilitarianism)'와 대조된다.

71 나는 공리주의를 추상적으로 정의할 경우 뒤르켐주의가 거기에 이미 포함됨을 인정한다. 인간의 삶을 풍요롭게 만들 방법에 대해 뒤르켐이 올바른 생각을 가졌다는 사실이 입증될 수 있다면, 많은 공리주의자 역시 뒤르켐주의적인 정책이 실행되어야 한다는 데 동의할 것이다. 그러나 그것을 실행하는 데에서 공리주의자들은 고도의 체계화 성향을 보여, 개인들에게만 초점을 맞추고 집단은 잘 보지 못하는 경향이 있다. 또한 이들은 정치적으로 진보적이라, 충성심·권위·고귀함 기반에는 의지하지 않으려고 할 가능성이 높다. 따라서 나는 **뒤르켐인인 공리주의**가 항상 우리가 **호모 듀플렉스**임을 일깨워준다는 점에서 유용하다고 본다. 공리주의의 사고 속에는 인간이 가진 이 두 가지 차원의 본성이 모두 포함되어야만 할 것이다.

12장 좀 더 건설적으로 싸울 수는 없을까

1 핀리 피터 듄(Finley Peter Dunne). 1895년 《시카고 이브닝 포스트(Chicago Evening Post)》에 처음으로 실렸다. 1898년에 아일랜드 특유의 어조로 실린 그 말의 전문을 인용하면 다음과 같다. "정치는 오자미 싸움이 아닙니다. 정치는 남자의 싸움입니다. 여자들, 아이들, 주류 금지론자들은 이 싸움에서 빠지는 편이 좋죠."

2 Fiorina, Abrams, & Pope(2005).

3 Gallup.com에 들어가 "U. S. Political Ideology"로 검색을 하면 최신의 조사 결과를 살펴볼 수 있다. 여기에 실린 내용은 "2011 Half-Year Up-date(2011년 6개월간의 업데이트)"의 자료에서 가져온 것이다.

4 정치에서 교양이 줄어든 이유는 복합적이다. 거기에는 언론의 변화, 베이비부머 세대가 "가장 위대한 세대"를 대체한 것, 정치에서 돈의 역할이 증대

한 것 등이 포함된다. CivilPolitics.org의 분석과 참고 문헌을 참조하라. 내가 콘퍼런스에서 양당의 전직 국회의원들을 만나 이야기를 들어본 결과, 그들은 뉴트 깅리치(Newt Gingrich)가 1995년 하원의장이 되면서 시행된 일련의 절차상 및 문화적 변화가 이러한 분위기를 형성시켰다고 지적했다.

5 테네시 주 국회의원 짐 쿠퍼(Jim Cooper)의 말로, Nocera(2011)에서 인용했다.

6 Jost(2006).

7 Poole & Rosenthal(2000).

8 Erikson & Tedin 2003, p. 64. Jost, Federico, & Napier(2009), p. 309에 인용된 내용이다.

9 Kinder(1998). 좀 더 진전된 논의에 대해서는 이 책 4장을 참조하라.

10 예를 들어, Zaller(1992)는 정치 엘리트층의 견해에 노출되는 것에 초점을 맞추었다.

11 Converse(1964).

12 Bouchard(1994).

13 Turkheimer(2000). 물론 투르크하이머는 환경 역시 큰 기여를 한다는 사실도 입증했다.

14 Alford, Funk, & Hibbing(2005, 2008).

15 Hatemi et al.(2011).

16 Helzer & Pizarro(2011). Inbar, Pizarro, & Bloom(2009). Oxley et al.(2008).

Thórisdóttir & Jost(2011).

17 McCrae(1996). Settle et al.(2010).

18 Montaigne(1991/1588), 3부 9절, '허영심에 관하여' 편.

19 이러한 유전자 **하나하나의** 영향은 모두 미미하며, 개중에는 특정한 환경적 조건이 갖추어져야만 그 효과가 나타나는 것들도 있다. 게놈 시대의 커다란 수수께끼 중 하나는, 유전자는 집단적으로 있을 때 대부분 특성의 다양성을 3분의 1 이상 설명해내지만, 하나의 유전자만 있어서는(심지어 유전자가 여남은 개 모여도) 다양성을 몇 퍼센트 이상 설명해내는 일이 절대 없다는 점

이다. 심지어 이는 키와 같이 겉보기에 단순한 특성에 대해서도 마찬가지이다. 이에 대한 연구의 일례로는 Weedon et al.(2008)을 참조하라.

20 Jost et al.(2003).

21 McAdams & Pals(2006).

22 Block & Block(2006). 많은 이가 이 연구의 내용을 미래의 보수주의자들은 어린 시절 매력적인 성격을 훨씬 못 갖는다는 것으로 잘못 기술하고 있다. 이는 남자아이들의 경우에는 사실인 것처럼 보이나, 미래 진보주의자가 되는 여자아이들의 경우에는 성격적 특징들이 여러 가지로 뒤섞여 나타난다.

23 Putnam & Campbell(2010). 이 책 11장에서 설명한 것과 같다.

24 훌륭한 서사를 지을 줄 아는 사람들, 그중에서도 특히 인생 초반부의 장애물과 고통을 인생 후반부의 승리와 연결시킬 줄 아는 사람들이 그런 식의 '구원' 서사를 갖지 못하는 사람들보다 더 행복하고 더 생산적이다. McAdams(2006)를 참조하라. McAdams & Pals(2006). 물론 훌륭한 서사를 짓는 것이 곧 훌륭한 결과의 **원인**이 된다는 사실이 이 단순한 상관성으로부터 입증되지는 않는다. 그러나 페니베이커(Pennebaker)가 실시한 실험에 따르면, 사람들에게 트라우마에 대해 글을 쓰게 함으로써 그것의 의미를 찾을 기회를 주자 정신 건강은 물론 신체 건강까지 더 좋아졌다고 한다. Pennebaker(1997)를 참조하라.

25 McAdams et al.(2008), p. 987.

26 Richards(2010), p. 53.

27 C. Smith(2003). 스미스는 "도덕적 질서(moral order)"라는 용어를 사용하고 있지만, 그 의미는 나의 "도덕 매트릭스"와 똑같다.

28 Ibid., p. 82.

29 여기서 나는 평등의 중요성을 도덕적 선(善) 차원으로만 국한시킬 뜻은 없다. 단순히 내가 주장하고자 하는 것은, 앞서 8장에서와 마찬가지로 정치적 평등은 일종의 열정으로, 자유 기반 및 악행과 압제에 맞선 감정적 반응에서부터 그것이 자라난다는 것이다. 배려 기반 및 그것의 희생자에 대한 염려도 평등에 대한 열정이 자라나는 데 한몫한다. 정치적 평등에 대한 사랑은 공평성 기반 및 그것이 호혜성과 비례의 원칙을 중시하는 것에서 비롯되지는 않

는다고 나는 본다.

30 Westen(2007), pp. 157 – 158.

31 Iyer et al.(2011).

32 Graham, Nosek, & Haidt(2011). 우리는 현실을 측정하기 위해 여러 가지의 기준을 활용했다. 첫째는 이 연구에서 우리 자신이 수집한 자료로, 피험자가 스스로를 진보와 보수로 설명하는 내용을 모두 활용했다. 두 번째는 똑같은 자료를 쓰되, 스스로를 "매우 진보적" 혹은 "매우 보수적"이라고 칭한 사람으로만 분석 대상을 한정했다. 세 번째 기준은 MFQ를 활용한 전국 단위의 자료집에서 얻을 수 있었다. 모든 분석에서 보수주의자들이 진보주의자들에 비해 더 정확했다.

33 M. 파인골드(M. Feingold)의 "포먼의 경고(Foreman's Wake-Up Call)" (2004). 2011년 3월 28일 http://www.villagevoice.com/2004 – 01 – 13/theater /foreman-s-wake-up-call/에서 검색한 내용이다. 맨 마지막 문장은 진지한 뜻은 아니었다고 가정되지만, 그 글 속에서 파인골드가 패러디를 하고 있다거나 본심에 없는 말을 하고 있다는 표시는 전혀 찾을 수 없었다.

34 Muller(1997), p. 4. 러셀 커크(Russell Kirk)의 말을 인용하고 있다. 정설주의의 유사한 정의에 대해서는 Hunter(1991)를 참조하라. 헌터는 이어 정설주의를 진보주의(progressivism)와도 대조한다.

35 Muller(1997), p. 5.

36 정당이라는 것은 수많은 유권자와 기부자의 기분을 맞춰야 하는 만큼 지저분해질 수밖에 없고, 따라서 정당이 어떤 이데올로기를 완벽히 대변하는 경우란 없다. 미국에서는 주요 양당 모두 심각한 문제를 갖고 있다는 것이 나의 견해이다. 나는 민주당은 좀 더 뒤르켐적이 되었으면 하고, 공화당은 좀 더 공리주의적이 되었으면 한다. 그러나 지금 당장은 공화당 쪽에 변화의 기대가 덜한 것이 사실이다. 지금 공화당원은 하나로 뭉치려는 (그래서 눈이 멀어버리는) 티파티의 열정에 단단히 사로잡혀 있기 때문이다. 2009년 이래로, 그것도 특히 2011년 이래로, 공화당은 민주당에 비해 타협의 의지를 덜 보이고 있다. 게다가 그들이 신성시해온 이슈는 안타깝게도 다름 아닌 세금이다. 원래 무엇을 신성시하는 일에는 어떤 거래도 따르지 않는바, 그들은

정부가 최고 부유층의 미국인들에게 낮은 세율을 보장만 해줄 수 있다면 그 외의 좋은 것들은 모두 다 희생하겠다는 기세이다. 이런 맹목적 태도는 급속히 커지고 있는 소득 불평등 문제를 악화시키고 있으며, 이런 소득 불평등은 사회적 신뢰에 있어서는 물론 도덕적 자본에 있어서도 독이나 다름없다 (Wilkinson & Pickett, 2009). 뒤르켐적인 공리주의자로서 나는 보수주의에서는 많은 장점을 보지만, 공화당은 장점을 많이 보여주지 못하고 있다.

37 Putnam(2000).

38 바로 이것이 퍼트넘의 정의이다.

39 Coleman(1988).

40 Sosis & Bressler(2003). 이 책의 11장을 참조하라.

41 Sowell(2002).

42 **도덕적 자본**이라는 용어는 전부터 쓰였지만, **개인**의 재산 개념으로 사용되는 것이 보통이었다. 즉, 청렴성과 비슷하게 타인이 그 사람을 신뢰하고 존경하게 만드는 수단이라는 의미였다. Kane(2001)을 참조하라. 나는 이 용어를 다른 방식으로 사용하고 있다. 즉, **공동체** 혹은 사회적 체계의 재산으로 정의하는 것이다. Rosenberg(1990)도 이러한 의미로 이 말을 사용하고 있으며, 그 아이디어 자체는(용어가 아니라) 애덤 스미스의 것이라고 한다.

43 McWhorter(2005). Rieder(1985). Voegeli(2010).

44 Mill(2003/1859), p. 113. 인용문은 다음과 같이 이어진다. "이 두 사고방식은 각자 상대편의 결점으로부터 자신의 효용성을 이끌어낸다. 그러나 상대편에 대한 강력한 반발이야말로 각자가 이성 및 분별의 선을 넘지 않게 만들어주는 힘이다."

45 Russell(2004/1946), p. 9.

46 Ibid.

47 우리는 YourMorals.org를 통해 미국을 비롯한 기타 모든 국가와 권역에 대해 이 점을 살펴보았다. Graham et al.(2011)을 참조하라.

48 예를 들어, 1965년 대니얼 패트릭 모이니헌(Daniel Patrick Moynihan)이 흑인 가정에 대해 보도했을 때 그에 대한 반응과 당시 그가 어떤 공격과 배척을 견뎌내야 했는지를 참조하라. Patterson(2010).

49 진보적인 철학자들은 도덕성의 정의를 내릴 때 내가 6장에서 설명한 대로 배려, 피해, 혹은 피해 경감(공리주의자의 식당)이나, 혹은 개개인의 인권과 자율성(의무론자의 식당)에 초점을 맞추는 경향이 있다. Gewirth(1975)에 들어 있는 도덕성의 정의에 대해서도 참조하라. P. Singer(1979).

50 Keillor(2004), p. 20.

51 Pollan(2006)을 보면 미국의 산업 식품 체계가 시장 왜곡의 원흉으로서 얼마나 끔찍한 짓을 하고 있는지, 특히 미국 농장의 동물, 생태계, 납세자, 그리고 우리의 허리둘레에 어떤 외부 효과를 지우고 있는지 알 수 있다.

52 〈시민연합 대 연방선거관리위원회 소송(Citizens United v. Federal Election Commission)〉, 558 U. S. 08 – 205.

53 Kahan(2010). 오로지 자본주의와 활기 넘치는 민영 부문만이 엄청난 부를 만들어낼 수 있고, 이로써 수없이 많은 대중이 빈곤에서 벗어날 수 있다.

54 이즈음 이루어진 EPA의 계산에 따른 것이다. Needleman(2000)을 참조하라.

55 Needleman(2000).

56 Nevin(2000).

57 Carpenter & Nevin(2010)을 참조하라. Nevin(2000). Reyes(2007). 이러한 단계적 시행 조치는 각 주(州)와 시기별로 다르게 이루어졌고, 덕분에 연구자들은 납 노출 감소와 범죄 감소 사이의 시간 차를 자세히 살필 수 있었다.

58 납을 함유하지 않은 기름을 만들어내는 데 더 많은 비용이 드는 것은 사실이다. 그러나 Reyes(2007)에 따르면, 기름에서 납을 제거하는 비용은 "대체로 봤을 때 높은 삶의 질을 포함한 범죄 감소의 전체 가치에 비하면 그 대가가 20분의 1밖에 되지 않다"라고 한다. 이 계산에는 납 감소로 목숨을 건진 사람과 그 외 납 감소로 인한 직접적 위생 혜택을 입은 사람의 수치는 포함되지 않았다.

59 Carpenter & Nevin(2010).

60 이 외에도 시장 실패와 시장의 비효율성을 일으키는 주요 문제들은 더 있다. 이를테면 독점 권력과 공공재의 소모 같은 것으로, 이것들은 모두 시장의 효

율성을 이루기 위해 정부의 개입을 필요로 하는 때가 많다.

61 Murray(1997)는 p. xii에서 "내 세계관을 지칭하는 올바른 말은 '진보(liberal)'이다"라고 말한다.

62 2010년에 이루어진 윌킨슨과의 사적인 담화 내용이다.

63 이 외에 추가 논점들을 짤막하게 정리하면 다음과 같다. (1) 권력 부패의 문제로, 우리는 행정 관료를 비롯하여 누구의 손에든 권력이 집중될 때 그곳을 주시하지 않으면 안 된다. (2) 질서 잡힌 자유야말로 서양 민주주의 사회가 풍요를 누리는 최선의 길이다. (3) 유모 국가(nanny state)와 "요람에서 무덤까지" 정책은 사람들을 갓난아기로 만들어 책임감 없이 행동하게 하며, 나아가 이들은 정부의 보호를 훨씬 더 많이 요구하게 된다. Boaz(1997)를 참조하라.

64 Goldhill(2009).

65 골드힐은 시장 기반의 의료 체계에서 정부가 해야 할 역할이 많다는 점은 인정한다. 특정한 일들은 정부 아니면 할 수가 없기 때문이다. 이와 관련해 그가 구체적으로 드는 예로는, 안전 표준의 강제 시행, 공급업체 간의 경쟁 보장, 명실상부하게 재난을 당한 경우에 대한 보험 기금 가동, 보험료가 50퍼센트 떨어져도 자기 힘으로는 건강보험에 들 수 없는 빈민에 대한 지원 등이 있다.

66 〈유럽 의료 서비스의 미래(The Future of Healthcare in Europe)〉, 《이코노미스트》지에서 준비한 보고서. http://www.businessresearch.eiu.com/future-healthcare-europe.html-0에 가면 그 내용을 볼 수 있다.

67 Hayek(1988)는 질서가 합리적 구상에서 나온다는 이러한 믿음을 "치명적 자만(the fatal conceit)"이라고 칭했다.

68 Cosmides & Tooby(2006)를 참조하면, 마르크스주의자 혹은 사회주의자 원칙에 따른 노동 분업은 대규모 집단 속에서 사람들이 서로 협동할 것임을 전제로 하는바, 보통 도덕심리학과의 충돌을 면치 못한다는 사실을 알 수 있다. 다른 수많은 이가 무임승차하는 것을 아는 상황에서는 대규모 집단 속에서의 협동이 잘 이루어지지 않는다. 따라서 공산주의 국가나 사회주의 색채가 강한 국가들은 협동을 강요하기 위해 위협과 강제력을 점점 더 많이 행사

하게 된다. 경제 개발 5개년 계획이 보이지 않는 손만큼 잘 작동하는 경우는 드물다.

69 〈이데올로기로서의 보수주의(Conservatism as an ideology)〉에 나온 말로, Muller(1997), p. 3에 인용되어 있다.

70 Burke(2003/1790), p. 40. 나는 자기 소대에 대한 사랑이 일반적으로 인류에 대한 사랑으로 이어진다는 버크의 주장은 옳지 않다고 본다. 그러나 자기 내집단에 대한 사랑이 증가한다고 해서 외집단에 대한 미움이 증가하는 것은 아닌 듯하다(Brewer & Campbell, 1976. de Dreu et al., 2011을 참조하라). 따라서 나는 편파적 사랑은 훨씬 더 늘어나되 인류에 대한 사랑은 거의 혹은 전혀 줄지 않은 그런 세상에 살 수 있다면 그것으로 족할 것 같다.

71 Smith(1976/1759), 4부 2절 2장.

72 McWhorter(2005). Rosenzweig(2009).

73 Arum(2003).

74 Stenner(2005), p. 330에서는 권위자를 다룬 그녀의 연구를 통해 다음과 같이 결론을 내린다. "공통되고 통일된 믿음, 관습, 의례, 제도, 절차가 수없이 많이 존재하는 것, 궁극적으로는 이것만큼 편협한 자에게서 더 커다란 관용을 이끌어내는 것도 없다. 그러나 유감스럽게도 '다문화 교육' 같은 활동만큼 사람들로 하여금 그들 안에 잠재된 성향을 더 표현하도록 확실히 부추기는 것도 없다."

75 오늘날 미국이 "고도로 양극화되는(hyperpolarized)" 데 기여한 수많은 요인의 최신 논평에 대해서는 Pildes(2011)를 참조하라. 필데스의 주장에 따르면, 양극화의 심화는 정치적 재편 과정의 틀에 기타 역사적 조류를 더하면 완전한 설명이 가능하다. 따라서 그는 양극화의 심화는 이제 되돌릴 수 없는 일이라고 주장한다. 내 생각은 이와는 다르다. 양극화의 심화를 역사적 변화를 통해 100퍼센트 설명하는 것이 가능하다고 쳐도, 그것이 곧 제도적 변화가 아무 효과도 없으리라는 뜻은 되지 않기 때문이다. 이와 관련해 나는 Herbst(2010)의 입장을 따르는 편이다. 그가 지적하는 바에 따르면, 교양적인 태도와 비교양적인 태도는 일종의 전략으로서 소기의 성과를 이루는 데에 사용된다. 비교양적인 태도에서 얻어지는 이익을 줄이기 위해 우리가 할

수 있는 일에는 많은 것이 있다. www.CivilPolitics.org를 참조하라.

76 공화당원을 지칭하는 뜻으로 한 말은 결코 아니다. 마니교적 사고방식이 문제가 되고 있는 것은 코끼리(공화당)나 당나귀(민주당)나 마찬가지이다.

77 Bishop(2008).

78 《더 쿡 폴리티컬 리포트(The Cook Political Report)》지의 데이비드 워서먼(David Wasserman)의 연구를 기반으로 한 것으로, Stolberg(2011)에 실려 있다.

글을 마치며

1 Berlin(2001), pp. 11 – 12.

2 Ibid., p. 12. 강조 표시는 필자가 추가한 것이다. 이와 함께 Shweder(1991)도 참조하라. Shweder & Haidt(1993).

3 이렇게 형편없는 조언을 한다는 것은 말도 안 되는 일이다. 이렇게 외치면 사람들에게 혼란만 주게 되고, 애매모호함 때문에 사람들은 행동에 나서지 않게 된다(Latane & Darley, 1970). 그보다는 상황을 명확히 정의하고 올바른 행동 경로를 일러주는 것이 훨씬 나을 것이다. 예를 들면 "도와주세요. 누가 날 성폭행하려고 해요. 911에 신고하고 여기로 좀 와주세요"라고 외치는 것이다.

Abramowitz, A. I., and K. L. Saunders. 2008. "Is Polarization a Myth?" *Journal of Politics* 70:542–55.

Adorno, T. W., E. Frenkel-Brunswik, D. J. Levinson, and R. N. Sanford. 1950. *The Authoritarian Personality.* New York: Harper and Row.

Alford, J. R., C. L. Funk, and J. R. Hibbing. 2005. "Are Political Orientations Genetically Transmitted?" *American Political Science Review* 99:153–67.

———. 2008. "Beyond Liberals and Conservatives to Political Genotypes and Phenotypes." *Perspectives on Politics* 6:321–28.

Allen, E., et al. 1975. "Against 'Sociobiology.'" *New York Review of Books* 22:43–44.

Almas, I., A. W. Cappelen, E. O. Sorensen, and B. Tungodden. 2010. "Fairness and the Development of Inequality Acceptance." *Science* 328:1176–8.

Ambrose, S. H. 1998. "Late Pleistocene Human Population Bottlenecks, Volcanic-Winter, and the Differentiation of Modern Humans." *Journal of Human Evolution* 34:623–51.

Appiah, K. A. 2008. *Experiments in Ethics.* Cambridge, MA: Harvard University Press.

Arberry, A. J. 1955. *The Koran Interpreted.* New York: Simon and Schuster.

Ariely, D. 2008. *Predictably Irrational: The Hidden Forces That Shape Our Decisions.* New York: HarperCollins.

Arum, R. 2003. *Judging School Discipline: The Crisis of Moral Authority.* Cambridge, MA: Harvard University Press.

Atran, S. 2010. *Talking to the Enemy: Faith, Brotherhood, and the (Un)making of Terrorists.* New York: HarperCollins.

Atran, S., and J. Henrich. 2010. "The Evolution of Religion: How Cognitive By-products, Adaptive Learning Heuristics, Ritual Displays, and Group Competition Generate Deep Commitments to Prosocial Religions." *Biological Theory* 5:18–30.

Ault, J. M. J. 2005. *Spirit and Flesh: Life in a Fundamentalist Baptist Church.* New York: Knopf.

Axelrod, R. 1984. *The Evolution of Cooperation.* New York: Basic Books.

Baillargeon, R. 1987. "Object Permanence in 3 1/2- and 4 1/2-Month-Old Infants." *Developmental Psychology* 23:655–64.

————. 2008. "Innate Ideas Revisited: For a Principle of Persistence in Infants' Physical Reasoning." *Perspectives on Psychological Science* 3:2–13.

Balcetis, E., and D. Dunning. 2006. "See What You Want to See: Motivational Influences on Visual Perception." *Journal of Personality and Social Psychology* 91:612–25.

Ballew, C. C., and A. Todorov. 2007. "Predicting Political Elections from Rapid and Unreflective Face Judgments." *Proceedings of the National Academy of Sciences* 104:17948–53.

Bar, T., and A. Zussman. 2011. "Partisan Grading." *American Economic Journal: Applied Economics*. Forthcoming.

Bargh, J. A., and T. L. Chartrand. 1999. "The Unbearable Automaticity of Being." *American Psychologist* 54:462–79.

Barkow, J. H., L. Cosmides, and J. Tooby, eds. 1992. *The Adapted Mind: Evolutionary Psychology and the Generation of Culture*. New York: Oxford University Press.

Baron, J. 1998. *Judgment Misguided: Intuition and Error in Public Decision Making*. New York: Oxford.

————. 2007. *Thinking and Deciding*. 4th ed. Cambridge, UK: Cambridge University Press.

Baron-Cohen, S. 1995. *Mindblindness: An Essay on Autism and Theory of Mind*. Cambridge, MA: MIT Press.

————. 2002. "The Extreme Male Brain Theory of Autism." *Trends in Cognitive Sciences* 6:248–54.

————. 2009. "Autism: The Empathizing-Systemizing (E-S) Theory." In "The Year in Cognitive Neuroscience," special issue of *Annals of the New York Academy of Science* 1156:68–80.

Barrett, H. C., and Kurzban, R. 2006. "Modularity in Cognition: Framing the Debate." *Psychological Review* 113:628–47.

Barrett, J. L. 2000. "Exploring the Natural Foundations of Religion." *Trends in Cognitive Sciences* 4:29.

Bartels, D. M. 2008. "Principled Moral Sentiment and the Flexibility of Moral Judgment and Decision Making." *Cognition* 108:381–417.

Batson, C. D. 1991. *The Altruism Question: Toward a Social-Psychological Answer*. Hillsdale, NJ: Lawrence Erlbaum.

————. 1998. "Altruism and Prosocial Behavior." In *The Handbook of Social Psychology*, ed. D. T. Gilbert and S. T. Fiske, 4th ed., 2:262–316. Boston: McGraw-Hill.

Batson, C. D., E. R. Thompson, G. Seuferling, H. Whitney, and J. A. Strongman. 1999. "Moral Hypocrisy: Appearing Moral to Oneself Without Being So." *Journal of Personality and Social Psychology* 77:525–37.

Baumard, N., J.-B. André, and D. Sperber. Unpublished. "A Mutualistic Approach to Morality." Institute of Cognitive and Evolutionary Anthropology, University of Oxford.

바른 마음

Baumeister, R. F., S. P. Chesner, P. S. Senders, and D. M. Tice. 1989. "Who's in Charge Here? Group Leaders Do Lend Help in Emergencies." *Personality and Social Psychology Bulletin* 14:17–22.

Baumeister, R. F., and K. L. Sommer. 1997. "What Do Men Want? Gender Differences and Two Spheres of Belongingness: Comment on Cross and Madson (1997)." *Psychological Bulletin* 122:38–44.

Beaver, K. M., M. W. Rowland, J. A. Schwartz, and J. L. Nedelec. 2011. "The Genetic Origins of Psychopathic Personality Traits in Adult Males and Females: Results from an Adoption-Based Study." *Journal of Criminal Justice* 39:426–32.

Bellah, R. N. 1967. "Civil Religion in America." *Daedalus* 96:1–21.

Bellah, R. N., R. Madsen, W. M. Sullivan, A. Swidler, and S. Tipton. 1985. *Habits of the Heart*. New York: Harper and Row.

Bentham, J. 1996/1789. *An Introduction to the Principles of Morals and Legislation*. Oxford: Clarendon.

Berlin, I. 1997/1958. "Two Concepts of Liberty." In *The Proper Study of Mankind*, ed. H. Hardy and R. Hausheer, 191–242. New York: Farrar, Straus and Giroux.

———. 2001. "My Intellectual Path." In Isaiah Berlin, *The Power of Ideas*, ed. H. Hardy, 1–23. Princeton, NJ: Princeton University Press.

Bersoff, D. 1999. "Why Good People Sometimes Do Bad Things: Motivated Reasoning and Unethical Behavior." *Personality and Social Psychology Bulletin* 25:28–39.

Bishop, B. 2008. *The Big Sort: Why the Clustering of Like-Minded Americans Is Tearing Us Apart*. Boston: Houghton Mifflin Harcourt.

Blackmore, S. 1999. *The Meme Machine*. New York: Oxford University Press.

Blackmore, S. 2010. "Why I No Longer Believe Religion Is a Virus of the Mind." *The Guardian* (UK), Sept. 16; http://www.guardian.co.uk/commentisfree/belief/2010/sep/16/why-no-longer-believe-religion-virus-mind.

Blair, R. J. R. 1999. "Responsiveness to Distress Cues in the Child with Psychopathic Tendencies." *Personality and Individual Differences* 27:135–45.

———. 2007. "The Amygdala and Ventromedial Prefrontal Cortex in Morality and Psychopathy." *Trends in Cognitive Sciences* 11:387–92.

Block, J., and J. H. Block. 2006. "Nursery School Personality and Political Orientation Two Decades Later." *Journal of Research in Personality* 40:734–49.

Blonigen, D. M., B. M. Hicks, R. F. Krueger, W. G. Iacono, and C. J. Patrick. 2005. "Psychopathic Personality Traits: Heritability and Genetic Overlap with Internalizing and Externalizing Psychopathology." *Psychological Medicine* 35:637–48.

Bloom, P. 2004. *Descartes' Baby: How the Science of Child Development Explains What Makes Us Human*. New York: Basic Books.

———. 2009. "Religious Belief as an Evolutionary Accident." In *The Believing Primate: Scientific, Philosophical, and Theological Reflections on the Origin of Religion*, ed. J. Schloss and M. J. Murray, 118–27. Oxford: Oxford University Press.

_____. 2012. "Religion, Morality, Evolution." *Annual Review of Psychology* 63.

Boaz, D. 1997. *Libertarianism: A Primer.* New York: Free Press.

Boehm, C. 1999. *Hierarchy in the Forest: The Evolution of Egalitarian Behavior.* Cambridge, MA: Harvard University Press.

_____. 2012. *Moral Origins: The Evolution of Virtue, Altruism, and Shame.* New York: Basic Books.

Boesch, C. 1994. "Cooperative Hunting in Wild Chimpanzees." *Animal Behavior* 48:653–67.

Bouchard, T. J. J. 1994. "Genes, Environment, and Personality." *Science* 264:1700–1701.

Bourke, A. F. G. 2011. *Principles of Social Evolution.* New York: Oxford University Press.

Bowlby, J. 1969. *Attachment and Loss,* vol. 1: *Attachment.* New York: Basic Books.

Bowles, S. 2009. "Did Warfare Among Ancestral Hunter-Gatherers Affect the Evolution of Human Social Behaviors?" *Science* 324:1293–98.

Boyer, P. 2001. *Religion Explained: The Evolutionary Origins of Religious Thought.* New York: Basic Books.

Brandt, M. J., and C. Reyna. 2011. "The Chain of Being." *Perspectives on Psychological Science* 6:428–46.

Brehm, S. S., and Brehm, J. W. 1981. *Psychological Reactance: A Theory of Freedom and Control.* New York: Academic Press.

Brewer, M. B., and D. T. Campbell. 1976. *Ethnocentrism and Intergroup Attitudes: East African Evidence.* Beverly Hills, CA: Sage.

Brockman, J., ed. 2009. *What Have You Changed Your Mind About?* New York: HarperCollins.

Brooks, A. C. 2006. *Who Really Cares: The Surprising Truth About Compassionate Conservatism.* New York: Basic Books.

Brosnan, S. F. 2006. "Nonhuman Species' Reactions to Inequity and Their Implications for Fairness." *Social Justice Research* 19:153–85.

Brosnan, S. F., and F. de Waal. 2003. "Monkeys Reject Unequal Pay." *Nature* 425:297–99.

Buckholtz, J. W., C. L. Asplund, P. E. Dux, D. H. Zald, J. C. Gore, O. D. Jones, et al. 2008. "The Neural Correlates of Third-Party Punishment." *Neuron* 60:930–40.

Burke, E. 2003/1790. *Reflections on the Revolution in France.* New Haven, CT: Yale University Press.

Burns, J. M. 1978. *Leadership.* New York: Harper and Row.

Carlsmith, K. M., T. D. Wilson, and D. T. Gilbert. 2008. "The Paradoxical Consequences of Revenge." *Journal of Personality and Social Psychology* 95:1316–24.

Carnegie, D. 1981/1936. *How to Win Friends and Influence People.* Rev. ed. New York: Pocket Books.

바른 마음

Carney, D. R., J. T. Jost, S. D. Gosling, and K. Kiederhoffer. 2008. "The Secret Lives of Liberals and Conservatives: Personality Profiles, Interaction Styles, and the Things They Leave Behind." *Political Psychology* 29:807–40.

Carpenter, D. O., and R. Nevin. 2010. "Environmental Causes of Violence." *Physiology and Behavior* 99:260–68.

Carter, C. S. 1998. "Neuroendocrine Perspectives on Social Attachment and Love." *Psychoneuroendocrinology* 23:779–818.

Chan, W. T. 1963. *A Source Book in Chinese Philosophy*. Princeton, NJ: Princeton University Press.

Choi, J.-K., and S. Bowles. 2007. "The Coevolution of Parochial Altruism and War." *Science* 318:636–40.

Churchill, W. 2003. *On the Justice of Roosting Chickens: Reflections on the Consequences of U.S. Imperial Arrogance and Criminality*. Oakland, CA: AK Press.

Clark, G. 2007. *A Farewell to Alms: A Brief Economic History of the World*. Princeton: Princeton University Press.

Clarke, R. A. 2004. *Against All Enemies: Inside America's War on Terror*. New York: Free Press.

Cleckley, H. 1955. *The Mask of Sanity*. St. Louis, MO: Mosby.

Clore, G. L., N. Schwarz, and M. Conway. 1994. "Affective Causes and Consequences of Social Information Processing." In *Handbook of Social Cognition*, ed. R. S. Wyer and T. K. Srull, 1:323–417. Hillsdale, NJ: Lawrence Erlbaum.

Cochran, G., and H. Harpending. 2009. *The 10,000 Year Explosion: How Civilization Accelerated Human Evolution*. New York: Basic Books.

Cohen, E. E. A., R. Ejsmond-Frey, N. Knight, and R. I. M. Dunbar. 2009. "Rowers' High: Behavioral Synchrony Is Correlated With Elevated Pain Thresholds." *Biology Letters* 6:106–8.

Coleman, J. S. 1988. "Social Capital in the Creation of Human Capital." *American Journal of Sociology* 94:S95–S120.

Converse, P. E. 1964. "The Nature of Belief Systems in Mass Publics." In *Ideology and Discontent*, ed. D. E. Apter, 206–61. New York: Free Press.

Conze, E. 1954. *Buddhist Texts Through the Ages*. New York: Philosophical Library.

Cosmides, L., and J. Tooby. 2005. "Neurocognitive Adaptations Designed for Social Exchange." In *The Handbook of Evolutionary Psychology*, ed. D. M. Buss, 584–627. Hoboken, NJ: John Wiley and Sons.

———. 2006. "Evolutionary Psychology, Moral Heuristics, and the Law." In *Heuristics and the Law*, ed. G. Gigerenzer and C. Engel, 175–205. Cambridge, MA: MIT Press.

Coulter, A. 2003. *Treason: Liberal Treachery from the Cold War to the War on Terrorism*. New York: Crown.

Dalai Lama XIV. 1999. *Ethics for the New Millennium*. New York: Riverhead Books.

Damasio, A. 1994. *Descartes' Error: Emotion, Reason, and the Human Brain*. New York: Putnam.

———. 2003. *Looking for Spinoza*. Orlando, FL: Harcourt.

Darwin, C. 1998/1871. *The Descent of Man and Selection in Relation to Sex*. Amherst, NY: Prometheus Books.

Dawkins, R. 1976. *The Selfish Gene*. New York: Oxford University Press.

———. 1999/1982. *The Extended Phenotype: The Long Reach of the Gene*. New York: Oxford University Press.

———. 2006. *The God Delusion*. Boston: Houghton Mifflin.

Decety, J. 2011. "The Neuroevolution of Empathy." *Annals of the New York Academy of Sciences* 1231:35–45.

De Dreu, C. K., L. L. Greer, M. J. Handgraaf, S. Shalvi, G. A. Van Kleef, M. Baas, et al. 2010. "The Neuropeptide Oxytocin Regulates Parochial Altruism in Intergroup Conflict Among Humans." *Science* 328:1408–11.

De Dreu, C. K., L. L. Greer, G. A. Van Kleef, S. Shalvi, and M. J. Handgraaf. 2011. "Oxytocin Promotes Human Ethnocentrism." *Proceedings of the National Academy of Sciences of the United States of America* 108:1262–66.

Denis, L. 2008. "Kant and Hume on Morality." *Stanford Encyclopedia of Philosophy*. Stanford, CA: The Metaphysics Research Lab.

Dennett, D. C. 2006. *Breaking the Spell: Religion as a Natural Phenomenon*. New York: Penguin.

de Quervain, D. J. F., U. Fischbacher, V. Treyer, M. Schellhammer, U. Schnyder, A. Buck, et al. 2004. "The Neural Basis of Altruistic Punishment." *Science* 305:1254–58.

Desmond, A., and J. Moore. 2009. *Darwin's Sacred Cause: How a Hatred of Slavery Shaped Darwin's Views on Human Evolution*. Boston: Houghton Mifflin.

de Waal, F. B. M. 1982. *Chimpanzee Politics*. New York: Harper and Row.

———. 1996. *Good Natured: The Origins of Right and Wrong in Humans and Other Animals*. Cambridge, MA: Harvard University Press.

———. 2006. *How Morality Evolved*. Princeton, NJ: Princeton University Press.

de Waal, F. B. M., and F. Lanting. 1997. *Bonobo: The Forgotten Ape*. Berkeley: University of California Press.

Dicks, L. 2000. "All for One!" *New Scientist* 167:30.

Dion, K. 1979. "Intergroup Conflict and Intragroup Cohesiveness." In *The Social Psychology of Intergroup Relations*, ed. W. G. Austin and S. Worchel, 211–24. Monterey, CA: Brooks/Cole.

Dion, K., E. Berscheid, and E. Walster. 1972. "What Is Beautiful Is Good." *Journal of Personality and Social Psychology* 24:285–90.

Ditto, P. H., and D. F. Lopez. 1992. "Motivated Skepticism: Use of Differential Decision Criteria for Preferred and Nonpreferred Conclusions." *Journal of Personality and Social Psychology* 63:568–84.

바른 마음

Ditto, P. H., G. D. Munro, A. M. Apanovitch, J. A. Scepansky, and L. K. Lockhart. 2003. "Spontaneous Skepticism: The Interplay of Motivation and Expectation in Responses to Favorable and Unfavorable Medical Diagnoses." *Personality and Social Psychology Bulletin* 29:1120–32.

Ditto, P. H., D. A. Pizarro, and D. Tannenbaum. 2009. "Motivated Moral Reasoning." In *The Psychology of Learning and Motivation*, ed. D. M. Bartels, C. W. Bauman, L. J. Skitka, and D. L. Medin, 50:307–38. Burlington, VT: Academic Press.

Doblin, R. 1991. "Pahnke's 'Good Friday Experiment': A Long-Term Follow-up and Methodological Critique." *Journal of Transpersonal Psychology* 23:1–28.

Douglas, M. 1966. *Purity and Danger.* London: Routledge and Kegan Paul.

Dunbar, R. 1996. *Grooming, Gossip, and the Evolution of Language.* Cambridge, MA: Harvard University Press.

Durkheim, E. 1951/1897. *Suicide.* Trans. J. A. Spalding and G. Simpson. New York: Free Press.

———. 1984/1893. *The Division of Labor in Society.* Trans. W. D. Halls. New York: Free Press.

———. 1992/1887. "Review of Guyau's *L'irreligion de l'avenir.*" Trans. A. Giddens. In *Emile Durkheim: Selected Writings,* ed. A. Giddens. New York: Cambridge University Press.

———. 1995/1915. *The Elementary Forms of Religious Life.* Trans. K. E. Fields. New York: Free Press.

Eckersley, R., and K. Dear. 2002. "Cultural Correlates of Youth Suicide." *Social Science and Medicine* 55:1891–904.

Efran, M. G. 1974. "The Effect of Physical Appearance on the Judgment of Guilt, Interpersonal Attraction, and Severity of Recommended Punishment in a Simulated Jury Task." *Journal of Research in Personality* 8:45–54.

Ehrenreich, B. 2006. *Dancing in the Streets: A History of Collective Joy.* New York: Metropolitan Books.

Ekman, P. 1992. "Are There Basic Emotions?" *Psychological Review* 99:550–53.

Elgar, F. J., and N. Aitken. 2010. "Income Inequality, Trust and Homicide in 33 Countries." *European Journal of Public Health* 21:241–46.

Eliade, M. 1957/1959. *The Sacred and the Profane: The Nature of Religion.* Trans. W. R. Task. San Diego, CA: Harcourt Brace.

Ellis, J. J. 1996. *American Sphinx: The Character of Thomas Jefferson.* New York: Vintage.

Ellsworth, P. C., and C. A. Smith. 1985. "Patterns of Cognitive Appraisal in Emotion." *Journal of Personality and Social Psychology* 48:813–38.

Emerson, R. W. 1960/1838. "Nature." In *Selections from Ralph Waldo Emerson,* ed. S. Whicher, 21–56. Boston: Houghton Mifflin.

Eskine, K. J., N. A. Kacinic, and J. J. Prinz. 2011. "A Bad Taste in the Mouth: Gustatory Influences on Moral Judgment." *Psychological Science* 22:295–99.

Evans-Pritchard, E. E. 1976. *Witchcraft, Oracles, and Magic Among the Azande.* Oxford: Clarendon Press.

Faulkner, J., M. Schaller, J. H. Park, and L. A. Duncan. 2004. "Evolved Disease-Avoidance Mechanisms and Contemporary Xenophobic Attitudes." *Group Processes and Intergroup Relations* 7:333–53.

Fazio, R. H., D. M. Sanbonmatsu, M. C. Powell, and F. R. Kardes. 1986. "On the Automatic Evaluation of Attitudes." *Journal of Personality and Social Psychology* 50:229–38.

Fehr, E., and S. Gachter. 2002. "Altruistic Punishment in Humans." *Nature* 415:137–40.

Fessler, D. M. T. 2007. "From Appeasement to Conformity: Evolutionary and Cultural Perspectives on Shame, Competition, and Cooperation." In *The Self-Conscious Emotions: Theory and Research,* ed. J. L. Tracy, R. W. Robins, and J. P. Tangney, 174–93. New York: Guilford.

Fiorina, M., S. J Abrams, and J. C. Pope. 2005. *Culture War? The Myth of a Polarized America.* New York: Pearson Longman.

Fiske, A. P. 1991. *Structures of Social Life.* New York: Free Press.

Fiske, S. T. 1993. "Social Cognition and Social Perception." *Annual Review of Psychology* 44:155–94.

Fitzgerald, M. 2005. *The Genesis of Artistic Creativity.* London: Jessica Kingsley.

Flanagan, O. 1991. *Varieties of Moral Personality: Ethics and Psychological Realism.* Cambridge, MA: Harvard University Press.

Fodor, J. 1983. *Modularity of Mind.* Cambridge, MA: MIT Press.

Frank, R. 1988. *Passions Within Reason: The Strategic Role of the Emotions.* New York: Norton.

Frank, T. 2004. *What's the Matter with Kansas?* New York: Henry Holt.

Frazier, M. L. 2010. *The Enlightenment of Sympathy: Justice and the Moral Sentiments in the Eighteenth Century and Today.* New York: Oxford University Press.

Freeman, W. J. 1995. *Societies of Brains: A Study in the Neurobiology of Love and Hate.* Mahwah, NJ: Lawrence Erlbaum.

Frey, D., and D. Stahlberg. 1986. "Selection of Information After Receiving More or Less Reliable Self-Threatening Information." *Personality and Social Psychology Bulletin* 12:434–41.

Froese, P., and C. D. Bader. 2007. "God in America: Why Theology Is Not Simply the Concern of Philosophers." *Journal for the Scientific Study of Religion* 46:465–81.

Frohlich, N., J. A. Oppenheimer, and C. L. Eavey. 1987. "Choices of Principles of Distributive Justice in Experimental Groups." *American Journal of Political Science* 31:606–36.

Gaertner, S. L., and J. F. Dovidio. 2000. *Reducing Intergroup Bias: The Common Ingroup Identity Model.* Philadelphia: Psychology Press.

Gazzaniga, M. S. 1985. *The Social Brain*. New York: Basic Books.

———. 1998. *The Mind's Past*. Berkeley: University of California Press.

Geertz, C. 1984. "From the Native's Point of View: On the Nature of Anthropological Understanding." In *Culture Theory*, ed. R. Shweder and R. LeVine, 123–36. Cambridge, UK: Cambridge University Press.

Gewirth, A. 1975. "Ethics." In *Encyclopaedia Britannica*, 15th ed., 6:976–98. Chicago: Encyclopaedia Britannica.

Gibbard, A. 1990. *Wise Choices, Apt Feelings*. Cambridge, MA: Harvard University Press.

Gigerenzer, G. 2007. *Gut Feelings: The Intelligence of the Unconscious*. New York: Penguin.

Gilligan, C. 1982. *In a Different Voice: Psychological Theory and Women's Development*. Cambridge, MA: Harvard University Press.

Gilovich, T. 1991. *How We Know What Isn't So*. New York: Free Press.

Glover, J. 2000. *Humanity: A Moral History of the Twentieth Century*. New Haven: Yale University Press.

Goldhill, D. 2009. "How American Health Care Killed My Father." *The Atlantic*, September.

Goodall, J. 1986. *The Chimpanzees of Gombe: Patterns of Behavior*. Cambridge, MA: Belknap Press.

Gopnik, A., A. M. Meltzoff, and P. K. Kuhl. 2000. *The Scientist in the Crib: What Early Learning Tells Us About the Mind*. New York: Harper.

Graham, J., 2010. "Left Gut, Right Gut." Ph.D. diss., Department of Psychology, University of Virginia.

Graham, J., and J. Haidt. 2010. "Beyond Beliefs: Religions Bind Individuals into Moral Communities." *Personality and Social Psychology Review* 14:140–50.

Graham, J., J. Haidt, and B. Nosek. 2009. "Liberals and Conservatives Rely on Different Sets of Moral Foundations." *Journal of Personality and Social Psychology* 96:1029–46.

Graham, J., B. A. Nosek, and J. Haidt. 2011. "The Moral Stereotypes of Liberals and Conservatives." Unpublished ms., Department of Psychology, University of Virginia. Available at www.MoralFoundations.org.

Graham, J., B. A. Nosek, J. Haidt, R. Iyer, S. Koleva, and P. H. Ditto. 2011. "Mapping the Moral Domain." *Journal of Personality and Social Psychology* 101:366–85.

Gray, J. 1995. *Liberalism*. 2nd ed. Minneapolis: University of Minnesota Press.

Gray, J. G. 1970/1959. *The Warriors: Reflections of Men in Battle*. New York: Harper and Row.

Green, R. E., J. Krause, A. W. Briggs, T. Maricic, U. Stenzel, M. Kircher, et al. 2010. "A Draft Sequence of the Neandertal Genome." *Science* 328:710–22.

Greene, J. D. 2008. "The Secret Joke of Kant's Soul." In *Moral Psychology*, vol. 3: *The*

Neuroscience of Morality, ed. W. Sinnott-Armstrong, 35–79. Cambridge, MA: MIT Press.

——. 2009a. "The Cognitive Neuroscience of Moral Judgment." In *The Cognitive Neurosciences*, ed. M. Gazzaniga, 4th ed., 987–1002. Cambridge, MA: MIT Press.

——. 2009b. "Dual-Process Morality and the Personal/Impersonal Distinction: A Reply to McGuire, Langdon, Coltheart, and Mackenzie." *Journal of Experimental Social Psychology* 45:581–84.

——. Forthcoming. *The Moral Brain, and How to Use It.* New York: Penguin.

Greene, J. D., R. B. Sommerville, L. E. Nystrom, J. M. Darley, and J. D. Cohen. 2001. "An fMRI Study of Emotional Engagement in Moral Judgment." *Science* 293:2105–8.

Greenwald, A. G., D. E. McGhee, and J. L. Schwartz. 1998. "Measuring Individual Differences in Implicit Cognition: The Implicit Association Test." *Journal of Personality and Social Psychology* 74:1464–80.

Greenwald, A. G., B. A. Nosek, and M. R. Banaji. 2003. "Understanding and Using the Implicit Association Test." *Journal of Personality and Social Psychology* 85:197–216.

Grob, C. S., and M. D. de Rios. 1994. "Hallucinogens, Managed States of Consciousness, and Adolescents: Cross-Cultural Perspectives." In *Psychological Anthropology*, ed. P. K. Bock, 315–29. Westport, CT: Praeger.

Guthrie, S. E. 1993. *Faces in the Clouds.* New York: Oxford University Press.

Haidt, J. 2001. "The Emotional Dog and Its Rational Tail: A Social Intuitionist Approach to Moral Judgment." *Psychological Review* 108:814–34.

——. 2006. *The Happiness Hypothesis: Finding Modern Truth in Ancient Wisdom.* New York: Basic Books.

——. 2007. "The New Synthesis in Moral Psychology." *Science* 316:998–1002.

——. 2010. "What the Tea Partiers Really Want." *Wall Street Journal*, October 16.

Haidt, J., and F. Bjorklund. 2008. "Social Intuitionists Answer Six Questions About Morality." In *Moral Psychology*, vol. 2: *The Cognitive Science of Morality*, ed. W. Sinnott-Armstrong, 181–217. Cambridge, MA: MIT Press.

Haidt, J., and J. Graham. 2007. "When Morality Opposes Justice: Conservatives Have Moral Intuitions That Liberals May Not Recognize." *Social Justice Research* 20:98–116.

——. 2009. "Planet of the Durkheimians, Where Community, Authority, and Sacredness Are Foundations of Morality." In *Social and Psychological Bases of Ideology and System Justification*, ed. J. Jost, A. C. Kay, and H. Thórisdóttir, 371–401. New York: Oxford University Press.

Haidt, J., and C. Joseph. 2004. "Intuitive Ethics: How Innately Prepared Intuitions Generate Culturally Variable Virtues." *Daedalus*, fall, 55–66.

————. 2007. "The Moral Mind: How 5 Sets of Innate Intuitions Guide the Development of Many Culture-Specific Virtues, and Perhaps Even Modules." In *The Innate Mind,* ed. P. Carruthers, S. Laurence, and S. Stich, 3:367–91. New York: Oxford University Press.

————. 2011. "How Moral Foundations Theory Succeeded in Building on Sand: A Response to Suhler and Churchland." *Journal of Cognitive Neuroscience* 23:2117–22.

Haidt, J., and S. Kesebir. 2010. "Morality." In *Handbook of Social Psychology,* ed. S. T. Fiske, D. Gilbert, and G. Lindzey, 5th ed., 797–832. Hoboken, NJ: Wiley.

Haidt, J., S. Koller, and M. Dias. 1993. "Affect, Culture, and Morality, or Is It Wrong to Eat Your Dog?" *Journal of Personality and Social Psychology* 65:613–28.

Haidt, J., E. Rosenberg, and H. Hom. 2003. "Differentiating Diversities: Moral Diversity Is Not Like Other Kinds." *Journal of Applied Social Psychology* 33:1–36.

Haidt, J., P. Rozin, C. R. McCauley, and S. Imada. 1997. "Body, Psyche, and Culture: The Relationship Between Disgust and Morality." *Psychology and Developing Societies* 9:107–31.

Haidt, J., J. P. Seder, and S. Kesebir. 2008. "Hive Psychology, Happiness, and Public Policy." *Journal of Legal Studies* 37:S133–S16.

Haley, K. J., and D. M. T. Fessler. 2005. "Nobody's Watching? Subtle Cues Affect Generosity in an Anonymous Economic Game." *Evolution and Human Behavior* 26:245–56.

Hamblin, R. L. 1958. "Leadership and Crises." *Sociometry* 21:322–35.

Hamilton, W. D. 1964. "The Genetical Evolution of Social Behavior, Parts 1 and 2." *Journal of Theoretical Biology* 7:1–52.

Hamlin, J. K., K. Wynn, and P. Bloom. 2007. "Social Evaluation by Preverbal Infants." *Nature* 450:557–60.

Hammerstein, P. 2003. "Why Is Reciprocity So Rare in Social Animals?" In *Genetic and Cultural Evolution of Cooperation,* ed. P. Hammerstein, 55–82. Cambridge, MA: MIT Press.

Hardin, G. 1968. "Tragedy of the Commons." Science 162:1243–8.

Hare, B., V. Wobber, and R. Wrangham. Unpublished. "The Self-Domestication Hypothesis: Bonobo Psychology Evolved Due to Selection Against Male Aggression." Unpublished ms., Department of Evolutionary Anthropology, Duke University.

Hare, R. D. 1993. *Without Conscience.* New York: Pocket Books.

Harris, S. 2004. *The End of Faith: Religion, Terror, and the Future of Reason.* New York: Norton.

————. 2006. *Letter to a Christian Nation.* New York: Knopf.

————. 2010. *The Moral Landscape: How Science Can Determine Human Values.* New York: Free Press.

Harris, S., J. T. Kaplan, A. Curiel, S. Y. Bookheimer, M. Iacoboni, and M. S. Cohen. 2009. "The Neural Correlates of Religious and Nonreligious Belief." *PLoS ONE* 4 (10); doi:10.1371/journal.pone.0007272.

Hastorf, A. H., and H. Cantril. 1954. "They Saw a Game: A Case Study." *Journal of Abnormal and Social Psychology* 49:129–34.

Hatemi, P. K., N. A. Gillespie, L. J. Eaves, B. S. Maher, B. T. Webb, A. C. Heath, et al. 2011. "A Genome-Wide Analysis of Liberal and Conservative Political Attitudes." *Journal of Politics* 73:271–85.

Hauser, M. 2006. *Moral Minds: How Nature Designed Our Universal Sense of Right and Wrong.* New York: HarperCollins.

Hawks, J., E. T. Wang, G. M. Cochran, H. C. Harpending, and R. K. Moyzis. 2007. "Recent Acceleration of Human Adaptive Evolution." *Proceedings of the National Academy of Sciences of the United States of America* 104:20753–58.

Hayden, B. 2001. "Richman, Poorman, Beggarman, Chief: The Dynamics of Social Inequality." In *Archaeology at the Millennium: A Sourcebook,* ed. G. M. Feinman and T. D. Price, 231–72. New York: Kluwer/Plenum.

Hayek, F. 1988. *The Fatal Conceit: The Errors of Socialism.* Chicago: University of Chicago Press.

———. 1997/1970. "The Errors of Constructivism." In *Conservatism,* ed. J. Z. Muller, 318–25. Princeton, NJ: Princeton University Press.

Heath, C., and D. Heath. 2010. *Switch: How to Change Things When Change Is Hard.* New York: Broadway.

Helzer, E. G., and D. A. Pizarro. 2011. "Dirty Liberals! Reminders of Physical Cleanliness Influence Moral and Political Attitudes." *Psychological Science* 22:517–22.

Henrich, J., S. Heine, and A. Norenzayan. 2010. "The Weirdest People in the World?" *Behavioral and Brain Sciences* 33:61–83.

Henrich, N., and Henrich, J. 2007. *Why Humans Cooperate: A Cultural and Evolutionary Explanation.* New York: Oxford University Press.

Henshilwood, C., F. d'Errico, M. Vanhaeren, K. van Niekerk, and Z. Jacobs. 2004. "Middle Stone Age Shell Beads from South Africa." *Science* 304:404.

Herbst, S. 2010. *Rude Democracy: Civility and Incivility in American Politics.* Philadelphia: Temple University Press.

Herdt, G. H. 1981. *Guardians of the Flutes.* New York: Columbia University Press.

Herrmann, E., J. Call, M. V. Hernandez-Lloreda, B. Hare, and M. Tomasello. 2007. "Humans Have Evolved Specialized Skills of Social Cognition: The Cultural Intelligence Hypothesis." *Science* 317:1360–66.

Hill, K. R., R. S. Walker, M. Bozicevic, J. Eder, T. Headland, B. Hewlett, et al. 2011. "Co-Residence Patterns in Hunter-Gatherer Societies Show Unique Human Social Structure." *Science* 331:1286–89.

Hoffman, M. L. 1982. "Affect and Moral Development." In *New Directions for Child*

Development, vol. 16: *Emotional Development,* ed. D. Ciccetti and P. Hesse, 83–103. San Francisco: Jossey-Bass.

Hölldobler, B., and E. O. Wilson. 2009. *The Superorganism: The Beauty, Elegance, and Strangeness of Insect Societies.* New York: Norton.

Hollos, M., P. Leis, and E. Turiel. 1986. "Social Reasoning in Ijo Children and Adolescents in Nigerian Communities." *Journal of Cross-Cultural Psychology* 17:352–74.

Horner, V., J. D. Carter, M. Suchak, and F. de Waal. 2011. "Spontaneous Prosocial Choice by Chimpanzees." *Procedings of the National Academy of Sciences,* early edition, doc: 10.1073/pnas.1111088108.

Hsieh, T. 2010. *Delivering Happiness: A Path to Profits, Passion, and Purpose.* New York: Grand Central.

Hsu, M., C. Anen, and S. R. Quartz. 2008. "The Right and the Good: Distributive Justice and Neural Encoding of Equity and Efficiency." *Science* 320:1092–95.

Huebner, B., S. Dwyer, and Hauser, M. 2009. "The Role of Emotion in Moral Psychology." *Trends in Cognitive Sciences* 13:1–6.

Hume, D. 1960/1777. *An Enquiry Concerning the Principles of Morals.* La Salle, IL: Open Court.

———. 1969/1739–40. *A Treatise of Human Nature.* London: Penguin.

Hunter, J. D. 1991. *Culture Wars: The Struggle to Define America.* New York: Basic Books.

Iacoboni, M. 2008. *Mirroring People: The New Science of How We Connect with Others.* New York: Farrar, Straus and Giroux.

Iacoboni, M., R. P. Woods, M. Brass, H. Bekkering, J. C. Mazziotta, and G. Rizzolatti. 1999. "Cortical Mechanisms of Imitation." *Science* 286:2526–28.

Inbar, Y., D. A. Pizarro, and P. Bloom. 2009. "Conservatives Are More Easily Disgusted than Liberals." *Cognition and Emotion* 23:714–25.

Iyer, R., S. P. Koleva, J. Graham, P. H. Ditto, and J. Haidt. 2011. "Understanding Libertarian Morality: The Psychological Roots of an Individualist Ideology." Unpublished ms., Department of Psychology, University of Southern California. Available at www.MoralFoundations.org.

James, W. 1950/1890. *The Principles of Psychology.* New York: Dover.

———. 1961/1902. *The Varieties of Religious Experience.* New York: Macmillan.

Jefferson, T. 1975/1786. *Letter to Maria Cosway.* New York: Penguin.

Jensen, D. 2008. *How Shall I Live My Life? On Liberating the Earth from Civilization.* Oakland, CA: PM Press.

Jensen, L. A. 1997. "Culture Wars: American Moral Divisions Across the Adult Lifespan." *Journal of Adult Development* 4:107–21.

———. 1998. "Moral Divisions Within Countries Between Orthodoxy and Progressivism: India and the United States." *Journal for the Scientific Study of Religion* 37:90–107.

Johnson-Laird, P. N., and P. C. Wason. 1977. *Thinking: Readings in Cognitive Science.* Cambridge, UK: Cambridge University Press.

Jost, J. T. 2006. "The End of the End of Ideology." *American Psychologist* 61:651–70.

Jost, J. T., C. M. Federico, and J. L. Napier. 2009. "Political Ideology: Its Structure, Functions, and Elective Affinities." *Annual Review of Psychology* 60:307–37.

Jost, J. T., J. Glaser, A. W. Kruglanski, and F. J. Sulloway. 2003. "Political Conservatism as Motivated Social Cognition." *Psychological Bulletin* 129:339–75.

Jost, J. T., and O. Hunyady. 2002. "The Psychology of System Justification and the Palliative Function of Ideology." *European Review of Social Psychology* 13:111–53.

Kagan, J. 1984. *The Nature of the Child.* New York: Basic Books.

Kahan, A. S. 2010. *Mind vs. Money: The War Between Intellectuals and Capitalism.* New Brunswick, NJ: Transaction.

Kahneman, D. 2011. *Thinking Fast and Slow.* New York: Farrar, Straus and Giroux.

Kaiser, R. B., R. Hogan, and S. B. Craig. 2008. "Leadership and the Fate of Organizations." *American Psychologist* 63:96–110.

Kane, J. 2001. *The Politics of Moral Capital.* New York: Cambridge University Press.

Kant, I. 1993/1785. *Grounding for the Metaphysics of Morals,* 3rd ed. Trans. J. W. Ellington. Indianapolis: Hackett.

Kass, L. R. 1997. "The Wisdom of Repugnance." *New Republic,* June 2, 17–26.

Keeley, L. H. 1996. *War Before Civilization.* New York: Oxford University Press.

Keillor, G. 2004. *Homegrown Democrat: A Few Plain Thoughts from the Heart of America.* New York: Viking.

Kelly, R. L. 1995. *The Foraging Spectrum: Diversity in Hunter-Gatherer Lifeways.* Washington, DC: Smithsonian Institution Press.

Keltner, D. 2009. *Born to Be Good: The Science of a Meaningful Life.* New York: Norton.

Keltner, D., and J. Haidt. 2003. "Approaching Awe, a Moral, Spiritual, and Aesthetic Emotion." *Cognition and Emotion* 17:297–314.

Kesebir, S. Forthcoming. "The Superorganism Account of Human Sociality: How and When Human Groups Are Like Beehives." *Personality and Social Psychology Review.*

Kiehl, K. A. 2006. "A Cognitive Neuroscience Perspective on Psychopathy: Evidence for Paralimbic System Dysfunction." *Psychiatry Research* 142:107–28.

Killen, M., and J. G. Smetana. 2006. *Handbook of Moral Development.* Mahwah, NJ: Lawrence Erlbaum.

Kinder, D. E. 1998. "Opinion and Action in the Realm of Politics." In *Handbook of Social Psychology,* 4th ed., ed. D. Gilbert, S. Fiske, and G. Lindzey, 778–867. New York: McGraw-Hill.

바른 마음

Kinzler, K. D., E. Dupoux, and E. S. Spelke. 2007. "The Native Language of Social Cognition." *Proceedings of the National Academy of Sciences of the United States of America* 104:12577–80.

Kitayama, S., H. Park, A. T. Sevincer, M. Karasawa, and A. K. Uskul. 2009. "A Cultural Task Analysis of Implicit Independence: Comparing North America, Western Europe, and East Asia." *Journal of Personality and Social Psychology* 97:236–55.

Knoch, D., A. Pascual-Leone, K. Meyer, V. Treyer, and E. Fehr. 2006. "Diminishing Reciprocal Fairness by Disrupting the Right Prefrontal Cortex." *Science* 314:829–32.

Kohlberg, L. 1968. "The Child as a Moral Philosopher." *Psychology Today,* September, 25–30.

———. 1969. "Stage and Sequence: The Cognitive-Developmental Approach to Socialization." In *Handbook of Socialization Theory and Research,* ed. D. A. Goslin, 347–480. Chicago: Rand McNally.

———. 1971. "From Is to Ought: How to Commit the Naturalistic Fallacy and Get Away with It in the Study of Moral Development." In *Psychology and Genetic Epistemology,* ed. T. Mischel, 151–235. New York: Academic Press.

Kohlberg, L., C. Levine, and A. Hewer. 1983. *Moral Stages: A Current Formulation and a Response to Critics.* Basel: Karger.

Kosfeld, M., M. Heinrichs, P. J. Zak, U. Fischbacher, and E. Fehr. 2005. "Oxytocin Increases Trust in Humans." *Nature* 435:673–76.

Kosslyn, S. M., W. L. Thompson, M. F. Costantini-Ferrando, N. M. Alpert, and D. Spiegel. 2000. "Hypnotic Visual Illusion Alters Color Processing in the Brain." *American Journal of Psychiatry* 157:1279–84.

Kuhlmeier, V., K. Wynn, and P. Bloom. 2003. "Attribution of Dispositional States by 12-Month-Olds." *Psychological Science* 14:402–8.

Kuhn, D. 1989. "Children and Adults as Intuitive Scientists." *Psychological Review* 96:674–89.

———. 1991. *The Skills of Argument.* Cambridge, UK: Cambridge University Press.

Kunda, Z. 1987. "Motivated Inference: Self-Serving Generation and Evaluation of Causal Theories." *Journal of Personality and Social Psychology* 53:636–47.

———. 1990. "The Case for Motivated Reasoning." *Psychological Bulletin* 108:480–98.

Kurzban, R. 2010. *Why Everyone (Else) Is a Hypocrite.* Princeton, NJ: Princeton University Press.

Kurzban, R., J. Tooby, and L. Cosmides. 2001. "Can Race Be Erased? Coalitional Computation and Social Categorization." *Proceedings of the National Academy of Sciences* 98:15387–92.

Kyd, S. 1794. *A Treatise on the Law of Corporations,* vol. 1. London: J. Butterworth.

Lakoff, G. 1996. *Moral Politics: What Conservatives Know That Liberals Don't.* Chicago: University of Chicago Press.

———. 2008. *The Political Mind: Why You Can't Understand 21st-Century American Politics with an 18th-Century Brain*. New York: Viking, 2008.

Lansing, J. S. 1991. *Priests and Programmers: Technologies of Power in the Engineered Landscape of Bali*. Princeton, NJ: Princeton University Press.

Larue, G. A. 1991. "Ancient Ethics." In *A Companion to Ethics*, ed. P. Singer, 29–40. Malden, MA: Blackwell.

Latane, B., and J. M. Darley. 1970. *The Unresponsive Bystander*. Englewood Cliffs, NJ: Prentice Hall.

Lazarus, R. S. 1991. *Emotion and Adaptation*. New York: Oxford University Press.

Leary, M. R. 2004. *The Curse of the Self: Self-Awareness, Egotism, and the Quality of Human Life*. Oxford: Oxford University Press.

———. 2005. "Sociometer Theory and the Pursuit of Relational Value: Getting to the Root of Self-Esteem." *European Review of Social Psychology* 16:75–111.

Lechter. A. 2007. *Shroom: A Cultural History of the Magic Mushroom*. New York: HarperCollins.

LeDoux, J. 1996. *The Emotional Brain*. New York: Simon and Schuster.

Lee, R. B. 1979. *The !Kung San: Men, Women, and Work in a Foraging Society*. Cambridge, UK: Cambridge University Press.

Lepre, C. J., H. Roche, D. V. Kent, S. Harmand, R. L. Quinn, J. P. Brugal, P. J. Texier, A. Lenoble, and C. S. Feibel. 2011. "An Earlier Origin for the Acheulian." *Nature* 477:82–85.

Lerner, J. S., and P. E. Tetlock. 2003. "Bridging Individual, Interpersonal, and Institutional Approaches to Judgment and Decision Making: The Impact of Accountability on Cognitive Bias." In *Emerging Perspectives on Judgment and Decision Research*, ed. S. L. Schneider and J. Shanteau, 431–57. New York: Cambridge University Press.

Lilienfeld, S. O., R. Ammirati, and K. Landfield. 2009. "Giving Debiasing Away: Can Psychological Research on Correcting Cognitive Errors Promote Human Welfare?" *Perspectives on Psychological Science* 4:390–98.

Liljenquist, K., C. B. Zhong, and A. D. Galinsky. 2010. "The Smell of Virtue: Clean Scents Promote Reciprocity and Charity." *Psychological Science*, 21:381–83.

LoBue, V., C. Chong, T. Nishida, J. DeLoache, and J. Haidt. 2011. "When Getting Something Good Is Bad: Even Three-Year-Olds React to Inequality." *Social Development* 20:154–70.

Locke, J. 1979/1690. *An Essay Concerning Human Understanding*. New York: Oxford University Press.

Lord, C. G., L. Ross, and M. R. Lepper. 1979. "Biased Assimilation and Attitude Polarization: The Effects of Prior Theories on Subsequently Considered Evidence." *Journal of Personality and Social Psychology* 37:2098–109.

Lucas, P., and A. Sheeran. 2006. "Asperger's Syndrome and the Eccentricity and Genius of Jeremy Bentham." *Journal of Bentham Studies* 8:1–20.

바른마음

Luce, R. D., and H. Raiffa. 1957. *Games and Decisions: Introduction and Critical Survey.* New York: Wiley.

Luo, Q., M. Nakic, T. Wheatley, R. Richell, A. Martin, and R. J. R. Blair. 2006. "The Neural Basis of Implicit Moral Attitude—An IAT Study Using Event-Related fMRI." *Neuroimage* 30:1449–57.

Maccoby, E. E. 1998. *The Two Sexes: Growing Up Apart, Coming Together.* Cambridge, MA: Harvard University Press.

Marcus, G. 2004. *The Birth of the Mind.* New York: Basic Books.

Marean, C. W., M. Bar-Matthews, J. Bernatchez, E. Fisher, P. Goldberg, A. I. R. Herries, et al. 2007. "Early Human Use of Marine Resources and Pigment in South Africa During the Middle Pleistocene." *Nature* 449:905–8.

Margolis, H. 1987. *Patterns, Thinking, and Cognition.* Chicago: University of Chicago Press.

Margulis, L. 1970. *Origin of Eukaryotic Cells.* New Haven, CT: Yale University Press.

Markus, H. R., and S. Kitayama. 1991. "Culture and the Self: Implications for Cognition, Emotion, and Motivation." *Psychological Review* 98:224–53.

Marshall, L. 1999. "Nyae Nyae !Kung Beliefs and Rites." *Peabody Museum Monographs* 8:63–90.

Mascaro, J., ed. 1973. *The Dhammapada.* Harmondsworth, UK: Penguin.

Maslow, A. H. 1964. *Religions, Values, and Peak-Experiences.* Columbus: Ohio State University Press.

Mathew, S., and R. Boyd. 2011. "Punishment Sustains Large-Scale Cooperation in Prestate Warfare." *Proceedings of the National Academy of Sciences,* early edition, doi: 10.1073/pnas.1105604108.

Maynard Smith, J., and E. Szathmary. 1997. *The Major Transitions in Evolution.* Oxford: Oxford University Press.

Mazzella, R., and A. Feingold. 1994. "The Effects of Physical Attractiveness, Race, Socioeconomic Status, and Gender of Defendants and Victims on Judgments of Mock Jurors: A Meta-analysis." *Journal of Applied Social Psychology* 24:1315–44.

McAdams, D. P. 2006. *The Redemptive Self: Stories Americans Live By.* New York: Oxford University Press.

McAdams, D. P., M. Albaugh, E. Farber, J. Daniels, R. L. Logan, and B. Olson. 2008. "Family Metaphors and Moral Intuitions: How Conservatives and Liberals Narrate Their Lives." *Journal of Personality and Social Psychology* 95:978–90.

McAdams, D. P., and J. L. Pals. 2006. "A New Big Five: Fundamental Principles for an Integrative Science of Personality." *American Psychologist* 61:204–17.

McCrae, R. R. 1996. "Social Consequences of Experiential Openness." *Psychological Bulletin* 120:323–37.

McGuire, J., R. Langdon, M. Coltheart, and C. Mackenzie. 2009. "A Reanalysis of the Personal/Impersonal Distinction in Moral Psychology Research." *Journal of Experimental Social Psychology* 45:577–80.

McNeill, W. H. 1995. *Keeping Together in Time: Dance and Drill in Human History.* Cambridge, MA: Harvard University Press.

McWhorter, J. 2005. *Winning the Race: Beyond the Crisis in Black America.* New York: Gotham Books.

Meier, B. P., and M. D. Robinson. 2004. "Why the Sunny Side Is Up: Automatic Inferences About Stimulus Valence Based on Vertical Position." *Psychological Science* 15:243–47.

Meigs, A. 1984. *Food, Sex, and Pollution: A New Guinea Religion.* New Brunswick, NJ: Rutgers University Press.

Melis, A. P., B. Hare, and M. Tomasello. 2006. "Chimpanzees Recruit the Best Collaborators." *Science* 311:1297–300.

Mercier, H., and D. Sperber. 2011. "Why Do Humans Reason? Arguments for an Argumentative Theory." *Behavioral and Brain Sciences* 34:57–74.

Merton, R. K. 1968. *Social Theory and Social Structure.* New York: Free Press.

Mill, J. S. 2003/1859. *On Liberty.* New Haven, CT: Yale University Press.

Miller, D. T. 1999. "The Norm of Self-Interest." *American Psychologist* 54:1053–60.

Miller, G. F. 2007. "Sexual Selection for Moral Virtues." *Quarterly Review of Biology* 82:97–125.

Millon, T., E. Simonsen, M. Birket-Smith, and R. D. Davis. 1998. *Psychopathy: Antisocial, Criminal, and Violent Behavior.* New York: Guilford Press.

Mineka, S., and M. Cook. 1988. "Social Learning and the Acquisition of Snake Fear in Monkeys." In *Social Learning: Psychological and Biological Perspectives,* ed. T. R. Zentall and J. B. G. Galef, 51–74. Hillsdale, NJ: Lawrence Erlbaum.

Moll, J., F. Krueger, R. Zahn, M. Pardini, R. de Oliveira-Souza, and J. Grafman. 2006. "Human Fronto-Mesolimbic Networks Guide Decisions About Charitable Donation." *Proceedings of the National Academy of Sciences of the United States of America* 103:15623–28.

Montaigne, M. de. 1991/1588. *The Complete Essays.* Trans. M. A. Screech. London: Penguin.

Morhenn, V. B., J. W. Park, E. Piper, and P. J. Zak. 2008. "Monetary Sacrifice Among Strangers Is Mediated by Endogenous Oxytocin Release After Physical Contact." *Evolution and Human Behavior* 29:375–83.

Morris, J. P., N. K. Squires, C. S. Taber, and M. Lodge. 2003. "Activation of Political Attitudes: A Psychophysiological Examination of the Hot Cognition Hypothesis." *Political Psychology* 24:727–45.

Motyl, M., J. Hart, T. Pyszczynski, D. Weise, M. Maxfield, and A. Siedel. 2011. "Subtle Priming of Shared Human Experiences Eliminates Threat-Induced Negativity Toward Arabs, Immigrants, and Peace-making." *Journal of Experimental Social Psychology* 47:1179–84.

Muir, W. M. 1996. "Group Selection for Adaptation to Multiple-Hen Cages: Selection Program and Direct Responses." *Poultry Science* 75:447–58.

Muller, J. Z. 1997. "What Is Conservative Social and Political Thought?" In *Conservatism: An Anthology of Social and Political Thought from David Hume to the Present*, ed. J. Z. Muller, 3–31. Princeton, NJ: Princeton University Press.

Munro, G. D., P. H. Ditto, L. K. Lockhart, A. Fagerlin, M. Gready, and E. Peterson. 2002. "Biased Assimilation of Sociopolitical Arguments: Evaluating the 1996 U.S. Presidential Debate." *Basic and Applied Social Psychology* 24:15–26.

Murray, C. 1997. *What It Means to Be a Libertarian: A Personal Interpretation*. New York: Broadway.

Mussolini, B. 1932. "The Doctrine of Fascism." *Enciclopedia Italiana*, vol 14. In *Princeton Readings in Political Thought*, ed. M. Cohen and N. Fermon. Princeton, NJ: Princeton University Press.

Needleman, H. L. 2000. "The Removal of Lead from Gasoline: Historical and Personal Reflections." *Environmental Research* 84:20–35.

Neisser, U. 1967. *Cognitive Psychology*. New York: Appleton-Century-Crofts.

Neuberg, S. L., D. T. Kenrick, and M. Schaller. 2010." Evolutionary Social Psychology." In *Handbook of Social Psychology*, ed. S. T. Fiske, D. T. Gilbert, and G. Lindzey, 5th ed., 2:761–96. Hoboken, NJ: John Wiley and Sons.

Nevin, R. 2000. "How Lead Exposure Relates to Temporal Change in IQ, Violent Crime, and Unwed Pregnancy." *Enviromental Research* 83:1–22.

Newberg, A., E. D'Aquili, and V. Rause. 2001. *Why God Won't Go Away: Brain Science and the Biology of Belief*. New York: Ballantine.

Nickerson, R. S. 1998. "Confirmation Bias: A Ubiquitous Phenomenon in Many Guises." *Review of General Psychology* 2:175–220.

Nisbet, R. A. 1993/1966. *The Sociological Tradition*, 2nd ed. New Brunswick, NJ: Transaction.

Nisbett, R. E., G. T. Fong, D. R. Lehman, and P. W. Cheng. 1987. "Teaching Reasoning." *Science* 238:625–31.

Nisbett, R. E., K. Peng, I. Choi, and A. Norenzayan. 2001. "Culture and Systems of Thought: Holistic Versus Analytical Cognition." *Psychological Review* 108:291–310.

Nocera, J. 2011. "The Last Moderate." *New York Times*, September 6, A27.

Norenzayan, A., and A. F. Shariff. 2008. "The Origin and Evolution of Religious Prosociality." *Science* 322:58–62.

Nowak, M. A., and R. Highfield. 2011. *SuperCooperators: Altruism, Evolution, and Why We Need Each Other to Succeed.* New York: Free Press.

Nucci, L., E. Turiel, and G. Encarnacion-Gawrych. 1983. "Children's Social Interactions and Social Concepts: Analyses of Morality and Convention in the Virgin Islands." *Journal of Cross-Cultural Psychology* 14:469–87.

Nussbaum, M. C. 2004. *Hiding from Humanity*. Princeton, NJ: Princeton University Press.

Oakeshott, M. 1997/1947. "Rationalism in Politics." In *Conservatism*, ed. J. Z. Muller, 292–311. Princeton, NJ: Princeton University Press.

Okasha, S. 2006. *Evolution and the Levels of Selection*. Oxford: Oxford University Press.

Olds, J., and P. Milner. 1954. "Positive Reinforcement Produced by Electrical Stimulation of Septal Areas and Other Regions of Rat Brains." *Journal of Comparative and Physiological Psychology* 47:419–27.

Osgood, C. E. 1962. "Studies on the Generality of Affective Meaning Systems." *American Psychologist* 17:10–28.

Ovid. 2004. *Metamorphoses*. Trans. David Raeburn. London: Penguin.

Oxley, D. R., K. B. Smith, J. R. Alford, M. V. Hibbing, J. L. Miller, M. Scalora, et al. 2008. "Political Attitudes Vary with Physiological Traits." *Science* 321:1667–70.

Pahnke, W. N. 1966. "Drugs and Mysticism." *International Journal of Parapsychology* 8:295–313.

Panchanathan, K., and R. Boyd. 2004. "Indirect Reciprocity Can Stabilize Cooperation Without the Second-Order Free Rider Problem." *Nature* 432:499–502.

Pape, R. A. 2005. *Dying to Win: The Strategic Logic of Suicide Terrorism*. New York: Random House.

Patterson, J. T. 2010. *Freedom Is Not Enough. The Moynihan Report and America's Struggle over Black Family Life—from LBJ to Obama*. New York: Basic Books.

Pavlov, I. 1927. *Conditioned Reflexes: An Investigation into the Physiological Activity of the Cortex*. Trans. G. Anrep. New York: Dover.

Paxton, J. M., L. Ungar, and J. Greene. Forthcoming. "Reflection and Reasoning in Moral Judgment." *Cognitive Science*.

Pennebaker, J. 1997. *Opening UP: The Healing Power of Expressing Emotions*. Rev. ed. New York: Guilford.

Pennebaker, J. W., M. E. Francis, and R. J. Booth. 2003. *Linguistic Inquiry and Word Count: LIWC2001 Manual*. Mahwah, NJ: Lawrence Erlbaum.

Perkins, D. N., M. Farady, and B. Bushey. 1991. "Everyday Reasoning and the Roots of Intelligence." In *Informal Reasoning and Education*, ed. J. F. Voss, D. N. Perkins, and J. W. Segal, 83–105. Hillsdale, NJ: Lawrence Erlbaum.

Perugini, M., and L. Leone. 2009. "Implicit Self-Concept and Moral Action." *Journal of Research in Personality* 43:747–54.

Piaget, J. 1932/1965. *The Moral Judgement of the Child*. Trans. M. Gabain. New York: Free Press.

Pickrell, J. K., G. Coop, J. Novembre, S. Kudaravalli, J. Z. Li, D. Absher, et al. 2009. "Signals of Recent Positive Selection in a Worldwide Sample of Human Populations." *Genome Research* 19:826–37.

Pildes, R. H. 2011. "Why the Center Does Not Hold: The Causes of Hyperpolarized Democracy in America." *California Law Review* 99:273–334.

바른 마음

Pinker, S. 2002. *The Blank Slate: The Modern Denial of Human Nature.* New York: Viking.

——. 2011. *The Better Angels of Our Nature: Why Violence Has Declined.* New York: Viking.

Plato. 1997. *Timaeus.* Trans. D. J. Zeyl. In *Plato: Complete Works,* ed. J. M. Cooper. Indianapolis: Hackett.

Pollan, M. 2006. *The Omnivore's Dilemma: A Natural History of Four Meals.* New York: Penguin.

Poole, K. T., and H. Rosenthal. 2000. *Congress: A Political-Economic History of Roll Call Voting.* New York: Oxford University Press.

Potts, R., and C. Sloan. 2010. *What Does It Mean to Be Human?* Washington, DC: National Geographic.

Powell, R., and S. Clarke. Forthcoming. "Religion as an Evolutionary Byproduct: A Critique of the Standard Model." *British Journal for the Philosophy of Science.*

Premack, D., and A. J. Premack. 2004. "Moral Belief: Form Versus Content." In *Mapping the Mind: Domain Specificity in Cognition and Culture,* ed. L. A. Hirschfeld and S. A. Gelman, 149–68. Cambridge, UK: Cambridge University Press.

Price, G. 1972. "Extensions of Covariance Selection Mathematics." *Annals of Human Genetics* 35:485–90.

Putnam, R. D. 2000. *Bowling Alone: The Collapse and Revival of American Community.* New York: Simon and Schuster.

Putnam, R. D., and D. E. Campbell. 2010. *American Grace: How Religion Divides and Unites Us.* New York: Simon and Schuster.

Pyszczynski, T., and J. Greenberg. 1987. "Toward an Integration of Cognitive and Motivational Perspectives on Social Inference: A Biased Hypothesis-Testing Model." *Advances in Experimental Social Psychology* 20:297–340.

Rai, T. S., and A. P. Fiske. 2011. "Moral Psychology Is Relationship Regulation: Moral Motives for Unity, Hierarchy, Equality, and Proportionality." *Psychological Review* 118:57–75.

Ramachandran, V. S., and S. Blakeslee. 1998. *Phantoms in the Brain: Probing the Mysteries of the Human Mind.* New York: William Morrow.

Rappaport, R. 1971. "The Sacred in Human Evolution." *Annual Review of Ecology and Systematics* 2:23–44.

Rawls, J. 1971. *A Theory of Justice.* Cambridge, MA: Harvard University Press.

Reyes, J. W. 2007. "Environmental Policy as Social Policy? The Impact of Childhood Lead Exposure on Crime." Working Paper No. 13097, National Bureau of Economic Research, Washington, DC.

Richards, K. 2010. *Life.* New York: Little, Brown.

Richerson, P. J., and R. Boyd. 1998. "The Evolution of Human Ultra-Sociality."

In *Indoctrinability, Ideology, and Warfare: Evolutionary Perspectives,* ed. I. Eibl-Eibesfeldt and F. K. Salter, 71–95. New York: Berghahn.

———. 2004. "Darwinian Evolutionary Ethics: Between Patriotism and Sympathy." In *Evolution and Ethics: Human Morality in Biological and Religious Perspective,* ed. P. Clayton and J. Schloss, 50–77. Grand Rapids, MI: Eerdmans.

———. 2005. *Not by Genes Alone: How Culture Transformed Human Evolution.* Chicago: University of Chicago Press.

Rieder, J. 1985. *Canarsie: The Jews and Italians of Brooklyn Against Liberalism.* Cambridge, MA: Harvard University Press.

Rilling, J. K., D. R. Goldsmith, A. L. Glenn, M. R. Jairam, H. A. Elfenbein, J. E. Dagenais, et al. 2008. "The Neural Correlates of the Affective Response to Unreciprocated Cooperation." *Neuropsychologia* 46:1256–66.

Roes, F. L., and M. Raymond. 2003. "Belief in Moralizing Gods." *Evolution and Human Behavior* 24:126–35.

Rosaldo, M. 1980. *Knowledge and Passion: Ilongot Notions of Self and Social Life.* Cambridge, UK: Cambridge University Press.

Rosenberg, N. 1990. "Adam Smith and the Stock of Moral Capital." *History of Political Economy* 22:1–17.

Rosenzweig, M. R. 1999. "Welfare, Marital Prospects, and Nonmarital Childbearing." *Journal of Political Economy* 107:S3–S32.

Rothman, S., S. R. Lichter, and N. Nevitte. 2005. "Politics and Professional Advancement Among College Faculty." *The Forum* (electronic journal), vol. 3, iss. 1, article 2.

Rozin, P. 1976. "The Selection of Food by Rats, Humans, and Other Animals." In *Advances in the Study of Behavior,* ed. J. Rosenblatt, R. A. Hinde, C. Beer, and E. Shaw, 6:21–76. New York: Academic Press.

Rozin, P., and A. Fallon. 1987. "A Perspective on Disgust." *Psychological Review* 94:3–41.

Rozin, P., J. Haidt, and K. Fincher. 2009. "From Oral to Moral." *Science* 323:1179–80.

Rozin, P., J. Haidt, and C. R. McCauley. 2008. "Disgust." In *Handbook of Emotions,* ed. M. Lewis, J. M. Haviland-Jones, and L. F. Barrett, 3rd ed., 757–76. New York: Guilford Press.

Rozin, P., L. Lowery, S. Imada, and J. Haidt. 1999. "The CAD Triad Hypothesis: A Mapping Between Three Moral Emotions (Contempt, Anger, Disgust) and Three Moral Codes (Community, Autonomy, Divinity)." *Journal of Personality and Social Psychology* 76:574–86.

Ruffle, B. J., and R. Sosis. 2006. "Cooperation and the In-Group-Out-Group Bias: A Field Test on Israeli Kibbutz Members and City Residents." *Journal of Economic Behavior and Organization* 60:147–63.

Russell, B. 2004/1946. *History of Western Philosophy.* London: Routledge.

Saltzstein, H. D., and T. Kasachkoff. 2004. "Haidt's Moral Intuitionist Theory." *Review of General Psychology* 8:273–82.

Sanfey, A. G., J. K. Rilling, J. A. Aronson, L. E. Nystrom, and J. D. Cohen. 2003. "The Neural Basis of Economic Decision-Making in the Ultimatum Game." *Science* 300:1755–58.

Schaller, M., and J. H. Park. 2011. "The Behavioral Immune System (and Why It Matters)." *Current Directions in Psychological Science* 20:99–103.

Scham, S. 2008. "The World's First Temple." *Archaeology* 61, November/December, online article.

Scherer, K. R. 1984. "On the Nature and Function of Emotion: A Component Process Approach." In *Approaches to Emotion,* ed. K. R. Scherer and P. Ekman, 293–317. Hillsdale, NJ: Lawrence Erlbaum.

Schmidt, M. F. H., and J. A. Sommerville. 2011. "Fairness Expectations and Altruistic Sharing in 15-Month-Old Human Infants." *PLoS ONE* 6:e23223.

Schnall, S., J. Haidt, G. L. Clore, and A. H. Jordan. 2008. "Disgust as Embodied Moral Judgment." *Personality and Social Psychology Bulletin* 34:1096–109.

Schwitzgebel, E. 2009. "Do Ethicists Steal More Books?" *Philosophical Psychology* 22:711–25.

Schwitzgebel, E., and J. Rust. 2009. "Do Ethicists and Political Philosophers Vote More Often than Other Professors?" *Review of Philosophy and Psychology* 1:189–99.

————. 2011. "The Self-Reported Moral Behavior of Ethics Professors." Unpublished ms., University of California at Riverside.

Schwitzgebel, E., J. Rust, L. T.-L. Huang, A. Moore, and J. Coates. 2011. "Ethicists' Courtesy at Philosophy Conferences." Unpublished ms., University of California at Riverside.

Scruton, R. 1982. *Kant.* Oxford: Oxford University Press.

Secher, R. 2003/1986. *A French Genocide: The Vendée.* Trans. G. Holoch. South Bend, IN: Notre Dame University Press.

Seeley, T. D. 1997. "Honey Bee Colonies Are Group-Level Adaptive Units." *American Naturalist* 150:S22–S41.

Settle, J. E., C. T. Dawes, N. A. Christakis, and J. H. Fowler. 2010. "Friendships Moderate an Association Between a Dopamine Gene Variant and Political Ideology." *Journal of Politics* 72:1189–98.

Shariff, A. F., and A. Norenzayan. 2007. "God Is Watching You: Priming God Concepts Increases Prosocial Behavior in an Anonymous Economic Game." *Psychological Science* 18:803–9.

Shaw, V. F. 1996. "The Cognitive Processes in Informal Reasoning." *Thinking and Reasoning* 2:51–80.

Sherif, M., O. J. Harvey, B. J. White, W. Hood, and C. Sherif. 1961/1954. *Intergroup*

Conflict and Cooperation: The Robbers Cave Experiment. Norman: University of Oklahoma Institute of Group Relations.

Sherman, G. D., and J. Haidt. 2011. "Cuteness and Disgust: The Humanizing and Dehumanizing Effects of Emotion." Emotion Review 3:245–51.

Shweder, R. A. 1990a. "Cultural Psychology: What Is It?" In *Cultural Psychology: Essays on Comparative Human Development,* ed. J. W. Stigler, R. A. Shweder, and G. Herdt, 1–43. New York: Cambridge University Press.

———. 1990b. "In Defense of Moral Realism: Reply to Gabennesch." *Child Development* 61:2060–67.

———. 1991. *Thinking Through Cultures: Expeditions in Cultural Psychology.* Cambridge, MA: Harvard University Press.

Shweder, R. A., and E. Bourne. 1984. "Does the Concept of the Person Vary Cross-Culturally?" In *Cultural Theory,* ed. R. Shweder and R. LeVine, 158–99. Cambridge, UK: Cambridge University Press.

Shweder, R. A., and J. Haidt. 1993. "The Future of Moral Psychology: Truth, Intuition, and the Pluralist Way." *Psychological Science* 4:360–65.

Shweder, R. A., and R. A. LeVine, eds. 1984. *Culture Theory: Essays on Mind, Self, Emotion.* Cambridge, UK: Cambridge University Press.

Shweder, R. A., M. Mahapatra, and J. Miller. 1987. "Culture and Moral Development." In *The Emergence of Morality in Young Children,* ed. J. Kagan and S. Lamb, 1–83. Chicago: University of Chicago Press.

Shweder, R. A., N. C. Much, M. Mahapatra, and L. Park. 1997. "The 'Big Three' of Morality (Autonomy, Community, and Divinity), and the 'Big Three' Explanations of Suffering." In *Morality and Health,* ed. A. Brandt and P. Rozin, 119–69. New York: Routledge.

Sigall, H., and N. Ostrove. 1975. "Beautiful but Dangerous: Effects of Offender Attractiveness and Nature of the Crime on Juridic Judgment." *Journal of Personality and Social Psychology* 31:410–14.

Singer, P. 1979. *Practical Ethics.* Cambridge, UK: Cambridge University Press.

Singer, T., B. Seymour, J. P. O'Doherty, K. E. Stephan, R. J. Dolan, and C. D. Frith. 2006. "Empathic Neural Responses Are Modulated by the Perceived Fairness of Others." *Nature* 439:466–69.

Sinnott-Armstrong, W., ed. 2008. *Moral Psychology.* 3 vols. Cambridge, MA: MIT Press.

Smith, A. 1976/1759. *The Theory of Moral Sentiments.* Oxford: Oxford University Press.

Smith, C. 2003. *Moral, Believing Animals: Human Personhood and Culture.* Oxford: Oxford University Press.

Sober, E., and D. S. Wilson. 1998. *Unto Others: The Evolution and Psychology of Unselfish Behavior.* Cambridge, MA: Harvard University Press.

Solomon, R. C. 1993. "The Philosophy of Emotions." In *Handbook of Emotions,* ed. M. Lewis and J. Haviland, 3–15. New York: Guilford Press.

Sosis, R. 2000. "Religion and Intragroup Cooperation: Preliminary Results of a Comparative Analysis of Utopian Communities." *Cross-Cultural Research* 34:70–87.

Sosis, R., and C. S. Alcorta. 2003. "Signaling, Solidarity, and the Sacred: The Evolution of Religious Behavior." *Evolutionary Anthropology* 12:264–74.

Sosis, R., and E. R. Bressler. 2003. "Cooperation and Commune Longevity: A Test of the Costly Signaling Theory of Religion." *Cross-Cultural Research: The Journal of Comparative Social Science* 37:211–39.

Sowell, T. 2002. *A Conflict of Visions: The Ideological Origins of Political Struggles.* New York: Basic Books.

Sperber, D. 2005. "Modularity and Relevance: How Can a Massively Modular Mind Be Flexible and Context-Sensitive?" In *The Innate Mind: Structure and Contents,* ed. P. Carruthers, S. Laurence, and S. Stich, 53–68. New York: Oxford University Press.

Sperber, D., and L. A. Hirschfeld. 2004. "The Cognitive Foundations of Cultural Stability and Diversity." *Trends in Cognitive Sciences* 8:40–46.

Stampf, G. 2008. *Interview with a Cannibal: The Secret Life of the Monster of Rotenburg.* Beverly Hills, CA: Phoenix Books.

Stearns, S. C. 2007. "Are We Stalled Part Way Through a Major Evolutionary Transition from Individual to Group?" *Evolution: International Journal of Organic Evolution* 61:2275–80.

Stenner, K. 2005. *The Authoritarian Dynamic.* New York: Cambridge University Press.

Stevenson, C. L. 1960. *Ethics and Language.* New Haven: Yale University Press.

Stewart, J. E. 1980. "Defendant's Attractiveness as a Factor in the Outcome of Criminal Trials: An Observational Study." *Journal of Applied Social Psychology* 10:348–61.

Stolberg, S. G. 2011. "You Want Compromise. Sure You Do." *New York Times,* Sunday Review, August 14.

Sunstein, C. R. 2005. "Moral Heuristics." *Brain and Behavioral Science* 28:531–73.

Taber, C. S., and M. Lodge. 2006. "Motivated Skepticism in the Evaluation of Political Beliefs." *American Journal of Political Science* 50:755–69.

Taleb, N. 2007. *The Black Swan: The Impact of the Highly Improbable.* New York: Random House.

Tan, J. H. W., and C. Vogel. 2008. "Religion and Trust: An Experimental Study." *Journal of Economic Psychology* 29:832–48.

Tattersall, I. 2009. *The Fossil Trail: How We Know What We Think We Know About Human Evolution.* 2nd ed. New York: Oxford University Press.

Tetlock, P. E. 2002. "Social Functionalist Frameworks for Judgment and Choice:

Intuitive Politicians, Theologians, and Prosecutors." *Psychological Review* 109:451–57.

Tetlock, P. E., O. V. Kristel, B. Elson, M. Green, and J. Lerner. 2000. "The Psychology of the Unthinkable: Taboo Trade-offs, Forbidden Base Rates, and Heretical Counterfactuals." *Journal of Personality and Social Psychology* 78:853–70.

Thomas, K. 1983. *Man and the Natural World*. New York: Pantheon.

Thomson, J. A., and C. Aukofer. 2011. *Why We Believe in God(s): A Concise Guide to the Science of Faith*. Charlottesville, VA: Pitchstone Publishing.

Thórisdóttir, H., and J. T. Jost. 2011. "Motivated Closed-Mindedness Mediates the Effect of Threat on Political Conservatism." *Political Psychology* 32:785–811.

Thornhill, R., C. L. Fincher, and D. Aran. 2009. "Parasites, Democratization, and the Liberalization of Values Across Contemporary Countries." *Biological Reviews of the Cambridge Philosophical Society* 84:113–31.

Tishkoff, S. A., F. A. Reed, A. Ranciaro, et al. 2007. "Convergent Adaptation of Human Lactase Persistence in Africa and Europe." *Nature Genetics* 39:31–40.

Todorov, A., A. N. Mandisodza, A. Goren, and C. C. Hall. 2005. "Inferences of Competence from Faces Predict Election Outcomes." *Science* 308:1623–26.

Tomasello, M., M. Carpenter, J. Call, T. Behne, and H. Moll. 2005. "Understanding and Sharing Intentions: The Origins of Cultural Cognition." *Behavioral and Brain Sciences* 28:675–91.

Tomasello, M., A. Melis, C. Tennie, E. Wyman, E. Herrmann, and A. Schneider. Forthcoming. "Two Key Steps in the Evolution of Human Cooperation: The Mutualism Hypothesis." *Current Anthropology*.

Tooby, J., and L. Cosmides. 1992. "The Psychological Foundations of Culture." In *The Adapted Mind: Evolutionary Psychology and the Generation of Culture*, ed. J. H. Barkow, L. Cosmides, and J. Tooby, 19–136. New York: Oxford University Press.

———. 2010. "Groups in Mind: The Coalitional Roots of War and Morality." In *Human Morality and Sociality: Evolutionary and Comparative Perspectives*, ed. H. Høgh-Olesen. New York: Palgrave Macmillan.

Trivers, R. L. 1971. "The Evolution of Reciprocal Altruism." *Quarterly Review of Biology* 46:35–57.

Trut, L. N. 1999. "Early Canid Domestication: The Farm Fox Experiment." *American Scientist* 87:160–69.

Turiel, E. 1983. *The Development of Social Knowledge: Morality and Convention*. Cambridge, UK: Cambridge University Press.

Turiel, E., M. Killen, and C. C. Helwig. 1987. "Morality: Its Structure, Function, and Vagaries." In *The Emergence of Morality in Young Children*, ed. J. Kagan and S. Lamb, 155–243. Chicago: University of Chicago Press.

Turkheimer, E. 2000. "Three Laws of Behavior Genetics and What They Mean." *Current Directions in Psychological Science* 9:160–64.

Turner, V. W. 1969. *The Ritual Process: Structure and Anti-Structure.* Chicago: Aldine.

Valdesolo, P., J. Ouyang, and D. DeSteno. 2010. "The Rhythm of Joint Action: Synchrony Promotes Cooperative Ability." *Journal of Experimental Social Psychology* 46:693–95.

Van Berkum, J. J. A., B. Holleman, M. Nieuwland, M. Otten, and J. Murre. 2009. "Right or Wrong? The Brain's Fast Response to Morally Objectionable Statements." *Psychological Science* 20:1092–99.

Van Vugt, M., D. De Cremer, and D. P. Janssen. 2007. "Gender Differences in Cooperation and Competition: The Male-Warrior Hypothesis." *Psychological Science* 18:19–23.

Van Vugt, M., R. Hogan, and R. B. Kaiser. 2008. "Leadership, Followership, and Evolution: Some Lessons from the Past." *American Psychologist* 63:182–96.

Viding, E., R. J. R. Blair, T. E. Moffitt, and R. Plomin. 2005. "Evidence for Substantial Genetic Risk for Psychopathy in 7-Year-Olds." *Journal of Child Psychology and Psychiatry* 46:592–97.

Voegeli, W. 2010. *Never Enough: America's Limitless Welfare State.* New York: Encounter Books.

Wade, N. 2007. "Is 'Do Unto Others' Written Into Our Genes?" *New York Times.* September 18, p. 1 of Science Times.

———. 2009. *The Faith Instinct: How Religion Evolved and Why It Endures.* New York: Penguin.

Walster, E., G. W. Walster, and E. Berscheid. 1978. *Equity: Theory and Research.* Boston: Allyn and Bacon.

Wason, P. C. 1960. "On the Failure to Eliminate Hypotheses in a Conceptual Task." *Quarterly Journal of Experimental Psychology* 12:129–40.

———. 1969. "Regression in Reasoning?" *British Journal of Psychology* 60:471–80.

Weedon, M. N., H. Lango, C. M. Lindgren, C. Wallace, D. M. Evans, M. Mangino, et al. 2008. "Genome-Wide Association Analysis Identifies 20 Loci That Influence Adult Height." *Nature Genetics* 40:575–83.

Westen, D. 2007. *The Political Brain: The Role of Emotion in Deciding the Fate of the Nation.* New York: Public Affairs.

Westen, D., P. S. Blagov, K. Harenski, S. Hamann, and C. Kilts. 2006. "Neural Bases of Motivated Reasoning: An fMRI Study of Emotional Constraints on Partisan Political Judgment in the 2004 U.S. Presidential Election." *Journal of Cognitive Neuroscience* 18:1947–58.

Wheatley, T., and J. Haidt. 2005. "Hypnotic Disgust Makes Moral Judgments More Severe." *Psychological Science* 16:780–84.

Wilkinson, G. S. 1984. "Reciprocal Food Sharing in the Vampire Bat." *Nature* 308:181–84.

Wilkinson, R., and K. Pickett. 2009. *The Spirit Level: Why Greater Equality Makes Societies Stronger.* New York: Bloomsbury.

Williams, B. 1967. "Rationalism." In *The Encyclopedia of Philosophy*, ed. P. Edwards, 7–8:69–75. New York: Macmillan.

Williams, G. C. 1966. *Adaptation and Natural Selection: A Critique of Some Current Evolutionary Thought*. Princeton, NJ: Princeton University Press.

Williams, G. C. 1988. Reply to comments on "Huxley's Evolution and Ethics in Sociobiological Perspective." *Zygon* 23:437–38.

Williamson, S. H., M. J. Hubisz, A. G. Clark, B. A. Payseur, C. D. Bustamante, and R. Nielsen. 2007. "Localizing Recent Adaptive Evolution in the Human Genome." *PLoS Genetics* 3:e90.

Wilson, D. S. 2002. *Darwin's Cathedral: Evolution, Religion, and the Nature of Society*. Chicago: University of Chicago Press.

Wilson, D. S., and E. O. Wilson. 2007. "Rethinking the Theoretical Foundation of Sociobiology." *Quarterly Review of Biology* 82:327–48.

———. 2008. "Evolution 'for the Good of the Group.'" *American Scientist* 96:380–89.

Wilson, E. O. 1975. *Sociobiology*. Cambridge, MA: Harvard University Press.

———. 1990. *Success and Dominance in Ecosystems: The Case of the Social Insects*. Oldendorf, Germany: Ecology Institute.

———. 1998. *Consilience: The Unity of Knowledge*. New York: Knopf.

Wilson, E. O., and B. Hölldobler. 2005. "Eusociality: Origin and Consequences." *Proceedings of the National Academy of Sciences of the United States of America* 102:13367–71.

Wilson, T. D. 2002. *Strangers to Ourselves: Discovering the Adaptive Unconscious*. Cambridge, MA: Belknap Press.

Wilson, T. D., and J. W. Schooler. 1991. "Thinking Too Much: Introspection Can Reduce the Quality of Preferences and Decisions." *Journal of Personality and Social Psychology* 60:181–92.

Wiltermuth, S., and C. Heath. 2008. "Synchrony and Cooperation." *Psychological Science* 20:1–5.

Wobber, V., R. Wrangham, and B. Hare. 2010. "Application of the Heterochrony Framework to the Study of Behavior and Cognition." *Communicative and Integrative Biology* 3:337–39.

Wolf, S. 2010. *Meaning in Life and Why It Matters*. Princeton, NJ: Princeton University Press.

Woodberry, R. D., and C. Smith. 1998. *Fundamentalism et al.: Conservative Protestants in America*. Palo Alto, CA: Annual Reviews.

Wrangham, R. W. 2001. "The Evolution of Cooking." Conversation with John Brockman on Edge.org.

Wrangham, R. W., and D. Pilbeam. 2001. "African Apes as Time Machines." In *All Apes Great and Small*, ed. B. M. F. Galdikas, N. E. Briggs, L. K. Sheeran, G. L. Shapiro, and J. Goodall, 1:5–18. New York: Kluwer.

Wright, R. 1994. *The Moral Animal.* New York: Pantheon.

———. 2009. *The Evolution of God.* New York: Little, Brown.

Wundt, W. 1907/1896. *Outlines of Psychology.* Leipzig: Wilhelm Englemann.

Wynne-Edwards, V. C. 1962. *Animal Dispersion in Relation to Social Behaviour.* Edinburgh: Oliver and Boyd.

Yi, X., Y. Liang, E. Huerta-Sanchez, X. Jin, Z. X. P. Cuo, J. E. Pool, et al. 2010. "Sequencing of 50 Human Exomes Reveals Adaptation to High Altitude." *Science* 329:75–78.

Zajonc, R. B. 1968. "Attitudinal Effects of Mere Exposure." *Journal of Personality and Social Psychology* 9:1–27.

———. 1980. "Feeling and Thinking: Preferences Need No Inferences." *American Psychologist* 35:151–75.

Zak, P. J. 2011. "The Physiology of Moral Sentiments." *Journal of Economic Behavior and Organization* 77:53–65.

Zaller, J. R. 1992. *The Nature and Origins of Mass Opinion.* New York: Cambridge University Press.

Zhong, C. B., V. K. Bohns, and F. Gino. 2010. "Good Lamps Are the Best Police: Darkness Increases Dishonesty and Self-Interested Behavior." *Psychological Science* 21:311–14.

Zhong, C. B., and K. Liljenquist. 2006. "Washing Away Your Sins: Threatened Morality and Physical Cleansing." *Science* 313:1451–52.

Zhong, C. B., B. Strejcek, and N. Sivanathan. 2010. "A Clean Self Can Render Harsh Moral Judgment." *Journal of Experimental Social Psychology* 46:859–62.

Zimbardo, P. G. 2007. *The Lucifer Effect: Understanding How Good People Turn Evil.* New York: Random House.

| 찾아보기 |

인명

ㄱ

바른 마음

바른 마음

옮긴이 왕수민

서강대학교에서 철학과 역사를 전공하고 현재 전문번역가로 활동 중이다. 옮긴 책으로《문명 이 야기》,《포르노 보는 남자, 로맨스 읽는 여자》,《집중력의 탄생》,《영웅들의 세계사》,《마이크로 트 렌드》,(공역) 등이 있다.

바른 마음

초판 1쇄 발행 2014년 4월 21일
초판 31쇄 발행 2024년 9월 19일

지은이 조너선 하이트 **옮긴이** 왕수민

발행인 이봉주 **단행본사업본부장** 신동해 **편집장** 김경림
디자인 박진범 **교정교열** 서영의
마케팅 최혜진 이은미 **홍보** 반여진 허지호 송임선
제작 정석훈 **국제업무** 김은정 김지민

브랜드 웅진지식하우스
주소 경기도 파주시 회동길 20
문의전화 031-956-7430(편집) 02-3670-1123(마케팅)
홈페이지 www.wjbooks.co.kr
인스타그램 www.instagram.com/woongjin_readers
페이스북 www.facebook.com/woongjinreaders
블로그 blog.naver.com/wj_booking

발행처 ㈜웅진씽크빅
출판신고 1980년 3월 29일 제 406-2007-000046호
한국어판 출판권 ⓒ ㈜웅진씽크빅, 2014
ISBN 978-89-01-16367-3 03180

THE
RIGHTEOUS
MIND

조너선 하이트는 현존 심리학자 그 누구보다도 창의적인 사람이다. 진보—보수, 무신론—종교, 선—악에 대해 가졌던 기존의 사고방식이 뒤집히는 환상적인 경험을 하게 될 것이다.
_ 폴 블룸, 예일 대학, 《우리는 왜 빠져드는가?》 저자

다양한 심리적 뿌리들이 어떻게 도덕성을 형성하고, 그것들이 어떤 식으로 사회적 갈등을 일으키는지 심도 있게 논의한 책이다. 이 정도라면 우리의 갈등이 이 책을 통해 어느 정도 해소되길 바라는 것도 무리가 아닐 것이다.
_ 리처드 E. 니스벳, 미시건 대학, 《생각의 지도》 저자

이제껏 도덕적 감정과 그에 따른 가치 성향을 이렇게까지 심도 있게 분석해낸 책은 없었다. 한 번 집어 들면 도저히 내려놓을 수 없는 책이자, 나 스스로에 대해서도 많은 것을 깨우쳐준 책이다.
_ 마이클 가자니가, 산타 바바라 캘리포니아 대학, 《윤리적 뇌》 저자

이 책은 사회심리학, 정치 분석, 도덕적 추론의 내용을 놀랍고도 독창적인 방식으로 종합내면서, 관련 과학 분야의 최고 성과까지도 잘 반영했다. 거기 더하여, 사회를 존속시켜 나가는 데 필요한 품위와 도덕적 감정을 우리가 본래적으로 발휘할 수 있다는 증거도 함께 제시해주고 있다.
_ 에드워드 O. 윌슨, 하버드 대학, 《통섭》 저자

하이트의 연구는 도덕심리학 분야에 일대 혁명을 불러왔다. 현대 사회를 분열시키는 다양한 논쟁에 관심 있는 독자라면 하이트가 품격 있게 써 내려간 이 책 속에서 여러 가지 생각거리를 얻을 수 있을 것이다. 다른 사람들은 왜 나와 다른지 그 이유를 알고 싶다면 꼭 이 책을 읽어볼 것을 권한다.
_ 사이먼 배런코언, 캐임브리지 대학, 《악마의 과학The Science of Evil》 저자

정치판의 열띤 논쟁에 매일 귀를 기울이며 살아가는 한 사람으로서, 하이트의 기막힌 통찰력은 내게 무엇보다 큰 매력이자, 깨달음이자, 심지어는 즐거움이었다. 예리하면서도 난해하지 않은 이 책을 읽어본다면 바른 마음이 정치 속에서 어떻게 작용하는지 누구라도 쉽게 이해할 수 있을 것이다.
_ 래리 사바토, 버지니아 대학, 《보다 완벽한 정치 체제A More Perfect Constitution》 저자